# TEXAS
# ¡Avancemos!

**AUTHORS**
Ana C. Jarvis | Raquel Lebredo

**SPANISH 4**

# Teacher Reviewers

**Raquel Hernández Bonessi**
Academy of Integrated Technology
 and Engineering
Stamford, CT

**Christopher M. Brillant**
Sharon High School
Sharon, MA

**Julie Ann Chase**
Tremper High School
Kenosha, WI

**JoDee Costello** (ret.)
Gunnison, CO

**Lorraine Giglia**
Highlands High School
Fort Thomas, KY

**Kimberly Heffernan**
Georgetown High School
Georgetown, TX

**Bill Heller**
Perry High School
Perry, NY

**Amalia Hethcoat**
St. John's School
Houston, TX

**Deborah Holman**
Apple Valley High School
Apple Valley, MN

**Nila K. Jacobson**
Lincoln Southwest High School
Lincoln, NE

**Carlos Mezger**
Somers High School
Somers, CT

**Guillermina M. Rodríguez**
Landstown High School
Virginia Beach, VA

**Jemé Sutton**
Reynolds High School
Troutdale, OR

**Paula Camardella Twomey** (ret.)
Ithaca, NY

**Front cover**
©Fotos593/Shutterstock Beautiful sunset Baroque building in main square plaza Antigua, Guatemala. The building is the city hall (Municipalidad de Antigua Guatemala).
Inset: AP Photo/Arnulfo Franco Dos futbolistas profesionales, Ciudad de Panamá

Copyright © 2018 by Houghton Mifflin Harcourt Publishing Company

All rights reserved. No part of this work may be reproduced or transmitted in any form or by any means, electronic or mechanical, including photocopying or recording, or by any information storage and retrieval system, without the prior written permission of the copyright owner unless such copying is expressly permitted by federal copyright law. Requests for permission to make copies of any part of the work should be submitted through our Permissions website at https://customercare.hmhco.com/permission/Permissions.html or mailed to Houghton Mifflin Harcourt Publishing Company, Attn: Intellectual Property Licensing, 9400 Southpark Center Loop, Orlando, Florida 32819-8647.

Printed in the U.S.A.

ISBN: 978-0-544-84197-0

2 3 4 5 6 7 8 9 10   0607   25 24 23 22 21 20 19 18 17 16

4500614784  A B C D E F G

> If you have received these materials as examination copies free of charge, Houghton Mifflin Harcourt Publishing Company retains title to the materials and they may not be resold. Resale of examination copies is strictly prohibited.

> Possession of this publication in print format does not entitle users to convert this publication, or any portion of it, into electronic format.

# ¡Avancemos!
### 4 cuatro

## Dear Students,

*¡Avancemos! Level 4* is designed to review critical Spanish language structures and vocabulary in order to continue to support you in your pursuit of proficiency in the Spanish language. This program involves you in activities that require the communicative use of all four language skills (listening, speaking, reading, and writing). Special care has been devoted to providing comparison between culture in the United States and the multi-faceted Hispanic world since cultural and linguistic competence are equally important in successful communication.

As you continue on your journey toward proficiency in the Spanish language, allow us as your guides, together with your teacher, to offer you these few tips to make the journey more productive, more interesting, and more enjoyable.

- Learning a foreign language requires daily study and practice in order to internalize it.
- Create learning opportunities whenever possible. The time you spend in class, although essential, is not enough.
- Integrate what you learn with previously learned material.
- Making mistakes is a normal part of language learning. Remember, although no one reaches perfection, we should always strive for it.
- Take every opportunity to familiarize yourself with the culture of the Spanish-speaking people and compare it to your own. You will find many very interesting differences and some amazing similarities.
- Continue to watch Spanish programs on TV, including the news, and yes, soap operas, or learn some songs in Spanish, because exposure to spoken Spanish will help you internalize the language.

Lastly, don't forget, learning Spanish takes time, but with commitment, enthusiasm, and dedication you will achieve your goal.

Un cordial saludo,

**Ana C. Jarvis**     **Raquel Lebredo**

## What is communication?

When you attempt to understand someone or something, or make yourself understood, you are communicating. In any language, you rely on various skills to communicate: listening, reading, speaking, writing, and deciphering body language and other non-verbal cues, to name a few. In English, you've been building these skills all your life, and are probably unaware how hard you worked as a child to make meaning. The good news is that these skills are already in place—you just have to develop them in new ways to learn Spanish!

## What are the modes of communication?

Depending on the purpose of your communication, you're engaging in one of three modes: interpretive, interpersonal, or presentational.

Say you click on an online ad for a store in Buenos Aires. When you read, watch or listen to the ad, you have to decipher the language to understand the ad. This is an interpretive activity.

If you go into the store and talk to a sales clerk, you'll have to ask some questions and then understand the answers you get back. You might also exchange a couple of texts with your friend about the store where you're shopping. In both cases, you're talking directly with someone, so these are interpersonal activities.

If you write a review about the store or the items you bought there, and post it online, this is presentational, since your audience isn't expected to immediately react and interact with you.

Practicing the three modes of communication is crucial to building your communication skills. It's also challenging! You'll find that you won't be equally strong across the modes, but that's okay. The key is to practice, practice, practice.

## How do I use ¡Avancemos! to practice communication?

In ¡Avancemos! you'll have lots of opportunity to practice. At the beginning of each lesson, you'll see examples of the types of interpretive, interpersonal, and presentational activities that you should be able to do at the end. In the **Todo junto** and **Repaso inclusivo** sections, you'll have the chance to put your interpretive, interpersonal and presentational skills to the test in fun, real-world ways.

Modes of Communication

UNIDAD 1

# El mundo del trabajo

Explora el mundo del trabajo ............ 3

Ingeniera para una compañía de energía eólica, España

## Lección 1

Tema: *En busca de trabajo* ........ 4

### VOCABULARIO
Job searches and different jobs ....... 6
Práctica ................................ 8
Vocabulario en contexto ............. 10

### GRAMÁTICA
Los verbos ser y estar ............... 12
Práctica .............................. 14
Gramática en contexto ............... 16
Los pronombres de complemento .... 18
Práctica .............................. 20
Gramática en contexto ............... 22

### TODO JUNTO .................... 24
### EN RESUMEN .................... 28

**Cultura**
- La solicitud de empleo *p. 15*
- Las horas de trabajo *p. 21*

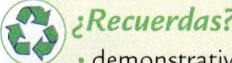 *¿Recuerdas?*
- demonstrative adjectives
- preterite vs. imperfect

 *¿Comprendiste?*
**Student Self-Check** *pp. 9, 11, 15, 17, 21, 23, 27*

vi  Contenido

**DIGITAL SPANISH** my.hrw.com
*Featuring...*
- Conjuguemos.com
- Grammar Review Video
- Interactive Flashcards
- Self-Check Quiz

**Video/DVD**
¡Estamos de vacaciones!
*pp. 50–51*

Utilizando la última tecnología en un hospital de España

El agroturismo, un área importante de trabajo «verde» en Argentina

## Lección 2

**Tema: Comunicándose en el trabajo** .............. 30

### VOCABULARIO
Workplace communication and tasks ....... 32
Práctica ........................................ 34
Vocabulario en contexto ..................... 36

### GRAMÁTICA
Los pronombres reflexivos ................... 38
Práctica ........................................ 39
Gramática en contexto ....................... 41
Verbos más preposiciones ................... 43
Práctica ........................................ 45
Gramática en contexto ....................... 48

### TODO JUNTO .................................. 50

### EN RESUMEN ................................. 54

**Cultura**
- Dichos y refranes *p. 35*
- El trabajo y las vacaciones *p. 40*
- Los negocios en el mundo hispano *p. 47*
- Tres campos verdes de trabajo *p. 64*

**¿Recuerdas?**
- conditional
- preterite
- present perfect

**¿Comprendiste?**
Student Self-Check
*pp. 35, 37, 40, 42, 47, 49, 53, 59, 61, 65, 67*

---

**UNIT 1 WRAP-UP**

Lectura literaria
  «La señorita Julia» (Ana Cortesi) ........... 56
  «Solo» (Nicanor Parra) ...................... 60

Conexiones: Las matemáticas ................ 62

Escritura: Preguntas para una entrevista ... 63

  Tres campos verdes de trabajo ............ 64

Repaso inclusivo ............................... 68

---

 Actividades preparatorias .................. 70

# UNIDAD 2
# Ejercicio y diversión

Explora el ejercicio y la diversión . . . . . . . . 73

Escalando en la Sierra Morena, España

## Lección 1

**Tema:** *Ejercicio al aire libre* . . . . . . 74

### VOCABULARIO
Outdoor sports . . . . . . . . . . . . . . . . . 76
Práctica . . . . . . . . . . . . . . . . . . . . . . 78
Vocabulario en contexto . . . . . . . . . . . 80

### GRAMÁTICA
El pretérito y el imperfecto . . . . . . . . 82
Práctica . . . . . . . . . . . . . . . . . . . . . . 84
Gramática en contexto . . . . . . . . . . . 87
Verbos con cambios de significado en pretérito . . 89
Práctica . . . . . . . . . . . . . . . . . . . . . . 90
Gramática en contexto . . . . . . . . . . . 92

### TODO JUNTO . . . . . . . . . . . . . . . . 94
### EN RESUMEN . . . . . . . . . . . . . . . . 98

**Cultura**
- Los hispanos en las grandes ligas *p. 86*
- Las ligas municipales *p. 91*

 **¿Recuerdas?**
- adverbs
- reflexive pronouns

 **¿Comprendiste?**
Student Self-Check
*pp. 79, 81, 86, 88, 91, 93, 97*

 **DIGITAL SPANISH** my.hrw.com
**Featuring...**
- Conjuguemos.com
- Interactive Flashcards
- Grammar Review Video
- Self-Check Quiz

**De vacaciones**
*pp. 120–121*

Campeonato de fútbol 5, Paraguay

Andinista atravesando el cerro Huascarán, Perú

## Lección 2

**Tema: Diversión bajo techo** .......... 100

### VOCABULARIO

Indoor sports and games .......... 102

Práctica .......... 104

Vocabulario en contexto .......... 106

### GRAMÁTICA

Los comparativos .......... 108

Práctica .......... 109

Gramática en contexto .......... 111

El gerundio .......... 113

Práctica .......... 115

Gramática en contexto .......... 118

### TODO JUNTO .......... 120

### EN RESUMEN .......... 124

**Cultura**
- Dichos y refranes *p. 105*
- Los clubes deportivos *p. 110*
- El dominó *p. 117*
- Enciclopedia deportiva *p. 134*

**¿Recuerdas?**
- ir a + infinitive

**¿Comprendiste?**
Student Self-Check
*pp. 105, 107, 110, 112, 117, 119, 123, 129, 131, 135, 137*

---

### UNIT 2 WRAP-UP

**Lectura literaria**
«Los tres cuervos» (José Antonio Campos) ... 126
«Idilio» (José Asunción Silva) .......... 130

Conexiones: La biología .......... 132

Escritura: ¿Cuál es tu deporte preferido? .......... 133

**Comparación cultural**
Enciclopedia deportiva .......... 134

Repaso inclusivo .......... 138

---

Actividades preparatorias .......... 140

# UNIDAD 3 · La aventura de viajar

Explora el tema de los viajes . . . . . . . . . . . 143

Visita guiada a un monumento

## Lección 1
**Tema:** ¿Adónde vamos de vacaciones? . . . . . . 144

### VOCABULARIO
Vacation plans and hotels . . . . . . . . . 146
Práctica . . . . . . . . . . . . . . . . . . . . . 148
Vocabulario en contexto . . . . . . . . . . 150

### GRAMÁTICA
El participio pasado . . . . . . . . . . . . . 152
Práctica . . . . . . . . . . . . . . . . . . . . . 153
Gramática en contexto . . . . . . . . . . . 156
El pretérito perfecto y el pluscuamperfecto . . . 158
Práctica . . . . . . . . . . . . . . . . . . . . . 159
Gramática en contexto . . . . . . . . . . . 162

### TODO JUNTO . . . . . . . . . . . . . . . . . 164
### EN RESUMEN . . . . . . . . . . . . . . . . . 168

**Cultura**
- Playas del mundo hispano *p. 155*
- El ecoturismo *p. 161*

 **¿Recuerdas?**
- preterite and imperfect
- preterite

 **¿Comprendiste?**
Student Self-Check
*pp. 149, 151, 155, 157, 161, 163, 167*

 **DIGITAL SPANISH** my.hrw.com
*Featuring...*
- Conjuguemos.com
- Grammar Review Video
- Interactive Flashcards
- Self-Check Quiz

 **Video/DVD**
Dos amigas... dos hoteles *pp. 190–191*

El servicio comunitario, una manera de combatir los problemas sociales

Disfrutando de un momento libre en la Universidad Nacional Autónoma de México

## Lección 2

**Tema: *Educación universitaria y finanzas*** .......... 240

### VOCABULARIO

College education and finances .......... 242
Práctica .......... 244
Vocabulario en contexto .......... 246

### GRAMÁTICA

El pretérito perfecto del subjuntivo .......... 248
Práctica .......... 250
Gramática en contexto .......... 252
El imperfecto del subjuntivo .......... 254
Práctica .......... 256
Gramática en contexto .......... 258

### TODO JUNTO .......... 260

### EN RESUMEN .......... 264

**Cultura**
- Dichos y refranes *p. 245*
- El precio de la educación *p. 251*
- Los exámenes de ingreso *p. 257*
- Programas y escuelas de ayuda social *p. 274*

 **¿Recuerdas?**
- direct and indirect object pronouns

 **¿Comprendiste?**
Student Self-Check
*pp. 245, 247, 251, 253, 257, 259, 263, 269, 271, 275, 277*

## UNIT 4 WRAP-UP

Lectura literaria
  «A pesar de todo» (Josefina González) .......... 266
  «A Julia de Burgos» (Julia de Burgos) .......... 270

Conexiones: La arquitectura y el arte .......... 272

Escritura: Predicciones para el futuro .......... 273

**Comparación cultural**
  Programas y escuelas de ayuda social .......... 274

Repaso inclusivo .......... 278

Actividades preparatorias .......... 280

# UNIDAD 5 ¡Hablemos de arte!

Explora el mundo del arte......... 283

Grupo mariachi estudiantil, Nuevo México

## Lección 1

**Tema:** *Arte a tu propio ritmo* .... 284

### VOCABULARIO
Painting and music............. 286
Práctica..................... 288
Vocabulario en contexto........ 290

### GRAMÁTICA
El futuro perfecto y el condicional perfecto ... 292
Práctica..................... 293
Gramática en contexto......... 296
Los pronombres de relativo..... 298
Práctica..................... 300
Gramática en contexto......... 302

**TODO JUNTO** ................ 304

**EN RESUMEN** ................ 308

**Cultura**
- La pintura de Pablo Picasso *p. 295*
- La música latina *p. 301*

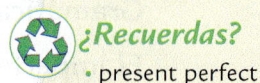 **¿Recuerdas?**
- present perfect

 **¿Comprendiste?**
Student Self-Check
*pp. 289, 291, 295, 297, 301, 303, 307*

 **DIGITAL SPANISH** my.hrw.com
Featuring...
- Conjuguemos.com
- Grammar Review Video
- Interactive Flashcards
- Self-Check Quiz

 **Video/DVD**
¡Pobre Carlos!
*pp. 330–331*

xiv Contenido

Banda municipal tocando en un festival, Ecuador

La ebanistería, una técnica para dar forma a la madera

## Lección 2

**Tema: *A crear con manos y palabras*** . . . . . . . . . . **310**

### VOCABULARIO
Sculpture and literature . . . . . . . . . . 312
Práctica . . . . . . . . . . 314
Vocabulario en contexto . . . . . . . . . . 316

### GRAMÁTICA
La voz pasiva, se pasiva y se impersonal . . . . . 318
Práctica . . . . . . . . . . 319
Gramática en contexto . . . . . . . . . . 322
Se para acontecimientos no intencionales . . . . 324
Práctica . . . . . . . . . . 325
Gramática en contexto . . . . . . . . . . 328

### TODO JUNTO . . . . . . . . . . 330

### EN RESUMEN . . . . . . . . . . 334

**Cultura**
- Dichos y refranes *p. 315*
- El Prado *p. 321*
- El muralismo mexicanoamericano *p. 327*
- Museos para visitar, música para escuchar *p. 344*

 **¿Recuerdas?**
- future
- imperfect

 **¿Comprendiste?**
Student Self-Check
*pp. 315, 317, 321, 323, 327, 329, 333, 339, 341, 345, 347*

---

**UNIT 5 WRAP-UP**

Lectura literaria
 «La Presa» (Aquileo J. Echeverría) . . . . 336
 «Lo fatal» (Rubén Darío) . . . . . . . . 340

Conexiones: La historia . . . . . . . . . . 342

Escritura: Una reseña . . . . . . . . . . 343

**Comparación cultural**
 Museos para visitar, música para escuchar . . . 344

Repaso inclusivo . . . . . . . . . . 348

---

 Actividades preparatorias . . . . . . . . . . 350

# UNIDAD 6 Ver, divertirse e informarse

Entrevistando a una estrella de cine en Despierta América

## Lección 1

Explora el mundo de la televisión y de las noticias .......... 353

**Tema: ¿Qué hay en la tele?** .......... 354

### VOCABULARIO

Television programming and advertising .......... 356
Práctica .......... 358
Vocabulario en contexto .......... 360

### GRAMÁTICA

El imperfecto del subjuntivo en cláusulas adverbiales .......... 362
Práctica .......... 364
Gramática en contexto .......... 367
Más usos del imperfecto del subjuntivo .......... 369
Práctica .......... 370
Gramática en contexto .......... 372

### TODO JUNTO .......... 374
### EN RESUMEN .......... 378

**Cultura**
- Las telenovelas en Latinoamérica *p. 366*
- Programas de ayer y de hoy *p. 371*

 **¿Recuerdas?**
- comparatives
- preterite and imperfect

 **¿Comprendiste?**
Student Self-Check
*pp. 359, 361, 366, 368, 371, 373, 377*

**DIGITAL SPANISH** my.hrw.com
Featuring...
- Conjuguemos.com
- Grammar Review Video
- Interactive Flashcards
- Self-Check Quiz

**Video/DVD**
Mirando la tele
*pp. 400–401*

xvi  Contenido

Noticiero de Univisión, Los Ángeles

Un reportero entrevista a un señor en la calle

## Lección 2

**Tema:** *El mundo de las noticias* .. 380

### VOCABULARIO
News coverage, media, and current events ... 382
Práctica ........................... 384
Vocabulario en contexto ............. 386

### GRAMÁTICA
El pluscuamperfecto del subjuntivo .... 388
Práctica ........................... 390
Gramática en contexto ............... 392
La secuencia de tiempos verbales .... 394
Práctica ........................... 396
Gramática en contexto ............... 398

### TODO JUNTO .................... 400
### EN RESUMEN .................... 404

**Cultura**
- Dichos y refranes *p. 385*
- La televisión por cable y las cadenas de noticias *p. 391*
- Los estudiantes y la política *p. 397*
- La televisión de tres naciones hispanohablantes *p. 414*

 **¿Recuerdas?**
- past perfect indicative

 **¿Comprendiste?**
**Student Self-Check**
*pp. 385, 387, 391, 393, 397, 399, 403, 409, 411, 415, 417*

---

**UNIT 6 WRAP-UP**

Lectura literaria
«La bolsa» (Fernán Caballero) ........ 406
«Poema XXIII» (Antonio Machado) .... 410

Conexiones: Las matemáticas ........ 412

Escritura: Una noticia importante .... 413

**Comparación cultural**
La televisión de tres naciones hispanohablantes  414

Repaso inclusivo .................... 418

---

Actividades preparatorias ............ 420

Contenido  **xvii**

# El mundo

# ¡Avancemos!

# UNIDAD 1

# El mundo del trabajo

## Lección 1
Tema: **En busca de trabajo**

## Lección 2
Tema: **Comunicándose en el trabajo**

En el centro de Buenos Aires

Estas personas van al trabajo. Para obtener un trabajo, hay que pasar por una entrevista. Para tener éxito en la entrevista hay que estar preparado. ¿Has tenido una entrevista de trabajo? ¿Para qué trabajo?

◄ **Oficinas modernas** En las grandes ciudades hay edificios muy modernos donde están las oficinas de las compañías más importantes del mundo. Están preparadas para que los trabajadores se sientan cómodos y trabajen con la última tecnología. Estos edificios se encuentran en el centro de la capital de México. A la hora del almuerzo puedes pasear y ver mucha gente. *¿Hay edificios de oficinas en tu ciudad? ¿En qué parte de la ciudad están?*

*Bolsa de Valores en México, D.F.*

**Tecnología** Hoy en día es esencial saber computación. Las computadoras están presentes en todo tipo de trabajo. Con las computadoras, el trabajo es más fácil. Puedes buscar información y preparar trabajos en diferentes formatos. Esta empleada guarda información en una computadora. *¿Usas mucho la computadora? ¿Para qué? ¿Qué programas usas?* ►

*Trabajo de oficina con computadora*

*Trabajadores de una construcción en Cuzco, Perú*

◄ **Fuera de la oficina** No todos los trabajos se hacen en oficinas. Mucha gente trabaja al aire libre, en el campo o en centros recreativos. Estas personas trabajan en Cuzco, construyendo edificios. *¿Conoces a alguien que no trabaje en una oficina? ¿Dónde trabaja? ¿Qué hace?*

# UNIDAD 1
# Lección 1

*Tema:*
## En busca de trabajo

**¡AVANZA!** **In this lesson you will learn to**
- fill out a job application
- talk about work in an office
- ask and answer work-related questions

**using**
- **ser** and **estar**
- direct and indirect object pronouns

♻ **¿Recuerdas?**
- demonstrative adjectives
- preterite vs. imperfect

## Comparación cultural

**In this lesson you will learn about**
- applying for jobs in Spanish-speaking countries
- work and business hours in Spanish-speaking countries

### Compara con tu mundo
Estos estudiantes universitarios asisten a una feria de trabajo. Aquí consiguen información sobre posibles empleos y se entrevistan con representantes de diferentes negocios. ¿Has solicitado trabajo alguna vez? ¿Qué proceso seguiste?

### ¿Qué ves?

*Mira la foto*
¿Qué tipo de ropa llevan los jóvenes? ¿Por qué?

¿Qué documentos crees que llevan?

¿Cómo crees que se sienten los jóvenes?

| MODES OF COMMUNICATION | | |
|---|---|---|
| INTERPRETIVE | INTERPERSONAL | PRESENTATIONAL |
| Listen to and understand a phone message about a job interview. | Describe different professionals and their job requirements. | Present a mock job interview. Write a summary of the results of a survey. |
| Read and understand a job application and the Web page of an employment agency. | Survey others about their job experience. | |

*Feria de trabajo*
*Universidad de Rutgers, Nueva Jersey*

# Presentación de VOCABULARIO

**¡AVANZA!** **Goal:** Learn how to fill out a job application, talk about work in an office, and answer work-related questions. *Actividades 1–5*

*¿Recuerdas?* Demonstrative adjectives p. R14

**A** Para **solicitar** o pedir un trabajo tienes que ir bien preparado a la entrevista. Debes llevar tu **hoja de vida,** donde aparece la experiencia que tienes y dónde estudiaste, y tus **antecedentes académicos,** que son un resumen de todo lo que estudiaste. Puedes llevar **el diploma,** que dice cuál es **el título** que recibiste al graduarte.

**B** Tienes que llenar **la solicitud,** donde indicas qué **puesto** o trabajo quieres **desempeñar,** o hacer. También escribes tus datos personales con **letra de molde,** como en los titulares del periódico. También usas esta letra para llenar **planillas** o formularios de **los beneficios,** como **el seguro de salud** para tener servicio médico a mejor precio.

**C** En la entrevista tú eres **el aspirante,** es decir la persona que quiere trabajar. La persona que te entrevista posiblemente va a ser tu **jefe.** Con esa persona hablas de tu **experiencia** en otros trabajos. También le das **las referencias** que otras personas escribieron sobre ti o sus números de teléfono para que las llame.

**D** Si todo va bien, vas a recibir una carta de **la oficina de personal** diciendo que tienes un nuevo trabajo.

Unidad 1
seis

**E** En una **oficina** hay muchas cosas. Esta profesional envía **archivos electrónicos** por medio de **la computadora.** Todos los papeles y documentos se guardan en un **archivo,** un **cajón** o la computadora.

**F** En **la fotocopiadora** puedes sacar muchas **fotocopias** de documentos originales. Con un **fax,** puedes enviar documentos por teléfono.

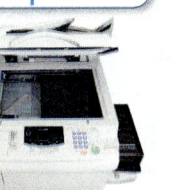

**G** **El personal de mantenimiento** controla que todas las cosas funcionen. Y **el personal de limpieza** se asegura de que todo esté limpio.

### Más vocabulario

| | |
|---|---|
| el (la) agente de relaciones públicas  *public relations agent* | la carpeta  *folder* |
| el (la) analista de sistemas  *systems analyst* | la grapadora  *stapler* |
| | jubilarse  *to retire* |
| atrasarse  *to get behind (schedule)* | el plan de jubilación privada  *401(k)* |
| el (la) becario(a)  *intern* | el seguro de vida  *life insurance* |
| | ser despedido(a)  *to get fired* |

### ¡A responder!  Escuchar

Escucha el mensaje que el gerente de una empresa dejó en el teléfono celular de Nélida Gamboa. Luego explica si el gerente tuvo una buena impresión de Nélida en la entrevista, qué ocurrió después y por qué.

Lección 1

# Práctica de VOCABULARIO

## 1 | Opciones para trabajar

**Leer** Completa las oraciones con la opción correcta.

1. Al graduarte te dan ____.
   a. un diploma
   b. una hoja de vida
   c. una referencia
2. Completa ____ con letra de molde.
   a. la fotocopia
   b. los antecedentes académicos
   c. las planillas
3. Pablo no tiene experiencia y está trabajando como ____.
   a. aspirante
   b. jefe
   c. becario
4. Diana es ____. Está encargada del sistema de computación.
   a. agente de relaciones públicas
   b. analista de sistemas
   c. personal de limpieza
5. El ____ es uno de los beneficios que me da la empresa.
   a. seguro de salud
   b. archivo
   c. título

**Expansión**
¿Qué documento debes completar para pedir un trabajo? ¿Qué utilizas para crear archivos electrónicos?

## 2 | Preguntas y respuestas

**Leer Hablar** Fernando empezó a trabajar hoy. Ahora está en la oficina de personal haciendo las preguntas que ves en la columna A. En la columna B busca las respuestas que le dieron a Fernando.

**A**
1. ¿Qué seguro de salud tienen?
2. ¿Cuánto es el seguro de vida?
3. ¿Me puede dar una carpeta para guardar los papeles?
4. ¿Quién puede arreglar la luz de mi oficina?
5. ¿Con quién puedo recorrer el edificio?
6. ¿Sabía que una de mis referencias estaba fuera del país?
7. ¿Cuándo me puedo jubilar?
8. ¿Puedo enviarle los datos que faltan esta noche?

**B**
a. A los sesenta y cinco años.
b. Claro, también puede usar la grapadora.
c. Empieza en quinientos mil dólares.
d. Esta tarde lo acompañará nuestra agente de relaciones públicas.
e. Lo hará el personal de mantenimiento.
f. Le ofrecemos Vida Sana y Junta Médica.
g. Por supuesto. Puede hacerlo por fax.
h. Sí, la Sra. Portas. Pero nos contestó por correo electrónico.

## 3 | Éxito en el trabajo

Escuchar
Escribir

César Montalvo y su jefa hablan del trabajo que realiza César y de su futuro. Escucha el diálogo e indica si las oraciones son verdaderas o falsas. Corrige las oraciones falsas.

1. César es el jefe de personal de la compañía.
2. La señora Olivera se va a jubilar pronto.
3. Hay un puesto nuevo y varios aspirantes.
4. César trabajó allí casi por dos años pero no sabe computación.
5. La jefa llamó a César para decirle que está despedido.

## 4 | Muchas preguntas    ¿*Recuerdas?* Demonstrative adjectives p. R14

Escribir

Haz preguntas usando las siguientes palabras e incluyendo adjetivos demostrativos. Sigue el modelo.

**modelo:** quién / poder / cerrar / cajón
¿Quién puede cerrar ese (este) cajón?

1. quién / arreglar / fotocopiadora
2. de quién / ser / antecedentes académicos
3. a quién / enviarle / información
4. cuándo / enviarme / archivo electrónico
5. de quiénes / ser / referencias
6. cuándo / jubilarse / señores
7. cómo / poder / arreglar / grapadora
8. dónde / conectar / computadora

## 5 | Entrevista de trabajo

Hablar

La ilustración muestra una entrevista de trabajo. Con un(a) compañero(a), creen un diálogo entre la jefa y el aspirante. ¿Qué creen que le pregunta la jefa? ¿Cómo se siente y qué responde el aspirante? Utilicen el vocabulario de esta lección.

*Más práctica*  Cuaderno *p. 1*

**¿Comprendiste?**
1. ¿Qué debes usar para completar las planillas de un trabajo?
2. ¿En dónde te explican cuáles son los beneficios de tu trabajo?
3. Nombra dos beneficios que puedes tener en un trabajo.

# VOCABULARIO en contexto

**¡AVANZA!** **Goal:** Read María Inés' job application and compare her experience and background with your own. *Actividades 6–8*

## Contexto  *Solicitud de empleo*

**ESTRATEGIA Leer**
**Find numerical expressions** As you read the job application below, note the different kinds of numerical expressions used. Using a diagram like the one here, group the expressions in categories.

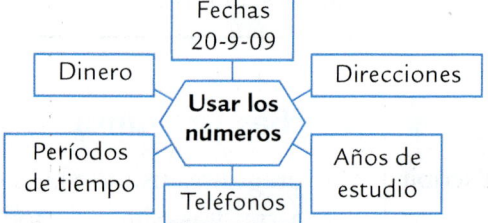

María Inés vive en Argentina y quiere entrar a trabajar en una compañía importante. Ya dio el primer paso y completó esta solicitud que descargó de la página Web de la compañía.

## 6 | Comprensión de la solicitud

Leer
Escribir

Lee la solicitud de empleo que completó María Inés y luego contesta las siguientes preguntas.

1. ¿En qué tipo de compañía quiere entrar a trabajar María Inés?
2. ¿Qué tipo de letra usó para completar la solicitud?
3. ¿De qué país es María Inés?
4. ¿Quién es el profesor Allende?
5. ¿Qué trabajo quiere hacer María Inés en esa compañía?
6. ¿Se ha graduado de la escuela o de la universidad?
7. ¿Cuáles son sus antecedentes académicos?
8. Si consigue el trabajo, ¿seguirá estudiando?

## 7 | Tu solicitud de empleo

Escribir

Estás buscando trabajo y tienes que mandar muchas solicitudes. Crea una solicitud de una compañía importante y complétala con tus datos personales. Sigue el modelo de la solicitud de María Inés. Puedes inventar datos pensando en tu futuro, como títulos, universidades y trabajos anteriores.

**Expansión**
Agrega una carta breve a la solicitud, explicando por qué solicitas ese puesto.

## 8 | Nuestros trabajos

Hablar

Con un(a) compañero(a), representen el diálogo entre dos personas que acaban de conseguir diferentes trabajos. Hablen de la entrevista con el jefe o la jefa, referencias, antecedentes académicos, trabajos anteriores, sueldos, beneficios y personas que ven en el trabajo.

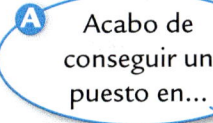
A: Acabo de conseguir un puesto en...

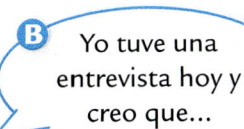
B: Yo tuve una entrevista hoy y creo que...

**PARA Y PIENSA**

**¿Comprendiste?**
1. ¿Todas las planillas son solicitudes?
2. ¿Quién es la aspirante en la solicitud que viste en la página anterior?
3. ¿Para qué sirven las referencias?

Lección 1
once 11

# Presentación de GRAMÁTICA

**¡AVANZA!** **Goal:** Review the uses of **ser** and **estar**. Then, practice using them to describe people, places, things, and events in workplace situations.
*Actividades 9–12*

 *¿Recuerdas?* Preterite vs. imperfect pp.R17-R27

**English Grammar Connection:** In English, you use the verb **to be** as a linking verb with nouns, adjectives, and other adverbial phrases. In Spanish, both **ser** and **estar** express *to be*, but they have different uses and meanings.

## Los verbos ser y estar

**Grammar Video**
my.hrw.com

In Spanish, you have to decide whether to use **ser** or **estar**.

**Here's how:**

Use **ser**

- to give the day, date, and time
    - **Es** lunes. **Es** el dos de mayo. **Son** las cuatro.
- with nouns that define the subject, or that tell professions
    - Ricardo **es** el jefe de la compañía.
- with **de** to show ownership, to say where someone is from, or what something is made of
    - La hoja de vida **es del** nuevo aspirante.
    - Ricardo **es de** México.
    - Estas carpetas **son de** cartón reciclado.
- with certain adjectives to say what someone or something is like
    - Nuestro nuevo jefe **es** inteligente y simpático.
    - Sus antecedentes académicos **son** excelentes.
- to give the location of an event
    - La reunión no **es** aquí. **Es** en Buenos Aires.

Use **estar**

- to tell where something is
    - La Bolsa de Valores de México **está** en el Paseo de la Reforma.
- with certain adjectives to talk about someone's health or feelings
    - **Estoy** bien, pero ayer **estuve** enfermo todo el día.
    - Los economistas van a **estar** muy preocupados el año que viene.
    - Un buen administrador debe **estar** dispuesto a ayudar a sus empleados.

*continúa en la página 13*

Unidad 1
doce

*viene de la página 12*

You use **ser** with adjectives that describe inherent traits and **estar** with adjectives that describe conditions. However, with some **adjectives**, you can use either **ser** or **estar** but with a *different shade of meaning*.

| ser | estar |
|---|---|
| The speaker considers the characteristic inherent or expected. | The speaker expresses a subjective opinion. This is often expressed in English with *to look, to seem, to feel,* or *to taste*. |
| Nuestro jefe **es callado**. *Our boss **is quiet** (a quiet person).* | Nuestro jefe **está callado**. *Our boss **seems quiet** (not saying much at the moment).* |
| Patricia **es guapa**. *Patricia **is pretty**.* | ¡Vaya! ¡Qué **guapa está** Patricia hoy. *Well, doesn't Patricia **look nice** today!* |
| El seguro **es caro**. *Insurance **is** (usually) **expensive**.* | El seguro de esa compañía **está caro**. *That company's insurance **is** (surprisingly) **expensive**.* |
| Tu hijo **es** muy **alto**. *Your son **is** very **tall**.* | ¡Qué **alto está** tu hijo! *Your son **looks** so **tall**! (taller than the last time I saw him)* |
| El café **es bueno**. *Coffee **is good**. (a good drink)* | El café **está bueno**. *The coffee (that I'm drinking) **tastes good**.* |

Some **adjectives** have a *different meaning* depending on whether they are used with **ser** or **estar**.

| adjective | ser | estar |
|---|---|---|
| aburrido(a) | La reunión **fue aburrida**. *The meeting **was boring**.* | Hernán **estuvo aburrido** todo el día. *Hernán **was bored** all day.* |
| listo(a) | Nuestra bolsista **es lista**. *Our broker **is smart**.* | El agente **está listo** para la entrevista. *The agent **is ready** for the interview.* |
| malo(a) | El jefe **es malo**. *The boss **is mean**.* | La administradora **está mala**. *The administrator **is ill**.* |
| rico(a) | Nuestra jefa no **es rica**. *Our boss **isn't rich**.* | La comida de la cafetería **está rica**. *The cafeteria food **is delicious**.* |

**Más práctica**
Cuaderno *pp. 2–3*

Conjuguemos.com
my.hrw.com

Lección 1
trece

# Práctica de GRAMÁTICA

## 9 ¿A qué te debes dedicar?

**Leer**  Lee y completa la siguiente encuesta para ver a qué tipo de trabajo te debes dedicar.

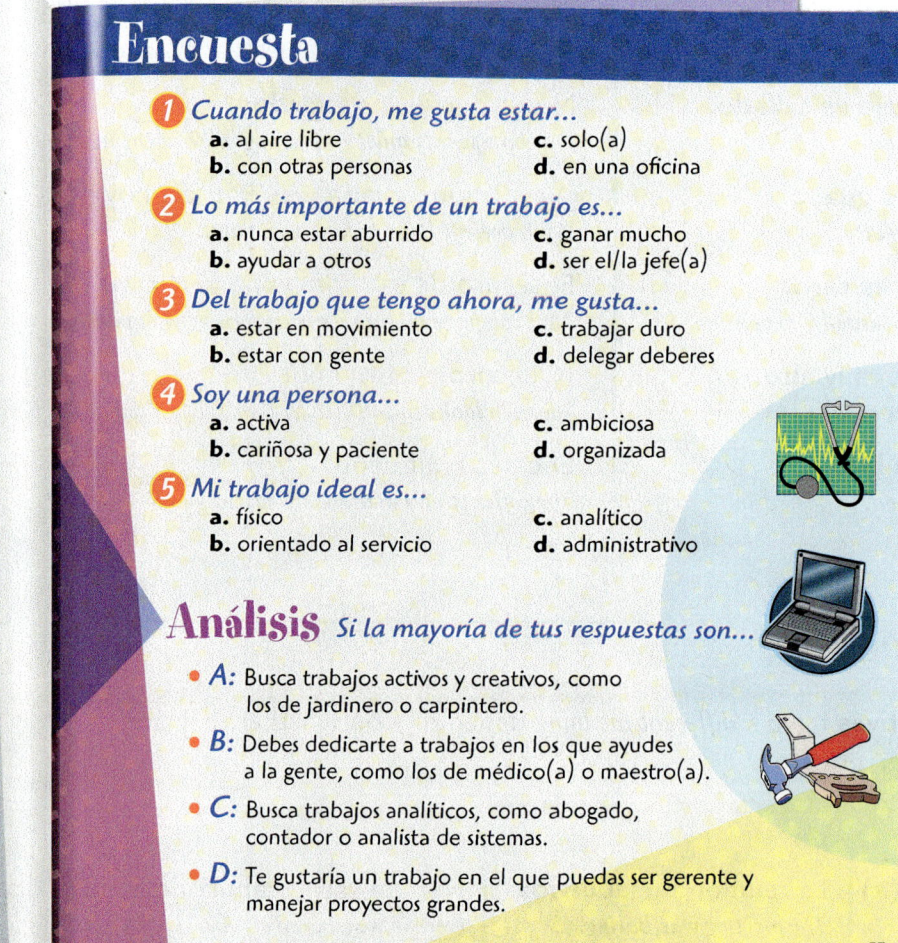

**Expansión**
Envía un e-mail a un(a) compañero(a). Cuéntale los resultados de la encuesta y pregúntale a qué trabajo debes dedicarte.

## 10 El día de Ángel    ¿Recuerdas? Preterite vs. imperfect pp. R17–R27

**Leer Escribir**  Completa el párrafo con el pretérito o el imperfecto de **ser** o **estar**.

El viernes __1.__ el primer día de trabajo para Ángel. __2.__ las 8:00 y Ángel __3.__ en su apartamento. __4.__ nervioso porque tenía que reunirse con el señor Mercado. Éste __5.__ su nuevo jefe, y Ángel no lo conocía muy bien. Todos decían que el señor Mercado __6.__ simpático y listo. Ángel __7.__ preocupado porque su último jefe __8.__ muy exigente, y no quería trabajar otra vez para un hombre que fuera malo con sus empleados. Pero debía apurarse porque la reunión __9.__ a las 9:00.

Unidad 1
catorce

## 11 Al empezar un nuevo trabajo

**Escuchar / Escribir**

Una gerente habla con un nuevo empleado. Escucha lo que dice y determina si las siguientes oraciones son verdaderas o falsas. Corrige las falsas.

1. La señora Gutiérrez es panameña.
2. El puesto tiene que ver con relaciones públicas.
3. Nadie está contento con el nuevo empleado.
4. La computadora está cerca de los archivos.
5. El empleado debe llenar una solicitud.
6. La reunión es en la oficina de la gerente.
7. La comida allí es cara.
8. La gerente fue mala con el empleado.

**Expansión**
¿Dónde se encuentra el fax? ¿Para qué son las planillas?

## 12 Preguntas y respuestas

**Hablar**

Tu amigo(a) tuvo una entrevista de trabajo. Pregúntale cómo le fue. Usa las indicaciones y la forma correcta de **ser** o **estar**.

1. la entrevista (¿a qué hora?)
2. el (la) gerente (¿cómo?)
3. el puesto (¿qué?, ¿cómo?)
4. el sueldo y los beneficios (¿cuáles?, ¿qué?)
5. la oficina (¿dónde?)
6. los empleados (¿cómo?)
7. la entrevista (¿qué tal?)
8. el estado de tu amigo(a) antes y después (¿cómo?)

## Comparación cultural

### La solicitud de empleo

En los países hispanos, es común que te pidan información personal en una solicitud de empleo, como por ejemplo la edad y el estado civil; es decir, si eres casado(a) o no. Además, muchas veces te piden una foto. En Latinoamérica, se suele incluir en la hoja de vida el estado civil, la fecha de nacimiento, la nacionalidad y a veces el número de la cédula de identidad.

### Compara con tu mundo

¿Has llenado una solicitud de trabajo alguna vez? ¿Te han pedido una foto? ¿Por qué crees que a veces se pide información personal?

*Más práctica* Cuaderno *pp. 2–3*

**PARA Y PIENSA**

**¿Comprendiste?** Usa **ser** o **estar** para describir a estas personas o cosas.

1. el señor López / secretario
2. los aspirantes / nervioso
3. mis referencias / impresionante
4. la compañía / bueno

Lección 1
quince **15**

# GRAMÁTICA en contexto

**¡AVANZA!** **Goal:** Notice how María Inés and Sergio use **ser** and **estar** in their conversation. Then, use these verbs to ask and answer questions about what they say. *Actividades 13–15*

## Contexto *Diálogo*

**ESTRATEGIA Leer**
**Understand verbs in context** List uses of both **ser** and **estar** from the dialogue and explain why each verb is used.

| Uses of **ser** | Uses of **estar** | Why **ser** or **estar** is used |
|---|---|---|
|  | ¿Cómo estás? | to ask how she is at that moment |
|  |  |  |

**Sergio:** ¡Hola, María Inés! ¿Cómo estás?

**María Inés:** Estoy bien, gracias. ¿Y tú?

**Sergio:** Muy bien. Oye, ¿cómo te fue en la entrevista?

**María Inés:** ¡Fue estupenda! El jefe me dijo que mis antecedentes académicos eran excelentes.

**Sergio:** ¿Y tus referencias? ¿Son buenas también?

**María Inés:** Creo que sí. Tengo una de mi profesor de inglés. Él es exigente, pero justo. Estaba orgulloso de mí cuando gané la competencia de ensayos. La otra es de la contadora en la tienda donde trabajé el verano pasado. Es una mujer simpática.

**Sergio:** Bueno, ¿estabas nerviosa?

**María Inés:** Un poco. Sería oficinista en una compañía de seguros y no tengo experiencia con eso. Si lo consigo, va a ser fascinante y un poco difícil, pero puedo aprender mucho.

**Sergio:** Me imagino. ¿Dónde está la compañía?

**María Inés:** Está en el centro, cerca de la calle Morelos.

**Sergio:** ¿Sabes que está muy cerca del restaurante de mis padres? Si consigues el puesto, puedes almorzar con nosotros.

**María Inés:** ¡Ay, qué bueno! La comida allí es muy buena y no es cara.

**Sergio:** Bueno, ¡te invito a comer para celebrar una exitosa entrevista!

**María Inés:** Bueno, no estoy segura de que me vayan a ofrecer el trabajo. Había varios aspirantes que eran muy listos y estaban bien preparados. Pero sí, me gustaría almorzar contigo.

**Sergio:** ¡Vámonos! Hablé con mi madre y dijo que el pollo asado estaba muy rico hoy.

Unidad 1

## 13 Comprensión del diálogo

**Leer**
**Escribir**

Corrige estas oraciones falsas sobre el diálogo entre María Inés y Sergio.

1. María Inés no está contenta con la entrevista.
2. El hombre que entrevistó a María Inés era profesor.
3. María Inés no es una buena aspirante.
4. María Inés estuvo enferma.
5. El pollo no tiene buen sabor hoy.
6. María Inés fue la única aspirante para el puesto.

**Expansión**
Escribe dos oraciones ciertas más sobre la conversación.

## 14 En mi opinión

**Escribir**
**Hablar**

Basándote en el diálogo, haz dos oraciones sobre cada elemento del recuadro. Usa **ser** o **estar**.

| el puesto | el restaurante |
| el profesor | la entrevista |
| la aspirante | la contadora |

**modelo:** el profesor
El profesor es exigente, pero está orgulloso de su estudiante.

## 15 ¿Qué hago?

**Hablar**

En parejas, dramaticen esta situación. Luego represéntensela a la clase.

**A**
- Hoy es sábado y estás aburrido(a). Tu amigo(a) te llama por teléfono.
- Dile que has decidido buscar un trabajo para ganar dinero.
- Puedes trabajar después de clases y durante el fin de semana. Crees que eres responsable.

**B**
- Hoy es sábado y llamas por teléfono a tu amigo(a) para saber qué hace.
- Tienes un tío que busca a una persona responsable para un trabajo de medio tiempo.
- Sabes que tu amigo(a) siempre llega tarde a clase y a las reuniones con amigos.

---

**PARA Y PIENSA**

**¿Comprendiste?** Completa las oraciones con la forma apropiada de **ser** o **estar**.

1. María Inés _____ lista. Parece muy inteligente.
2. Si le dan el puesto, va a _____ oficinista.
3. La oficina _____ en el centro, cerca del restaurante.
4. Sergio no _____ agente de relaciones públicas.

Lección 1
diecisiete

# Presentación de GRAMÁTICA

**¡AVANZA!** **Goal:** Review and expand on uses of direct and indirect object pronouns. Then practice using them to describe people, places, things, and events in workplace situations. *Actividades 16–18*

**English Grammar Connection:** In English, direct and indirect object pronouns have the same form. You place **indirect objects** *before* **direct objects.**

## Los pronombres de complemento

**Grammar Video**
my.hrw.com

In Spanish, the **direct object** comes after the **verb** and the **indirect object** must always come after the preposition **a**.

**Here's how:** Place the **direct object noun** after the **verb**. The **indirect object noun** must be accompanied by the corresponding **indirect object pronoun** before the conjugated **verb**.

*accompanies*

¿El jefe **le** dio el ascenso **a** Carmen?
*Did the boss give Carmen the promotion?*

Sí, el jefe **le** dio el ascenso.
*Yes, the boss gave her the promotion.*

- Both **direct** and **indirect** objects can be replaced by **pronouns** to avoid repetition. If you have both a **direct** and an **indirect object pronoun** together, the **indirect object pronoun** comes first.

  *indirect object* ↓ ↓ *direct object*

  ¿El jefe no **te** dio el ascenso?
  *Didn't the boss give you the promotion?*

  No, el jefe no **me lo** dio.
  *No, the boss didn't give it to me.*

- If both the **direct** and **indirect object pronouns** are together and both begin with the letter **l**, then change **le(s)** to **se**.

  *change le to se*

  ¿Por qué **le** dio el jefe **el** ascenso **a** Carmen?
  *Why did the boss give Carmen the promotion?*

  **Se lo** dio por su buen trabajo.
  *He gave it to her for her good work.*

- If the verb phrase has an infinitive or **gerundio (-ndo** form**)**, you can attach the pronoun(s) to the infinitive or **gerundio.**

  Yo creía que **me lo** iba a **dar.**   or   Yo creía que iba a **dár**me**lo.**

  Yo **se lo** estuve pidie**ndo.**   or   Yo estuve pidié**ndo**se**lo.**

 For all pronoun forms, *see pages R12–R13.*

*continúa en la página 19*

Unidad 1
dieciocho

*viene de la página 18*

**Indirect objects** are often used with verbs that express *giving*, *showing*, *telling*, *adding*, or *taking away*.

> Pon**le** la cubierta **a la fotocopiadora** antes de salir.
> *Put the cover **over the photocopier** before leaving.*

> **Al administrador le** robaron el laptop en el parque ayer.
> *The administrator had his laptop stolen **from him** in the park yesterday.*

> La compañía **le** quitó el auto **a Pablo** después del segundo accidente.
> *The company took the car **away from Pablo** after the second accident.*

> **A Sandra le** costó mucho esfuerzo conseguir ese ascenso.
> *Getting that promotion took a lot of effort **out of Sandra**.*

> Tengo que poner**le** más información **a mi hoja de vida**.
> *I need to put more information **into my résumé**.*

**Indirect objects** are also used in places where in English you might use a **prepositional phrase**.

> Al momento final **nos** cambiaron las fechas límite para el proyecto.
> *At the last minute they changed the project's deadlines **on us**.*

> Compré más seguro porque **les** tengo miedo **a las inundaciones**.
> *I bought more insurance because I'm afraid **of floods**.*

> Todo **me** salió bien en la entrevista.
> *Everything turned out well **for me** in the interview.*

The verbs **pedir** and **preguntar** each mean *to ask*, but in different ways. Both are used with direct and indirect objects.

| pedir | preguntar |
|---|---|
| The verb **pedir** means to ask for a favor or to make a request of someone. | The verb **preguntar** means to ask a question or to ask for information. |
| Voy a **pedirle un favor al administrador**. *I'll ask a favor of the administrator*. | Voy a **preguntarle al administrador dónde está el archivo**. *I'll ask the administrator where the file is*. |
| Voy a **pedírselo**. *I'll ask (it of) him*. | Voy a **preguntárselo**. *I'll ask (him the question)*. |

**Más práctica**
Cuaderno *pp. 4–5*

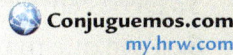

# Práctica de GRAMÁTICA

## 16 | La entrevista

Escribir

Usa los dibujos y las frases indicadas para escribir oraciones sobre qué hacen estas personas durante la entrevista.

**modelo:** ¿la experiencia? (explicar)
El aspirante se la explica al director.

1. ¿la información sobre los trabajos? (pedir)
2. ¿la solicitud? (mandar)
3. ¿la hoja de vida? (entregar)
4. ¿los antecedentes académicos? (describir)
5. ¿las referencias? (pedir)
6. ¿el puesto? (ofrecer)

## 17 | ¿A quién?

Escuchar

Escucha las preguntas y completa las respuestas con pronombres de complemento directo e indirecto.

**modelo:** (Escuchas) —¿A quién le mandó Enrique la hoja de vida?
(Escribes) —**Se la** mandó a la oficina de personal.

1. ____ ____ piden al personal de limpieza.
2. ____ ____ piden al personal de mantenimiento.
3. ____ ____ das al becario.
4. ____ ____ pido al jefe.
5. Debes entregár____ a la oficina de personal.
6. Tuve que mandár____ al agente.
7. ____ ____ pedimos a varias compañías.
8. ____ ____ pedí a mis profesores.

## 18 | En la oficina

**Hablar**

Dramaticen una conversación entre un(a) jefe (jefa) y su empleado(a). Túrnense para hacer preguntas y contestarlas usando pronombres de complemento directo e indirecto.

**A** ¿Me puede comprobar las referencias del becario?

**B** Se las estoy comprobando ahora mismo.

1. conseguir planillas
2. dar referencias
3. guardar archivos
4. mandar el fax
5. ofrecerle el puesto al aspirante
6. sacar copias

**Expansión**
Dramaticen dos conversaciones más con **pedirle más información** y **llenar la solicitud**.

## Comparación cultural

### Las horas de trabajo

Las grandes compañías en las grandes ciudades hispanas operan con un horario parecido a las compañías de Estados Unidos. Sin embargo, los negocios pequeños de algunos países todavía observan la costumbre de la siesta. Cierran a la hora del almuerzo—más o menos a la 1:30 o a las 2:00 de la tarde—y luego vuelven a abrir hacia las 4:00 o las 5:00 por unas horas más. Durante las horas de la siesta, la gente vuelve a casa para almorzar en familia y descansar.

**AGENCIA DE VIAJES SOL**
HORARIO:
de lunes a viernes
de 9:00 AM a 12:30 PM
de 3:00 PM a 6:30 PM

Letrero de una agencia de viajes en Antigua, Guatemala

### Compara con tu mundo

¿Qué horas trabajan tus padres y los padres de tus amigos? ¿Vuelven a casa para almorzar? ¿Almuerzas tú en casa o en el colegio? ¿Duermes la siesta?

**Más práctica** Cuaderno *pp. 4–5*

**PARA Y PIENSA**

**¿Comprendiste?** Usa los pronombres de complemento directo e indirecto para contestar las siguientes preguntas.
1. ¿El gerente te dio el puesto? (sí)
2. ¿Cuándo le pidió Raquel un ascenso a la jefa? (hace dos semanas)
3. ¿Les fue bien a ustedes en la reunión? (sí)
4. ¿Me trajiste los archivos del cajón? (sí)

Lección 1
veintiuno **21**

# GRAMÁTICA en contexto

**¡AVANZA!** **Goal:** Notice how María Inés and her new boss use object pronouns in their conversation. Then, use object pronouns to answer questions about their interview. *Actividades 19–20*

## Contexto *Diálogo*

**ESTRATEGIA Leer**
**Find the antecedents** Complete a table with ten object pronouns from the dialogue. Then, tell what the pronouns take the place of.

| Pronombres de complemento directo e indirecto | el complemento directo | el complemento indirecto |
|---|---|---|
| le di su hoja de vida | la hoja de vida | le = a la vice presidente |
|  |  |  |

**María Inés:** Muy buenos días, señor Arriola. ¿Cómo está?

**Sr. Arriola:** Estoy bien, gracias. Bueno, le di su hoja de vida y sus referencias a la vice presidente de la compañía. Ella quedó impresionada con sus antecedentes académicos y su experiencia previa. Todavía nos falta la carta de referencia de su jefa anterior, pero su profesor nos la recomendó sin reservaciones. Así que es un placer ofrecerle el puesto de oficinista.

**María Inés:** Gracias. ¿Me puede dar más información sobre el sueldo y los beneficios?

**Sr. Arriola:** Claro que sí. El puesto es de tiempo completo y paga $1800.00 por mes. Si acepta, además del sueldo usted recibirá seguro de salud, el plan privado de jubilación y seguro de vida.

**María Inés:** Bueno, me gustaría aceptar el puesto. ¿Cuándo empezaría?

**Sr. Arriola:** La semana entrante. Antes tendría que llenar las planillas para el seguro y entregárselas al secretario.

**María Inés:** Y si necesito información sobre dónde encontrar las cosas en la oficina, ¿a quién se la pido?

**Sr. Arriola:** Puede pedírsela a Roberto, el secretario. Una cosa más. ¿Cree usted que la Sra. Hernández nos puede enviar la carta de recomendación? Nos gustaría tenerla para el archivo.

**María Inés:** Puede llamarla y explicarle lo que necesita. Me imagino que ella podrá mandársela mañana. Entonces, ¿lo veo el lunes?

**Sr. Arriola:** Sí, a las ocho y media. Permítame darle la bienvenida.

**María Inés:** ¡Es un placer, señor Arriola! Gracias por todo.

Unidad 1

## 19 | Comprensión del diálogo

**Leer
Escribir**

Contesta las preguntas sobre el diálogo.
1. ¿A quién le falta una carta de referencia?
2. ¿Qué hizo el profesor?
3. ¿Qué debe hacer María Inés antes del lunes?
4. ¿Qué le ofrece el señor Arriola a María Inés?
5. ¿Qué le explica el señor Arriola a María Inés?
6. ¿Qué necesita el señor Arriola?
7. ¿Es posible que la señora Hernández envíe la carta?
8. ¿Qué quiere darle el señor Arriola a María Inés?

**Expansión**
Di a qué o a quién se refieren las palabras subrayadas:
**Nos** gustaría tener**la** para el archivo.
¿A quién **se la** pido?
Me imagino que **ella** puede mandár**sela** mañana.

## 20 | Tengo mucha experiencia

**Hablar**

En parejas, dramaticen esta situación formal. Luego represéntensela a la clase. Usen el registro apropiado.

 **A**

- Tienes una entrevista para un trabajo de oficinista en una agencia de relaciones públicas.
- Ya llenaste una solicitud completa con referencias y se la mandaste al (a la) secretario(a) de la compañía.
- Tienes mucha experiencia con la tecnología.
- No tienes mucha experiencia con la composición de anuncios, pero sacaste buenas notas en las clases de inglés y de español.

 **B**

- Eres gerente y vas a entrevistar a un(a) aspirante para el puesto de oficinista.
- No tienes las cartas de referencia del (de la) aspirante.
- La secretaria actual no maneja bien las computadoras.
- Necesitas un empleado que sepa comunicarse con la comunidad y escribir anuncios.

**PARA Y PIENSA**

**¿Comprendiste?** Contesta las preguntas según el diálogo. Usa pronombres de complemento directo e indirecto.
1. ¿el sueldo y los beneficios? _____ _____ elaboró el señor Arriola a María Inés.
2. ¿las planillas? María Inés debe entregár_____ al secretario antes.
3. ¿más información? María Inés puede pedír_____ a Roberto.
4. ¿la carta de recomendación? La señora Hernández _____ _____ mandará mañana al señor Arriola.

# Todo junto

**¡AVANZA!** **Goal:** *Show what you know* Read the Web page of the employment agency. Then use the vocabulary and grammar from this lesson to do the activities that follow. *Actividades 21–25*

## Contexto *Página Web de una agencia de empleo*

**ESTRATEGIA** Leer
**Group information into categories** Group each job listed into the categories in the diagram, based on what the job requires. Some jobs fit into more than one category.

Tanto aspirantes como empresas usan agencias de empleos para encontrar el mejor trabajo o empleado. Mira la página Web de esta agencia para ver qué puestos hay y quiénes buscan trabajo.

---

http://www.todoempleo.hm.com

Regístrese | **Empleos** | Solicitantes | Contáctenos

### Agencia de empleos TodoEmpleo

Bienvenidos a nuestra página Web. Están a su disposición todos nuestros servicios en buscar trabajo o reclutar personal. Nuestra base de datos cuenta con la más amplia selección de personal y empresas. Somos un líder en la evaluación y verificación de personal. Garantizamos referencias comprobadas.

#### Buscar empleo
Actualmente tenemos vacantes en las siguientes áreas:
- administrativos
- carpinteros
- chóferes
- diseño gráfico
- jardineros
- hotelería

#### Buscar personal
Actualmente tenemos aspirantes para los siguientes puestos:
- cocineros
- electricistas
- empleadas domésticas
- programadores
- relaciones públicas
- secretarios

#### Personal bilingüe
Actualmente se solicitan personas bilingües (inglés-español) para los siguientes puestos:
- agentes de seguros
- enfermeros
- cajeros
- recepcionistas
- intérpretes
- vendedores

Para ver los trabajos y/o los aspirantes en nuestra base de datos, hay que registrarse.
Para más información, contáctenos a admin@todoempleo.hm.com o al 1-888-555-4321.

**Oficina central:** Av. de las Granjas, 433  **Sucursales:** Avenida Central, 84; Alameda, 772

## 21 Comprensión de la página Web

Leer
Escribir

Contesta las preguntas sobre la agencia y su página Web.

1. ¿Qué parte(s) del anuncio te interesan más si buscas trabajo?
2. ¿En cuáles áreas hay vacantes?
3. Imagina que tienes una empresa y que buscas empleados. ¿Qué parte de este anuncio debes leer?
4. Mira la lista de puestos bilingües. ¿Por qué sería útil ser bilingüe al desempeñar estos trabajos?
5. ¿Cómo puedes saber más sobre los puestos y aspirantes sin llamar o ir a la agencia en persona?
6. ¿Cuál de estos empleos puedes desempeñar actualmente?

## 22 La agencia TodoEmpleo

Leer
Escribir

Completa la conversación entre Tere y Nico con el pronombre correcto o la forma correcta de **ser** o **estar**.

**Tere:** Nico, __1.__ (te/le) quería preguntar algo. Sé que __2.__ (ser/estar) buscando trabajo. ¿Conoces la agencia TodoEmpleo?

**Nico:** No creo. ¿Dónde __3.__ (ser/estar) esa agencia?

**Tere:** Pues, tienen varias oficinas, pero creo que __4.__ (ser/estar) mejor si vas a su sitio Web. Allí tienen información sobre las vacantes. Todo parece __5.__ (ser/estar) muy actualizado.

**Nico:** Ahora que __6.__ (me lo/te lo) dices, creo que Yoli también usó esa agencia. Según ella, ellos __7.__ (se/la) ayudaron mucho. Yoli se registró, __8.__ (se/les) mandó su currículum y a la semana, __9.__ (le/se) ofrecieron varios puestos.

**Tere:** Y si te registras, ellos __10.__ (te/le) avisan si hay vacantes en tu área de interés.

**Nico:** __11.__ (Me/Te) has dado una buena sugerencia. Voy a investigar. ¿Cuál __12.__ (ser/estar) su dirección electrónica?

**Tere:** No sé, Yoli __13.__ (te la/te lo) puede dar. Pero espera un rato; ahora yo __14.__ (ser/estar) usando la computadora. __15.__ (Le/Se) quiero mandar unas fotos a Yoli.

## 23 ¡Adivínalo tú!

Hablar

Escoge cuatro puestos del anuncio, sin decírselos a tu compañero(a). Di qué se hace en los puestos y cuáles son los requisitos. Tu compañero(a) tratará de adivinar qué puestos escogiste.

**A** En este trabajo, tienes que saber mucho sobre plantas.

**B** ¿Es jardinero?

**Expansión**
Escoge dos puestos más y descríbeselos a tu compañero(a). ¿Los puede adivinar?

## 24 Nuestra propia agencia de empleo

**Escuchar Escribir**

Escucha a Marta y a Jorge mientras hablan de empezar su propia agencia de empleo. Luego contesta las preguntas.

1. ¿Qué problema tienen Marta, Jorge y sus compañeros con respecto al trabajo?
2. ¿Cuál es la idea de Marta?
3. ¿Qué le parece la idea a Jorge?
4. ¿Qué trabajo podría desempeñar Jorge? ¿Y Armando?
5. ¿Cuál sería un posible trabajo para Lupe?
6. ¿Quién es Víctor y qué sabe hacer él?
7. Según Jorge, la agencia puede servir a dos grupos. ¿Cuáles son?
8. ¿Por qué piensa Jorge contratar a Marta?

**Expansión**
Tu compañero(a) y tú están por abrir una agencia de viajes y necesitan contratar un(a) empleado(a). Hablen de qué buscan y por qué.

## 25 Una encuesta

**Hablar Escribir**

Entrevista a tus compañeros de clase para identificar a aquellas personas a quienes les correspondan las siguientes características. Luego escribe un resumen de los resultados.

A: ¿Ya tienes un trabajo?

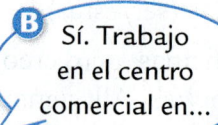

B: Sí. Trabajo en el centro comercial en...

1. ya tienen un trabajo
2. piensan solicitar un empleo este año
3. han trabajado como becarios alguna vez
4. se atrasan a veces en sus clases
5. ya saben qué trabajo quieren desempeñar en el futuro
6. tienen experiencia trabajando con niños
7. han trabajado en restaurantes o tiendas
8. han utilizado sus conocimientos de español en algún trabajo

**Expansión**
Averigua también quiénes prefieren no trabajar y a quiénes les gustaría tener un trabajo diferente. ¿Por qué?

# Para crear

Hablar
Escribir

### Episodio para una telenovela

En grupos, creen un episodio para una telenovela titulada «Intriga en la oficina». Usen su imaginación y sigan las instrucciones a continuación. Luego dramaticen el episodio.

la jefa · el aspirante · la becaria · el administrador · el cartero · la recepcionista

### Para comenzar

1. Determinen en qué negocio trabajan estas personas y elijan nombres para los personajes.
2. Decidan qué relación hay entre ellos. ¿Cómo se llevan? ¿Quiénes están peleados o enamorados? ¿Quién sabe los secretos de todos?
3. ¿Cómo son los personajes? ¿Quién es chismoso(a)? ¿Mentiroso(a)? ¿Poderoso(a)? ¿Quién es de confiar?
4. Creen un bosquejo para el guión del episodio. ¿Cuál es la situación o conflicto central?
5. Decidan quién hará el papel de cada personaje.
6. Escriban un borrador del guión. ¿Qué le dicen todos a la jefa? ¿Qué les dice ella? ¿A quién le cuenta todo la recepcionista?

*Más práctica* Cuaderno *pp. 6–7*

**¿Comprendiste?** Contesta las siguientes preguntas.
1. Si eres aspirante para un trabajo, ¿qué documentos hay que darle a la persona que te entrevista?
2. ¿Qué te preguntan en una entrevista para un trabajo? ¿De qué tienes que hablar en esa situación?
3. ¿Qué carrera te gustaría desempeñar? ¿Qué antecedentes académicos serían importantes en esa carrera?
4. Si eres aspirante, o si buscas personal, ¿cómo te puede ayudar una agencia de empleo?

Lección 1
veintisiete

# En resumen
## Vocabulario y gramática

## Vocabulario

### La solicitud

| | |
|---|---|
| los antecedentes académicos | academic records, transcripts |
| el (la) aspirante | applicant |
| el diploma | degree |
| la experiencia | experience |
| la hoja de vida | résumé |
| la letra de molde | printing |
| la planilla | form |
| el puesto | position, job |
| la referencia | reference |

### El personal

| | |
|---|---|
| el (la) agente de relaciones públicas | public relations agent |
| el (la) analista de sistemas | systems analyst |
| el (la) becario(a) | intern |
| el beneficio | benefit |
| el (la) jefe(a) | boss |
| la oficina de personal | human resources department |
| el personal de limpieza | cleaning staff |
| el personal de mantenimiento | maintenance staff |
| el plan de jubilación privada | 401(k) |
| el seguro de salud | health insurance |
| el seguro de vida | life insurance |

### En la oficina

| | |
|---|---|
| el archivo | file cabinet |
| el archivo electrónico | electronic file |
| el cajón | drawer |
| la carpeta | folder |
| el fax | fax machine |
| la fotocopia | photocopy |
| la fotocopiadora | photocopier |
| la grapadora | stapler |

### Para describir acciones

| | |
|---|---|
| atrasarse | to get behind (schedule) |
| desempeñar | to hold (a position), to carry out |
| jubilarse | to retire |
| ser despedido(a) | to get fired |

### Ya sabes esto

| | |
|---|---|
| la computadora | computer |
| la oficina | office |
| solicitar | to apply |
| la solicitud | application |
| el título | degree, title |

**28** Unidad 1
veintiocho

# Gramática

## Los verbos ser y estar

Use **ser**
- to give the day, date, and time
- to tell the location of an event
- with adjectives to describe inherent characteristics
- with **de** to show ownership or to say where someone is from
- to say what something is made of

Use **estar**
- to give the location of something
- to describe someone's health or feelings

With some adjectives, you might use either verb. In general, use **ser** to give inherent traits. Use **estar** to describe how things *look*, *feel*, or *taste* at a given moment. Some adjectives have different meanings altogether depending on which verb you use.

> Nuestro jefe **es** guapo, pero hoy **está** guapísimo.
> *Our boss **is** handsome, but today he **looks** especially nice.*

> Claro que **estuvimos** aburridos. Nuestro trabajo **es** aburrido.
> *Sure we **were** bored. Our job **is** boring.*

## Los pronombres de complemento

Place **direct objects** directly after the **verb**. Place **indirect objects** after the **preposition a** and include the corresponding **indirect object pronoun** before the conjugated verb.

> El jefe **les** compró una nueva computadora **a** los oficinistas.
> *The boss bought **the office workers a new computer**.*

Both **direct** and **indirect** objects can be replaced by **pronouns**. When replacing both **direct** and **indirect** objects with **pronouns** in the same sentence, place the **indirect object pronoun** first. If both pronouns begin with the letter **l**, change **le(s)** to **se**.

> ¿**Le** van a dar el ascenso a Carmen?
> *Are they going to give **Carmen the promotion**?*

> Sí, **se lo** van a dar.
> *Yes, they're going to give **it to her**.*

Use **indirect objects** with verbs that express *giving, showing, telling, adding,* or *taking away*.

> **Le** quitaron el carro **a** Julio.
> *They took the car away **from Julio**.*

> **Le** puse mucho esfuerzo **a** mi hoja de vida.
> *I put a lot of effort **into my résumé**.*

Both **preguntar** (*to ask a question*) and **pedir** (*to ask for something*) take **indirect objects**.

> **Le** pregunté **a** Silvia si quería venir.
> *I asked **Silvia** whether she wanted to come.*

> **Le** pedí un préstamo **a** mi jefe.
> *I asked **my boss** for a loan.*

# UNIDAD 1
## Lección 2

*Tema:*
### Comunicándose en el trabajo

**¡AVANZA!** In this lesson, you will learn to
- talk about workplace communications
- exchange work-related emails
- describe the ideal employee

*using*
- reflexive pronouns
- verbs with prepositions

♻ *¿Recuerdas?*
- conditional
- preterite
- present perfect

## Comparación cultural

**In this lesson you will learn about**
- work-related proverbs in Spanish
- work and vacation schedules in Spanish-speaking countries
- workplace etiquette in Spanish-speaking countries
- green industries and jobs in Argentina, Spain, and Guatemala

### Compara con tu mundo
En este hospital, las computadoras forman parte del equipo médico. Todos dependen de ellas para comunicarse y solucionar problemas. *¿Para qué usas tú las computadoras?*

### ¿Qué ves?
*Mira la foto*
¿Qué están haciendo estas personas?

¿Qué trabajos crees que desempeñan?

¿Por qué serán necesarias las computadoras en un hospital?

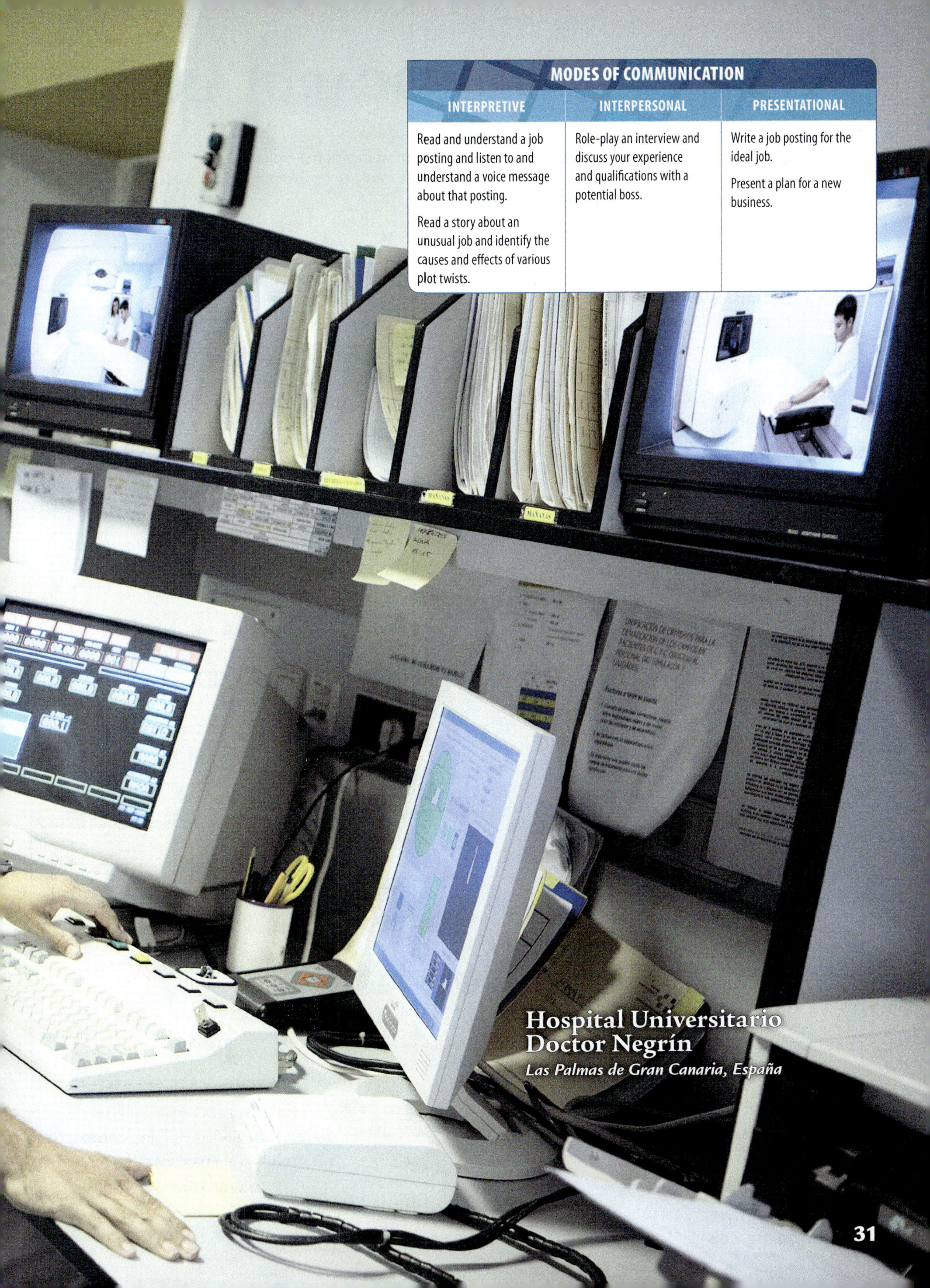

## MODES OF COMMUNICATION

| INTERPRETIVE | INTERPERSONAL | PRESENTATIONAL |
|---|---|---|
| Read and understand a job posting and listen to and understand a voice message about that posting.<br><br>Read a story about an unusual job and identify the causes and effects of various plot twists. | Role-play an interview and discuss your experience and qualifications with a potential boss. | Write a job posting for the ideal job.<br><br>Present a plan for a new business. |

Hospital Universitario
Doctor Negrín
*Las Palmas de Gran Canaria, España*

# Presentación de VOCABULARIO

**¡AVANZA!** **Goal:** Learn how to talk about workplace communications, exchange work-related emails, and describe the ideal employee. *Actividades 1–4*

♻ **¿Recuerdas?** Conditional p. R17

**A** Hay muchas maneras de **comunicarse** en un trabajo. Puedes escribir **correos electrónicos,** cartas, **informes** o **memorándums,** que son resúmenes de información importante. Algunos mensajes son **confidenciales,** es decir que sólo los puede leer la persona indicada.

**B** Si el mensaje que escribes es formal, debes empezarlo con frases como **«Estimado…»** o **«Muy señor mío»,** y terminarlo con **«Atentamente».** Si es una carta informal puedes empezar con **«Querido…»** y terminarla con **«Cariños»** o **«Un abrazo».**

**C** Otra manera de comunicarse es enviando archivos electrónicos en diferentes formatos. Con **el procesador de textos** puedes escribir informes y cartas.

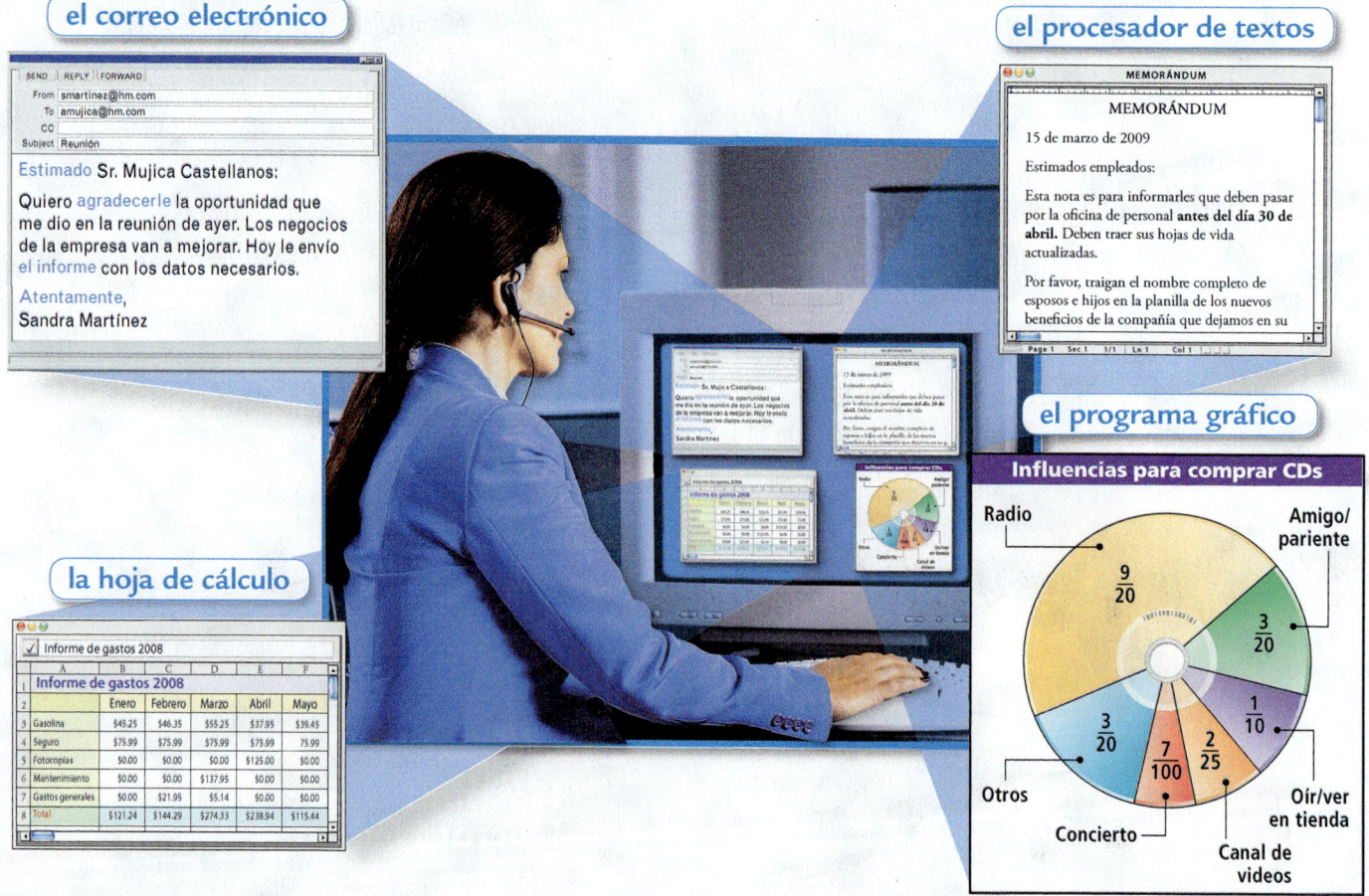

el correo electrónico

el procesador de textos

el programa gráfico

la hoja de cálculo

**D** Con **la hoja de cálculo** haces tablas con fórmulas matemáticas.

**E** Con un **programa gráfico** haces diagramas. Todos pueden compartir sus archivos si sus computadoras están conectadas al **servidor.**

Unidad 1
treinta y dos

**F** El **sistema de telefonía** es muy importante para comunicarse. Puedes hacer **llamadas locales** a tu ciudad, **de larga distancia** a otra ciudad o **internacionales** a otro país. Por medio de una **conferencia telefónica** puedes hablar con más de una persona al mismo tiempo.

la conferencia telefónica

**G** Lo más moderno es **la videoconferencia.** Las personas se reúnen en **la sala de conferencias** y usan un micrófono y una cámara para hablar y ver a otro grupo que está en otro lugar. ¡Es como ver televisión y hablar con los actores! Y si usas un **programa de presentación** con la computadora, puedes mostrar fotos y diagramas en una pantalla gigante.

la videoconferencia

el programa de presentación

**H** Además de la buena comunicación, aquí tienes tres secretos para tener éxito en el trabajo:
- Respetar **el código de vestimenta** de la empresa.
- Entregar los proyectos en **la fecha límite,** o sea el día indicado.
- Nunca **llegar tarde** al trabajo, sino a la hora de entrada.

Y no olvides la regla principal: Cuando te comunicas debes ser **cortés** y muy amable.

### Más vocabulario

| | |
|---|---|
| **agradecer** to thank | **el horario de verano** summer hours |
| **aprobar** to approve | **el horario flexible** flex time |
| **el ascenso** promotion | **las horas extras** overtime |
| **la base de datos** database | **el (la) supervisor(a)** supervisor |
| **el día personal** personal day | **trabajar por cuenta propia** to be self-employed |
| **el día por enfermedad** sick day | **el trabajo de medio tiempo** part-time job |
| **eficiente** efficient | **el trabajo de tiempo completo** full-time job |

### ¡A responder! Escuchar

Hoy es el primer día de Irene en su nuevo trabajo. Por la tarde, ella recibe un correo electrónico de la Sra. Mata. Escucha el mensaje y decide si el correo electrónico es formal o informal.

Lección 2
treinta y tres

# Práctica de VOCABULARIO

## 1 | ¿Cómo trabajarías?   ¿*Recuerdas?* Conditional p. R17

**Leer**  En esta revista hay una encuesta sobre tus preferencias para trabajar. Léela con atención y completa las oraciones para determinar cuál sería el mejor trabajo para ti.

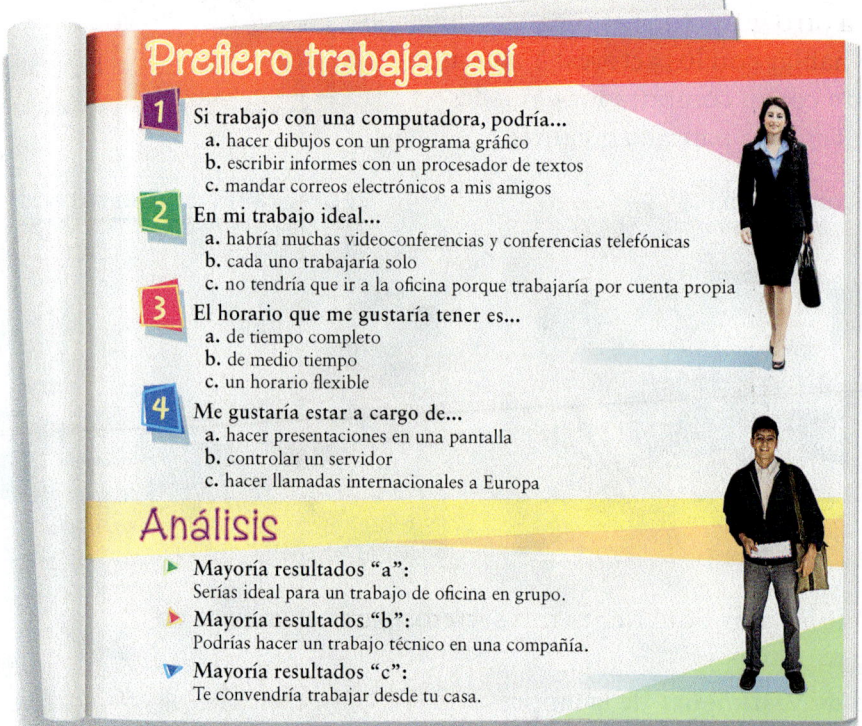

### Prefiero trabajar así

**1** Si trabajo con una computadora, podría...
 a. hacer dibujos con un programa gráfico
 b. escribir informes con un procesador de textos
 c. mandar correos electrónicos a mis amigos

**2** En mi trabajo ideal...
 a. habría muchas videoconferencias y conferencias telefónicas
 b. cada uno trabajaría solo
 c. no tendría que ir a la oficina porque trabajaría por cuenta propia

**3** El horario que me gustaría tener es...
 a. de tiempo completo
 b. de medio tiempo
 c. un horario flexible

**4** Me gustaría estar a cargo de...
 a. hacer presentaciones en una pantalla
 b. controlar un servidor
 c. hacer llamadas internacionales a Europa

### Análisis

▶ **Mayoría resultados "a":**
 Serías ideal para un trabajo de oficina en grupo.
▶ **Mayoría resultados "b":**
 Podrías hacer un trabajo técnico en una compañía.
▼ **Mayoría resultados "c":**
 Te convendría trabajar desde tu casa.

**Expansión**
Da tres ejemplos de un trabajo por cuenta propia.

## 2 | Cartas diferentes

**Leer Escribir**  En cada nota o correo electrónico faltan algunas palabras. Algunos son mensajes formales y otros informales. Complétalos con el saludo o despedida apropiado para cada uno.

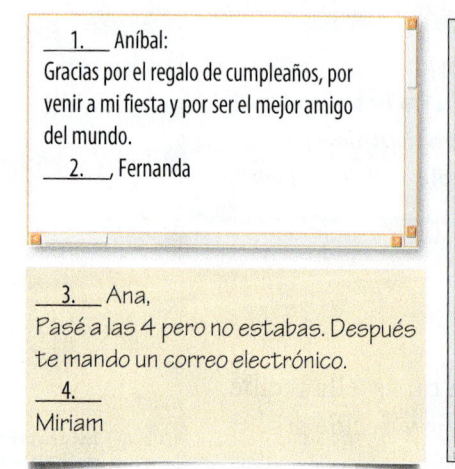

__1.__ Aníbal:
Gracias por el regalo de cumpleaños, por venir a mi fiesta y por ser el mejor amigo del mundo.
__2.__ , Fernanda

__3.__ Ana,
Pasé a las 4 pero no estabas. Después te mando un correo electrónico.
__4.__
Miriam

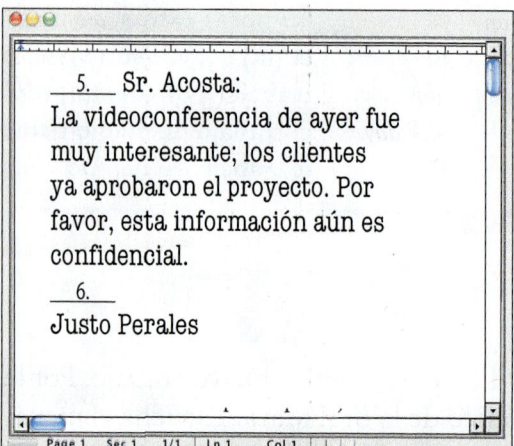

__5.__ Sr. Acosta:
La videoconferencia de ayer fue muy interesante; los clientes ya aprobaron el proyecto. Por favor, esta información aún es confidencial.
__6.__
Justo Perales

Unidad 1
34  treinta y cuatro

## 3 | Hablando con la tía

**Escuchar Escribir**

José Luis empezó a trabajar la semana pasada en una oficina de Bogotá, Colombia. Escucha lo que le cuenta a su tía y luego contesta las preguntas.

1. ¿Dónde trabaja José Luis?
2. ¿Qué usó José Luis hasta ahora, el teléfono o la computadora?
3. ¿Crees que llamó a México o a Bogotá?
4. ¿Qué programa de computadora va a usar enseguida?
5. ¿Qué hace su jefe cada vez que José Luis hace algo?

## 4 | Horarios

**Hablar**

Dos empleados hablan con su jefe sobre los horarios de trabajo. En grupos de tres, representen la situación. Preparen preguntas y respuestas lógicas usando el banco de palabras y otras palabras de esta lección.

| | | |
|---|---|---|
| días personales | horario flexible | horario de verano |
| llegar tarde | código de vestimenta | trabajo de medio tiempo |

## Comparación cultural

### Dichos y refranes

En español hay muchos dichos sobre el trabajo. Algunos dicen que trabajando se puede lograr mucho, como «Al hombre osado la fortuna le da la mano» y «Quien no se arriesga, no gana nada». Otros hablan de la resignación ante la necesidad de trabajar, como «En esta vida caduca, el que no trabaja no manduca» y, del refranero medieval del Marqués de Santillana, «No hay atajo sin trabajo». ¿Por qué crees que hay dichos que reflejan dos actitudes distintas hacia el trabajo?

### Compara con tu mundo

Los dichos suelen ser universales. En español se dice, por ejemplo, «A más manos, menos trabajo» para indicar que un trabajo repartido entre varios se hace más fácilmente. ¿Puedes citar un dicho equivalente en inglés?

A más manos, menos trabajo.

*Más práctica*  Cuaderno *p. 11*

**PARA Y PIENSA**

**¿Comprendiste?**
1. Cuando los empleados tienen que hablar de trabajo, ¿dónde se reúnen?
2. ¿Qué es un memorándum?
3. Nombra una manera formal de empezar y de terminar una carta.

Lección 2
treinta y cinco   **35**

# VOCABULARIO en contexto

**¡AVANZA!** **Goal:** Read the e-mail that Eva wrote to Cristián and the ad she attached in it. Compare the vocabulary in the e-mail and the ad. Then compare Cristián's job search with your own experience. **Actividades 5–7**

## Contexto  *Correo electrónico y anuncio de trabajo*

**ESTRATEGIA Leer**
**Compare the language** As you read the e-mail and the ad, pay attention to the words that make each text formal or informal. Complete a chart like this with words from both texts for each category.

| Formal | Informal |
|--------|----------|
| Usted  |          |
|        |          |
|        |          |

Eva Mora, una chica de Santiago de Chile, leyó en Internet el anuncio de un trabajo que puede interesarle a Cristián. Eva pegó el anuncio en un correo electrónico y se lo envió a Cristián.

---

Enviar   Reenviar   Borrar   Adjuntar

**De:** "Eva Mora" <evamora@hm.com>
**A:** "Cristián" <cris88@hm.com>
**Asunto:** **Trabajo interesante**

¡Hola, Cristián!

Te envío este anuncio. A lo mejor te puede interesar.

Nos vemos mañana.
Un abrazo de tu amiga,
Eva

---

### CHILECHIP INC.

**S**i Ud. es una persona cortés, eficiente, organizada y puntual. Si a Ud. le gusta comunicarse con los demás. Si le interesa trabajar fuera de Santiago...

¡Usted es la persona que buscamos!

Somos una compañía internacional de equipos de comunicación para oficina, como computadoras, sistemas de telefonía y videoconferencias. Necesitamos vendedor(a) para distribuir nuestros productos en ciudades próximas a Santiago.

- Trabajo a medio tiempo o tiempo completo
- Posibilidad de horas extras
- Sueldo, comisión y bonos de fin de año

Para pedir una solicitud, comunicarse a chilechip@hm.com
Visite nuestra página www.chilechip.hm.com

**Paquete de beneficios incluye:**
- Seguro de salud y de vida
- Plan de jubilación privada
- Tres semanas de vacaciones
- Días personales
- Posibilidades de ascenso

Unidad 1

## 5 Comprensión del correo electrónico y el anuncio

**Leer**
**Escribir**

Lee el correo electrónico de Eva y contesta las preguntas.

1. ¿Por qué le envía Eva el correo electrónico a Cristián?
2. ¿Qué tipo de anuncio pega Eva en el correo electrónico?
3. ¿Cuál es el tono del anuncio: formal o informal?
4. ¿Qué tipo de trabajo ofrecen?
5. Nombra dos características que debe tener el candidato.
6. ¿Cuántas horas por semana hay que trabajar?
7. Si Cristián vive en Santiago, ¿podrá ir caminando a ese trabajo?
8. ¿Ofrecen seguro de vida?

**Expansión**
Escribe un correo electrónico de Cristián a Eva, agradeciéndole por la información y explicándole por qué está o no interesado en el trabajo.

## 6 Comunícate con la compañía

**Escribir**

Imagina que eres Cristián y mándale un correo electrónico formal a la compañía. Incluye tus datos, antecedentes académicos y experiencia. Haz preguntas sobre la compañía y las tareas que debes hacer en el trabajo.

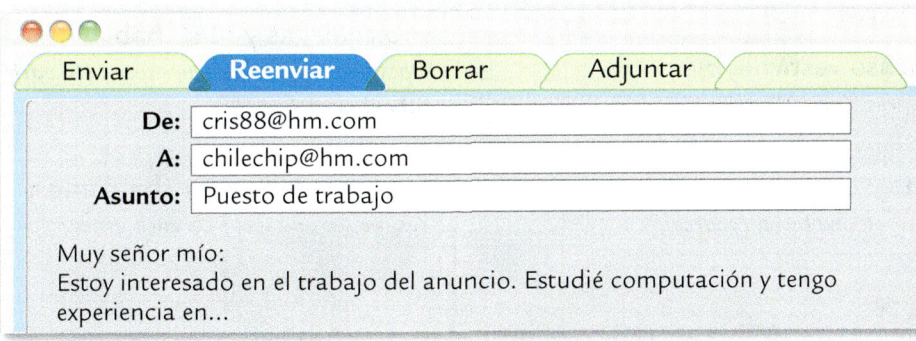

De: cris88@hm.com
A: chilechip@hm.com
Asunto: Puesto de trabajo

Muy señor mío:
Estoy interesado en el trabajo del anuncio. Estudié computación y tengo experiencia en…

**Expansión**
Responde por e-mail las preguntas que tu compañero escriba como Cristián.

## 7 Ustedes deciden

**Hablar**

Con un(a) compañero(a), opinen sobre el contenido del anuncio que envió Eva. Lean las siguientes preguntas y decidan la posición de cada uno.

1. ¿Qué características requeridas en el anuncio tienen ustedes?
2. ¿Cuál es la característica más importante de un vendedor? ¿Por qué?
3. ¿Aceptarían un trabajo lejos de casa? ¿Bajo qué condiciones?
4. ¿Cuáles son las ventajas y desventajas del trabajo a medio tiempo?
5. Les piden que trabajen tres horas extras por día. ¿Lo aceptan? ¿Por qué?
6. ¿Qué beneficio del anuncio les parece más importante y por qué?

**PARA Y PIENSA**

**¿Comprendiste?**

1. ¿Cuál es la ventaja de pegar el anuncio en el correo electrónico?
2. ¿Por qué crees que una de las características requeridas es ser cortés?
3. ¿Qué quiere decir el anuncio con «posibilidades de ascenso»?

Lección 2
treinta y siete **37**

# Presentación de GRAMÁTICA

**¡AVANZA!** **Goal:** Review and expand on uses of reflexive pronouns. Then, practice using them to describe people, places, things, and events in workplace situations. *Actividades 8–11*

 *¿Recuerdas?* Preterite pp. R17–R27

**English Grammar Connection:** In English, you use the **reflexive pronouns** **myself, yourself,** and so on when the subject performs an action on itself.

## Los pronombres reflexivos

**Grammar Video**
my.hrw.com

In Spanish, you use **reflexive pronouns** in several ways.

**Here's how:**

- To say that the subject acts upon itself

  *subject acts on self*
  (Yo) pienso **vestirme** bien hoy.
  I plan to dress **(myself)** well today.

  Sí, **ponte** (tú) traje y corbata.
  Yes, put a suit and tie on **(yourself)**.

- To express reciprocal actions

  ¿Tus colegas y tú **se hablan** mucho?
  Do you and your colleagues speak **(to each other)** much?

  Sí, **nos** vemos y **nos** hablamos.
  Yes, we see and speak **to each other**.

- To change the meaning of some verbs

| Without reflexive pronoun | With **reflexive pronoun** |
|---|---|
| **despedir** to dismiss, to fire | **despedirse** to say good-bye |
| **hacer** to make, to do | **hacerse** +noun to become |
| **ir** to go | **irse** to leave |
| **llevar** to carry | **llevarse** to get along |
| **quedar** to be left, to be located | **quedarse** to stay |
| **poner** to put, to place | **ponerse** +adj. to become, to get |
| **volver** to go back | **volverse** +adj. to turn |

Use **reflexive pronouns** with many verbs that express thoughts, emotional reactions, and changes in state.

| | |
|---|---|
| **aburrirse** to get bored | **enojarse** to get angry |
| **alegrarse** to be glad | **ofenderse** to get offended |
| **asombrarse** to be amazed | **preocuparse** to get worried |
| **asustarse** to get scared | **reírse** to laugh |
| **enfermarse** to get sick | |

*Más práctica*
Cuaderno pp. 12–13

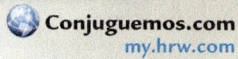
Conjuguemos.com
my.hrw.com

Unidad 1

# Práctica de GRAMÁTICA

## 8 | El primer día de trabajo

**Leer**
**Escribir**

Completa el párrafo con los pronombres apropiados.

El primer día de trabajo __1.__ puse un vestido y tacones altos y __2.__ arreglé con cuidado. Llegué temprano y comencé a explorar la oficina. En la sala de conferencias vi la pantalla para programas de presentación y __3.__ asombré de que fuera tan grande. No les hacía caso a los cables en el piso. Mis tacones altos __4.__ enredaron en los cables y __5.__ resbalé. Al caerme, desenchufé varias computadoras que __6.__ apagaron en seguida. Fue entonces cuando llegaron todos. ¡Uy! __7.__ presentamos y tuve que explicarles todo. Nadie perdió sus archivos y no __8.__ enojaron mis colegas. Ahora __9.__ reímos al recordar la historia, pero ese día pensé que ellos __10.__ habían enojado.

**Expansión**
Cierto o falso: La empleada se lleva bien con sus colegas. El jefe despidió a la empleada.

## 9 | ¿Qué expresa?

**Escuchar**

Escucha y decide si las oraciones se refieren a:

a. acciones reflexivas
b. acciones recíprocas
c. pensamientos o emociones
d. ninguno de los anteriores

## 10 | Pobre Pancho  ¿Recuerdas? Preterite pp. R17–R27

**Escribir**
**Hablar**

Usa las palabras del recuadro y los dibujos para describir lo que les pasó a estas personas.

**modelo:** Pancho se enfermó hace dos días.

| hacerse | aburrirse | irse a |
| enojarse | alegrarse | convertirse en |
| preocuparse | enfermarse | reunirse |

Pancho

1. Elena y Vicente
2. Ignacio
3. Jacobo
4. los estudiantes
5. Alejandra
6. Rigoberto

Lección 2
treinta y nueve  **39**

## 11 | Me enojo cuando...

**Hablar**  Con un(a) compañero(a), túrnense para contestar las siguientes preguntas.

1. ¿Cómo te prepararías para una entrevista?
2. ¿Qué preparación académica necesitas para hacerte astronauta?
3. ¿Te pones nervioso(a) en las entrevistas?
4. ¿Cómo debes saludar a y despedirte de tu jefe? ¿Por qué?
5. ¿Te llevas bien con tus familiares y con tus amigos? ¿Sería difícil llevarte bien con tus colegas? ¿Por qué sí o por qué no?
6. ¿Con qué te vistes si tienes una entrevista?
7. Cuando piensas en tu futuro, ¿de qué te preocupas más?
8. ¿Te has aburrido en un trabajo? ¿Qué pasó?

**A** ¿Te enojas cuando trabajas con otras personas?

**B** Sí. Me enojo cuando ellos no trabajan tanto como yo.

## Comparación cultural

### El trabajo y las vacaciones

Los hispanos gozan de más días de vacaciones y de días feriados que los norteamericanos. En España, por ejemplo, casi todo el mundo toma un mes de vacaciones en agosto. Mira la siguiente tabla para tener una idea de las vacaciones que las compañías están obligadas a permitir en varios países hispanos. En Estados Unidos las compañías no están obligadas a ofrecer vacaciones, pero la mayoría ofrece unos diez días al año.

De vacaciones en Valle Nevado, Chile, cerca de Santiago

| Número de días de vacaciones, por país | | | |
|---|---|---|---|
| Argentina | 14 días | Puerto Rico | 15 días |
| Chile | 15 días | España | 30 días |
| México | 6 días | Venezuela | 15 días |

### Compara con tu mundo

¿Cuántos días de vacaciones tienen tus padres? ¿Cuáles son las ventajas y desventajas de tomar un mes entero de vacaciones?

**Más práctica** Cuaderno *pp. 12–13*

**¿Comprendiste?** Escribe el pronombre reflexivo apropiado. Si no hace falta ningún pronombre, deja el espacio en blanco.

1. Ayer _____ tuve que comunicar con la gerente de la otra compañía.
2. Juan _____ puso el informe en el escritorio de su colega.
3. Su jefe _____ enojó cuando _____ despidieron a Melinda.

Unidad 1
**40** cuarenta

# GRAMÁTICA en contexto

**¡AVANZA!** **Goal:** Notice how María Inés uses reflexive pronouns in her letter. Then, use these pronouns to ask and answer questions about what she writes. *Actividades 12–14*

## Contexto *Carta*

**ESTRATEGIA** Leer
**Find different uses of reflexive pronouns** Complete a table with verbs used with reflexive pronouns in the letter. Then, use a checkmark to show how each reflexive pronoun is used.

| Verb with reflexive pronoun | Subject acts upon itself | Expresses a reciprocal action | Expresses an emotion or change in state |
|---|---|---|---|
| *Me pongo* | | | √ |
| | | | |

Piedras 914
Buenos Aires, Argentina

2 de octubre, 2009

Compañía de Seguros Capital
Avenida 9 de Julio 222
Buenos Aires, Argentina.

Estimado Señor Arriola:

    Quiero agradecerle la oportunidad que usted me ha dado al ofrecerme el puesto de oficinista. Estoy muy impresionada con la compañía y con sus empleados, y me siento muy feliz al pensar que voy a trabajar con un grupo tan talentoso. Creo que sería imposible aburrirme trabajando al lado de colegas tan entusiastas y dedicados. Me parece que va a ser muy fácil llevarme bien con ellos. Además, me alegro mucho de que usted sea mi supervisor. Fue un placer conocerlo y hablar con usted sobre el trabajo, y espero poder aprovechar de su experiencia y conocimiento del negocio.

    Me olvidé de preguntarle: ¿cuál es el código de vestimenta?, ¿cuántos días por enfermedad ofrecen? Según lo que tengo entendido, debo usar vestidos de calle. Y si me enfermo, debo avisarles a usted y a la oficina de personal. Lo que no me queda muy claro es el número de días que me dan. Si usted pudiera aclararme estas preguntas, se lo agradecería mucho.

Lo saluda atentamente,

*María Inés Vigo*

Lección 2

## 12 Comprensión de la carta

**Leer Escribir**

Contesta estas preguntas sobre la carta que escribió María Inés.

1. ¿De qué se alegra María Inés?
2. ¿Cómo se siente María Inés con los otros empleados?
3. ¿Crees que María Inés se va a aburrir? ¿Por qué sí o no?
4. ¿Por qué quiere María Inés ser supervisada por el señor Arriola?
5. ¿Qué quiere saber María Inés en caso de que se enferme?
6. ¿De qué manera tiene que vestirse María Inés? ¿Qué debe ponerse?

**Expansión**
Indica si los pronombres en las siguientes expresiones son pronombres de complemento directo, indirecto o reflexivos: ofrecer**me**, agradecer**le**, conocer**lo**, **se lo** agradecería.

## 13 Explícale a María Inés...

**Escribir Hablar**

María Inés tiene muchas preguntas sobre la oficina. Explícale en un e-mail qué tiene que hacer. Usa los verbos del recuadro.

| | |
|---|---|
| irse | verse |
| enfermarse | comunicarse |
| hablarse | prepararse |
| vestirse | cuidarse |

**modelo:** los días por enfermedad
Si te enfermas, tienes que avisarle al jefe y a la oficina de personal.

1. el horario de verano
2. el horario flexible
3. el sistema de telefonía
4. la conferencia telefónica
5. la videoconferencia
6. el código de vestimenta

## 14 ¡Ay, no puedo!

**Hablar**

En parejas, dramaticen esta situación. Luego represéntensela a la clase.

**A**
- Solicitas un puesto como oficinista. Hablas con el (la) supervisor(a). Te vistes con camiseta y pantalones cortos.
- Puedes trabajar durante el verano. Te aburren las computadoras.
- No tienes referencias.
- Tienes un campamento de fútbol la semana que viene.

**B**
- Hablas con un(a) aspirante para oficinista que no respeta el código de vestimenta.
- Buscas a alguien que pueda trabajar por un año y que tenga experiencia con la computación.
- El (La) aspirante no ha entregado referencias.
- Te preocupas porque el (la) aspirante debe empezar pronto.

**PARA Y PIENSA**

**¿Comprendiste?** Escoge el pronombre que mejor completa cada oración.
1. (Se / La) preocupa por el código de vestimenta.
2. Ella piensa poner(se / le) un vestido el primer día de trabajo.
3. Está segura de que no (la / se) va a aburrir.

Unidad 1

# Presentación de GRAMÁTICA

**¡AVANZA!** **Goal:** Review and expand on uses of prepositions with verbs. Then, practice using them to describe people, places, things, and events in workplace situations. **Actividades 15–19**

 *¿Recuerdas?* Present perfect, p. R20

**English Grammar Connection:** In English, you can use **prepositional phrases** with **verbs** to add to or complete the meaning of the sentence.

In my letter, I **wrote** **about** my academic experience.

## Verbos más preposiciones

**Grammar Video**
my.hrw.com

In Spanish, you may not necessarily use the corresponding **preposition** in English. You must learn each expression along with its preposition.

| Some expressions with *a* | |
|---|---|
| **acostumbrarse a** *to get used to* | Yo ya me **acostumbré a** trabajar aquí. *I've already gotten used to working here.* |
| **atreverse a** *to dare (to)* | No me **atreví a** pedirle un aumento al jefe. *I didn't dare ask the boss for a raise.* |
| **ayudar a** *to help (to)* | Ella me va a **ayudar a** terminar el trabajo. *She's going to help me (to) finish the work.* |
| **negarse a** *to refuse to* | Juan Carlos se **negó a** trabajar después de las seis. *Juan Carlos refused to work after six.* |

 Remember to use **a personal** when the direct object of a verb is a person.

Voy a ayudar **a** la jefa a archivar los documentos.
*I'm going to help the boss file the documents.*

| Some expressions with *en* | |
|---|---|
| **confiar en** *to trust* | Nosotros **confiamos en** ti. *We **trust** you.* |
| **consistir en** *to consist of* | ¿**En** qué **consiste** este trabajo? *What does the job consist of?* |
| **fijarse en** *to notice* | ¿Te **fijaste en** este correo electrónico? *Did you notice this e-mail?* |
| **pensar en** *to think about* | ¿Estabas **pensando en** tus compañeros de clase? *Were you thinking about your classmates?* |

*continúa en la página 44*

Lección 2
cuarenta y tres **43**

*viene de la página 43*

### Some expressions with con

| | | |
|---|---|---|
| **bastar con** *to be enough (to)* | Para ese puesto **basta con** una carta de presentación. *For that job a letter of introduction **is enough**.* | |
| **casarse con** *to marry* | Reynaldo se jubiló después de **casarse con** Isabel. *Reynaldo retired after **marrying** Isabel.* | |
| **contar con** *to count on* | Nunca podía **contar con** él. *I could never **count on** him.* | |
| **encontrarse con** *to meet (up with)* | Puedes **encontrarte con** nosotras en el restaurante. *You can **meet (up with)** us at the restaurant.* | |
| **soñar con** *to dream of/about* | María Elena **soñaba con** trabajar por cuenta propia. *María Elena **dreamed of** being self-employed.* | |

### Some expressions with de

| | |
|---|---|
| **acabar de** + *infinitive* *to have just done something* | **Acabo de** archivar todos los documentos. *I **have just** filed all the documents.* |
| **acordarse de** *to remember to/about* | ¿Te **acordaste de** llamar a Mónica? *Did you **remember to** call Mónica?* |
| **alegrarse de** *to be glad to/about* | Ella se **alegró de** ofrecerme el puesto. *She **was glad to** offer me the job.* |
| **darse cuenta de** *to realize* | No se **dieron cuenta del** problema que tenían. *They didn't **realize** the problem that they had.* |
| **encargarse de** *to take charge/care of* | ¿Tú te **encargaste de** llamar a los empleados? *Did you **take care of** calling the employees?* |
| **enterarse de** *to find out about* | Cuando nos **enteramos de** la vacante, avisamos a Jorge. *When **we found out about** the opening, we let Jorge know.* |
| **terminar de** *to finish* | Siempre descanso después de **terminar de** trabajar. *I always rest after I **finish** working.* |
| **tratar de** *to try to* | Voy a **tratar de** no trabajar tiempo extra. *I'm going to **try** not **to** work overtime.* |

*Más práctica*
Cuaderno *pp.* 14–15

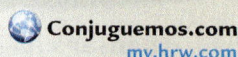

Unidad 1
cuarenta y cuatro

# Práctica de GRAMÁTICA

## 15 | El supervisor

Leer
Escribir

Completa las oraciones con la preposición correcta.

1. El trabajo de un supervisor consiste ____ determinar qué se necesita hacer y a quién le toca hacerlo.
2. Si hay muchos empleados, tiene que pensar ____ cómo coordinar el trabajo.
3. Si un empleado tiene un problema, basta ____ hablar con el supervisor.
4. A veces los supervisores no se dan cuenta ____ que hay problemas.
5. Cuando se entera el supervisor ____ que hay un problema, habla con el empleado para ayudar ____ resolverlo.
6. El supervisor puede negarse ____ darle un ascenso a un empleado.
7. Si el supervisor es bueno, todos confían ____ él.

## 16 | Planes para el viernes

Leer
Escribir

Benjamín y Sofía están intercambiando mensajes instantáneos. Completa su diálogo con las preposiciones correctas.

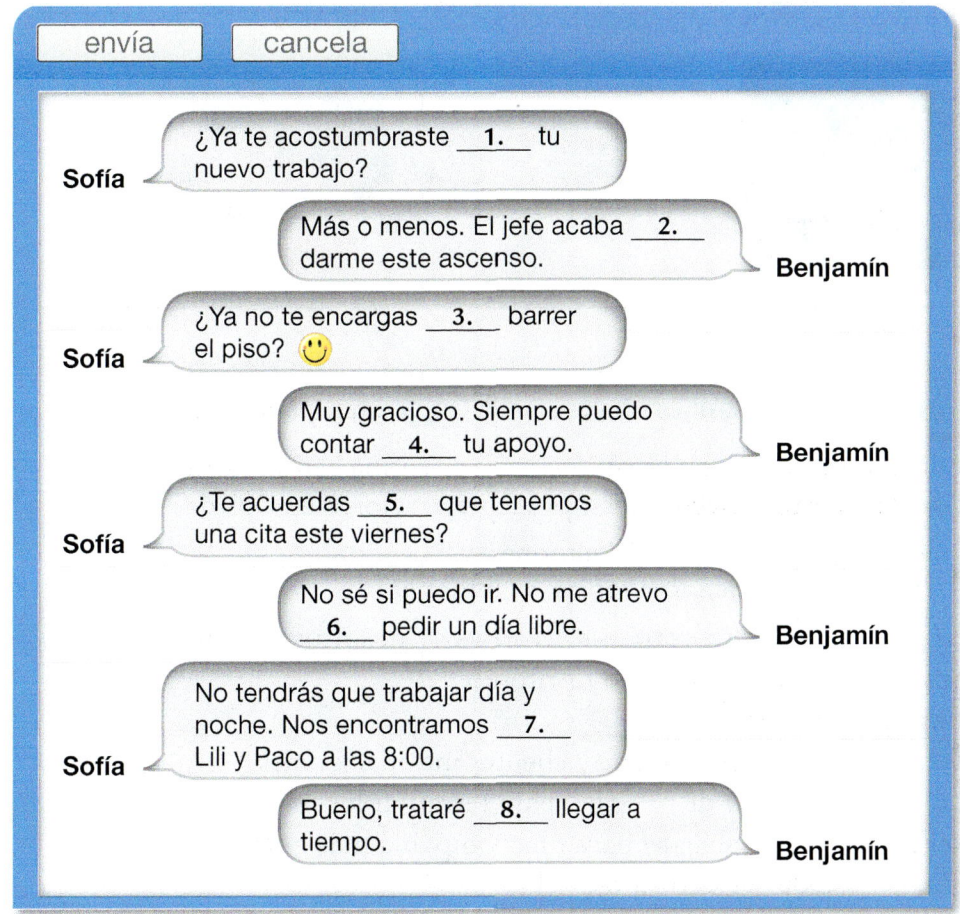

**Sofía:** ¿Ya te acostumbraste __1.__ tu nuevo trabajo?

**Benjamín:** Más o menos. El jefe acaba __2.__ darme este ascenso.

**Sofía:** ¿Ya no te encargas __3.__ barrer el piso? 😊

**Benjamín:** Muy gracioso. Siempre puedo contar __4.__ tu apoyo.

**Sofía:** ¿Te acuerdas __5.__ que tenemos una cita este viernes?

**Benjamín:** No sé si puedo ir. No me atrevo __6.__ pedir un día libre.

**Sofía:** No tendrás que trabajar día y noche. Nos encontramos __7.__ Lili y Paco a las 8:00.

**Benjamín:** Bueno, trataré __8.__ llegar a tiempo.

**Expansión**
¿Se niega Benjamín a salir con Sofía? ¿Qué va a hacer él cuando termine de trabajar el viernes?

# 17 La foto correspondiente

Escuchar | Escucha las descripciones y escoge la foto que le corresponda.

a.

b.

c.

d.

e.

f.

g.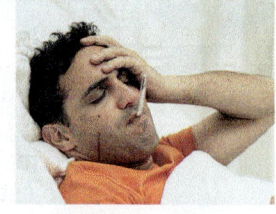

h.

# 18 ¿Has pensado en pedir un ascenso?   *¿Recuerdas?* Present perfect, p. R20

Escribir
Hablar

Usa las indicaciones para hacer preguntas sobre la rutina dentro de una oficina. Usa el pretérito perfecto e incluye las preposiciones apropiadas.

**modelo:** terminar / sacar /copias del informe
¿Has terminado de sacar copias del informe?

1. fijarse / tú / cantidad de correos electrónicos / nosotros / escribir
2. negarse / jefa / darle un ascenso / Antonio
3. confiar / jefa / sus empleados
4. atreverse / usted / pedirle dinero / clientes internacionales
5. contar / tú / la ayuda / de colegas / para terminar los informes
6. pensar / el agente / trabajar / para una compañía más grande
7. acordarse / ustedes / videoconferencia

Unidad 1
cuarenta y seis

## 19 Y ahora, te toca

**Hablar**

Con un(a) compañero(a), túrnense para contestar las siguientes preguntas.

A: ¿En qué piensas?
B: Pienso en toda la tarea que tengo. ¿Tú tienes mucha?

1. ¿Con qué sueñas después de graduarte del colegio?
2. ¿Con quién cuentas cuando tienes un problema en el trabajo o en la escuela?
3. ¿De qué te alegras?
4. ¿Cuándo fue la última vez que te encargaste de algo? ¿Qué fue?
5. ¿Qué haces cuando terminas de hacer la tarea?
6. ¿Qué trabajo te negarías a hacer?
7. ¿En quién confías más que nadie?
8. ¿Qué deberes tratas de hacer todos los días?

**Expansión**
Hagan y contesten las preguntas por mensajes de texto o por e-mail.

## Comparación cultural

### Los negocios en el mundo hispano

Al estadounidense puede sorprenderle que la puntualidad no tenga la misma importancia en los negocios hispanos. Si una reunión se fija para el mediodía, nadie se sorprende si no comienza a las 12:00 en punto. Además, es frecuente que hablen de otras cosas antes de hablar de negocios. Para el hispano es importante conocer a la persona como individuo además de como colega. Si se trata de negocios internacionales en los cuales es necesario comunicarse con clientes por medio de conferencias telefónicas, entonces sí se trata de ser puntual.

Hombres de negocio saludándose, Barcelona

También hay diferencias en cuanto al espacio. Los hispanos tienden a dejar menos espacio entre ellos y las personas con quienes hablan. También hay más contacto físico, como la toma de un brazo o una palmada en el hombro.

### Compara con tu mundo

Si trabajaras para una compañía hispana, ¿crees que te sería fácil o difícil acostumbrarte a la hora latina? ¿Cómo te sientes cuando hablas con una persona que no deja mucho espacio entre ustedes?

**Más práctica** Cuaderno pp. 14–15

**¿Comprendiste?** Indica la preposición apropiada.
1. ¿Te das cuenta (de / a) que tenemos que entregar el informe hoy?
2. El trabajo consiste (de / en) preparar presentaciones.
3. No se atreve (a / de) criticar al jefe.
4. Contamos (a / con) la cooperación de nuestros clientes internacionales.

# GRAMÁTICA en contexto

**¡AVANZA!** **Goal:** Notice how María Inés uses prepositional phrases with verbs in her e-mail. Then, use these prepositional phrases to ask and answer questions about what she writes. *Actividades 20–22*

## Contexto  *Correo electrónico*

**ESTRATEGIA Leer**
**Use a cluster diagram to organize** Complete a cluster diagram with prepositions used in the e-mail. Then, write the verbs that are used with each preposition.

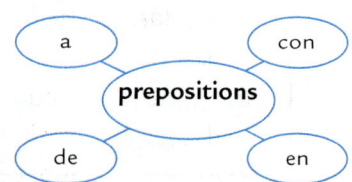

28 de octubre, 2009
Querido Sergio,

Anoche me di cuenta de que todavía no te has enterado de mis buenas noticias. ¡Hace un mes me ofrecieron el puesto de oficinista en la compañía Seguros Capital! (Aquí te adjunto una foto que un colega me sacó.) Empecé a trabajar la primera semana de octubre, y me gusta mucho. El trabajo consiste en ayudar a los empleados a utilizar el sistema de telefonía y la red de computadoras. Me encargo de reservar las salas de conferencias y arreglar las conferencias telefónicas entre nuestras oficinas y los clientes internacionales. Estoy tratando de ayudar más con los programas de presentación, pero todavía no manejo bien el software. Acabo de inscribirme en una clase, así que sueño con hacer presentaciones magníficas dentro de poco.

Otras noticias: ¿te acuerdas de Marinela Piñeda? Se va a casar en unos meses, y ¿sabes con quién? ¡Con Alfredo Domínguez! En el colegio se odiaban, pero ahora se llevan super bien. Marinela me dijo que se alegró de que pidiera su mano porque confiaba en él y podía contar con él. No me atreví a recordarle aquel instante hace años cuando se encontró con él en un café y él no le hizo caso. Ella se negó a hablarle por meses. Parece que ya han hecho las paces.

Bueno, basta con todo eso. Si termino de hacer la tarea, voy a acostarme temprano. Todavía no me he acostumbrado a levantarme a las 7:00 para ir a trabajar. ¡Escríbeme pronto!

María Inés

## 20 | Comprensión del correo electrónico

**Leer** Basándote en el correo electrónico, empareja el nombre de la persona con la oración que la describe: **Sergio, María Inés, Alfredo** o **Marinela**.

1. Su trabajo consiste en ayudar a la gente en una oficina.
2. No se enteró de que su amiga consiguió un trabajo.
3. Está aprendiendo a usar los programas de presentación.
4. Se casa con un hombre que antes le caía mal.
5. No se ha acostumbrado a seguir su nuevo horario.
6. Acaba de empezar a trabajar.
7. Dice que puede contar con su novio.
8. Se encontró con su amiga y no le hizo caso.

**Expansión**
Cierto o falso:
1. María Inés se niega a hablar con Sergio.
2. Marinela confía en Alfredo.

## 21 | Querida María Inés...

**Escribir** Sergio vuelve a escribirle a María Inés. Escribe su respuesta usando los verbos del recuadro.

| | |
|---|---|
| alegrarse de | soñar con |
| ayudar a | acordarse de |
| pensar en | enterarse de |
| acabar de | tratar de |
| casarse con | empezar a |

**modelo:** acabar de
Acabo de recibir tu correo electrónico.

## 22 | Me encargo de muchas cosas

**Hablar** En parejas, dramaticen la siguiente situación. Usen verbos y preposiciones cuando puedan. Luego represéntensela a la clase.

 **A**
- Llevas dos años trabajando para una compañía y acaba de llegar tu nuevo(a) jefe(a). Quiere hablar contigo sobre tu trabajo.
- Dile qué haces en la oficina.
- Responde que te gustaría hacerte agente de relaciones públicas algún día.
- Dile que te gustaría ayudarlo(la) en todo lo posible.

 **B**
- Eres el (la) nuevo(a) jefe(a). Quieres hablar con un(a) empleado(a) sobre el trabajo.
- Pregúntale al (a la) empleado(a) qué responsabilidades tiene.
- Pregúntale qué cosas él o ella quiere realizar en el futuro.
- Dile que le tienes mucha confianza y que te parece que trabaja muy bien.

**PARA Y PIENSA**

**¿Comprendiste?** Completa las oraciones con la preposición apropiada.
1. El trabajo de María Inés consiste _____ ayudar a sus colegas.
2. María Inés se sorprende de que Marinela se case _____ Alfredo.
3. María Inés todavía no ha terminado _____ hacer la tarea.

Lección 2
cuarenta y nueve **49**

# Todo junto

**¡AVANZA!** **Goal: Show what you know** Notice how Isabel and Carlos use **ser** and **estar** as well as pronouns as they discuss Carlos's interview. Then conduct a mock interview with a partner. *Actividades 23–26*

## Contexto *Video*

**ESTRATEGIAS**

**Analyze main idea and theme** To understand the development of a story and to analyze its main idea and theme, you must follow the conflict(s). What are the conflicts in the discussions between Carlos and Isabel? Are they minor or serious?

**Read body language** As you watch, notice the characters' body language. How do their physical actions add to or affect what they say?

*Resumen* Por la mañana Isabel y Carlos hablan de lo que va a pasar durante el día. Carlos le explica a Isabel que está emocionado por su entrevista. Cuando Carlos llega a casa por la tarde, le cuenta a Isabel cómo le fue.

**Isabel:** Hoy viene el agente de seguros a hablar con nosotros. Quiere vendernos un seguro de vida y un seguro contra inundaciones.

**Carlos:** ¿Para qué? Aquí nunca hay inundaciones... y yo no pienso morirme.

**Isabel:** ¡Ay, Carlos! ¿Nunca hay inundaciones aquí? ¡Eres imposible! ¿A qué hora vas a estar de vuelta hoy?

**Carlos:** No sé. Tengo la entrevista con el jefe de personal de la compañía Lux a las tres. Estoy un poco nervioso porque en la solicitud yo digo que tengo conocimiento de informática y que soy contador público.

**Isabel:** Bueno, eres tenedor de libros y sabes algo de composición de textos.

**Carlos:** Y me considero una persona lista, organizada, eficiente... ¡Estoy seguro de que me van a dar el puesto!

**Isabel:** Yo creo que te estás haciendo ilusiones, querido, pero ¡buena suerte!

*Más tarde*

**Isabel:** ¡Carlos! Estás de buen humor, de modo que el puesto es tuyo. ¡Cuánto me alegro!

**Carlos:** No... no exactamente. ¡Qué suerte! ¡No te imaginas qué antipático que es el jefe de personal!

**Isabel:** Pero... yo quiero comprar una fotocopiadora y un archivo para mi oficina... ¿De dónde voy a sacar el dinero?

**Carlos:** ¡Tengo una idea genial! ¡Te lo puede prestar tu papá! Lo voy a llamar por teléfono para preguntar si puede.

**Isabel:** ¡No! Tú siempre le pides dinero prestado y nunca se lo devuelves.

**Carlos:** Bueno, no debes de preocuparte por esas cosas. ¡Vamos a comprar los pasajes para ir a Río!

**Isabel:** ¿Estás soñando? ¿Cómo podemos viajar ahora?

**Carlos:** ¡Porque no tengo que trabajar para la compañía Lux! ¡Estoy de vacaciones!

## También se dice

Isabel y Carlos usan la palabra **dinero**.
- **Colombia** billete
- **Argentina, Chile** plata
- **México** lana
- **España** pasta, parné

## 23 Comprensión del video

Leer
Escribir

Indica si las siguientes oraciones son ciertas o falsas. Corrige las falsas.
1. La oficinista quiere venderles seguro contra inundaciones.
2. Carlos es economista y tiene entrevista para un puesto de bolsista.
3. Carlos piensa que le van a dar el puesto, pero Isabel no está segura de que se lo vayan a dar.
4. A Carlos le parece que puede ser amigo del jefe de personal.
5. Isabel está enojada porque no quiere pedirle dinero a su papá. Carlos piensa que es buena idea pedírselo.
6. Carlos es una persona alegre y ahora está muy contento de irse de vacaciones a Brasil.

**Expansión**
Prepara la hoja de vida de Carlos. Incluye detalles sobre sus antecedentes profesionales y también una descripción de su personalidad.

## 24 Integración

**Leer  Escuchar  Escribir**

Inés respondió al siguiente anuncio, y luego el administrador le dejó un mensaje telefónico. Lee el anuncio y escucha el mensaje. Después, imagina que tú eres el (la) administrador(a). ¿Le darías el puesto a Inés? Luego, imagina que eres el (la) administrador(a) de la compañía Lux del video. ¿Le darías el puesto a Carlos? Escríbele una carta formal a cada uno. Usa un registro, estilo y expresiones que resulten culturalmente apropiados.

### Fuente 1  Anuncio para un puesto

**LUCA BA, Empleo, Vacantes**

**Departamento de diseño**

- *Puesto:* Diseñador Gráfico
- *Ubicación:* Ciudad de Buenos Aires, Argentina
- *Empresa:* LUCA BA
- *Salario:* Según experiencia
- *Categorías:* Diseño Web y artes gráficas
- *Tipo de contrato:* Indefinido, Tiempo parcial

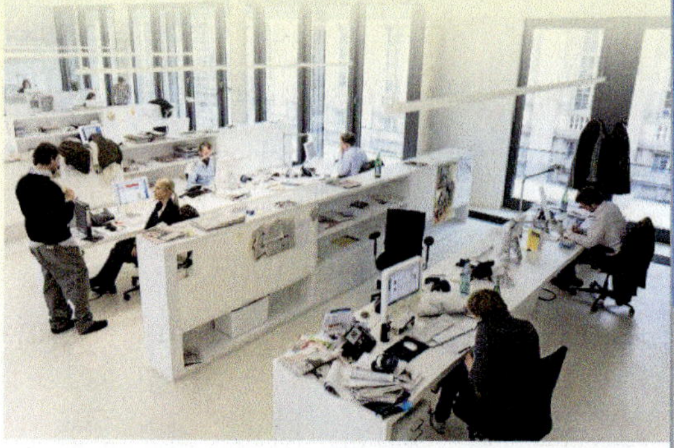

#### Descripción

LUCA BA busca incorporar un estudiante o profesional diseñador gráfico especializado en Web, con conocimientos gráficos y muy buen criterio estético. Se encargará de aplicaciones Web y pequeños proyectos de animación.

Se busca a alguien dinámico a quien le interese trabajar en grupo. Profesional creativo con alta capacidad de manejar varias cuentas y de trabajar bajo presión. Se ofrece participar en diseños interesantes y excelentes posibilidades de desarrollo profesional.

#### Requisitos

- Estudios mínimos del nivel avanzado universitario en diseño gráfico
- Manejo avanzado de programas gráficos, retoque fotográfico y entendimiento de color
- Alto conocimiento del mercado y avances en la carrera de diseño
- Excelente expresión oral y escrita

#### Interesados

Envíen su hoja de vida, referencias de tres personas (incluso de un jefe anterior), y el portafolios con muestras de trabajo a info@lucaba.hm.com.

### Fuente 2  Mensaje telefónico del administrador

**Escucha y apunta**

- ¿Qué fue lo que impresionó al equipo en LUCA BA del trabajo de Inés?
- ¿Cuáles son las dos preguntas que le van a hacer?
- ¿Cómo son las agencias y el equipo creativo?

**modelo:** Estimada Srta. Valdivia: Nos da mucho gusto informarle que después de considerar sus cualificaciones estamos preparados para ofrecerle el puesto…

## 25 | Hablar

**ESTRATEGIA Hablar**
**Reflect on real experiences** For this role-play, think about interviews that you or people you know have had. What do people wear? What equipment or documents might they bring? What body language might they use?

Con un(a) compañero(a), dramatiza una entrevista profesional. Decide si el (la) entrevistador(a) es organizado(a) y estricto(a) o distraído(a) y relajado(a). También decide si el (la) aspirante está preparado(a) o no. Presta atención a la expresión corporal y a las reacciones. Usa el registro y las expresiones apropiadas.

**A** Soy diseñadora gráfica y me encanta trabajar en animación.

**B** ¿Te acostumbras fácilmente a un nuevo ambiente de trabajo?

**A** Claro, siempre me encargo de conocer el ambiente y a mis colegas.

## 26 | ¡A escribir!

Escribe una oferta de tu trabajo ideal. Incluye la descripción de la oferta, las responsabilidades del puesto, los requisitos y las características del (de la) aspirante ideal. También incluye lo que los interesados deben mandar y adónde.

| Writing Criteria | Excellent | Good | Needs Work |
|---|---|---|---|
| Content | Your job posting contains many interesting details. | Your job posting includes some interesting details. | Your job posting contains few interesting details. |
| Communication | Your job posting is organized and easy to follow. | Parts of your job posting are organized and easy to follow. | Your job posting is disorganized and hard to follow. |
| Accuracy | You make few mistakes in grammar and vocabulary. | You make some mistakes in grammar and vocabulary. | You make many mistakes in grammar and vocabulary. |

**Más práctica** Cuaderno *pp. 16–17, 22*

**PARA Y PIENSA**

**¿Comprendiste?** Completa las oraciones con el pronombre reflexivo si es necesario o la preposición correcta. Luego ponlas en orden cronológico.
1. Carlos _____ alegra porque está de vacaciones.
2. Carlos dice que va a encontrarse _____ el jefe de personal a las tres.
3. Isabel le pregunta a Carlos a qué hora _____ vuelve a casa.
4. Isabel quiere un archivo y se enoja _____ Carlos.

Lección 2
cincuenta y tres 53

# Lección 2

# En resumen
## Vocabulario y gramática

## Vocabulario

### El horario de trabajo

| | |
|---|---|
| el día personal | personal day |
| el día por enfermedad | sick day |
| las horas extras | overtime |
| el horario de verano | summer hours |
| el horario flexible | flex time |
| el trabajo de medio tiempo | part-time job |
| el trabajo de tiempo completo | full-time job |

### En las reuniones

| | |
|---|---|
| la conferencia telefónica | phone conference |
| la llamada de larga distancia | long distance |
| la llamada internacional | international call |
| la llamada local | local call |
| la sala de conferencias | conference room |
| el sistema de telefonía | telephone system |
| la videoconferencia | videoconference |

### En la computadora

| | |
|---|---|
| la base de datos | database |
| la hoja de cálculo | spreadsheet |
| el procesador de textos | word processor |
| el programa de presentación | presentation program (computer-based) |
| el programa gráfico | graphic program |
| el servidor | server |

### En las cartas y correos electrónicos

| | |
|---|---|
| Atentamente | Sincerely |
| Cariños | Love |
| Estimado(a) | Dear (cordial but not affectionate) |
| Muy señor(a) mío(a) | Dear Sir (Madam) |
| Un abrazo | A hug |

### Para describir acciones

| | |
|---|---|
| agradecer | to thank |
| aprobar | to approve |
| comunicarse | to communicate |
| llegar tarde | to arrive late |
| trabajar por cuenta propia | to be self-employed |

### Palabras útiles

| | |
|---|---|
| el ascenso | promotion |
| confidencial | confidential |
| cortés | courteous |
| el memorándum | memorandum |
| el (la) supervisor(a) | supervisor |

### Ya sabes esto

| | |
|---|---|
| el código de vestimenta | dress code |
| el correo electrónico | e-mail |
| eficiente | efficient |
| la fecha límite | deadline |
| el informe | report |
| Querido(a) | Dear (affectionate) |

# Gramática

## Los pronombres reflexivos

Use **reflexive pronouns**
- to express that a subject acts on itself
- to express reciprocal actions
- to change the meaning of some verbs
- with many verbs that express thoughts, emotional reactions, or changes in state

> Pienso **vestirme** bien hoy porque el jefe y yo vamos a **conocernos** hoy.
> Today I plan to **dress (myself)** well because the boss and I are going **to meet (each other)** today.

> El cliente **se fue** porque **se ofendió** por lo que le dijiste.
> The customer **left** because he **got offended** by what you said.

## Verbos más preposiciones

Different verbs are used with different **prepositions** to complete their meaning.

### Some expressions with con

- **bastar con**  to be enough (to)
- **casarse con**  to marry
- **contar con**  to count on
- **encontrarse con**  to meet up with
- **soñar con**  to dream about (of)

### Some expressions with a

- **acostumbrarse a**  to get used to
- **atreverse a**  to dare (to)
- **ayudar a**  to help (to)
- **negarse a**  to refuse to

### Some expressions with de

- **acabar de** + inf.  to have just
- **acordarse de**  to remember to (about)
- **alegrarse de**  to be glad to
- **darse cuenta de**  to realize
- **encargarse de**  to take charge (care) of
- **enterarse de**  to find out about
- **terminar de**  to finish doing
- **tratar de**  to try to

### Some expressions with en

- **confiar en**  to trust
- **consistir en**  to consist of
- **fijarse en**  to notice
- **pensar en**  to think about

# Lectura literaria

**¡AVANZA!** **Goal:** Read the following story about an unusual job. Then analyze the chain of causes and effects that leads to the story's surprising ending.

## Para leer

**ESTRATEGIA Leer**

**Note causes and effects** Use an arrow diagram to show cause and effect. Start with Alberto's need to earn money and end with the discovery made by the police and maid. Note how the effect of one action becomes the cause of the next. Add more causes and effects as needed. Note the age and appearance of **la señorita Julia**, as well as the girl in the painting. What effects do these have on the story?

CAUSA #1:  Alberto necesita dinero para pagar la matrícula.
  → EFECTO #1: _____ = CAUSA #2
    → EFECTO #2: _____ = CAUSA #3
      ⋮
      → EFECTO FINAL: Encuentran el retrato de la pareja.

### Vocabulario para leer
**la criada**  persona que hace las tareas domésticas en la casa de otra persona
**la margarita**  flor que tiene el centro amarillo y los pétalos blancos
**el odio**  sentimiento de aversión muy fuerte
**la pareja**  dos personas juntas

## Nota cultural

### Sobre la autora  Ana Cortesi (1936–)
Ana Cortesi es autora de varios libros de texto para la enseñanza del español a nivel universitario. Ha publicado también varios cuentos, entre ellos *La ciudad caníbal* y *La cicatriz*, así como varios poemas de tono intimista en los que expresa su nostalgia por su patria natal, Paraguay.

### Sobre los microcuentos
*La señorita Julia* pertenece al género de microcuento. La característica principal de los microcuentos es su brevedad; se han definido como «cuentos concentrados al máximo». Dentro de la narrativa de lengua española, el microcuento se hizo popular a partir de la segunda mitad del siglo XX. En la obra de Enrique Anderson Imbert, Jorge Luis Borges, Julio Cortázar y Augusto Monterroso se destacan microcuentos muy representativos del género.

Unidad 1

# La señorita Julia

Alberto Aguirre necesita ganar algún dinero para poder asistir a la universidad. Solicita y obtiene un trabajo en casa de la señorita Julia Ocampos, anciana[1] de ochenta años, que tiene muchísimo dinero y vive sola, con una criada.

El trabajo de Alberto consiste en hacer un inventario completo de todas las posesiones de la señorita Julia.

Un día, Alberto sube a un cuarto pequeño, con cortinas de encaje[2] blanco y olor a jazmines. Es entonces que nota el cuadro enorme colgado en la pared. Es el retrato de una muchacha de belleza espléndida, sentada bajo un árbol grande, con margaritas en el regazo[3].

Alberto pasa horas en el cuarto, contemplando el cuadro. Allí trabaja, come, sueña[4], vive...

Un día oye los pasos[5] de la señorita Julia, que viene hacia el cuarto.

—¿Quién es? —pregunta Alberto, señalando el cuadro con una mezcla de admiración, respeto y delirio.

—Soy yo... —responde la señorita Julia—, yo a los dieciocho años.

---
[1] old lady   [2] lace   [3] lap   [4] dreams   [5] steps

### ❊ A pensar
¿Por qué crees que el retrato atrae tanto a Alberto?

## ✓ Reflexiona
¿Qué problema tiene Alberto y cómo lo soluciona?

# Lectura literaria  *continuación*

Alberto mira el cuadro y mira a la señorita Julia, alternativamente. En su corazón[6] nace un profundo odio por la señorita Julia, que es vieja y arrugada[7] y tiene el pelo blanco.

20 Cada día que pasa, Alberto está más pálido y nervioso. Casi no trabaja. Cada día está más enamorado de la muchacha del cuadro, y cada día odia más a la señorita Julia.

Una noche, cuando está listo para regresar a su casa, oye pasos que vienen hacia el cuarto. Es la señorita Julia.

25 —Su trabajo está terminado —dice—; no necesita regresar mañana...

Alberto mata[8] a la señorita Julia y pone el cadáver de la anciana a los pies de la muchacha.

Pasan dos días. La criada llama a la policía cuando descubre el cuerpo de la señorita Julia en el cuarto de arriba.

30 —Estoy segura de que fue un ladrón —solloza[9] la criada.

—¿Falta algo de valor? —pregunta uno de los policías mirando a su alrededor.

---

[6] heart    [7] wrinkled    [8] kills    [9] weeps

### ❖ A pensar
¿Cómo explicas el odio que siente Alberto por la señorita Julia? ¿Qué relación hay entre su odio por ella y su amor por la muchacha del retrato?

### ✓ Reflexiona
¿Qué diferencia hay entre la muchacha del cuadro y la señorita Julia?

La criada tiene una idea. Va a buscar el inventario detallado, escrito por Alberto con su letra pequeña y apretada[10]. Los dos policías leen el inventario y van por toda la casa y ven que no falta nada.

Regresan al cuarto.

Parados al lado de la ventana con cortinas de encaje blanco y olor a jazmines, leen la descripción del cuadro que tienen frente a ellos: «retrato de una muchacha de belleza espléndida, sentada bajo un árbol grande, con margaritas en el regazo».

—¡Qué raro! —exclama uno de los policías, frunciendo el ceño[11]. —Según este inventario, es el retrato de una muchacha, no de una pareja…

---

[10] minute, tiny    [11] frunciendo… frowning

## Después de leer

### ¿Comprendiste?

1. ¿Cómo es el cuarto donde está el cuadro?
2. ¿De quién es el retrato que Alberto contempla durante horas? ¿Cómo es?
3. ¿Qué sentimientos inspiran la señorita Julia y la muchacha del retrato en Alberto?
4. ¿Qué le pasa a la señorita Julia al final?
5. ¿Cómo pueden estar seguros los policías de que no falta nada en la casa?
6. ¿Qué diferencia hay entre el cuadro que describe el inventario y el que ven los policías?

### ¿Y tú?

¿Cómo reaccionaste al leer que Alberto había matado a la señorita Julia? ¿Te lo esperabas? ¿Por qué crees que la mata?

### Para escribir

Escribe uno o dos párrafos sobre el siguiente tema: La importancia del aspecto físico y de la personalidad en una relación amorosa.

### Desde tu mundo

Con otro(a) estudiante, imaginen lo que sucedería si Alberto pudiera retroceder *(go back)* en el tiempo y conocer a la señorita Julia cuando ella era joven. Escriban un resumen del encuentro o un microcuento para compartir con la clase.

# Lectura literaria  *continuación*

**¡AVANZA!** **Goal:** Read the following poem about being alone. Then find and interpret the emotions expressed in the poem.

## Para leer

**ESTRATEGIA** Leer

**Find and interpret key words** While reading, look for phrases that express emotions. Next, note your interpretation of that emotion and the reason the poet feels that way. Consider the poem's title, and the difference between the words *solitude* and *loneliness*. Which word expresses the poet's feeling? Use your interpretations to analyze the theme of the poem.

| Palabra o expresión | Mi interpretación |
|---|---|
| solo | |
| me fui quedando solo | |

### Nota cultural

**Sobre el autor** *Nicanor Parra (1914– )*

El chileno Nicanor Parra es uno de los poetas de mayor interés en Hispanoamérica. Cultivó con gran acierto la poesía de acento popular en obras como *Cancionero sin nombre* y *La cueca larga*, pero su contribución más original son sus «antipoemas», en los que expresa su radical sinceridad con gran ironía. En *Canciones rusas* vuelve a un tono mas íntimo.

Poco
　　a
　　　poco
　　　　　me
5　　　　　fui
　　　　　　quedando
　　　　　　　solo.

**A pensar**
¿Cómo se quedó solo el poeta?

Imperceptiblemente
Poco
10              a
                    poco.
Triste es la situación
Del que gozó¹ de buena compañía
Y la perdió por un motivo u otro.
15 No me quejo² de nada: tuve todo.
Pero
        sin
            darme
                cuenta
20 Como un árbol que pierde una a una sus hojas
Me fui-
        quedando
            solo
                poco
25                          a
                                poco.

---

¹ enjoyed    ² complain

El bohemio (Retrato de Erik Satie en su taller de Montmartre), *Santiago Rusinol i Prats*

## Después de leer

### ¿Comprendiste?

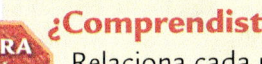

Relaciona cada respuesta con la idea principal del poema.
1. Según el poeta, ¿cuál es la situación de una persona que se queda sola?
2. ¿Se queja el poeta de su situación? ¿Por qué?
3. ¿Con qué se compara el poeta?
4. ¿Qué crees que representa la forma en la que están colocadas las palabras de los versos?

### ¿Y tú?

¿Cuál es la emoción fundamental de este poema? ¿Crees que el poema trata del concepto de *solitude* o el de *loneliness*? ¿Por qué?

### Para escribir

Escribe uno o dos párrafos para analizar el tema del poema.

### Desde tu mundo

Con un(a) compañero(a), hablen de los momentos en su vida en que ustedes se han sentido solos y de los momentos en que han querido estar solos.

# Conexiones  *Las matemáticas*

## *Cómo calcular un presupuesto*

Después de graduarte, ¿vas a la universidad o vas a trabajar? ¿Vas a seguir viviendo con tus padres o te vas a mudar? En cualquier caso, tendrás que saber manejar tus finanzas. Te conviene aprender a establecer un presupuesto mensual. Al hacer esto, hay que tener en cuenta tus gastos e ingresos.

Veamos el caso de Miguel, estudiante norteamericano en el último año de secundaria. Vive con sus padres y todavía no tiene gastos como la matrícula o el alquiler. Sin embargo, con frecuencia se halla en apuros económicos.

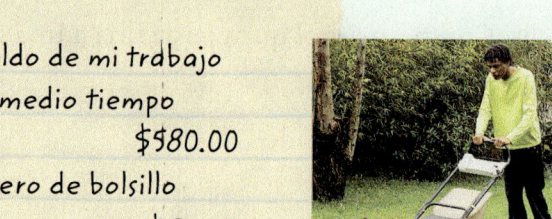

### Gastos

**mensuales**
- teléfono celular — $35.00
- ropa, zapatos — $50.00
- seguro de automóvil (parte) — $250.00
- clases de guitarra — $150.00

**semanales**
- gasolina — $40.00
- entretenimiento (música, cine, pasatiempos) — $30.00

**diarios**
- pasajes en autobús — $2.50
- almuerzos — $6.00
- cafés — $5.50

### Ingresos mensuales
- sueldo de mi trabajo de medio tiempo — $580.00
- dinero de bolsillo — $80.00
- dinero extra que gano por hacer tareas en casa — $45.00
- regalos de los abuelos y tíos — $10.00

### Proyecto

1. Haz una lista de tus gastos e ingresos. Incluye las categorías arriba mencionadas que te correspondan y otras categorías relevantes.
2. Calcula tu presupuesto mensual con una hoja de cálculo. Multiplica tus gastos e ingresos semanales por cuatro y los diarios por treinta.
3. ¿Gastas más de lo que ganas, o vice versa? Analiza tus gastos e ingresos para ver cómo podrías ahorrar o ganar un poco más.

### En tu comunidad

¿Cómo se compara el costo de la vida en tu comunidad con el de otras partes del mundo?

Por medio de Internet y otras fuentes, compara el costo de lo siguiente en tu comunidad, una ciudad grande de Estados Unidos y una capital hispanohablante: el alquiler de un apartamento de una habitación; un galón (o su equivalente en litros) de gasolina; y una cena para dos en un restaurante. ¿Cuál de los lugares es el más caro? Si vivieras allí, ¿cuánto tendrías que ganar al mes?

# Escritura

## Preguntas para una entrevista

Eres gerente de una oficina y estás encargado(a) de preparar las preguntas que se les harán a los aspirantes para el puesto de auxiliar administrativo(a). Escribe un e-mail con 12 preguntas que tú consideras las más apropiadas para obtener la información necesaria, por ejemplo, ¿por qué quiere este trabajo?

### 1 Prepárate para escribir

**ESTRATEGIA** Usa un diagrama para categorizar las preguntas

El siguiente diagrama te ayudará a redactar preguntas en varias categorías. Puedes añadir más categorías, pero recuerda que hay temas sobre los cuales no se debe preguntar en una entrevista, como las creencias religiosas o el estado civil.

Añade categorías a este diagrama si quieres, y luego considera las preguntas posibles para cada categoría.

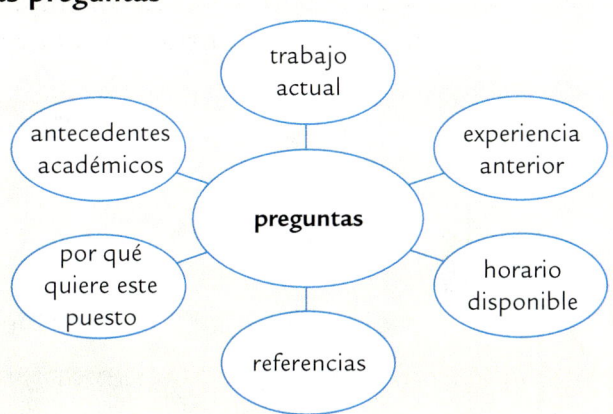

### 2 Escribe

Empieza a redactar tus preguntas por e-mail.

- **Tu meta es obtener la información necesaria.** Para evaluar al (a la) aspirante y determinar si él (ella) es el (la) mejor para el puesto, tus preguntas deben ser claras, objetivas y relevantes.

- **Quieres obtener la mayor cantidad de información posible.** Por lo tanto, debes incluir al menos una pregunta para cada categoría. No repitas un tema determinado a la exclusión de otros. También es aconsejable evitar preguntas a las que se puede responder con simplemente «sí» o «no».

- **La entrevista debe ser profesional y cortés.** En esta situación formal, recuerda que hay que tratar al candidato de **usted**. También hay que evitar ciertos temas personales.

### 3 Revisa tus preguntas

Intercambia tu lista por e-mail con un(a) compañero(a) y corrígela.

- ¿Son relevantes y claras las preguntas? ¿Abarcan todas las categorías indicadas?

- ¿Hay errores gramaticales u ortográficos? Presta especial atención al uso de **ser** y **estar** y a los pronombres de complemento directo e indirecto.

- ¿Falta alguna pregunta clave?

1. Por favor, ¿me podría usted hablar de ~~tus~~ *sus* antecedentes académicos?
2. En su hoja de vida, usted dice que antes trabajó de auxiliar en otra empresa. ¿Por cuánto tiempo ~~fue~~ *estuvo* usted en ese puesto?
3. En este puesto, al auxiliar todos ~~les~~ *le* dan trabajo. Es decir, el auxiliar tiene que ayudarse a todos. ¿A usted qué ~~te~~ *le* parece eso?
4. Por favor, ~~háblanos~~ *háblenos* de su trabajo actual. ¿De qué ~~es~~ *está* usted a cargo en su trabajo?

# Comparación cultural

**¡AVANZA!** **Goal:** Read about three industries related to ecology and the environment in Argentina, Spain, and Guatemala. Then compare them with green industries in the United States.

## Tres campos verdes de trabajo

Si quieres trabajar en un empleo diferente, que apoye la ecología y la tradición, considera un puesto en uno de estos sectores.

### El agroturismo en Argentina

Paseo a caballo en Los Cardales

Jugando con los animales en Buenos Aires

El agroturismo[1] es semejante al ecoturismo pero se dedica específicamente a la producción agrícola y ganadera[2]. En Argentina y por toda Latinoamérica existen granjas[3] pequeñas y haciendas grandes donde los obreros[4] cultivan las plantas y labran la tierra usando técnicas tradicionales que no dañan el medio ambiente. El agroturismo beneficia a todos. Le ofrece al turista la oportunidad de conocer estas costumbres típicas del país y de desempeñar un papel personal en el funcionamiento diario de la granja. Por el otro lado, el apoyo[5] financiero del agroturismo ayuda a mantener las granjas y permite que sigan funcionando.

---

[1] rural tourism  [2] livestock  [3] farms  [4] workers  [5] support

Unidad 1
sesenta y cuatro

# La energía eólica[6] en España

El molino de viento[7] siempre fue un símbolo tradicional de España y ahora se está transformando en un símbolo de la modernidad. España se ha convertido en uno de los mayores productores de energía eólica. Es el tercer productor después de Alemania y Estados Unidos. Además, España ha promovido[8] la fabricación[9] de turbinas más eficientes para los molinos y esto la ha puesto en una posición de vanguardia[10] en el mercado internacional. Esta nueva y creciente tecnología ha generado muchos puestos de trabajo en el campo industrial.

Molinos de viento tradicionales

Turbinas modernas en Cádiz

# El comercio justo[11] en Guatemala

Por toda Latinoamérica hay tradiciones y prácticas artesanales que están a punto de desaparecer. Las cooperativas de comercio justo intentan proteger a las personas que saben usar estas técnicas y garantizarles un sueldo justo por sus esfuerzos. En Guatemala está el ejemplo de las mujeres que practican las artes tradicionales del tejido. Trabajan por cuenta propia y tejen sus telas brillantes a mano. No usan máquinas que contribuyan a la contaminación del medio ambiente. Las cooperativas de comercio justo identifican a estas mujeres, las organizan y las ayudan a recibir un pago justo. Además luchan para conservar el arte tradicional.

Mujeres guatemaltecas tejiendo a mano

---

[6] wind energy   [7] windmill   [8] has promoted
[9] manufacturing   [10] forefront   [11] fair trade

## Después de leer

**PARA Y PIENSA**

### ¿Comprendiste?

1. ¿Cuál de los tres campos de trabajo combina la tecnología moderna con la tradición?
2. ¿Cuál requiere un gran interés por las plantas y los animales?
3. ¿Cuál es el objetivo de las cooperativas de comercio justo?
4. ¿Cuál es un aspecto de cada trabajo que se relaciona con la ecología?
5. ¿Cuál es un aspecto de cada trabajo que se relaciona con la tradición?

### Compara con tu mundo

¿Has visto molinos de viento modernos en Estados Unidos? ¿En dónde? ¿Hay algunos en tu región o estado? Navega por Internet para averiguar en qué estados se produce energía eólica y quiénes la utilizan.

# Comparación cultural *continuación*

**¡AVANZA!** **Goal:** Read three listings for jobs related to ecology and the environment in Argentina, Spain, and Guatemala. Then compare these listings with job opportunities in the U.S.

---

Dirección: www.puestosparatodos/trabajosverdes.hm.com

**Novedades** | **Oportunidades** | **Quiénes somos** | **Enlaces** | **Contacto**

**Puestos para todos**

# TRABAJOS VERDES

### ▼ Agroturismo  ver más

#### Excursiones Ruralagro, Córdoba, Argentina

Nuestra agencia de viajes se especializa en el agroturismo. Buscamos dos empleados para nuestra oficina en Córdoba. Ofrecemos trabajo de tiempo completo con los siguientes beneficios:

- **Días de vacaciones basados en años de empleo:**
  0–5 = 14 días, 5–10 = 21 días, 10–20 = 28 días, más de 20 = 35 días
- **Días por enfermedad al año:** 10
- **Días personales al año:** 2
- **Seguro de salud:** Plan completo con pago parcial por parte del empleado

Los aspirantes deben tener dos años de experiencia previa trabajando en una agencia de viajes o trabajo similar. Envíenos un correo electrónico e incluya su hoja de vida con una descripción de su experiencia y requisitos de sueldo. Haga clic aquí para ponerse en contacto con nosotros.

### ▼ Compañías de energía eólica  ver más

#### Nuevas Tecnologías Eólicas, S.A., Valencia, España

Nueva compañía de tecnología eólica busca graduados universitarios con título en uno de los siguientes campos:

- ingeniería
- análisis de sistemas
- ventas
- relaciones públicas
- personal y recursos humanos
- contabilidad y administración de empresas

Buscamos individuos que puedan desempeñar una variedad de funciones relacionadas con el desarrollo y venta de energía eólica. Los aspirantes deben poder trabajar horas extras para participar en conferencias telefónicas y videoconferencias con nuestros clientes internacionales. Requerimos un código de vestimenta formal y la habilidad de trabajar en equipo.

Ofrecemos sueldos y beneficios competitivos con seguro de salud completo, 30 días de vacaciones anuales y seguro de vida. Para unirte a nuestro equipo, haz clic aquí para imprimir la solicitud. Envíala por fax al 888-555-1234.

Dirección: www.puestosparatodos/trabajosartesanales.hm.com

Novedades | Oportunidades | Quiénes somos | Enlaces | Contacto

# TRABAJOS ARTESANALES

▼ **Cooperativas de comercio justo** ver más

*Cooperativa San Bernardo, Quetzaltenango, Guatemala*

Somos una cooperativa de artesanos y artistas guatemaltecos que vendemos ropa, accesorios, joyas y tejidos por Internet. Ofrecemos pasantías[1] para personas motivadas que quieran colaborar con nosotros para preservar las tradiciones del pasado y ganar experiencia laboral. Hay trabajos de medio tiempo y de tiempo completo, pero requerimos un compromiso[2] de por lo mínimo diez horas por semana.

Necesitamos becarios y voluntarios para trabajar en los siguientes campos:

- fotografía
- diseño gráfico
- mercadeo
- computación
- traducción (español al inglés)
- recaudación de fondos

No podemos ofrecer beneficios pero proveemos[3] alojamiento, comida y un salario mínimo. Nuestras horas de trabajo son flexibles. Además, los becarios pueden tomar clases de español gratis con maestros de nuestra comunidad. Si quieres tener una experiencia inolvidable mientras ayudas a los demás, haz clic aquí para descargar la solicitud de empleo. Complétala y mándala a la dirección electrónica indicada, junto con tu hoja de vida y dos referencias personales.

---

[1] internships  [2] commitment  [3] we provide

## Después de leer

### ¿Comprendiste?

1. ¿Cuál de los puestos parece ser más flexible? ¿Menos flexible?
2. Si el (la) aspirante quiere ganar experiencia laboral, ¿cuál sería el mejor puesto?
3. Si el (la) aspirante no tiene diploma pero sí tiene experiencia laboral, ¿cuál sería el mejor puesto?
4. ¿Cuál de los puestos requiere un título universitario?
5. ¿Cuál de los tres puestos ofrece el sueldo más alto y los beneficios más completos?

### Compara con tu mundo

¿Qué sabes de los requisitos y beneficios de trabajos en Estados Unidos? ¿Cuántos días de vacaciones se requieren por ley en Estados Unidos? En Internet, busca la respuesta y también oportunidades semejantes a las que se describen aquí. ¿Qué sueldo y beneficios ofrecen? ¿Cuáles son los requisitos? ¿Son parecidos o diferentes de los puestos descritos aquí?

UNIDAD 1

# Repaso inclusivo
## Options for Review

### 1 Escucha, comprende y compara

Escuchar
Escribir

Escucha este informe sobre el trabajo en Latinoamérica y contesta las preguntas.

1. ¿Cómo suele ser el ambiente de trabajo en los países latinoamericanos?
2. ¿Cuál es la vestimenta usual de los empleados en una empresa latinoamericana?
3. ¿Por qué es importante que las empresas estadounidenses sepan algo sobre las costumbres de trabajo de los latinoamericanos?
4. ¿Qué es el puente festivo?
5. ¿Qué está pasando en la actualidad con las tradiciones de la siesta y el puente festivo?

### 2 Lee y describe

Leer
Escribir

Lee lo que dijeron tres jóvenes sobre los trabajos que desempeñan sus padres. Después describe el trabajo de alguien de tu familia. Menciona qué hace la persona, cuáles son los aspectos positivos (o negativos) de su trabajo y por qué está feliz (o no) en ese trabajo.

Mi papá supervisa edificios en construcción. Su trabajo es comprobar que el ambiente de trabajo sea seguro para todos los trabajadores. Es un trabajo que requiere mucha responsabilidad.

Mi madre era enfermera, pero actualmente trabaja de voluntaria. Ahora está encargada de dirigir a todos los voluntarios de esta clínica de salud. Le encantan sus compañeros de trabajo.

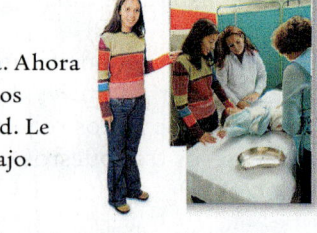

Mi papá es gerente de nuestro almacén. Él determina los horarios de todos los empleados. También les habla de los requisitos de trabajo. Muchas veces tiene que trabajar de noche, y también los fines de semana.

## 3 Haz un volante

Escribir

Escribe un volante para repartir por tu barrio, solicitando trabajo entre los vecinos. Primero, decide qué trabajos puedes hacer, como niñero(a), chófer, tutor, doméstico(a), jardinero(a), sacaperros o mensajero(a). Incluye:

- los servicios que ofreces
- la experiencia que tienes
- tus horas disponibles
- lo que vas a cobrar

Puedes ilustrar tu volante con fotos, dibujos u otros diseños. Usa pronombres de complemento directo e indirecto.

**Expansión**
En tu volante, incluye también citas de personas que te han contratado anteriormente y una lista de referencias.

## 4 Ve a una entrevista

Hablar

Tienes una entrevista en un campamento deportivo para el puesto de asistente. Tu compañero(a) es el (la) director(a) y te pregunta sobre tus conocimientos y experiencia. Explícale qué experiencia tienes trabajando con niños y qué deportes practicas. Hazle preguntas sobre el horario de trabajo, el sueldo y los beneficios.

## 5 Monta un negocio

Hablar
Escribir

Unos compañeros y tú piensan abrir un negocio cerca de tu colegio. Hablen de los negocios que suelen tener a estudiantes y a padres como clientes y decidan qué negocio sería el mejor. Después hagan su plan. Hablen de los siguientes puntos y luego presenten su plan.

- los papeles que desempeñarán: ¿De qué está encargado cada uno?
- el plan financiero: ¿Cómo conseguirán el dinero para el negocio?
- la publicidad: ¿Cuál va a ser la campaña de relaciones públicas?
- sus estrategias: ¿Qué tienen que hacer para que el negocio tenga éxito?

**Expansión**
Envíale una versión escrita del plan a una persona que está interesada en invertir en tu negocio.

## 6 Escribe sobre tu vida actual y tu futuro

Escribir

Escribe un ensayo sobre tu vida actual y tu futuro. ¿Cuál crees que es la mejor época, y por qué? Describe tu vida actual: tus estudios, amigos, pasatiempos y trabajo. Imagina tu vida como adulto. ¿Cómo será? ¿Cómo se compararán las dos edades? Usa **ser** y **estar** apropiadamente, tanto como los tiempos verbales correctos.

**Mi vida actual:**
¿Cómo es? ¿Soy feliz?
¿A qué le dedico mi tiempo?
¿Cómo es mi trabajo?

**Mi vida adulta:**
¿Cómo será? ¿Seré feliz?
¿Qué trabajo tendré?
¿Cómo estará todo en el mundo?

# Actividades preparatorias

### ❶ Contemporary Life: Interpretive Listening

Ahora escucharás una selección auditiva. Después se te harán varias preguntas sobre lo que acabas de escuchar. Escoge la mejor respuesta a cada pregunta. En esta selección, escucharás un diálogo entre la entrevistadora y Vivián Camacho, una intérprete de la corte que vive en la Florida.

1. A. Siempre ha querido ser licenciada.
   B. Le gusta ayudar a personas con problemas legales.
   C. Le gustan los idiomas y las personas.
   D. Le gusta trabajar en una oficina.

2. A. Estudia leyes en su despacho.
   B. Imparte cursos de traducción en la Universidad de Miami.
   C. Toma declaraciones juradas en las oficinas de unos licenciados.
   D. Trabaja con testigos hispanohablantes en los tribunales.

3. A. De inglés a español solamente
   B. De inglés a español y portugués
   C. De español a inglés solamente
   D. De inglés a español y vice versa

4. A. Te da muchas oportunidades que de otra forma no habrías tenido.
   B. Te permite trabajar con una variedad de personas todos los días.
   C. Te da la posibilidad de hacer viajes de negocios a países hispanohablantes.
   D. Te permite trabajar en más de 18 estados.

5. A. En la Florida, Arizona o California
   B. En cualquier tribunal del país
   C. En cualquiera de los 18 estados miembros del consorcio
   D. Sólo en estados con comunidades hispanohablantes

6. A. A su amor por su trabajo
   B. A su bilingüismo
   C. A sus conocimientos legales
   D. A su título universitario

Unidad 1
setenta

*These activities can be used to help you to prepare for the Advanced Placement\* Spanish Language examination, or to practice vocabulary and grammar concepts you have learned in this unit. See also Resources for AP® Preparation.*

## ❷ Contemporary Life: Presentational Writing

Escríbele una carta a la madre de un amigo. Ella trabaja en una carrera que te interesa y te puede ayudar a conseguir una entrevista como becario(a) en un negocio donde podrías aprender mucho sobre ese campo. Salúdala y

- pregúntale por qué le gustó esa carrera
- pregúntale cómo fue su primera entrevista
- explícale qué esperas hacer si te dan el puesto

## ❸ Contemporary Life: Interpersonal Communication

Lee el esquema de esta conversación simulada. Después, empezará la conversación. Siempre que te toque, tendrás 20 segundos para responder.

Imagina que hablas con tu amigo Roberto sobre tus planes de buscar un trabajo este verano. Las líneas en gris reflejan lo que escucharás en la conversación.

| | |
|---|---|
| Roberto: | Te saluda y te hace una pregunta. |
| Tú: | Salúdalo. Explícale tus planes de buscar trabajo. |
| Roberto: | Te pide detalles sobre la clase de trabajo que buscas. |
| Tú: | Contesta. Explícale por qué no te interesan los trabajos que has visto. |
| Roberto: | Continúa la conversación, haciéndote otra pregunta. |
| Tú: | Expresa tu reacción positiva. Pídele más detalles. |
| Roberto: | Continúa la conversación. |
| Tú: | Habla con Roberto sobre cómo poner en marcha su sugerencia. |
| Roberto: | Finaliza los planes. |
| Tú: | Dale las gracias y despídete de Roberto. |
| Roberto: | Se despide y termina la conversación. |

\*Advanced Placement and AP are registered trademarks of the College Entrance Examination Board, which was not involved in the production of, and does not endorse, this product.

# UNIDAD 2
# Ejercicio y diversión

**Lección 1**
Tema: **Ejercicio al aire libre**

**Lección 2**
Tema: **Diversión bajo techo**

Jóvenes jugando al voleibol playero

Practicar deportes es una manera de divertirse y de mantenerse sano. Puedes hacer ejercicio al aire libre o en lugares cerrados. ¿Qué deportes te gustan? ¿Los practicas al aire libre o bajo techo?

Partido de fútbol en Colombia

◀ **Alegría popular** El público latino tiene un papel muy importante en los espectáculos deportivos. Durante los partidos, los espectadores cantan y dan ánimo a su equipo favorito. Llevan camisetas y banderas que llenan de colores todo el estadio. En esta foto, los fanáticos colombianos celebran un gol de la selección nacional de fútbol de Colombia. *¿Has estado en un estadio grande? ¿Cómo actuaba el público?*

**Vida sana** Los deportes sirven para mantenernos en buena condición física. En el mundo moderno, muchas personas dedican algo de su tiempo a hacer ejercicio. Los jóvenes practican deportes en la escuela y en ligas juveniles, y los adultos antes o después del trabajo. Algunos van al gimnasio, otros a correr por el parque y otros a patinar en línea. *¿Dónde ves a personas jóvenes y adultas haciendo ejercicio en tu ciudad? ¿Qué tipo de ejercicio hace tu familia?* ▶

Jóvenes patinando en Miami

Familia jugando a un juego de mesa en Santiago de Chile

◀ **Tiempo en familia** Los hispanos pasan mucho tiempo jugando en familia. Grandes y chicos se reúnen por las tardes y comparten juegos de mesa. Muchas veces vienen parientes y amigos a participar en los juegos. En la cultura hispana, la diversión con la familia es fundamental. *¿Juegas a veces con tus padres o familiares? ¿Qué juego de mesa te parece más interesante?*

# UNIDAD 2
# Lección 1

**Tema:**
## Ejercicio al aire libre

**¡AVANZA!** In this lesson, you will learn to
- talk about outdoor sports and sports equipment
- ask and answer questions about your favorite sports

*using*
- preterite and imperfect
- verbs that change meaning in the preterite

♻ **¿Recuerdas?**
- adverbs
- reflexive pronouns

## Comparación cultural

**In this lesson you will learn about**
- baseball's popularity in the Caribbean
- municipal sports leagues in Spanish-speaking countries

### Compara con tu mundo
El segundo país más montañoso de Europa, España brinda muchas oportunidades para la escalada deportiva, el esquí y el alpinismo. ¿Hay montañas cerca de donde vives tú? ¿Qué deportes se practican allí?

### ¿Qué ves?
*Mira la foto*
- ¿Qué está haciendo esta joven?
- ¿Qué equipo lleva ella, y por qué?
- ¿Qué te parece este deporte?

## MODES OF COMMUNICATION

| INTERPRETIVE | INTERPERSONAL | PRESENTATIONAL |
|---|---|---|
| Listen to and understand a conversation about what sports activities people choose to do. Read a newspaper sports section. | Discuss options for participating in sports. Survey classmates about their sports activities. | Present an interview with an athlete from your school. Create a brochure for the ideal sports school for young people. |

**La escalada deportiva**
*Sierra Morena, Granada, España*

# Presentación de VOCABULARIO

**¡AVANZA!** **Goal:** Learn how to talk about different outdoor sports. Then, practice asking and answering questions about your favorite sports. *Actividades 1–5*

*¿Recuerdas?* Adverbs, p. R16

## ¿Qué DEPORTE es para ti?

Los deportes al aire libre son divertidos y sanos. Puedes practicar deportes en la tierra, en el agua y en el aire.

Para mantenerte en forma, puedes hacer **ejercicios aeróbicos.** ¡Sólo necesitas tu cuerpo!

**los ejercicios aeróbicos**

Si te gusta pisar el césped, puedes jugar al **golf**. Sólo necesitas una **pelota** pequeña y **palos de golf**.

**el palo de golf**

**el golf**

**¿Te gusta la altura?** Entonces debes practicar **el alpinismo** y escalar montañas. Puedes entrenarte en las salas de **escalada deportiva**. Allí te dan el equipo necesario y te **sujetan** con un **arnés** y cuerdas. Con ese cinturón especial, si te caes, ¡quedas en el aire!

Para jugar en equipo, puedes practicar **el rugby**. Es parecido al fútbol americano pero los jugadores usan camisetas comunes y no usan **casco**.

¿Quieres velocidad y equilibrio? **Anda en patineta** y sube por **la rampa**. No te olvides de usar **las rodilleras** y **las coderas** para protegerte las rodillas y los codos.

Si haces **gimnasia** ayudas a tus músculos y mantienes el equilibrio.

**la patineta**

**el rugby**

**andar en patineta**

**la gimnasia**

**el alpinismo**

Unidad 2
setenta y seis

**¿Te gusta la natación pero no te gusta el mar?**

¡Puedes practicar **el water polo** en la piscina! ¡Puedes nadar y hacer goles!

el water polo

el kitesurf

el esquí acuático

Para volar cerca del agua, prueba **el kitesurf,** uno de **los deportes acuáticos** más nuevos. Necesitas una **cometa** y una tabla. Si quieres estar más cerca del agua, practica **el esquí acuático.** Además de **los esquíes,** necesitas una **lancha con motor.**

el esnórkel

el surf a vela

Para ver la vida debajo del mar puedes practicar **el esnórkel.** Tienes que **bucear** cerca de la superficie y respirar por un tubo corto. Si te gusta estar en la superficie puedes practicar **el surf a vela.** El viento impulsará tu tabla y no necesitarás olas.

pescar

Y para estar al aire libre con tranquilidad, lo mejor es ir a **pescar.** Lo único que debes llevar es **la caña** y **la carnada** para atraer a los peces.

Con algunos deportes **nos cansamos,** con otros nos relajamos. Pero lo más importante es ser activos, **pasarlo bien** y divertirnos.

### Más vocabulario

| | |
|---|---|
| el (la) árbitro(a)  *referee, umpire* | el cuatriciclo  *four-wheeler* |
| el aro  *basket (in basketball)* | el guante de béisbol  *baseball glove* |
| el autódromo  *racetrack* | la página deportiva  *sports page* |
| el ciclismo  *cycling* | el velódromo  *cycle track* |

**¡A responder!** Escuchar

Pablo acaba de llegar a la casa de verano de su primo Jorge. Ellos hablan sobre lo que van a hacer hoy para divertirse. Escucha la conversación y explica por qué deciden no jugar al béisbol.

Interactive Flashcards
my.hrw.com

Lección 1

# Práctica de VOCABULARIO

## 1 | Gustos y deportes

**Leer**  Aún no sabes qué deporte vas a practicar este verano. Para saberlo, empareja tus gustos con los deportes de la segunda columna.

**¿Qué te gusta?**
1. Me gusta ver los paisajes desde muy alto.
2. Me gusta nadar y ver la vida marina.
3. Quiero correr escuchando mi MP3.
4. Para mí, lo mejor es sentir el viento y el agua.
5. Prefiero relajarme cerca del agua.
6. Me encanta la velocidad.

**Este verano vas a practicar...**
a. ejercicios aeróbicos
b. la patineta
c. la pesca
d. el alpinismo
e. el esnórkel
f. el kitesurf

**Expansión**
¿En cuál de estos deportes se usa un arnés? ¿En cuál se necesita carnada?

## 2 | Minidiálogos   *¿Recuerdas?* Adverbs p. R16

**Hablar**  Pregúntale a un(a) compañero(a) de qué manera o cuándo practica estos deportes. Él (Ella) te contesta usando un adverbio apropiado.

frecuentemente   rápidamente
raramente        activamente

**modelo:** gimnasia

A: ¿Cómo haces gimnasia?
B: Hago gimnasia **intensamente.**

1. rugby
2. surf a vela
3. ciclismo
4. deportes acuáticos
5. tenis
6. esquí acuático

## 3 | Competencia deportiva

**Escuchar Escribir**  Escucha la conversación entre María Fernanda y Diego sobre los resultados de una competencia deportiva en la escuela. Luego indica si las siguientes oraciones son verdaderas o falsas. Corrige las falsas.

1. María Fernanda participó en una competencia de natación.
2. María Fernanda salió en segundo lugar en la competencia.
3. Diego estuvo sentado entre el público.
4. En una página deportiva salió una nota sobre la competencia.
5. María Fernanda estaba segura de que iba a ganar.
6. Antes de la competencia, María no hizo absolutamente nada.
7. El equipo de béisbol de Diego está en su mejor momento.
8. Diego es uno de los mejores jugadores del equipo.

Unidad 2
setenta y ocho

## 4 | El campamento de verano

Hablar  El próximo verano, tú y un(a) compañero(a) organizarán actividades deportivas para niños. Túrnense para decir qué van a necesitar en cada caso.

modelo: Para practicar el voleibol vamos a necesitar una pelota y una red.

1.
2.
3.
4.
5.

## 5 | Después de las vacaciones

Hablar  Estos jóvenes volvieron de las vacaciones. Con un(a) compañero(a), representen la conversación entre ellos. Usen el vocabulario de esta lección. ¿Adónde fueron? ¿Qué hicieron? ¿Qué tenían?

*Más práctica* Cuaderno *p. 23*

**¿Comprendiste?**
1. ¿Cómo se llaman los deportes que se practican en el agua?
2. ¿Quién dirige un partido entre dos equipos o jugadores?
3. ¿Qué diferencia hay entre el surf a vela y el kitesurf?
4. ¿Qué diferencia hay entre un autódromo y un velódromo?

Lección 1

# VOCABULARIO en contexto

**¡AVANZA!** **Goal:** Read the sports news in a Colombian paper. Then answer questions about the articles and talk about your favorite sports. *Actividades 6–8*

## Contexto *Página deportiva*

**ESTRATEGIA** Leer
**Make newspaper headlines** To help you remember what you read, create a newspaper headline for the most important fact about each sports event.

| Deporte | Titular |
|---|---|
| Fútbol | *Victoria del equipo colombiano* |
| Automovilismo | |
| Cuatriciclos | |
| Béisbol | |

A los colombianos les encantan todos los deportes. Lee la página deportiva de un periódico de la ciudad de Medellín. Ésta es la última información.

EL SOL                                                                 2 de Marzo

# DEPORTES

## RESUMEN DE LOS SUCESOS DEPORTIVOS DE COLOMBIA Y DEL MUNDO

### Fútbol

Colombia

El pasado martes, miles de aficionados llenaron el estadio nacional para ver el partido entre las selecciones de Colombia y de Perú. Los colombianos dominaron la pelota todo el tiempo y el árbitro Ramón Delgado dirigió el partido de manera justa. El resultado fue 5-3, con dos goles increíbles de la estrella Jaime Castrillón. De esta manera, la selección da un paso hacia adelante en la Copa del Pacífico.

### Automovilismo

Colombia

Tatiana Calderón Noguera dio una demostración de velocidad en el autódromo de Bogotá. La corredora de autos colombiana parece no cansarse de ganar carreras y trofeos. Tatiana es la única mujer que ha ganado campeonatos de deportes a motor en Colombia.

### Cuatriciclos

Argentina

En la ciudad de Melincué, Argentina, se realizó el Campeonato Anual de Cuatriciclos con pilotos de todas partes del país y de todas las edades. Antes de la carrera se inspeccionaron todos los cascos. El público lo pasó muy bien en este espectáculo de destreza, viendo a pilotos que ya compiten a nivel internacional en Estados Unidos.

### Béisbol

Venezuela

La selección venezolana de béisbol perdió ayer contra Puerto Rico y esta noche jugará en Caracas contra el equipo de Cuba. Mañana viajará a la República Dominicana para el tercer partido del campeonato pero los jugadores de nuestro país vecino estarán cansados para enfrentar al poderoso equipo dominicano. Esperamos que puedan pegarle fuerte a la pelota y hacer muchos jonrones.

Unidad 2
ochenta

## 6 | Comprensión de la página deportiva

**Leer
Escribir**

Contesta las siguientes preguntas sobre la página deportiva del periódico colombiano.

1. ¿Qué equipo ganó el partido de fútbol?
2. ¿Qué posición tiene Ramón Delgado en el equipo de Colombia?
3. ¿Por qué se destaca Tatiana Calderón Noguera?
4. ¿Dónde se presentó Tatiana recientemente?
5. ¿Cómo reaccionó el público en el campeonato de cuatriciclos de Argentina?
6. ¿Qué elementos de seguridad se tuvieron en cuenta en el campeonato de cuatriciclos?
7. ¿En qué condición física están los jugadores de béisbol de Venezuela?
8. ¿Cuál es el «país vecino» mencionado en el artículo de béisbol?

## 7 | ¿Cuál prefieres?

**Hablar**

De los cuatro deportes que aparecen en el periódico *El Sol*, tú y un(a) compañero(a) tienen que elegir el que más les guste. Expliquen por qué eligieron ese deporte.

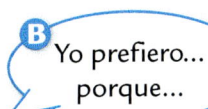

A El que más me gusta es... porque... Para practicarlo se necesita...

B Yo prefiero... porque...

### Expansión
En otra página deportiva hablan sobre el buceo. Expliquen si este deporte les gusta y qué se necesita para practicarlo.

## 8 | Reportaje deportivo

**Hablar**

Imagina que eres periodista para una revista deportiva. Tu compañero(a) es un(a) deportista famoso(a) y decides entrevistarlo(a). Representen un diálogo en el que hablen de sus últimas actividades y de las características del deporte que practica él o ella.

---

**¿Comprendiste?**

1. ¿Es verdad que los periódicos locales sólo hablan de deportes nacionales?
2. ¿Con qué crees que Tatiana Calderón Noguera se mantiene segura en su auto de carrera?
3. ¿Qué es un cuatriciclo?

# Presentación de GRAMÁTICA

**¡AVANZA!** **Goal:** Review and expand on the differences between preterite and imperfect. Then, practice using them to talk about sports and pastimes. *Actividades 9–14*

 *¿Recuerdas?* Reflexive pronouns p. 38

**English Grammar Connection:** In English, the **past progressive** tells what was *in progress,* while the **simple past** usually tells what *began* or *ended.*

*action in progress* → *action began* →
Yesterday **we were playing** baseball when all of a sudden it **started raining**.

## El pretérito y el imperfecto

**Grammar Video**
my.hrw.com

**Here's how:**

Use the **preterite** for things that . . .

| **began** | **ended** | **lasted** a specific amount of time |
|---|---|---|
| Anoche **jugamos** el partido a las ocho. *Last night we* **played** *(began playing) the game at eight.* | El partido **fue** muy divertido. *The game (now over)* **was** *fun.* | **Hizo** buen tiempo durante todo el partido. *The weather* **was** *nice during the whole game.* |

- for a sequence of past events
- for things that happened a specific number of times in the past

El verano pasado **fuimos** tres veces a la playa.
*Last summer we* **went** *to the beach three times.*

**lasted** the whole time period ← **defined** period of past time →
**happened** in order or a certain number of times

 To review the forms of the preterite, *see pages R17–R27.*

Use the **imperfect**

- to express things that were already going on or already in progress

Anoche **hacía** buen tiempo cuando llegamos al estadio.
*Last night the weather* **was** *nice when we got to the stadium.*

Todos **estábamos** muy emocionados cuando llegamos.
*We* **were** *all very excited when we got there.*

*continúa en la página 83*

Unidad 2
ochenta y dos

*viene de la página 82*

- for past actions that were repeated over and over

    **Íbamos** todos los días a los partidos.
    *We **would go** to the games every day.*

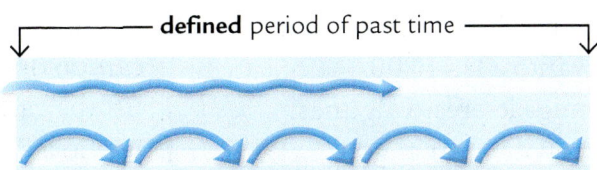

 To review the forms of the imperfect, *see pages R17–R27.*

Some common expressions can help you determine which verb form to use.

| Imperfect | | Preterite | |
|---|---|---|---|
| **todos los días** | *every day* | **ayer** | *yesterday* |
| **siempre** | *always* | **una vez** | *once* |
| **de niño(a)** | *as a child* | **el año pasado** | *last year* |
| **en aquellos días** | *in those days* | **de repente** | *suddenly* |

When describing an event . . .

- use the **imperfect** to set the scene, to describe feelings or situations already in progress, or to tell the time. The imperfect creates a backdrop leading up to the main event or series of events.

    Anoche **eran** las seis de la tarde...
    *Last night it **was** six o'clock in the evening . . .*

    ...y **hacía** buen tiempo...
    *. . . and the weather **was** nice . . .*

    ...y todos **estábamos** muy emocionados...
    *. . . and we **were** all very excited . . .*

- use the **preterite** to tell what happened and what the sequence of events was.

    ...cuando **llegamos** al estadio.
    *. . . when we **got** to the stadium.*

    El partido **comenzó** y todos se **pusieron** a gritar.
    *The game **began**, and everyone **started** to shout.*

    César **fue** el primero en batear.
    *César **was** the first one at bat.*

- use the **preterite** to sum up the event or to give any outcomes.

    **Ganamos** el partido cuatro a cero.
    *We **won** the game four to zero.*

    **Fue** muy divertido.
    *It **was** a lot of fun.*

**Más práctica**
Cuaderno *pp. 24–25*

Lección 1
ochenta y tres  **83**

# Práctica de GRAMÁTICA

## 9 Un día de descanso
 *¿Recuerdas?* Reflexive pronouns p. 38

Leer  Pon en orden las siguientes oraciones para contar qué le pasó a Laura ayer.

a. Hacía mucho frío en el campo.
b. Se levantó a las 10:00.
c. Su amiga le prestó algunas.
d. Dejaron de jugar al golf.
e. Tenía una cita con su amiga así que se vistió rápido.
f. Se despertó a las 8:00.
g. Volvieron a casa.
h. Las dos se encontraron en el campo de golf a las 10:45.
i. Estaba cansada todavía.
j. Volvió a dormir un poco más.
k. Al llegar, Laura se dio cuenta de que no tenía pelotas.
l. Después de jugar un poco, las dos tuvieron frío.

## 10 Lo que pasó ayer

Leer
Escribir

Completa la siguiente narración con la forma correcta del verbo entre paréntesis. Usa el pretérito o el imperfecto.

Ayer Elba y Luis __1.__ (estar) en la universidad toda la tarde. Después de almorzar, __2.__ (ir) al gimnasio para hacer ejercicios aeróbicos. Luego __3.__ (hablar) con su amigo Jorge. Jorge les __4.__ (decir) que __5.__ (estar) un poco nervioso porque __6.__ (tener) una cita con su consejero. Más tarde, Luis __7.__ (salir) para el estadio. Allí __8.__ (encontrarse) con unos amigos. Ellos __9.__ (jugar) al fútbol. __10.__ (Ser) las cuatro cuando __11.__ (terminar) el partido. Mientras Luis __12.__ (estar) en el estadio, Elba __13.__ (ir) a la biblioteca y __14.__ (leer) la página deportiva.

## 11 Recuerdos del fútbol

Escuchar

Escucha al señor Méndez mientras recuerda un partido de fútbol. Luego, completa las siguientes oraciones.

1. Normalmente el señor Méndez y sus amigos ____ fútbol los viernes.
2. El día del partido, ____ mucho calor.
3. Ellos ____ al estadio a las 4:30.
4. El señor Méndez ____ durante el partido.
5. Sus amigos lo ____ al hospital.
6. Afortunadamente, su pierna no ____ rota.
7. El médico le dijo que ____ que descansar.
8. No ____ jugar al fútbol por dos semanas.

Unidad 2
84 ochenta y cuatro

## 12 | Aquel año fue diferente

**Hablar Escribir**

Usa las fotos para decir lo que hacía Arturo generalmente, y lo que hizo el verano pasado. Sigue el modelo.

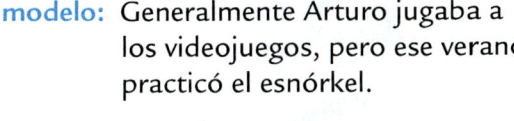

**modelo:** Generalmente Arturo jugaba a los videojuegos, pero ese verano practicó el esnórkel.

1.
2.
3.
4.
5.
6.

## 13 | Un estudiante extranjero

**Escribir**

Usa los fragmentos que siguen para contar la historia de Jaime y David. Escribe los verbos en el pretérito o el imperfecto, según el caso.

1. estudiante mexicano / Jaime / venir a vivir / familia de David
2. Jaime / encantarle deportes
3. Jaime / querer ver / un partido de fútbol americano
4. padres de David / llevar a los dos chicos / partido profesional
5. David / no saber mucho de fútbol
6. David / no querer explicarle las reglas / a Jaime
7. Mientras jugar / los equipos / David / darse cuenta de que / Jaime saber mucho del fútbol americano
8. David / preguntarle a Jaime / cómo saber tanto
9. Jaime / decirle a David / verlo en México cada fin de semana
10. David / aprender mucho del fútbol americano ese día

**Expansión**
Explica por qué usaste el pretérito o el imperfecto para cada oración.

Lección 1
ochenta y cinco **85**

## Comparación cultural

### Los hispanos en las grandes ligas

Aunque el fútbol es uno de los deportes más populares en el mundo hispano, en el Caribe le gana el béisbol. En Puerto Rico, en Cuba y sobre todo en la República Dominicana, el béisbol es el deporte preferido. Siempre hubo interés en el béisbol en esos países, pero en 1976, los Dodgers de Los Ángeles abrieron Campo Las Palmas, un campo de entrenamiento en la República Dominicana y desde entonces, más de dos docenas de equipos de las grandes ligas de los Estados Unidos también han abierto campos de entrenamiento allí. Más de 35 jugadores han venido de Campo Las Palmas a las grandes ligas.

El dominicano Pedro Martínez, jugando para los New York Mets

### Compara con tu mundo

¿Hay jugadores dominicanos o de otros países hispanos en el equipo de béisbol profesional de tu región?

## 14 Personalidades

Escribir
Hablar

En parejas, preparen diez preguntas para entrevistar a un(a) deportista famoso(a) hispano(a). Usen el pretérito y el imperfecto en sus preguntas. Luego túrnense para contestarlas.

**A** ¿Qué edad tenía usted cuando empezó a jugar?

**B** Tenía nueve años.

**Más práctica** Cuaderno *pp. 24–25*

---

**PARA Y PIENSA**

**¿Comprendiste?** Empareja las preguntas con sus respuestas lógicas.

1. ¿A qué hora llegaste a casa el viernes pasado?
2. ¿Qué te gustaba hacer durante el verano cuando eras niño(a)?
3. ¿Qué hiciste el sábado pasado?

a. Practiqué el alpinismo.
b. Llegué a las nueve y media.
c. Andaba en patineta.

Unidad 2
ochenta y seis

# GRAMÁTICA en contexto

**¡AVANZA!** **Goal:** Notice how Jorge, Elba, Luis, and Amelia use preterite and imperfect. Use the same verbs from your list to exchange e-mail messages with a classmate. Ask and respond questions like those of the interview. *Actividades 15–17*

## Contexto  *Entrevistas deportivas*

**ESTRATEGIA  Leer**
**Find verbs to find meaning**  Skim the interviews, focusing on the verbs before going back and reading closely. In a chart, note whether each verb is in the preterite or imperfect. Based on the verbs, what do you think the interviews are about?

| Verbos en pretérito | Verbos en imperfecto |
|---|---|
| naciste | tenía |
|  |  |

Jorge Andrade escribe para un periódico estudiantil colombiano. Entrevista a tres estudiantes extranjeros: Elba Araujo, de Perú; Luis Valmaseda, de Ecuador; y Amelia Quintero, de Venezuela.

### Elba

**Jorge:** ¿Naciste en Lima?
**Elba:** No, nací en Cuzco, pero cuando tenía once años mi familia y yo vinimos a vivir a Bogotá.
**Jorge:** ¿Y hace mucho que juegas al tenis?

**Elba:** No, empecé a jugar el año pasado.
**Jorge:** ¿Practicas algún otro deporte?
**Elba:** Sí, el ciclismo y la natación. En Cuzco, siempre iba a todas partes en bicicleta. Y tenía cinco años cuando aprendí a nadar.

### Luis

**Jorge:** Ayer te vi cuando ibas al entrenamiento. ¡Ibas con muchas admiradoras!
**Luis:** (Se ríe.) No, ellas eran jugadoras del equipo feminino. Somos todos aficionados al básquetbol.
**Jorge:** Tú no jugaste el sábado pasado. ¿Por qué?

**Luis:** Porque me dolía la rodilla. Me la lastimé durante el último partido.
**Jorge:** Me dijeron que te gustaba el alpinismo.
**Luis:** Sí, el mes pasado fui a escalar montañas con unos amigos. Es muy diferente pero me interesa mucho.

### Amelia

**Jorge:** Anoche no pude quedarme hasta el final del partido y por eso no tuve la oportunidad de hablar contigo.
**Amelia:** No me sorprende. Eran las diez de la noche cuando terminamos de jugar.
**Jorge:** ¿Cuántos años tenías cuando empezaste a jugar al voleibol?

**Amelia:** Tenía catorce años y no había practicado ningún deporte. Cuando vivía en Caracas pertenecía al mejor equipo de la ciudad. Aprendí mucho de esas experiencias y me divertí mucho. Ganamos tres campeonatos en cuatro años.

## 15 Comprensión de las entrevistas

**Leer
Escribir**

Contesta las preguntas sobre las entrevistas deportivas.

1. ¿Por qué quería Jorge entrevistar a estas personas?
2. ¿Qué le preguntó a Elba primero?
3. ¿Dónde nació Elba? ¿Y ahora dónde vive?
4. ¿Cuánto tiempo hace que Elba empezó a jugar al tenis?
5. ¿Qué deporte(s) practicaba Elba de niña?
6. ¿De dónde es Luis?
7. ¿Qué le pasó a Luis el sábado?
8. ¿Dónde vivía Amelia cuando empezó su carrera deportiva?
9. ¿Cuántos años tenía Amelia cuando comenzó a practicar su deporte?

**Expansión**
De los tres atletas, ¿quién era el (la) menor cuando empezó a practicar deportes? ¿Quién practicaba el mayor número de deportes de niño(a)?

## 16 ¿A quién se describe?

**Escribir
Hablar**

Prepara ocho oraciones sobre los cuatro estudiantes, sin mencionar sus nombres. Con tu compañero(a), túrnense para decir a quién(es) se refieren. Usen el pretérito y el imperfecto.

**A** Entrevistó a varios estudiantes.

**B** Jorge entrevistó a varios estudiantes.

## 17 Entrevista

**Hablar**

En parejas, dramaticen esta situación. Luego represéntensela a la clase.

**A**
- Eres reportero(a) para el periódico del colegio y tienes que entrevistar a un(a) atleta. Pregúntale de dónde es y cuándo comenzó a asistir a tu colegio.
- Pregúntale qué deporte practica y cuándo empezó a practicarlo.
- Hazle tres o cuatro preguntas sobre el último partido.
- Al final resume lo que te ha dicho a ver si comprendiste bien.

**B**
- Te va a entrevistar un(a) reportero(a) del periódico del colegio. Eres de un país latinoamericano. Dile cuál.
- Eres atleta. Decide qué deporte practicas.
- Contesta las preguntas sobre lo que pasó durante tu último partido.
- Corrige algo que el (la) reportero(a) no comprendió.

**PARA Y PIENSA**

**¿Comprendiste?** Completa las oraciones con el pretérito o el imperfecto del verbo apropiado.

1. Yo _____ a jugar al béisbol el año pasado. (empezar / terminar)
2. _____ las ocho de la mañana cuando Alberto se despertó. (ser / estar)
3. De niño, Martín _____ muchos goles en water polo. (jugar / apuntar)

Unidad 2

# Presentación de GRAMÁTICA

**¡AVANZA!** **Goal:** Review and expand on the differences between preterite and imperfect with certain verbs. Then, practice using them to talk about sports and pastimes. *Actividades 18–21*

**English Grammar Connection:** In English, you use the **simple past** to refer either to an *ongoing past ability or situation* or to a *completed past action*. In Spanish you use the **imperfect** to express an *ongoing past ability or situation* and the **preterite** to express a *completed past action*.

*ongoing ability or situation* → I joined the team because I **played** tennis well.

*completed action* → I **played** a good game last night.

## Verbos con cambios de significado en pretérito

*Grammar Video — my.hrw.com*

With some verbs that refer to mental or physical states, use the **imperfect** for an *ongoing ability* or *situation* with no final outcome. Use the **preterite** to view the verb as an action that *began* or *was completed* at a specific moment. Note that in English you sometimes use a **different verb or expression** to clarify your meaning.

| Verb | Imperfect | Preterite |
|---|---|---|
| conocer | Él **conocía** bien al entrenador.<br>*He **knew** (**was acquainted with**) the coach well.* | Él **conoció** al entrenador ayer.<br>*He **met** the coach yesterday.* |
| poder | Ellos **podían** visitar nuestro campamento.<br>*They **were allowed** to visit our campsite.* | Ellos **pudieron** visitar nuestro campamento.<br>*They **managed** to visit our campsite.* |
| no poder | **No podíamos** encontrarte.<br>*We **were having trouble** finding you.* | No **pudimos** encontrarte.<br>*We **couldn't** (**never did**) find you.* |
| querer | Todos **querían** nadar.<br>*Everyone **wanted** to swim (**felt like** swimming).* | Todos **quisieron** nadar.<br>*Everyone **wanted** (**tried, set out**) to swim.* |
| no querer | Los jugadores **no querían** entrenarse.<br>*The players **didn't want** to train (**didn't feel like** training).* | Los jugadores **no quisieron** entrenarse.<br>*The players **would not** (**refused to**) train.* |
| saber | Yo ya **sabía** quién ganó.<br>*I already **knew** (**was aware of**) who won.* | Yo **supe** ayer quién ganó.<br>*I **knew** (**found out**) who won yesterday.* |
| tener | Yo **tenía** una buena idea.<br>*I **had** a good idea.* | Hoy **tuve** una buena idea.<br>*Today I **got** a good idea.* |

*Más práctica*
Cuaderno *pp. 26–27*

Conjuguemos.com
my.hrw.com

# Práctica de GRAMÁTICA

## 18 El primer día de clases

**Leer** Gilberto describió su primer día de clases en su blog. Escoge el verbo que mejor complete su descripción.

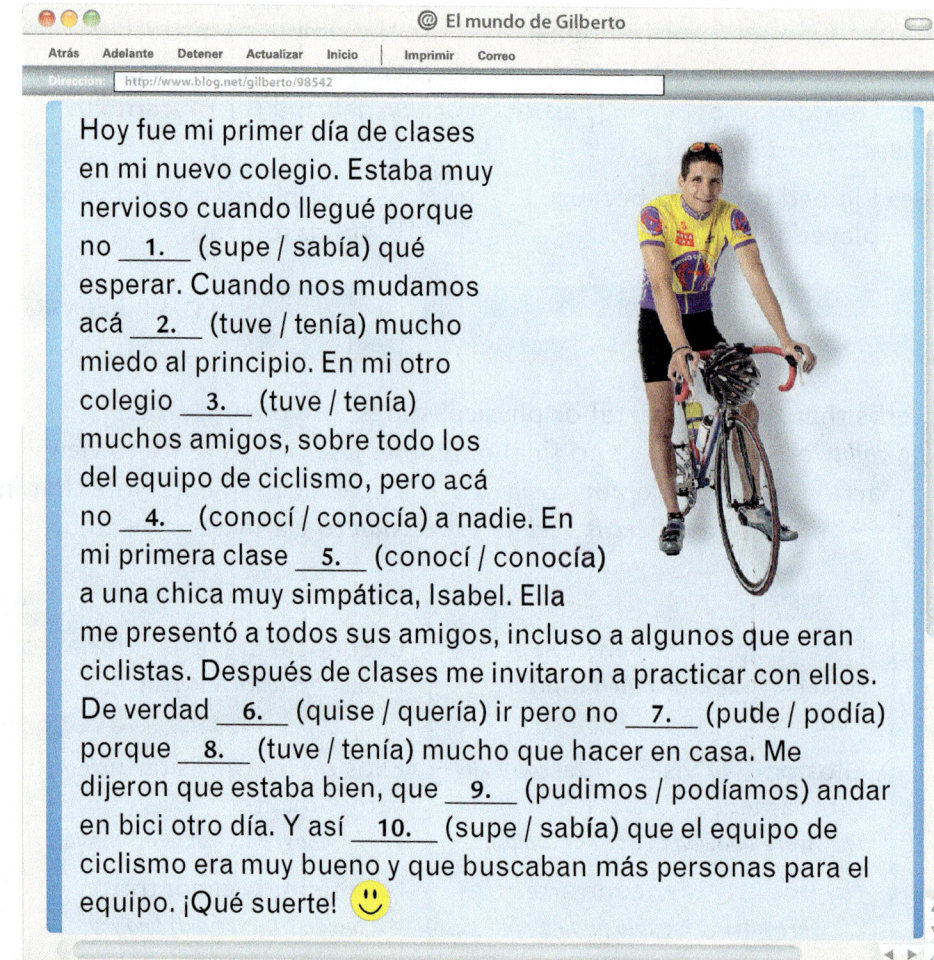

Hoy fue mi primer día de clases en mi nuevo colegio. Estaba muy nervioso cuando llegué porque no __1.__ (supe / sabía) qué esperar. Cuando nos mudamos acá __2.__ (tuve / tenía) mucho miedo al principio. En mi otro colegio __3.__ (tuve / tenía) muchos amigos, sobre todo los del equipo de ciclismo, pero acá no __4.__ (conocí / conocía) a nadie. En mi primera clase __5.__ (conocí / conocía) a una chica muy simpática, Isabel. Ella me presentó a todos sus amigos, incluso a algunos que eran ciclistas. Después de clases me invitaron a practicar con ellos. De verdad __6.__ (quise / quería) ir pero no __7.__ (pude / podía) porque __8.__ (tuve / tenía) mucho que hacer en casa. Me dijeron que estaba bien, que __9.__ (pudimos / podíamos) andar en bici otro día. Y así __10.__ (supe / sabía) que el equipo de ciclismo era muy bueno y que buscaban más personas para el equipo. ¡Qué suerte! 😊

**Expansión**
Describe tu primer día de clases este año. ¿Cómo te sentiste? ¿Qué hiciste?

## 19 La fiesta de Gonzalo

**Escuchar Escribir** Gonzalo habla con Enrique de una fiesta. Escucha la conversación y luego indica si las oraciones son verdaderas o falsas. Corrige las falsas.

1. Enrique no pudo ir a la fiesta.
2. Gonzalo no quiso bailar.
3. Salvador y su hermana nunca encontraron la casa de Gonzalo.
4. Armando no pudo bailar con la hermana de Salvador.
5. Gonzalo conoció a muchas personas en la fiesta.
6. Amílcar ya conocía a Gonzalo cuando llegó a la fiesta.
7. Gonzalo supo que Enrique tenía un examen.
8. Enrique no conocía a Amílcar antes de la fiesta.

Unidad 2
noventa

## 20 ¡No pude salir!

**Hablar Escribir**  Usa una palabra o expresión de cada columna para formar ocho oraciones completas. Usa el pretérito y el imperfecto de cada verbo de la segunda columna.

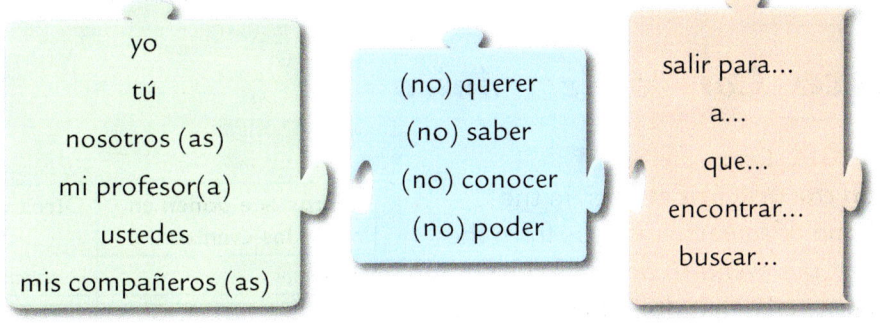

yo
tú
nosotros (as)
mi profesor(a)
ustedes
mis compañeros (as)

(no) querer
(no) saber
(no) conocer
(no) poder

salir para...
a...
que...
encontrar...
buscar...

## 21 La vida estudiantil

**Hablar**  Hazle y respóndele estas preguntas a un(a) compañero(a):

- ¿Qué compañeros ya conocías cuando empezaron las clases?
- ¿Qué compañeros conociste el primer día de clases?
- ¿Qué cosas querías hacer durante el verano?
- ¿Qué cosas no pudiste hacer antes del comienzo del año escolar?

### Comparación cultural

#### Las ligas municipales

En los países hispanos no es tan frecuente que haya equipos de deporte organizados y auspiciados por los colegios. En cambio, los jóvenes se organizan entre sí para jugar después de la escuela y los fines de semana. Lo que sí hay son varias ligas municipales en las que los equipos son auspiciados por algún club deportivo privado o algún negocio.

Dos equipos costarricenses jugando al fútbol

#### Compara con tu mundo

¿Qué equipos deportivos hay en tu colegio? ¿Hay ligas deportivas en tu ciudad?

**Más práctica** Cuaderno *pp. 26–27*

**PARA Y PIENSA**

**¿Comprendiste?** Escoge el verbo que mejor completa las oraciones.
Después de su accidente mi amiga no __1__ practicar ciclismo. Antes __2__ al velódromo con frecuencia. Anoche nosotros __3__ que ella __4__ aprender a jugar al golf.

| quería | supimos |
| fue | quiso |
| hicimos | iba |

Lección 1

# GRAMÁTICA en contexto

**¡AVANZA!** **Goal:** Notice how Laura uses **poder, querer, conocer, tener,** and **saber.** Then, use the preterite and imperfect of these same verbs. *Actividades 22–23*

## Contexto *Correo electrónico*

**ESTRATEGIA Leer**

**Focus on the order of events** In the first column of a chart, list verbs from the e-mail that put events in order. In the second column, list verbs that don't help order the events. What do you notice about the verbs in each column? If the verbs in the second column don't put events in order, what do they do?

| Verbos que ponen en orden los eventos | Otros verbos |
|---|---|
| *decidimos* | *costaban* |
|  |  |

Laura, la amiga de Elba, le manda un correo electrónico en el que le cuenta de su fin de semana.

Hola, Elba:

Te escribo para contarte sobre nuestro viaje a la playa. El jueves pasado Pati y yo decidimos ir de camping. Tuvimos que comprar tiendas de campaña. Compramos dos porque no costaban mucho. Las bolsas de dormir sí eran costosas. Le pedí una a Jorge, y por suerte me pudo prestar la suya.

Como puedes ver en la foto, el sábado hacía buen tiempo. Llegamos al campamento a las 10:30 de la mañana y encontramos nuestro sitio en la playa. Yo tenía hambre, así que primero almorzamos. Por la tarde vimos a Antonio que estaba en la playa con unos amigos. Los conocimos y nos invitaron a aprender a hacer kitesurf.

Pati no quiso porque tenía miedo, pero yo decidí intentarlo. ¡Me gustó mucho! Hicimos kitesurf por casi tres horas. Pude mantenerme a pie en la tabla por varios minutos. Cuando terminamos, estábamos bastante cansados.

Esta mañana volví temprano porque tenía que escribir un ensayo. Pero no lo escribí. Vi una película. Por eso tengo que levantarme temprano mañana.

Nos vemos, Laura

## 22 | Comprensión del correo electrónico

**Leer
Escribir**

Contesta las preguntas sobre el correo electrónico.

1. ¿Cuándo decidieron ir de camping Laura y Pati?
2. ¿Cuántas tiendas compraron?
3. ¿Por qué no compró una bolsa de dormir?
4. ¿Qué hora era cuando llegaron al campamento?
5. ¿Pati y Laura conocieron a Antonio en la playa?
6. ¿Por qué no quiso Pati aprender a hacer kitesurf?
7. ¿Por qué regresó Laura temprano el domingo?
8. ¿Qué hizo el domingo por la tarde?
9. ¿Cuándo piensa terminar lo que tiene que hacer?

**Expansión**
¿De niño(a), ¿qué deporte no quisiste intentar? ¿Tenías miedo? ¿Por qué?

## 23 | ¿Por qué no viniste?

**Hablar**

En parejas, dramaticen esta situación. Luego represéntensela a la clase.

**A**
- Querías acampar con tus amigos el fin de semana pasado, pero tus padres tenían que trabajar y al fin tuviste que cuidar a tu hermanito. Explícale a tu compañero(a) por qué no pudiste ir con ellos.
- Quieres saber qué hicieron tus amigos, quiénes estaban allí, y si practicaron algún deporte.
- Pregúntale si vuelven a acampar pronto. Dile que quieres ir con ellos la próxima vez.

**B**
- Fuiste a acampar con algunos amigos el fin de semana pasado, y tu compañero(a) no pudo ir. Pregúntale por qué. También pregúntale qué hizo durante el fin de semana.
- Menciona dos cosas que hicieron. También dile que un grupo de amigos de otro colegio acampaba en el mismo campamento. Jugaron al voleibol con ellos toda la tarde.
- Dile que se divirtieron y que van a acampar el mes que viene.

### PARA Y PIENSA

**¿Comprendiste?** Utiliza el pretérito o el imperfecto de los verbos **conocer**, **poder** y **querer** para completar las oraciones.

1. Al principio Paco no _____ hacer esquí acuático, pero por fin lo hizo bien.
2. Mi hermana no _____ ir con nosotros. Tuvo que quedarse en casa.
3. Tratamos de escribir la composición, pero no _____. La terminamos hoy.
4. Después de practicar un mes, mis amigas _____ escalar la montaña.
5. Laura ya _____ a Antonio, pero ayer _____ a sus amigos en la playa.
6. Pili dijo que no _____ asistir al partido mañana porque no le interesaba.

Lección 1
noventa y tres  **93**

# Todo junto

**¡AVANZA!** **Goal:** *Show what you know* Read the brochure for the surfing school. Then use the vocabulary and grammar from this lesson to do the activities that follow. *Actividades 24–28*

## Contexto *Folleto de una escuela de surf*

**ESTRATEGIA** Leer

**Make a mind map** In the center, write **colonia de surf**. In attached circles, write key phrases from the reading (**qué ofrecen, paquete de un día, paquete de tres días**). Attach more circles to show as many details as you can.

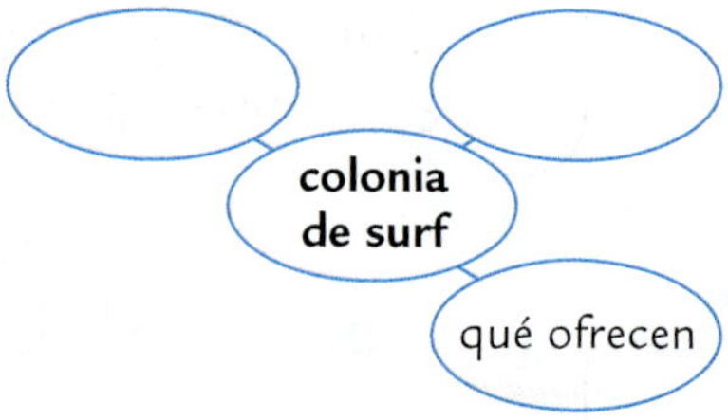

El surf es muy popular en México, Costa Rica, Panamá, Perú, Chile y España. Puedes hacer turismo y aprender a surfear a la vez si vas a una escuela de surf como la siguiente.

### Colonia de surf OlaAzul

¡Aprende a surfear con nosotros!

#### Qué ofrecemos

Aprende a surfear con una de las mejores escuelas de surf. Nuestro surfcamp incluye:

* **alquiler** de tabla de surf, traje térmico y todos los accesorios
* **instructores** para las clases teóricas y prácticas
* **cursillos de iniciación** para principiantes
* **filmación** de las clases prácticas
* **clases optativas** de kitesurf, surf a vela y esquí acuático

#### Paquete de 1 día

¡Pasa un día inolvidable en nuestra colonia de surf, OlaAzul! Por la mañana te llevamos a la playa. Allí hacemos primero la clase teórica, que incluye cómo pararse, cómo agarrar una ola, cómo usar los accesorios y cuáles son las técnicas de seguridad. Después comienza tu clase práctica. ¡A surfear! Te filmamos durante la sesión y después la repasamos contigo. Nuestros instructores, además de ser salvavidas, son altamente experimentados y te enseñarán todo lo necesario.

#### Paquete de 3 días

¡Quédate con nosotros y agarra otra ola más! Ofrecemos paquetes de 3 días en nuestro surfcamp, con alojamiento en una pensión cerca de la playa con habitaciones dobles, baños con agua caliente, comidas incluidas, transporte a las playas, clases en reparar tablas y clases de surf para todos los niveles.

Unidad 2
noventa y cuatro

## 24 Comprensión del folleto

**Leer / Escribir**

Contesta las preguntas sobre el folleto.

1. ¿Qué tipo de escuela se describe aquí?
2. La colonia de surf ofrece cinco servicios. ¿Cuáles son?
3. Si te inscribes en el paquete de un día, ¿qué haces primero por la mañana?
4. ¿Cuál es la segunda parte del paquete de un día en OlaAzul?
5. ¿Por qué crees que los instructores filman a los estudiantes?
6. Si te inscribes en el paquete de tres días, ¿en dónde te quedas?
7. Además de clases de surf, ¿qué otras clases hay en el paquete de tres días?
8. ¿Qué otros deportes acuáticos ofrece esta escuela?

> **Expansión**
> ¿Qué más se incluye en el paquete de tres días? ¿Cómo garantiza esta escuela la seguridad de sus estudiantes?

## 25 Unas llamadas al surfcamp

**Escuchar / Escribir**

Escucha los mensajes telefónicos que dejaron tres clientes de la colonia de surf OlaAzul y contesta las preguntas.

1. ¿Con quién estuvo Gustavo Peñas en OlaAzul el año pasado?
2. ¿Cómo lo pasó él?
3. ¿Qué dijo su hija Mónica, hace poco?
4. ¿Por qué canceló Silvia su reservación?
5. ¿Con quién iba ella a OlaAzul?
6. ¿Cuánto tiempo estuvo el señor Bustamante en el campamento?
7. ¿Qué tiempo hizo?
8. ¿Por qué no pudieron ir a surfear?
9. ¿Qué pasó en la pensión?

## 26 Minidiálogos

**Hablar**

Con un(a) compañero(a), dramaticen las siguientes situaciones usando el vocabulario de esta lección.

**A** ¿Por qué no vamos a esta escuela de surf? Parece súper divertida y no es cara.

**B** No sé. Prefiero aprender a...

1. Un(a) amigo(a) que quiere aprender a surfear y otro(a) amigo(a) que prefiere practicar otro deporte.
2. Un padre que quiere información sobre un campamento deportivo para sus hijos y el (la) director(a) del campamento.
3. Un(a) muchacho(a) que quiere ir a una escuela de surf muy cara y su padre (madre), que se opone a la idea.
4. Dos amigos(a), con diferentes gustos en cuanto a los deportes, sobre qué actividad pueden hacer y qué programas deportivos quieren ver.

## 27 Una experiencia inolvidable

**Leer / Escribir**

Completa el correo electrónico que Gisela le escribió a una amiga sobre su experiencia en la escuela de surf. Usa la forma correcta del pretérito o del imperfecto de los verbos entre paréntesis.

Hola Diana, aquí estoy en Playa Hermosa, tomando clases en la escuela de surf OlaAzul. Paula y yo __1.__ (llegar) el martes por la noche y __2.__ (conocer) a nuestro guía, Toño. El miércoles, Toño nos __3.__ (despertar) a las seis de la mañana y __4.__ (ir) con él a la playa. Allí Toño y su asistente nos __5.__ (dar) las tablas y los trajes que nosotras __6.__ (ir) a usar.

Ya sabes que cuando yo __7.__ (ser) pequeña, mi familia __8.__ (tener) una casita en la playa. Me __9.__ (encantar) ir todas las mañanas y ver a los surfistas agarrar olas. El año pasado, cuando mis padres me __10.__ (preguntar) qué __11.__ (querer) para mi cumpleaños, yo ya __12.__ (saber) qué decirles: ¡unas clases de surf!

Pues, aquí estoy y te cuento que el primer día __13.__ (ser) increíble. __14.__ (Haber) muy buenas olas toda la mañana. Nuestra primera sesión __15.__ (durar) tres horas. ¡Al final, Paula y yo __16.__ (poder) agarrar algunas olas!

**Expansión**
Explica por qué se usa el pretérito o el imperfecto en cada caso.

## 28 Una encuesta

**Hablar / Escribir**

Entrevista a tus compañeros de clase para identificar a aquellas personas a quienes les correspondan las siguientes características. Luego escribe un resumen de los resultados.

**A** ¿Sabes bucear?

**B** No. No me gusta el mar, pero me gusta nadar en la piscina.

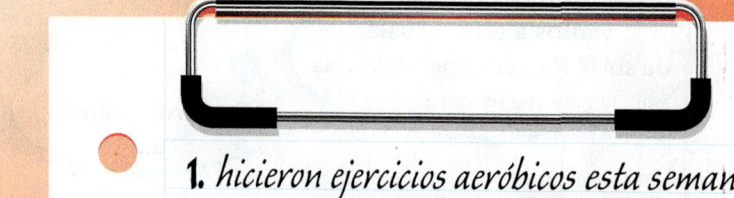

1. hicieron ejercicios aeróbicos esta semana
2. fueron a una sala de escalada deportiva
3. soñaban con ser atletas profesionales cuando eran niños
4. piensan que el golf es aburrido
5. leyeron la sección deportiva esta mañana
6. no se atreven a andar en patineta
7. saben bucear
8. no pudieron hacer ejercicio esta semana

**Expansión**
Averigua también quiénes aprendieron un deporte nuevo el año pasado. ¿Qué deporte aprendieron?

Unidad 2

# Para crear

**Hablar Escribir**

### Escuela deportiva Isla del Paraíso

En grupos, hagan un plan para una escuela deportiva ideal para jóvenes, ubicada en una isla tropical y con todas las comodidades posibles. Usen el dibujo y su imaginación y sigan las instrucciones.

**Ideas**
- Deportes: esquí acuático, escalada deportiva, kitesurf...
- Marta — directora; Yo — entrenador de tenis...

### Para comenzar

1. Decidan qué actividades y deportes van a ofrecer en la escuela.
2. Decidan qué hará cada uno de ustedes. ¿Qué clases van a dar? ¿De qué actividad(es) van a estar encargados?
3. ¿Cómo serán las instalaciones? ¿Dónde se van a quedar los chicos? ¿Dónde van a comer? ¿Cómo van a llegar y a salir?
4. Hablen del personal que necesitarán, como entrenadores, enfermeros, cocineros y asistentes.
5. ¿Cómo organizarán las clases? ¿Por cuánto tiempo durarán los cursos? ¿Cuánto costarán? ¿Qué otras actividades piensan ofrecer?
6. Hagan un folleto para la escuela. Incluyan información sobre los deportes y otras actividades, qué hace cada uno de ustedes, el transporte, el alojamiento, el personal, las instalaciones, el costo y otros detalles.

**Más práctica** Cuaderno *pp. 28–29*

### ¿Comprendiste?
1. ¿Cuáles son dos deportes en la tierra que te gustan? ¿Y dos deportes acuáticos?
2. ¿Qué deportes practicaste el verano pasado?
3. ¿Qué deportes te gustaban cuando eras niño(a)?
4. ¿Cuántos años tenías cuando aprendiste a montar en bicicleta? ¿Y a nadar?

# En resumen
## Vocabulario y gramática

## Vocabulario

### Personas, objetos y lugares

| | |
|---|---|
| el (la) árbitro(a) | referee, umpire |
| el arnés | harness |
| el aro | basket (in basketball) |
| el autódromo | racetrack |
| la caña | fishing pole |
| la carnada | bait |
| la codera | elbow pad |
| la cometa | kite |
| el cuatriciclo | four-wheeler |
| la escalada deportiva | rock climbing |
| el esquí | ski |
| el guante de béisbol | baseball glove |
| la lancha con motor | motor boat |
| la página deportiva | sports page |
| el palo de golf | golf club |
| la patineta | skateboard |
| la rampa | ramp |
| la rodillera | knee pad |
| el velódromo | cycle track |

### Los deportes

| | |
|---|---|
| el alpinismo | mountain climbing |
| el deporte acuático | water sport |
| los ejercicios aeróbicos | aerobics |
| el esnórkel | snorkeling |
| el esquí acuático | water-skiing |
| la gimnasia | gymnastics |
| el golf | golf |
| el kitesurf | kitesurfing |
| el rugby | rugby |
| el surf a vela | windsurfing |
| el water polo | water polo |

### Para describir acciones

| | |
|---|---|
| cansarse | to get tired |
| pasarlo bien (mal) | to have a good (bad) time |
| sujetar | to secure |

### Ya sabes esto

| | |
|---|---|
| andar en patineta | to go skateboarding |
| bucear | to scuba dive |
| el casco | helmet |
| el ciclismo | cycling |
| la natación | swimming |
| la pelota | ball |
| pescar | to fish |

# Gramática

## El imperfecto

Use the **imperfect** to express . . .
- things that were already going on when the time period began
- past habitual actions

> Anoche **hacía** buen tiempo cuando llegamos al estadio.
> *Last night the weather **was** nice when we got to the stadium.*

### Expressions with imperfect

| | |
|---|---|
| todos los días | every day |
| siempre | always |
| de niño(a) | as a child |
| en aquellos días | in those days |

## El pretérito

Use the **preterite** to express . . .
- things that began, ended, or lasted for a specific amount of time within a defined period of time
- a sequence of past events or things that happened a specific number of times in the past.

> Anoche **jugamos** el partido a las ocho. **Fue** muy divertido.
> *Last night we **played** (began playing) the game at eight. It **was** a lot of fun.*

### Expressions with preterite

| | |
|---|---|
| ayer | yesterday |
| una vez | once |
| el año pasado | last year |
| de repente | suddenly |

## Para describir un evento pasado

Use the **imperfect** to set the scene, to describe feelings and situations that were already in progress, or to tell the time. Use the **preterite** to tell what happened and what the sequence of events was.

> Anoche **eran** las seis de la tarde cuando **llegamos** al estadio.
> *Last night **it was** six in the evening when **we got** to the stadium.*

> **Hacía** buen tiempo y todos **estábamos** muy emocionados cuando **comenzó** el partido.
> *The weather **was** nice and we **were** all very excited when the game **began**.*

## Verbos con cambios de significado

Some verbs change meanings in the **preterite** and **imperfect**.

| Verb | Imperfect | Preterite |
|---|---|---|
| conocer | knew (was acquainted with) | met |
| poder | were allowed (were able) | managed |
| no poder | couldn't (was having trouble) | couldn't (never did, failed to) |
| querer | wanted to (felt like) | wanted to (tried to, set out to) |
| no querer | didn't want to (didn't feel like) | would not (refused to) |
| saber | knew (was aware of) | knew (found out) |
| tener | had (held) | got |

Lección 1

# UNIDAD 2 · Lección 2

**Tema:**
## Diversión bajo techo

**¡AVANZA!** In this lesson, you will learn to
- talk about indoor sports and activities
- discuss what you and others do in your free time

*using*
- comparatives
- progressive verb forms

♻ *¿Recuerdas?*
- **ir a** + infinitive

## Comparación cultural

**In this lesson you will learn about**
- sports-related proverbs in Spanish
- sports clubs in Spanish-speaking countries
- domino playing in Miami
- Latin American sports celebrities

**Compara con tu mundo**
El ciclismo en general siempre ha sido popular en el mundo hispanohablante. Hoy día, atletas de Latinoamérica y España compiten a nivel internacional en el ciclismo de pista. ¿Has visto una competencia como ésta?

**¿Qué ves?**

*Mira la foto*
¿A qué otros deportes se parece el ciclismo de pista?

¿Cuán rápido crees que van estos atletas?

¿Cómo crees que se entrenan?

| MODES OF COMMUNICATION | | |
|---|---|---|
| **INTERPRETIVE** | **INTERPERSONAL** | **PRESENTATIONAL** |
| Read about and compare popular sports in Latin America.<br><br>Understand people as they describe their vacations so you can ask follow-up questions. | Survey classmates about physical activities and health.<br><br>Apply for a job in a sports club. | Write a plan and publicity brochure for a state-of-the-art recreation center.<br><br>Describe a recent trip. |

**Campeonato mundial de ciclismo de pista**
*Palma de Mallorca, España*

# Presentación de VOCABULARIO

**¡AVANZA!** **Goal:** Learn how to talk about indoor sports and other indoor activities. Then discuss what you and others do in your free time. *Actividades 1–4*

**A** ¿Quieres practicar deportes pero llueve y hace frío? La solución para jugar adentro es... ¡Deportes **bajo techo!** ¿Te gusta el fútbol? La alternativa es **el fútbol 5,** con cinco jugadores en cada equipo. Para velocidad y equilibrio, no hay como **el hockey sobre hielo.** Debes ponerte **los patines de hielo** y saber **patinar** muy bien.

el fútbol 5   el hockey sobre hielo

**B** Si quieres tener los pies en la tierra, juega a **los bolos.** Deberás tener mucha **puntería** para **tirarlos.** Si los tiras todos, vas a **hacer puntos** y ganar el partido.

los bolos

el squash   el pimpón

**C** ¿Te gustan los deportes con **raqueta?** Puedes jugar al **squash.** Es parecido al **tenis** pero sin **red** y entre paredes. Recuerda: el jugador que **saca** tiene ventaja. También puedes jugar un partido de **pimpón.** ¡Igual que el tenis pero en una mesa!

Unidad 2
ciento dos

**D** Además de deportes, adentro puedes jugar a otras cosas. Si no puedes olvidarte del fútbol, juega al **futbolín.** Se necesita mucha **destreza** para que tus jugadores **metan un gol.** ¿Aún piensas en la cancha de hockey? En **el hockey de aire** debes pegarle al disco que se mantiene en el aire. No hace falta hielo, ¡sólo una mesa!

el futbolín    el hockey de aire

**E** **Los dardos** son divertidos para practicar la puntería. Debes **apuntar** bien para **clavar** el dardo en **el blanco.**

los dardos

los juegos de mesa

el parchís    el backgammon

el dominó    el ajedrez

**F** **Los juegos de mesa** son una opción para los que quieren estar sentados. Estos juegos tienen un **tablero.** Algunos usan **dados** y **fichas,** como **el parchís** o **el backgammon.** Otros sólo fichas, que debes **mover** con inteligencia, como en **las damas chinas, el dominó** y **el ajedrez.**

**Más vocabulario**

el billar  *billiards*
la consola de videojuegos  *videogame console*
el juego interactivo  *interactive game*
el reproductor MP3  *MP3 player*

**G** Y si no te quieres alejar de la computadora, puedes divertirte con **los juegos virtuales** en Internet. No te hace falta ningún disco compacto, ¡sólo conéctate!

**¡A responder!**   Escuchar

Marcela y Eduardo tenían planes para ir a la playa pero empezó a llover. Escucha lo que deciden y luego elige cuál de todas esas actividades te gustaría hacer un día de lluvia.

Lección 2
ciento tres **103**

# Práctica de VOCABULARIO

## 1 | A jugar bajo techo

Leer | El fin de semana va a llover y no sabes qué hacer. Completa esta planilla de ideas con las opciones correctas y luego lee el mejor pasatiempo para ti.

**¿A qué puedes jugar?**

1. Si prefieres los deportes con red, eliges…
   - a. los bolos
   - b. el pimpón
   - c. el squash
2. Si te gusta apuntar, eliges…
   - a. los dados
   - b. el backgammon
   - c. los dardos
3. Si te diviertes metiendo goles, eliges…
   - a. las damas chinas
   - b. el dominó
   - c. el futbolín
4. Si te encanta pensar y mover fichas, eliges…
   - a. el ajedrez
   - b. el hockey de aire
   - c. el parchís
5. Si pasas mucho tiempo haciendo ejercicio, eliges…
   - a. los juegos interactivos
   - b. los juegos virtuales
   - c. el hockey sobre hielo

**¿Qué debes elegir?**

Si prefieres las opciones **1, 2** ó **3**: Debes jugar con tus amigos en un club recreativo.

Si prefieres la opción **4**: Debes conseguir un juego de mesa.

Si prefieres la opción **5**: Debes hacer un deporte bajo techo.

**Expansión**
Explica la diferencia entre el fútbol y el fútbol 5, y entre el tenis y el squash.

## 2 | Nuevo centro de juegos

Escribir | Completa este volante con una explicación de cada juego para atraer al público. Usa palabras del vocabulario de esta lección.

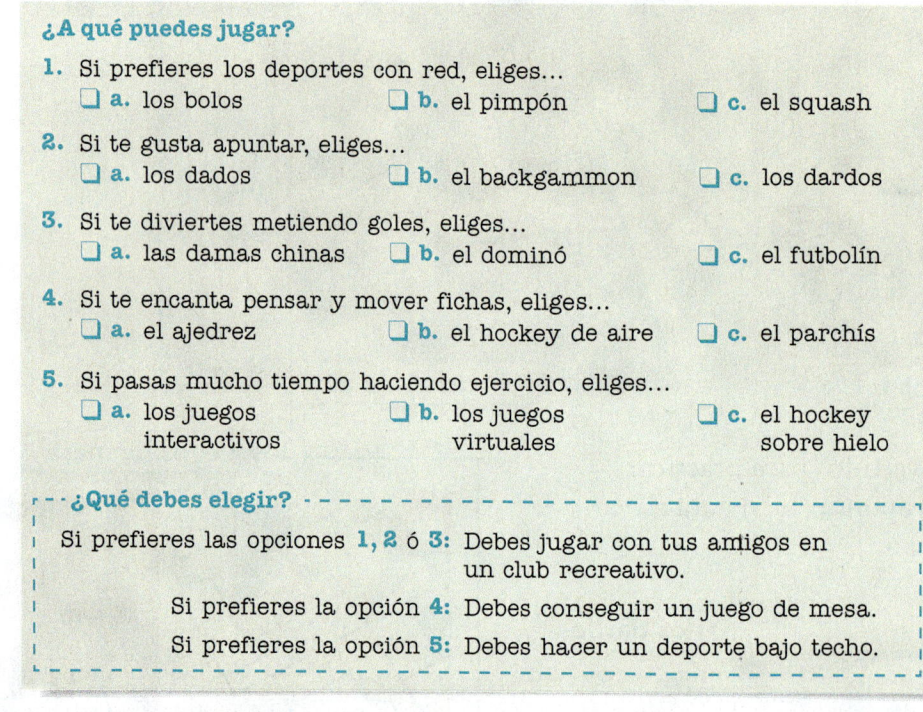

SALA DE JUEGOS "GOLES"
¡Diversión y destreza para todos!

FUTBOLÍN  Para meter muchos goles
1. DARDOS  Para…
2. BOLOS  Para…
3. HOCKEY DE AIRE  Para…
4. JUEGOS DE MESA  Para…
5. VIDEOJUEGOS  Para…

ABIERTO TODOS LOS FINES DE SEMANA, 10 A.M. – 8 P.M.

## 3 | Planes para el viernes

**Escuchar Escribir**

Gloria y Gustavo hablan de lo que piensan hacer el viernes. Escucha su conversación y contesta las preguntas.

1. ¿Quién cumple años?
2. Gustavo sabe que van a ir a un lugar. ¿Adónde?
3. ¿Qué equipos se van a formar?
4. ¿Qué le van a regalar?
5. ¿Por qué le van a regalar eso?
6. ¿Qué deben tener para hacer la actividad después de darle el regalo?

## 4 | Horarios

**Hablar**

En grupos, elijan su juego favorito del banco de palabras. Cada persona debe elegir un juego diferente. Explíquenles a las otras personas de qué se trata el juego, usando palabras de vocabulario de esta lección.

| juego interactivo | billar | hockey de aire | parchís |
| fútbol 5 | ajedrez | hockey sobre hielo | dardos |

## Comparación cultural

### Dichos y refranes

El dicho «Dar en el clavo» tiene sus orígenes en el hito (*ringtoss*), un antiguo juego infantil que consiste en arrojar anillos de hierro apuntando a un hito o clavo en la tierra, y lograr que el anillo se quede alrededor del hito. De ahí, «dar en el clavo» significa hacer o decir algo muy acertado.

Muchos proverbios en español subrayan la importancia del esfuerzo, sea en un deporte o no. Algunos ejemplos son: «El que no cae no se levanta»; «El que la sigue, la consigue»; y, del *Quijote*, «Del dicho al hecho hay gran trecho». ¿Qué relevancia tienen estos proverbios en cuanto al deporte en general?

El que la sigue, la consigue.

### Compara con tu mundo

En inglés se dice *"Practice makes perfect"* y *"You can't win if you don't play."* ¿Cómo se comparan estos dichos con los anteriores? ¿Cómo expresarías con tus propias palabras estas mismas ideas en español?

*Más práctica* Cuaderno p. 33

**PARA Y PIENSA**

**¿Comprendiste?**
1. ¿Qué quiere decir «sacar» en un partido de pimpón?
2. Nombra tres juegos en los que es importante apuntar.
3. ¿Con qué juegos asocias la palabra «tablero»?

# VOCABULARIO en contexto

**¡AVANZA!** **Goal:** Read the rules for playing foosball. Then answer questions about foosball and talk about your ideal sport or game. *Actividades 5–7*

¿Recuerdas? *ir a* + infinitive, p. R18

## Contexto *Reglamento*

**ESTRATEGIA** Leer

**Summarize with a pyramid chart** To help remember the rules of foosball, complete the pyramid with the most important steps of the game. Start from the bottom. The last step is indicated.

Uno de los juegos favoritos en los países hispanos es el futbolín. Lee el reglamento para aprender este juego.

Gana el que mete más goles.

### REGLAMENTO BÁSICO DE FUTBOLÍN

**ELEMENTOS:** Mesa de futbolín. Pelota pequeña de madera o de plástico.

**JUGADORES:** 1 ó 2 por equipo. Cada equipo se para a un lado de la mesa.

**OBJETIVO DEL JUEGO:** Meter la mayor cantidad de goles.

**CÓMO SE JUEGA**

El jugador de cada equipo controla a los jugadores de futbolín con las manivelas *(handles)*. Debe demostrar destreza moviendo a sus jugadores. Debe patear la pelota con un solo golpe y tratar de meterla en el arco contrario. Está prohibido hacer molinetes: NO PUEDE HACER GIRAR LAS MANIVELAS CONTINUAMENTE.

1. Se decide por sorteo quién saca.
2. El jugador que saca pone la pelota en el agujero de saque que está al costado de la mesa.
3. Cuando la pelota cae en la cancha, los jugadores empiezan a mover las manivelas para pegarle a la pelota.
4. Cuando la pelota entra a un arco, es un gol y se gana un punto.
5. El equipo que hizo el gol se anota el punto con las fichas que están en la mesa.
6. Saca el equipo contrario poniendo de nuevo la pelota en el agujero.
7. Si la pelota sale de la mesa, se vuelve a sacar desde el agujero.
8. Los partidos pueden ser a 7 goles o a 10 goles. El primero que llega al número de goles gana el partido.
9. Si se juega otro partido, saca el equipo que ganó el partido anterior.
10. ESTÁ PROHIBIDO HACER MOLINETE. SE PIERDE EL PARTIDO.

**NOTA:** Las mesas de futbolín en lugares públicos requieren una moneda. Al poner la moneda saldrán las 7 ó 10 pelotas para el partido y quedarán en un recipiente. Al hacer un gol, esa pelota quedará dentro de la mesa.

MANIVELA — ARCO — FICHAS — AGUJERO DE SAQUE

## 5 | Comprensión del reglamento

**Leer
Escribir**

Lee el reglamento de futbolín y contesta las siguientes preguntas.

1. ¿Qué cosas se necesitan para jugar al futbolín?
2. Si quieres jugar un partido con tu primo y dos amigos, ¿puedes hacerlo?
3. ¿Qué equipo saca para empezar el partido?
4. ¿Qué es lo más importante que hay que demostrar al jugar?
5. ¿Dónde se pone la pelota para sacar?
6. ¿Qué no se debe hacer durante el partido?
7. ¿Cómo se anotan los puntos?
8. ¿Los equipos pueden quedar empatados al final del partido?

**Expansión**
Explica algunas diferencias entre las reglas y elementos del futbolín y del hockey de aire. Fíjate qué palabras del vocabulario se pueden usar en ambos casos.

## 6 | ¿Qué van a hacer?

 *¿Recuerdas?* **ir a** + infinitive p. R18

**Hablar**

Con un(a) compañero(a), digan qué van a hacer si pasan ciertas cosas en un partido de futbolín. Usen cláusulas con **si** y el banco de palabras. Sigan el modelo.

| meter un gol | empezar el partido | ganar el partido |
| sacar | tirar la pelota afuera | hacer molinete |
| ganar el sorteo | poner en el agujero | perder el partido |

**A** Si yo meto un gol, tú vas a sacar.

**B** Si tiro la pelota...

## 7 | Tu reglamento

**Escribir
Hablar**

Con un(a) compañero(a), inventen un juego y escriban el reglamento correspondiente. Puede ser una mezcla de los juegos o deportes presentados en la lección. Tengan en cuenta los elementos, los jugadores, el objetivo y las reglas básicas. ¿Quién gana? Pónganle un nombre al juego y preséntenle el reglamento a la clase.

**PARA Y PIENSA**

**¿Comprendiste?**
1. ¿Qué es un reglamento y para qué sirve?
2. ¿Qué necesitas para jugar al futbolín en un lugar público?
3. ¿Hay algún juego que no tenga reglamento?

# Presentación de GRAMÁTICA

**¡AVANZA!** **Goal:** Review and expand on forms and expressions for making comparisons. Then, practice using them to describe sports and pastimes. *Actividades 8–12*

**English Grammar Connection:** In English you compare amounts and quantities with the phrases **more than, less than, as much as, as many as.**

## Los comparativos

**Grammar Video**
my.hrw.com

In Spanish, you can compare amounts and quantities with similar phrases.

*Here's how:* To compare *unequal* amounts or quantities, use . . .

**más... que**  Tengo **más** raquetas de tenis **que** tú.
*I have **more** tennis racquets **than** you.*

**menos... que**  He visto **menos** partidos de hockey **que** él.
*I've seen **fewer** hockey games **than** he.*

To compare *equal* amounts or quantities, use . . .

**tanto(a)(s)... como**  En esta tienda hay **tantos** juegos virtuales **como** juegos de mesa.
*In this store there are **as many** virtual games **as** board games.*

When comparing *unequal* amounts or quantities *within a clause or verb phrase,* use these formulas, where the **definite article** agrees with the noun being compared.

**más... de** + **definite article** + **que**

Tengo **más** fichas **de las que** necesito.
*I have **more** game pieces **than** I need.*

Tiré **más** bolos **de los que** suelo tirar.
*I hit **more** pins **than** I normally hit.*

Compra **más** juegos virtuales **de los que** compro yo.
*She buys **more** virtual games **than** I buy.*

**menos... de** + **definite article** + **que**

Tenemos **menos** jugadores **de los que** necesitamos.
*We have **fewer** players **than** we need.*

Hay **menos** dados **de los que** necesito para este juego.
*There are **fewer** dice **than** I need for this game.*

If what is being compared is a **verb phrase** or an **adjective** use **de lo que**.

Él sabe **jugar mejor de lo que** pensábamos.
*He knows how to play **better than** we thought.*

*Más práctica*
Cuaderno *pp. 34–35*

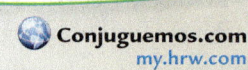
Conjuguemos.com
my.hrw.com

Unidad 2
**108** ciento ocho

# Práctica de GRAMÁTICA

## 8 | ¡Fiesta!

Escuchar
Escribir

Inés y Rosario van a dar una fiesta para el club de ajedrez de su colegio. Escucha su conversación e indica si las oraciones son verdaderas o falsas. Corrige las falsas.

1. Hay más estudiantes en el club de ajedrez que el año pasado.
2. Las chicas van a pedir tantas pizzas como el año pasado.
3. Rosario tiene menos refrescos de los que van a necesitar para la fiesta.
4. Van a necesitar más platos de papel de los que tienen.
5. Van a jugar al dominó en la fiesta.
6. Inés tiene tantos reproductores MP3 como Rosario.
7. A Inés le gusta más la música tropical que la música rock.
8. Rosario sabe menos que Inés de música.
9. La fiesta del equipo de debate va a ser mejor que la del club de ajedrez.

## 9 | Paco y el extraterrestre

Escribir
Hablar

Paco es un estudiante peruano. Tiene dieciséis años. Zörg es un típico extraterrestre que tiene 225 años. Mira el dibujo y haz ocho comparaciones entre Paco y Zörg.

modelo: Paco es menor que Zörg.

**Expansión**
Haz comparaciones entre tú y Zörg. ¿De qué manera son ustedes similares? ¿Cómo son diferentes?

## 10 | Necesidades

Escribir

Lee las oraciones y luego escribe comparaciones lógicas.

modelo: El equipo necesita 10 raquetas y tiene 13.
El equipo tiene más raquetas de las que necesita.

1. Tengo $40 para el viaje, pero necesito $60.
2. Tengo cinco libros electrónicos, pero sólo puedo leer dos esta semana.
3. Emilia esperaba tener a 15 estudiantes en la fiesta, pero vinieron 20.
4. Lalo pensaba que Laura jugaba muy mal al ajedrez, pero ella le ganó.
5. Tengo mucho trabajo. No lo puedo hacer todo.
6. Yo creía que mis primos estudiaban muy poco, pero no es verdad.

Lección 2

## 11 | Isabel y yo

**Hablar Escribir**

Acabas de conocer a una chica que se llama Isabel. Éstas son algunas cosas que sabes de ella. Haz comparaciones entre tú e Isabel.

Isabel...
1. mide cinco pies seis pulgadas.
2. tiene diecinueve años.
3. es muy inteligente.
4. juega muy bien al ajedrez.
5. tiene tres reproductores MP3.
6. juega al dominó todos los días.
7. está loca por el fútbol.
8. no habla inglés muy bien.
9. compra algo de una librería virtual dos veces al mes.
10. tiene cinco raquetas de squash.

## 12 | Otros colegios

**Hablar**

Con un(a) compañero(a), comparen su colegio con otro colegio de su ciudad. Mencionen lo siguiente:
- los estudiantes
- los maestros
- los edificios
- los equipos deportivos

**Expansión**
Ahora vuelve a comparar los dos colegios, pero esta vez desde el punto de vista de un(a) estudiante del otro colegio.

### Comparación cultural

#### Los clubes deportivos

Los clubes deportivos son muy populares en muchas partes de Hispanoamérica. El club es un lugar adonde puede ir cada miembro de la familia para disfrutar un poco de actividad física y verse con amigos. Típicamente el club ofrece una piscina para nadar, canchas de tenis y de otros deportes de raqueta, canchas de voleibol, etc. Muchos clubes también tienen una cafetería.

Club Raqueta de Los Bosques, Ciudad de México

#### Compara con tu mundo

¿Eres socio *(member)* de algún club deportivo o conoces alguno? ¿Qué deportes se practican en el club?

**Más práctica** Cuaderno *pp. 34–35*

**¿Comprendiste?** Completa las oraciones con comparativos apropiados.
1. Mi profesora habla tres lenguas. Mi madre también habla tres lenguas. Mi profesora habla _____ lenguas _____ mi madre.
2. Mi mejor amigo tiene diecisiete años. Tú eres _____ _____ mi amigo.
3. Jorge tiene cinco juegos de mesa. Sólo necesita dos. Tiene _____ juegos _____ _____ que necesita.

Unidad 2

# GRAMÁTICA en contexto

**¡AVANZA!** **Goal:** Notice how places and events are compared in the review of the Hotel del Lago. Then, use comparisons to talk about the article. *Actividades 13–15*

## Contexto  *Reseña*

**ESTRATEGIA Leer**

**Find key words to help you summarize** To see if you understand a description of a person or a place, ask yourself if you could describe it to a friend. As you read this article, list nouns and adjectives that would help you describe the hotel to someone else.

| Sustantivos | Adjetivos |
|---|---|
| hotel | caro |
|  |  |

Roberto Lozano trabaja para una revista turística. Escribe reseñas de hoteles, restaurantes y otros lugares turísticos. Entregó esta reseña hace una semana.

## El fabuloso Hotel del Lago

*por Roberto Lozano*

**El mes pasado tuve** la oportunidad de hospedarme en el Hotel del Lago que, en mi opinión, es mejor que los otros hoteles de la Patagonia y no es tan caro como los otros del mismo tipo. El servicio es cinco estrellas. El personal es excelente y los servicios de comunicación son muy modernos. Aunque el hotel tiene menos habitaciones que otros hoteles cinco estrellas, las suyas son grandes y cómodas. El hotel cuenta con tres restaurantes excelentes y una cafetería. La comida de la cafetería es más barata que la de los restaurantes, y a pesar de no ser tan elegante como la de los restaurantes, es muy sabrosa.

Cientos de excursionistas visitan el hotel cada año y disfrutan de todas las actividades que ofrece el lugar: esquí acuático, pesca y paseos en lancha. También se ofrecen el surf a vela y la natación en el lago.

Para quienes se interesen menos por las actividades al aire libre, hay una sala de juegos muy grande que cuenta con una variedad de juegos de mesa, como la oca, el backgammon y el dominó. Dicha sala también cuenta con tres mesas de billar y una mesa de futbolín. Y cuando llueve puedes ir al gimnasio nuevo con aparatos muy modernos para mantenerte en forma.

En la ciudad no hay tanta vida nocturna como la que encuentras en otras ciudades más grandes, pero hay dos discotecas, una para adolescentes y otra para personas mayores de 21 años. Muy cerca del hotel hay un autódromo, donde hay carreras todos los fines de semana.

Yo me divertí mucho más de lo que pensaba. Por todo esto, recomiendo que visiten el Hotel del Lago en sus próximas vacaciones.

Lección 2

## 13 Comprensión de la reseña

**Leer**
**Escribir**

Indica si las siguientes oraciones sobre la reseña son verdaderas o falsas. Corrige las falsas usando comparativos.

1. Hay mejores hoteles en el mismo lugar.
2. Quedarse aquí cuesta menos de lo que cuesta quedarse en otro hotel.
3. La comida de los restaurantes cuesta más de lo que cuesta la de la cafetería.
4. La comida de la cafetería es peor que la de los restaurantes.
5. Hay más actividades acuáticas que alpinistas.
6. Por la noche hay tanto que hacer en el campo como en la ciudad.
7. El autódromo está abierto más horas de las que está abierto el hotel.
8. Hay tantas discotecas para adolescentes como para adultos.

**Expansión**
Compara el número de mesas de billar con el número de mesas de futbolín.

## 14 ¡Fue horrible!

**Leer**
**Escribir**

Compara estos comentarios sobre el Hotel Arroyo con los que hizo Roberto Lozano. Basándote en ellos, haz comparaciones entre los hoteles.

1. La habitación era cómoda, con una cama grande y un baño limpio.
2. El gimnasio era pequeño, sin luz y con aparatos rotos.
3. El personal no era cortés.
4. Había basura en la playa y el agua del lago olía mal.
5. A la comida del restaurante le faltaba sabor. La del café estaba rica.
6. Llovió todo el tiempo y no hubo nada que hacer.

## 15 Sitios turísticos

**Hablar**

En parejas, dramaticen esta situación. Luego represéntensela a la clase.

**A**
- Te quedaste en el Hotel del Lago y te gustó mucho.
- Compara el sitio con el que describe tu compañero(a). Menciona tres cosas que te impresionaron.

**B**
- Te quedaste en un hotel que no te gustó para nada.
- Compara el sitio con el que describe tu compañero(a). Menciona tres cosas que te molestaron.

**PARA Y PIENSA**

**¿Comprendiste?** Completa las oraciones.
1. El Hotel del Lago tiene _____ restaurantes _____ cafeterías.
2. La comida de la cafetería cuesta menos _____ _____ _____ cuesta la de los restaurantes.
3. A la comida del restaurante le faltaba _____ sabor _____ la de la cafetería.

# Presentación de GRAMÁTICA

**¡AVANZA!** **Goal:** Review and expand on uses of the **gerundio**. Then, practice using it to describe sports and pastimes. *Actividades 16–21*

**English Grammar Connection:** In English, you form the **gerund** by adding **-ing.** When combined with a **helping verb,** it describes an action *in progress.*

| to be | We **are playing** darts. |
| to keep on | We **kept on playing** darts. |
| to go on | We **went on playing** darts. |

## El gerundio

In Spanish, the **gerundio** can also be combined with different helping verbs.

*Here's how:* You form the **gerundio** by dropping the infinitive ending and adding **-ando** to **-ar** verbs and **-iendo** to **-er** and **-ir** verbs.

|  | becomes |  |
|---|---|---|
| jug**ar** |  | jug**ando** |
| hac**er** |  | hac**iendo** |
| viv**ir** |  | viv**iendo** |

When the stem of an **-er** or **-ir** verb ends in a **vowel**, change **-iendo** to **-yendo.**

l**e**er   becomes   le**y**endo

Stem-changing **-ir** verbs also have a stem change in the **gerundio** form.

d**o**rmir   becomes   d**u**rmiendo
div**e**rtir   becomes   div**i**rtiendo

Combine the **gerundio** with **helping verbs** to say *when* or *how* something happens.

• Combine it with **estar** to form **progressive tenses,** describing actions *in progress.*

**Estamos jugando** al ajedrez.
*We're playing* chess right now.

**Estábamos jugando** al dominó cuando llamó Fede.
*We were playing* dominoes when Fede called.

*continúa en la página 114*

Lección 2
ciento trece

*viene de la página 113*

- Combine it with **seguir** to say *still doing* something or *kept on doing* something.

    Yo **sigo queriendo** probar ese nuevo juego virtual.
    *I **still want** to try out that new virtual game.*

    Aunque se hizo tarde, **seguimos jugando** al futbolín.
    *Although it got late, **we kept on playing** foosball.*

- Combine it with **andar** to say *going around doing* something.

    Ricardo **andaba buscando** su reproductor MP3 pero no lo encontró.
    *Ricardo **was going around looking** for his MP3 player, but he didn't find it.*

- Combine it with **llevar** to say *have* or *had been doing* something for a length of time.

    **Llevo** muchos años **jugando** al tenis.
    *I've been playing tennis for many years.*

    **Llevábamos** dos horas **patinando** cuando tú llegaste.
    *We'd been skating for two hours when you got here.*

---

You can also combine the **gerundio** with certain verbs of motion. The **verb** tells the *direction* of the motion and the **gerundio** tells the *manner*.

- Combine it with **salir** to express *out*.

    direction: out → ← manner: (by) running
    Después del partido, todos **salieron corriendo**.
    *After the game, everyone **ran out**.*

- Combine it with **venir** to express *here*.

    Perdimos el bus, así que **vinimos caminando**.
    *We missed the bus, so **we walked here**.*

- Combine it with **ir** to express *there*.

    Carlos no quería esperar el bus para ir a la cancha, así que **fue caminando**.
    *Carlos didn't want to wait for the bus to go to the tennis court, so **he walked there**.*

- Combine it with **irse** to express *off* or *away*.

    Después de perder el partido, Luz **se fue manejando**.
    *After losing the game, Luz **drove off (away)**.*

- Combine it with **volver** to express *back*.

    Aunque fuimos al partido en metro, yo decidí **volver caminando**.
    *Although we took the subway to the game, I decided **to walk back**.*

**Más práctica**
Cuaderno *pp. 36–37*

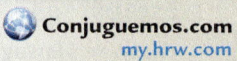

# Práctica de GRAMÁTICA

## 16 | Minidiálogos

**Escribir** Completa los siguientes minidiálogos con el mejor verbo auxiliar más el gerundio del verbo entre paréntesis.

1. — Oye, Rafael, ¿qué __a.__ (hacer), hijo?
   — __b.__ (Escuchar) mi reproductor MP3.
   — ¿Todavía? Ya __c.__ tres horas __d.__ (escuchar) música. Te vas a dañar los oídos.

2. — Matilde, ¿__a.__ (ver) televisión? Tienes que hacer tu tarea. Te lo dije tres veces.
   — La __b.__ (hacer) ahora mismo, mamá.

3. — Abuelo, __a.__ (buscar) mis llaves pero no las encuentro. ¿Las has visto?
   — Oye, Alberto, tu abuelo __b.__ (dormir). Las llaves están en el escritorio.

4. — Hola, Carlos y Juanita. ¿Cómo llegaron tan rápido? ¿No __a.__ (caminar)?
   — No, aunque tu casa está muy cerca, nosotros __b.__ (conducir).

**Expansión**
¿Cómo llegaste al colegio hoy? ¿Cuánto tiempo llevas estudiando español?

## 17 | ¿Qué están haciendo?

**Hablar** Contesta las preguntas basándote en la foto correspondiente. Usa un verbo auxiliar más un gerundio en tus respuestas.

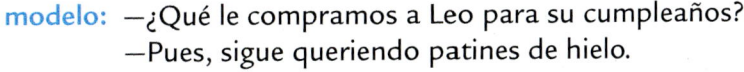

modelo: —¿Qué le compramos a Leo para su cumpleaños?
—Pues, sigue queriendo patines de hielo.

1. ¿Qué hicieron Felipe y Juan después de que llegó Javier?
2. El señor Canosa y el señor Albornoz juegan con mucha frecuencia, ¿no?
3. ¿Qué hace Hernán? Hace horas que no lo veo.
4. ¿Qué hacía Ana mientras los otros se divertían con el futbolín?
5. ¿Qué lugar buscabas?
6. ¿Por qué salieron Miguel y Francisco tan rápido?

1.
2.
3.
4.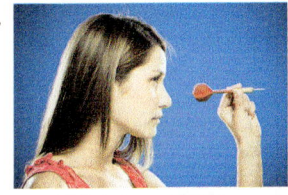
5.
6.

Lección 2

## 18 De vacaciones

Escuchar | Escribir

Escucha la conversación entre Santiago y su madre y contesta las preguntas. Usa verbos auxiliares y gerundios en tus respuestas.

**modelo:** *(Escuchas)* Y está lloviendo mucho esta noche.
*(Lees)* Según Santiago, ¿qué tiempo hacía?
*(Escribes)* Santiago dijo que estaba lloviendo mucho.

1. ¿Cómo llegaron al Parque del Este?
2. ¿Qué hacía Fernando mientras Santiago hablaba con su madre?
3. Según la madre de Santiago, ¿qué tiempo hacía?
4. ¿Qué hacían Beatriz y Rosa mientras Pablo y Mateo leían?
5. Según la madre, ¿qué seguía haciendo el padre de Santiago? ¿Por qué?
6. ¿Qué le preguntó Santiago a su mamá? ¿Qué le contestó ella?

**Expansión**
Imagina que eres la madre de Santiago. Cuéntale a tu esposo lo que dijo Santiago en la conversación.

## 19 El partido de fútbol

Hablar | Escribir

Usa los fragmentos para formar oraciones sobre el partido de fútbol que tuvo lugar ayer en el estadio.

**modelo:** después de atrapar / pelota / jugador / volver correr / al gol
Después de atrapar la pelota, el jugador volvió corriendo al gol.

1. aficionados / venir caminar / porque / no poder llegar / en carro
2. llevar / pocos minutos / jugar / cuando empezar a llover
3. aunque / llover / jugadores / seguir jugar
4. entrenador / andar gritar / porque / no poder comunicarse
5. jugador / caerse y lastimarse / irse / del campo / cojear *(to limp)*
6. mientras / salir del campo / todos los aficionados / seguir aplaudirlo

## 20 De regreso en casa

Hablar

Volviste de tus vacaciones y quieres saber cómo va todo. Hazle preguntas a tu hermano(a), quien dirá que no ha cambiado nada. Túrnense para hacer y contestar las preguntas.

**A** ¿El señor López ya dejó de tirar dardos?

**B** No, él sigue tirándolos con sus amigos tres veces por semana.

1. Ya no juegas a los bolos, ¿verdad?
2. ¿Ya se cansó papá de hacer ejercicio?
3. Mis amigos ya no me llaman, ¿verdad?
4. ¿Emilio y Alfredo ya dejaron de escuchar el reproductor MP3?
5. ¿Rodrigo y Queta ya no salen a jugar al squash?
6. ¿Zorro todavía duerme en mi cama?
7. ¿Todavía salen todos ustedes a desayunar los domingos?

Unidad 2

## 21 | Entre amigos

**Hablar Escribir**

Completa las oraciones combinando un verbo auxiliar lógico con la forma correcta del gerundio de los verbos indicados.

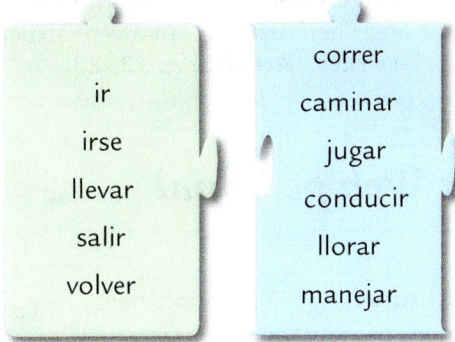

ir
irse
llevar
salir
volver

correr
caminar
jugar
conducir
llorar
manejar

1. Si queremos llegar a tiempo al partido de squash...
2. Me encanta el futbolín. No quiero dejar de jugarlo. Ya...
3. Cuando los jugadores comenzaron a pelearse, todo el público... del estadio.
4. Elisa se enojó cuando perdió el partido de pimpón y...
5. Estábamos tan cansados después de correr que... a casa.

### Comparación cultural

Jugadores de dominó, Miami

#### El dominó

El dominó goza de gran popularidad entre los cubanos y los cubanoamericanos mayores en Miami. Claro está que con el clima templado de Miami, los jugadores han llevado este juego de salón al parque. Éste es el parque Máximo Gómez, pero algunos lo llaman «Domino Park». Estos señores se reúnen regularmente con sus amigos para jugar al dominó y hablar sobre la política y las últimas noticias.

#### Compara con tu mundo

¿Qué juegos de mesa o de salón conoces tú? ¿Sabes jugar al dominó? De niño(a), ¿a qué juegos de mesa jugabas? ¿Sigues jugándolos ahora?

**Más práctica** Cuaderno *pp. 36–37*

**¿Comprendiste?** Completa las oraciones con el verbo apropiado.
1. Ahora yo _____ a las damas con mi hermana.
2. Mamá no pudo contestarte porque _____ por teléfono con la abuela.
3. Los jugadores de hockey _____ tres horas _____ sobre hielo.
4. Perdimos el bus, así que _____ al parque.

ir        caminar
jugar     llevar
patinar   hablar

Lección 2
ciento diecisiete **117**

# GRAMÁTICA en contexto

**¡AVANZA!** **Goal:** Notice how Jorge uses the **gerundio** with different helping verbs to describe things going on in his life. Then, use the same verb structures to answer questions about what he writes. *Actividades 22–23*

## Contexto *Página Web personal*

**ESTRATEGIA** Leer

**Use visual cues and prior knowledge** You don't need to read a Web site from beginning to end to understand it. Instead, look at the photos and headings, and use what you know about Web pages to get the gist. Use your prior knowledge, the section titles, and the picture to fill out a chart about this Web page.

| Lo que ya sé | Fotos | Títulos y subtítulos |
|---|---|---|
|  |  |  |
|  |  |  |

Además de escribir artículos deportivos, a Jorge le encanta mantener su página Web en Internet. Va desarrollando su sitio poco a poco.

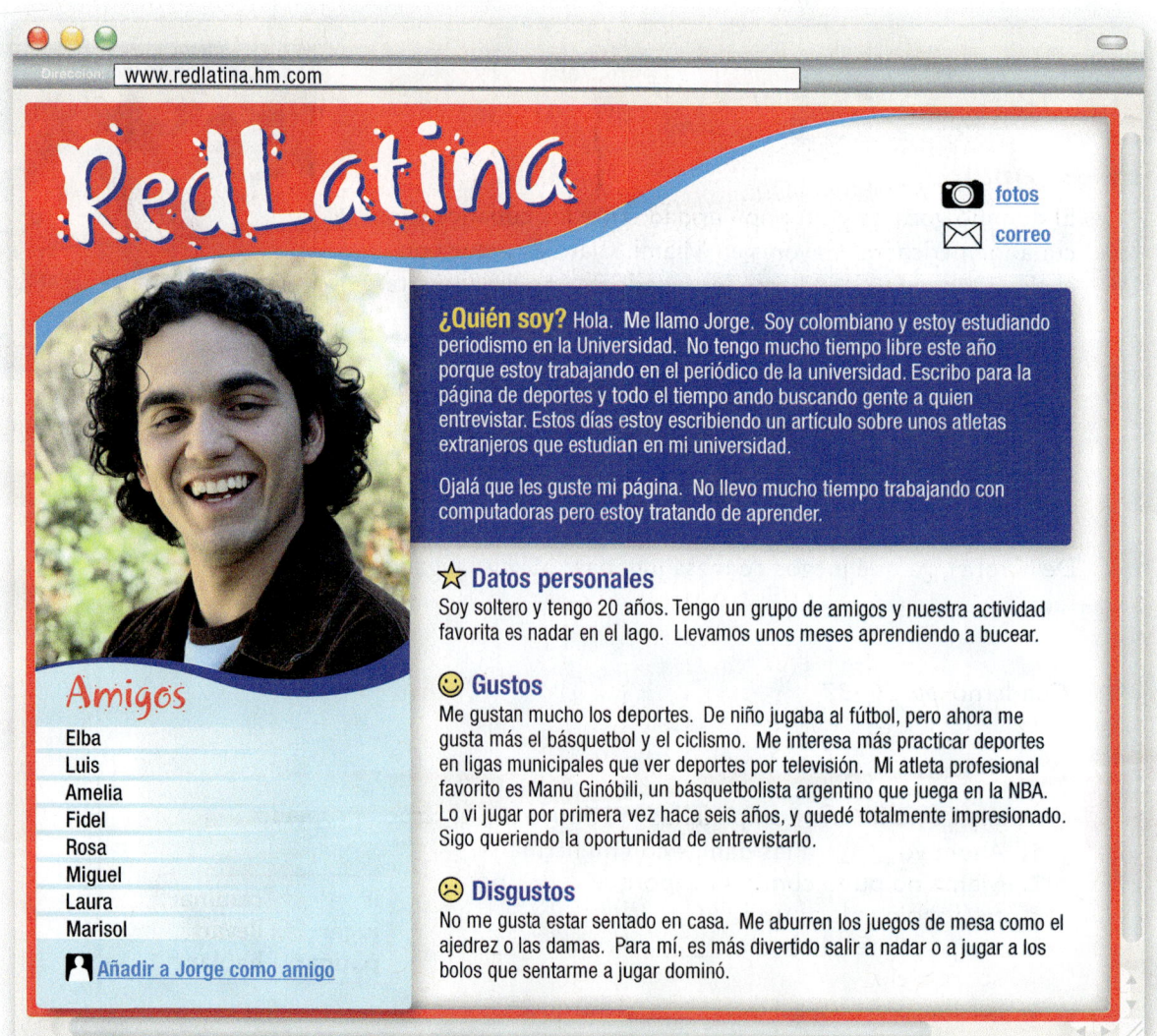

Unidad 2

## 22 | Comprensión de la página Web

**Leer
Escribir**

Indica si estas oraciones sobre la página Web son verdaderas o falsas. Usa una forma progresiva o un gerundio para formar respuestas lógicas.

**modelo:** Jorge estudia en la universidad.
Verdadera. Está estudiando en la universidad.

1. Jorge estudia relaciones públicas en la universidad.
2. Jorge es experto en el uso de las computadoras.
3. Jorge escribe artículos para el periódico estudiantil.
4. Pasa sus días divirtiéndose con juegos de mesa.
5. Jorge sale con una chica.
6. Jorge y sus amigos toman clases de buceo.
7. Jorge también se divierte practicando básquetbol.
8. Jorge prefiere pasar el rato viendo deportes en la televisión.

**Expansión**
Di dos cosas que Jorge está tratando de aprender.

## 23 | Planes para el fin de semana

**Hablar**

En parejas, dramaticen esta situación. Luego represéntensela a la clase.

 **A**
- Hablas con un(a) amigo(a) sobre sus planes para el fin de semana. Quieren hacer algo juntos(as).
- Te encantan los deportes y eres muy activo(a). Siempre quieres estar al aire libre. Invita a tu amigo(a) a hacer algo contigo.
- Hazle otra sugerencia que sea más a su gusto.
- Busca una actividad que les guste a los (las) dos.

 **B**
- Hablas con un(a) amigo(a) sobre sus planes para el fin de semana. Quieren hacer algo juntos(as).
- No te interesan los deportes y no te gusta la idea que tu amigo(a) propone. Dile que prefieres actividades que se pueden hacer en casa.
- Responde a la segunda sugerencia.
- Busca una actividad que les guste a los (las) dos.

**PARA Y PIENSA**

**¿Comprendiste?** Completa las oraciones sobre qué está haciendo Jorge con una forma progresiva o un gerundio.
1. Este año _____ (trabajar) para el periódico.
2. Esta semana _____ (escribir) un artículo sobre tres atletas.
3. Jorge y sus amigos _____ (llevar) varios meses _____ (aprender) a bucear.
4. Él _____ (seguir esperar) entrevistar a un atleta profesional.

Lección 2

# Todo junto

**¡AVANZA!** **Goal:** **Show what you know** Notice how Isabel and Carlos use preterite and imperfect to talk about their vacation plans and what they like to do. Then prepare an interview for another traveler. **Actividades 24–27**

## Contexto Video

**ESTRATEGIAS**

**Analyze supporting details** To understand a story, pay attention to the supporting details. Make a list of what Isabel tells Carlos to convince him to change his plans.

**Paraphrase to understand** To aid comprehension, watch the whole video to get the gist, then express the meaning in your own words.

*Resumen* Isabel le dice a doña Eva que está emocionada porque va de vacaciones a la playa. Carlos, por su parte, quiere acampar. La pareja habla de las opciones.

**Isabel:** ¡Carlos! ¡Carlos! ¿Dónde estás?

**Doña Eva:** Isabel, ¿acabas de llegar?

**Isabel:** ¡Sí, tía! ¿Dónde está Carlos? ¡Ay, tía! ¡Estoy tan contenta! Carlos y yo vamos a ir a la agencia de viajes a comprar los pasajes. ¿No te dijo él que teníamos una semana de vacaciones?

**Doña Eva:** Sí, pero..., ¿los pasajes? Bueno, Carlos...

**Isabel:** ¡Sí, tía! Dos pasajes de ida y vuelta a Río. Carlos y yo vamos a pasar una semana en un hotel de playa.

**Doña Eva:** Carlos dice que ustedes van a ir a acampar.

Unidad 2
ciento veinte

**Isabel:** ¿Acampar? ¡No! ¡A él no le gustan las actividades al aire libre! Cuando era chico prefería ir al cine, o ir a ver una obra de teatro.

**Doña Eva:** Pero, él ahora está en el jardín.

**Isabel:** ¿Qué te parece mi traje de baño nuevo? ¿No es precioso?

**Doña Eva:** Sí, pero, pero...

**Carlos:** Tengo que aprender a armar la tienda de campaña. Sergio dijo que era fácil, pero me mintió.

**Isabel:** Carlos, tú nunca quieres ir a acampar... ¿Y de dónde sacaste esa tienda de campaña?

**Carlos:** Me la prestó Sergio. Quiero ir contigo a hacer todas esas cosas que te gustan: montar a caballo, pescar, hacer caminatas, remar, ir de caza. Y no tienes que preocuparte. Yo me encargo de todo.

**Isabel:** ¿Tú, te encargas de todo? Carlos, ¿te sientes bien? A ti te gustan las ciudades grandes. Te gusta la playa... jugar al tenis... ¡Te gusta la vida nocturna!

**Carlos:** Sí, sí, pero... a ti te gusta hacer una fogata y dormir bajo las estrellas... en una bolsa de dormir...

**Isabel:** Carlos, este año, ¿por qué no vamos a Río? Podemos ir a un buen hotel... ir a una discoteca a bailar...

**Carlos:** ¿Estás segura?

**Isabel:** Estoy segura, mi amor. ¡Lo vamos a pasar muy bien!

**Carlos:** ¡Vamos a la agencia de viajes a comprar los pasajes! Pero el año que viene, ¡vamos a África, a la selva!

**Isabel:** ¿África? ¿Carlos en África?

### También se dice

Isabel usa la palabra **chico**.
- **Argentina** nene(a)
- **Chile, Perú** chiquillo(a)
- **Colombia** nene(a), chiquitín(a)
- **El Salvador** cipote(a)
- **España** chaval(a), mozo(a)
- **México** chamaco(a), chavo(a)

## 24 Comprensión del video

**Leer Escribir**

Completa las siguientes oraciones con la forma correcta del pretérito o del imperfecto. Después, indica si son ciertas o falsas. Corrige las falsas.

1. Isabel ____ (estar) contenta cuando ____ (llegar).
2. Carlos le ____ (decir) a doña Eva que ____ (ir) a Brasil.
3. Cuando ____ (ser) niño, a Carlos le ____ (gustar) ir al cine.
4. El amigo de Carlos ____ le (prestar) una tienda de campaña.
5. Isabel ____ (comprar) una bolsa de dormir.
6. Carlos ____ (decir) que el próximo año ____ (querer) ir al Amazonas.

# 25 Integración

**Leer
Escuchar
Escribir**

Lee lo que Nico escribió de su viaje a Colombia. Luego escucha la conversación entre sus amigas Pilar y Melanie, quienes hablan de sus últimas vacaciones. Compara los tres viajes. Luego, imagina que eres escritor(a) para la revista *Viajes*. Escoge a uno de los tres amigos para entrevistar. Escribe cinco preguntas con el pretérito y el imperfecto.

**Fuente 1** Descripción del viaje de Nico

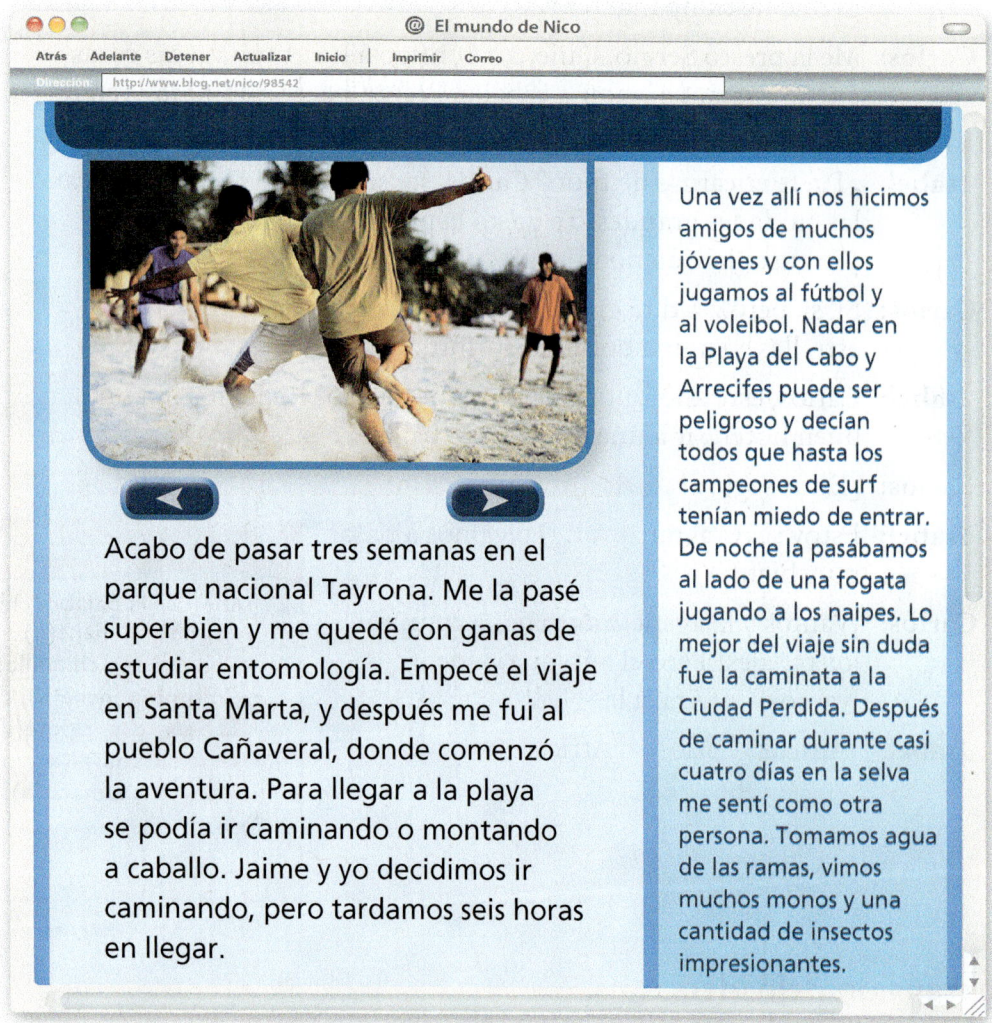

Acabo de pasar tres semanas en el parque nacional Tayrona. Me la pasé super bien y me quedé con ganas de estudiar entomología. Empecé el viaje en Santa Marta, y después me fui al pueblo Cañaveral, donde comenzó la aventura. Para llegar a la playa se podía ir caminando o montando a caballo. Jaime y yo decidimos ir caminando, pero tardamos seis horas en llegar.

Una vez allí nos hicimos amigos de muchos jóvenes y con ellos jugamos al fútbol y al voleibol. Nadar en la Playa del Cabo y Arrecifes puede ser peligroso y decían todos que hasta los campeones de surf tenían miedo de entrar. De noche la pasábamos al lado de una fogata jugando a los naipes. Lo mejor del viaje sin duda fue la caminata a la Ciudad Perdida. Después de caminar durante casi cuatro días en la selva me sentí como otra persona. Tomamos agua de las ramas, vimos muchos monos y una cantidad de insectos impresionantes.

**Fuente 2** Conversación entre Pilar y Melanie

**Escucha y apunta**

- ¿Qué hizo Melanie durante sus vacaciones?
- ¿A qué deportes jugó el papá de Melanie durante el viaje?
- ¿Qué hizo Pilar en Buenos Aires?

**modelo:** Quiero preguntarle a Nico cómo se sentía caminando entre los árboles y qué pensó cuando...

Unidad 2
ciento veintidós

## 26 | Hablar

**ESTRATEGIA Hablar**

**Get into the characters' heads** As you act out a dialogue, think about what you know about a character. What did Nico's, Pilar's, and Melanie's descriptions of their trips tell you about them? How can you represent these characters in your facial expressions, mannerisms, and speech?

Con un(a) compañero(a), representa la entrevista que piensas escribir para la revista *Viajes*. Usen las preguntas que ya escribieron y juntos, representen la entrevista completa. Usen el pretérito y el imperfecto para describir el viaje y cómo se sentía la persona entrevistada al estar allí.

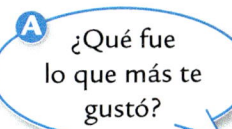

**A** ¿Qué fue lo que más te gustó?

**B** ¡El pescado de la playa estaba riquísimo!

## 27 | ¡A escribir!

Describe un viaje verdadero o imaginario que hiciste. Si es imaginario, investiga un lugar que te interese y las actividades que hay ahí para crear una descripción convincente. Usa el pretérito y el imperfecto para narrar los eventos y describir cómo te sentías.

| Writing Criteria | Excellent | Good | Needs Work |
|---|---|---|---|
| Content | Your description contains many interesting details. | Your description includes some interesting details. | Your description contains few interesting details. |
| Communication | Your description is organized and easy to follow. | Parts of your description are organized and easy to follow. | Your description is disorganized and hard to follow. |
| Accuracy | You make few mistakes in grammar and vocabulary. | You make some mistakes in grammar and vocabulary. | You make many mistakes in grammar and vocabulary. |

**Expansión**
En Internet o en otras fuentes busca fotos para incluir en tu descripción.

**Más práctica** Cuaderno *pp. 38–39, 44*

**PARA Y PIENSA**

**¿Comprendiste?** Con base en el video, empareja las frases de la primera columna con las de la segunda y conjuga los verbos en pretérito o imperfecto.

1. Isabel...
2. Carlos...
3. De niño, Carlos...
4. Al final Carlos e Isabel...

a. (ir) al cine o al teatro.
b. (querer) hacer una fogata.
c. (decidir) ir a Río.
d. (comprar) un traje de baño.

# Lección 2

# En resumen
## Vocabulario y gramática

## Vocabulario

### Juegos

| | |
|---|---|
| el backgammon | backgammon |
| las damas chinas | Chinese checkers |
| los dardos | darts |
| el dominó | dominoes |
| el futbolín | foosball |
| el hockey de aire | air hockey |
| el parchís | Parcheesi® |
| el juego virtual | virtual game |
| el juego interactivo | interactive game |

### Para describir acciones

| | |
|---|---|
| apuntar | to aim |
| clavar | to hit (the dartboard) |
| hacer puntos | to score points |
| meter un gol | to score a goal (soccer, hockey) |
| mover | to move |
| sacar | to serve (in sports) |
| tirar | to knock down |

### Deportes bajo techo

| | |
|---|---|
| los bolos | bowling, bowling pins |
| el fútbol 5 | indoor soccer with 5 players |
| el hockey sobre hielo | ice hockey |
| el pimpón | table tennis |
| el squash | squash |

### Accesorios

| | |
|---|---|
| el blanco | dartboard |
| la consola de videojuegos | videogame console |
| el patín de hielo | ice skate |
| el reproductor MP3 | MP3 player |
| el tablero | game board |

### Expresiones útiles

| | |
|---|---|
| bajo techo | indoor |
| la destreza | skill |
| la puntería | aim |

### Ya sabes esto

| | |
|---|---|
| el ajedrez | chess |
| el billar | billiards |
| los dados | dice |
| la ficha | game piece |
| el juego de mesa | board game |
| patinar | to skate |
| la raqueta | racquet |
| la red | net |
| el tenis | tennis |

Unidad 2
124  ciento veinticuatro

# Gramática

## Los comparativos

To compare unequal amounts:

    **más... que**    *more than*

    **menos... que**    *fewer (less) than*

To compare equal amounts:

    **tanto(a)(s)... como**    *as many as*

To compare **unequal** amounts or quantities within a clause or verb phrase:

    **más... de** + **definite article** + **que**
    *more than*

    **menos... de** + **definite article** + **que**
    *fewer (less) than*

If what is being compared is a **verb phrase** or an **adjective** use **de lo que**.

    Él sabe **jugar mejor de lo que** pensábamos.
    *He knows how to play **better than** we thought.*

## El gerundio

To form the **gerundio**, drop the infinitive ending and add **-ando** to **-ar** verbs and **-iendo** to **-er** and **-ir** verbs. When the stem of an **-er** or **-ir** verb ends in a **vowel**, change **-iendo** to **-yendo**. Stem-changing **-ir** verbs also have a stem change.

| | becomes |
|---|---|
| jug**ar** | jug**ando** |
| hac**er** | hac**iendo** |
| viv**ir** | viv**iendo** |
| l**e**er | l**e**yendo |
| d**o**rmir | d**u**rmiendo |
| div**e**rtir | div**i**rtiendo |

Combine the **gerundio** with **helping verbs** to talk about actions in progress or to express manner of motion.

| | |
|---|---|
| estar | estamos jugando<br>*we're playing* |
| seguir | sigo queriendo<br>*I still want* |
| andar | andaba buscando<br>*he was going around looking for* |
| llevar | llevaba esperando<br>*he had been waiting* |
| salir | salieron corriendo<br>*they ran out* |
| venir | vinimos caminando<br>*we walked here* |
| ir | fue caminando<br>*he walked there* |
| irse | se fue manejando<br>*she drove off (away)* |
| volver | volví nadando<br>*I swam back* |

# Lectura literaria

**¡AVANZA!** **Goal:** Read the following story about a soldier who falls ill. Then, analyze how the characters' exaggerations affect the story's outcome.

## Para leer

**ESTRATEGIA Leer**

**Understand the chain reaction** In this story, a simple event sets in motion a chain reaction. Each time a character spreads the news, it becomes bigger, like circles rippling out from a stone tossed into a pond. Complete the circle diagram to show how the news spreads and changes from one character to the next. Relate each answer to the main idea of the story.

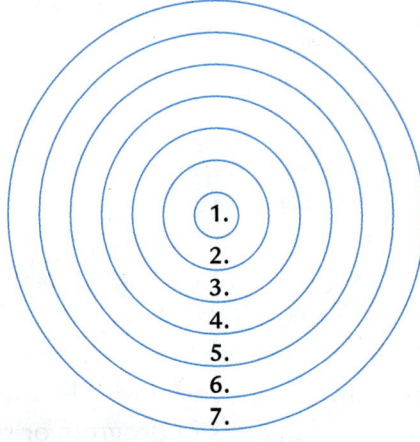

1. El soldado Pantaleón se enfermó.
2. El sargento Esopo vio...
3. El teniente Pitágoras creyó que...
4. El capitán Aristófanes...
5. El comandante Epaminondas...
6. El coronel Anaximandro...
7. El general...

**Vocabulario para leer**

**averiguar** enterarse de, llegar a saber
**el cuervo** pájaro negro
**particular** raro, peculiar
**el testigo** persona que ha visto algo

### Nota cultural

**Sobre el autor** *José Antonio Campos (1868–1939)*

Además de ser escritor, el ecuatoriano José Antonio Campos fue periodista y Ministro de Educación de su país. Campos fue llamado el Mark Twain de Ecuador. Sus escritos son de tipo humorístico y en ellos presenta cuadros de la vida y costumbres de Ecuador. *Los tres cuervos*, su obra maestra, es una sátira de la tendencia a la exageración; defecto muy común en la mayoría de los seres humanos.

**Sobre los nombres de los personajes** Los nombres de todos los personajes de este cuento, como por ejemplo Pitágoras o Esopo, se refieren a filósofos, políticos, dramaturgos y otros hombres ilustres y sabios de la Grecia antigua. Al leer, fíjate cómo se comportan los personajes. ¿Por qué crees que el autor les puso estos nombres? ¿Son estos personajes tan sabios como los antiguos griegos del mismo nombre?

Unidad 2

# LOS TRES CUERVOS

*(Adaptado)*

—¡Mi general! Es mi deber[1] comunicarle que ocurren cosas muy particulares en el campamento.

—Diga usted, coronel.

—Uno de nuestros soldados se sintió un poco enfermo y, más tarde, experimentó[2] un terrible dolor en el estómago y vomitó tres cuervos vivos.

—¿Vomitó qué?

—Tres cuervos, mi general. ¿No es éste un caso muy particular?

—¡Ya lo creo![3]

—¿Y qué opina usted de ello?

—No sé, pero voy a comunicarlo en seguida al Ministerio. ¿Usted los vio?

—No, mi general; pero son tres cuervos.

—¡No lo entiendo! ¿Quién le informó a usted?

—El comandante Epaminondas.

—Que venga en seguida, mientras yo transmito la noticia.

\*\*\*

—¡Comandante Epaminondas! ¿Qué historia es aquella de los tres cuervos que vomitó uno de nuestros soldados enfermos?

—Yo sé de dos, nada más, mi general; pero no de tres.

—Bueno, dos o tres, no importa[4]. Lo importante es averiguar si en realidad los cuervos son verdaderos.

—Pues sí, mi general. El soldado Pantaleón dejó una novia en su pueblo, que según dicen, es una muchacha morena muy bonita y muy simpática. ¡Qué ojos aquéllos, mi general!

—Sea usted breve y omita todo detalle inútil. ¿Qué pasó con los cuervos?

—Pues bien, el muchacho estaba triste por la ausencia de su novia, y no quería comer nada, hasta que cayó enfermo del estómago y... ¡puf!... dos cuervos.

—¿Usted los vio?

### ❋ A pensar
¿Cómo se compara la versión de las noticias que relata el coronel con la del comandante?

---

[1] duty  [2] experienced  [3] ¡Ya...! I'll say!  [4] no... it doesn't matter

## ✓ Reflexiona

¿Qué noticia le da el coronel al general? ¿Cómo reacciona el general?

# Lectura literaria *continuación*

—No, mi general; sólo oí hablar[5] de ellos.

—¿Y quién le dio a usted la noticia?

—El capitán Aristófanes.

—Dígale usted que venga inmediatamente.

\*\*\*

—¡Capitán Aristófanes! ¿Cuántos cuervos vomitó el soldado Pantaleón?

—Uno, mi general.

—¿No eran dos?

—No, mi general, no es más que uno, afortunadamente; pero me parece que basta uno[6] para considerar el caso como un fenómeno extraordinario...

—Pienso lo mismo, capitán.

—Un cuervo, mi general, nada tiene de particular, si lo consideramos desde el punto de vista zoológico.

—¡No estamos en una clase de Historia Natural! ¡Vamos al grano[7]! ¿Qué pasó con el cuervo que vomitó el soldado Pantaleón? ¿Usted lo vio?

—No, mi general; pero lo supe por el teniente Pitágoras que fue testigo de lo que pasó.

—Está bien. Quiero ver en seguida al teniente Pitágoras.

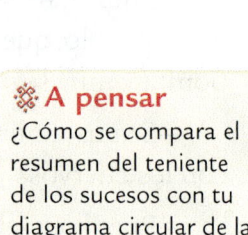

\*\*\*

—¡Teniente Pitágoras! ¿Qué sabe usted del cuervo?

—El caso es raro en verdad; pero ha sido muy exagerado.

—¿Cómo así[8]?

—Porque no es un cuervo entero sino parte de un cuervo, nada más. Lo que vomitó el enfermo fue un ala[9] de cuervo. Yo corrí a informar a mi capitán Aristófanes; pero él no oyó la palabra *ala* y creyó que era un cuervo entero, y llevó el dato a mi comandante Epaminondas, quien entendió que eran dos cuervos y pasó la voz[10] al coronel Anaximandro, quien creyó que eran tres.

### A pensar
¿Cómo se compara el resumen del teniente de los sucesos con tu diagrama circular de la página 126?

---

[5] **oí...** I heard about  [6] **basta...** one is plenty  [7] **¡Vamos...** Let's get to the point!
[8] **¿Cómo...?** How is that?  [9] wing  [10] **pasó...** spread the word

✓ **Reflexiona**

¿Por qué crees que hasta ahora, nadie del campamento dice haber visto personalmente los cuervos?

Unidad 2

60 —Pero... ¿y esa ala?

—Yo no la vi, sino el sargento Esopo. A él se debe la noticia.

—¡Ah, diablos! ¡Que venga ahora mismo el sargento Esopo!

\*\*\*

—¡Sargento Esopo! ¿Qué tiene el soldado Pantaleón?

—Está enfermo, mi general. Está vomitando desde anoche.

65 —¿A qué hora vomitó el ala del cuervo?

—No vomitó ningún ala, mi general.

—Entonces, ¿por qué dijiste que el soldado Pantaleón había vomitado un ala de cuervo?

—Con perdón, mi general, yo desde chico sé un versito que dice:

70
> *Yo tengo una muchachita*
> *Que tiene los ojos negros*
> *Y negra la cabellera*[11]
> *Como las alas del cuervo.*

—¡Basta, majadero[12]!

75 —Bueno, mi general, lo que pasó fue que cuando vi a mi compañero que estaba vomitando una cosa oscura, me acordé del versito y dije que había vomitado negro como el ala del cuervo, y de ahí corrió la historia.

—¡Diablos! ¡Yo creo que puse cinco o seis cuervos en mi
80 información!

### ❋ A pensar
¿Es acertado o exagerado el informe que mandó el general al ministerio? ¿Por qué?

---

[11] hair    [12] fool

## Después de leer

PARA Y PIENSA

### ¿Comprendiste?
1. ¿Qué le pasó a uno de los soldados, según el coronel?
2. Según el comandante Epaminondas, ¿cuántos cuervos vomitó el soldado?
3. ¿Qué dice el capitán Aristófanes de los cuervos? ¿Y el teniente Pitágoras?
4. ¿Qué fue lo que en realidad sucedió, según el sargento Esopo?
5. ¿Por qué se enoja tanto el general al final del cuento?

### ¿Y tú?
¿Por qué crees que las personas exageran a veces?

### Para escribir
Escribe uno o dos párrafos sobre el siguiente tema: Los problemas que puede traer una mala comunicación.

### Desde tu mundo
En grupos, hablen sobre las situaciones en las que suelen exagerar y decir cosas como *Te he dicho un millón de veces..* o *Es la cosa más...que jamás he visto*. ¿Cuáles son las razones por las que exageramos?

# Lectura literaria *continuación*

**¡AVANZA!** **Goal:** Read the following poem about a past relationship. Then, analyze how the poem's brevity and use of understatement heighten its effect.

## Para leer

**ESTRATEGIA Leer**

**Use a timeline to put events in order** This poem narrates and condenses a series of life-changing events, spanning years, into just a few verses. Use a timeline to put the events in order from the past to the present. Note what verb tense is used to narrate each event.

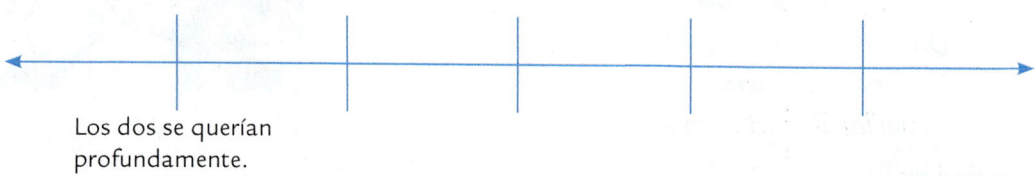

Los dos se querían profundamente.

Now consider how the poem expresses the emotions associated with these events. What is the poem's tone, and how does the poet convey that tone in just a few verses?

### Nota cultural

**Sobre el autor** José Asunción Silva (1865–1896)

La poesía del poeta colombiano José Asunción Silva tiene casi siempre un tono subjetivo y pesimista. En muchos de sus poemas vuelve hacia su juventud y a otras épocas en que fue feliz. En otros, hace sátira social con un estilo irónico, amargo y a la vez elegante. Otros temas de sus versos son su propia angustia existencial y el amor como pasión. En su obra se ve la influencia de autores franceses, españoles y, especialmente, del escritor norteamericano Edgar Allan Poe. En 1896, después de vivir una existencia llena de infortunios, se suicidó a los treinta y un años de edad.

Unidad 2

Arlequín y compañera, *Pablo Picasso*

# Idilio

Ella lo idolatraba¹, y él la adoraba. ✻

—¿Se casaron al fin?

—No, señor. Ella se casó con otro.

—Y ¿murió de sufrir?

5 —No, señor. De un aborto².

—Y el pobre aquel infeliz, ¿le puso a la vida fin³?

—No, señor. Se casó seis meses antes del matrimonio de ella, y es feliz.

---

¹ worshipped    ² miscarriage    ³ **le...** did he end his life?

✻ **A pensar**
Teniendo en cuenta el significado de los verbos *idolatrar* y *adorar*, ¿crees que el poema va a tener un tono irónico o serio?

## Después de leer

### ¿Comprendiste?
1. ¿Se querían mucho ella y él?
2. ¿Qué hizo ella?
3. ¿De qué murió?
4. ¿Qué hizo él? ¿Cómo se siente ahora?

### ¿Y tú?
¿Ha habido alguien que en algún momento fue muy importante en tu vida pero que ahora no es parte de ella?

### Para escribir
Escribe uno o dos párrafos sobre el siguiente tema: ¿Se puede amar más de una vez?

### Desde tu mundo
En parejas, hablen de las razones por las que una persona termina abandonando una amistad o un amor. ¿Por qué a veces dejamos de querer, y dejamos atrás a personas que antes fueron sumamente importantes en nuestras vidas?

# Conexiones  *La biología*

## La fisiología del deporte

Cuando haces ejercicio, varios procesos tienen lugar en el cuerpo en los que toman parte los pulmones, la sangre, la piel y los músculos. Respiras más rápidamente, el corazón te late más rápido de lo normal, empiezan a cansarse los músculos y comienzas a sudar. Todo ejercicio utiliza varios sistemas del cuerpo. Algunas partes del cuerpo ayudan activamente y otras ayudan estando quietas.

*Por ejemplo...*

**El corazón** late más rápidamente para llevar más sangre, y por lo tanto más oxígeno, a los músculos.

**Los músculos** activos sacan mucho más oxígeno de la sangre que los músculos en descanso.

Durante un período de ejercicio, **los pulmones** y el corazón pueden llevar hasta cinco veces más la cantidad normal de sangre a los músculos.

**El estómago** deja de funcionar para no quitarles energía a los músculos.

### Proyecto
Trabaja con un(a) compañero(a) para crear una encuesta. Averigüen qué tipos de ejercicio hacen generalmente sus compañeros, qué músculos suelen usar más, qué efectos físicos notan al hacer ejercicio y cómo se sienten cuando practican un deporte. ¿Está la clase en forma o no? ¿A qué se debe esto?

### En tu comunidad
Además de los equipos escolares, ¿qué otras oportunidades hay en tu comunidad para los jóvenes deportistas?

Investiga qué centros y clubes recreativos, ligas deportivas y otras actividades relacionadas con el deporte tienen programas para jóvenes. ¿Ya participas en uno de estos programas? Si no, ¿cuál te atrae más y por qué?

# Escritura

## ¿Cuál es tu deporte preferido?

Escribe un ensayo sobre tu deporte preferido. Di por qué te gusta, narra un recuerdo de ese deporte y explica el significado que el deporte ha tenido para ti.

### 1 Prepárate para escribir

**ESTRATEGIA Usa cuadros para anotar los detalles** Tu ensayo debe incluir una variedad de detalles. Primero haz cuadros para los tres temas que debes incluir y anota los detalles relevantes en cada cuadro.

| Deporte | Recuerdo | Significado |
|---|---|---|
| • Me gusta porque... <br> • Lo practico desde hace... <br> • Empecé a hacerlo porque... | • Estaba en... <br> • Fue... <br> • Me sentía... | • He aprendido a... <br> • Hemos podido jugar en... <br> • Me ha ayudado a... |

### 2 Escribe

Usa los detalles que anotaste para escribir tu primer borrador.

**Párrafo 1** **Introducción** Explica cómo se practica tu deporte preferido.

**Párrafo 2** **Deporte** Di cuánto tiempo llevas praticando el deporte, cómo fue que empezaste a hacerlo, con qué frecuencia lo practicas, etcétera.

**Párrafo 3** **Recuerdo** Puede ser un partido importante o un entrenamiento en el que pudiste hacer algo por primera vez. ¿Estabas solo(a) o con otras personas? ¿Cómo te sentías? ¿Qué sucedió? ¿Por qué fue un momento significativo?

**Párrafo 4** **Significado** ¿Cómo ha influido este deporte en tu vida? ¿Qué experiencias te ha brindado? ¿Qué puertas te ha abierto? ¿Cómo te ha cambiado?

**Párrafo 5** **Conclusión** Explica por qué crees que éste es tu deporte preferido y si piensas que hay deportes para todos los gustos.

### 3 Revisa tu composición

Intercambia tu borrador con un(a) compañero(a) y corrígelo.

- ¿Están incluidos los tres temas centrales, tanto como la introducción y la conclusión?
- ¿Tiene detalles relevantes que desarrollan cada tema?
- ¿Son correctas las formas verbales? Presta atención al uso del imperfecto y del pretérito para narrar el recuerdo.

> Recuerdo la primera vez que monté a caballo. Tenía ocho años y un día le ~~decía~~ **dije** a mi mamá que quería tomar clases de equitación. ~~Fuemos~~ **Fuimos** a los establos y ~~conocía~~ **conocí** a la instructora. Después ella me ~~ponió~~ **puso** encima de un caballo que se ~~llamó~~ **llamaba** Dragonfly. i~~Fue~~ **Era** un hermoso caballo de color gris, pero muy grande!

# Comparación cultural

**¡AVANZA!** **Goal:** Read about popular sports in three Latin American countries. Then compare them with popular sports in different areas of the United States.

## ENCICLOPEDIA DEPORTIVA

### PANAMÁ

Panamá es un país con dos costas largas, playas caribeñas y playas pacíficas. Debido a su situación geográfica, los deportes acuáticos como la natación, el surfing, el kitesurf, el surf a vela, el esnórkel y la pesca deportiva son muy populares. El fútbol, el béisbol, el básquetbol, la equitación[1] y el boxeo[2] también son deportes muy populares entre los panameños.

**E**n la playa de Punta Chame, cerca de la ciudad de Panamá, estos deportistas están practicando el kitesurf. Una escuela de kitesurf provee[3] las cometas, las tablas y todo el equipo necesario.

### Atletas y deportistas panameños famosos
Eileen Coparropa es una de las nadadoras más famosas de Panamá. Participó en los Juegos Olímpicos de Verano de 1996, 2000, 2004 y 2008.

### PARAGUAY

Paraguay es uno de los tres países sudamericanos sin costa, por eso no se practican muchos deportes acuáticos, con la excepción de la pesca deportiva en el río. El fútbol y el básquetbol son los deportes más populares, pero el tenis y el golf también son importantes. Además, en Paraguay se juega mucho al ajedrez.

**E**l dorado es el pez típico del río Paraná. En este río, que pasa por Paraguay, Argentina y Brasil, se realizan importantes competencias de pesca deportiva.

### Atletas y deportistas paraguayos famosos
Rossana de los Ríos es la tenista paraguaya más conocida fuera del país.

---
[1] horseback riding  [2] boxing  [3] provides

## Perú

Perú tiene una variedad geográfica impresionante, por eso ofrece muchas oportunidades para practicar diversos deportes. Aquí son populares el fútbol y el voleibol, pero también se practican mucho el alpinismo y los deportes acuáticos como el surf, el kitesurf y el surf a vela. Además hay una comunidad importante de ajedrecistas[4] que provienen de varias regiones del país.

**E**ste alpinista está escalando el cerro Huascarán, en la Cordillera Blanca de Perú. En la escalada[5] de este pico de más de 22.000 pies de altura, se usan arneses para mayor seguridad.

### Atletas y deportistas peruanos famosos

Gabriela Pérez del Solar es para muchos la mejor jugadora de voleibol peruana. Una vez terminada su carrera deportiva, se convirtió en congresista para el partido político Unidad Nacional.

---

[4] chess players   [5] climbing

## Después de leer

**PARA Y PIENSA**

### ¿Comprendiste?

1. ¿En cuáles de los países mencionados se juega mucho al ajedrez?
2. ¿En qué competencia importante participó Eileen Coparropa?
3. ¿En qué país son populares los deportes acuáticos y el alpinismo?
4. ¿Qué deporte relacionado con el agua se practica en Paraguay?
5. En este momento, ¿qué carrera tiene la ex-voleibolista Gabriela Pérez del Solar?

### Compara con tu mundo

Piensa en un estado que tenga costas largas, como Panamá. Luego piensa en un estado que no tenga costa, como Paraguay. Por último, piensa en un estado que tenga costa y montañas, como Perú. ¿Qué deportes se practican en esos estados? ¿Quiénes son los deportistas más conocidos de allí?

## Comparación cultural  *continuación*

**¡AVANZA!** **Goal:** Read the fact sheets about three famous Spanish-speaking sports figures. Then compare the people featured with U.S. athletes.

### Gary Saavedra
### «El que persevera alcanza[1]»

**Este surfista panameño** ha ganado el campeonato del circuito nacional de surf once veces. Empezó a hacer surf a los doce años y desde entonces nunca ha mirado hacia atrás.

Saavedra es nativo[2] de Chitré, en la provincia de Herrera, y aprendió el deporte en las mejores playas del país. Cuando empezó a participar en competencias, siempre era uno de los surfistas más jóvenes. «Yo empecé a competir en la categoría Open sin tener los dieciocho años y tuve que hacerlo contra[3] atletas con más experiencia y edad» comentó Saavedra. «Después me adapté y logré mis metas.»

Desde entonces Saavedra ha ganado muchas competencias y el apoyo de una variedad de patrocinadores. Pero estos éxitos no le han impedido[4] mirar hacia el futuro. En 2006, recibió un título en administración de empresas turísticas y además es dueño[5] de dos tiendas de surf en Chitré y en la ciudad de Panamá. En su tiempo libre practica el fútbol y algún día le gustaría hacer el motocross. Pero por el momento está contento de viajar por el mundo siguiendo las olas y pasándolo bien.

[1] achieves  [2] originally from  [3] against
[4] haven't prevented him from  [5] owner

### Julieta Granada
### «No puedo creer que haya ganado un millón de dólares en un día.»

**Esta golfista paraguaya** tiene una historia que parece de película. Se crió[6] en Asunción, donde su padre trabajaba como encargado de un campo de golf. Agarró[7] su primer palo de golf a la edad de cuatro años. Su madre Rosa siempre la acompañaba de cadi[8] durante sus primeras competencias y sigue haciéndolo cuando puede. Y en 2006, durante su primer año jugando en el circuito profesional femenino, Granada ganó un millón de dólares, el premio más grande en la historia del circuito. En ese momento sólo tenía veinte años y fue la primera mujer paraguaya en ganar un torneo profesional de golf.

Hay que recordar que Granada todavía es joven. No puede vivir sin su computadora y su reproductor MP3. Le encanta el básquetbol. Y cuando le preguntaron sobre su atleta favorito, ella contestó sin dudar: «¡Tiger Woods!»

[6] was raised  [7] she picked up  [8] caddie

# Julio Granda

### «Estoy por fin decidido a sacrificarme mucho por el ajedrez.»

**Es una historia** curiosa e inspiradora a la vez. Julio Granda nació en Camaná, un pueblo pequeño en la provincia de Arequipa, Perú. Su destreza para el ajedrez se manifestó cuando era todavía muy joven. Empezó a jugar a los cinco años. Ganó el campeonato del mundo infantil cuando tenía trece años y a la edad de diecinueve ya había obtenido el título de gran maestro. Siempre ha jugado de una manera muy intuitiva y tiene fama de no estudiar ni teoría ni aperturas[9]. A fines de la década de 1990, cuando estaba en la cumbre[10] de su carrera profesional, decidió retirarse del mundo del ajedrez y trabajar como agricultor en el campo con su familia.

Después de pasar unos cuatro años trabajando para mejorar la situación económica de su familia, Granda volvió al circuito de ajedrez en 2002. Desde entonces ha ganado muchos torneos importantes, entre ellos el Campeonato Peruano (por sexta vez), el Campeonato Iberoamericano y el Campeonato Capablanca Memorial Elite. En este momento ha regresado al ajedrez con una nueva actitud y pasión, diciendo «Ahora me está yendo mejor, y tengo que seguir mejorando. Uno nunca pierde la fe[11].»

---

[9] opening moves  [10] peak  [11] faith

## Después de leer

### ¿Comprendiste?

1. Estos tres deportistas empezaron a practicar su deporte desde muy jóvenes. ¿A qué edad comenzaron?
2. ¿Qué problemas tuvo Gary Saavedra al empezar a competir?
3. ¿Qué papel jugaron los padres de Julieta Granada en el desarrollo de su interés en el golf?
4. ¿En qué se diferencia la manera de jugar de Julio Granda con la de otros ajedrecistas?
5. ¿Cuál de estos deportistas te inspira más? ¿Por qué?

### Compara con tu mundo

¿Qué sabes de las personas que practican estos deportes en Estados Unidos? Navega por Internet para buscar nombres de un surfista, un golfista y un ajedrecista famoso de Estados Unidos. Luego, escoge a uno(a) y escribe una biografía breve como las de arriba, que describa su vida personal y su carrera.

ciento treinta y siete

**UNIDADES 1-2**

# Repaso inclusivo
♻ Options for Review

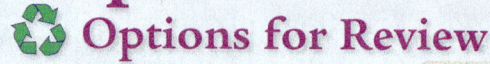

## 1 Escucha, comprende y compara

Escuchar
Escribir

Escucha la descripción de las carreras de tres grandes atletas hispanos y contesta las preguntas.

1. ¿Qué edad tenía Sosa cuando empezó a jugar al béisbol profesional?
2. ¿Qué título importante obtuvo él?
3. Miguel Induráin fue el primero en hacer algo notable. ¿Qué fue?
4. ¿Cuántos años duró la carrera de Induráin?
5. ¿Cuántos años tenía Aranxta Sánchez cuando empezó su carrera?
6. ¿Qué tienen en común las carreras de Sammy Sosa y Aranxta Sánchez?
7. ¿Qué tienen en común Miguel Induráin y Aranxta Sánchez?

## 2 Lee, analiza y escribe

Leer
Escribir

Lee estos consejos sobre el ejercicio, la salud y la dieta. Después, escribe una paráfrasis de la información expresada en cada párrafo. Recuerda usar tus propias palabras en tu paráfrasis.

### ¿Cuál es mejor para mantenerse en forma: levantar pesas o hacer aeróbicos?

Las dos actividades son buenas. Puedes hacer aeróbicos cuatro veces por semana y levantar pesas dos veces. Recuerda que la intensidad de la actividad aeróbica determina su duración. Si requiere mucha energía, como correr o nadar, no hace falta hacerla por mucho tiempo. Y siempre debes estirarte después de hacer ejercicio.

### ¿Qué dieta recomiendas?
Lo más importante es comer comida sana y seguir las recomendaciones de la pirámide alimenticia. Para bajar de peso, debes prestar atención a la cantidad de comida que comes y reducir el tamaño de las porciones.

### ¿Qué puedo hacer para el estrés?
Duerme lo suficiente, haz ejercicio, come una dieta sana, no tomes bebidas con cafeína, usa bien tu tiempo, toma las cosas con calma y respira profundamente.

**Expansión**
Envía un SMS a un(a) amigo(a) y dale consejos sobre cómo aliviar el estrés.

## 3 | Solicita un trabajo

Escribir
Hablar

Quieres solicitar un trabajo en un club deportivo. Primero prepara tu hoja de vida, destacando tu preparación académica y trabajos anteriores. Después presenta la entrevista entre tú y el (la) gerente del club. Tu compañero(a), el (la) gerente, te pregunta sobre tu experiencia y conocimientos. Explícale por qué eres el (la) mejor aspirante, cuáles fueron tus trabajos anteriores y qué sabes de deportes.

**Expansión**
Envía un e-mail a un club deportivo para solicitar una entrevista de trabajo. Explica por qué eres el (la) mejor aspirante para el puesto.

## 4 | Diseña tu propio club

Hablar
Escribir

Con unos(as) compañeros(as), diseñen un nuevo centro deportivo y recreativo para su comunidad. Será un lugar a todo lujo, especializado en deportes extremos para clientes jóvenes. En su plan, incluyan información sobre:

- el lugar
- los deportes que se practican o se enseñan
- los entrenadores, el equipo y las clases
- los servicios que ofrecen

Hagan un cartel o folleto publicitario del club para presentárselo a la clase. Usen los verbos **ser** y **estar** y los pronombres apropiadamente.

**Expansión**
¿Faltó algo en el cartel? En parejas, hagan y respondan por e-mail las preguntas de los nuevos clientes.

## 5 | Haz un informe oral

Hablar

Describe un viaje que hiciste con tu familia, tus amigos u otro grupo, como un equipo escolar. Explica adónde fuiste, cómo viajaste, qué deportes y actividades hiciste, cuánto tiempo estuviste de viaje y cómo te fue. Si tienes fotos, tráelas para mostrárselas a la clase. Utiliza correctamente los verbos **ser** y **estar,** tanto como el pretérito, el imperfecto y los pronombres.

## 6 | Presenta las noticias deportivas escolares

Escribir
Hablar

Con un grupo, preparen y luego presenten el noticiero deportivo semanal de tu escuela. Cada miembro del grupo debe encargarse de informar sobre uno de los siguientes puntos:

- los partidos, campeonatos y otros eventos de la semana pasada
- los resultados
- cómo están de salud los atletas y los equipos
- qué eventos tendrán lugar la próxima semana

Utilicen de manera apropiada los pronombres reflexivos, los verbos **ser** y **estar,** el pretérito y el imperfecto.

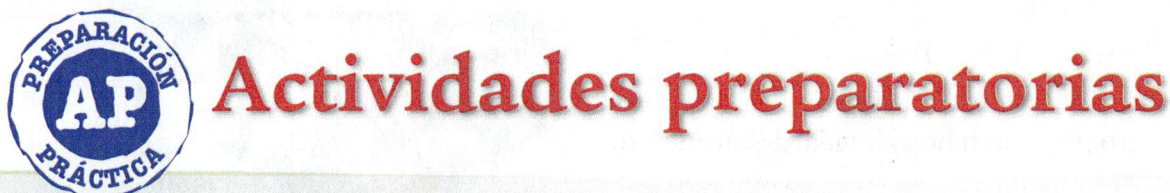

# Actividades preparatorias

### ❶ Global Challenges: Presentational Speaking

Haz una presentación oral sobre el artículo impreso y la entrevista grabada. Lee el artículo y luego escucha la entrevista. Después prepara tu informe.

El artículo impreso hace unas recomendaciones acerca de cómo aliviar el estrés. En la entrevista grabada, las personas describen qué hacen cuando sufren de presiones. En tu presentación, explica cómo se comparan y cómo se diferencian las ideas que presentan estas dos fuentes en cuanto a consejos para reducir el estrés. Además, brinda tus propias recomendaciones con respecto a este tema.

**Fuente 1  Texto impreso**

La vida cotidiana presenta situaciones estresantes para las personas. Pueden ser de tipo emocional, como las dificultades en el estudio o los conflictos familiares. Otras veces, los esfuerzos físicos demasiado exigentes agotan nuestro cuerpo.

Nuestro organismo reacciona ante las tensiones excesivas. Esas tensiones se expresan mediante distintos malestares: nerviosismo, mal genio, jaquecas, cólicos y muchas otras molestias. Este fenómeno se denomina estrés. Algunos sencillos consejos nos ayudarán a reducirlo:

1. Sé positivo y optimista, aprende a mirar el lado bueno de las cosas y no te dejes intimidar por los problemas.

2. Organiza tus horarios y establece tus prioridades: eso te permitirá dedicar las horas necesarias al descanso y el esparcimiento. Evita urgencias de último momento: provocan ansiedad y favorecen el estrés.

3. Comienza algún programa de actividad aeróbica tres veces por semana. El ejercicio mejora tu condición física general y disminuye el riesgo de hipertensión y colesterol, que son peligrosas consecuencias del estrés. Si no te atrae ningún deporte en particular, no es necesario que asistas a un club o a un gimnasio: una enérgica caminata de veinte minutos es suficiente.

4. Sigue una dieta balanceada. Aumenta la proporción de verduras y frutas y reduce las grasas, el azúcar y la sal. Las verduras, los granos y los frutos secos mejoran la salud y aportan vitaminas y proteínas.

5. Comparte tus preocupaciones y deseos con los demás. Acércate a tus amigos y acepta su ayuda y sus opiniones. Busca el apoyo de tu familia. Si surgen desacuerdos, no te encierres en una actitud distante: el cariño puede resolver cualquier enfrentamiento, el amor produce felicidad.

6. Quiérete más a ti mismo. Expresa tus sentimientos a través de la música, la pintura o cualquier actividad placentera para ti. Presta atención a tu cuerpo y practica técnicas de relajación. El yoga y la meditación son prácticas muy saludables.

**Fuente 2  Entrevista grabada**

En esta entrevista, se les pregunta a tres jóvenes qué hacen ellos cuando sienten mucho estrés.

*These activities can be used to help you to prepare for the Advanced Placement Spanish Language examination, or to practice vocabulary and grammar concepts you have learned in this unit. See also online Resources for AP® Preparation.*

## ❷ Global Challenges: Interpretive Reading

Lee el pasaje siguiente y elige la mejor respuesta o terminación para cada pregunta u oración incompleta.

### TIEMPO LIBRE... PERO, ¿LIBRE DE QUÉ?

1 La vida urbana es prácticamente carente de espacios verdes, lugares donde poder convivir con la naturaleza. Las calles están diseñadas pensando en el automóvil más que el
5 hombre. A eso se añade que las normas de construcción permiten espacios cada vez más pequeños en donde viviendas uniformes, mal diseñadas y estrechas, hacen que la única opción sea el uso de medios masivos de
10 comunicación como entretenimiento. De ellos, obviamente el más poderoso es la televisión, que nos ha llevado a ser espectadores de la vida y no actores de ella. Pasamos horas frente al televisor,
15 almacenando en nuestra mente todo lo que productores y anunciantes quieren transmitirnos. Se sabe que el gusto por ver televisión desciende al incrementarse el nivel de estudios, y esto nos habla de la enorme
20 influencia que está jugando la televisión en la formación de los jóvenes y en sus estados de ánimo, principalmente entre los 13 y 15 años.

[...] Dijimos que el 50% del tiempo libre de los
25 jóvenes se dispone para la recreación, pero la mayoría de ese tiempo se invierte en actividades electrónicas o pasivas, con un índice del 43% en las preferencias, seguidas por las actividades sociales. Descendiendo
30 más en las preferencias se encuentran la práctica de deportes, acampar, paseos, etc. y al final y con sólo un 7% en promedio de las preferencias, aquellas actividades que desarrollan el intelecto.
35 Estas formas de recreación están haciendo a los jóvenes sedentarios. Pero estas prácticas recreativas no son solamente responsabilidad de los jóvenes, sino que corresponden también a la sociedad, a los
40 empresarios y a los padres de familia, proveer una oferta más amplia de actividades positivas de esparcimiento y recreación. Invierte tu tiempo libre en tu propio beneficio.

1. ¿Cómo se relaciona la preferencia por la televisión con el nivel de estudios?
   A. No hay ninguna relación fija.
   B. El gusto por ver televisión desciende al incrementarse el nivel de estudios.
   C. El gusto por ver televisión aumenta al incrementarse el nivel de estudios.
   D. Los peores estudiantes son los que más televisión ven.

2. ¿Dónde tiene mayor influencia la televisión?
   A. Entre los habitantes de las ciudades
   B. Entre los que viven lejos de espacios verdes
   C. Entre los productores y anunciantes
   D. Entre jóvenes de 13 a 15 años

3. ¿Cuánto tiempo le dedican los jóvenes a la recreación?
   A. La mitad de su tiempo
   B. Sólo un 7% de su tiempo
   C. Varía según sus actividades sociales.
   D. Aproximadamente el 42% de su tiempo

4. ¿Cuáles son las actividades recreativas más preferidas entre los jóvenes?
   A. La práctica de deportes
   B. Actividades que desarrollan el intelecto
   C. Acampar y dar paseos
   D. Actividades pasivas y electrónicas

# UNIDAD 3

# La aventura de viajar

**Lección 1**
Tema: *¿Adónde vamos de vacaciones?*

**Lección 2**
Tema: *Viajemos en avión*

Turistas abordando un avión en Varadero, Cuba

*Todos los días, aproximadamente dos millones de personas viajan por avión en todo el mundo. ¿Has viajado en avión? ¿Adónde viajaste? ¿Qué piensas de los viajes en avión?*

Hotel internacional en La Habana, Cuba

◀ **Hoteles** En todas las ciudades importantes hay hoteles para todos los gustos. Allí te ofrecen muchos servicios para que pases unas vacaciones cómodas y sin preocupaciones. Este hermoso hotel, rodeado de palmeras, está muy cerca de las playas de La Habana, la capital de Cuba. Después de desayunar, puedes caminar por la arena y darte un baño en el mar.
*¿Te has quedado en un hotel de lujo alguna vez?*

**Viajar por avión** Cuando viajas en avión, el personal que trabaja allí te ayuda con todo lo que necesitas. En el avión puedes tomar refrescos, trabajar en tu computadora o ver películas. Así, los viajes son más divertidos y parecen más cortos. Esta muchacha trabaja en el avión y le da información al pasajero.
*¿Qué harías tú para pasar el tiempo en un avión?* ▶

*Auxiliar de vuelo ayudando a un pasajero durante un viaje en avión*

◀ **Historia y geografía** La isla de Puerto Rico, situada en el mar Caribe, mide de superficie casi lo mismo del estado de New Hampshire. Su capital es San Juan y su mayor atracción es el castillo de El Morro, una fortaleza construida por los españoles para defender la ciudad de los ataques de los piratas. *¿Has estado en el Caribe alguna vez? ¿Puedes nombrar otras islas del Caribe?*

*El Morro, en San Juan, Puerto Rico*

ciento cuarenta y tres **143**

# UNIDAD 3
# Lección 1

**Tema:**
## ¿Adónde vamos de vacaciones?

**¡AVANZA!** In this lesson you will learn to
- talk about vacations
- describe results and states
- talk about past events

**using**
- past participles
- present perfect and past perfect

 **¿Recuerdas?**
- preterite and imperfect
- preterite

## Comparación cultural

**In this lesson you will learn about**
- beaches throughout the Spanish-speaking world
- ecotourism

### Compara con tu mundo

Estas personas están en una agencia de viajes en Orlando, Florida. Todos los días, miles de viajeros salen de Florida con destino al Caribe o a Sudamérica. ¿Has hecho un viaje internacional alguna vez? ¿Qué lugar del Caribe te interesa conocer?

### ¿Qué ves?

*Mira la foto*
¿Quiénes se van de viaje?
¿Cómo se sienten?
¿Quién los ayuda a planear su viaje?
¿Qué leen y ven en este momento?

Unidad 3
ciento cuarenta y cuatro

| MODES OF COMMUNICATION | | |
|---|---|---|
| INTERPRETIVE | INTERPERSONAL | PRESENTATIONAL |
| Read and understand a hotel brochure. | With classmates, role-play various travel scenarios. | Present a conversation at a travel agency. |
| Understand a description of a hotel and say why you'd consider staying there. | | Create an information packet for travelers to the Caribbean. |

## Agencia de viajes
*Orlando, Florida*

# Presentación de VOCABULARIO

**¡AVANZA!** **Goal:** Learn how to talk about past and future vacations and make plans for your next trip. *Actividades 1–5*

♻ *¿Recuerdas?* Preterite and imperfect pp. 82–83

**A** Antes de viajar al **extranjero** es importante averiguar si necesitas una **visa** o una **tarjeta de turista** para entrar a ese país. Para eso vas al **consulado** o a **la embajada** del país que piensas visitar. En esas oficinas te dan la información necesaria.

**B** En una agencia de viajes puedes mirar **folletos** sobre varios destinos turísticos. La agencia te ayuda a planear el viaje según tus preferencias.

el consulado

los folletos

la visa

el pasaporte

con vista al mar

**C** Puedes comprar un **pasaje** de avión para un **vuelo de ida y vuelta,** es decir con el regreso incluido. Lo mejor es comprar un vuelo **directo, sin escalas.** ¡El avión no para hasta llegar a tu lugar favorito!

**D** En la agencia puedes **reservar** el hotel, con una **habitación sencilla** para una persona o una **habitación doble** para más personas. Si te gusta el océano puedes pedir una habitación **con vista al mar.** A veces, las agencias ofrecen buenos precios si puedes **pagar por adelantado** y no en cuotas.

Unidad 3
ciento cuarenta y seis

# Hoteles Caribe
## Servicios de hotel

Los hoteles tienen diferentes categorías. Un hotel cinco **estrellas** es de lujo, o de **primera clase.** En ellos te ofrecen muchos servicios. **El botones** te lleva las maletas a tu habitación. Allí tienes una **caja de seguridad** para guardar las cosas de valor.

el guía

Si quieres puedes pedir **el servicio de habitación** y un camarero te trae la comida.

## Excursiones

A veces hay un **guía** que te acompaña y te explica sobre **lugares históricos,** como museos, **catedrales, monumentos** y **castillos.**

la catedral

el monumento

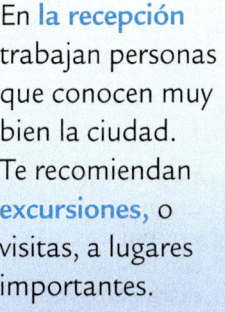

En **la recepción** trabajan personas que conocen muy bien la ciudad. Te recomiendan **excursiones,** o visitas, a lugares importantes.

Hoteles Caribe
www.hotelescaribe.hm.com
1-888-555-1234

### Más vocabulario

| | |
|---|---|
| **el alojamiento** lodging | **en tránsito** in transit |
| **la clase turista** tourist class | **hospedarse** to stay (at a hotel) |
| **el cuarto libre** vacant room | **el pasaje** ticket |
| **desocupar el cuarto** to vacate the room | **la zona de estacionamiento** parking lot |

¡A responder! Escuchar

Escucha un anuncio publicitario de un hotel en Puerto Rico. Después, di si te parece un buen lugar para pasar las vacaciones de primavera con tus amigos y explica por qué.

Interactive Flashcards
my.hrw.com

Lección 1
ciento cuarenta y siete **147**

# Práctica de VOCABULARIO

## 1 | Viajes y hoteles

Leer | Completa las oraciones con la palabra apropiada.

1. Si viajas al ____, primero tienes que sacar tu pasaporte.
2. Los vuelos sin escalas son ____.
3. Cuando quieres comer en la habitación del hotel, pides el ____.
4. En la ____ del hotel te pueden recomendar excursiones.
5. Si viajas en auto puedes dejarlo en ____ del hotel.
6. Para entrar a algunos países, debes tener una ____ de turista.
7. Para disfrutar de las vacaciones lo mejor es ____ en un hotel cinco estrellas.
8. Para asegurarte de conseguir alojamiento, tienes que ____ el hotel en la agencia de viajes.

## 2 | Minidiálogos

Leer
Hablar

Completa los siguientes minidiálogos con el vocabulario de la lección.

A  Me gusta ver el océano. ¿Tiene una habitación **con vista al mar**?

B  Sí, **el botones** puede acompañarlo a la habitación y llevar sus maletas.

1. —¿Cuál es la clase más barata de un __a.__ a Santo Domingo?
   —La clase __b.__.
   —¿Compras el __c.__ en una agencia de viajes?
   —Sí, yo siempre compro vuelos de ida y __d.__.
2. —¿Tienen un __a.__ libre en este hotel?
   —Sí, ¿quiere una habitación doble o __b.__?
   —Doble. Quiero una habitación con __c.__ al mar.
3. —¿Qué lugar __a.__ vamos a visitar?
   —El __b.__ nos va a llevar a ver el __c.__ a Colón en Santo Domingo.

**Expansión**
Creen dos preguntas y respuestas más con las palabras **extranjero, visa, estrella** y **servicio de habitación**.

## 3 | Un viaje a la República Dominicana

Escuchar
Escribir

El mes pasado, Julio viajó a la República Dominicana. Escucha sus comentarios del viaje y luego contesta las preguntas.

1. ¿Qué ciudad de la República Dominicana visitaron Julio y sus amigos?
2. ¿Por qué consiguieron descuento en el hotel?
3. ¿De qué categoría era el hotel?
4. ¿Qué excursión hicieron el primer día?
5. ¿Con quién fueron a caminar por Santo Domingo?

## 4 | Preguntas y respuestas   ♺ ¿*Recuerdas?* Preterite and imperfect pp. 82–83

Leer | Tres amigos hicieron un viaje a la República Dominicana el mes pasado. Busca en la columna B las respuestas a las preguntas de la columna A para saber lo que ocurrió antes y durante ese viaje.

**A**
1. ¿Qué se describía en el folleto?
2. ¿Qué días había vuelos a Santo Domingo?
3. ¿Fueron a la embajada?
4. ¿Tomaron un vuelo directo?
5. ¿El alojamiento era de primera clase?
6. ¿Quién llevó las maletas al cuarto?
7. ¿Dónde dejaron el dinero?
8. ¿A qué hora tuvieron que desocupar la habitación?

**B**
a. No, al consulado.
b. Los sábados.
c. No, estuvimos en tránsito en Miami.
d. Al mediodía.
e. En la caja de seguridad.
f. El botones.
g. Una excursión al Acuario Nacional.
h. Sí, era un hotel cinco estrellas.

## 5 | Con el agente de viajes

Hablar | Quieres pasar tus vacaciones en Panamá. Le explicas a tu agente de viajes lo que quieres. El (La) agente te dice lo que tiene para ofrecerte. Con un(a) compañero(a), representen la conversación basándose en las ilustraciones. Den detalles específicos sobre fechas, vuelos, hotel y excursiones.

*Más práctica* Cuaderno *p.* 45

**PARA Y PIENSA**
**¿Comprendiste?**
1. ¿Dónde consigues los documentos para viajar al extranjero?
2. Si viajas solo(a), ¿qué tipo de habitación pides en un hotel?
3. ¿Qué es una excursión?

Lección 1

# VOCABULARIO en contexto

**¡AVANZA!** **Goal:** Read about Ricardo's and Ernesto's travel plans and compare their plans with ones you have made for a trip in the past. *Actividades 6–8*

## Contexto *Paquete turístico*

**ESTRATEGIA** Leer

**Make a mind map** In the center of a mind map, write **Paquete.** In attached circles, write key phrases from the reading (**ida y vuelta, primera clase**, etc.). Attach more circles to show the important details of the tour package offered in this brochure.

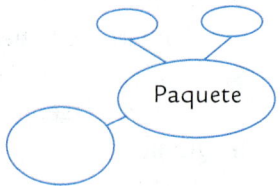

Ricardo y su hermano Ernesto van de vacaciones a la República Dominicana. Después de leer sobre varias excursiones en Internet y en algunos folletos, ésta es la excursión que más les ha gustado.

### Quisqueya Tours
*Al servicio del turista*

**Visite la República Dominicana con nosotros**

**Nuestros paquetes incluyen:**
- Viaje de ida y vuelta en vuelos directos, sin escalas
- Pasajes en primera clase o en clase turista
- Hoteles de tres, cuatro y cinco estrellas
- Habitaciones dobles o sencillas, con vista al mar o interiores
- Transporte del aeropuerto al hotel
- Todas las comidas, incluido el servicio de habitación
- Un paseo de un día por la capital, Santo Domingo: la primera ciudad europea en América.
- Otras excursiones opcionales, con guías expertos, a museos, catedrales, castillos, monumentos y otros lugares históricos.

**Nuestros guías son bilingües y no aceptan propinas**

Para más información y para reservar su viaje, puede visitar su agencia de viajes local o llamarnos al **1-888-555-3905** • **www.quisqueyatours.hm.com**. Al hacer su reservación debe pagar por adelantado el 20% del precio de la excursión.

**NOTA:** Para visitar la República Dominicana debe pedir una tarjeta de turista en la embajada o el consulado.

Unidad 3

## 7 | Comprensión del paquete turístico

Leer
Escribir

Lee el folleto de la agencia Quisqueya Tours y luego contesta las siguientes preguntas.

1. ¿Adónde planean ir de vacaciones Ricardo y su hermano?
2. ¿Dónde buscaron información sobre el viaje que quieren hacer?
3. ¿Cuántas escalas hay que hacer en el viaje de ida?
4. ¿Qué tipo de habitación necesitan?
5. Si usan el servicio de habitación, ¿cuánto dinero extra tienen que pagar?
6. Hay una sola excursión incluida en el precio. ¿Adónde va?
7. ¿Cuál fue la primera ciudad europea en América?
8. ¿Adónde van las otras excursiones?
9. ¿Cuánto hay que darle de propina al guía?
10. ¿Cuánto tienen que pagar por adelantado?

## 8 | Viajeros

Escribir

Tienes una agencia de viajes. En parejas, preparen un paquete con información turística para las personas que quieren viajar al Caribe. Elijan un país y preparen un paquete con excursiones, hoteles e información, usando el vocabulario de esta lección y tomando el folleto de Quisqueya Tours como modelo. Su paquete debe ser atractivo. No se olviden de ponerle nombre a su agencia.

## 9 | Preferencias

Hablar
Escribir

Con un(a) compañero(a), planifiquen un viaje juntos. Analicen los puntos para elegir un destino.

1. ¿A qué lugares les gustaría ir de vacaciones? ¿Por qué?
2. ¿Les gusta más ir de vacaciones solos o en excursiones? ¿Por qué?
3. Generalmente, ¿qué hacen cuando están de vacaciones?
4. Cuando van de vacaciones, ¿dónde buscan información? ¿Por qué?
5. ¿Cuáles son las vacaciones que más han disfrutado? ¿Por qué?

**Expansión**
Envía un e-mail a una agencia de turismo pidiendo información sobre el destino que eligieron. Incluye tres servicios que quieres tener en el hotel y explica por qué.

**PARA Y PIENSA**

**¿Comprendiste?** Di si estas oraciones sobre el paquete de Quisqueya Tours son ciertas o falsas.
1. No hay vuelos directos.
2. Sólo ofrece habitaciones con vista al patio.
3. Para comer en la habitación, hay que pagar más.

Lección 1

# Presentación de GRAMÁTICA

**¡AVANZA!** **Goal:** Review past participles. Then, use past participles to talk about results and states and to form participial clauses. *Actividades 9–13*

*¿Recuerdas?* Preterite pp. 82-83

**English Grammar Connection:** A **participle** is an adjective formed from a verb. In English, you form the participle of a regular verb by adding **-ed**. It often has the same form as the **past tense**.

My flight is **confirmed**. (*participle*)     I **confirmed** my flight. (*past tense*)

## El participio pasado

Grammar Video
my.hrw.com

**Past participles** describe a noun that has received the action of that verb.

*Here's how:* To form the **past participle** of a regular verb, drop the infinitive ending and add **-ado** to **-ar** verbs or **-ido** to an **-er** or **-ir** verb.

confirm**ar** → **confirmado**     aprend**er** → **aprendido**     recib**ir** → **recibido**

Las habitaciones ya están **pagadas**.
*The rooms are **paid for**.*

Ya tengo el carro **reservado**.
*I already have the car **reserved**.*

Quedamos muy **satisfechos** con la habitación.
*We ended up being very **satisfied** with the room.*

You already know that many common verbs have **irregular past participles.** See pages R17–R27.

Past participles can also form **participial clauses** that tell *how, when,* or *why*. They agree in gender and number with the noun being referred to.

*agrees*

Una vez **llegadas** a San Juan, las **chicas** se alojaron en el mejor hotel.
*Once they **arrived** in San Juan, **the girls** stayed at the best hotel.*

Una vez **confirmado** el **vuelo**, empezamos a buscar un hotel.
*After our flight was **confirmed**, we began to look for a hotel.*

**Terminada** la **gira,** regresamos al hotel.
***Since** the tour **had ended**, we went back to the hotel.*

**Más práctica**
Cuaderno pp. 46–47

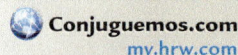
Conjuguemos.com
my.hrw.com

Unidad 3

# Práctica de GRAMÁTICA

## 9 Así eres

**Leer / Escribir**  Lee la encuesta y completa las oraciones con el participio pasado del verbo entre paréntesis. Completa el análisis para ver qué tipo de persona eres.

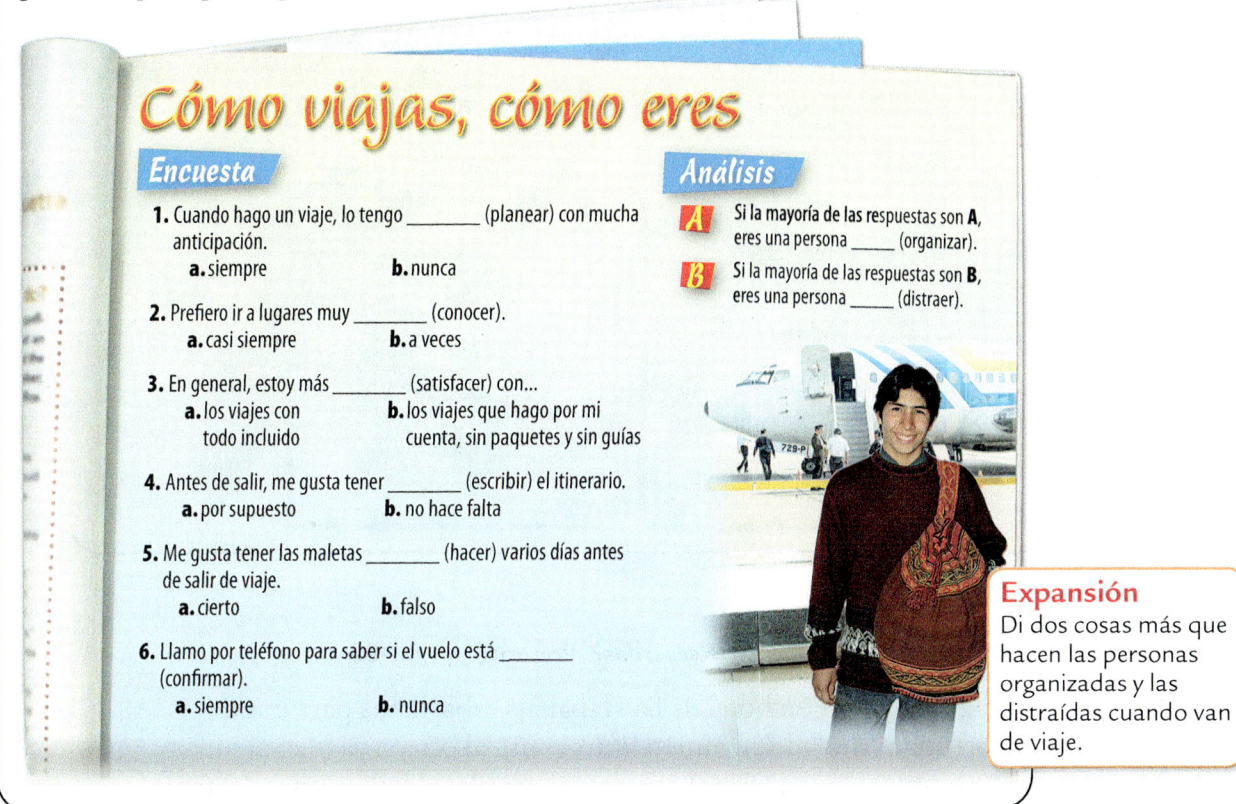

### Cómo viajas, cómo eres

**Encuesta**

1. Cuando hago un viaje, lo tengo _____ (planear) con mucha anticipación.
   a. siempre   b. nunca

2. Prefiero ir a lugares muy _____ (conocer).
   a. casi siempre   b. a veces

3. En general, estoy más _____ (satisfacer) con...
   a. los viajes con todo incluido
   b. los viajes que hago por mi cuenta, sin paquetes y sin guías

4. Antes de salir, me gusta tener _____ (escribir) el itinerario.
   a. por supuesto   b. no hace falta

5. Me gusta tener las maletas _____ (hacer) varios días antes de salir de viaje.
   a. cierto   b. falso

6. Llamo por teléfono para saber si el vuelo está _____ (confirmar).
   a. siempre   b. nunca

**Análisis**

**A** Si la mayoría de las respuestas son **A**, eres una persona _____ (organizar).

**B** Si la mayoría de las respuestas son **B**, eres una persona _____ (distraer).

**Expansión**
Di dos cosas más que hacen las personas organizadas y las distraídas cuando van de viaje.

## 10 Preparativos

**Leer / Escribir**  Martín escribe un correo electrónico describiendo los preparativos de su viaje. Complétalo con el participio pasado del verbo correcto. Presta atención a los participios irregulares.

| abrir | leer |
| cerrar | preparar |
| confirmar | reservar |
| escribir | romper |
| incluir | ver |

Mañana salgo de viaje para el Caribe. Mi agente de viajes me dio folletos __1.__ en inglés. Hoy pensé pedirle algunos en español pero la agencia ya está __2.__. El hotel ya está __3.__ con todas las comidas __4.__. Mi mochila está __5.__, así que hoy tengo que comprar otra. Por suerte la tienda todavía está __6.__. Ya tengo todo __7.__. He __8.__ el pronóstico y hace mucho calor allí. El vuelo está __9.__ para las dos de la tarde. Si has __10.__ este mensaje, puedes venir al aeropuerto a despedirme.

Martín

**Expansión**
Envía un e-mail a Martín. Recuérdale dos cosas que debe hacer antes de ir al aeropuerto.

Lección 1
ciento cincuenta y tres **153**

## 11 ¡A escuchar!

Escuchar
Leer

Paula está de vacaciones en un hotel de la República Dominicana. Escucha lo que dice. Préstales atención a los participios pasados y luego empareja las palabras de la izquierda con las de la derecha según lo que escuches.

**modelo:** Escuchas: Estoy en un hermoso hotel que está completamente pintado de blanco.

Emparejas: hotel / pintar

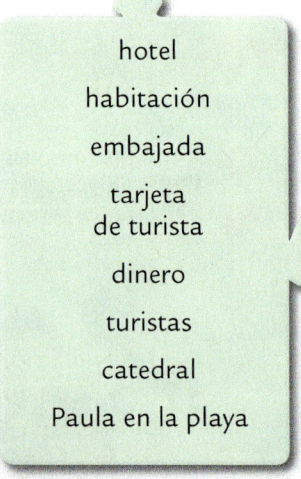

| hotel | abrir |
| habitación | acomodar |
| embajada | acompañar |
| tarjeta de turista | cerrar |
| dinero | cubrir |
| turistas | guardar |
| catedral | ocupar |
| Paula en la playa | pintar |
| | vencer |

## 12 ¿Ya está hecho?   ¿Recuerdas? Preterite pp. 82–83

Hablar

Dos amigos están en un hotel de La Habana, Cuba, listos para irse de excursión por la ciudad. Un amigo le pregunta al otro si ya hizo algunas cosas. Con un(a) compañero(a), túrnense para elegir expresiones del tablero y hacer las preguntas. El (La) compañero(a) contesta que eso ya está hecho, usando participios pasados.

**modelo:** cerrar la caja de seguridad

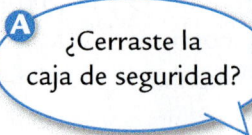

A: ¿Cerraste la caja de seguridad?
B: La caja de seguridad ya está cerrada.

| guardar las llaves de la habitación | leer los folletos | arreglar las gafas de sol |
|---|---|---|
| hacer la reserva para visitar el castillo | poner el pasaporte en la mochila | escribir la dirección del lugar histórico |
| confirmar el horario | preparar los sándwiches | pagar la excursión |

**Expansión**
Háganse dos preguntas más con **contar el dinero para los regalos** y **pedir servicio de habitación para la noche**.

Unidad 3
**154** ciento cincuenta y cuatro

## 13 | Tu viaje

**Hablar**

Vas de viaje a otro país. Tu amigo(a) te da consejos sobre el viaje y tú le contestas con detalles. Usen su imaginación y todos los participios pasados que puedan.

| organizar | incluir | poner | confirmar | hacer |
| reservar | planear | decidir | comprar | escribir |

**A** Deberías planear bien el viaje.

**B** Sí, lo tengo todo planeado desde hace cuatro semanas.

## Comparación cultural

### Playas del mundo hispano

España tiene la Costa del Sol. México tiene Cancún y Cozumel. Puerto Rico ofrece playas lindísimas de cálidas aguas caribeñas, como por ejemplo la playa de Luquillo. Las costas de Chile son excelentes para hacer surf y Argentina tiene su famoso Mar del Plata. El mundo hispano, con sus playas cubiertas de arena blanca y suave, ofrece destinos turísticos elegidos por personas de todo el mundo. Busca información en Internet sobre Mar del Plata o sobre algunas de las playas de México para ver las diferentes opciones que hay en cuanto a alojamiento y actividades.

Mar del Plata, Argentina

### Compara con tu mundo

¿Cuáles son las playas más visitadas de los Estados Unidos? ¿Hay una playa cerca de donde vives tú? Cuando vas a la playa, ¿nadas o tomas el sol?

**Más práctica** Cuaderno *pp. 46–47*

**PARA Y PIENSA**

**¿Comprendiste?** Forma oraciones completas usando el participio pasado.
1. los turistas / no estar / satisfacer / con el guía
2. yo / estar / encantar / con el hotel
3. el agente / querer las excursiones / pagar por adelantado
4. todos / quedar / dormir / en el autobús anoche
5. el botones / quedar / agradecer / con la propina

Lección 1
ciento cincuenta y cinco **155**

# GRAMÁTICA en contexto

**¡AVANZA!** **Goal:** Notice how Magali, Sofía, Sandra, and the travel agent use past participles. Then, talk about their conversation using past participles. *Actividades 14–16*

## Contexto *Diálogo*

**ESTRATEGIA** Leer

**Compare tour packages** Take notes on the information that the agent offers to the girls. Use a Venn diagram to compare the information with that in the brochure of Quisqueya Tours on page 150.

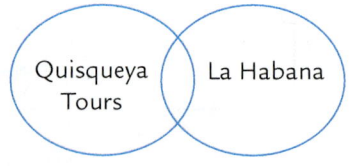

Sofía, Magali y Sandra son tres amigas que estudian en la universidad. En este momento están hablando con un agente de viajes. Están muy entusiasmadas porque van a ir de vacaciones a Puerto Rico.

**Magali:** Queremos tres pasajes de ida y vuelta a San Juan, en clase turista. ¿Qué días hay vuelos?

**Agente:** Todos los días, señorita. ¿Están interesadas en algún tipo de excursión? Tenemos varias en las que están incluidos los hoteles.

**Sofía:** ¿Cuánto cobran por ese tipo de excursión? Queremos estar allí cinco noches.

**Agente:** Ochocientos veinte dólares. Eso incluye los impuestos y el transporte del aeropuerto al hotel. Este precio está basado en viajes hechos durante la semana.

**Sandra:** Bueno... tenemos que pensarlo. ¿La agencia está cerrada el domingo?

**Agente:** Sí, pero el sábado está abierta hasta las tres de la tarde. Aquí tienen unos folletos sobre Puerto Rico que están escritos en español.

**Magali:** Chicas, ésta es una buena oferta. La mayoría de los gastos están incluidos en el precio.

**Sandra:** Sí, pero a lo mejor conseguimos otra agencia donde también estén cubiertos los gastos de comida.

**Sofía:** Tienes razón. Tenemos que leer más folletos. Además hay otras agencias abiertas los domingos.

**Sandra:** Es verdad. Muchas gracias por la información, señor. Hasta luego.

**Agente:** Adiós y buena suerte.

Unidad 3

## 14 Comprensión del diálogo

**Leer**
**Escribir**

Contesta las preguntas según el diálogo.

1. ¿Qué están haciendo las chicas en la agencia?
2. ¿Qué planes tienen las muchachas?
3. ¿Pueden salir para San Juan cualquier día? ¿Por qué?
4. ¿Qué está incluido en las excursiones?
5. ¿Cuánto tiempo piensan estar las chicas en Puerto Rico?
6. ¿Las chicas toman una decisión?
7. ¿Qué les da el agente a las chicas?

**Expansión**
¿Por qué es buena la oferta? ¿Qué no está cubierto en el precio? ¿Todas las agencias están cerradas los domingos?

## 15 ¿Verdadero o falso?

**Escribir**
**Hablar**

Escribe ocho oraciones verdaderas o falsas basándote en el diálogo. Usa participios pasados en tus oraciones. Tu compañero(a) debe decir cuáles son falsas y corregirlas en oraciones completas.

**A** En la excursión a San Juan no está incluido el hotel.

**B** Falso. El hotel está incluido.

## 16 Vamos de viaje

**Hablar**

En parejas, dramaticen esta situación. Luego represéntensela a la clase.

**A**
- Vas a hacer un viaje con tu amigo(a) y tienes la responsabilidad de organizar el vuelo.
- Quieres saber por qué todavía no tienen reserva de hotel.
- Fuiste a una agencia de viajes que abre a las 9:30 de la mañana y cierra a las 4:00 de la tarde. Tú llegaste a las cinco porque tienes práctica de fútbol después de las clases.

**B**
- Vas a hacer un viaje con tu amigo(a) y tienes la responsabilidad de reservar el hotel.
- Quieres saber por qué todavía no tienen los billetes de avión.
- El hotel al que llamaste no tiene habitaciones sencillas desocupadas, sólo tiene una habitación doble.

**Expansión**
Envía un SMS a un(a) amigo(a) diciéndole qué tipo de habitación prefieres y por qué. Luego, pregúntale si está de acuerdo.

---

**PARA Y PIENSA**

**¿Comprendiste?** Completa las oraciones sobre el diálogo con el participio pasado de un verbo apropiado.

1. Las chicas están _____ en excursiones.
2. Los impuestos están _____.
3. La comida no está _____ en el precio de esta excursión.

Lección 1
ciento cincuenta y siete **157**

# Presentación de GRAMÁTICA

**¡AVANZA!** **Goal:** Review and expand on the uses of the present perfect and past perfect tenses. Then talk about things that happened a short or long time ago and indicate the sequence of events. **Actividades 17–21**

 *¿Recuerdas?* Preterite pp. 82–83

**English Grammar Connection:** Both English and Spanish form compound tenses with a helping verb followed by the **past participle** of the main verb. In English, the helping verb is **to have.** In Spanish, the helping verb is **haber.**

## El pretérito perfecto y el pluscuamperfecto

**Grammar Video** my.hrw.com

Use the **pretérito perfecto** *(present perfect)* to say what *has happened.* Use the **pluscuamperfecto** *(past perfect)* to say what *had happened.*

*Here's how:* To form the **pretérito perfecto** of regular verbs, conjugate the verb **haber** in the present tense and add the **past participle** of the main verb.

To form the **pluscuamperfecto** of regular verbs, conjugate the verb **haber** in the imperfect tense and add the **past participle** of the main verb.

| he  | hemos  |
|-----|--------|
| has | habéis |
| ha  | han    |

+ past participle

| había  | habíamos |
|--------|----------|
| habías | habíais  |
| había  | habían   |

+ past participle

The **pretérito perfecto** refers to something that was completed at an indefinite time in the past but that still has an effect on the present, or to something that has always been (and might still be) true.

Nosotros **hemos viajado** a Uxmal...
*We **have** traveled to Uxmal ... (at some point before now)*

Siempre **he querido** viajar a Cancún, pero hasta la fecha no **he podido.**
*I **have** always **wanted** to travel to Cancun, but so far I **have** not **been** able to.*

However, to refer to something that happened at a specific time, use the **preterite**.

Nosotros **hicimos** un viaje a Ponce el año pasado.
*We **took** a trip to Ponce last year.*

The **pluscuamperfecto** refers to an action that was completed at an indefinite time before a past moment.

Cuando nos invitaron a Mérida ya **habíamos viajado** a Yucatán.
*When they invited us to Merida, we **had** already traveled to the Yucatan.*

**Más práctica**
Cuaderno *pp. 48–49*

**Conjuguemos.com**
my.hrw.com

Unidad 3

# Práctica de GRAMÁTICA

## 17 ¿Cuándo ocurrió?

Escuchar

Escucha lo que dicen Yamila y Rogelio antes de su viaje al Caribe. Después de escuchar cada oración, indica si cada hecho que mencionan ocurrió recientemente, no ha ocurrido todavía o si ocurrió antes de que ocurriera otro hecho. Como ayuda, la primera oración ya aparece indicada.

|  | Recientemente | No ha ocurrido todavía | Ocurrió antes de otro hecho |
|---|---|---|---|
| 1. preparar las maletas |  | ✓ |  |
| 2. dejar las maletas en la sala |  |  |  |
| 3. encontrar las maletas |  |  |  |
| 4. preparar los pasaportes |  |  |  |
| 5. interesarse por la cultura taína |  |  |  |
| 6. estudiar mucho |  |  |  |
| 7. habitar las dos islas |  |  |  |
| 8. llamar al aeropuerto |  |  |  |

## 18 Fotos de las vacaciones

Escribir

Estás mirando fotos de tus vacaciones y de las de tus amigos. Di lo que han hecho hasta ahora.

**modelo:** Nando ha ido de excursión.

Nando

1. Ana

2. Bea

3. Tú

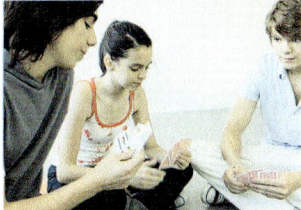
4. Nosotros

5. Leo, Paco y Juan

6. Yo

Lección 1
ciento cincuenta y nueve **159**

## 19 ¿Qué habían hecho?

**Leer**
**Escribir**

Claudio y Sergio cuentan sus experiencias durante su viaje a la República Dominicana. Completa las oraciones con el pluscuamperfecto del verbo apropiado.

1. Cuando fuimos a Santo Domingo no fuimos al restaurante «El plátano dorado» porque los dueños lo ____ (cerrar / poner).
2. Al visitar el Faro a Colón, pasamos por el lugar donde supuestamente ____ (enterrar / escribir) los restos del explorador.
3. Cuando llegamos de la playa fui a la recepción del hotel porque esa mañana el botones ____ (mirarme / decirme) que tenía una carta de mi familia.
4. Cuando regresamos a la habitación, abrí mi correo electrónico y vi que ____ (hablarme / escribirme) mi amiga Delia.
5. A la hora de la cena nos trajeron la comida tarde porque el cocinero ____ (levantarse / quedarse) sin habichuelas.
6. En la Plaza de la Cultura nos decepcionamos cuando supimos que ____ (perdernos / vernos) la obra de teatro que queríamos ver.
7. Esa noche tuve que envolver unos regalos que ____ (vender / comprar) por la tarde.
8. Antes de dormir, mi amigo Sergio tuvo que limpiar todo el desorden que yo ____ (hacer / arreglar) en la habitación.

## 20 Ya había pasado todo    ¿*Recuerdas?* Preterite pp. 82–83

**Hablar**
**Escribir**

Unos amigos salieron a pasear durante sus vacaciones en Puerto Rico, pero cada vez que llegaban a un lugar, algo había pasado. Mira los dibujos y describe las escenas usando el pluscuamperfecto.

**modelo:** Cuando llegamos al cine, ya había cerrado.

1.
2.
3.
4.

## 21 ¿Por qué?

**Hablar**

¿Recuerdas? Preterite pp. 82–83

Le preguntas a tu amigo(a) si hizo estas cosas en su viaje al Caribe. Él (Ella) te contesta usando el pluscuamperfecto. Túrnense para hacer preguntas y dar respuestas apropiadas.

**modelo:** sacar fotos

**A** ¿Sacaste fotos en el Viejo San Juan?

**B** No, porque se me había olvidado la cámara.

1. tomar un avión
2. conseguir una habitación
3. bailar salsa
4. hablar español
5. ir al teatro
6. hacer excursiones

**Expansión**
Pregúntale también si comió comida típica, si se perdió en la ciudad y si visitó la catedral.

## Comparación cultural

### El ecoturismo

En algunos países hispanohablantes como Costa Rica, se ha desarrollado una industria turística para llamar la atención sobre la importancia de proteger el medio ambiente. El llamado «ecoturismo» tiene como motivo educar a los turistas sobre la flora y la fauna de los bosques tropicales e informar sobre el problema de la deforestación que amenaza grandes partes de la selva centroamericana. Estas selvas son ricas en recursos naturales y producen mucho oxígeno. En las zonas protegidas se encuentran especies en peligro de extinción que se han beneficiado de los esfuerzos para salvarlas.

Cascadas de la Paz, Costa Rica

### Compara con tu mundo

¿Cuáles son los recursos naturales más importantes donde vives tú? ¿Conoces alguna zona donde el medio ambiente está protegido?

*Más práctica* Cuaderno *pp. 48–49*

**PARA Y PIENSA**

**¿Comprendiste?** Explica lo que había hecho Carlos antes de su viaje a México como estudiante de intercambio. Después explica qué ha hecho este año durante el programa de intercambio.

**Antes de su viaje...**
1. no vivir en una ciudad grande
2. estudiar el español por dos años
3. leer sobre la historia de México

**Este año...**
4. conocer a muchos amigos
5. ver pirámides aztecas
6. descansar en Cancún

Lección 1

# GRAMÁTICA en contexto

**¡AVANZA!** **Goal:** Notice how the present perfect and past perfect tenses are used in the brochure. Then, ask and answer questions about it. *Actividades 22–24*

## Contexto *Folleto turístico*

**ESTRATEGIA Leer**
**Connect verb forms to infinitives**
Using a chart, list present perfect and past perfect verbs from the brochure, along with the infinitive of each verb.

| Frase | Infinitivo | Tiempo |
|---|---|---|
| ha querido | querer | pretérito perfecto |
| | | |

Cuando Sofía llegó al apartamento de Sandra y Magali, las chicas ya habían leído los folletos y habían elegido dos excursiones posibles. Este folleto describe la excursión que más les ha gustado.

### EN EL MAR CARIBE...
### ¡PUERTO RICO!

Si usted siempre ha querido pasar sus vacaciones en un paraíso tropical, la hermosa isla de Puerto Rico, con sus aguas cristalinas, sus verdes colinas, su sol y sus palmeras es exactamente lo que usted había soñado.

Camine por las calles empedradas del Viejo San Juan, donde va a encontrar elegantes tiendas y cafés. Visite la vieja fortaleza de El Morro y descubra otros tesoros históricos de la ciudad.

¿Ha estado en un bosque tropical? Haga una caminata por El Yunque. ¿Ha planeado broncearse en una playa de arena blanca? Allí lo espera la playa de Luquillo. Los elegantes balnearios y la vida nocturna del Condado y de Isla Verde son otras atracciones que tiene esta maravillosa isla.

Por $820 puede viajar en avión y pasar cinco noches en un hotel de cuatro estrellas. La transportación al hotel está incluida en el paquete.

Opcional: Plan de seguro de viaje por sólo $40.
Para más información, llame al
1-888-555-8687 • www.ameritour.hm.com

**COMPAÑÍA AMERITOUR**

## 22 | Comprensión del folleto turístico

**Leer Escribir**

Contesta las preguntas sobre el folleto.

1. ¿Con qué ha comparado el folleto la isla de Puerto Rico?
2. ¿Cómo la ha descrito?
3. ¿Qué se puede hacer en El Yunque?
4. ¿Qué lugares te van a gustar si te interesa la vida nocturna?
5. ¿Cuál es el precio de la excursión?
6. Si haces la excursión, ¿tendrás que pagar un taxi?
7. ¿Cuál es un lugar histórico de Puerto Rico que se menciona?
8. ¿Qué está incluido en el precio?

**Expansión**
Según el folleto, ¿dónde hay tiendas elegantes? Si pagas $40 más, ¿qué has comprado?

## 23 | ¿Qué has hecho?

**Escribir**

Basándote en la información del folleto turístico, escribe ocho oraciones o preguntas usando el pretérito perfecto.

**modelo:** He pagado $820 por la excursión a Puerto Rico.

## 24 | ¿Cómo te ha ido?

**Hablar**

En parejas, dramaticen esta situación. Luego represéntensela a la clase.

- Tu amigo(a) te llama mientras está de vacaciones. Quieres saber qué ha hecho él (ella).
- Hazle preguntas sobre dónde se ha hospedado y qué actividades ha hecho en el viaje.
- Hazle preguntas sobre lo que había hecho para prepararse antes de salir de viaje.

- Estás de vacaciones. Hablas con tu amigo(a) por teléfono.
- Dile a tu amigo(a) qué has hecho en el viaje.
- Cuéntale de lo que habías hecho para prepararte antes de partir.

**PARA Y PIENSA**

**¿Comprendiste?** Contesta las preguntas respetando la conjugación.
1. ¿Qué has hecho esta semana?
2. ¿Qué te ha pasado recientemente?
3. ¿Qué había ocurrido ayer en tu casa justo antes de cenar?

# Todo junto

**¡AVANZA!** **Goal:** *Show what you know* Read the hotel brochure. Then use the vocabulary and grammar from this lesson to do the activities that follow. *Actividades 25–28*

## Contexto  *Folleto de hotel*

**ESTRATEGIA** Leer

**Look for categories** As you read, organize the services at the Las Palmas hotel into three categories. Some information may fit into more than one category.

| Hotel Las Palmas | | |
|---|---|---|
| Habitación | Entretenimiento | Comida |
| *calefacción* | | |

En los lugares turísticos hay hoteles con servicios para que las personas pasen unas vacaciones agradables. Lee este folleto para saber cómo se sienten los turistas que se hospedan allí.

**Hotel Las Palmas**
SERVICIO EXCELENTE
- Calefacción y aire acondicionado en todas las habitaciones
- Salones para reuniones
- Piscina–Jacuzzi–Gimnasio
- Tienda de regalos
- Restaurantes: Platos internacionales
- Servicio de habitación
- En todas las habitaciones: Televisor, caja de seguridad, refrigerador

Habitaciones con vista al mar: $150 por noche • Habitaciones con vista a la piscina: $120
Los niños menores de doce años no pagan. 1-888-555-7256 • www.hotellaspalmas.hm.com
Ofrecemos excursiones a varios lugares históricos.

## 25 | Comprensión del folleto de hotel

**Leer Escribir**

Escribe las ventajas que tiene el hotel Las Palmas para las siguientes personas.

**modelo:** La Sra. Gómez necesita relajarse.
*La Sra. Gómez puede usar el jacuzzi.*

1. A la Sra. Torres le gusta hacer ejercicio por la mañana.
2. Al hijo de la Sra. Torres le encanta nadar.
3. A Amanda y a Elisa les gusta comprar recuerdos.
4. El Sr. Sabio es vendedor; tiene que reunirse con sus clientes y después llevarlos a cenar.
5. La familia Hernández nunca vio el mar y están muy entusiasmados.
6. El matrimonio Gómez tiene cuatro hijos de uno, tres, siete y once años.
7. Julián consiguió una habitación para el invierno, cuando hace más frío.
8. A Jésica no le gusta salir a comer en restaurantes.
9. Daniela quiere ir de vacaciones pero no se quiere perder su telenovela favorita.
10. Sergio lleva mucho dinero.

> **Expansión**
> Haz una lista de cinco cosas que hay en tu hotel ideal. Explica por qué son ventajas.

## 26 | Minidiálogos

**Hablar**

Con un(a) compañero(a), dramaticen las siguientes situaciones usando el vocabulario de esta lección.

**A** Buenos días, señor(a). ¿Necesito llevar pasaporte para viajar a la República Dominicana?

**B** Buenos días. Sí, para viajar a ese país tiene que llevar el pasaporte y una tarjeta de turista.

1. un(a) agente de viajes y un(a) cliente(a) que necesita mucha información
2. el (la) gerente de un hotel y una persona que necesita un cuarto
3. dos amigos(as) que están planeando pasar sus vacaciones juntos(as) y tienen gustos muy diferentes
4. un(a) auxiliar de vuelo y un(a) pasajero(a) que se pone muy nervioso(a) cuando tiene que volar
5. dos amigos(as) que están de viaje y buscan un hotel bueno pero no muy caro.
6. un(a) cliente en un hotel y el (la) gerente sobre un problema con el cuarto o el servicio.

> **Expansión**
> Envía un e-mail al hotel preguntando si debes reservar una habitación antes de viajar.

Lección 1

## 27 Quiero saber...

**Hablar**  Con un(a) compañero(a), túrnense para hacerse y contestar las siguientes preguntas.

1. ¿Has estado en un país extranjero? ¿En cuál?
2. ¿Te has quedado en un hotel? ¿En dónde?
3. ¿Has viajado por avión? ¿Adónde?
4. ¿Has nadado en el mar? ¿En qué ciudad?
5. ¿Has pedido servicio de habitación alguna vez? ¿Por qué?
6. ¿Has visto un castillo por dentro? ¿En dónde?
7. ¿Alguna vez has ido al Caribe? ¿A dónde?
8. ¿Has hecho un viaje este año? ¿A qué lugar?

**Expansión**
Tu amigo(a) se va de viaje mañana. Hazle tres preguntas sobre qué ha hecho para prepararse.

## 28 Una encuesta

**Hablar Escribir**   Entrevista a tus compañeros de clase para identificar a aquellas personas que hacen, han hecho o habían hecho lo siguiente. Luego escribe un resumen sobre quiénes hacen, han hecho o habían hecho cada cosa.

**modelo:** han hecho una excursión

**Escribes:** Eduardo ha hecho una excursión.

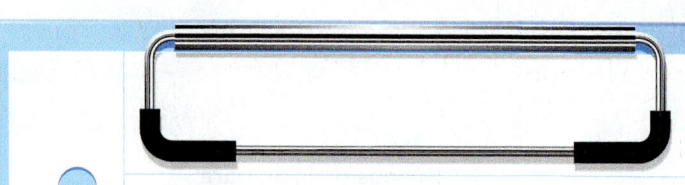

**A** ¿Has hecho una excursión?

**B** Sí, he hecho una excursión.

1. habían viajado a un país de habla hispana antes de tomar esta clase
2. han visto televisión en español
3. han sacado su pasaporte
4. han visto monumentos
5. han entrado a una catedral
6. han leído sobre lugares históricos
7. habían viajado en avión antes de tener diez años de edad
8. han ido a una agencia de viajes
9. se han hospedado en un hotel cinco estrellas

# Para crear

Hablar Escribir

## Un viaje en familia

En grupos de tres, usen su imaginación para crear un diálogo basado en lo que ocurre en esta agencia de viajes. Sigan las instrucciones y luego presenten su diálogo a la clase.

### Para comenzar

1. Elijan un nombre para la agencia.
2. Elijan nombres para las personas de la foto.
3. ¿Adónde quiere viajar la familia?
4. ¿Cómo van a viajar y qué tipo de pasaje van a comprar?
5. ¿Qué les muestra el agente?
6. ¿Qué preguntas le hacen al agente sobre el paquete de viaje?
7. ¿Qué les dice el agente sobre los documentos para viajar?
8. ¿Qué lugares quieren visitar?
9. ¿En qué hotel se quieren hospedar y qué tipo de habitación prefieren?
10. ¿Cuántos días van a estar de vacaciones y cuánto les cuesta el viaje?

**Más práctica** Cuaderno *pp. 50–51*

### ¿Comprendiste?

1. ¿Cuál es el mejor lugar para pedir información sobre viajes?
2. Imagina que has viajado a Puerto Rico. ¿Qué has hecho allí?
3. ¿A qué ciudades habías viajado antes de empezar las clases este año?

Lección 1
ciento sesenta y siete

## Lección 1

# En resumen
## Vocabulario y gramática

## Vocabulario

### En la agencia de viajes

| | |
|---|---|
| la clase turista | tourist class |
| el folleto | brochure |
| el pasaje | ticket |
|   de ida | one-way ticket |
|   de ida y vuelta | round-trip ticket |
| el vuelo | flight |
|   directo | direct (nonstop) flight |
|   sin escalas | direct (nonstop) flight |

### En el hotel

| | |
|---|---|
| el botones | bellhop |
| la caja de seguridad | safe, safe deposit box |
| con vista al mar | with an ocean view |
| el cuarto libre | vacant room |
| la estrella | star |
| la habitación sencilla | single room |
| primera clase | first class |
| la recepción | lobby |
| el servicio de habitación | room service |
| la zona de estacionamiento | parking lot |

### En la excursión

| | |
|---|---|
| los lugares históricos | historic sites |
| el (la) guía | tour guide |

### En otro país

| | |
|---|---|
| el consulado | consulate |
| la embajada | embassy |
| en tránsito | in transit |
| la tarjeta de turista | tourist card |
| la visa | visa |

### Para describir acciones

| | |
|---|---|
| desocupar el cuarto | to vacate the room |
| hospedarse | to stay (e.g., at a hotel) |
| pagar por adelantado | to pay in advance |
| reservar | to reserve |

### Ya sabes esto

| | |
|---|---|
| el alojamiento | lodging |
| el castillo | castle |
| la catedral | cathedral |
| la excursión | excursion, tour |
| el extranjero | abroad |
| la habitación doble | double room |
| el monumento | monument |
| el pasaporte | passport |

Unidad 3

# Gramática

### El participio pasado

To form the **past participle**, drop the infinitive ending and add **-ado** to **-ar** verbs or **-ido** to **-er** and **-ir** verbs.

confirm**ar** → confirm**ado**
aprend**er** → aprend**ido**
recib**ir** → recib**ido**

### La cláusula participial

The past participle can form a **participial clause** that modifies the whole sentence.

**Teminada** la excursión, regresamos al hotel.
*When the tour was over, we went back to the hotel.*

### El participio pasado como adjetivo

When the past participle is used as an adjective, the ending agrees in number and gender with the noun it describes.

*agrees*
Los **boletos** ya están pagad**os**.
*The tickets are already **paid for**.*

### El pretérito perfecto

The **pretérito perfecto** expresses something completed at an indefinite point in the past or something completed in the past but having an effect on the present.

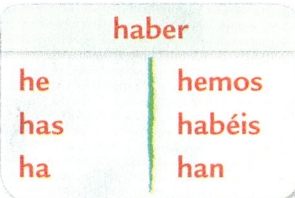

+ past participle

Nosotros ya **hemos ido** a Puerto Rico.
**We have** already **gone to** Puerto Rico.

### El pluscuamperfecto

The **pluscuamperfecto** expresses an action that had taken place before another action in the past.

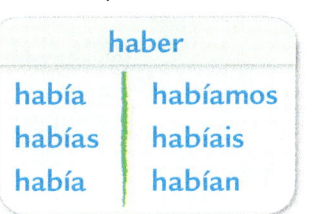

+ past participle

Cuando yo **llegué,** las chicas ya **habían leído** los folletos.
*When **I arrived**, the girls **had already read** the brochures.*

# UNIDAD 3
## Lección 2

**Tema:**
### Viajemos en avión

**¡AVANZA!** In this lesson you will learn to
- check in at an airport
- talk about airplane travel
- discuss travel arrangements and concerns

**using**
- future tense
- conditional

♻ **¿Recuerdas?**
- **ir a** + infinitive

## Comparación cultural

**In this lesson you will learn about**
- travel-related proverbs in Spanish
- language schools in Spanish-speaking countries
- youth hostels in Spain
- Caribbean travel destinations

### Compara con tu mundo

Estos pasajeros se preparan para abordar vuelos internacionales en el aeropuerto de Lima. Todos los días, miles de personas salen de aquí para lugares como Buenos Aires, Miami o Amsterdam. ¿Qué vuelos internacionales hay en el aeropuerto de tu ciudad o región?

### ¿Qué ves?

**Mira la foto**
¿Qué hacen los pasajeros en las colas?

¿Qué hacen y qué les preguntan los agentes?

¿De dónde salen y adónde van los vuelos indicados en la pantalla?

Unidad 3
ciento setenta

## MODES OF COMMUNICATION

| INTERPRETIVE | INTERPERSONAL | PRESENTATIONAL |
|---|---|---|
| Understand a Web page and a phone message to compare two hotels. Follow the instructions of an in-flight security announcement. | Write an e-mail describing your trip. Interview for a job in a hotel. | Write about a trip to the Caribbean. Create a brochure for a new hotel and present it to the class. |

**Aeropuerto Internacional Jorge Chávez**
*Lima, Perú*

# Presentación de VOCABULARIO

**¡AVANZA!** **Goal:** Learn how to check in at the airport and talk about traveling on an airplane. *Actividades 1–4*

**¿Recuerdas?** **ir a** + infinitive p. R16

**A** Antes de **abordar**, o subir a un avión, hay ciertos **trámites** que tienes que hacer en el aeropuerto. Si no tienes mucho equipaje puedes usar un **kiosco de facturación** para conseguir **la tarjeta de embarque** automáticamente. Si compraste un **boleto electrónico** y no tienes un boleto de papel, simplemente debes escribir tu apellido en el teclado del kiosco.

el kiosco de facturación

facturar el equipaje

**B** Si tienes mucho equipaje, éste debe ir en la parte de **carga** del avión. Entonces tienes que **ponerte en la cola** de **la aerolínea**, o compañía de vuelo, para **pesar** las maletas y **facturar el equipaje.** Si pesan demasiado, tienes que pagar **el exceso de equipaje.**

el detector de metales

**C** El siguiente paso es ir a **la zona de seguridad** y pasar por **el detector de metales.** Ésta es una máquina que avisa si llevas objetos peligrosos, como cuchillos. Allí hay un **guardia** que controla el proceso.

la puerta de salida

el mostrador

**D** Por último vas a la **puerta de salida.** Allí hay un **mostrador** con agentes de la aerolínea que te ayudan a **confirmar,** o verificar, el asiento y el horario. Te avisan si el vuelo tiene **retraso,** es decir si sale más tarde.

**E** También avisan si la aerolínea decidió **cancelar** el vuelo, es decir si el vuelo no va a salir. Los pasajeros que no tienen asiento están en **la lista de espera.** Si hay un asiento libre, los llaman poco antes de **despegar,** o salir.

Unidad 3

# BIENVENIDO A BORDO
## Instrucciones para los pasajeros

Cuando subes al avión buscas **la fila** de tus asientos. Hay **asientos de pasillo** y **asientos de ventanilla.** Algunos aviones grandes tienen dos **hileras** de dos asientos y una hilera de tres asientos en el medio.

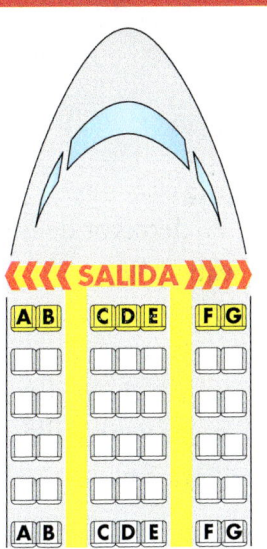

Un **auxiliar de vuelo** te puede ayudar a poner tus cosas en **el compartimiento** de equipaje.

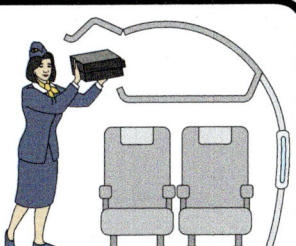

Escucha con atención las instrucciones para casos de emergencia. Observa dónde están **la máscara de oxígeno, el chaleco salvavidas** y la **salida de emergencia.**

  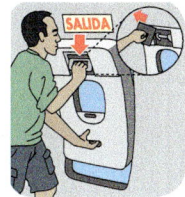

Finalmente, hay que **abrocharse el cinturón de seguridad...** ¡y a disfrutar del vuelo!

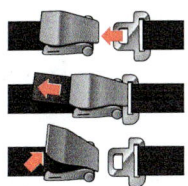 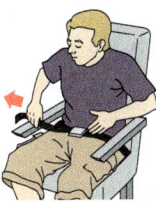

Gracias por volar con nosotros

### Más vocabulario

- **aterrizar** to land
- **la azafata** female flight attendant
- **la cinta transportadora** luggage carousel
- **la conexión** flight connection
- **hacer escala** to make a stopover
- **libre de impuestos** duty-free
- **pagar derechos de aduana** to pay customs duty
- **la turbulencia** turbulence

### ¡A responder!  Escuchar

Escucha el anuncio que hace la agente de la aerolínea en una de las puertas de salida del aeropuerto de Miami. Di a cuáles de los vuelos se refiere.

## SALIDAS

| VUELO | DESTINO | ESCALAS | SALIDA | LLEGADA |
|---|---|---|---|---|
| 567 | FILADELFIA | RALEIGH | 4:07PM | 7:21PM |
| 624 | BUENOS AIRES | SANTIAGO | 5:42PM | 6:12AM |
| 627 | ATLANTA | | 5:50PM | 6:45PM |

Lección 2

# Práctica de VOCABULARIO

## 1 | Opciones para volar

**Leer** | Completa las oraciones con la opción correcta.

1. Jorge llegó al aeropuerto pero no podía encontrar la cola de su ____.
   a. aerolínea   b. lista de espera   c. detector de metales
2. Saqué la tarjeta de embarque en ____ porque llevaba sólo una maleta.
   a. la cinta transportadora   b. el mostrador   c. el kiosco de facturación
3. La Sra. Ávila pidió un asiento ____ porque le gusta ver el paisaje.
   a. de ida   b. de pasillo   c. de ventanilla
4. Nosotras llevábamos muchas pulseras y el guardia nos paró al pasar por ____.
   a. la salida de emergencia   b. el detector de metales   c. el compartimiento
5. Finalmente, después de tantos ____ pudimos abordar el avión.
   a. trámites   b. guardias   c. asientos

**Expansión**
Escribe un e-mail a la aerolínea para pedir información. Pregunta si necesitas confirmar el estado de tu vuelo y dónde debes buscar el equipaje cuando llegues a destino.

## 2 | Minidiálogos  ¿Recuerdas? ir a + infinitive p. R16

**Leer Hablar** | Con un(a) compañero(a), completa los siguientes minidiálogos usando el vocabulario de la lección.

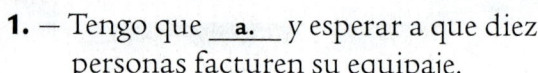

A: El avión sale en media hora. ¿Ya tenemos que **abordar**?
B: Sí, tenemos que ir ya a **la puerta de salida**.

1. — Tengo que __a.__ y esperar a que diez personas facturen su equipaje.
   — Tus maletas están muy pesadas. Creo que vas a pagar el __b.__.
2. — ¡El avión se mueve mucho! Hay mucha __a.__.
   — No te preocupes, el __b.__ me dijo que es normal y que ya va a pasar.
3. — ¡Nos dieron asientos en la __a.__ del medio! ¡No me gusta!
   — Pero estamos en la __b.__ número 4 y después vamos a salir rápido.
4. — En el avión compré un perfume __a.__, por eso me salió barato.
   — Yo compré muchas cosas en Ponce y tendré que __b.__ en el aeropuerto.

## 3 | Antes de despegar

**Escuchar Escribir** | Un avión está por despegar hacia Puerto Plata, en la República Dominicana. Escucha las indicaciones que la azafata les da a los pasajeros antes de despegar.

1. ¿Qué ocurrió debido al mal tiempo?
2. ¿Cuánto tiempo tuvieron que esperar para despegar?
3. ¿Qué ocurrirá durante el vuelo?
4. ¿Qué hay debajo de los asientos?
5. ¿La azafata está preocupada por el mal tiempo?

Unidad 3

## 4 | Encuentro en el avión

Hablar  Estas personas van de vacaciones. Con un(a) compañero(a), elijan dos personas del dibujo y representen un diálogo entre ellas. Pregunten qué deben o no deben hacer en el avión. Por ejemplo: "Disculpe, ¿hay que apagar el teléfono celular?" "Sí, y debe abrocharse el cinturón. Estamos por despegar".

## Comparación cultural

### Dichos y refranes

En español hay muchos dichos y refranes relacionados con el tema de los viajes. Uno muy conocido es «Más vale ir solo que mal acompañado». Sus variantes se encuentran en obras clásicas de la literatura española, como *La Celestina* y *El criticón*. Al igual que «En largos caminos se conocen los amigos», del refranero medieval del Marqués de Santillana, y «Adonde el corazón se inclina, el pie camina», aquí se destaca la importancia de las relaciones personales y la convivencia en cualquier empresa. Otros, como «Quien mucho ha de andar, mucho ha de probar», del *Libro del Caballero Zifar,* nos enseñan que cuanto más viajamos, más aprendemos.

En largos caminos se conocen los amigos.

### Compara con tu mundo

¿Cómo podrías expresar en tus propias palabras el significado de cada uno de estos dichos? ¿Conoces algún dicho en inglés relacionado con el tema de los viajes? ¿Cómo se compara con los dichos en español?

Más práctica  Cuaderno *p. 55*

**¿Comprendiste?**
1. ¿Qué debes abrocharte cuando el avión está por despegar y antes de aterrizar?
2. ¿Cómo se llama el área que tiene un detector de metales?
3. ¿Cómo se llama el boleto que no es de papel?

Lección 2

# VOCABULARIO en contexto

**¡AVANZA!** **Goal:** Notice how Silvia describes her flight to the Dominican Republic in her postcard to Sergio. Then answer questions about Silvia's experiences and discuss your own flight experience. **Actividades 5–7**

## Contexto  *Tarjeta postal*

**ESTRATEGIA Leer**

**Understand words by grouping them** Following the example, group vocabulary words from the postcard in three categories.

En el aeropuerto · Al regresar de viaje · En el avión

Silvia está de vacaciones en la República Dominicana. Ella le escribe una tarjeta postal a Sergio, su amigo que vive en Minnesota.

Querido Sergio:

Ya estoy en Santo Domingo. El vuelo fue fabuloso pero tuve que hacer muchos trámites antes de abordar. Tuve que pagar exceso de equipaje y casi llegué tarde a la puerta de salida.

Era mi primer viaje en avión. Estaba un poco nerviosa antes de despegar. Me abroché el cinturón de seguridad y escuché con atención las indicaciones de la azafata. Cuando los otros auxiliares de vuelo sirvieron el almuerzo me sentí mucho mejor. Por suerte no hubo turbulencias.

Hoy compré muchas cosas en la ciudad. Creo que voy a tener que pagar derechos de aduana cuando vuelva. ¡Mis maletas van a pesar tanto que no voy a poder sacarlas de la cinta transportadora!

Hasta pronto,
Silvia

Sergio García

54 Main Street

Unidad 3

## 5 Comprensión de la tarjeta postal

Leer
Escribir

Lee la tarjeta postal que Silvia le escribió a Sergio y contesta las siguientes preguntas.

1. ¿Por qué Silvia casi llegó tarde a abordar el avión?
2. ¿Cuántas veces había viajado en avión?
3. ¿Cómo se sentía?
4. ¿Qué hizo cuando se sentó?
5. ¿Quién les dio indicaciones a los pasajeros?
6. ¿Sirvieron algo para comer?
7. ¿Cómo fue el vuelo?
8. ¿A qué ciudad llegó Silvia?
9. ¿Por qué cree que va a tener que pagar derechos de aduana al regresar?
10. ¿Qué es la cinta transportadora?

## 6 Tu tarjeta postal

Escribir

Acabas de llegar en avión a una ciudad que no conocías. Escríbele una tarjeta postal a un(a) amigo(a) contándole lo que ocurrió en el viaje desde tu llegada al aeropuerto y lo que puede ocurrir cuando regreses. Sé creativo(a) y piensa en situaciones divertidas.

**Expansión**
Escríbeles un correo electrónico a tus padres para decirles que llegaste. Cuéntales cómo estuvo el vuelo y cómo es tu hotel.

## 7 El auxiliar de vuelo y yo

Hablar

Es tu primer viaje en avión. Ya abordaste pero tienes muchas preguntas. Con un(a) compañero(a) representen el diálogo que tienes con el (la) auxiliar de vuelo. Hazle preguntas sobre los asientos, equipaje, medidas de seguridad y qué debes hacer al llegar al aeropuerto.

**B** Disculpe, ¿dónde debo colocar la maleta?

**C** Debe colocarla en el compartimento de equipaje para que no se caiga durante el viaje.

**¿Comprendiste?**
1. ¿Cuál es el tema principal de la tarjeta postal de Silvia?
2. ¿A qué lugar se refiere cuando menciona la cinta transportadora?
3. ¿En qué casos tienen los pasajeros que pagar derechos de aduana?

Lección 2

# Presentación de GRAMÁTICA

**¡AVANZA!** **Goal:** Review the forms of the future and conditional. Then, practice using them to describe travel arrangements. *Actividades 8–13*

**English Grammar Connection:** In English, you form the **future tense** with the helping verb **shall** or **will** and the **conditional** with the helping verb **would**. In Spanish, you form the **future tense** by conjugating the verb with **future tense endings**, and the **conditional** by conjugating the verb with **conditional endings**.

## El futuro y el condicional

**Grammar Video**
my.hrw.com

To form the **future tense** of regular verbs, add these **endings** to the **infinitive**.

| hablaré | hablaremos |
|---|---|
| hablarás | hablaréis |
| hablará | hablarán |

To form the **conditional** of regular verbs, add these **endings** to the **infinitive**.

| compraría | compraríamos |
|---|---|
| comprarías | compraríais |
| compraría | comprarían |

To form both the **future tense** and the **conditional** of these verbs, add the same endings to these **irregular stems**.

| Infinitive | Stem | Infinitive | Stem | Infinitive | Stem |
|---|---|---|---|---|---|
| caber | cabr- | poder | podr- | salir | saldr- |
| decir | dir- | poner | pondr- | tener | tendr- |
| haber | habr- | querer | querr- | valer | valdr- |
| hacer | har- | saber | sabr- | venir | vendr- |

If someone says something using the future tense, then you can report what that person *says* with the **future tense**.

**Agente** El vuelo **saldrá** a las siete de la mañana.

El agente dice que el vuelo **saldrá** a las siete de la mañana.
*The agent says the flight will leave at seven in the morning.*

Or, you can report what that person *said* in the past with the **conditional**.

El agente dijo que el vuelo **saldría** a las siete de la mañana.
*The agent said the flight would leave at seven in the morning.*

**Más práctica**
Cuaderno *pp. 56–57*

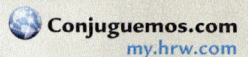
Conjuguemos.com
my.hrw.com

Unidad 3

# Práctica de GRAMÁTICA

## 8 | En el aeropuerto

Leer
Escribir

Tu hermanita quiere saber qué pasará en el aeropuerto. Completa el párrafo con la forma correcta del futuro del verbo entre paréntesis.

Mañana nosotros __1.__ (salir) de viaje a San Juan. __2.__ (Llegar) al aeropuerto con dos horas de anticipación porque hay mucho que hacer antes de abordar. Primero mamá y papá __3.__ (ponerse) en la cola para conseguir las tarjetas de embarque. Luego ellos __4.__ (facturar) todo el equipaje. __5.__ (Haber) un agente que __6.__ (pesar) las maletas. Si pesan demasiado, papá __7.__ (tener) que pagar exceso de equipaje. Después, nosotros __8.__ (pasar) por el detector de metales e __9.__ (ir) al mostrador que está en la puerta de salida. La agente nos __10.__ (confirmar) los asientos. Al final, todos los pasajeros __11.__ (abordar) el avión media hora antes de despegar.

## 9 | En caso de emergencia

Leer

En los aviones siempre hay instrucciones que se deben seguir en casos de emergencia. Lee el folleto a continuación y luego empareja cada situación con las instrucciones adecuadas.

 Si es necesario bajar del avión, busque la salida de emergencia más cercana. Es posible que ésta esté detrás de su asiento.

 Si es necesario aterrizar sobre el agua, hay que ponerse el chaleco salvavidas, el cual está debajo de los asientos. Será necesario inflarlo con el tubo.

 No se permite usar teléfonos celulares, juegos electrónicos ni computadoras mientras el avión despega o aterriza. Durante el vuelo, los auxiliares indicarán cuándo puede usarlos y cuándo debe apagarlos.

 El avión no despega a menos que todo el equipaje esté guardado debajo de los asientos o en el compartimiento de equipaje.

 En caso de que se pierda la presión dentro de la cabina, hay que ponerse la máscara de oxígeno. Si viaja con niños u otros que requieran ayuda, póngase su máscara primero y luego ayude a los otros a ponerse las suyas.

 Si hay turbulencia, quédese en el asiento con el cinturón de seguridad abrochado.

**A**
1. Antes de despegar...
2. En caso de tener que bajar rápidamente del avión...
3. En caso de turbulencia...
4. Al perder la presión dentro de la cabina...
5. Antes de aterrizar en el mar...
6. Antes de aterrizar...

**B**
a. volvería a abrocharme el cinturón de seguridad.
b. guardaría la maleta en el compartimiento de equipaje.
c. tendría que ponerme la máscara de oxígeno.
d. dejaría de usar la computadora hasta bajar del avión.
e. me pondría el chaleco salvavidas.
f. saldría por la salida de emergencia.

Lección 2

## 10 ¿Cuántas maletas habrá?

**Escuchar**

Algunos amigos viajan juntos. Escucha lo que dicen Mario y Paula e indica si hablan

a. de algo que pasará
b. de algo que pasaría
c. de algo que dice otra persona
d. de algo que dijo otra persona

## 11 Dice que...

**Escribir**

Andrés es agente de la aerolínea VuelaMundo. ¿Qué le dice al joven pasajero? Usa los dibujos y los verbos indicados para formar oraciones completas.

**modelo:** Le dice que tendrá que pesar las maletas.

tener que pesar

**1.** tener que pasar

**2.** no haber

**3.** pagar

**4.** poner

**5.** salir tarde

**6.** recoger

**Expansión**
Ahora vuelve a escribir las oraciones usando **Le dijo que...**

## 12 ¿Quién hará qué?

**Hablar**

Vas de vacaciones con unos compañeros. En parejas, decidan quién o quiénes se encargarán de hacer las siguientes cosas para prepararse para el viaje. Incluyan a otras personas y usen el futuro en sus respuestas.

1. buscar folletos de viaje
2. hacer las reservaciones
3. comprar los pasajes
4. decirles a los padres dónde van a hospedarse
5. planear todas las excursiones
6. hacer las maletas

Unidad 3

## 13 | Algún día

**Hablar**

En parejas, háganse preguntas sobre lo que harían ustedes y su familia en cuanto a las siguientes actividades.

**modelo:** viajar: en tren o en avión
—¿Viajarías tú en tren o en avión?
—Yo viajaría en avión.

1. volar: en clase turista o en primera clase
2. llevar: mucho equipaje o una sola maleta
3. pagar: con tarjeta de crédito o con cheques de viajero
4. quedarse: una semana o un mes
5. hospedarse: en un castillo antiguo o en un hotel de cinco estrellas
6. elegir: un cuarto con vista al mar o un cuarto interior
7. comer: la comida típica del lugar o hamburguesas
8. hacer excursiones: a lugares históricos o a reservas naturales
9. querer visitar más: museos o castillos
10. poner en la caja de seguridad: los pasajes o el pasaporte

## Comparación cultural

### Viajar y aprender

En algunos países hispanos, como Costa Rica, México, Ecuador y España, hay pequeñas escuelas de lengua dedicadas a enseñar español a grupos de turistas. Hay programas de plazo fijo, por ejemplo de dos semanas, de ocho días o de tres meses. También existe la posibilidad de crear un curso «hecho a medida» *(custom made)*. Las ventajas de estos cursos intensivos son muchas, entre ellas el número reducido de estudiantes, que normalmente no pasa de cuatro o cinco, y la inmersión total en la cultura.

Escuela de idiomas, Coyoacán, Ciudad de México

### Compara con tu mundo

¿Hay clases de inglés donde vives tú? ¿Son clases para turistas? ¿Tomarías un curso intensivo de español? De los países mencionados, ¿adónde viajarías para tomar un curso de español? ¿Por cuánto tiempo estudiarías?

**Más práctica** Cuaderno *pp. 56–57*

**¿Comprendiste?**
1. ¿Viajarás el verano que viene? ¿Adónde?
2. ¿Adónde te gustaría viajar algún día?
3. ¿Qué les dicen las azafatas a los pasajeros que tendrán que hacer antes de despegar?

# GRAMÁTICA en contexto

**¡AVANZA!** **Goal:** Notice how Magali, Sofía, and Sandra use the future tense and the conditional while checking in at the airport. Then, talk about their conversation and answer some questions. **Actividades 14-16**

## Contexto  *Diálogo*

**ESTRATEGIA Leer**
**Compare uses of future and conditional** Use a table to note the different ways future and conditional verb forms are used in the dialogue.

| Verbo | Tiempo | | Frase |
|---|---|---|---|
| | futuro | condicional | |
| buscaría | | √ | Buscaría un kiosko |
| | | | |

Magali, Sandra y Sofía han llegado al aeropuerto. Van a facturar el equipaje y luego buscarán la puerta de salida.

**Sofía:** Buscaría un kiosco de facturación, pero tenemos mucho equipaje.

**Magali:** Sí, tendremos que facturarlo. ¿Dónde está el mostrador de la aerolínea?

**Sandra:** Ojalá podamos comer pronto. Tengo hambre.

**Sofía:** Yo comería algo antes de ponernos en la cola para facturar las maletas.

**Sandra:** Tienes razón, porque después ya no podremos desayunar.

**Magali:** Pero nos darán de comer en el avión.

**Sandra:** Bueno, esperaré. ¿Por qué no recogemos las tarjetas de embarque?

**Magali:** ¿Querrán ustedes asientos de pasillo o de ventanilla?

**Sofía:** Me gustaría uno de ventanilla cerca de la salida de emergencia.

**Sandra:** A mí no me importa. ¿Tendremos que confirmar el vuelo?

**Magali:** No. Abordaremos dentro de cuarenta y cinco minutos.

**Sofía:** Recuerden que no queremos pasar la cámara fotográfica por el detector de metales.

**Sandra:** Sí. Mi padre me dijo que sería mejor entregársela al guardia de seguridad antes de pasar.

**Sofía:** Y mi madre dijo que habría una cola allí. Debemos apurarnos.

**Magali:** Miren la pantalla. Indica que el vuelo no tiene retraso y que saldrá a tiempo.

**Sandra:** ¡Ojalá! Me gustaría estar desayunando.

Unidad 3
ciento ochenta y dos

## 14 Comprensión del diálogo

**Leer
Escribir**

Contesta las preguntas siguientes sobre el diálogo.

1. ¿Por qué buscan el mostrador de la aerolínea?
2. ¿Qué dijo Sofía cuando Sandra mencionó que tenía hambre?
3. ¿Estuvo Magali de acuerdo? ¿Qué les dijo a Sandra y a Sofía?
4. ¿Qué tipo de asiento preferiría Sofía?
5. ¿Hablarán con otro agente en la puerta de salida?
6. ¿Qué indicó la pantalla que vieron en la sala de espera?

**Expansión**
Menciona dos cosas más que las chicas harán después de pasar por la zona de seguridad.

## 15 ¿Verdadero o falso?

**Escribir
Hablar**

Prepara ocho oraciones sobre el diálogo, usando el futuro y el condicional. Díselas a tu compañero(a), quien indicará si son verdaderas o falsas.

**A**  Facturarán el equipaje.

**B**  Verdadero. Tendrán que facturar el equipaje.

## 16 De viaje

**Hablar**

En parejas, dramaticen esta situación. Luego represéntensela a la clase.

**A**
- Vas de viaje con tu amigo(a). Son las 3:00 y su vuelo internacional sale a las 5:00.
- Siempre te gusta llegar al aeropuerto con mucha anticipación.
- Decidan qué les falta hacer antes de ir a la puerta de salida y dividan las tareas entre los (las) dos.
- Tienes mucha prisa. Crees que no hay mucho tiempo.
- Dijiste que traerías sándwiches, pero se te olvidó prepararlos.

**B**
- Vas de viaje con tu amigo(a). Son las 3:00 y su vuelo internacional sale a las 5:00.
- Eres impaciente y no te gusta esperar. Prefieres llegar al aeropuerto justo antes de abordar.
- Decidan qué les falta hacer antes de ir a la puerta de salida y dividan las tareas entre los (las) dos.
- No tienes prisa. Crees que hay suficiente tiempo antes del vuelo.
- Tienes hambre. Tu amigo(a) dijo que traería sándwiches.

**PARA Y PIENSA**

**¿Comprendiste?** Utiliza un verbo lógico en el futuro o el condicional para completar las oraciones.

1. Al llegar al aeropuerto, las chicas _____ el mostrador de aerolínea.
2. _____ en el avión y no en el aeropuerto.
3. El madre de Sofía dijo que _____ una cola en la zona de seguridad.

Lección 2
ciento ochenta y tres **183**

# Presentación de GRAMÁTICA

**¡AVANZA!** **Goal:** Review the forms of the future and conditional and learn some additional uses of each. Then, practice using them to check in at the airport and talk about traveling on an airplane. **Actividades 17–22**

**English Grammar Connection:** In English, you can use words or phrases like **probably**, **maybe**, **I wonder**, and **must** to express things that you are not certain about. In Spanish, you can use the **future tense** or the **conditional**.

*The plane **is probably** on time.*  El avión probablemente **llegará** a tiempo.
***I wonder** if there's a long line at security.*  ¿**Habrá** cola larga en la zona de seguridad?
*We **may be** late, but we'll make the plane.*  **Llegaremos** tarde, pero alcanzaremos el avión.
*There **must have been** an accident up ahead.*  **Habría** un accidente más adelante.

## Más usos del futuro y del condicional

**Grammar Video**
my.hrw.com

In Spanish, you often express *probably*, *maybe*, *I wonder*, and *must* with the **future tense** or the **conditional**.

**Here's how:**

Use the **future tense** to say what you think is probably true *now* or what might be happening *right now*.

¿Qué hora **será**?
*What time **could it be** (right now)?*

El vuelo probablemente **tendrá** retraso.
*The flight **must be** behind schedule.*

No **servirán** nada en el avión.
*They **probably don't** serve anything on the plane.*

El vuelo directo **será** más caro, pero es más fácil.
*The nonstop flight **may be** more expensive, but it's easier.*

Use the **conditional** to say what you think was probably true or what might have happened *in the past*.

El vuelo **aterrizaría** a las siete de la noche.
*The flight **probably landed** at seven in the evening.*

**Serían** las ocho y media cuando llegamos al hotel.
*It **must have been** eight thirty when we got to the hotel.*

Nuestro equipaje no llegó. ¿Adónde lo **mandaría** la aerolínea?
*Our luggage didn't arrive. **I wonder** where the airline sent it.*

*Más práctica*
Cuaderno *pp. 58–59*

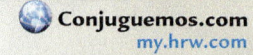
Conjuguemos.com
my.hrw.com

Unidad 3

# Práctica de GRAMÁTICA

## 17 | Se preguntan

**Leer**

Empareja la imagen con la pregunta que mejor corresponde. Dos preguntas no corresponden a ninguna imagen.

**modelo:** ¿Ya habrán abierto la puerta de salida?
ninguna imagen

1. ¿Cancelarán el vuelo?
2. ¿Habrá turbulencia?
3. ¿Llegarán las maletas a pesar del retraso?
4. ¿Habrá un asiento cerca de la salida de emergencia?
5. ¿A qué hora aterrizará el avión?
6. ¿Estará el pasaporte en la maleta que van a poner en la parte de carga?
7. ¿Cómo se usará la máscara de oxígeno?
8. ¿Nos darán algo de comer?

**Expansión**
Estas dos personas ya estuvieron en el mostrador de la aerolínea. Menciona dos cosas que habrán hecho allí.

## 18 | ¿Cómo serán?

**Leer / Escribir**

Los primos de Vanesa van a visitarla por primera vez. Completa lo que ella dice sobre su llegada con la forma correcta del verbo entre paréntesis. Usa el futuro o el condicional de probabilidad.

1. El vuelo despegó a las 6:30 de la mañana. Los primos ____ tempranísimo al aeropuerto. (llegar)
2. Micaela dijo que tenía mucho equipaje. Ella lo ____ en el mostrador de aerolínea. (facturar)
3. Hizo mucho viento esta mañana. ____ turbulencia durante la primera parte del vuelo. (haber)
4. No traigo el itinerario. ¿____ escalas o ____ directo? (hacer, venir)
5. Ya hay mucha gente en el reclamo de equipaje. ____ antes de la hora de llegada. (aterrizar)
6. ¿Cómo los reconoceré? Dicen que a Rodrigo le gusta el básquetbol. ¿____ alto? (ser)
7. Su padre es el hermano de mi madre. ¿____ los dos pelo rubio también? (tener)
8. Nunca han estado en Estados Unidos. ¿____ inglés? (saber)

Lección 2

## 19 En el aeropuerto

Escuchar

Escucha las siguientes oraciones y decide si la persona habla de

a. un evento que va a pasar en el futuro
b. de algo que pasaría
c. una conjetura en el presente
d. una conjetura en el pasado

## 20 ¿Quién nos lleva?

Hablar

Crea diálogos entre tú y tu compañero(a) usando los elementos dados. Haz preguntas con las palabras clave y respuestas con las palabras entre paréntesis. Usa el futuro de probabilidad.

modelo: a qué hora / salir / nosotros / para el aeropuerto (2:00 p.m.)

A: ¿A qué hora salimos nosotros para el aeropuerto?

B: Bueno, saldremos a las 2:00 de la tarde.

1. quién / llevarnos / al aeropuerto (un taxista)
2. dónde / conseguir / papá / las tarjetas de embarque (kiosco de facturación)
3. dónde / poner / la aerolínea / todo el equipaje (la parte de carga)
4. quién / permitirnos / pasar / seguridad (un guardia)
5. cómo / saber / nosotros / si haber un retraso (un agente confirmar)
6. dónde / guardar / yo / la mochila / mientras volar / nosotros (debajo del asiento)
7. qué / pasar / si yo / tener sed (la azafata servir algo)
8. qué / hacer / nosotros / al bajar del avión (ir al reclamo de equipaje)

## 21 ¿Qué pasaría?

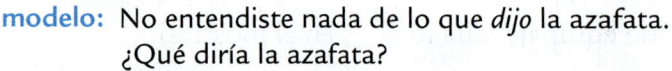

Hablar
Escribir

Te preguntas sobre lo siguiente, usando el condicional.

modelo: No entendiste nada de lo que *dijo* la azafata.
¿Qué diría la azafata?

1. No encuentras tu mochila y te preguntas dónde la azafata la *puso*.
2. El pasajero que viajaba en el asiento de al lado *fue* a algún lugar. No sabes adónde.
3. Un niño lloró por mucho tiempo. Te preguntas qué *quería*.
4. Habían anunciado una película antes, pero no la dieron. ¿Qué *pasó*?
5. No sabes por qué no *sirvieron* el almuerzo.
6. Querías saber de qué *hablaban* dos mujeres rusas que estaban cerca.
7. Tus maletas no llegaron a la cinta transportadora. No sabías dónde *estaban*.
8. Compraste algo en el avión. No sabías si *había* que pagar derechos de aduana.

**Expansión**

Ahora escribe tres oraciones sobre el vuelo que iba a tomar un(a) amigo(a). Tuvo un retraso y te preguntas qué pasó.

Unidad 3
186 ciento ochenta y seis

## 22 | Conjeturas

**Hablar** En grupos, hagan conjeturas sobre sus estrellas de música o del cine favoritas en cuanto a su edad, los lugares donde viven y trabajan y sus profesiones y actividades. Usen el futuro y el condicional de probabilidad.

**A** Shakira no tendrá más de 30 años.

**B** Trabajará en un estudio muy grande y tecnológico.

**C** Viajaría mucho en avión de niña.

### Comparación cultural

#### Los albergues juveniles

En España, como en el resto de Europa, existe para los jóvenes viajeros una alternativa a los hoteles, los cuales pueden resultar caros para el presupuesto estudiantil. Los albergues juveniles ofrecen un lugar para dormir y para conocer a otros turistas jóvenes de varios países. Las habitaciones de un albergue juvenil son pequeñas y sencillas, y hay que compartir el baño con otros viajeros. Es algo así como la típica residencia de las universidades norteamericanas. Normalmente no permite a jóvenes mayores de 24 años de edad.

Albergue juvenil en Barcelona, España

#### Compara con tu mundo

¿Hay hoteles especiales para jóvenes donde vives tú? ¿Cómo son? Te hospedarías en un albergue juvenil? ¿Por qué? ¿Te gustaría quedarte en uno?

**Más práctica** Cuaderno *pp. 58–59*

**PARA Y PIENSA**

**¿Comprendiste?**
1. ¿Qué hora sería cuando volviste a casa ayer?
2. ¿Costará un boleto de ida y vuelta a Madrid más de $1.000 dólares?
3. ¿Adónde viajará tu profesor(a) de español el verano que viene?
4. ¿Adónde irían tus padres cuando viajaban de niños?
5. Si haces un viaje dentro de poco, ¿cuántas maletas llevarás?

Lección 2
ciento ochenta y siete

# GRAMÁTICA en contexto

**¡AVANZA!** **Goal:** Notice how Magali, Sofía, and Sandra use the future tense and the conditional while getting settled on the plane. Then, answer some questions about their conversation. *Actividades 23–25*

## Contexto *Diálogo*

**ESTRATEGIA Leer**

**Read for the big picture and then for the details** First, skim the dialogue to get a "big picture" view. Then, read it again more slowly, focusing on the details. Why was the future used? The conditional? What information did you get only on your second reading?

| First reading: Big picture | Second reading: Details | |
|---|---|---|
| | why future is used | why conditional is used |
| | | |

Las tres chicas han abordado el avión y se preparan para el despegue.

**Sandra:** Nuestros asientos están en la fila veinte.

**Sofía:** *(Un poco nerviosa)* ¿No habrá otros más cerca de la salida de emergencia?

**Magali:** Yo diría que no. Mira cuánta gente hay. Pondremos los bolsos de mano en el compartimiento de equipaje.

**Sofía:** Los nuestros; el de Sandra es más pequeño y puede ir debajo de su asiento.

**Sandra:** Oye, ¿a qué hora servirán la comida? ¿A las nueve y media?

**Sofía:** Ni idea. ¿Por qué no te sientas y te abrochas el cinturón de seguridad?

**Sandra:** ¿Despegaremos pronto?

**Magali:** Sí. ¡Ay, no encuentro los lentes! ¿Los dejaría en el apartamento?

**Sandra:** No, los pusiste en mi cartera. Pero ¿dónde pondría yo el pasaporte?

**Magali:** Lo tengo yo. Te dije que ustedes podrían meter sus pasaportes con el mío en mi bolso. ¿Creen que lo tendremos todo?

**Sofía:** Sí. Miren, allí está el auxiliar de vuelo. Nos dirá si tenemos que ponernos la máscara de oxígeno, ¿verdad?

**Sandra:** Sofía, no te preocupes. No habrá necesidad.

Unidad 3
ciento ochenta y ocho

## 23 Comprensión del diálogo

Leer
Escribir

Contesta las preguntas sobre el diálogo.

1. ¿Por qué querrá Sofía estar cerca de la salida de emergencia?
2. ¿Cabrán los bolsos debajo de los asientos?
3. ¿Por qué quería saber Sandra si despegarían pronto?
4. ¿Qué pasó con los lentes de Magali?
5. ¿Les faltará algo a las chicas? ¿Tendrán que comprar algo?
6. ¿Por qué quiere Sofía hablar con el auxiliar de vuelo?

## 24 ¿Verdadero o falso?

Escribir
Hablar

Prepara ocho oraciones sobre el diálogo, usando el futuro y el condicional de probabilidad. Díselas a tu compañero(a), quien debe indicar si son verdaderas o falsas contestando con oraciones completas.

**A** Se pondrán máscaras de oxígeno.

**B** Falso. No habrá ningún accidente.

**Expansión**
Escribe dos o tres oraciones más sobre lo que tendrán que hacer las chicas cuando aterricen en Puerto Rico.

## 25 ¿Cómo será?

Hablar

En parejas, dramaticen esta situación. Luego represéntensela a la clase.

**A**
- Viajas por avión con tu amigo(a) que ha volado mucho.
- El avión despegará pronto y tienes muchas preguntas para hacerle a tu amigo(a).
- Piensa en todas las preguntas que tendrías en esta situación. Pregúntaselas a tu amigo(a).

**B**
- Viajas por avión con tu amigo(a) que nunca ha volado.
- El avión despegará pronto y tu amigo(a) tiene muchas preguntas.
- Piensa en todas las preguntas que te podría hacer tu amigo(a) en esta situación. ¿Qué te preguntará? ¿Qué querrá saber? Contesta sus preguntas.

**PARA Y PIENSA**

**¿Comprendiste?** Empareja el personaje del diálogo con la descripción adecuada.

1. Tendrá mucha hambre.
2. Estará muy nerviosa.
3. Se preocupará por todos los detalles durante el viaje.

a. Magali
b. Sofía
c. Sandra

Lección 2

# Todo junto

**¡AVANZA!** **Goal:** *Show what you know* Watch the video, paying attention to how the characters use the present perfect, future and conditional. Then use vocabulary and grammar from this lesson to plan a trip. *Actividades 26–29*

## Contexto *Video*

### ESTRATEGIAS

**Follow the conversation** As you read, look for instances where someone uses someone's name or when someone asks or answers a question. This will help make clear who is speaking to whom.

**Analyze main idea and theme** As you follow the conversation, keep track of visual details that help you understand and analyze its main idea and its theme.

*Resumen* Silvia y Claudia buscan dónde quedarse durante su viaje a Costa Rica. Al llegar al hotel que Silvia recomienda, Claudia trata de convencerla de que busquen otro lugar.

**Silvia:** Buenos días. Mi amiga y yo necesitamos un cuarto con baño privado y dos camas chicas.

**Empleado:** Los cuartos no tienen baño privado. Tendrán que compartir el baño con otras personas.

**Claudia:** Pero tienen televisor y teléfono, ¿no?

**Empleado:** No tienen televisor. No tienen teléfono, pero en una emergencia podrían usar éste.

Unidad 3

**Claudia:** ¿El hotel tiene aire acondicionado?

**Empleado:** No.

**Claudia:** Silvia, el hotel no tiene aire acondicionado.

**Silvia:** ¡Abriremos la ventana!
Señor, ¿cuánto cobran por noche?

**Empleado:** Veinte dólares por noche. ¿Por cuántas noches van a necesitar los cuartos?

**Claudia:** ¡No necesitamos un cuarto!
Silvia, ¿tú no me has oído? ¡Vamos al hotel Magnolia!

**Silvia:** No, Claudia. Estoy cansada y tengo sueño. ¡Y tengo hambre!

**Claudia:** ¡Acabamos de comer! ¡Silvia! ¡Este hotel es un desastre!

**Silvia:** ¡No, no! Mira. Mañana iremos al cine y veremos una buena película. ¡Ya verás! ¡Lo vamos a pasar muy bien!

**Claudia:** ¡Sí! Mañana vendré a buscarte a las doce. Me gustaría almorzar en un buen restaurante.

**Silva:** ¿Vendrás a buscarme? ¿De dónde vendrás?

**Claudia:** Del hotel Magnolia. ¡Chao!

## También se dice

El empleado, Silvia y Claudia usan la palabra **cuarto**.
- **Argentina, El Salvador** dormitorio
- **Chile, Colombia** pieza
- **España** habitación, alcoba
- **México** recámara

## 26 Comprensión del video

**Leer Escribir**

Indica si las oraciones son ciertos o falsas. Corrige las falsas.
1. Silvia tuvo la idea de quedarse en este hotel.
2. Silvia y Claudia no habían hecho una reservación antes de llegar.
3. Silvia y Claudia ya habían comido antes de llegar.
4. El empleado no les dijo cuánto costaría el cuarto.
5. Tanto Claudia como Silvia se quedarán en este hotel.
6. El empleado les dijo que podrían ir a ver una película para divertirse.
7. El empleado les dijo a Silvia y a Claudia que podrían regresar más tarde.
8. Una vez instalada en el hotel Magnolia, Claudia pasará por Silvia.

## 27 Integración

**Leer
Escuchar
Escribir**

Lee la página Web del hotel Magnolia. Escucha el mensaje telefónico de tu agente de viajes sobre otro hotel que ella ha investigado. Considera las dos opciones y escoge un hotel. Escríbele un e-mail a tu amigo(a) explicándole por qué escogiste ese hotel. Compara los servicios, dónde están, los precios y otras ventajas o desventajas de cada hotel.

### Fuente 1  Página Web

### Fuente 2  Un mensaje de mi agente de viajes

**Escucha y apunta**

- ¿Cómo se llama el hotel y dónde está?
- ¿Cuánto cuestan las habitaciones?
- ¿Cuándo tienes que tomar una decisión?
- ¿Tienen las habitaciones conexión a Internet?

**modelo:** En el hotel Magnolia estaremos más cómodos. No tendremos que salir a comer. Por otro lado, no pasaremos mucho tiempo en las habitaciones. En La Mariposa ahorraremos más dinero.

> **Expansión**
> Investiga cuánto costaría un vuelo desde tu ciudad a San José, Costa Rica y agrégale eso al precio del hotel que escojas.

## 28 | Hablar

Hablar
Escribir

**ESTRATEGIA Hablar**

**Match your tone to your emotions** How do you feel during the conversation? Make sure when you speak, that your tone of voice and intonation are appropriate for how you feel. If you're sad or disappointed, you might speak more slowly. If you're happy you might speak more quickly or in a higher pitch.

Trabaja con un grupo para dramatizar la llegada a un hotel cinco estrellas. Un(a) compañero(a) desempeña el papel del (de la) recepcionista y los otros son los huéspedes. El (La) recepcionista dará la bienvenida y los huéspedes hacen preguntas acerca del hotel y de las posibilidades para entretenimiento u otras actividades. Usa el registro apropiado, expresiones correctas y gestos adecuados.

**A** Bienvenidos a nuestro hotel.

**B** Hola, queremos dos habitaciones con baño privado.

**C** ¿Qué lugares de interés nos recomendaría Ud.?

## 29 | ¡A escribir!

Escribir

Tus amigos(as) y tú van a ir de vacaciones a Costa Rica. Imagina que ya han elegido el hotel de entre las opciones de que leíste, escuchaste o viste. Ahora escríbeles un e-mail a todos tus amigos y familiares acerca de tu viaje. Diles dónde se quedarán y por qué han escogido ese lugar. También diles sobre tres cosas que harán en su viaje.

| Writing Criteria | Excellent | Good | Needs Work |
|---|---|---|---|
| Content | Your e-mail contains many interesting details. | Your e-mail includes some interesting details. | Your e-mail contains few interesting details. |
| Communication | Your e-mail is organized and easy to follow. | Parts of your e-mail are organized and easy to follow. | Your e-mail is disorganized and hard to follow. |
| Accuracy | You make few mistakes in grammar and vocabulary. | You make some mistakes in grammar and vocabulary. | You make many mistakes in grammar and vocabulary. |

**Más práctica** Cuaderno *pp. 60–61, 70*

**PARA Y PIENSA**

**¿Comprendiste?** ¿Qué dijo cada persona? Añade **dijo que** después del nombre y cambia el verbo al condicional o al pluscuamperfecto.
1. Silvia: Nunca hemos ido a Costa Rica.
2. Claudia: No he comido todavía.
3. Margarita: He encontrado el hotel ideal.
4. Claudia: Me quedaré en el hotel Magnolia.

Lección 2
ciento noventa y tres **193**

# Lección 2
# En resumen
## Vocabulario y gramática

## Vocabulario

### En el aeropuerto

| | |
|---|---|
| la aerolínea | airline |
| el boleto electrónico | e-ticket |
| la cinta transportadora | luggage carousel |
| la conexión | flight connection |
| el detector de metales | metal detector |
| el exceso de equipaje | excess luggage |
| el (la) guardia | guard |
| el kiosco de facturación | check-in kiosk |
| la lista de espera | waiting list |
| el mostrador | counter |
| (la zona de) seguridad | security area |
| el trámite | procedure |

### Para describir acciones

| | |
|---|---|
| abrocharse (el cinturón de seguridad) | to fasten (the seatbelt) |
| aterrizar | to land |
| cancelar | to cancel |
| despegar | to take off (a plane) |
| hacer escala | to make a stopover |
| pagar derechos de aduana | to pay customs duty |
| pesar | to weigh |
| ponerse en la cola | to stand in line |

### En el avión

| | |
|---|---|
| el asiento | seat |
|   de pasillo | aisle seat |
|   de ventanilla | window seat |
| la azafata | female flight attendant |
| la carga | cargo |
| el cinturón de seguridad | seat belt |
| el compartimiento | luggage compartment |
| la fila | row |
| la hilera | section |
|   del medio | center section |
|   derecha / izquierda | right / left section |
| la máscara de oxígeno | oxygen mask |
| la salida de emergencia | emergency exit |
| la turbulencia | turbulence |

### Expresiones útiles

| | |
|---|---|
| libre de impuestos | duty-free |
| el retraso | delay |

### Ya sabes esto

| | |
|---|---|
| abordar | to board |
| el (la) auxiliar de vuelo | flight attendant |
| el chaleco salvavidas | life jacket |
| confirmar | to confirm |
| facturar el equipaje | to check the luggage |
| la puerta de salida | gate |
| la tarjeta de embarque | boarding pass |

Unidad 3

# Gramática

## El tiempo futuro

To form the **future tense**, add these **endings** to the **infinitive** of regular verbs or to the **future stem** of irregular verbs.

| | |
|---|---|
| hablar**é** | hablar**emos** |
| hablar**ás** | hablar**éis** |
| hablar**á** | hablar**án** |

**Hablaré** con el agente de viajes antes de comprar los boletos.
*I will speak to the travel agent before buying the tickets.*

## El condicional

To form the **conditional**, add these **endings** to the **infinitive** of regular verbs or to the **future stem** of irregular verbs.

| | |
|---|---|
| comprar**ía** | comprar**íamos** |
| comprar**ías** | comprar**íais** |
| comprar**ía** | comprar**ían** |

**Viajaría** a Santo Domingo, pero no puedo conseguir un vuelo.
*I would travel to Santo Domingo, but I can't get a flight.*

Some common irregular future stems:

| Infinitive | Stem | Infinitive | Stem |
|---|---|---|---|
| decir | dir- | salir | saldr- |
| hacer | har- | tener | tendr- |
| poner | pondr- | venir | vendr- |

## La probabilidad en el presente

To express *probably, maybe, I wonder,* and *must* about something happening right now, use the **future tense**.

**Habrá** cola larga en la zona de seguridad.
*There's probably a long line at security.*
*Maybe there's a long line at security.*
*I wonder if there's a long line at security.*
*There must be a long line at security.*

## La probabilidad en el pasado

To express *probably, maybe, I wonder,* and *must* about something in the past, use the **conditional**.

**Habría** un accidente más adelante.
*There was probably an accident up ahead.*
*Maybe there was an accident up ahead.*
*I wonder if there was an accident up ahead.*
*There must have been an accident up ahead.*

# Lectura literaria

**¡AVANZA!** **Goal:** Read the following memoir about childhood celebrations of Three Kings' Day in Puerto Rico. Then compare the author's childhood memories of this holiday with her adult perspective.

## Para leer

**ESTRATEGIA** Leer

**Distinguish between strands in a reading** You are going to read an **estampa**, a memoir of life at a certain time and place. Rather than presenting a story with a beginning, middle, and end, an **estampa** aims to create an overall impression. First try to understand the narrative section, and then focus on the sections that describe the author's impressions. Notice how the use of verb tenses helps to distinguish the two strands. What else can you say about each strand? What can you say about the main idea of the text?

| Secciones narrativas | Secciones descriptivas |
|---|---|
| uso del imperfecto | uso del presente y del futuro |
| la infancia de la autora | sus sentimientos actuales |

### Vocabulario para leer

**la caja** *objeto cuadrado o rectangular que sirve para guardar cosas*
**el cariño** *sentimiento hacia un ser querido*
**el ensueño** *ilusión, fantasía*

**la fe** *creencia*
**morir** *dejar de vivir*
**la muñeca** *juguete en forma de niña*

## Nota cultural

### Sobre la autora  María Teresa Babín (1910–1989)

María Teresa Babín, profesora, crítica y escritora, dedicó la mayor parte de su vida al estudio de la literatura hispana y la cultura puertorriqueña. Como profesora y autora, logró dar a conocer la cultura de su país y la personalidad y carácter de su pueblo. Entre sus obras figuran *The Puerto Rican's Spirit* y *Borinquen*. El relato «Día de Reyes» es de su libro *Fantasía boricua: estampas de mi tierra*. En este relato, la autora recuerda qué sentía cuando, de niña, esperaba la llegada de los Reyes Magos.

### Sobre el Día de Reyes

En los países de habla hispana, los niños dejan los zapatos en la ventana la noche del 5 de enero, para que los tres Reyes Magos les traigan juguetes, dulces y otros regalos. En Puerto Rico, los niños también dejan agua y hierba para los camellos. Teniendo esto en cuenta, ¿qué crees que vas a encontrar en este relato?

Unidad 3
ciento noventa y seis

Tres Reyes Magos, *tallas de madera*

# Día de Reyes

¡A cantar conmigo, niños míos! ¡A buscar yerba¹, maíz y agua para los camellos! Llegan esta noche con gran cautela², cuando ninguno sus pasos vela³. Mis Reyes Magos, los únicos a quienes he rendido pleitesía⁴, dan sus tesoros y nunca piden nada. Ya están muy cerca de la
5  tierra, alumbrados⁵ por la estrella de Belén. Misioneros de júbilo desde que el mundo es mundo de Dios, se acercan pausados al corazón con la alforja⁶ repleta⁷ de esperanzas. ¡Gaspar, Melchor, Baltasar!

Pondré mi caja vacía junto al manojo⁸ de yerba fresca debajo de la cama. Se volverán tan pequeños que podrán entrar sin trabajo por las
10  persianas⁹, como han entrado por los siglos de los siglos. Cabalgan¹⁰ cielos, tierras y mares, trazando la ruta para todos los caballeros¹¹ andantes de la historia y la leyenda.

| ¹ grass | ² caution | ³ is watching for | ⁴ he... have paid tribute |
| ⁵ illuminated | ⁶ saddlebag | ⁷ full | ⁸ bunch |
| ⁹ shutters | ¹⁰ They ride | ¹¹ knights | |

**❈ A pensar**
¿Cómo se siente la narradora ante la llegada de los Reyes?

 **Reflexiona**

¿Quiénes llegan esta noche y cómo viajan? ¿Qué preparativos ha hecho la narradora?

# Lectura literaria *continuación*

Durante la noche del cinco de enero dormía con un ojo abierto. Percibía el
15 más leve crujir[12] de la madera. Mamá se desvelaba[13] para darme agua que yo bebía dos o tres veces en las horas de espera. La claridad del alba[14] me hacía saltar[15] de entre las sábanas y me lanzaba
20 entre gritos a la caza de hermosos regalos, nerviosa y sin reposo. Sólo había tiempo para jugar locamente, vistiendo y desvistiendo muñecas, corriendo y dándole cuerda[16] a los carritos,
25 asombrada ante la maravilla. Pero el momento de emoción suprema era descubrir las huellas[17] de los camellos en el camino, huellas nunca vistas hasta el seis de enero por la mañana, después que
30 mi padre, buen jinete[18], salía montado en su caballo.

La deliciosa excitación era breve. A los dos o tres días la indiferencia dominaba la inquietud y yacían[19] por los rincones[20]
35 pedazos de juguetes rotos, deshechos por la curiosidad y la pasión del secreto, relegados al limbo de la divina comedia infantil.

La paradoja de ayer es la misma de hoy. Al destruir lo amado a fuerza de cariño y olvidar en seguida lo que se desea apasionadamente
40 un día, los niños vuelven a jugar con los juguetes viejos. La niña busca las muñecas que nunca mueren, las que los Reyes no llevan al portal, las muñecas de trapo[21] y de cabecita de losa que se compran en la Plaza del Mercado en Ponce; muñecas negras y blancas que saben barrer y están toscamente cosidas[22], las únicas que se pueden tirar y estropear. El niño
45 se monta en el caballo de palo de escoba[23] (mamá les ponía cabeza con crines[24]), construye caminos y puentes de tierra mojada[25] y se pasa las horas inventando hondas[26] para cazar lagartijas y pájaros.

*Los Tres Reyes Magos, Luz y Esperanza,* Elizabeth Erazo Baez

### A pensar
¿Duraba mucho la alegría creada por los regalos de los Reyes? ¿Qué juegos y juguetes prefieren los niños, según la narradora? ¿Estás de acuerdo?

| [12] creaking | [13] **se...** stayed awake | [14] dawn | [15] jump |
| [16] **dándole...** winding | [17] tracks | [18] rider | [19] lay |
| [20] corners | [21] rag | [22] **toscamente...** coarsely sewn | [23] **palo...** broomstick |
| [24] manes | [25] wet | [26] slingshots | |

El ciclo se cumplía hasta la víspera[27] de la Epifanía todos los años. Para mí la leyenda de ensueño se repetía inalterable una y otra vez, hasta cumplir once años de edad. Aún hoy no puedo perdonarle a María Lorenza, la mayor de mis compañeras de escuela, el haber susurrado[28] su malicia adolescente para destruir la belleza de mi fe en los Santos Reyes. Siempre le he reprochado su despiadada[29] revelación y me siento orgullosa de saber que nunca hice con otro niño lo que ella hizo conmigo. María Lorenza mentía. ¡Los Reyes son de verdad! Los he recibido en silencio durante toda mi vida y nunca han dejado de tocar a mi puerta. ❦ Es verdad también que la ilusión es fugaz[30] y pasajera, que no he dejado de volver a mis fieles muñecas de trapo y cabecitas de losa, las dóciles que los Reyes olvidan, las muñecas de todos los días del año, compañeras del juego tranquilo, las que les enseñan a las niñas a ser madres, hermanas, amantes y esposas.

La voz de la trulla[31] se acercaba a mi casa todos los años:

*Ya se van los Reyes,*
*bendito sea Dios,*
*ellos van y vienen*
*y nosotros no.*

### ❦ A pensar
¿Por qué sigue creyendo la narradora en los Reyes Magos? ¿Crees tú que es posible combinar la fe con la ilusión?

Los Reyes Magos

---

[27] eve  [28] whispered  [29] merciless  [30] fleeting
[31] carolers

## Después de leer

**PARA Y PIENSA**

### ¿Comprendiste?
1. ¿Qué dejan los niños para los camellos?
2. ¿Cómo pasaba la niña la noche del 5 de enero y qué hacía a la mañana siguiente?
3. ¿Cuál era la reacción de los niños ante sus regalos, dos o tres días después?
4. ¿Qué le dijo María Lorenza a la narradora?
5. Según la narradora, ¿por qué vuelven siempre los niños a sus juguetes viejos?

### ¿Y tú?
¿Cómo te sentías de niño(a) antes y después de un día especial?

### Para escribir
Escribe un párrafo sobre el siguiente tema: Las ilusiones que yo tenía de niño(a) pero que ya no tengo hoy.

### Desde tu mundo
En parejas, comparen algunas tradiciones o días especiales de su niñez con las que se mencionan en el texto. ¿Qué hacían? ¿Qué creían? ¿Ha cambiado esto con los años?

# Lectura literaria *continuación*

**¡AVANZA!** **Goal:** Read the following twist on Homer's tale of Ulysses and his faithful wife Penelope. Then contrast these characters with those from the *Odyssey*.

## Para leer

**ESTRATEGIA** Leer

**Compare two versions of a character** In *La tela de Penélope,* Monterroso offers versions of Ulysses and Penelope very different from those in Homer's *Odyssey*. Complete the chart to compare his characters to Homer's.

| La tela de Penélope | La Odisea |
| --- | --- |
| Penélope es bella y sabe tejer muy bien. | Penélope es bella y sabe tejer muy bien. |
|  | Se queda en casa cuando Ulises se va. |
|  | Penélope tiene muchos admiradores. |
|  | Al irse Ulises, Penélope teje para apartarse de sus admiradores. |
|  | Penélope le es fiel a su esposo. |
|  | Ulises no le es fiel a su esposa. |

### Nota cultural

**Sobre el autor** Augusto Monterroso (1921–2003)

Este conocido autor nació en Honduras, pero pasó su juventud en Guatemala y siempre se consideró guatemalteco. Además de escritor, fue profesor y diplomático. De su obra se destacan sus cuentos cortos, de carácter irónico. Su obra más conocida es *La oveja negra y demás fábulas,* de donde es este cuento.

## *La tela de Penélope o quién engaña a quién*

Hace muchos años vivía en Grecia un hombre llamado Ulises (quien a pesar de ser bastante sabio[1] era muy astuto), casado con Penélope, mujer bella y singularmente dotada cuyo único defecto era su gran afición a tejer[2], costumbre gracias a la cual pudo pasar sola largas temporadas.

---

[1] wise  [2] weaving

Unidad 3
doscientos

5  Dice la leyenda que en cada ocasión en que Ulises con su astucia observaba que a pesar de sus prohibiciones ella se disponía³ una vez más a iniciar uno de sus interminables tejidos, se le podía ver por las noches preparando sus botas y una buena barca, hasta que sin decirle nada se iba a recorrer el mundo y a buscarse a sí mismo.

10  De esta manera ella conseguía mantenerlo alejado mientras coqueteaba⁴ con sus pretendientes, haciéndoles creer que tejía mientras Ulises viajaba y no que Ulises viajaba mientras ella tejía, como pudo haber imaginado Homero, que, como se sabe, a veces dormía y no se daba cuenta de nada.

> **A pensar**
> ¿Por qué es irónico este cuento?

³ **se...** got ready  ⁴ flirted

## Después de leer

### ¿Comprendiste?

**PARA Y PIENSA**
1. ¿Quiénes eran Penélope y Ulises? ¿Cómo eran?
2. ¿Qué hacía Ulises cuando Penélope empezaba uno de sus tejidos?
3. Según Monterroso, ¿qué hacía Penélope mientras Ulises viajaba? ¿Y según Homero?

### ¿Y tú?

¿Qué versión prefieres: ésta de Monterroso o la de Homero? ¿Por qué?

### Para escribir

Escribe uno o dos párrafos sobre uno de los siguientes temas.
1. Yo (no) confío plenamente en las personas a quienes amo.
2. (No) es posible ser completamente fiel.

### Desde tu mundo

En inglés se dice *"Absence makes the heart grow fonder"*; en español se dice «Ausencia quiere decir olvido». En parejas, comenten estos dichos. ¿Con cuál de estas ideas están de acuerdo? ¿Puede la ausencia fortalecer o destruir una relación?

## Conexiones — *La geografía*

## *El clima y los viajes*

El mundo hispanohablante se extiende sobre grandes partes del planeta y, por lo tanto, el clima no es igual en todos los países hispanos. Dentro de un solo país puede haber una enorme variedad de climas, como es el caso de Ecuador—un país relativamente pequeño que sin embargo tiene cuatro regiones climáticas.

**Las Islas Galápagos** tienen un clima templado y estable, con temperaturas entre 22 y 32 grados.

**La cordillera andina** tiene un clima lluvioso y frío entre noviembre y abril, pero seco entre mayo y octubre. Hay poca variedad de temperatura (entre 13 y 18 grados).

**La costa del Pacífico** tiene una temporada lluviosa entre diciembre y mayo y una temporada seca de junio a noviembre. La temperatura varía entre los 23 y 26 grados.

**La región del Amazonas** tiene un clima húmedo, con mucha lluvia de enero a septiembre. Hace calor con temperaturas entre 23 y 36 grados.

### Proyecto
Trabaja con un(a) compañero(a) para planear un viaje de seis meses por México, Centroamérica y el Caribe y Sudamérica. Investiguen el clima de seis países que quieren visitar y organicen su itinerario para visitar esos países en el momento óptimo con respecto al tiempo.

### En tu comunidad
¿Cómo se compara el clima de tu estado con el de otras partes de Estados Unidos?

Haz una investigación de una región de este país con distintas zonas climáticas. Resume las características de cada zona. Ten en cuenta factores como la altitud y la proximidad al mar. ¿A qué se deben las diferencias entre una zona y otra? ¿A cuál de esas zonas te gustaría viajar? ¿Por qué?

# Escritura

## Un viaje por el Caribe

Vas a escribir sobre un viaje de tres semanas al Caribe. Piensas pasar la primera semana en Puerto Rico, la segunda en Yucatán y la tercera en Costa Rica.

### ❶ Prepárate para escribir

**ESTRATEGIA Usa listas y tablas para organizar tus ideas** Antes de escribir, organiza tus ideas. Primero, haz una lista de:

- los sitios que te gustaría visitar
- qué actividades harás
- el alojamiento que quieres
- los medios de transporte que usarás

Luego, empieza a planear tu primera semana en Puerto Rico. Completa la tabla con la información que falta y después haz dos tablas más.

| lunes | martes | miércoles | jueves | viernes | sábado | domingo |
|---|---|---|---|---|---|---|
| (llegar a San Juan) alojamiento: transporte: actividades: | (en San Juan) alojamiento: transporte: actividades: | ir a: transporte: alojamiento: actividades: | ir a: transporte: alojamiento: actividades: | ir a: transporte: alojamiento: actividades: | (volver a San Juan) transporte: alojamiento: actividades: | (salir para México) transporte: |

### ❷ Escribe

**Párrafo 1** **Introducción** Di adónde irás y por qué. Usa el futuro para expresar tus expectativas. ¿Cómo será el viaje?

**Párrafos 2 a 4** **Información** Explica tus planes para cada lugar. Usa el futuro para indicar qué harás y el condicional para hablar de dónde te gustaría quedarte, cómo te gustaría viajar y otras actividades que te interesaría hacer.

**Párrafo 5** **Conclusión** Usa el futuro para explicar por qué será un viaje ideal. Usa el pretérito perfecto para expresar lo que has hecho ya (o todavía no) para planear el viaje.

### ❸ Revisa tu composición

Intercambia tu borrador con un(a) compañero(a) y corrígelo.

- ¿Está claro el plan de tu compañero(a)?
- ¿Son correctas las formas verbales?
- ¿Tiene una introducción y una conclusión interesantes y completas?

> Llegaremos a San José el lunes. Creo que ~~tomremos~~ *tomaremos* un vuelo desde Mérida. En San José, me gustaría quedarme en el Hotel Don Carlos, pero eso ~~seria~~ *sería* muy caro. Creo que iremos a una pensión cerca del centro. El primer día supongo que ~~estré~~ *estaré* cansado. ~~Poderíamos~~ *Podríamos* visitar el Mercado Central...

# Comparación cultural

**¡AVANZA!** **Goal:** Read about travel destinations in Puerto Rico, Costa Rica and Mexico and compare these places with vacation spots in the U.S.

## El Caribe: Tres destinos inolvidables

El mar Caribe baña las costas de muchos países. En esta sección leerás sobre tres puntos del Caribe donde llegan turistas de todo el mundo para hacer actividades divertidas y tener una experiencia inolvidable.

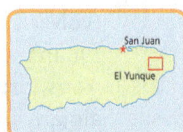

### El Yunque, Puerto Rico

A más de 1000 metros de altura, en la sierra de Luquillo, se encuentra El Yunque, uno de los bosques tropicales más famosos del mundo. Su nombre viene de la palabra «yuque» (tierras blancas); los indígenas taínos lo usaban refiriéndose a las cimas[1] con nubes. A menos de una hora de San Juan, usted puede respirar aire puro, ver animales exóticos y dar caminatas. En esta reserva forestal, la más antigua del hemisferio norte, se ofrecen vacaciones en contacto con la naturaleza y con gente amable y divertida: los elementos indispensables para disfrutar de las vacaciones perfectas.

*Cima con nubes en El Yunque*

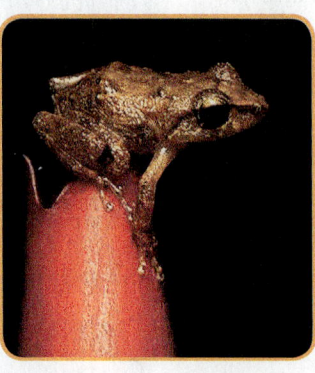
*Coquí*

¿Le interesan las maravillas de la naturaleza? En El Yunque puede ver animales únicos, como la cotorra puertorriqueña y la rana coquí. Puede ver más de 50 especies de orquídeas[2] o caminar entre las 240 especies de árboles nativos, algunos de los cuales ya habían cumplido 100 años cuando los exploradores españoles llegaron aquí hace más de 500 años. Y si usted es aficionado al deporte, no hay mejor forma de observar el hermoso paisaje que volando en ala delta[3], navegando en velero o nadando con tubo de respiración[4].

[1] summits  [2] orchids  [3] paraglider  [4] snorkeling

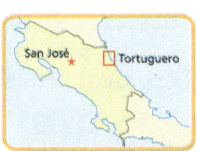

## Parque Nacional Tortuguero, Costa Rica

¿Ha pensado en recorrer un parque navegando? ¿Ha soñado con ver familias de tortugas en su medio ambiente natural? ¿Le gusta la idea de viajar por canales en lancha en vez de conducir un automóvil? Entonces, éste puede ser el momento ideal para visitar el Parque Nacional Tortuguero.

Los indígenas chorotegas habitaban la zona de Tortuguero. Vivían de la cacería de animales pequeños, pescaban en los ríos y atrapaban las tortugas que llegaban allí a desovar[5]. También cultivaban raíces, como la yuca[6].

*Mono araña*

Hoy, este bosque tropical, con sus canales y lagunas navegables, ofrece al turista una oportunidad única de conocer la exuberante flora y fauna de la zona. Entre los meses de julio y octubre es la época de desove de la tortuga verde, uno de los mayores atractivos de la zona. Se organizan excursiones nocturnas a las playas para verlo. Además puede ver monos, perezosos[7], caimanes y otros animales tropicales.

---

[5] lay eggs  [6] cassava  [7] sloths

## Mérida, Yucatán México

*Escultura Chac-Mool, Chichén Itzá, México*

Un viaje a Mérida es un viaje a dos pasados: el de la civilización maya y el de la época colonial. Fundada en 1542 por el conquistador español Francisco de Montejo sobre la ciudad maya Thó, Mérida fue la ciudad más importante de la zona durante la época colonial. Esta ciudad donde hoy se combina lo antiguo con lo moderno, fue nombrada patrimonio cultural de la humanidad por la UNESCO. Los turistas que visitan Mérida pueden pasear en calesas[8] y ver hermosos edificios coloniales. A menos de dos horas de Mérida, usted podrá ver pirámides maravillosas en los sitios arqueológicos de Uxmal y Chichén Itzá.

En esta ciudad, capital del estado de Yucatán, usted puede probar la cocina regional a base de mariscos, comprar artesanías en las feria de los domingos y caminar por sus playas. Pero lo más importante es que disfrutará de la atención de gente hospitalaria[9].

---

[8] horse-drawn carriages  [9] hospitable

## Después de leer

**PARA Y PIENSA**

### ¿Comprendiste?

1. ¿A qué se debe el nombre del Parque Nacional Tortuguero?
2. ¿En cuál de los tres destinos se puede practicar una variedad de deportes?
3. ¿Dónde hay pirámides famosas?
4. ¿Qué lugar se puede recorrer en canoa?
5. Escoge un párrafo de uno de los textos y escribe una paráfrasis de la información expresada. Recuerda usar tus propias palabras en tu paráfrasis.

### Compara con tu mundo

¿Qué parque nacional o sitios arqueológicos hay en Estados Unidos? ¿Qué animales o ruinas hay? ¿Qué actividades se puede hacer allí?

# Comparación cultural *continuación*

**¡AVANZA!** **Goal:** Compare vacation activities and hotels in Puerto Rico, Costa Rica and Mexico. Then plan a trip to one of these destinations.

## Excursiones

http://www.exploratodocaribe.hm.com

Nuestra compañía | **Excursiones** | Reservas | Contacto | Fotos

**Ofertas para junio y julio**

ExploraTodoCaribe te ofrece las mejores excursiones a los mejores lugares con los mejores precios. ¡Vive el encanto del Caribe con nosotros!

### El Yunque, Puerto Rico

*Reservaciones*

- Tres días de caminata con guías
- Dos noches de estancia[1] en parador agradable e íntimo
- Una noche de camping: Escuchar el canto de los coquíes
- Visitas con biólogos y científicos: Conocer de cerca los animales y plantas de la reserva
- Ver los petroglifos[2] taínos
- Bañarse en Cascadas Las Minas
- Traslado a Luquillo y Fajardo: Excursiones a caballo o en kayak por las playas más hermosas de la isla
- Cena de despedida[3] en Luquillo
- Aventura Zipline optativa (se cobra aparte)
- Adultos sólo $475; niños menores de 12 años sólo $300
- Descuento de 10% para grupos de cuatro o más personas

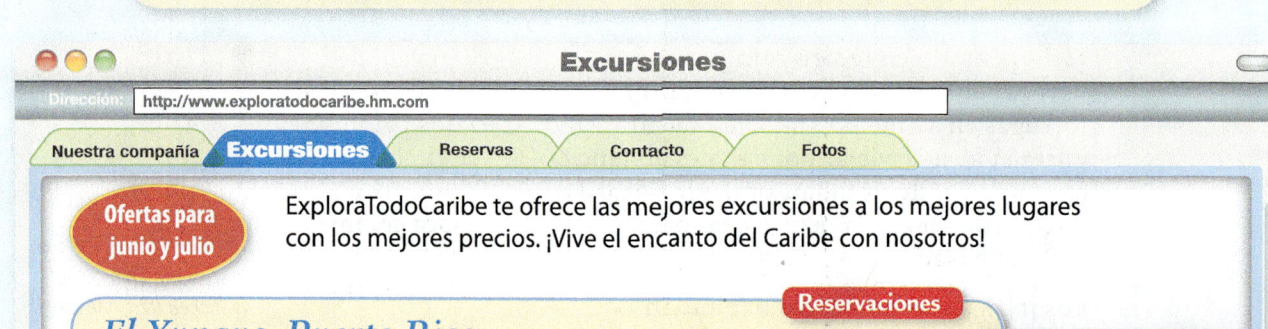

### Parque Nacional Tortuguero, Costa Rica

*Reservaciones*

- Traslado a San José ida y vuelta
- Tres noches de estancia en eco-lodge cuatro estrellas
- Navegar en lancha[4] por los asombrosos canales del parque
- Observación de animales tropicales con guías bilingües expertos
- Caminata nocturna para ver el desove de las tortugas
- Recorrido a caballo de un platanal[5]
- Clases de kayak y fotografía optativas (se cobran aparte)
- Cena de despedida en eco-lodge
- Adultos sólo $460; niños menores de 10 años sólo $275
- 10% descuento en reservaciones con más de un mes de anticipación
- ¡Ecoturismo al 100%!

### Mérida, Yucatán, México

*Reservaciones*

- Tres noches de estancia en una hacienda histórica a todo lujo
- Paseo en calesa por la zona colonial
- Visitas a la Plaza Mayor, la Catedral y el Museo de Arte Contemporáneo
- Excursión matutina[6] a Chichén Itzá: Ver la salida del sol y desayunar en este hermoso sitio arqueológico
- Excursión nocturna a Uxmal: Disfrutar del espectáculo de sonido y luz
- Traslados a la costa y excursiones de esnórkel optativas (se cobran aparte)
- Almuerzo de despedida en la hacienda incluido
- Adultos sólo $450; niños menores de 10 años sólo $350
- Descuento de 10% para grupos de seis o más personas

[1] stay  [2] prehistoric rock carving or drawing  [3] farewell  [4] motorboat  [5] banana plantation  [6] in the early morning

## Qué ofrecemos

`http://www.hotelescaribe.hm.com`

Quiénes somos | Dónde estamos | **Qué ofrecemos** | Reservas | Contáctenos

# Hoteles Caribe — Los mejores paseos por la costa del mar Caribe

**Puerto Rico**

Este íntimo hotel está rodeado de la belleza natural de **El Yunque**. Nuestro personal amable lo atenderá como en su casa.
- 15 minutos a pie de la entrada principal a El Yunque
- Habitaciones con televisión
- Desayuno incluido
- 10 habitaciones solamente. Reserve con anticipación.
- $90 por día temporada baja / $130 temporada alta

 Más información

**Costa Rica**

Ubicado en el pequeño pueblo de **Tortuguero**, este hostal es ideal para los que gustan de la tranquilidad.
- Habitaciones dobles únicamente
- Desayuno y cena incluidos
- Paseos en lancha por los canales del parque incluidos
- Descuento del 20% para grupos de 4 personas
- Alquiler de canoas disponible
- $100 por día, por persona

 Más información

**México**

Descubra las **maravillas del Yucatán y de México antiguo** en este hotel de lujo.
- Servicio de habitación
- Comidas típicas incluidas y música regional
- Dos excursiones guiadas a sitios arqueológicos incluidas
- Piscina climatizada
- $75 por día, por persona

 Más información

# Después de leer

### ¿Comprendiste?

**PARA Y PIENSA**

1. ¿Qué excursión de ExploraTodoCaribe debes comprar si vas con tres adultos y quieren gastar lo menos posible?
2. ¿Qué sitios ofrece ExploraTodoCaribe para hacer ecoturismo?
3. ¿A qué hotel vas si te interesa la historia más que la naturaleza?
4. ¿Qué tienen en común la excursión al Parque Nacional Tortuguero y lo que ofrece el hostal Tortuguero?
5. Te gustan las obras del arte y la música. ¿Qué excursión reservas en la página Web que viste?

### Compara con tu mundo

Navega por Internet para buscar hoteles en tu comunidad. Elige uno y compara y contrasta los servicios y comodidades que tienen con los de Hoteles Caribe. Investiga qué atracciones turísticas hay cerca del hotel que elegiste y compáralas con las excursiones de ExploraTodoCaribe.

**UNIDADES 1-3**

# Repaso inclusivo
 Options for Review

## 1 | Escucha, comprende y decide

Escuchar

Acabas de abordar tu vuelo a Guadalajara, México. Escucha el anuncio de seguridad y luego indica si las oraciones son a) **ciertas,** b) **falsas** o c) **el anuncio no dice nada al respecto.**

1. No se servirá ninguna comida en este vuelo.
2. Se necesitará saber usar un chaleco salvavidas en este vuelo.
3. El avión cuenta con cuatro salidas de emergencia.
4. Es necesario abrocharse los cinturones de seguridad en este momento.
5. Los compartimientos de equipaje son para los pasajeros de primera clase solamente.

## 2 | Solicita trabajo

Leer
Escribir

Lee los anuncios de empleos en este sitio Web y escribe una carta pidiendo uno de los puestos. Saluda a la gerencia, habla de tus antecedentes académicos y explica por qué quieres el puesto. Incluye las aspiraciones que tienes para el futuro. Termina con una despedida formal.

**BOLSA DE TRABAJOS**

- Inicio
- Regístrate
- Empleos
- Solicitantes
- Quiénes somos
- Contáctenos

**Las mejores ofertas de empleos en México**

### Empleados hoteleros

El Hotel Olmos, empresa hostelera de cinco estrellas, busca personas para trabajar en un nuevo hotel, el cual se abrirá en mayo de este año. Hay vacantes para botones, cocineros, guías, recepcionistas y camareros. Los candidatos ideales tendrán buena presencia y estarán dispuestos a aprender. Se valorará conocimiento del inglés y del francés. Si no tiene experiencia, se ofrecerán cursos básicos y formación profesional.
Mandar currículum y carta de presentación a la atención de Mario Núñez a mnunez@olmostelera.hm.com

### Guía turística

Ciudad de Mérida, Yucatán, México. Zona histórica. Salario básico. Trabajo de temporada alta. Se requiere edad mínima de 18 años, título de Bachiller Superior y amplio conocimiento de inglés, francés o alemán. Se necesita persona fuerte para trabajar largas horas al aire libre. Visite nuestras oficinas para llenar una solicitud y obtener una entrevista.
Mandar currículum y carta de presentación a la atención de Laura Castellanos a lcastellanos@meridatours.hm.com

## 3 Entrevista por e-mail

Escribir

Entrevista por e-mail a un(a) compañero(a) para una de las vacantes de la Actividad 2. Tu compañero(a) hace el papel del (de la) candidato(a). Explica lo que ofrece la empresa y los requisitos del puesto. Pregúntale al (a la) candidato(a) acerca de su experiencia y sus antecedentes académicos. Usa el pretérito y el pretérito perfecto.

> **Expansión**
> Luego, que tu compañero(a) te entreviste para la otra vacante de la Actividad 2.

## 4 Convence a tus amigos

Hablar

Trata de convencer a dos compañeros de ir a la playa contigo este fin de semana. Habla de los deportes que jugarán, lo que verán y lo que comerán. Tus compañeros no quieren aceptar explicando que ya han hecho todas esas cosas. Utilicen los comparativos, el pretérito perfecto y el futuro.

## 5 Crea un folleto

Hablar
Escribir

Con un(a) compañero(a), hagan un folleto para un hotel nuevo. Organicen las amenidades del hotel según servicios, facilidades, precios y ubicación. Describan todo lo que el hotel les ofrecerá a sus clientes. Presenten su hotel a la clase. Usen **ser** y **estar**, los comparativos, los participios pasados y el futuro apropiadamente.

> **Expansión**
> Incluye información sobre el club deportivo del hotel en tu folleto.

## 6 Prepara un informe

Hablar
Escribir

Hazle seis preguntas a tu compañero(a) acerca de qué ha hecho de importancia esta semana y qué hará en las semanas entrantes. Hazle tres preguntas en el pretérito perfecto y tres en el futuro. Luego prepara un informe para la clase. Usa el pluscuamperfecto y el condicional para contar lo que dijo tu compañero(a).

# Actividades preparatorias

### ❶ Personal and Public Identities: Interpretive Listening

Antes de escuchar, lee las preguntas a continuación. Luego escucha la selección y escoge la mejor respuesta a cada pregunta. Esta selección habla de las atracciones turísticas de Castilla-La Mancha.

1. ¿Por qué se construyeron los castillos de esta región?
   A. Para tener una «Ruta de los castillos» de interés turístico
   B. Para proteger los campos de croco cultivados por los musulmanes
   C. Para proteger a los soldados cristianos y árabes que lucharon por el control de la región
   D. Para defender a los habitantes del ejército de Aníbal

2. Durante la Edad Media, Castilla-La Mancha...
   A. fue una zona neutral entre los territorios cristianos y musulmanes.
   B. formó parte del imperio romano.
   C. se estableció como el territorio musulmán más importante.
   D. inició su larga tradición artística.

3. Toledo se conoce por...
   A. su festival del Día de la Rosa de Azafrán.
   B. sus talleres de cerámica.
   C. sus espadas.
   D. su cosecha de aceitunas.

4. ¿Por qué es octubre un mes ideal para visitar la región?
   A. Por ser el mes en que se celebra en Toledo un festival en honor a El Greco
   B. Por ser la época de las mejores vistas de los viñedos y campos de crocos
   C. Por ser el mes en que el calor del verano empieza a disminuir
   D. Por ser la época de la cosecha de aceitunas

5. Este informe habla de varios productos agrícolas de la región. ¿Cuál de los siguientes productos no se menciona?
   A. El arroz
   B. Las aceitunas
   C. El azafrán
   D. Las uvas

6. ¿Por qué es conocido Talavera de la Reina?
   A. Por tener la mayor cosecha de azafrán de la región
   B. Por ser un centro importante de la historia medieval de España
   C. Por sus artesanías, en particular la elaboración de cerámica
   D. Por sus edificios de estilo morisco y mudéjar

### ❷ Personal and Public Identities: Presentational Writing

Acabas de llegar a un país hispanohablante, donde vas a participar en un programa de intercambio. Usa las preguntas para escribirle una carta a tu profesor(a) de español.

- ¿Cómo te fue durante el viaje y después de tu llegada?
- ¿Cómo es la familia con quien te vas a quedar?
- ¿Qué clases vas a tomar y qué excursiones vas a hacer?
- ¿Cómo era viajar cuando tu profesor(a) era estudiante?

Unidad 3
doscientos diez

*These activities can be used to help you to prepare for the Advanced Placement Spanish Language examination, or to practice vocabulary and grammar concepts you have learned in this unit. See also online Resources for AP® Preparation.*

## ❸ Personal and Public Identities: Interpretive Reading

Lee el pasaje siguiente y elige la mejor respuesta o terminación para cada pregunta u oración incompleta.

### AMAZONAS: EL ÚLTIMO SANTUARIO

1  Cuando cae la noche, Rubén deja lo que sea que esté haciendo en el *Desafío*, se sube a una pequeña canoa provista de un motor fueraborda y se echa al Amazonas.(A) Navega
5  al menos un par de horas por alguno de los numerosos afluentes, que nacen o mueren en el caudal más sorprendente del planeta, e imparte sus lecciones medioambientales a la luz de la luna: le gusta descifrar todos los
10 sonidos que rompen el silencio de la noche; buscar por muy escondida que esté la guarida del yacaré, como se llama aquí al caimán; descubrir el tronco del apuí donde ha depositado sus tentáculos la araña más
15 venenosa o las ramas del árbol donde se enrosca la serpiente que puede acabar con cualquier humano apenas unos segundos después de haberle mordido.(B) El *Desafío* es un barco de 12 camarotes, con base en
20 Manaos, que tiene la misión de acercar a sus pasajeros a la realidad del Amazonas, el último gran santuario, la reserva ecológica del planeta.(C) De día y también de noche. Por la mañana es la hora de los igarapés,
25 impresionantes canales que se apartan del curso principal del río; es más fácil de lo que parece perderse por estos caminos acuáticos que acaban convirtiéndose en inmensos laberintos, de los que a su vez nacen otros
30 más pequeños y así hasta un sinfín de afluentes.(D)

1. ¿Quién es Rubén?
   A. Un pasajero del *Desafío*
   B. Un pescador del Amazonas
   C. Un cazador de yacarés
   D. Un ecologista de Manaos

2. Se puede deducir que los pasajeros del *Desafío*...
   A. son cartógrafos que están realizando nuevos mapas de los canales del Amazonas.
   B. están rodando una película sobre los animales del Amazonas.
   C. son personas que quieren aprender más sobre la ecología y geografía del Amazonas.
   D. son biólogos que están buscando plantas y animales para sus estudios.

3. Las arañas y serpientes mencionadas en el artículo se caracterizan por ser...
   A. exclusivamente nocturnas.
   B. venenosas.
   C. muy grandes.
   D. desconocidas fuera del Amazonas.

4. La siguiente oración se puede añadir al texto: **Mediante los esfuerzos de Rubén y sus colegas, estos viajeros tienen la oportunidad de conocer un impresionante, y a veces temible, rincón del mundo que muy pocos han visto.** ¿Dónde serviría mejor la oración?
   A. Posición A (línea 4)
   B. Posición B (línea 18)
   C. Posición C (línea 23)
   D. Posición D (línea 31)

# UNIDAD 4
## ¿Cómo es nuestra sociedad?

### Lección 1
**Tema:** Familia, sociedad y problemas sociales

### Lección 2
**Tema:** Educación universitaria y finanzas

Familia hispana comiendo al aire libre

La unión familiar hace que las personas se sientan seguras para vivir en el mundo que las rodea. ¿Qué actividades haces con tu familia? ¿Dónde se reúnen? ¿De qué temas hablan?

*Universidad de Sevilla, España*

◀ **Educación** Las sociedades modernas crecen y mejoran gracias a la educación que reciben sus integrantes. Desde los primeros años en las escuelas hasta las carreras universitarias y estudios de posgrado, cada etapa de la educación es un paso importante para que los individuos formen parte de una sociedad exitosa. *¿Qué universidades hay en tu ciudad o estado? ¿Qué carrera te gustaría seguir al terminar la escuela?*

**Economía** En toda familia o grupo social es importante controlar las finanzas. El gasto excesivo de dinero puede ocasionar problemas que a largo plazo pueden afectar a la sociedad, como la pobreza o el hambre. En los distritos financieros de las grandes ciudades hay bancos, agencias de préstamo y consultorías que pueden ayudar a que tengamos control sobre nuestro dinero. *¿Qué trámites han hecho tus familiares o tú en el banco? ¿De qué manera gastas el dinero que consigues?* ▶

*Distrito financiero de Caracas, Venezuela*

*Voluntarios trabajando para la Cruz Roja Mexicana*

◀ **Conciencia social** La educación y el trabajo ayudan a que la sociedad no se contamine con el crimen, las drogas, la violencia doméstica y otros problemas sociales. Muchas organizaciones realizan trabajos voluntarios para ayudar a los demás, en los que participan jóvenes y adultos. *¿Qué organizaciones conoces que ayuden a los demás?*

doscientos trece **213**

# UNIDAD 4
# Lección 1

**Tema:**
## Familia, sociedad y problemas sociales

**¡AVANZA!** In this lesson, you will learn to
- talk about family and society
- discuss relationships and social problems

*using*
- present subjunctive in noun and adjective clauses
- present subjunctive in adverbial clauses

**¿Recuerdas?**
- verbs with prepositions
- present progressive
- future

## Comparación cultural

**In this lesson you will learn about**
- Hispanic families
- Urbanization in Latin American countries

**Compara con tu mundo**
Estos voluntarios ayudan con una cena para el Día de Acción de Gracias. La tradición de esta cena comunitaria comenzó hace 20 años; hoy día, ayudan más de 4.000 voluntarios y se sirve a más de 25.000 personas. ¿Cómo ayudas en tu comunidad?

**¿Qué ves?**

*Mira la foto*
¿Qué hacen los jóvenes?

¿Cómo crees que se sienten en este momento?

¿Qué te parece pasar el Día de Acción de Gracias así?

| MODES OF COMMUNICATION | | |
|---|---|---|
| INTERPRETIVE | INTERPERSONAL | PRESENTATIONAL |
| Understand a health quiz about stress. | With a friend, compare city life with life in a small town. | Dramatize a scene about conflict resolution. |
| Understand what problems young people mention so that you can give them advice. | Discuss situations where you feel stressed. | Create a plan for community service. |

Día de Acción de Gracias
*San Antonio, Texas*

# Presentación de VOCABULARIO

**¡AVANZA!** **Goal:** Learn how to talk about family and society, and discuss relationships and social problems. *Actividades 1–5*

♻ *¿Recuerdas?* Verbs with prepositions pp. 43–44
Present progressive pp. 113–114

**A** La familia es la base de **la sociedad.** Cuando una **pareja** acepta **el compromiso** de unirse para dedicarse a **la crianza** de sus hijos, forma una familia.

la pareja

el padrastro

el hijastro

**B** En algunos casos se forma una familia en la que ya hay hijos de un **matrimonio** anterior. Si el hijo es de la mujer, el hombre es **el padrastro** del niño. Si es el hijo del hombre, la mujer será **la madrastra.** En ambos casos, el niño será **el hijastro.**

**C** En las familias donde hay **amor,** cariño y respeto, los hijos **crecen** felices. Pero a veces hay problemas de **agresión,** como **la violencia doméstica,** y las familias se deshacen.

**D** El abuso de **drogas** y alcohol es otro problema grave, dentro y fuera de la familia. Hay personas **drogadictas** que muchas veces se dedican a **robar** para conseguir dinero. Es uno de los grandes problemas sociales.

Unidad 4

# ERES JOVEN. ¡CUIDADO CON LOS PROBLEMAS SOCIALES!

A veces, **la pobreza** y **el hambre** hacen que la gente consiga dinero de forma ilegal. ¡Ten cuidado! En la calle puede haber **ladrones** que quieren robar dinero usando **armas** para **herir** o **matar** a la gente.

**capturar**

Hay muchos **delincuentes** jóvenes, producto de **la deserción escolar**, que se juntan y forman **pandillas** para dedicarse al **crimen**. **La policía** trabaja duro para **capturar** a los delincuentes.

Luego, **el juez** les da su castigo. A veces los manda a **la cárcel** y otras a hacer **trabajos comunitarios**. Muchas veces están en **probatoria** y deben **reportarse** con el juez regularmente.

**el juez**

**el trabajo comunitario**

Además de la violencia, debes cuidarte de otros problemas sociales graves. **El embarazo** puede ser un problema si todavía eres **adolescente**. Debes esperar a ser una persona **adulta** para tener bebés. Y recuerda que algunas **enfermedades** todavía no tienen **cura**, como el **SIDA**.

**la adulta**

**la adolescente**

Si tienes preguntas puedes llamar a un **centro de ayuda** para jóvenes.

¡CUÍDATE TÚ Y CUIDA NUESTRA SOCIEDAD!

### Más vocabulario

**el alcoholismo** alcoholism
**el analfabetismo** illiteracy
**la delincuencia juvenil** juvenile delinquency
**el desempleo** unemployment
**el divorcio** divorce
**el juzgado de menores** juvenile court
**el/la hermanastro(a)** stepbrother(sister)
**el homicidio** homicide
**el noviazgo** engagement

## ¡A responder! Escuchar

Daniela habla sobre su familia y el lugar donde vive. Escucha con atención cada parte y di si crees que eso es algo positivo o negativo para la sociedad. Explica por qué.

Interactive Flashcards
my.hrw.com

Lección 1

# Práctica de VOCABULARIO

## 1 Las noticias policiales

**Leer** Empareja las noticias que viste en la tele sobre varios problemas sociales.

1. El director informó que...
2. Una pandilla hirió...
3. Un homicidio triple...
4. El delincuente juvenil...
5. La policía capturó al...

a. ocurrió hoy en el centro de la ciudad.
b. criminal que mató al congresista.
c. se reportó con el juez por segunda vez.
d. hay menos deserción escolar.
e. a un joven que caminaba por el parque.

## 2 El trabajo comunitario

 **¿Recuerdas?** Verbs with prepositions pp. 43–44

**Leer Escribir** Completa el correo electrónico que Marta le escribió a Pablo sobre su trabajo en el centro de ayuda. Usa las expresiones del banco de palabras y la preposición correcta entre paréntesis.

adolescentes   embarazo
alcohol   hambre
analfabetismo   pandilla
cura   violencia doméstica

Pablo, ¡qué día pasé en el centro de ayuda! Es difícil escuchar los problemas, pero me gusta hablar con los adultos y __1.__, y tratar __2.__ (de / a) ayudarlos. Muchos jóvenes tienen problemas de __3.__ y no saben leer a causa de la deserción escolar. No cuentan __4.__ (en / con) la educación necesaria. También hay problemas de abuso de sustancias, como el __5.__ y las drogas. Para algunas mujeres, la __6.__, es decir la agresión dentro de la familia, es una realidad triste. Muchas jóvenes dejan __7.__ (de / que) ir a la escuela a causa del __8.__ porque tienen __9.__ (de / que) cuidar a sus bebés. Afortunadamente, este centro ofrece soluciones. Todos los voluntarios nos esforzamos __10.__ (por / de) mejorar nuestra sociedad.
Marta

## 3 Una telenovela dramática

**Escuchar Escribir** Escucha mientras Rosalinda y Gastón hablan de su telenovela favorita, «Armas y amor». Luego indica si las siguientes oraciones son verdaderas o falsas. Corrige las falsas.

1. Rosalinda y Gastón tienen la misma opinión de Lidia, uno de los personajes del programa.
2. El novio de Lidia tiene problemas con la delincuencia y las drogas.
3. Gastón dice que Lidia robó para comprar drogas.
4. El problema de la hermana de Lidia es la deserción escolar.
5. Diego, otro personaje del programa, tiene SIDA.
6. Diego debe hacer trabajo comunitario para cumplir con su probatoria.

**Expansión**
Explica cómo tratan tus telenovelas o dramas favoritos algunos problemas sociales.

Unidad 4

## 4 | ¿Qué está pasando?  ¿Recuerdas? Present progressive pp. 113–114

Hablar

Imagina que eres periodista. Tu jefe te llama y te pregunta qué está ocurriendo en el centro. Con un(a) compañero(a), representen el diálogo usando **estar** + el gerundio. Sigan el modelo.

**modelo:** pasar / el centro de ayuda (consejero / hablar con un adolescente)

**A** ¿Qué está pasando en el centro de ayuda?

**B** El consejero está hablando con un adolescente.

1. averiguar / adolescentes (grupo / buscar consejos)
2. pasar / centro comercial (hombre / robar en una tienda)
3. hacer / policía (policía / capturar al hombre)
4. ocurrir / plaza (grupo / protestar contra las armas nucleares)
5. explicar / director (director / hablar de la deserción escolar)
6. acontecer / juzgado de menores (juez / hablar con un delincuente)
7. contestar / delincuente (joven / ofrecer sus disculpas)
8. pasar / cárcel (policía / llevar a un ladrón)

## 5 | Conversación en familia

Hablar

Mira los dibujos de la familia de Alejandra. Con un(a) compañero(a), expliquen quiénes son las personas de la familia, cómo se llevan y qué piensa hacer Alejandra. Usen el banco de palabras y más vocabulario de esta lección.

| el amor | la hijastra |
| la crianza | el noviazgo |
| el divorcio | la pareja |
| el hermanastro | el matrimonio |

*Más práctica* Cuaderno *p. 67*

**¿Comprendiste?**
1. ¿Qué palabra usas para hablar del hijo de tu padrastro?
2. ¿Qué problema social describe la agresión contra la mujer?
3. Nombra tres problemas sociales que existen en este país.

Lección 1

# VOCABULARIO en contexto

**¡AVANZA!** **Goal:** Read the article Silvina wrote for a local news magazine and compare the social problem she describes with one in your area. *Actividades 6–8*

## Contexto *Artículo de revista*

**ESTRATEGIA Leer**

**Analyze main idea and supporting details** The information in the article is organized by order of importance. It starts with the main idea, adds key facts, and then presents interesting details that are not absolutely necessary for understanding the main idea. As you read, complete the inverted pyramid with information from the article. This will help you analyze the relationship between the main idea and the details.

Idea principal
Detalles importantes
Datos interesantes

Silvina vive en Bolivia y escribe para una revista de noticias. Ella escribió este artículo sobre un problema social de su país.

## Un problema social muy grave

Según estadísticas del World Food Programme, unos 2 millones de bolivianos sufren hambre. Esto es casi el 22% de la población total del país, lo que significa que el hambre es un problema significativo en Bolivia.

La situación es peor en las áreas rurales, donde se calcula que tres de cada cinco personas no tienen acceso a una dieta adecuada. Esto es difícil de entender ya que hay comida suficiente para alimentar a la población entera de Bolivia. El problema es el acceso a la comida y la desigualdad. La gente que sufre hambre es la misma que sufre la pobreza, la falta de educación y la falta de servicios de salud. La mayoría de esas personas son grupos indígenas de las zonas más remotas del país.

Varias organizaciones internacionales, como World Food Programme, están trabajando para solucionar el problema. Sus programas tienen dos propósitos: Primero, proveer alimento a la gente que sufre hambre. Segundo, educarla y entrenarla para combatir la pobreza.

**BOLIVIA: DATOS SOBRE EL HAMBRE**

! Unos 615.000 niños menores de 13 años se van a dormir con hambre.

! Más del 85% de las familias que viven lejos de la ciudad no tienen acceso a alimento.

! El 63% de las familias encuestadas no consumen las calorías necesarias.

Unidad 4
doscientos veinte

## 6 | Comprensión del artículo de revista

**Leer
Escribir**

Contesta las siguientes preguntas sobre el artículo que escribió Silvina.
1. ¿Cuál es el problema social que se describe en el artículo?
2. ¿Qué porcentaje de la población boliviana tiene este problema?
3. ¿Dónde es peor la situación?
4. ¿Hay comida suficiente para alimentar a la población?
5. ¿Qué impide que la comida llegue a la gente hambrienta?
6. ¿Quiénes son los que sufren más de este problema?
7. ¿Qué otros problemas tiene esta gente?
8. ¿Qué propósitos tienen las organizaciones internacionales?

## 7 | Tu artículo y tu opinión

**Escribir**

Quieres escribir un artículo corto para el periódico escolar, como el que escribió Silvina, sobre un problema social que te interese. Debes:
- identificar el problema y explicar quiénes son los más afectados
- incluir los datos más relevantes (qué, dónde, cómo, cuándo)
- informar sobre qué se ha hecho o qué se debe hacer para solucionarlo

**Expansión**
Completa un diagrama de pirámide invertida y luego analiza el tema principal, los detalles importantes y los datos interesantes de tu artículo.

## 8 | Tu lucha contra el hambre

**Hablar**

Tú y un(a) compañero(a) trabajan para una organización contra el hambre. Hablen de lo que hicieron el año pasado y de lo que harán el año que viene. Combinen los verbos de la primera columna con palabras de la segunda.

| | |
|---|---|
| juntar | programa de desayunos en las escuelas |
| crear | políticos |
| implementar | leche y cereal |
| hablar con | fondos |
| pedir | comedor de beneficencia |
| luchar | granjas comunitarias |
| repartir | centro de ayuda |
| organizar | hambre |
| preparar | |

**PARA Y PIENSA**

**¿Comprendiste?** Di si estas oraciones relacionadas con el artículo son verdaderas o falsas.
1. Más del 20% de los bolivianos pasan hambre.
2. El problema es peor en las ciudades.
3. El hambre está relacionado con la pobreza.

# Presentación de GRAMÁTICA

**¡AVANZA!** **Goal:** Review and expand on uses of the present subjunctive. Then, practice using present subjunctive to discuss relationships and social problems.
*Actividades 9–12*

**English Grammar Connection:** In English, you can join two sentences to form a **compound sentence**. The two parts of a compound sentence are called the **main clause** and the **subordinate clause**.

sentence 1
**I recommend** a good education.

sentence 2
Mario goes to college.

*replaces "a good education"*

**I recommend** that Mario go to college.
↑ ↑ ↑
main clause — subordinating conjunction — subordinate clause

In English, when you join two sentences, depending on the verb in the main clause, the verb in the subordinate clause is expressed in one of four ways.

| | |
|---|---|
| **infinitive** | I want Mario **to go** to college. |
| **indicative** | I hope that Mario **goes** to college. |
| **subjunctive** | I recommend that Mario **go** to college. |
| **helping verb** | I'm not surprised that Mario **would go** to college. |

## El presente del subjuntivo

**Grammar Video** my.hrw.com

A subordinate clause can act as a noun or as an adjective. The verb in the subordinate clause can be in the indicative or the **subjunctive** mood.

**Here's how:** Use the **subjunctive** in the subordinate **noun clause** if the subject in the subordinate clause is different from the subject in the main clause and if the verb in the main clause expresses a(n) . . .

| | main clause / subordinate clause, subjunctive |
|---|---|
| **hope, wish, or recommendation** | Patricia **espera** que Mario **vaya** al colegio.<br>*Patricia **hopes** that Mario **goes (will go)** to school.* |
| **doubt or denial** | Los padres **niegan** que sus hijos **sean** malcriados.<br>*The parents **deny** that their children **are** ill-mannered.* |
| **emotion** | **Me alegro de** que **haya** menos violencia en su barrio.<br>*I'm **glad** that **there's** less violence in your neighborhood.* |
| **judgment** | **Es sorprendente** que los políticos no **puedan** solucionar el problema del desempleo.<br>*It's **surprising** that politicians **can't** solve the unemployment problem.* |

*continúa en la página 223*

Unidad 4

*viene de la página 222*

Some common expressions of . . .

| hope, wish, recommendation | doubt, denial | emotion | judgment |
|---|---|---|---|
| aconsejar que<br>esperar que<br>querer que<br>desear que<br>ojalá que<br>pedir que<br>sugerir que | dudar que<br>ser (im)posible que<br>no creer que<br>no ser cierto que<br>no ser verdad que<br>no estar seguro(a) de que | alegrarse de que<br>sentir que<br>temer que<br>enojarse de que | Es raro que<br>...sorprendente<br>...incomprensible<br>...interesante<br>...inaceptable<br>...una lástima |

A subordinate clause can also act as an adjective.

*adjective clause, describes novia*

Mario tiene **una novia** que lo **quiere** mucho. Ella se llama Clara.
*Mario has a fiancée **who loves him very much**. Her name is Clara.*

Use the **subjunctive** in the subordinate **adjective clause** if it describes . . .

. . . something or someone unknown or that does not (yet) exist

María busca **un novio** que **sea** muy bien educado.
*Maria is looking for **a boyfriend** who **is** very well-mannered.*

. . . something or someone whose existence is denied or questioned

No conozco a **ninguna pareja** que no **tenga** problemas de vez en cuando.
*I don't know **any couple** who doesn't **have** problems now and then.*

¿Hay **algo** que **sea** más grave que el embarazo de las adolescentes?
*Is there **anything** that **is** more serious than teen pregnancy?*

To form the **present subjunctive** of most verbs, start with the present-tense **yo** form. Drop the **-o** and add **-e** to **-ar** verbs and **-a** to **-er/-ir** verbs.

|  | hablar | tener | escribir |
|---|---|---|---|
| yo | hable | tenga | escriba |
| tú | hables | tengas | escribas |
| usted, él, ella | hable | tenga | escriba |
| nosotros(as) | hablemos | tengamos | escribamos |
| vosotros(as) | habléis | tengáis | escribáis |
| ustedes, ellos(as) | hablen | tengan | escriban |

*These forms are the same.*

For irregular, stem-changing, and spelling-change verbs, *see pages R17–R27*.

**Más práctica**
Cuaderno *pp. 68–69*

Lección 1
doscientos veintitrés

# Práctica de GRAMÁTICA

## 9  Hermanastros

Escuchar / Escribir

Escucha los consejos de un programa de radio sobre los hermanastros. Luego indica si las oraciones son verdaderas o falsas. Corrige las falsas.

1. Es natural que a veces los hermanastros no se lleven bien.
2. No es necesario que los hermanastros lo hagan todo juntos.
3. Se recomienda que tengan sus propias habitaciones.
4. Está bien si los padres comparan a los hermanastros en público.
5. La mayoría de las familias nunca tienen problemas.
6. Si hay problemas, no hay nadie que les ayude.
7. En casos problemáticos, la familia debe buscar ayuda profesional.

**Expansión**
Con un(a) compañero(a), túrnense para recomendar detalladamente cómo llevarse mejor con los hermanos.

## 10  En el próximo capítulo...

Leer / Escribir

Completa el resumen de la telenovela con la forma correcta del presente del indicativo o del presente del subjuntivo de los verbos entre paréntesis.

### Pobres familias ricas

Don Rodrigo, el patriarca de la familia, tiene una enfermedad seria, y nadie cree que __1.__ (tener) cura. Antes de morir, don Rodrigo quiere que su hijo Samuel __2.__ (casarse). Samuel tiene una novia que lo __3.__ (querer) mucho, pero a don Rodrigo le molesta que la familia de ella no __4.__ (ser) rica. El hijastro de don Rodrigo, Alejandro, __5.__ (estar) muy mal. Es drogadicto, y fue capturado por la policía hace poco. El juez lo __6.__ (ir) a castigar en el próximo capítulo. Don Rodrigo espera que el juez lo __7.__ (mandar) a hacer servicio comunitario, pero los otros miembros de la familia piensan que Alejandro __8.__ (deber) ir a la cárcel. También en el próximo capítulo, don Rodrigo va a buscar un médico que __9.__ (poder) curar su enfermedad, porque no confía en el que lo __10.__ (tratar) ahora.

**Expansión**
Escribe un resumen de tu telenovela preferida o una que ven tus amigos. ¿Qué problemas enfrentan los personajes?

## 11 | En este país

Escribir

Ana no sabe mucho de los Estados Unidos. Usa expresiones del recuadro para reaccionar a lo que ella dice.

| (No) es cierto que | (No) es posible que |
| (No) es verdad que | (No) dudo que |
| (No) creo que | Estoy seguro(a) que |

1. No hay problemas de delincuencia juvenil.
2. El embarazo entre adolescentes es un problema serio.
3. Todos los norteamericanos llevan armas.
4. No hay desempleo en Estados Unidos.
5. El 80% de los matrimonios termina en divorcio.
6. La drogadicción es la causa del crimen en Estados Unidos.
7. Hay menos analfabetismo hoy del que había hace 100 años.

## 12 | Opinan los estudiantes

Hablar

Con un(a) compañero(a), hablen de los siguientes problemas sociales. Digan si creen que afectan a su comunidad o no y expliquen por qué.

**A** No creo que el homicidio sea...

**B** No es verdad que no sea...

1. la violencia doméstica
2. la deserción escolar
3. el desempleo
4. la drogadicción
5. las pandillas
6. el SIDA

### Comparación cultural

#### La familia hispana

La familia hispana tradicional es muy unida. No es raro que viva un abuelo o una tía en la misma casa con la familia, aunque esto no es universal. Los jóvenes no tienden a irse de la casa de sus padres a los dieciocho o veinte años como es el caso en muchas familias norteamericanas, sino que se quedan hasta que completan sus estudios universitarios o se casan.

#### Compara con tu mundo

¿Vive algún pariente en tu casa que no sea uno de tus padres o hermanos? ¿Cuándo piensas independizarte de tus padres?

La familia Herrera, de Valparaíso, Chile

**Más práctica** Cuaderno *pp. 68–69*

**PARA Y PIENSA**

**¿Comprendiste?** Forma oraciones completas usando el subjuntivo cuando sea necesario.
1. Algunos adultos / pensar / todos los adolescentes / ser / criminales
2. Yo / no conocer / a nadie / usar / drogas
3. Yo / no creer / haber / mucho crimen / nuestra ciudad

Lección 1

# GRAMÁTICA en contexto

**¡AVANZA!** **Goal:** Notice how Sandra and Julia use the present subjunctive in their conversation. Then, use the present subjunctive to answer questions about what they say and to talk about your community. *Actividades 13–14*

## Contexto *Diálogo*

**ESTRATEGIA** Leer

**Look for ways to rephrase** In Spanish, you can sometimes express an idea with or without the subjunctive. Instead of saying «Es necesario que estudies», you could say «Debes estudiar». Find three places in the dialogue where the subjunctive is used. Express the same ideas without it.

| Uso del subjuntivo | Otra manera de expresar esta idea |
|---|---|
| Es importante que estudies. | Es importante estudiar. |
| | |

Sandra, una estudiante norteamericana, ha venido a estudiar a la Ciudad de México. Hoy está conversando con su amiga Julia sobre las familias.

**Sandra:** Oye, Julia, ¿cuántos hermanos tienes?

**Julia:** Sólo uno, Andrés. Estudia en el Instituto Politécnico Nacional. Mira, aquí tengo una foto.

**Sandra:** ¡Qué guapo! Pero... me sorprende que sólo tengas un hermano.

**Julia:** ¿Por qué? Ah, ya entiendo. Crees que todas las familias mexicanas son grandes, y que todos vivimos en la misma casa. Pero no creo que eso sea tan común hoy como antes.

**Sandra:** Pero tu hermano sí vive con ustedes, ¿verdad?

**Julia:** Sí. Es típico que un estudiante universitario viva con su familia. Las residencias estudiantiles no son comunes aquí, y es difícil encontrar apartamentos.

**Sandra:** ¿Y tus abuelos? ¿Dónde viven?

**Julia:** Mis abuelos paternos están muertos. Mis abuelos maternos viven en San Luis Potosí. Mis padres quieren que vayamos a vivir allá, porque es bonito y hay menos crimen. Mira, aquí estoy con mi abuela.

**Sandra:** ¿Por qué hay problemas con el crimen aquí en el D.F.?

**Julia:** Pues, la ciudad ha crecido mucho y hay problemas económicos. La pobreza hace que la gente trate de conseguir dinero ilegalmente.

**Sandra:** Es probable que tengas razón. Pero me encanta esta ciudad. Hay tanto que hacer.

**Julia:** Sí, para mí no hay otra ciudad en el mundo que la iguale.

## 13 Comprensión del diálogo

**Leer
Escribir**

Contesta las preguntas basándote en el diálogo.

1. ¿Cuántos hermanos tiene Julia?
2. ¿Cómo reacciona Sandra cuando Julia le habla de su hermano?
3. ¿Es típico que un(a) estudiante universitario(a) mexicano(a) viva con su familia?
4. ¿Por qué viven pocos estudiantes en apartamentos?
5. ¿Qué esperan los padres de Julia hacer algún día?
6. ¿Por qué les gustaría hacer eso?
7. Según Julia, ¿a qué se debe el crimen en la Ciudad de México?
8. ¿Qué creen Julia y Sandra sobre la Ciudad de México?

**Expansión**
Describe dos problemas sociales de tu comunidad.

## 14 Entrevista

**Hablar**

En parejas, dramaticen esta situación. Luego represéntensela a la clase.

**A**
- Estás hablando con un(a) amigo(a). Eres de una ciudad grande. Te gusta la ciudad, y no crees que haya muchos problemas serios.
- Tu compañero(a) es de un pueblo pequeño. Dile que no te gustan los pueblos pequeños. Escucha sus reacciones.
- Pregúntale a tu compañero(a) por qué le gusta su pueblo. Responde a lo que dice.
- Trata de convencer a tu compañero(a) de que venga a visitarte.

**B**
- Estás hablando con un(a) amigo(a). Eres de un pueblo pequeño que te encanta. No crees que haya otro lugar mejor para vivir.
- Tu compañero(a) es de una ciudad grande y le gusta mucho. Reacciona a lo que te dice.
- Dile a tu compañero(a) por qué te gusta tu pueblo. Escucha sus reacciones.
- Trata de convencer a tu compañero(a) de que venga a visitarte.

## PARA Y PIENSA

**¿Comprendiste?** Completa las oraciones con la forma correcta del presente del indicativo, el presente del subjuntivo o el infinitivo.

1. No es verdad que todas las familias mexicanas _____ (ser) grandes.
2. Para Sandra, no hay otra ciudad que _____ (ofrecer) tanto como la Ciudad de México.
3. Julia quiere _____ (ir) con Sandra a un parque.
4. Julia piensa que San Luis Potosí _____ (ser) una ciudad fenomenal.

# Presentación de GRAMÁTICA

**¡AVANZA!** **Goal:** Review and expand on uses of the present subjunctive in adverbial clauses. Then, practice this use of subjunctive to talk about relationships and social problems. *Actividades 15–17*

 *¿Recuerdas?* Future p. 178

**English Grammar Connection:** In English, subordinate clauses can act as adverbs to tell *how*, *when*, *why*, or *under what circumstances*. They are introduced by **subordinating conjunctions** like **so that**, **in order that**, **when**, **until**, **as long as**, and **after**.

*subordinate adverb clause, tells when*

I plan to attend college **when** I graduate.

*subordinating conjunction*

## El subjuntivo en cláusulas adverbiales

**Grammar Video** my.hrw.com

In Spanish, some subordinating conjunctions are always followed by the **subjunctive** mood if there is a change of subject.

**Here's how:** These conjunctions introduce **adverbial clauses** that tell *why* and *under what circumstances*. They are always followed by the **subjunctive**.

| Conjunctions telling why and under what circumstances | |
|---|---|
| a fin de que | in order that |
| a menos que | unless |
| antes (de) que | before |
| con tal de que | provided (that) |
| en caso de que | in case |
| para que | for + subject + infinitive, so (that) |
| sin que | without + subject + gerund, unless |

*change of subject*

**La alcaldesa** ha desarrollado un plan para que **los jóvenes puedan** encontrar empleo.
*The mayor has developed a plan so that young people can find employment.*

If there is no change of subject, leave out **que** and use the **infinitive**.

La alcaldesa ha desarrollado un plan para **ayudar** a los jóvenes.
*The mayor has developed a plan **to help** young people.*

*continúa en la página 229*

Unidad 4

*viene de la página 228*

Conjunctions that introduce adverbial clauses telling *when* can be followed by either the subjunctive or the indicative depending on what you want to express.

| Conjunctions telling when | |
|---|---|
| cuando | when |
| después de que | after |
| en cuanto | as soon as |
| hasta que | until |
| tan pronto como | as soon as |

Use the **subjunctive** if the adverbial clause refers to a *future* action or situation.

*future action*

Ella **buscará** un trabajo de verano **después de que terminen** las clases.
*She will look for a summer job after classes end.*

Use the **indicative** if the adverbial clause refers to a *habitual* or *completed* action.

*habitual action*

**Cuando abandonan** sus estudios, los jóvenes muchas veces **se meten** en problemas.
*When they quit school, young people often get into trouble.*

*completed action*

**Tan pronto como solucionaron** el problema de la educación, **disminuyó** la violencia.
*As soon as they solved the education problem, violence diminished.*

---

The conjunction **aunque** followed by the **indicative** means *even though*. Use it to refer to things that you know are true or that you know have happened.

**Aunque te graduaste**, igual tienes que esforzarte para conseguir trabajo.
*Even though you graduated, just the same you have to make an effort to find a job.*

The conjunction **aunque** followed by the **subjunctive** means *although* or *even if*. Use it to refer to things that may or may not be true or that may or may not have happened.

**Aunque te gradúes**, igual tienes que esforzarte para conseguir trabajo.
*Even if you graduate, just the same you have to make an effort to find a job.*

**Más práctica**
Cuaderno *pp. 70–71*

# Práctica de GRAMÁTICA

## 15 | ¿Cómo ves el futuro?  ¿Recuerdas? Future p. 178

**Leer**  Completa la encuesta con el presente del subjuntivo o con el infinitivo del verbo entre paréntesis. Lee el análisis para ver si eres optimista con respecto al futuro.

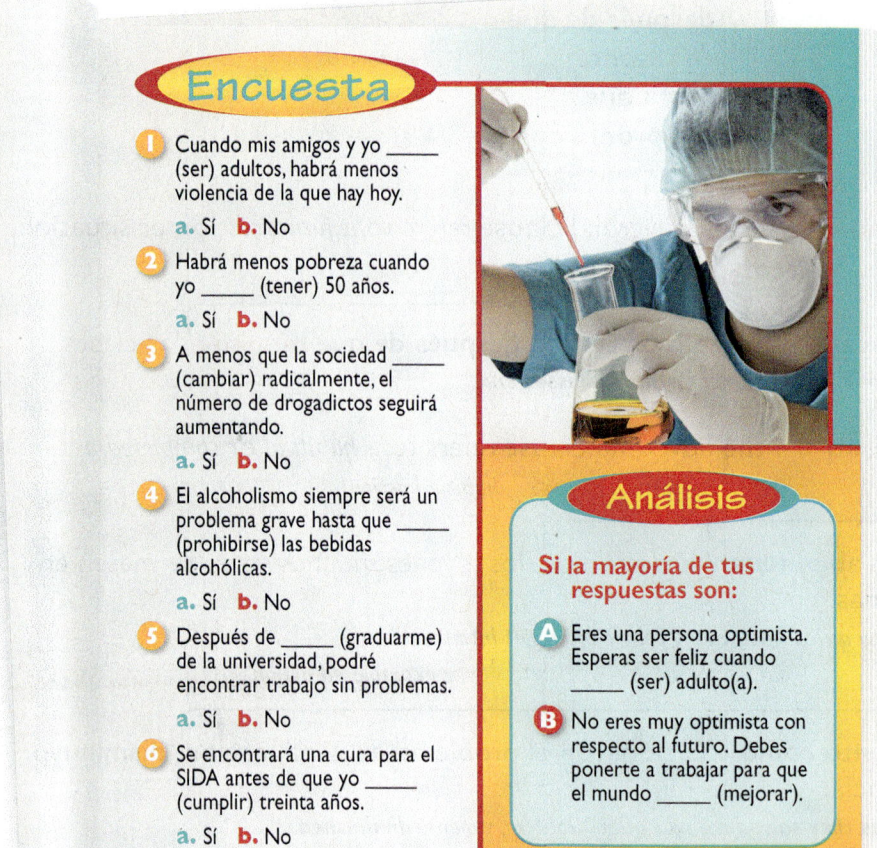

### Encuesta

1. Cuando mis amigos y yo _____ (ser) adultos, habrá menos violencia de la que hay hoy.
   a. Sí   b. No
2. Habrá menos pobreza cuando yo _____ (tener) 50 años.
   a. Sí   b. No
3. A menos que la sociedad _____ (cambiar) radicalmente, el número de drogadictos seguirá aumentando.
   a. Sí   b. No
4. El alcoholismo siempre será un problema grave hasta que _____ (prohibirse) las bebidas alcohólicas.
   a. Sí   b. No
5. Después de _____ (graduarme) de la universidad, podré encontrar trabajo sin problemas.
   a. Sí   b. No
6. Se encontrará una cura para el SIDA antes de que yo _____ (cumplir) treinta años.
   a. Sí   b. No

### Análisis

Si la mayoría de tus respuestas son:

**A** Eres una persona optimista. Esperas ser feliz cuando _____ (ser) adulto(a).

**B** No eres muy optimista con respecto al futuro. Debes ponerte a trabajar para que el mundo _____ (mejorar).

## 16 | Habla el alcalde

**Escuchar Escribir**   Escucha a un alcalde hablar de cómo resolver los problemas de su ciudad. Luego completa las oraciones según lo que dice.

1. A menos que se mejore el sistema educativo...
2. Se ha abierto un centro de ayuda a fin de que...
3. Buscan voluntarios que...
4. La policía trabaja constantemente para que...
5. Tan pronto como hayan contratado a más jueces,...
6. Los delincuentes harán trabajo voluntario para...

> **Expansión**
> Eres alcalde(sa) de tu ciudad. Habla de tres problemas que hay y tus planes para resolverlos.

Unidad 4
**230** doscientos treinta

## 17 | El trabajo comunitario

**Escribir Hablar**

Usa una palabra o expresión de cada columna y el vocabulario de la lección para formar ocho oraciones sobre los problemas sociales.

**modelo:** Yo ayudo en las escuelas para que haya menos analfabetismo.

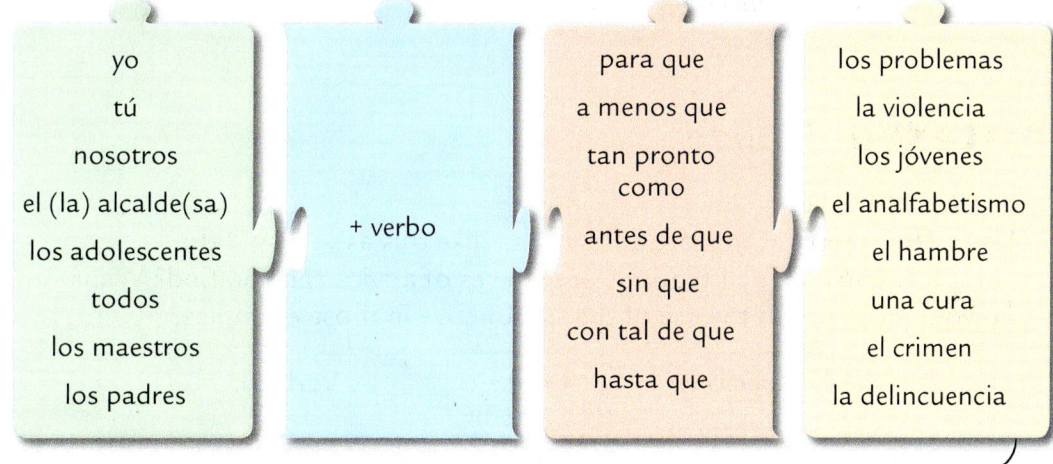

| yo | | para que | los problemas |
| tú | | a menos que | la violencia |
| nosotros | | tan pronto como | los jóvenes |
| el (la) alcalde(sa) | + verbo | antes de que | el analfabetismo |
| los adolescentes | | sin que | el hambre |
| todos | | con tal de que | una cura |
| los maestros | | hasta que | el crimen |
| los padres | | | la delincuencia |

### Comparación cultural

#### La urbanización

La urbanización es el movimiento de muchas personas del campo a la ciudad. Durante las últimas décadas, los campesinos pobres han abandonado el campo, sus familias y sus comunidades para buscar oportunidades económicas en las grandes ciudades. En muchos casos, no había vivienda ni apoyo social cuando llegaban a las ciudades. Por eso, en muchas ciudades latinoamericanas ha subido la tasa de problemas con el alcoholismo, la drogadicción y el crimen. Se cree que una solución es mejorar las condiciones en las cuales aún vive la gente del campo.

Reunión del grupo *Hombres contra la violencia*, Nicaragua

#### Compara con tu mundo

¿Han ocurrido grandes movimientos de personas del campo a la ciudad en la historia de Estados Unidos? ¿Piensas vivir en una ciudad cuando te gradúes?

**Más práctica** Cuaderno *pp. 70–71*

**PARA Y PIENSA**

**¿Comprendiste?** Completa las oraciones con la forma correcta del verbo entre paréntesis.

1. Hay que mejorar la vida en el campo para que menos gente _____ (venir) a las ciudades.
2. Muchos jóvenes quieren vivir en otro lugar cuando _____ (graduarse).
3. El padre espera que sus hijos _____ (ir) a la universidad.

Lección 1
doscientos treinta y uno **231**

# GRAMÁTICA en contexto

**¡AVANZA!** **Goal:** Notice how the subjunctive is used with adverbial clauses in the pamphlet. Then, use the subjunctive to answer questions about the pamphlet and to give advice. *Actividades 18–19*

## Contexto *Folleto*

**ESTRATEGIA Leer**

**Use a flow chart** Complete a flow chart like this as you read the pamphlet. How many situations and pieces of advice can you find? What do you notice about the use of the subjunctive in those examples?

Situación → Consejo → Verbo

Julia piensa usar este folleto para aconsejarles a los jóvenes en el centro de ayuda donde ella trabaja de voluntaria.

### Diferentes formas de decir «no» a las drogas

| Forma de decir «no» | «Cómo funciona» |
|---|---|
| Decir «No, gracias» | La primera vez que una persona te ofrezca drogas, ésta es la forma más fácil y más clara de rechazar las drogas. |
| Dar una razón | En caso de que la persona insista, explícale por qué no quieres consumir drogas. Di, por ejemplo: «Tengo una prueba muy importante mañana» o «Estoy en el equipo de fútbol y no me permitirían jugar si tomara drogas.» Si todavía no acepta tu razón, recuerda que no tienes por qué arriesgarte. Ya basta. |
| Explicar las consecuencias | Cuando estés en una situación en la que alguien a tu alrededor esté consumiendo drogas, considera bien si quieres estar allí. Acuérdate de que las drogas pueden arruinar tu mente o costarte la vida. Aunque quieras ayudar a tus compañeros, es mejor evitar el peligro inmediato. En la próxima oportunidad que tengas, aconséjales que dejen de arriesgar sus vidas. |
| Sugerir otra actividad | Sugiere algo que puedan hacer sin consumir drogas. Puedes sugerir que vayan al cine, que vayan de compras, que cenen juntos o que den un paseo por el parque. Sugiere algo divertido, para que la tentación de consumir drogas sea menor. |
| Alejarse | En caso de que tus estrategias no funcionen, simplemente aléjate de la situación. Nadie puede presionarte para que consumas drogas si no estás allí. |
| Buscar otros amigos | Sería buena idea buscar otros amigos que no las consuman. Aunque sigas siendo amigo(a) de la persona que te ofrece drogas, los otros amigos pueden ayudarte a recordar que no todo el mundo las usa. |

Unidad 4

## 18 Comprensión del folleto

**Leer
Escribir**

Contesta las preguntas basándote en el folleto.

1. ¿Cuál es la forma más sencilla de rechazar las drogas?
2. Julia juega al voleibol. ¿De qué manera puede rechazar las drogas?
3. ¿Qué puede hacer ella para ayudar a una persona que usa drogas?
4. ¿Qué podría sugerir Julia a fin de que sus amigos no consuman drogas?
5. ¿Por qué es bueno que las actividades sean divertidas?
6. En caso de que alguien persista en ofrecerle drogas a otra persona, ¿qué más podría hacer esa persona?
7. ¿En qué situación es imposible que le ofrezcan drogas?
8. ¿A quién debe buscar Julia si alguien sigue ofreciéndole drogas?

> **Expansión**
> Si un(a) amigo(a) quiere que hagas algo que te parece mala idea, ¿qué haces? ¿Qué le recomiendas a otra persona que se encuentre en esa situación?

## 19 ¡No es justo!

**Hablar**

En grupos de tres, dramaticen esta situación, basándose en los dibujos. Una persona va a representar el punto de vista del hermanastro enojado, y otra el de la hermanastra habladora. La tercera va a representar el punto de vista del padre o de la madre. Traten de resolver el problema.

### PARA Y PIENSA

**¿Comprendiste?** Completa las oraciones con la forma correcta del presente del indicativo o del presente del subjuntivo del verbo entre paréntesis.

1. Los jóvenes deben preparar una respuesta antes de que alguien les _____ (ofrecer) drogas.
2. Cuando un joven _____ (tener) un problema, siempre es bueno hablar con una persona mayor.
3. Si sus amigos quieren tomar drogas, un joven puede sugerir otra actividad para que ellos _____ (abandonar) la idea.
4. Nadie te puede obligar a usar drogas a menos que tú las _____ (aceptar).

Lección 1
doscientos treinta y tres **233**

# Todo junto

**¡AVANZA!** **Goal:** *Show what you know* Read and take the stress test. Then, use the vocabulary and grammar from this lesson to do the activities that follow. **Activities 20–24**

## Contexto *Prueba de estrés*

**ESTRATEGIA** Leer
**Scan for what's relevant** When you take a health quiz, you don't need to read all the details—you just need to scan for the ones relevant to you. Scan this quiz to find five stressful situations that apply to you, and note them using a pyramid chart. Put the most stressful situation at the top.

**Situaciones estresantes**

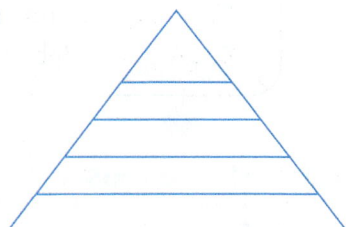

Hay mucha información en Internet sobre la salud y el bienestar. Toma esta prueba de estrés para averiguar tu propio nivel de estrés y aprender qué podrás hacer para combatirlo.

### Prueba de estrés

**Para cada frase, anota con qué frecuencia has experimentado la situación.**
1 = nunca; 2 = casi nunca; 3 = a veces; 4 = con frecuencia; 5 = casi siempre

- sentirte enojado o frustrado
- sentirte solo
- sentir presión para salir bien en la escuela o en los deportes
- discutir con tus familiares o amigos
- preocuparte
- sentir dolores de cabeza o de estómago
- sentirte cansado
- tener dificultad para dormir

**Para cada suceso, marca todos los que te ocurrieron en el último año y anota los puntos correspondientes.**

- mudarte o asistir a una nueva escuela (6 puntos)
- tener problemas con tus notas (3 puntos)
- el divorcio de tus padres (10 puntos)
- unirte a un equipo deportivo (2 puntos)
- la muerte de un pariente, amigo(a) o mascota (8 puntos)
- el nacimiento de un(a) hermano(a) (5 puntos)
- una lesión o enfermedad grave (6 puntos)
- ser víctima de burlas o intimidación regularmente (5 puntos)

**10–25 puntos:**
**Estrés bajo a moderado**
Tienes relativamente poco estrés. Es bueno que no tengas que enfrentarte a mucho estrés negativo. No te pierdas actividades que causan estrés positivo.

**26–55 puntos:**
**Estrés promedio**
Tienes una cantidad promedio de estrés. Mira tus respuestas para ver de dónde viene la mayoría de tus puntos. Vigila estas fuentes de estrés para que las cosas no se pongan peor.

**56–85 puntos:**
**Estresado(a)**
Tienes demasiado estrés en tu vida. Habla con un adulto sobre los resultados de esta prueba y fíjate qué puedes hacer para reducir tu nivel de estrés.

## 20 Comprensión de la prueba de estrés

**Leer / Escribir** Contesta las preguntas sobre la prueba de estrés.

1. ¿Cuáles son cuatro de las situaciones estresantes mencionadas en la primera sección de la prueba?
2. ¿Cuáles son cuatro de los sucesos estresantes mencionados en la segunda sección?
3. Según la prueba, ¿cuál es el suceso más estresante? ¿Y el menos estresante?
4. Según la prueba, ¿cuál de los sucesos es tan estresante como mudarte o asistir a una escuela nueva?
5. ¿Qué se les recomienda a las personas con estrés bajo o moderado?
6. ¿Qué se les recomienda a los adolescentes muy estresados?

**Expansión**
Añade dos sucesos estresantes más a esta prueba. ¿Cuántos puntos le asignarías a cada uno?

## 21 Entre familia

**Leer / Escribir** Completa el artículo con la forma correcta del verbo entre paréntesis. Usa el presente del indicativo, el presente del subjuntivo o el infinitivo.

### Las siguientes son algunas de las causas más comunes de conflictos entre los adolescentes y sus padres.

**Normas** Es posible que tú ___1.___ (pensar) que las normas de tus padres son injustas. También puedes creer que ___2.___ (merecer) más libertad de la que te permiten. Por su parte, es probable que tus padres ___3.___ (decir) que tú les faltas el respeto si no ___4.___ (cumplir) con las normas.

**Responsabilidades** A medida que creces, tus padres esperan que ___5.___ (asumir) más responsabilidades.

**Expectativas** ¿Te parece que tus padres a veces ___6.___ (esperar) demasiado de ti? Por otro lado, es posible que tus padres ___7.___ (opinar) que no haces lo que esperan de ti.

**Diferencias de opinión** Tus padres pueden ___8.___ (estar) en desacuerdo con tus decisiones; por ejemplo, con los amigos o las actividades que escoges. Quizás pienses que tus padres ___9.___ (tomar) decisiones por ti con las cuales no estás de acuerdo. Recuerda que tus padres ___10.___ (querer) lo mejor para ti. Necesitas que ellos te ___11.___ (aconsejar). Tienen más experiencia que tú, y saben cosas que tú aún no ___12.___ (haber) aprendido. En general, es prudente ___13.___ (seguir) sus consejos. Si tienen conflictos, acuérdate de ___14.___ (usar) buenas formas de comunicación con tus padres. Cuéntales tus sentimientos para que los conflictos ___15.___ (terminar) bien.

## 22 | ¿Qué les recomiendas?

Escuchar
Escribir

Escucha lo que dicen seis jóvenes de sus problemas. Resume el problema de cada persona y después, da una recomendación o un consejo para cada uno.

| Persona | Problema | Recomendación |
|---|---|---|
| Ramiro | | |
| María Elena | | |
| Javier | | |
| Fernanda | | |
| José Luis | | |
| Leticia | | |

**Expansión**
Presenta tus recomendaciones en un informe escrito.

## 23 | Todo tiene solución

Hablar

Imagina que estás experimentando algunas de las situaciones de la prueba de estrés de la página 234. Comenta tus problemas con tu compañero(a), quien te hará una recomendación. Luego cambien de papel.

**A** Me tiene muy estresada la clase de cálculo.

**B** Te recomiendo que hables con la profesora.

**Expansión**
Cada vez que tu compañero te dé una recomendación, pregúntale por qué. Pídele que haga lo mismo.

## 24 | Una encuesta

Hablar
Escribir

Entrevista a tus compañeros de clase para identificar a aquellas personas a quienes les correspondan las siguientes características. Luego escribe un resumen de los resultados.

**A** ¿Te han robado algo alguna vez?

**B** Sí, el año pasado me robaron la billetera.

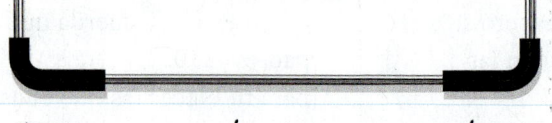

1. tienen un padrastro o una madrastra
2. crecieron en otro lugar
3. les robaron algo alguna vez
4. opinan que los noviazgos deben ser largos
5. tienen un(a) pariente divorciado(a)
6. conocen a un(a) juez o a un(a) policía
7. han hecho trabajos comunitarios como voluntarios(as)
8. conocen a una pareja feliz

**Expansión**
Averigua también quiénes saben si hay un centro de ayuda para jóvenes en su comunidad y quiénes tienen un(a) hermanastro(a).

# Para crear

**Hablar Escribir**

## Manos a la obra

Imagina que en tu colegio, hacer trabajo comunitario es un requisito de graduación. En grupos, identifiquen los problemas que afectan a su escuela o comunidad y hagan un plan para ayudar con uno de ellos.

**Expansión**
Tomen en cuenta cómo podrían usar sus conocimientos del español en su plan de trabajo comunitario.

Sirviendo comida en un centro de ayuda

Voluntarios con la Cruz Roja, Honduras

Ayudando en una escuela primaria

### Para comenzar

1. Hablen de los problemas en su escuela y comunidad. Apunten todos los que se les ocurran.
2. Decidan en cuál de estos problemas deberán enfocarse ustedes.
3. Anoten posibles soluciones al problema que escogieron. Incluyan todas las soluciones mencionadas por el grupo.
4. Determinen qué solución sería la más práctica. Por ejemplo, si se están enfocando en la pobreza, podrían organizar una campaña para solicitar útiles escolares para familias que no pueden comprarlos.
5. Determinen cómo, cuándo y dónde podrían poner en marcha su plan. ¿Qué tendrán que hacer para comunicárselo a la comunidad y llevarlo a cabo? ¿Quién del grupo se encargará de cada tarea?
6. Escriban la versión final del plan para presentárselo a la clase.

**Más práctica** Cuaderno *pp. 72–73*

**PARA Y PIENSA**

**¿Comprendiste?** Completa las oraciones con la información indicada entre paréntesis. Presta atención al modo verbal.
1. En mi escuela, dos problemas que veo son _____ y _____ *(dos problemas)*.
2. El (La) _____ *(problema)* me preocupa bastante. Recomiendo que los maestros y los padres _____ *(recomendación)*.
3. Para combatir problemas como _____ o _____ *(dos problemas)*, es necesario que el gobierno _____ *(acción)*.
4. Para que haya menos _____ *(problema)*, todos tenemos que _____ *(acción)*, antes de que _____ *(posible consecuencia)*.

Lección 1

# En resumen
## Vocabulario y gramática

## Vocabulario

### En la familia

| | |
|---|---|
| el amor | love |
| la crianza | raising (of children) |
| el divorcio | divorce |
| la hermanastra | stepsister |
| el hermanastro | stepbrother |
| el hijastro | stepson |
| la hijastra | stepdaughter |
| el noviazgo | engagement |
| la pareja | couple |

### Para describir acciones

| | |
|---|---|
| capturar | to capture |
| crecer | to grow (up) |
| herir | to hurt |
| matar | to kill |
| reportarse | to report to |
| robar | to steal |

### Los problemas sociales

| | |
|---|---|
| el (la) adolescente | teenager |
| el (la) adulto(a) | adult |
| la agresión | aggression |
| el alcoholismo | alcoholism |
| el analfabetismo | illiteracy |
| el arma | weapon |
| la cárcel | jail |
| el centro de ayuda | counseling center, helpline |
| el crimen | crime |
| la cura | cure |
| la delincuencia juvenil | juvenile delinquency |
| el (la) delincuente | delinquent |
| el desempleo | unemployment |
| la deserción escolar | dropping out of school |
| la droga | drug |
| el (la) drogadicto(a) | drug addict |
| el embarazo | pregnancy |
| la enfermedad | illness |
| el hambre | hunger |
| el homicidio | homicide |
| el juzgado de menores | juvenile court |
| el ladrón (la ladrona) | thief |
| la pandilla | gang |
| la probatoria | probation |
| el SIDA | AIDS |
| el trabajo comunitario | community work |
| la violencia doméstica | domestic violence |

### Ya sabes esto

| | |
|---|---|
| el compromiso | engagement |
| el (la) juez(a) | judge |
| la madrastra | stepmother |
| el matrimonio | marriage, married couple |
| el padrastro | stepfather |
| la pobreza | poverty |
| la policía | police |
| la sociedad | society |

# Gramática

## El presente del subjuntivo en cláusulas nominales

To form the **present subjunctive** of most verbs, start with the present-tense **yo** form. Drop the **-o** and add **-e** to **-ar** verbs and **-a** to **-er/-ir** verbs.

| hablar | tener | escribir |
|---|---|---|
| hable | tenga | escriba |
| hables | tengas | escribas |
| hable | tenga | escriba |
| hablemos | tengamos | escribamos |
| habléis | tengáis | escribáis |
| hablen | tengan | escriban |

Use the **present subjunctive** in **noun clauses** when the verb in the main clause expresses a(n) *hope, wish, recommendation, doubt, denial, emotion,* or *judgment.*

Patricia **espera que** Mario **vaya** al colegio.
Patricia **hopes** that Mario **goes (will go)** to school.

**Es sorprendente que** los políticos no **puedan** solucionar el problema del desempleo.
**It's surprising that** politicians **cannot** solve the unemployment problem.

## El subjuntivo en cláusulas adjetivas

Use the **present subjunctive** in **adjective clauses** to describe a noun that is unknown, nonexistent, or in question.

Los García buscan **una casa** en un barrio que no **tenga** crimen.
*The Garcías are looking for **a house** in a neighborhood that **doesn't have** any crime.*

No conozco a (no hay) **ninguna pareja** que no **tenga** problemas de vez en cuando.
*I don't know (there isn't) **any couple** who **doesn't have** problems now and then.*

## El subjuntivo en cláusulas adverbiales

Use the **subjunctive** after these conjunctions.

| a fin de que | in order that |
|---|---|
| a menos que | unless |
| antes (de) que | before |
| con tal de que | provided (that) |
| en caso de que | in case |
| para que | so (that) |
| sin que | without + gerund |

Use the **subjunctive** after these conjunctions to refer to future or uncertain events.

| aunque | even if, even though |
|---|---|
| cuando | when |
| después de que | after |
| en cuanto | as soon as |
| hasta que | until |
| tan pronto como | as soon as |

El alcalde ha desarrollado un plan **para que** los jóvenes **puedan** encontrar empleo.
*The mayor has developed a plan **so that** young people **can** find employment.*

Yo buscaré un trabajo de verano **después de que terminen** las clases.
*I will look for a summer job **after** classes **end**.*

Lección 1

# UNIDAD 4 Lección 2

**Tema:**
## Educación universitaria y finanzas

**¡AVANZA!** **In this lesson, you will learn to**
- talk about education and finances
- express attitudes about your college and financial goals

**using**
- present perfect subjunctive
- imperfect subjunctive

♻ **¿Recuerdas?**
- direct and indirect object pronouns

## Comparación cultural

### In this lesson you will learn about
- proverbs in Spanish related to money
- tuition costs in Spanish-speaking countries
- university entrance exams
- social action programs and schools in three Spanish-speaking countries

### Compara con tu mundo
La Universidad Nacional Autónoma de México ofrece títulos de pregrado y posgrado en carreras desde arquitectura hasta trabajo social. ¿Qué universidades hay en tu área?

### ¿Qué ves?
*Mira la foto*
¿Qué hacen los estudiantes sentados a la derecha de la foto?

¿Adónde van los estudiantes que están caminando?

¿Cómo es esta universidad?

## MODES OF COMMUNICATION

| INTERPRETIVE | INTERPERSONAL | PRESENTATIONAL |
|---|---|---|
| Understand details about social action programs to make comparisons with other programs.<br><br>Listen to and understand an interview with a psychologist. | Dramatize a panel discussion on a talk show.<br><br>Interview someone entering a university. | Write a report on a university in a Spanish-speaking country.<br><br>Present a report on a problem in your community. |

**Universidad Nacional Autónoma de México**
*México, Distrito Federal*

# Presentación de VOCABULARIO

**¡AVANZA!** **Goal:** Learn how to talk about education and finances. Then discuss what you'll do and study in college, and how you'll manage your money.
*Actividades 1–4*

*¿Recuerdas?* Direct and indirect object pronouns pp. 18–19

**A** En nuestro **sistema educativo** hay muchos pasos que debes seguir. Empezaste tus estudios en **la escuela primaria.** Ahora estás en **la escuela secundaria.** ¿Ya sabes a qué universidad y **facultad** vas a ir?

la escuela secundaria

la facultad

ser aceptada

**B** Ir a una universidad **estatal** sale más barato porque el estado paga una parte. Las universidades **privadas** son más caras. Para **ser aceptado** en la universidad, debes enviar la solicitud y tomar un **examen de ingreso.** Si **apruebas** el examen y si la universidad **queda satisfecha** con tu solicitud, entras. Tienes que **inscribirte** para quedar registrado. Si **repruebas** el examen o si la universidad decide no aceptarte, deberás buscar otra universidad.

**C** En la universidad conocerás a **profesores** y **consejeros** que guían a los estudiantes en sus estudios. Los estudiantes que tienen mejores **notas** pueden ser elegidos como **estudiantes de honor**.

la consejera

la profesora

**D** Si sacaste buenas notas en la escuela tal vez puedas conseguir una **beca** y pagar menos. ¿Ya sabes qué **materias** vas a estudiar el primer **semestre?** Entonces debes pagar **la matrícula.** En los primeros cuatro años estudias las materias que son **requisitos** universitarios y también las de tu **especialidad** en algo en particular. Al terminar, obtienes una **licenciatura.** Después de **graduarte** puedes continuar tu **carrera** o empezar una **maestría.**

Unidad 4
doscientos cuarenta y dos

# CENTRO DE ESTUDIANTES OFRECE CONSEJOS SOBRE TUS FINANZAS

Cuando empiezas a trabajar es importante manejar **las finanzas.** Tienes que **controlar** todos **los gastos** que haces y **administrar** bien tu dinero para no pasarte de tu **presupuesto,** es decir del dinero que tienes.

Muchos estudiantes viven en **el dormitorio.** Otros viven en un apartamento y tienen que **pagar el alquiler** todos los meses. En ese caso tienen otras **cuentas** para pagar, como la electricidad, el gas y el teléfono.

Si tienes **tarjeta de crédito** debes pagar tu **deuda,** o lo que debes, lo antes posible. Si no lo haces tendrás que pagar **intereses.** Haz **el pago a tiempo,** es decir antes de **la fecha de vencimiento** de cada mes. Si no lo haces, el banco te **cobrará** una **multa** y seguirás pagando más dinero.

**pagar las cuentas**

**el presupuesto**

**el balance**

**el interés**

**la fecha de vencimiento**

**la tarjeta de crédito**

**el préstamo**

Es posible que necesites un auto. Para comprarlo puedes pedirle un **préstamo** al banco. Luego devolverás el dinero pagando una **cuota** todos los meses por varios años. ¡Nunca **te atrases**!

### Más vocabulario

| | |
|---|---|
| **el doctorado** doctorate | **el impuesto** tax |
| **el examen final** final exam | **la lista de espera** waiting list |
| **el examen parcial** midterm exam | |

## ¡A responder! Escuchar

Escucha la conversación entre Juan Luis y su mamá. Después decide si el joven tiene posibilidades de recibir una beca y explica por qué.

Lección 2
doscientos cuarenta y tres **243**

# Práctica de VOCABULARIO

## 1 ¡No lo olvides!
*¿Recuerdas?* Direct and indirect object pronouns pp. 18–19

**Leer** Mario va a empezar la universidad y todavía hay mucho por hacer. Él y sus padres se han escrito notas para acordarse de todo. Complétalas con el pronombre de objeto directo o indirecto correcto, y con la opción correcta.

1. Mario, ¿cuándo es _____? ¿Ya _____ tomaste?
   a. el requisito
   b. el examen de ingreso

2. Mamá, ¿_____ inscribiste en la lista de espera para _____?
   a. la multa
   b. el dormitorio

3. Mario, _____ llamó _____. Necesita hablarte sobre las materias.
   a. el consejero
   b. el doctorado

4. Papá, ¿ya pagaste _____? ¡_____ tienes que pagar a tiempo!
   a. la matrícula
   b. la maestría

5. Mamá, ¡completa el formulario sobre _____! Si no _____ haces, no puedo pedir una beca.
   a. los semestres
   b. las finanzas

6. Mario, ¡no te atrases en tus materias de la escuela! ¡_____ tienes que _____ todas!
   a. reprobar
   b. aprobar

## 2 La Escuela Arco Iris

**Escribir / Leer** Completa la información de esta escuela con las palabras del cuadro.

| administrar | cuotas | interés | multa |
| alquiler | préstamo | matrícula | vencimiento |

### ESCUELA ARCO IRIS
**Información importante para los padres**

La __1.__ se paga cada semestre. Si prefiere, puede pagarla en dos __2.__ cada semestre. Si no recibimos el pago dentro de quince días después de la fecha de __3.__, tendremos que ponerle una __4.__ de $25. Si el pago llega después de treinta días, también le cobraremos el 10% de __5.__. Recuerde que sus pagos nos ayudan a __6.__ el presupuesto de la escuela y a pagar el __7.__ del edificio. Las familias que tengan problemas financieros podrán pedir un __8.__.

**Expansión**
Si la matrícula es de $1000 cada semestre, ¿cuánto tiene que pagar una familia el primer semestre si hace el pago 25 días después de la fecha de vencimiento?

## 3 Noticias emocionantes

**Escuchar / Escribir** Carmen llama a su abuelo para contarle una noticia. Escucha la conversación y luego contesta las preguntas.

1. ¿Cuáles son las noticias de Carmen?
2. ¿De qué se preocupa el abuelo al principio?
3. ¿Qué recibió Carmen?
4. ¿Tomó Carmen un examen especial?
5. ¿Qué piensa hacer el padre de Carmen?
6. ¿Cómo reacciona el abuelo ante la decisión de su hijo?
7. Al final de la llamada, ¿qué quiere hacer el abuelo?

Unidad 4

## 4 | Consejero

**Hablar**   Con un(a) compañero(a), representen un diálogo entre un(a) estudiante y el (la) consejero(a) sobre temas relacionados con la escuela. Usen las palabras de las listas y otras de esta lección.

**A** ¿Qué hago después de ser aceptado(a)?

**B** Te inscribes en la escuela.

### A Estudiante
- ser aceptado
- pagar la matrícula
- no pagar a tiempo
- recibir una beca
- pedir un préstamo
- reprobar unas materias
- qué hacer para graduarse

### B Consejero(a)
- tener buenas notas
- tomar las materias hasta aprobarlas
- cobrar una cuota cada semestre
- cumplir con todos los requisitos
- pagar una multa e interés
- inscribirse en la escuela
- llenar un formulario

## Comparación cultural

### Dichos y refranes

En español hay una gran variedad de dichos relacionados con el tema del dinero. Algunos, como «Poderoso caballero es don dinero», subrayan la importancia del dinero. Otros nos advierten del peligro que corremos al gastar más de lo que tenemos, como «Más vale acostarse sin cena que amanecer con deuda» y «Donde hay saca y nunca pon, presto se acaba el bolsón». El proverbio «El dinero no se goza hasta que se gasta», de la novela picaresca *Guzmán de Alfarache,* indica el placer que experimentamos al poder comprar algo deseado.

Por otro lado, también hay refranes que nos hacen reflexionar sobre el verdadero valor del dinero, como por ejemplo «No es rico el que más ha, mas el que menos codicia», del *Caballero Zifar*. Otros refranes populares ponen la amistad muy por encima del dinero, como «Más vale amigo en plaza que dinero en casa» y «Aquellos son ricos, que tienen amigos».

Aquellos son ricos, que tienen amigos.

### Compara con tu mundo

En tu opinión, ¿cuál de los refranes citados aquí es el más acertado? ¿Por qué? ¿En qué momentos de tu vida (o a qué personas) se aplican estos proverbios?

*Más práctica* Cuaderno *p. 77*

**PARA Y PIENSA**

**¿Comprendiste?**
1. ¿Qué palabra significa lo opuesto de **aprobar**?
2. ¿Qué es un préstamo?
3. Nombra dos tipos de títulos académicos.

Lección 2

# VOCABULARIO en contexto

**¡AVANZA!** **Goal:** Read the information that Colegio Horizontes sends to its incoming students. Then write a brochure for your school and talk about different types of schools and universities. **Actividades 5–7**

## Contexto  *Folleto escolar*

**ESTRATEGIA  Leer**
**Use format clues** As you read the brochure, notice how its design and format highlight different information. Complete a chart with examples of how the brochure's format helps to organize and present the information.

| Formato | Tipo de información |
|---|---|
| Título | saludo a los alumnos |
| Cuadro rojo | |
| Lista de puntos | |
| Foto y texto | |

Clara Lozano vive en el Distrito Federal. Va a asistir al Colegio Horizontes, una escuela privada. Recibió este folleto escolar para prepararse para la inscripción.

# Colegio Horizontes

## ¡Bienvenidos, alumnos nuevos!

Nos alegra que tú y tu familia hayan escogido el Colegio Horizontes. Somos una de las mejores escuelas secundarias privadas del país. Éstos son algunos de los beneficios que ofrecemos a nuestros estudiantes:

- dormitorios pequeños con habitaciones privadas
- programas especiales para estudiantes de honor
- consejeros de carrera y de formación académica
- profesores con doctorado en su campo profesional
- preparación y ayuda individualizada para los exámenes
- becas y préstamos para estudiantes elegibles

## ¡Importante!

Todos los estudiantes nuevos deben tomar el examen de ingreso el 10 de septiembre a las 8:00 de la mañana. Para inscribirse para el semestre de otoño, hay que presentarse en la oficina del colegio a las 10 de la mañana el día 15.

La excelencia del Colegio Horizontes te garantiza el éxito académico y el ingreso a la universidad.

**Nuestro colegio y campus crean un ambiente agradable para los estudios.**

Unidad 4

## 5 Comprensión del folleto escolar

Leer
Escribir

Lee el folleto escolar que recibió Clara y luego contesta las preguntas.

1. ¿Quiénes recibieron el folleto?
2. ¿Qué tipo de escuela es el Colegio Horizontes?
3. ¿Dónde se encuentra la información más urgente del folleto?
4. ¿Por qué es importante esta información?
5. ¿Qué les ofrece el colegio a los estudiantes de honor?
6. ¿Qué tipos de consejeros tiene el colegio?
7. ¿Cómo son los dormitorios del colegio?
8. ¿Qué les ofrece a los estudiantes elegibles?

## 6 Tu escuela

Escribir

Imagina que trabajas en la oficina de tu escuela. Escribe un folleto para los alumnos nuevos sobre los siguientes temas:

- programas especiales
- maestros y consejeros
- becas y préstamos
- preparación para exámenes
- deportes organizados
- fechas importantes

**Expansión**
Escribe cinco preguntas que le harías al consejero de tu escuela sobre la vida universitaria.

## 7 ¡Ustedes tienen la palabra!

Hablar

Con un(a) compañero(a), preparen una presentación para opinar sobre las siguientes preguntas.

**A** Creemos que las escuelas secundarias privadas...

**B** Sin embargo, las escuelas públicas...

1. ¿Les interesa más asistir a una escuela secundaria privada o pública? ¿Por qué?
2. ¿Cuáles son algunas ventajas y desventajas de vivir en un dormitorio con otros estudiantes?
3. ¿Cómo creen que son los programas para los estudiantes de honor?
4. ¿Vale la pena pedir préstamos para asistir a una universidad cara, o es mejor gastar menos dinero y asistir a una universidad más barata? Expliquen su opinión.
5. ¿Qué es más importante para ser un(a) maestro(a) de escuela secundaria: tener un título académico o tener experiencia profesional? ¿Y en una escuela primaria? ¿Por qué?
6. ¿Creen que el sistema educativo de este país funciona bien? Expliquen.

**PARA Y PIENSA**

**¿Comprendiste?**
1. ¿Cuál es el propósito de enviar el folleto a los alumnos nuevos?
2. ¿Por qué pusieron la información sobre las fechas en un cuadro rojo?
3. ¿Cuáles son dos beneficios académicos que el Colegio Horizontes les ofrece a sus alumnos?

Lección 2

# Presentación de GRAMÁTICA

**¡AVANZA!** **Goal:** Review and expand on uses of the present and present perfect subjunctive. Then, practice using them to express attitudes about college and financial goals. *Actividades 8–10*

**English Grammar Connection:** In English, if the verb in the main clause is in the present, and the action in the subordinate clause takes place at the same time, you use the **present** or **present progressive** in the subordinate clause.

*both happen at the same time*

I **am** very impressed that you **get** (**are getting**) such good grades.

If the action in the subordinate clause happened before the action in the main clause, then you use the **past tense** or **present perfect** in the subordinate clause.

*this happened in the past and this is true now*

I **am** very impressed that you **got** (**have gotten**) such good grades.

## El pretérito perfecto del subjuntivo

**Grammar Video**
my.hrw.com

In Spanish, the verb in the subordinate clause can be in the indicative or **subjunctive**.

*Here's how:* Use the **subjunctive** . . .

. . . in **noun clauses**, when the main verb expresses a(n) *hope, wish, doubt, denial, judgment* or *emotion*

Los consejeros **recomiendan** (**se alegran de,** etc.) que los alumnos **asistan** a la universidad.
*The counselors **recommend** (**are happy,** etc.) that the students **go** to college.*

. . . in **adverbial clauses** introduced by certain conjunctions

Mis padres están ahorrando dinero **para que pueda** ir a la universidad.
*My parents are saving money **so that I can** go to college.*

. . . in **adverbial clauses** that refer to future events

Voy a especializarme en finanzas **cuando vaya** a la universidad.
*I'm going to major in finance **when I go** to college.*

. . . in **adjective clauses** that refer to the unknown or nonexistent

No hay **nadie** en nuestra comunidad **que** no **tenga** deudas.
*There's **no one** in our community **that** doesn't **have** debt.*

*continúa en la página 249*

*viene de la página 248*

In all the examples on page 248, the verb in the main clause is in the **present,** and the verb in the subordinate clause is in the **present subjunctive**. The present subjunctive tells you that the action in the subordinate clause happens at the *same time as* or *after* the verb in the main clause.

If the action in the subordinate clause happened *before* the verb in the main clause, then you use the **present perfect subjunctive** (**pretérito perfecto del subjuntivo**) in the subordinate clause. To form it, combine the present subjunctive of **haber** with the **past participle** of the verb.

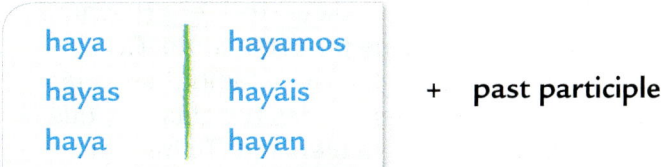

 To review the formation of the past participle, *see page 152.*

You use the **present perfect subjunctive** in the same way you use the **present subjunctive** except that it refers to actions that happened *before* the verb in the main clause. You can use it in . . .

**noun clauses**

— *this happened first*

Mis padres se alegran de que **hayamos establecido** un presupuesto.
*My parents are happy that **we've established** a budget.*

Espero que la universidad te **haya aceptado** para el semestre que viene.
*I hope that the university **has accepted** you for next semester.*

**adverbial clauses**

— *this will have happened first*

Te voy a llamar después de que **hayas terminado** la tarea.
*I'm going to call you after **you've finished** your homework.*

No tendrás ningún problema con tal de que **hayas aprobado** el examen de ingreso.
*You won't have any trouble provided that **you've passed** the entrance exam.*

**adjective clauses**

— *this would have happened first*

No conozco a nadie que **haya sacado** una A en el examen de cálculo.
*I don't know anyone who **has gotten** an A on the calculus test.*

La universidad aceptará cualquier estudiante que **haya aprobado** el examen de ingreso.
*The university will accept any student that **has passed** the entrance exam.*

*Más práctica*
Cuaderno *pp. 78–79*

Lección 2
doscientos cuarenta y nueve **249**

# Práctica de GRAMÁTICA

## 8 | Un padre preocupado

Leer
Escribir

El padre de Daniel le escribe este correo electrónico al final de la primera semana de clases. Complétalo con el pretérito perfecto del indicativo o el pretérito perfecto del subjuntivo.

Hola hijo:
Espero que __1.__ (divertirse) durante tu primera semana en la universidad. Estoy seguro que ya __2.__ (conocer) a muchos amigos nuevos. Espero que tú y tu compañero de cuarto __3.__ (llevarse) bien hasta ahora. En tu último mensaje parecías triste. Creo que estarás mejor después de que __4.__ (acostumbrarse) a la vida universitaria. Ojalá que __5.__ (ir) a todas tus clases, y que ya __6.__ (comenzar) a estudiar. Todo va bien aquí. Tu hermano te manda saludos. Él ya __7.__ (poner) sus cosas en tu cuarto y __8.__ (dormir) allí varias noches. Está contento, pero creo que te extraña. Me alegra mucho que tú __9.__ (tener) tiempo para escribirnos. Nosotros __10.__ (recibir) todos tus mensajes. Tu mamá te __11.__ (mandar) ya varios mensajes con fotos. Espero que te __12.__ (gustar). Si hay algo que necesites, llámanos.
Un abrazo,
Papá

**Expansión**
Imagina que eres Daniel. Contesta el correo electrónico. Dile a tu familia qué has hecho y qué esperas hacer durante el fin de semana.

## 9 | De visita en la universidad

Escuchar
Escribir

Marisa visita a su hermana mayor Clara en la universidad. Escucha la conversación telefónica entre Marisa y su madre. Luego completa las oraciones según lo que escuchas.

1. Su mamá espera que Marisa...
2. Es una lástima que a Marisa...
3. Marisa no ha conocido a nadie que...
4. A su mamá le preocupa que Marisa...
5. Marisa ingresará en la universidad después de que...
6. A Marisa le emociona que el consejero...
7. Su mamá no puede creer que Marisa...
8. Su madre se alegra de que Marisa...

Unidad 4
**250** doscientos cincuenta

## 10 ¡No puede ser!

**Escribir Hablar**

Escribe nueve oraciones. Algunas deben ser verdaderas y otras falsas. Con un(a) compañero(a), túrnense para leer sus oraciones. La otra persona debe reaccionar usando las expresiones del recuadro.

| (No) dudo que | Es bueno que | Estoy seguro que |
|---|---|---|
| (No) es posible que | Es malo que | Me alegro de que |
| (No) creo que | Me sorprende que | Es verdad que |

**A:** He viajado a 25 países diferentes.

**B:** Dudo que hayas viajado a tantos países.

## Comparación cultural

### El precio de la educación

Si bien la educación universitaria no es del todo «gratuita» en los países hispanos, el costo relativo tiende a ser mucho menos de lo que es en los Estados Unidos. En muchos casos, la matrícula en las universidades públicas es muy baja, o simplemente se cobra una mínima tarifa administrativa. Como consecuencia, la competencia por ingresar a las universidades públicas puede ser muy intensa. Hay cada vez más universidades privadas, donde los estudiantes sí tienen que pagar más. Algunas son instituciones de gran prestigio. Otras son más nuevas y están organizadas como negocios. Estas instituciones, por lo general, gozan de menos prestigio.

La Universidad Católica de Santiago, Chile

### Compara con tu mundo

¿Qué diferencia hay entre el costo de la matrícula en las universidades estatales y las privadas en los Estados Unidos? ¿Crees que la diferencia en el precio significa que hay una diferencia en la calidad de la educación?

**Más práctica** Cuaderno *pp. 78–79*

### PARA Y PIENSA

**¿Comprendiste?** Forma oraciones completas usando el pretérito perfecto del subjuntivo cuando sea necesario.

1. Yo / ir a salir / en cuanto / terminar de pagar / las cuentas
2. Ramón / esperar / su compañero de cuarto / ya pagar el alquiler
3. Tú / no tener que pagar / impuestos / a menos que / ganar dinero
4. Mi hermana / ya tomar / el examen de ingreso
5. Luis / no decidir todavía / qué materias / ir a estudiar / este semestre

Lección 2
doscientos cincuenta y uno **251**

# GRAMÁTICA en contexto

**¡AVANZA!** **Goal:** Notice how Andrés uses the present perfect subjunctive in his blog. Then, use the present perfect subjunctive to answer questions about the blog and to talk about graduation. *Actividades 11–12*

## Contexto *Blog*

**ESTRATEGIA Leer**

**Look for actions and descriptions** As you read the blog, find words that tell what Andrés has done or what's happened. Also look for his descriptions of people and things. Find and list eight actions that Andrés narrates using the present perfect, and four descriptions he gives using past participles.

| Acciones | Descripciones |
|---|---|
| he terminado | preocupados |

Durante su primera semana en la universidad, Andrés, el hermano de Julia, ha escrito un blog como parte de su página Web. Espera que su hermana lo lea para que tenga una idea de cómo es la vida universitaria.

### El blog de Andrés

### Mi primera semana

Ya he terminado mi primera semana de clases. Me parece increíble que haya hecho tantas cosas en tan poco tiempo. He asistido a todas mis clases, y todas me gustan mucho. Hasta ahora no he conocido a ningún profesor que me caiga mal. En particular me gusta la profesora de inglés. Confieso que esa clase nos tiene un poco preocupados a mis compañeros y a mí. Dicen que las clases de lenguas extranjeras son difíciles a menos que uno ya haya estudiado la lengua. Pero, la clase parece interesante y bien organizada. La profesora casi no habla en español, sin embargo he entendido casi todo lo que ha dicho. Como es requisito, quiero sacar una buena nota. La clase de cálculo, mi clase más avanzada, me encanta. Y me sorprende que no haya sido más difícil.

No me gusta que haya hecho cola toda la semana. Es increíble que haya pasado tanto tiempo esperando algo. Tuve que hacer cola para inscribirme. Fue un poco complicado porque una vez inscrito, tuve que hacer cola para pagar la matrícula. Y luego hice cola para comprar los libros. He encontrado todos los textos menos el libro para mi clase de cálculo. Ya no quedaban copias en la librería. A menos que reciban más copias el lunes, voy a tener que pedirlo en Internet. Los libros me han costado bastante. Me preocupa haber cargado tanto a mi tarjeta de crédito, pero voy a pagar la cuenta lo antes posible.

Bueno, ahora me despido, porque la primera prueba de inglés es mañana, y no he comenzado a estudiar.

## 11 | Comprensión del blog

Leer
Escribir

Contesta las preguntas basándote en el blog de Andrés.

1. ¿Cuántas semanas de clase ha tenido Andrés cuando escribe esto?
2. ¿Qué le parece increíble a Andrés acerca de esta semana?
3. ¿Le ha caído mal algún profesor a Andrés?
4. ¿Cómo se siente Andrés con respecto a su clase de inglés?
5. ¿Qué ha hecho Andrés mucho esta semana?
6. En cuanto al dinero, ¿qué le preocupa a Andrés?
7. ¿Por qué no puede escribir más ahora?

**Expansión**
¿Qué piensas hacer una vez que tus compañeros y tú se hayan graduado de la secundaria? ¿Ya has tomado un examen de ingreso?

## 12 | Entrevista

Hablar

En parejas, dramaticen esta situación. Luego represéntensela a la clase. Procuren usar el registro apropiado, expresiones correctas y gestos adecuados.

 **A**
- Casi has terminado tu primer año en la universidad. Tu amigo(a) va a graduarse de la secundaria y tiene unas preguntas.
- Escucha las preguntas de tu amigo(a) y di si has hecho o no las cosas que menciona.
- Pregúntale a tu amigo(a) si se ha preparado para la graduación, si ha comprado las invitaciones y cualquier cosa más que se te ocurra. Reacciona a lo que dice usando frases como «es increíble que» o «no me sorprende que».

 **B**
- Eres estudiante de la secundaria. Te vas a graduar pronto. Tu amigo(a) va a terminar su primer año en la universidad, y quieres saber cómo le ha ido.
- Piensa en qué hacen los estudiantes universitarios. Pregúntale a tu amigo(a) si ha hecho esas cosas. Reacciona a lo que dice usando frases como «es increíble que» o «no me sorprende que».
- Tu amigo(a) tiene unas preguntas para ti. Contéstalas para que él o ella reaccione.

## PARA Y PIENSA

**¿Comprendiste?** Completa las oraciones con el presente prefecto del indicativo o el presente perfecto del subjuntivo.

1. A Andrés le sorprende que _____ (estar) tan ocupado esta semana.
2. Es obvio que Andrés _____ (divertirse) durante esta semana.
3. Ojalá que Andrés ya _____ (aprender) los nombres de sus compañeros cuando llegue el final del semestre.
4. Andrés no _____ (tener) tiempo para llamar a Julia esta semana.

Lección 2

# Presentación de GRAMÁTICA

**¡AVANZA!** **Goal:** Review and expand on uses of the imperfect subjunctive. Then, practice using it to express attitudes about college and financial goals. *Actividades 13–15*

**English Grammar Connection:** In English, if the verb in the main clause is in the **past**, and the action in the subordinate clause took place at the same time, you use the **past tense** or **past progressive** in the subordinate clause.

*both were true at the same time in the past*

I **was** unaware that you **had** (**were having**) financial problems.

If the verb in the main clause is in the **past** and the action in the subordinate clause was going to happen after the verb in the main clause, then you express the action in the subordinate clause in different ways.

*this happened first* — *this might happen later (or not)*

| | |
|---|---|
| **infinitive** | My parents **wanted** me **to go** to college. |
| **subjunctive** | My parents **insisted** that I **go** to college. |
| **helping verb** | My parents **hoped** that I **would** (**was going to**) **go** to college. |

## El imperfecto del subjuntivo

*Grammar Video* — my.hrw.com

In Spanish, the **subjunctive** mood has both a simple present and a simple **imperfect** tense.

*Here's how:* To form the simple **imperfect subjunctive** of any verb, drop the **-ron** ending of the **ustedes/ellos(as)** preterite form and add the **imperfect subjunctive endings**.

| Infinitive | Preterite |
|---|---|
| tomar | tomaron |
| saber | supieron |
| pedir | pidieron |

drop **-ron**

| Endings | |
|---|---|
| -ra | -´ramos |
| -ra | -rais |
| -ra | -ran |

 To review the formation of the preterite, *see pages R17–R27*.

Use the **subjunctive** in **noun clauses** when the verb in the main clause expresses *hopes, wishes, emotion, doubt, denial,* or *judgment*.

Use the **imperfect subjunctive** when the verb in the main clause is in the preterite, imperfect or conditional and the action in the subordinate clause happened at the *same time as* or *after* the verb in the main clause.

*continúa en la página 255*

Unidad 4

*viene de la página 254*

*both were true at the same time in the past*

A la consejera le **preocupaba** que yo **tuviera** malas notas.
It **worried** the counselor that I **had** bad grades.

*this happened first* — *this might happen later (or not)*

Mi consejero financiero **recomendó** (**quería**) que (yo) **hiciera** un presupuesto.
My financial adviser **recommended** that I (**wanted** me to) **make** a budget.

Also use the **imperfect subjunctive** when the verb in the main clause requires the subjunctive and is in the present or future tense, but the action in the subordinate clause was in the past, *before* the action in the main clause.

*this is true now* — *this happened in past*

**Siento** mucho que tú no **pudieras** matricularte en la universidad.
I'm very sorry that you **were** not **able** to register for college.

Los consejeros **se alegran** de que todos **tuvieran** buenas notas.
The counselors **are glad** that everyone **had** good grades.

---

Use the **subjunctive** in **adjective clauses** when the clause refers to something unknown or nonexistent.

Use the **imperfect subjunctive** when the verb in the main clause is in the preterite, imperfect, or conditional and the action in the subordinate clause happened at the *same time as* or *after* the verb in the main clause.

*college was unknown to José Luis at the time*

José Luis **buscaba** una **universidad** que **ofreciera** cursos de alemán.
José Luis **was looking** for a **college** that **offered** courses in German.

No **había** **nadie** en la oficina de matrícula que **pudiera** ayudarme.
There was **no one** in the registrar's office that **could** help me.

Also use the **imperfect subjunctive** when the verb in the main clause is in the present or future tense, but the action in the subordinate clause happened in the past, *before* the action in the main clause.

*currently undecided on which college* — *this happened in past*

Marisol **quiere** ir a **una universidad** a la que **asistiera** una de sus hermanas.
Marisol **wants** to go to a university that one of her sisters **attended**.

**Más práctica**
Cuaderno *pp. 80–81*

Conjuguemos.com
my.hrw.com

# Práctica de GRAMÁTICA

## 13 | Las finanzas estudiantiles

Escuchar
Escribir

El señor Márquez habla de sus finanzas durante sus años universitarios. Escucha sus comentarios e indica si las oraciones son verdaderas o falsas. Corrige las falsas.

1. Al señor Márquez no le molestaba ser pobre.
2. El señor Márquez tuvo que pagar la matrícula al principio del año escolar.
3. A los profesores no les importaba que tardara en comprar los libros.
4. Al principio el señor Márquez no podía encontrar trabajo.
5. El señor Márquez decidió no comprar los libros de texto.
6. El señor Márquez y sus amigos buscaban un apartamento bonito.
7. El apartamento que encontraron era caro.
8. El banco insistía en que el señor Márquez pagara más.
9. Un consejero le recomendó que consiguiera otra tarjeta de crédito.
10. El señor Márquez pudo por fin pagar sus cuentas.

## 14 | En aquel entonces

Leer
Escribir

Este artículo se publicó en 1965. Léelo y completa las oraciones.

**El Heraldo** • 18 de septiembre de 1965

### Abre sus puertas la escuela Vicente Gómez

Las clases comienzan el lunes en la escuela primaria Vicente Gómez, informó su director, Rodrigo Dávila. Es necesario que los padres de familia paguen la matrícula de sus hijos antes del viernes. También es importante que los estudiantes compren sus libros y que los lleven a clase el primer día.

También avisó el Licenciado Dávila que la escuela busca padres que puedan ayudar con los trabajos de mantenimiento de la escuela. La administración y los maestros están listos para el nuevo año escolar, pero la escuela todavía necesita un maestro que pueda enseñar educación física. Es necesario que esa persona tenga experiencia trabajando con niños. Además, la escuela busca personas que sepan cocinar para trabajar en la cafetería.

1. Era necesario que los padres de familia...
2. Era importante que los estudiantes...
3. La escuela buscaba padres que...
4. La escuela necesitaba una persona que...
5. Era necesario que el nuevo maestro...
6. La escuela también buscaba personas que...

**Expansión**
Escribe tres cosas que los maestros, los padres y los estudiantes de tu colegio tuvieron que hacer antes del comienzo del año escolar. Usa **era necesario que, era importante que** y **era obvio que.**

Unidad 4
256 doscientos cincuenta y seis

## 15 | Fotos del anuario

**Escribir Hablar**

Mira las fotos del anuario. Para cada foto, escribe un pie de foto *(caption)*, explicando qué quería la persona o grupo en ese momento.

**modelo:** Elena quería que sus padres le compraran otra computadora.

### Comparación cultural

#### Los exámenes de ingreso

Para ingresar a una universidad hispana, es necesario tomar un examen de ingreso. Estos exámenes no son como los exámenes norteamericanos, como el SAT o el ACT. Las universidades preparan un examen con preguntas sobre historia, matemáticas o literatura. Muchas veces se publican los resultados en línea. Durante ciertas épocas del año los jóvenes se reúnen en los cibercafés para buscar los resultados por Internet. Si aprueban el examen, pueden matricularse.

Estudiantes comprobando los resultados de los exámenes de ingreso

#### Compara con tu mundo

¿Cuál es el examen más importante que has tomado? ¿Fue difícil?

**Más práctica** Cuaderno *pp. 80–81*

---

**PARA Y PIENSA**

**¿Comprendiste?** Completa las oraciones con el imperfecto del subjuntivo del verbo adecuado.

1. Mi padre tenía miedo de que yo _____ el examen de ingreso.
2. Buscamos a alguien que me _____ a estudiar para el examen.
3. Toda mi familia se alegró mucho de que yo _____ el examen.

**aprobar**
**reprobar**
**ayudar**

Lección 2

# GRAMÁTICA en contexto

**¡AVANZA!** **Goal:** Notice how Andrés's grandfather uses the imperfect subjunctive in his e-mail. Then, use the imperfect subjunctive to answer questions about the e-mail and to tell a story. **Actividades 16–17**

## Contexto  *Correo electrónico*

**ESTRATEGIA** Leer

**Look for "trigger" verbs** There are certain expressions that trigger the subjunctive in subordinate noun clauses. Using a chart, write down ten verbs in the subjunctive. Then, find the expressions that triggered the subjunctive. What different types of cues are there?

| Expresiones que requieren el subjuntivo | Verbo en el subjuntivo |
|---|---|
| *Nos alegró (emoción)* | *te divirtieras* |

El abuelo de Andrés y de Julia vive en San Luis Potosí. Ha leído el blog que escribió Andrés acerca de sus experiencias en la universidad y decide escribirle un correo electrónico.

---

Querido Andrés:

Tu abuela y yo acabamos de leer tu blog. Nos alegró que te divirtieras durante tu primera semana y que pudieras inscribirte sin problema. Y no nos sorprendió que estuvieras muy ocupado. Es difícil comenzar algo nuevo, pero ya te sentirás más cómodo.

Nos dio risa leer sobre tu clase de inglés. A tu abuela, como es maestra de inglés, le dio pena que no lo estudiaras en la secundaria. Me pidió que te dijera que si necesitabas ayuda, que la llamaras.

Tus comentarios acerca de las colas hicieron que recordáramos nuestros años en la universidad. No había computadoras que facilitaran el proceso, y uno tenía que matricularse para las clases en persona. Si tenías una clase de matemáticas a las nueve y necesitabas una que comenzara a las once, tenías que buscar a alguien que estuviera inscrito en la clase que querías y pedirle que cambiara contigo. A veces el proceso duraba horas.

Tu abuela me dijo que esperaba que conocieras a muchos amigos en la universidad. Recuerdo mi primer año en la universidad. Conocí a una joven muy simpática que me cayó bien. Como ya te he contado, era tu abuela.

¿Cómo está tu hermana? La última vez que hablamos con ella, parecía un poco triste. Nos preocupó un poco. Pero ayer nos contó tu padre que ella había conocido a una muchacha norteamericana que vive en la capital.

Salúdanos a tu hermana y a tus padres. Nos dio pena que no pudieran venir a San Luis para Semana Santa, pero esperamos verlos este verano.

Un abrazo, Abuelo

Unidad 4

## 16 | Comprensión del correo electrónico

**Leer
Escribir**

Contesta las preguntas sobre el correo electrónico que mandó el abuelo.

1. ¿De qué se alegraron los abuelos de Andrés?
2. ¿Cómo reaccionaron sus abuelos al saber que Andrés estaba muy ocupado?
3. ¿Qué le sugirió su abuela a Andrés si necesitaba ayuda con el inglés?
4. ¿Por qué era más difícil matricularse para las clases cuando el abuelo era estudiante?
5. ¿Cómo era la joven que conoció el abuelo en la universidad?
6. ¿Qué les dio pena a los abuelos de Andrés?
7. ¿Cuándo esperan los abuelos ver a la familia de Andrés?

**Expansión**
¿Cuándo fue la última vez que le pediste a alguien que te ayudara con un problema? ¿Qué le pediste a esa persona que hiciera?

## 17 | Y así fue...

**Hablar**

Con un(a) compañero(a), cuenta la historia de la familia Pacheco. Basándose en los dibujos, hablen de lo que pasó durante su vida. Usen el imperfecto del subjuntivo cuando sea necesario. Presenta tus respuestas a la clase.

**PARA Y PIENSA**

**¿Comprendiste?** Completa las oraciones con la forma correcta de los verbos. Usa el imperfecto del indicativo o el imperfecto del subjuntivo.

1. El abuelo de Andrés conoció a una mujer que _____ (ser) muy simpática.
2. A Andrés le dio pena que no _____ (tener) tiempo para visitar San Luis el mes pasado.
3. A la abuela de Andrés le dio pena que él no _____ (estudiar) inglés en la secundaria.

# Todo junto

**¡AVANZA!** **Goal: Show what you know** Notice how the characters use the present subjunctive to talk about feelings, wishes, and the future. Then use this construction to discuss relationship problems. **Actividades 18–21**

## Contexto *Video*

**ESTRATEGIAS**

 **Use clues to infer meanings** Noticing the characters' visual expressions and body language can help you understand words you don't know. How do their physical actions add to or affect what they say?

 **Analyze supporting details** To understand a story, pay attention to the supporting details. Make a list of what Gloria's grandfather says about Sergio and how Gloria reacts to those statements.

**Resumen** Isabel y Carlos hablan mientras esperan a su amiga Gloria, quien se va a casar con Sergio, un amigo de Carlos. Isabel le pide a Carlos que ayude con la boda y que hable con Sergio. Gloria, al llegar, está enojada con Sergio. La mamá y el abuelo emplean una táctica para que Gloria cambie de actitud.

**Carlos:** ¿A qué hora van a llegar nuestros invitados? Espero que sean puntuales. ¿Viene toda la familia?

**Isabel:** No, solamente Gloria, su mamá y su abuelo. Vienen a las siete. Tú y yo vamos a ayudarlos a preparar la boda.

**Carlos:** ¿Tú y yo? Isabel, dudo que yo pueda ayudar en nada. ¿Qué sé yo de bodas?

**Isabel:** Tú fuiste novio en nuestra boda. Tienes experiencia. Además, Gloria quiere que hables con Sergio. Él quiere pasar la luna de miel en una cabaña que sus padres tienen en la montaña y ella quiere ir a la playa.

**Carlos:** No, no, no. Yo no quiero meterme en eso. Cuando ellos lleguen, les voy a decir que esta noche tengo que trabajar.

**Isabel:** Necesito que me apoyes. Ay, no seas malo. Tú y Sergio son amigos. Ustedes se comprenden; se comunican.

*Llegan los invitados.*

**Gloria:** ¡No, no, no habrá boda! Sergio no me ama y su mamá y yo no nos llevamos bien.

**Mamá:** ¡Ay, Gloria, hijita! Sé paciente. Sergio es un buen muchacho y el pobre está preocupado porque tiene exámenes finales y tiene que aprobarlos para graduarse para que se puedan casar.

**Gloria:** Ojalá que quede suspendido en todas las materias.

**Abuelo:** Gloria, si tú no quieres casarte con ese, ese don nadie, no tienes que hacerlo. Búscate un esposo que pueda mantenerte, que no tenga una madre odiosa y que sea más inteligente.

**Gloria:** ¡Abuelo! ¡Sergio no es un don nadie y cuando se gradúe, empezará a trabajar y podrá mantenerme! ¡Él es muy inteligente! Además, su mamá no es mala.

**Abuelo:** No, no, no. Yo te aconsejo que lo dejes hoy mismo. Dile que has cambiado de idea y que no quieres casarte con él. Que se case con su ex novia.

**Gloria:** ¿Qué estás diciendo? ¡Sergio se va a casar conmigo! Voy a su oficina ahora mismo... para decirle que lo amo.

**Abuelo:** Todo es cuestión de psicología. ¿Están listos para planear la boda?

> **También se dice**
>
> Isabel usa la palabra **ayudar**.
> - **España** echar un cable, echar un capote, arrimar el hombro
> - **Colombia** hacer un catorce
> - **El Salvador** hacer la upa
> - **México** echar una mano

## 18 | Comprensión del video

**Leer Escribir**

Completa cada oración con la forma correcta del verbo entre paréntesis. Luego, indica si son ciertas o falsas. Corrige las falsas.

1. Isabel quiere que Carlos ____ (comunicarse) con Sergio sobre el conflicto que Sergio y Gloria tienen sobre su luna de miel.
2. Gloria llega con su mamá y su cuñado. Está enfadada y duda que Sergio la ____ (amar).
3. Sergio es policía y para que ____ (poder) casarse tiene que resolver un crimen importante.
4. Según Gloria, su futura suegra no ____ (ser) mala.
5. Todos ____ (negar) que Sergio sea inteligente.
6. No es verdad que Sergio no ____ (poder) mantener a Gloria.

## 19 Integración

**Leer**
**Escuchar**
**Escribir**

Lee esta entrada que tu amigo Jaime escribió en su blog para hablar de algunos problemas que él tiene. Luego, escucha un discurso que dio la consejera de tu colegio. Después, escríbele a Jaime y trata de cambiar su actitud. Usa las ideas que aprendiste del discurso o aplica la técnica que usaron la mamá y el abuelo de Isabel. Incluye dos reacciones y tres recomendaciones usando el subjuntivo.

**Fuente 1** El blog de Jaime

**Perfil de Jaime**

Martes, 11 de abril

**Estoy desesperado.**

Otra vez lo de mi padrastro. No sé qué hacer. Desde que mi mamá volvió a casarse todo ha sido un desastre. Anoche mi padrastro regresó a casa y se puso a discutir conmigo. Se quejó porque dice que había conducido su carro sin permiso. Es cierto que conduje el carro pero no es cierto que lo haya hecho sin permiso. Le pedí permiso a mi mamá. Ahora dice que no puedo salir de la casa excepto para ir al colegio. Y para colmo, a mi hermanastro, que estaba conmigo en el carro, no le dijo ni una palabra. Me deja tan frustrado que no puedo concentrarme en mis estudios.

No sé... me parece que todos mis planes para el futuro están fracasando ante mis ojos. Aunque apruebe el examen de ingreso para la universidad, no creo que mi padrastro me dé el dinero para pagar la matrícula. En fin, tal vez no quiera ir a la universidad. No tendré el dinero ni el apoyo de mi familia. Y si no voy a asistir a la universidad no hace falta que termine mis estudios de la secundaria.

Puedo salir ahora a buscar un trabajo. Así podría mudarme a mi propio apartamento. Pagar un alquiler será mucho mejor que tener que soportar a mi padrastro. Me pregunto si habrá alguien que tenga un apartamento para alquilar. Y mi pobre mamá. No sé por qué se casó con ese hombre. No me parece que sea feliz. Pero no me puedo hacer responsable de ella también. En fin, basta de lloriqueos. Tengo que aguantarlo.

**e-mail:** jaime99@colegiovirreina.com
**ubicación:** Colima
**fecha de nacimiento:** 30 de octubre
**gustos:** geometría, dulce de leche, fútbol
**aversiones:** literatura, lentejas, padrastro

**Amigos de jaime99**
- Alphabeta26
- catalalata14
- domina087
- narisabueso
- quixote66panza
- s1n-t0n-n1-s0n
- tacubalandia
- vasallo39

fotos

correo

**Fuente 2** El discurso de la consejera

**Escucha y apunta**

¿Cuál es el tema del discurso?

¿Con qué clase de problemas puede ayudar la consejera?

¿Qué es lo que más quiere la consejera que los estudiantes hagan si tienen un problema?

**modelo:** Jaime, siento mucho que tengas problemas con tu padrastro, pero no te desanimes. Tú eres muy buen estudiante y no quiero que te metas en problemas.

Unidad 4

## 20 Hablar

Hablar

**ESTRATEGIA Hablar**

**Express feelings with intonation and questions** As you act out the conversation, think about what you hope for and want to achieve. Use intonation to emphasize these points. If you are asking questions, be direct and then clarify the responses. Use appropiate gestures.

Forma un grupo de cuatro personas y dramaticen un programa de televisión en el que la gente habla de sus problemas familiares. Uno(a) será el (la) anfitrión(-ona) del programa, dos serán los (las) panelistas en conflicto y el cuarto será un(a) psicólogo(a) que ayuda a resolver los problemas. Como modelo, puedes usar la situación del video, el blog de Jaime, el discurso de la consejera, o puedes inventar tus propias situaciones.

**A** El problema que tengo es que mi padrastro es insoportable.

**B** No hagas nada tonto. Te recomiendo que pienses en tu futuro. Algún día saldrás de la casa y...

## 21 ¡A escribir!

Escribir

Imagina que eres un(a) psicólogo(a) y quieres promocionar tu consultorio en la radio. Escribe un guión para la estación de radio hablando de los servicios que ofreces y tus cualificaciones para solucionar conflictos.

| Writing Criteria | Excellent | Good | Needs Work |
|---|---|---|---|
| Content | Your radio ad contains many interesting details. | Your radio ad includes some interesting details. | Your radio ad contains few interesting details. |
| Communication | Your radio ad is organized and easy to follow. | Parts of your radio ad are organized and easy to follow. | Your radio ad is disorganized and hard to follow. |
| Accuracy | You make few mistakes in grammar and vocabulary. | You make some mistakes in grammar and vocabulary. | You make many mistakes in grammar and vocabulary. |

**Expansión**
En tu anuncio incluye una recomendación escrita por uno de tus pacientes con quien hayas tenido éxito.

**Más práctica** Cuaderno *pp. 126–127, 132*

**PARA Y PIENSA**

**¿Comprendiste?** Completa las oraciones con la forma correcta del verbo entre paréntesis y luego pon las frases en orden cronológico según el video.
1. El abuelo de Gloria quiere que Sergio _____ (casarse) con la ex novia.
2. Gloria desea que Sergio _____ (ser) suspendido en todas las materias.
3. Isabel piensa que Carlos _____ (deber) hablar con Sergio.
4. La mamá de Gloria cree que Sergio _____ (estar) preocupado.

Lección 2
doscientos sesenta y tres  **263**

# Lección 2

# En resumen
## Vocabulario y gramática

Interactive Flashcards
my.hrw.com

## Vocabulario

### La educación

| | |
|---|---|
| la beca | scholarship |
| el (la) consejero(a) | advisor, counselor |
| el doctorado | doctorate |
| el dormitorio | dormitory |
| la escuela primaria | elementary school |
| la escuela secundaria | junior high and high school |
| estatal | state |
| el (la) estudiante de honor | honor student |
| el examen de ingreso | entrance examination |
| el examen final | final examination |
| el examen parcial | midterm exam |
| la licenciatura | bachelor's degree |
| la lista de espera | waiting list |
| la maestría | master's degree |
| la materia | course |
| la matrícula | tuition |
| privado(a) | private |
| el requisito | requirement |
| el semestre | semester |
| el sistema educativo | educational system |

### Para describir acciones

| | |
|---|---|
| administrar | to manage |
| aprobar | to pass |
| atrasarse | to fall behind |
| cobrar | to charge (money) |
| controlar | to control |
| inscribirse | to enroll |
| quedar satisfecho(a) | to be satisfied |
| reprobar | to fail |
| ser aceptado(a) | to get accepted |

### Las finanzas

| | |
|---|---|
| a tiempo | on time |
| el alquiler | rent |
| las cuentas | bills |
| la cuota | installment |
| la deuda | debt |
| la fecha de vencimiento | due date |
| las finanzas | finances |
| el gasto | expense |
| el interés | interest |
| la multa | penalty, fine |
| el pago | payment |
| el préstamo | loan |

### Ya sabes esto

| | |
|---|---|
| la carrera | career |
| la especialidad | major (in college) |
| la facultad | school (e.g., school of medicine, engineering, etc.) |
| graduarse | to graduate |
| el impuesto | tax |
| la nota | grade |
| pagar | to pay |
| el (la) policía | police officer |
| el presupuesto | budget |
| el (la) profesor(a) | professor |
| la tarjeta de crédito | credit card |

Unidad 4
doscientos sesenta y cuatro

# Gramática

## El pretérito perfecto del subjuntivo

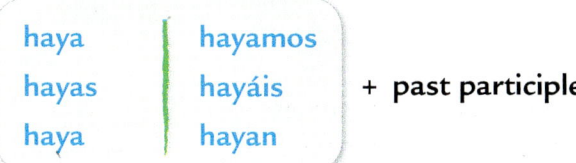

+ past participle

You use the **present perfect subjunctive** in the same way you use the **present subjunctive** except it refers to actions that happened before the verb in the main clause. You can use it in **noun**, **adjective** and **adverb** clauses.

Mis padres se alegran de que **hayamos establecido** un presupuesto.
*My parents are happy that **we've established** a budget.*

Te voy a llamar después de que **hayas terminado** la tarea.
*I'm going to call you after **you've finished** your homework.*

La universidad aceptará cualquier estudiante que **haya aprobado** el examen de ingreso.
*The university will accept any student that **has passed** the entrance exam*

## El imperfecto del subjuntivo

Use the **imperfect subjunctive** in the same way you use the **present subjunctive** except that you use it when the verb in the main clause is past or when the action in the subordinate clause happened *before* the verb in the main clause. You can use it in **noun**, **adjective** and **adverb** clauses.

| Infinitive | Preterite | drop | Endings | |
|---|---|---|---|---|
| tomar | tomaron | -ron | -ra | -´ramos |
| saber | supieron | -ron | -ra | -rais |
| pedir | pidieron | -ron | -ra | -ran |

A la consejera le **preocupaba** que yo **tuviera** malas notas.
*It **worried** the counselor that I **had** bad grades.*

Mi consejero financiero **recomendó** (**quería**) que (yo) **hiciera** un presupuesto.
*My financial adviser **recommended** that I (**wanted** me to) **make** a budget.*

**Siento** mucho que tú no **pudieras** matricularte en la universidad.
*I'm very **sorry** that **you were not able** to register for college.*

José Luis **buscaba** una universidad que **ofreciera** cursos de alemán.
*José Luis **was looking for** a college that **offered** courses in German.*

# Lectura literaria

**¡AVANZA!** **Goal:** Read the excerpts of one woman's memoir of leaving Cuba as a student and coming to the United States. Then, compare her experiences with what you might have felt and done in similar circumstances.

## Para leer

**ESTRATEGIA Leer**

**Make predictions, then compare** In this text, the author recounts difficulties she faced after leaving Cuba in 1962. To understand, read the first sentence of each of the four paragraphs. Use a diagram to note your prediction of what each paragraph will be about, based on the first sentence. Then read each paragraph and compare your notes to the actual content. Were the predictions accurate?

| Primera oración del párrafo | | Mi predicción sobre el párrafo | | Contenido del párrafo |
|---|---|---|---|---|
| 1. | | 1. | | 1. |
| 2. | Predicción | 2. | Comparación | 2. |
| 3. | | 3. | | 3. |
| 4. | | 4. | | 4. |

### Vocabulario para leer

**acoger** *recibir a una persona en su casa; amparar*
**compartir** *repartir algo entre varios*
**el exilio** *acto de irse alguien de su país*
**la incertidumbre** *falta de seguridad*
**el rechazo** *acción de oponerse o no aceptar*
**el refugiado** *persona que ha tenido que irse de su país*

## Nota cultural

### Sobre la autora Josefina González (1945–)

Josefina González, cubana, llegó al exilio en 1962, cuando apenas acababa de terminar su primer año de la carrera de medicina en la Universidad de La Habana. Vivió en Boston, pero no pudo terminar sus estudios hasta que se mudó a Miami en 1970. Las nuevas circunstancias le hicieron cambiar de rumbo y, en la Universidad Internacional de la Florida, terminó su licenciatura y maestría y se graduó con un doctorado en educación. En su única obra publicada, *A pesar de todo*, de donde son estos fragmentos, recoge la lucha y la nostalgia de los cubanos en el exilio.

### Sobre los refugiados cubanos

Entre 1959 y 1980, casi un millón de cubanos salieron de Cuba para Estados Unidos. Josefina González fue parte de la «primera oleada» de más de 215.000 refugiados que huyeron de su país después de la revolución cubana en 1959.

Unidad 4

# A pesar de todo[1]
*(fragmentos)*

Joven refugiada cubana en el aeropuerto, 1961

«... Éramos un pueblo pequeño, próspero, orgulloso y educado. Se vivía con optimismo, se respiraba alegría. Compartíamos un entusiasmo colectivo que de algún modo llegó a ser parte de la idiosincrasia cubana...»

## El exilio

Salimos de Cuba con un nudo en la garganta[2] y llegamos al exilio con un nudo en el estómago. Las que salieron acompañadas de su familia vieron preocupación y desasosiego[3] a su alrededor. Las inquietudes normales de una joven pasaron a convertirse en la incertidumbre de no saber cómo ni de dónde saldría el dinero necesario para subsistir[4].
5  Había que buscar colegios, un medio de transporte, vivienda y, sobre todo, trabajo.

---

[1] **A...** In spite of everything  [2] **nudo...** knot in one's throat  [3] unrest  [4] survive

### ❖ A pensar
¿Por qué sentía incertidumbre la narradora?

### ✓ Reflexiona
Según la narradora, ¿cómo eran los cubanos antes del exilio? ¿Cómo se compara la situación de los cubanos antes con los sentimientos que experimentaban al salir para el exilio?

# Lectura literaria *continuación*

Vimos a los «mayores» (aquellos de la edad de nuestros padres) aceptar comida
10 del gobierno y aceptar trabajos muy por debajo de sus carreras o profesiones. La mantequilla de maní[5], tan ajena[6] a la dieta criolla hasta entonces, se convirtió en fuente de proteína. Los quesos y el
15 «casi jamón» enlatado[7] llegaron a ser bienvenidos en la mesa de comer. La leche en polvo[8] parecía hasta cremosa. El Refugio[9] se convirtió en lugar de tertulias[10]. Con orgullo, esos «mayores»
20 se vistieron de uniforme; se convirtieron en chóferes o camioneros; lavaron platos, y recogieron cosechas[11]. Poco a poco los vimos buscar medios de usar su educación o de invertir los poquitos dólares que
25 quizás algunos cuantos habían podido mantener en los Estados Unidos o traer consigo antes del cierre total de las salidas de divisas[12]. Los vimos compartir con otros lo poco que tenían y recibir en sus casas a hijos ajenos para darles albergue temporal. Los sofás-camas y las «colombinas»[13] florecían en los pequeños apartamentos donde en vez
30 de dos o tres inquilinos[14], había una docena de refugiados.

Son miles y miles las historias individuales y colectivas de acciones de rechazo por parte de los norteamericanos que detestaban la llegada masiva de refugiados. Otras tantas de acciones nobles por parte de los que veían a los cubanos con lástima[15]. Muchos ofrecieron ayuda y
35 acogieron a sus nuevos vecinos; otros se negaban incluso a alquilarles apartamentos disponibles[16].

Familia cubana en un centro de ayuda para refugiados, Miami, 1965

### ❈ A pensar
¿Cómo reaccionaron los norteamericanos ante la llegada de los cubanos?

---

[5] peanut butter  [6] foreign  [7] canned  [8] powdered milk
[9] U.S. Cuban Relief Agency  [10] conversations  [11] harvests  [12] hard currency
[13] folding bed (Cuba)  [14] tenants  [15] pity  [16] available

---

## ✓ Reflexiona

Al llegar a este país, ¿cómo cambió la vida de los «mayores»? ¿Crees que les fue fácil acomodarse a tales cambios?

En medio de ese ambiente, aquéllos que tenían que proveer para sus hijos comenzaron a salvar los obstáculos[17] uno por uno. Buscaban apoyo, comprensión y consuelo en los que pasaban por lo mismo. Los vimos sentirse orgullosos y compadecer a[18] los que consideraban ignorantes de nuestra cultura y nuestra historia. El no tener dinero no los hacía inferiores, sino más desafiantes[19]. De ellos aprendimos el valor de poseer una buena educación y cómo sacarle partido[20] a las circunstancias utilizando la cooperación y la unión de los que resultan afines[21].

---

[17] **salvar...** overcome obstacles
[18] feel sorry for
[19] defiant
[20] take advantage
[21] close

Tienda de comida en un barrio cubano de Miami

### ❋ A pensar
¿Qué aprendió la narradora de sus mayores?

## Después de leer

### ¿Comprendiste?

1. ¿Cómo se sentían los cubanos al salir para el exilio? ¿Y al llegar?
2. ¿Cuáles fueron los primeros problemas que los exiliados enfrentaron en Estados Unidos?
3. ¿Qué tipos de alimento recibían los cubanos del gobierno?
4. ¿Cómo se ayudaban los cubanos unos a otros?

### ¿Y tú?

Usando tus propias palabras, parafrasea y analiza la idea principal y el tema del texto.

### Para escribir

Escribe uno o dos párrafos sobre el siguiente tema: Un cambio difícil en mi vida.

### Desde tu mundo

En grupos, comenten la siguiente situación: Imaginen que en seis meses ustedes tendrán que irse a vivir a un país extranjero cuyo idioma no hablan y cuyas costumbres no conocen. ¿Qué harían ustedes para prepararse?

# Lectura literaria  continuación

**¡AVANZA!**  **Goal:** Read this poem about a struggle between two parts of the poet's identity. Then, assess how the poem contrasts facets of the poet's personality.

## Para leer

**ESTRATEGIA  Leer**

**Compare and contrast**  This poem contrasts an outer Julia de Burgos, whom the world sees, with an inner Julia, whom only the poet knows. Use a chart to note five differences between **la Julia exterior** and **la Julia interior.** Which is the true Julia? Relate each answer to the main idea of the poem.

| la Julia exterior | la Julia interior |
|---|---|
| ropa | esencia |

### Nota cultural

**Sobre la autora Julia de Burgos** (1917–1953)

La puertorriqueña Julia de Burgos está considerada como una de las mejores poetas de su país. Desde joven, le atraía el mundo intelectual y la poesía, y estudió y vivió en Puerto Rico, Cuba y Estados Unidos. Una persona de profunda sensibilidad, tuvo una vida infeliz, marcada por períodos de depresión y enfermedad. Murió a los 36 años en Nueva York. Sus poemas reflejan su sensibilidad y expresan sus sufrimientos, su amor, su desesperanza y sus deseos por su patria y la humanidad.

# A Julia de Burgos (fragmentos)

Ya las gentes murmuran que yo soy tu enemiga,
porque dicen que en versos doy al mundo tu yo.
Mienten, Julia de Burgos. Mienten, Julia de Burgos.
La que se alza[1] en mis versos no es tu voz; es mi voz,
5  porque tú eres ropaje[2] y la esencia soy yo;
y el más profundo abismo se tiende[3] entre las dos.
Tú eres fría muñeca[4] de mentira social,

**A pensar**
¿A quién le habla la poeta aquí?

---
[1] rises   [2] clothing   [3] stretches   [4] doll

Unidad 4

y yo, viril destello⁵ de la humana verdad.

Tú, miel de cortesanas⁶ hipocresías; yo no;

10 que en todos mis poemas desnudo el corazón.

Tú eres como tu mundo, egoísta; yo no;

que todo me lo juego⁷ a ser lo que soy yo.

Tú eres sólo la grave señora señorona⁸;

yo no; yo soy la vida, la fuerza, la mujer.

15 Tú eres de tu marido, de tu amo; yo no;

yo de nadie, o de todos, porque a todos, a todos,

en mi limpio sentir y en mi pensar me doy.

Tú te rizas⁹ el pelo y te pintas; yo no;

a mí me riza el viento; a mí me pinta el sol.

20 Tú eres dama casera¹⁰, resignada, sumisa¹¹,

atada a los prejuicios de los hombres; yo no;

que yo soy Rocinante¹² corriendo desbocado¹³

olfateando¹⁴ horizontes de justicia de Dios.

Las dos Fridas, *Frida Kahlo*

| ⁵ flash | ⁶ polite | ⁷ **me...** I risk it all |
| ⁸ grand lady | ⁹ curl | ¹⁰ lady of the house |
| ¹¹ meek | ¹² Don Quixote's horse | ¹³ wildly |
| ¹⁴ sniffing | | |

## Después de leer

### ¿Comprendiste?

1. Según la poeta, ¿quién de verdad habla en sus versos?
2. ¿Qué separa a la otra Julia de la poeta Julia?
3. ¿Cúales son tres diferencias entre las dos Julias?
4. ¿A quién pertenece la otra Julia? ¿Y la poeta Julia?

### ¿Y tú?

¿Alguna vez te has sentido dividido(a) entre dos modos de ser o de pensar?

### Para escribir

Escribe uno o dos párrafos sobre el siguiente tema: Mis diversas modalidades.

### Desde tu mundo

En grupos, discutan esta idea, citando ejemplos de la vida real y la literatura: La personalidad de todos los seres humanos tiene muchas facetas.

# Conexiones  *La arquitectura y el arte*

## *Universidades monumentales*

En los países hispanohablantes hay universidades que se conocen no sólo por sus programas académicos sino también por el valor arquitectónico o artístico de sus recintos. Estos lugares se han convertido en destinos turísticos a la vez que siguen siendo institutos de educación superior. A continuación conocerás dos universidades que se distinguen por ser joyas arquitectónicas y artísticas.

## Joyas arquitectónicas

### La Universidad de Salamanca

La hermosa ciudad de Salamanca, España, impresiona por su riqueza arquitectónica, en la que figuran los estilos románico, gótico, plateresco y barroco. En particular, **la Universidad de Salamanca**, fundada en 1218, es famosa por sus edificios plateresos, un estilo que combina elementos góticos y renacentistas. En el plateresco predominan detalles muy finos que recuerdan los diseños utilizados por los artesanos de la plata; de ahí su nombre. La fachada de la Universidad de Salamanca se considera una obra maestra del plateresco.

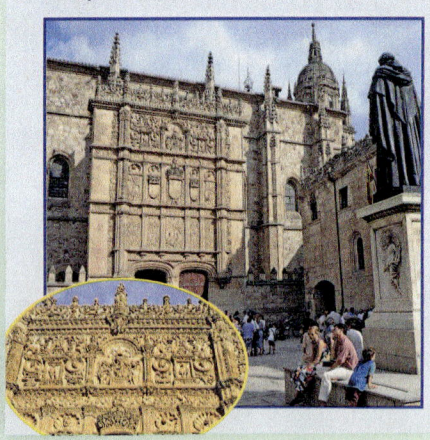

Llena de escudos, medallones y figuras de todo tipo, se ha comparado la fachada de la Universidad de Salamanca con un tapiz labrado en piedra. Construido entre 1529 y 1533, este monumento es uno de los mejores ejemplos del estilo plateresco.

### La Universidad Nacional Autónoma de México

**La Universidad Nacional Autónoma de México** (UNAM) es la institución de educación superior más importante del país. Cuando se inició su construcción en la década de 1940 se invitó a participar en el proyecto a los artistas mexicanos más conocidos. Gracias a ello, aquí se encuentran los famosos relieves de Juan O'Gorman en los muros de la biblioteca central, obra que el artista consideró ser su creación más importante. También está el mural inconcluso de Diego Rivera en el Estadio Olímpico y los murales de David Alfaro Siqueiros en el edificio de la Rectoría.

Cada lado de la Biblioteca Central cuenta una etapa distinta de la historia mexicana. Aquí vemos el lado sur, que representa el pasado colonial, y el lado oeste, que muestra la universidad y el México actual. En los otros dos muros figuran escenas del pasado prehispánico y del mundo contemporáneo. Los mosaicos se hicieron de piedras de colores recogidos de todas partes de México.

### Proyecto
Haz un informe sobre una universidad del mundo hispanohablante. Investiga su historia, su recinto, qué especializaciones ofrece, por qué se le conoce y sus programas para extranjeros. En grupos, compartan su información y juntos decidan a cuál de las universidades les interesaría asistir y por qué.

### En tu comunidad

¿Qué universidades monumentales hay en tu ciudad o región?

Investiga las universidades de tu región y averigua en cuáles hay edificios, obras de arte u otros artefactos de valor arquitectónico, histórico o artístico. ¿Por qué se considera importante el edificio o la obra? ¿Has visitado el recinto? ¿Qué más sabes de esa universidad?

# Escritura

## Predicciones para el futuro

Escríbete una carta a ti mismo(a) para abrirla en el futuro. En tu carta, incluye predicciones sobre cómo será tu vida, tu familia y la sociedad cuando cumplas los treinta años. También debes explicar tus esperanzas para el futuro y qué harás para que tus sueños se hagan realidad.

### 1 Prepárate para escribir

**ESTRATEGIA Usa una tabla para hacer predicciones** ¿Qué harás en los próximos años? ¿Qué cambios experimentarán tu familia y la sociedad? ¿Qué problemas enfrentará tu generación? Organiza tus predicciones con una tabla.

| Yo | Mi familia | La sociedad |
|---|---|---|
| • Tendré trabajo como...<br>• Será difícil que yo...<br>• Espero que todos... | • Mi hermano se casará...<br>• Mis padres decidirán... | • Se descubrirá una cura para...<br>• Habrá una guerra en... |

### 2 Escribe

Usa las ideas que anotaste para escribir tu primer borrador.

**Párrafo 1  Mi futuro**  Da tus predicciones con respecto a tu educación, carrera y vida personal. ¿Qué esperas que suceda? ¿Qué tendrás que hacer para que tus planes se lleven a cabo? Usa el futuro y el subjuntivo para hablar de eventos futuros o posibles.

**Párrafo 2  Mi familia**  Imagina cómo serán tus familiares. ¿Seguirán viviendo en el mismo lugar? ¿Estarán casados tus hermanos?

**Párrafo 3  La sociedad**  Explica qué problemas sociales enfrentaremos. ¿Qué soluciones habrá? ¿Qué nuevos retos se presentarán? ¿Qué tendrás que hacer tú para que el futuro sea mejor?

### 3 Revisa tu composición

Intercambia tu borrador con un(a) compañero(a) y corrígelo.

- ¿Ha incluido tu compañero(a) predicciones para sí mismo(a), su familia y la sociedad?
- ¿Ha explicado qué hará para realizar sus metas y solucionar problemas?
- ¿Son correctas las formas verbales? Presta especial atención al uso del futuro y del subjuntivo.

En el futuro, creo que todos ~~estén~~ **estarán** manejando carros eléctricos o híbridos. Será necesario que ~~usaremos~~ **usemos** menos petróleo; por eso, se ~~construirá~~ **construirán** turbinas de viento en los desiertos y en los mares. ¡Usaremos la energía eólica para hacer electricidad! Cuando yo me ~~graduo~~ **gradúe** de la universidad, creo que habrá muchas carreras en ~~la~~ **el** área de la energía verde. Para poder trabajar en ese campo, ~~teneré~~ **tendré** que estudiar ingeniería.

# Comparación cultural

**¡AVANZA!** **Goal:** Read three letters to the editor about social action programs in Bolivia, Chile, and the Dominican Republic. Then compare them with similar programs in the United States.

## Programas y escuelas de ayuda social

**Cochabamba, Bolivia**
El Andino • Viernes 11 de diciembre

### Echemos una mano

Sr. Editor:
Recientemente tuve la oportunidad de aprender más sobre Mano a Mano, una organización boliviana que fue creada para promover obras caritativas[1] y trabajo comunitario en las áreas de salud, educación y desarrollo social[2].

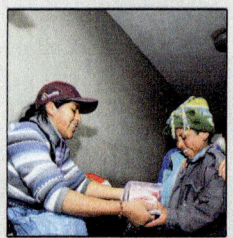

La pobreza es un problema grave aquí, donde el 23% de la población vive en la pobreza extrema. Junto con la pobreza vienen los problemas de hambre y analfabetismo. La deserción escolar también existe, debido a la escasez[3] de escuelas en las zonas rurales.

Mano a Mano provee asistencia médica y educacional para los niños, adolescentes y adultos de Cochabamba y las áreas cercanas. Los voluntarios de Mano a Mano construyen escuelas primarias y secundarias, clínicas de salud, carreteras y pistas de avión[4]. También proveen suministros[5] médicos y organizan visitas de médicos a áreas rurales. Sin los esfuerzos de Mano a Mano, los residentes de estas zonas habrían tenido más enfermedades y hambre, y los niños habrían dejado de asistir a la escuela a una edad temprana.

Les pido a todos los lectores que se unan a mí para apoyar a los voluntarios de Mano a Mano, quienes trabajan diariamente para mejorar la vida de nuestros compatriotas[6] menos afortunados.

**Julia Andrade Solís**

---

**Santiago, Chile**
La Capital • Sábado 12 de diciembre

### ¡Sí se puede!

El próximo verano voy a trabajar de voluntario con VE Global, una organización que organiza voluntarios para trabajar en catorce lugares distintos de nuestro país. Los voluntarios, quienes vienen de diversos países, trabajan con niños y adolescentes en situación de riesgo[7] dentro de nuestra sociedad. Los esfuerzos de grupos como éste hacen que los jóvenes eviten[8] problemas con el alcoholismo, la delincuencia y las drogas. Con la ayuda de estos proyectos, los jóvenes tendrán la oportunidad de integrarse a la sociedad y llevar una vida productiva y saludable.

Los voluntarios trabajan en orfanatos[9], centros de ayuda, centros comunitarios y escuelas. Los proyectos, en los que colaboran los niños y los voluntarios incluyen aspectos educacionales, recreativos y culturales. Por ejemplo, se ofrecen programas de alfabetización[10], computación e informática, fútbol, recreo, inglés y artes visuales.

Dentro de un año, habré hecho una contribución importante al bienestar[11] de los niños de nuestro país. Ojalá que los que lean esta carta hagan lo mismo. La población juvenil representa nuestro futuro. ¡No la abandonen!

**Antonio Germano Estrada**

---

[1] charitable  [2] social development  [3] scarcity  [4] runways  [5] supplies  [6] fellow countrymen and women  [7] at risk  [8] avoid  [9] orphanage  [10] literacy  [11] well-being

La Voz del Caribe • 11 de diciembre

## Armas contra la violencia doméstica

Sr. Editor:

Lamentablemente, en nuestro país todavía existen la violencia doméstica y la agresión contra las mujeres. Muchos de estos casos ocurren en familias donde hay pobreza (44% de la población) y pobreza extrema (casi el 13%). Pero la situación se puede mejorar y esto es lo que hace CE-MUJER (El Centro de Solidaridad para el Desarrollo de la Mujer).

Desde su inicio[12] en 1988, CE-MUJER ha sido apoyado por Educación Sin Fronteras (ESF), una organización española que promueve programas internacionales de educación y entrenamiento. CE-MUJER trabaja para asegurar que nuestras mujeres reciban capacitación[13] técnica en oficios no tradicionales. También colabora con mujeres en comunidades rurales y urbanas para formar organizaciones y centros de ayuda. Ahora hay más de 135 grupos en municipios como Hato Mayor, Higüey, Los Llanos y Guerra.

Además, CE-MUJER tiene programas de salud que ayudan a estas mujeres recibir y administrar servicios de alimentación, higiene y prevención de enfermedades como el SIDA. El apoyo a la mujer es su meta principal.

Quisiera que los lectores se unan a los esfuerzos de este grupo. Sólo hace falta su tiempo y algo de su talento. ¿Por qué no se ponen en contacto con CE-MUJER o ESF ahora mismo?

[12] beginning     [13] training

## Después de leer

### ¿Comprendiste?

1. ¿Cuál de estos programas ofrece entrenamiento a mujeres?
2. ¿Cuál construye vías de transporte y ofrece ayuda médica?
3. ¿Cuál trabaja con niños y adolescentes en situaciones de riesgo?
4. Según la primera carta, ¿qué problemas o situaciones se asocian con la pobreza?

### Compara con tu mundo

En tu opinión, ¿cuáles son los problemas sociales más graves de Estados Unidos?

¿Qué organizaciones o grupos conoces que trabajan para combatir y solucionar estos problemas? Haz una investigación por Internet de un problema social específico y una organización que se dedique a él para saber qué trabajo realiza y cómo puedes colaborar.

# Comparación cultural *continuación*

**¡AVANZA!** **Goal:** Read about three unique schools in Bolivia, Chile, and the Dominican Republic. Then compare them with different educational organizations in the United States.

## Unidad Académica Campesina de Carmen Pampa

**Bolivia**

*Noreste de Bolivia*

### ¿Qué es?
UAC-CP está afiliada[1] a la Universidad Católica de Bolivia. Su meta es proveer la educación avanzada a los jóvenes pobres del departamento de La Paz. Administra programas que integran las necesidades de la comunidad, como la salud, el medio ambiente y las finanzas personales, con un currículum basado en materias que se aplican directamente a la vida de los estudiantes.

### ¿Con quiénes trabaja?
UAC-CP colabora con varios grupos bolivianos y con South Dakota State University (Brookings), College of St. Catherine (St. Paul, MN) y University of Wisconsin (River Falls). Algunos de sus profesores son consejeros e instructores en UAC-CP.

### ¿Cómo se puede participar?
- Un nuevo fondo[2] para becas fue creado para los estudiantes que no pueden pagar la matrícula y los gastos adicionales. Siempre se buscan contribuciones.
- Se necesitan voluntarios que hablen español para ayudar con la administración del programa y organizar reuniones y eventos.

---
[1] affiliated  [2] fund

## Escuela Agroecológica de Pirque

**Chile**

*Estudiantes trabajando con vegetales.*

**Esta escuela secundaria privada** es la primera de su tipo en Chile. La filosofía de la escuela se basa en la educación holística[3] y se ofrecen cursos en agricultura orgánica y agroturismo para más de 400 adolescentes chilenos entre las edades de 14 y 18 años.

Durante el proceso de admisión, los administradores favorecen a los estudiantes que provienen de zonas rurales para darles la oportunidad de volver a sus pueblos después de graduarse y poner en práctica[4] lo que han aprendido. EAP tiene la meta de ofrecer una educación secundaria a jóvenes vulnerables a varios problemas sociales, como la delincuencia y las pandillas, e integrarlos[5] en una cultura escolar no violenta.

Una vez que los estudiantes son aceptados y se inscriben en EAP, cursan[6] materias en disciplinas como agroindustria y eco-construcción. Al terminar el programa, habrán ganado su licencia de educación media y el título de técnico agropecuario.[7] Además, habrán aprendido a ser agentes de transformación social para el futuro.

---
[3] holistic, integral  [4] to put into practice  [5] to fit them in  [6] they take  [7] livestock and agricultural specialist

### Los Centros APEC de Educación a Distancia (CENAPEC)

- CENAPEC fue creado en 1972 para ofrecer cursos desde el sexto nivel de escuela primaria hasta el final de la escuela secundaria a adultos y adolescentes mediante[8] un sistema de educación a distancia[9].

- El sistema educativo de CENAPEC se enfoca en ofrecer una educación de alta calidad, con la mayor eficiencia posible y al costo más económico, al mayor número de estudiantes. Sus metas son la educación universal y la responsabilidad social.

- Los requisitos para el primer año de los programas de bachillerato[10] incluyen tres copias del acta de nacimiento[11] y de la tarjeta de identidad, y dos fotografías. Para los años siguientes también se necesita el récord de los cursos anteriores.

- Cuando los estudiantes se inscriben y pagan la matrícula, reciben un nombre de usuario[12] y una contraseña, con los que pueden entrar en el aula virtual[13] y empezar sus estudios.

- Los estudiantes pueden escoger entre varios programas: el bachillerato virtual, el bachillerato virtual acelerado, el diplomado en diseño y elaboración de materias didácticas[14] virtuales y el diplomado[15] en formación de tutores telemáticos[16].

**República Dominicana**

---

[8] through  [9] **educación...** distance learning  [10] high school diploma
[11] birth certificate  [12] **nombre...** user's name  [13] **aula...** virtual classroom
[14] didactic, pedagogical (related to teaching)  [15] qualified, certified
[16] telematic (long-distance transmission of computerized information)

## Después de leer

### ¿Comprendiste?

1. ¿Cuál es la meta principal de la escuela de Bolivia? ¿Y de Chile? ¿Y de la República Dominicana?
2. ¿Con quién trabaja la escuela de Bolivia?
3. ¿Qué tipos de cursos se ofrecen en la escuela de Chile?
4. ¿Qué tipo de educación ofrece la escuela de la República Dominicana?

### Compara con tu mundo

¿Qué sabes de las instituciones educativas de tu estado o región? ¿Existen programas semejantes a los presentados aquí? ¿Hay escuelas y universidades que combinen la educación con la responsabilidad social? Navega por Internet para buscar tres escuelas, universidades o programas educativos en tu estado o región que se enfoquen en la solución de un problema social.

doscientos setenta y siete

**UNIDADES 1-4**

# Repaso inclusivo
♻ Options for Review

## 1 | Escucha, comprende y decide

**Escuchar Escribir**

Escucha la entrevista con una psicóloga y contesta las preguntas.

1. ¿Sobre qué tema habla la doctora Rojas en la entrevista?
2. ¿Cuáles son las dos cosas que se combinan para producir el estrés?
3. ¿Cuáles son dos ejemplos de un factor estresante?
4. ¿Cuáles son dos ejemplos del estrés positivo?
5. ¿Qué efectos puede tener el estrés positivo?
6. Ella menciona varios factores estresantes comunes para los adolescentes. ¿Cuáles son dos?
7. Según ella, ¿cómo nos sentiríamos sin el estrés?

## 2 | Lee y escribe un cartel

**Leer Escribir**

Lee los carteles de la oficina de la consejera. Después escribe un cartel con consejos para resolver otro problema. Usa pronombres reflexivos y de complemento indirecto y el subjuntivo.

## 3 | Haz una entrevista

Escribir
Hablar

Trabajas en una universidad, donde te encargas de entrevistar a los estudiantes que han solicitado el ingreso. Prepara seis a ocho preguntas para tu compañero(a), un(a) aspirante, sobre sus antecedentes académicos, sus aspiraciones, su servicio comunitario y sus opiniones sobre algunos problemas sociales. Usa el pretérito, el futuro, el condicional y el subjuntivo de forma adecuada. Después presenta la entrevista.

**Expansión**
Como aspirante, pregúntale a tu entrevistador(a) sobre las clases y actividades que hay en la universidad.

## 4 | Escribe, informa y ayuda

Hablar
Escribir

Con unos(as) compañeros(as), preparen un paquete informativo para los estudiantes que entrarán en su escuela el próximo año. Su paquete debe ayudar a los nuevos estudiantes y presentar recomendaciones útiles. Incluyan:

- consejos sobre qué clases deben tomar y qué actividades deben hacer
- recomendaciones sobre cómo hacer amigos y evitar problemas
- sugerencias sobre cómo tener éxito académico
- información sobre qué hacer si necesitan ayuda con un problema

Pueden ilustrar su paquete con dibujos o fotos. Usen el indicativo y el subjuntivo apropiadamente, así como los comparativos.

**Expansión**
Presenten el paquete informativo a la clase.

## 5 | Describe y compara

Escribir

Haz un informe sobre las dos universidades que más te interesan. Describe los dos lugares y explica por qué has solicitado el ingreso allí. Compara las ventajas y desventajas de cada lugar, di qué estudiarías allí y explica por qué estudiar allí te ayudaría en tu carrera. Usa correctamente los comparativos, el pretérito perfecto y el condicional.

La Universidad de Santiago, Chile

## 6 | Haz un informe oral

Hablar

Haz un informe sobre el problema que tú consideras ser el más grave para chicos de tu comunidad. Podría ser un problema específico de tu área o escuela, como el desempleo o las pandillas, o un problema más generalizado, como la contaminación o el hambre. En tu informe, debes:

- identificar el problema y explicar por qué lo ves tan grave
- resumir qué está pasando hoy día con respecto al asunto, y qué se ha hecho para enfrentarlo
- recomendar qué se debe hacer para solucionar el problema
- explicar qué has hecho o qué harías para ayudar

Utiliza de manera apropiada los gerundios, el pretérito perfecto, el subjuntivo, el futuro y el condicional.

# Actividades preparatorias

## ❶ Families and Communities: Presentational Speaking

Haz una presentación oral sobre el siguiente fragmento del cuento impreso y el ensayo grabado. Lee el fragmento y luego escucha el ensayo. Después prepara tu informe.

El fragmento del cuento impreso describe la relación entre abuela y nieto. El ensayo grabado relata lo que una nieta heredó de su abuela. En tu presentación, habla de cómo tratan las dos fuentes el siguiente tema: ¿Qué heredan los jóvenes de los mayores y cuál es la importancia de tales herencias?

### Fuente 1  Fragmento de cuento

**de *Tan veloz como el deseo* por Laura Esquivel**

...–¿Qué dice ahí, abuela?

–No sé, hijo, se supone que en esa estela están anotadas unas fechas muy importantes, pero nadie ha podido interpretarlas.

El pequeño Júbilo se horrorizó. Si los mayas se habían tomado la molestia de pasar tanto tiempo tallando esa piedra para dejar las fechas inscritas en ella, era porque las consideraban verdaderamente importantes, ¿cómo era posible que alguien las hubiera olvidado? No lo podía creer.

–Pero dime, abuela, ¿de veras no hay nadie que sepa cuáles son esos números?

–No se trata de eso, *Che'ehunche'eh Wich*, sí sabemos cuáles son, lo que no sabemos es a qué fecha de nuestro calendario corresponden, porque los mayas tenían otro calendario distinto y nos hace falta una pieza clave para interpretarlos.

–¿Y quién la tiene?

–Nadie, esa clave se perdió con la conquista. Como te he dicho, los españoles quemaron muchos códices, así que hay muchas cosas que nunca vamos a saber de nuestros antepasados.

Mientras doña Itzel le daba una larga fumada a su cigarro, Júbilo dejó escapar una lágrima. Se negaba a aceptar que todo estuviera perdido. No podía ser cierto. Esa piedra le hablaba, y aunque no alcanzaba a entenderla, estaba seguro de que podía descifrar el misterio que encerraba, o al menos, eso iba a intentar.

Pasó días aprendiendo la numeración maya. Se trataba de una numeración vigesimal, del uno al veinte, que utilizaba puntos y rayas para su escritura. Curiosamente, ese entrenamiento le facilitó, años más tarde, el aprendizaje de la clave Morse. Pero en ese entonces, él ignoraba que iba a ser telegrafista y su única preocupación era la de dar con la clave para descifrar los fechamientos mayas. A doña Itzel no podía haberla hecho más feliz. Ver a su nieto enfrascado por completo en la cultura de los antiguos mayas la llenaba de orgullo y satisfacción, es más, creo que eso fue lo que le permitió morirse en paz, pues se dio cuenta de que su herencia en la tierra ya estaba asegurada en un miembro de la familia. Estaba segura de que Júbilo no se olvidaría de su pasado maya.

### Fuente 2  Ensayo grabado

Lee el fragmento y luego escucha el ensayo. Después analiza la idea principal y el tema de cada fuente y prepara tu informe.

*These activities can be used to help you to prepare for the Advanced Placement Spanish Language examination, or to practice vocabulary and grammar concepts you have learned in this unit. See also online Resources for AP® Preparation.*

## ❷ Families and Communities: Presentational Writing

Escríbele una carta a un(a) amigo(a). Él (Ella) está muy triste porque sus padres le han dicho que se van a divorciar. Saluda a tu amigo(a) y

- expresa tu reacción a las noticias
- ofrécele apoyo y deseos apropiados
- hazle algunas sugerencias sobre qué hacer para sentirse mejor

## ❸ Families and Communities: Interpersonal Speaking

Lee el esquema de esta conversación simulada. Después, empezará la conversación. Siempre que te toque, tendrás 20 segundos para responder.

Imagina que hablas con la señora Elena Robles, directora de un programa de intercambio, sobre una solicitud que hiciste para participar en un programa de intercambio. Las líneas en gris reflejan lo que escucharás en la conversación.

| | |
|---|---|
| **Sra. Robles:** | Te saluda. |
| **Tú:** | Salúdala. |
| **Sra. Robles:** | Continúa la conversación, haciéndote una pregunta. |
| **Tú:** | Contesta la pregunta. |
| **Sra. Robles:** | Continúa la conversación. Te hace otra pregunta. |
| **Tú:** | Expresa tu reacción y contesta la pregunta. |
| **Sra. Robles:** | Reacciona a lo que dijiste y te hace otra pregunta más. |
| **Tú:** | Responde. |
| **Sra. Robles:** | Continúa la conversación. |
| **Tú:** | Responde, haciéndole una pregunta. |
| **Sra. Robles:** | Te contesta y termina la conversación. |
| **Tú:** | Dale las gracias y despídete de ella. |

doscientos ochenta y uno

# UNIDAD 5
## ¡Hablemos de arte!

**Lección 1**
Tema: **Arte a tu propio ritmo**

**Lección 2**
Tema: **A crear con manos y palabras**

Mercado, *Fausto Pérez* (El Salvador)

**Las distintas expresiones artísticas transmiten la cultura de un lugar o las ideas de un artista. ¿Qué tipo de arte se asocia con tu ciudad o estado? ¿Qué tradición o tema representa? ¿Qué expresión artística te interesa más?**

*Biblioteca Nacional de Chile, Santiago*

◀ **Fuentes de literatura** El mejor lugar para encontrar las obras de tu escritor favorito es la biblioteca. Allí te pueden dar el libro que quieres y además información adicional sobre el autor y obras relacionadas. La Biblioteca Nacional de Chile es una de las más antiguas de Latinoamérica. Allí encuentras desde libros de 1491 hasta una moderna base de datos y salas especiales para personas ciegas. *¿Has estado en la biblioteca de tu ciudad? ¿Qué tipo de literatura te gusta?*

**Escuelas de arte** La difusión del arte es muy importante en Latinoamérica y España. Escuelas y talleres de arte reciben a estudiantes de todas las edades que desean aprender distintas técnicas artísticas. *¿Hay alguna escuela de arte cerca de tu ciudad? ¿Qué puedes aprender allí?* ▶

*Centro Cultural Ignacio Ramírez, San Miguel de Allende, México*

*Maná, conjunto de rock mexicano*

◀ **Música para todos los gustos** En los países de habla hispana se escucha todo tipo de música. Hay música folclórica con instrumentos típicos y música moderna con instrumentos eléctricos. Muchos conjuntos y cantantes han obtenido fama internacional y son muy populares en Estados Unidos y Europa. *¿Qué tipo de música escuchas? ¿Conoces a un grupo musical o cantante del mundo hispano?*

doscientos ochenta y tres **283**

# UNIDAD 5 Lección 1

**Tema:**
## Arte a tu propio ritmo

**¡AVANZA!** **In this lesson you will learn to**
- discuss painting and music
- talk about artistic and musical interests

**using**
- future perfect
- conditional perfect
- relative pronouns

**¿Recuerdas?**
- present perfect

## Comparación cultural

**In this lesson you will learn about**
- Pablo Picasso
- Latin music

### Compara con tu mundo

Este grupo mariachi estudiantil de Nuevo México toca durante el Día de las Culturas Hispanas. La música mariachi es de origen mexicano y en ella se tocan violines, trompetas, guitarras, guitarrones y vihuelas. *¿Conoces esta música? ¿Te gusta?*

### ¿Qué ves?

*Mira la foto*
- ¿Qué instrumento tocan estas jóvenes?
- ¿Cómo crees que se sienten en este momento?
- ¿Qué crees que hizo este grupo para poder tocar en el festival?

| MODES OF COMMUNICATION | | |
|---|---|---|
| INTERPRETIVE | INTERPERSONAL | PRESENTATIONAL |
| Listen to and follow instructions for painting a picture. | Exchange opinions about your musical interests. | Present a conversation between an art student and a professor. |
| Read and understand an entertainment guide. | Make plans for going out. | Write a story about a get-together. |

**Grupo mariachi «Los Pollitos del Valle»**
*Santa Fe, Nuevo México*

# Presentación de VOCABULARIO

**¡AVANZA!** **Goal:** Learn how to discuss painting and music. Then talk about your own and your classmates' artistic and musical interests. *Actividades 1–5*

**A** En **las galerías de arte** se hacen **exposiciones** para que **los pintores** presenten sus obras. Allí puedes ver **cuadros** hechos con diferentes materiales.

## GALERÍA DE ARTE

La **textura** de una pintura nos indica qué materiales se usaron. **El óleo** es una pintura a base de aceite. **La acuarela** es a base de agua.

Hay muchos **estilos** de pintura. El estilo **impresionista** muestra personas o situaciones reales, sin elementos de fantasía. El estilo **surrealista** es más **abstracto**.

el óleo · la acuarela

el estilo impresionista · el estilo surrealista · el estilo abstracto · el autorretrato · la naturaleza muerta

**El autorretrato** muestra la cara del artista. En **la naturaleza muerta** vemos cosas sin vida, como frutas, flores y objetos.

el pintor · la tela

### ARTISTA DE LA SEMANA

Casi siempre, el primer paso de una pintura es hacer **el bosquejo,** que es un borrador de la obra final. Antes de empezar a **pintar,** el pintor pone los colores de pintura que va a usar en **la paleta.** Luego toma **el pincel** y empieza a pintar en **la tela.**

el pincel · la paleta

Unidad 5
doscientos ochenta y seis

**B** ¿Qué música te gusta? ¿Rap, rock, pop, jazz, **clásica**? Para hacer música tienes que saber tocar un **instrumento** musical. Hay instrumentos **de viento,** como **la flauta, el saxofón, el trombón** o **la trompeta.**

los instrumentos de viento
el trombón

los instrumentos de cuerda
el violín

los instrumentos de percusión
el tambor
el platillo

**C** También hay instrumentos **de cuerda,** como la guitarra, **el contrabajo** y **el violín.** ¡Hay instrumentos de una sola cuerda y otros, como **el arpa,** que tienen 36 cuerdas!

**D** Otro grupo es el de instrumentos **de percusión,** como **la batería,** que es un conjunto de **tambores** y **platillos.**

la banda
el cantante
el acordeón

la orquesta sinfónica
el director

**E** **Las bandas** de música moderna tienen un **cantante.** Los músicos conectan sus instrumentos a un **amplificador** para que la música se escuche fuerte. Las grandes orquestas tienen un **director,** que guía a los músicos. Y en todo concierto hay un **sonidista,** que controla el sonido de todos los instrumentos.

**F** ¿Quieres ser **compositor** y escribir canciones? ¿Sueñas con tocar **el acordeón** en una banda norteña mexicana? ¿O prefieres tocar el violín en una **orquesta sinfónica?** Como ves, la música te da muchísimas posibilidades.

### Más vocabulario

**componer** to compose
**fatal** really bad, horrible
**genial** great, awesome
**Me encanta(n)...** I love . . .
**Me parece(n)...** It seems (They seem) to me . . .

### ¡A responder! Escuchar

Escucha a una maestra de pintura dándoles instrucciones a los estudiantes. Escucha lo que les dice y luego di qué tipo de pintura van a hacer. ¿Habrán pintado un autorretrato, una naturaleza muerta o un cuadro surrealista?

Interactive Flashcards
my.hrw.com

Lección 1

# Práctica de VOCABULARIO

## 1 | Pasos artísticos

Leer | Arturo quiere estudiar pintura. En la escuela de arte le dan el programa de estudios. Ayúdalo a elegir las opciones que corresponden a cada paso del programa.

1. El primer proyecto es un dibujo básico de lo que pintarás después.
   a. el pincel   b. la exposición   c. el bosquejo
2. La segunda unidad se trata de pinturas al agua.
   a. la paleta   b. la acuarela   c. el óleo
3. Visitarás lugares para ver obras de arte.
   a. las galerías   b. las orquestas sinfónicas   c. las bandas
4. Aprenderás a pintar usando un estilo que muestra elementos irreales.
   a. impresionista   b. surrealista   c. realista
5. El proyecto final será una pintura de tu propia cara.
   a. un retrato   b. una naturaleza muerta   c. un autorretrato

**Expansión**
Escribe oraciones con dos palabras del vocabulario relacionadas con la textura de una pintura.

## 2 | Página de espectáculos

Leer | Damiana escribió un artículo para el periódico escolar sobre el festival de música de la semana pasada. Complétalo con las palabras apropiadas.

### Música sin fronteras

El festival comenzó con la __1.__ (orquesta sinfónica / cantante), que tocó obras de __2.__ (sonidistas / compositores) clásicos. Todos los músicos siguieron con atención al __3.__ (director / acordeón). Luego tocó un grupo de música ranchera, donde se destacaron los instrumentos de viento, en especial __4.__ (el arpa / la trompeta). Por último escuchamos a la banda de rock en español Fuerza. Los golpes de la __5.__ (batería / flauta) nos hicieron seguir el ritmo y los __6.__ (amplificadores / violines) parecían explotar.

## 3 | Amigos del arte

Escuchar
Escribir

Patricia y Gonzalo están visitando un lugar interesante. Escucha su conversación y luego contesta las siguientes preguntas.

1. ¿Dónde están Gonzalo y Patricia?
2. ¿A quién le interesaba más el arte antes de ir?
3. ¿Qué tipo de pinturas le gustan a Gonzalo?
4. ¿Qué textura menciona Patricia?
5. ¿Por qué se sorprende Gonzalo al final?

## 4 | Tus gustos musicales

Hablar

Tú y un(a) compañero(a) hablan sobre sus gustos musicales. Háganse cinco preguntas cada uno sobre estilos de música, instrumentos y músicos. Usen las palabras del vocabulario y las expresiones del banco de palabras. Sigan el modelo. Usen expresiones faciales y gestos apropiados.

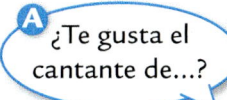

**A** ¿Te gusta el cantante de…?

**B** A mí me parece un poco…

| | | |
|---|---|---|
| Me parece(n)… | Me aburre(n)… | componer |
| Me encanta(n)… | fatal | preferir |
| Me gusta(n)… | genial | la música clásica |

## 5 | ¿Puedo o no puedo?

Hablar

La siguiente ilustración muestra a Estela, una joven interesada en la pintura. Con un(a) compañero(a), representen un diálogo entre ella y su profesor de arte. En el diálogo, incluyan qué piensa y dice Estela, cómo se siente y qué le dice el profesor. Utilicen el vocabulario de esta lección.

*Más práctica* Cuaderno *p. 89*

**PARA Y PIENSA**

**¿Comprendiste?**
1. ¿Cuáles son las herramientas principales de un pintor?
2. ¿A qué instrumento se parece el acordeón?
3. ¿A qué grupos pertenecen estos instrumentos: platillo, saxofón, tambor, contrabajo, trombón, guitarra eléctrica?

Lección 1
doscientos ochenta y nueve

# VOCABULARIO en contexto

 **Goal:** Read the articles and ad from an arts magazine. Then answer questions about them and talk about art and music you like. **Actividades 6–8**

¿*Recuerdas?* Present perfect p. 158

## Contexto *Revista de arte*

**ESTRATEGIA** Leer
**Track your reactions** Draw three faces: happy, sad, and neutral. Next to each face, write something that you like, don't like, or think about the articles and ads in the magazine.

 **Me encanta** la música de RBD.
 **No me gustan** las galerías de arte.
 **Me parece** que voy a comprar una flauta.

Rogelio, un joven mexicano, compró la revista de arte *Notas y Pinceles*. En cada sección encontró un artículo que le interesó y un anuncio que le podría resultar útil.

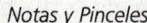

*Notas y Pinceles    Número 2*

### PINTURA: VER Y APRENDER

**En la galería de arte Nuevo Mundo se realizó una novedosa exposición de arte abstracto.** Además de disfrutar de las diferentes texturas de las pinturas, el público pudo tomar una clase básica de arte, en la que aprendió a trabajar con el pincel y la paleta, y crear una pintura en tela. La clase estuvo supervisada por pintores. El mes próximo se hará otra exposición similar dedicada al arte impresionista.

### UNA NOCHE DE SEIS VOCES

**El sábado se presentó en el D.F. el popular grupo de música RBD.** Antes de su gira europea, RBD quiso despedirse de sus jóvenes fans con un gran concierto. Los seis cantantes de la banda ofrecieron un buen espectáculo y el sonidista fue un elemento fundamental para lograr que todo se escuchara con calidad de disco compacto. Después de dos horas de música, los técnicos guardaron todos los amplificadores para su partida a España al día siguiente. Estaremos esperando otro concierto a su regreso.

**INSTRUMENTOS MUSICALES EN EL CORAZÓN DE MÉXICO**

**ESTAMOS EN EL ZÓCALO, AL LADO DE LA ESTACIÓN DE METRO.**

Tenemos todo lo que necesitas para formar tu propia banda.
Instrumentos de cuerda, viento y percusión. Micrófonos y amplificadores.
Artículos nuevos y usados.
¡Visítanos y te llevarás algo bien padre!

## 6  Comprensión de la revista de arte

**Leer
Escribir**

Lee los artículos de la revista de arte. Luego contesta las preguntas.

1. ¿Qué tipo de cuadros hubo en la exposición de la galería de arte?
2. ¿Por qué fue una exposición novedosa?
3. ¿En esa galería se presenta un solo tipo de arte?
4. ¿El artículo de música tiene una crítica positiva o negativa?
5. ¿Qué papel cumplen los integrantes principales de RBD?
6. ¿En dónde tocó RBD esa noche y dónde tocarán después?
7. ¿La tienda Toco y Canto vende platillos?
8. ¿Por qué crees que a Rogelio le interesó el anuncio de la revista?

## 7  Han tocado sin parar    ¿Recuerdas?  Present perfect p. 158

**Leer
Escribir**

Imagina que eres un(a) crítico(a) de música. Completa la reseña de unos conciertos recientes de tu banda favorita. Usa el pretérito perfecto de los verbos entre paréntesis y el vocabulario de la lección.

La __1.__ «El Pasito» __2.__ (presentarse) dos noches seguidas en Guadalajara. Gracias al trabajo del __3.__, todo se __4.__ (escuchar) perfectamente. Varios jóvenes __5.__ (poder) subir al escenario, y el __6.__ de la banda __7.__ (darles) su micrófono. Al final, los músicos regalaron tambores, platillos y otras partes de la __8.__ con su firma.

**Expansión**
Envía un e-mail a un amigo contándole sobre una exposición de arte que visitaste. Usa el vocabulario de la lección y el pretérito perfecto.

## 8  Críticos de arte

**Hablar**

Con un(a) compañero(a) representen un diálogo entre dos personas que salen de una galería de arte. Hablen sobre los estilos que vieron, qué les gustó y qué no. Usen todo el vocabulario de esta lección que puedan.

A: A mí me encantó el autorretrato de…

B: La exposición era interesante, pero…

---

**PARA Y PIENSA**

**¿Comprendiste?**
1. Si una revista se llamara *Viento, cuerda y percusión*, ¿de qué hablaría?
2. ¿Con qué tipo de arte asocias la palabra **bosquejo**?
3. ¿Qué tipo de anuncios puede haber en las revistas de arte?

Lección 1

# Presentación de GRAMÁTICA

**¡AVANZA!** **Goal:** Review the formation and use of the future perfect and learn the formation and uses of the conditional perfect. Then, practice using them to talk about art and music. *Actividades 9–14*

**English Grammar Connection:** In English, you form the **future perfect** with **will have** followed by the past participle of the verb and the **conditional perfect** with **would have** followed by the past participle of the verb.

> When I graduate, I **will have learned** to play the flute.
> I **would have gone** with you, but I had to rehearse.

## El futuro perfecto y el condicional perfecto

**Grammar Video**
my.hrw.com

You form the **future perfect** with the future of **haber** followed by the **past participle**. You form the **conditional perfect** with the conditional of **haber** followed by the **past participle**.

*Here's how:*

| habré | habremos |
|---|---|
| habrás | habréis |
| habrá | habrán |

+ past participle

| habría | habríamos |
|---|---|
| habrías | habríais |
| habría | habrían |

+ past participle

Use the **future perfect** for events that *will have been completed* by a future date.

> Cuando me gradúe, **habré aprendido** a pintar al óleo.
> *When I graduate, **I will have learned** how to do oil paintings.*

Also use the **future perfect** to wonder about something in the past.

> Luisa **no habrá ensayado** nada porque su concierto de piano fue un fracaso.
> *Luisa **must not have rehearsed** at all because her piano concert was a disaster.*

Use the **conditional perfect** for events that *would have taken place* if certain conditions had been true.

> Yo te **habría acompañado** a la exposición, pero tuve que estudiar.
> *I would have gone with you to the concert, but I had to study.*

> La banda no tocó ninguna canción nueva. De lo contrario me **habría gustado**.
> *The band didn't play a single new song. Otherwise, **I might have liked** it.*

*Más práctica*
Cuaderno *pp. 90–91*

**Conjuguemos.com**
my.hrw.com

# Práctica de GRAMÁTICA

## 9 | Una clase de arte

Leer
Escribir

Lee este anuncio para una clase de arte e indica si las oraciones son verdaderas o falsas. Corrige las oraciones falsas.

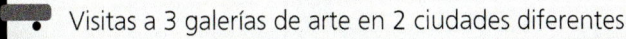

**El Instituto de Galerías Modernas anuncia la matrícula abierta**

Además de visitas guiadas por nuestros museos durante el verano, Galerías Modernas también ofrece una serie de cursos de pintura. El paquete incluye una combinación de recorridos más cursos para principiantes o estudiantes más avanzados.

Curso de verano de artes visuales:

- Visitas a 3 galerías de arte en 2 ciudades diferentes
- Visitas a exposiciones de artistas realistas e impresionistas
- Lecciones del uso de la paleta y de pintura al óleo
- Charlas con pintores locales
- Talleres de lunes a viernes de las 10:00 a.m. a las 2:00 p.m. por tres semanas

Después de tomar este curso, el estudiante...

1. habrá aprendido a pintar acuarelas.
2. habrá visitado tres galerías.
3. habrá hablado con artistas internacionales.
4. habrá pasado 40 horas estudiando arte.
5. habrá viajado a dos ciudades diferentes.
6. habrá visto exposiciones de artistas surrealistas.
7. habrá aprendido a usar una paleta.

**Expansión**
De este curso de arte, ¿qué te gustaría? ¿Qué no te interesaría?

## 10 | Conclusiones

Leer

Para cada pregunta u oración de la primera columna, escoge la oración de la segunda columna que la explica mejor.

1. ¿Por qué salió Pili del museo?
2. ¿Por qué salieron Lili y Lalo tan contentos de la clase?
3. Leo tocó el acordeón en una fiesta.
4. ¿Por qué no se escuchó nada en el concierto?
5. ¿Cómo aprendió Víctor a tocar el violín en poco tiempo?
6. Ignacia y Teo están cubiertos de pintura.
7. Ana no limpió los pinceles antes de salir.

a. Antes habrá estudiado otro instrumento de cuerda.
b. No habrá tenido tiempo.
c. Habrán estado pintando.
d. Habrán sacado una A en el examen.
e. Todos habrán bailado mucho.
f. No le habrá gustado la exposición.
g. El sonidista habrá tenido problemas.

Lección 1

## 11 Los planes de Luisa

**Escuchar
Escribir**

Luisa tiene muchos planes. Escucha mientras ella habla de lo que piensa hacer este año. Luego contesta las preguntas.

Antes de terminar este año...

1. ¿Cuántos países extranjeros habrá visitado Luisa?
2. ¿Habrá aprendido a cantar ella?
3. ¿Para quién habrá pintado un autorretrato?
4. ¿Cuántos instrumentos musicales habrá aprendido a tocar?
5. ¿Habrá visitado la madre de Luisa los museos de Madrid?
6. ¿A quiénes habrá conocido Luisa?

## 12 Pidiendo perdón

**Leer
Escribir**

Tomás y su primo pasaron un día fatal. Tomás le escribió pidiéndole perdón. Completa la nota con la forma correcta del condicional perfecto.

> Hola, Diego. Me da pena que no te hayas divertido el sábado. No sabía que te aburría el arte, o no te __1.__ (llevar) al museo. De haber sabido que iba a llover, nosotros no __2.__ (ir) al museo caminando. Y mamá creía que tú eras vegetariano, o no te __3.__ (preparar) una ensalada para el almuerzo.
>
> Creía que no te gustaba la música clásica, o nosotros __4.__ (asistir) a un concierto por la tarde. No sabía que detestabas la música rock, o no te __5.__ (invitar) a escuchar la banda. Nunca me dijiste que querías conocer mejor a Amalia. Nosotros __6.__ (pasar) por su casa después del ensayo. Me sorprendió tu entusiasmo por la música norteña. Estoy seguro de que mi padre te __7.__ (prestar) unos discos compactos.
>
> Otra vez lamento que tu visita no haya sido mejor. De haber sabido cómo iba a terminar, yo __8.__ (hacer) las cosas de otro modo. Un abrazo, Tomás

## 13 ¡Planea mejor que Manuel!

**Hablar
Escribir**

Lee lo que le pasó a Manuel cuando dio una fiesta para la clase de arte. La fiesta no salió bien. Di lo que tú y otras personas habrían hecho.

**modelo:** Manuel no habló mucho con los invitados. (yo)
Yo habría hablado mucho con los invitados.

1. No invitó al profesor de pintura. (yo)
2. Dio la fiesta el jueves. (Nora y yo)
3. Empezó la fiesta después de las nueve. (tú)
4. No invitó a mi tía, la artista. (yo)
5. Solamente tocó música clásica. (ustedes)
6. Terminó la fiesta a las once. (Carlos)

Unidad 5
doscientos noventa y cuatro

## 14 | Compromisos

**Hablar**  En parejas, digan lo que ya ustedes habrán hecho y no habrán hecho todavía para las fechas indicadas.

**A** Para mañana habré tocado el piano por dos horas.

**B** No habré terminado la pintura para la clase de arte.

1. Para el fin del semestre, mis amigos y yo...
2. Para el próximo año, mis padres...
3. En cinco años, mis compañeros de clase...
4. Para el próximo fin de semana, tú...
5. Para mañana al mediodía, mi mejor amigo(a)...
6. Para el domingo, los profesores....
7. Para mayo, mi familia y yo...

**Expansión**
Comparen sus respuestas con las de otros compañeros. ¿Con quiénes comparten las mismas respuestas?

## Comparación cultural

### La pintura de Pablo Picasso

Para finales de los años 1930, Pablo Picasso, pintor y escultor español, era el artista más conocido del mundo. España tenía una larga historia de artistas famosos, por ejemplo Velázquez, Goya y El Greco, pero fue Picasso quien se convirtió en padre de todo un movimiento—el cubismo. Inspirado por artistas franceses como Paul Cézanne y Georges Braque, Picasso empezó a pintar de una manera totalmente nueva que representaba los objetos y el espacio con formas geométricas. El cubismo, nombre que se le dio a ese estilo de pintar, tuvo enorme influencia en todo lo que hoy se considera «el arte moderno».

Los tres músicos, *Pablo Picasso*

### Compara con tu mundo

¿Has visto alguna vez una pintura de Picasso en algún museo? ¿Qué es lo que te interesa de sus pinturas? Visita el sitio web del Museo Nacional Centro de Arte Reina Sofía. Analiza alguna obra de Picasso.

**Más práctica** Cuaderno *pp. 90–91*

**PARA Y PIENSA**

**¿Comprendiste?** Empareja las preguntas con sus respuestas lógicas.

1. ¿Fuiste al concierto?
2. ¿Terminaste la naturaleza muerta?
3. ¿Por qué no fue Marta al museo?
4. ¿Vio Diego la obra de teatro?

a. Casi. La habré terminado para mañana.
b. No. Habría ido, pero no pude.
c. No sé. Le habría gustado mucho.
d. Habrá estado enferma.

Lección 1

# GRAMÁTICA en contexto

**¡AVANZA!** **Goal:** Note how María Elena uses the future perfect and conditional perfect in her letter. Then, answer questions about what she writes and do the activities. *Actividades 15–16*

## Contexto Carta

**ESTRATEGIA Leer**
**Look for names and facts** Scan the letter for proper names. Then, skim it to find a few pieces of information that correspond to each name. Note two things about each person using a chart.

| Nombre | Dato #1 | Dato #2 |
|---|---|---|
| María Elena | es estudiante de arte | está en Costa Rica |
| | | |

María Elena es estudiante de arte en San José, Costa Rica. En esta carta a su amigo Álvaro, ella habla de sus planes y le hace unas preguntas a su amigo.

San José, Costa Rica
30 de octubre, 2009
Querido Álvaro:

¡Parece mentira! Para fines de diciembre habré terminado mis clases en el Instituto de Bellas Artes, me habré despedido de mis amigos aquí y estaré de vuelta en Managua. Me habría gustado quedarme aquí unos meses más para tomar clases más avanzadas. En especial, habría tomado otra clase de pintura al óleo. También habría viajado más por Costa Rica. Pero no me puedo quedar, pues mi beca era solamente por dos años. De todas formas, he aprendido mucho. Este mes, por ejemplo, he pintado un autorretrato al óleo y una acuarela de una naturaleza muerta que presenté en una exposición del Instituto. Te adjunto una foto de ella para que puedas verla. Habría podido vender la naturaleza muerta, pero decidí conservarla. Ahora, tengo dudas. ¿Hice bien? ¿Qué habrías hecho tú? Pues de todas formas, estoy pintando otra naturaleza muerta. La habré terminado para la semana que viene. Vamos a ver si puedo vender ésta.

¿Y tú, Álvaro? ¿Cómo te va? ¿Sigues trabajando en el museo? Yo fui a una exposición el sábado pasado. Era de arte surrealista. A tu jefa le habría encantado, pero a ti no, ya que prefieres la pintura más tradicional.

Bueno, Álvaro, nos vemos pronto. Cariños a tu familia y un abrazo para ti.

María Elena

## 15 | Comprensión de la carta

Leer
Escribir

Contesta las preguntas sobre la carta de María Elena.

1. ¿Qué habrá pasado en la vida de María Elena para fines de diciembre?
2. ¿María Elena tuvo que pagar la matrícula para sus clases de pintura? ¿Por qué sí o no?
3. ¿Qué habría hecho María Elena con más tiempo en Costa Rica?
4. ¿María Elena pinta solamente al óleo?
5. ¿Vendió María Elena la naturaleza muerta que presentó en la exposición? ¿Por qué?
6. ¿Ya terminó María Elena la segunda naturaleza muerta?
7. ¿Dónde trabaja Álvaro?
8. ¿Qué habría pensado Álvaro de la exposición que vio María Elena?

**Expansión**
¿Habrías vendido la naturaleza muerta si fueras María Elena? ¿Por qué sí o no?

## 16 | Entrevista

Hablar

En parejas, dramaticen esta situación. Luego represéntensela a la clase.

**A**
- Te gusta el arte abstracto. No te interesa el arte realista. Te fascina la música clásica, y no te gustan los deportes.
- Habla con tu compañero(a) de las exposiciones y los conciertos a los que has asistido este mes.
- Pregúntale a tu compañero(a) qué actividades culturales ha hecho recientemente. Indica si tú habrías hecho lo mismo o si te habría gustado.
- Perdiste un evento debido al costo. Habla de lo que habrías hecho si hubieras ido.

**B**
- Te gusta el arte realista. Odias el arte abstracto. Te interesa la música clásica, y te encantan los deportes.
- Reacciona a las actividades de tu compañero(a) indicando si tú habrías hecho lo mismo o si te habría gustado cada actividad.
- Dile a tu compañero(a) a qué exposiciones y conciertos has asistido recientemente.
- No sabías que tu equipo de fútbol favorito jugó la semana pasada. Habla de lo que habrías hecho si hubieras ido al partido.

**PARA Y PIENSA**

**¿Comprendiste?** Escoge el verbo apropiado y utiliza el futuro perfecto o el condicional perfecto para completar las oraciones.

1. Para diciembre, María Elena _____ a Managua. (volver / pintar)
2. Le preguntó a Álvaro si él _____ la acuarela. (comprar / vender)
3. Probablemente, a Álvaro no le _____ la exposición. (molestar / gustar)

# Presentación de GRAMÁTICA

**¡AVANZA!** **Goal:** Review and expand on the different types of adjective clauses and relative pronouns. Then, practice using them to talk about art and music. *Actividades 17–20*

**English Grammar Connection:** In English, to describe nouns you form adjective clauses with the **relative pronouns who(m), whose, that,** and **which.**

My sister **who** plays the flute is going to give a concert on Friday.

## Los pronombres de relativo

*Grammar Video*
*my.hrw.com*

One type of adjective clause gives only **additional information** that can be left out without changing the sentence's meaning.

Este cuadro, **que** pintó Ana, ganó un premio.
*This painting, **which** Ana painted, won a prize.*

The other type gives **necessary information** to make clear what you mean.

El cuadro **que** pintó Ana ganó un premio.
*The painting **that** Ana painted won a prize.*

You use **relative pronouns** like **que**, **quien(es)**, and **cual(es)** to form both types of clauses.

*Here's how:*
To form an adjective clause that gives only **additional information**, set it off by commas and use . . .

| | Singular | Plural | |
|---|---|---|---|
| for people only — most commonly used → | quien | quienes | ← for people only — most commonly used |
| | que | que | |
| for people and things | el que | los que | definite article clarifies the reference |
| | la que | las que | |
| | el cual | los cuales | |
| | la cual | las cuales | |

*used in writing or formal speeches, etc.*

continúa en la página 299

*viene de la página 298*

Osvaldo Guayasamín, **que** (**quien**) era ecuatoriano, murió en 1999.
*Osvaldo Guayasamín, **who** was Ecuadoran, died in 1999.*

— more precise —   — more formal —

La pintura de Guayasamín, **que** (**la que**) (**la cual**) representa las desigualdades, está en Quito.
*Guayasamín's painting, **which** depicts inequalities, is in Quito.*

When the adjective clause has a verb with a **preposition**, the preposition must remain in front of the relative pronoun.

Los artistas, **de quienes** (**de los que**, **de los cuales**) te hablaba, van a exhibir sus autorretratos.
*The artists (**that/whom**) I was telling you **about** are going to exhibit their self-portraits.*

La exposición **a la que** (**a la cual**) fuimos ayer fue muy interesante.
*The exhibit **that** we went **to** (**to which** we went) yesterday was very interesting.*

To form an adjective clause that gives **necessary information** use **que**.

La pintura **que** más me gustó fue la pintura de El Greco.
*The painting **that** I liked most was the painting by El Greco.*

The only exception is when referring to people after a preposition. In this case, use **quien**(**es**).

Los artistas **con quienes** hablamos eran muy talentosos.
*The artists **that** (**whom**) we spoke with were very talented.*

If instead of a noun you're referring to an entire clause or a concept, use **lo que** or **lo cual**.

*refers to* — more formal —

La orquesta sinfónica canceló su concierto, **lo que** (**lo cual**) sorprendió al público.
*The symphony orchestra canceled its concert, **which** surprised the audience.*

Use **lo que** to refer to something that has not been stated but is understood. It is the equivalent of *what (that which)*.

**Lo que** más me gustó fue el cuadro de El Greco.
***What** I liked most was the painting by El Greco.*

**Más práctica**
Cuaderno *pp. 92–93*

# Práctica de GRAMÁTICA

## 17 | Los amigos de Javi

Leer | Completa la descripción que hace Javi de sus amigos con los pronombres de relativo correctos.

Todos mis amigos se interesan por la música. Tengo varios compañeros __1.__ (quienes / que) están en la orquesta de mi escuela. Conozco a dos personas __2.__ (que / los que) tocan el violín y a una __3.__ (que / quien) toca la trompeta. Y mi mejor amigo, Lorenzo, con __4.__ (quien / que) paso mucho tiempo, toca el saxofón en una banda de jazz.

Lorenzo, __5.__ (quien / lo que) vive en mi barrio, ensaya mucho con su banda. A veces ellos hacen ruido, __6.__ (lo cual / la cual) no les agrada a algunos de los vecinos. Pero a los vecinos __7.__ (que / quienes) se interesan por el jazz, la música de Lorenzo les agrada. El músico __8.__ (quien / que) más le gusta a Lorenzo es Tito Puente, un puertorriqueño __9.__ (que / quien) tocó la batería en una famosa banda. Puente, __10.__ (lo que / quien) murió en 2000, hizo mucho por la música latina en los Estados Unidos.

## 18 | Combinando oraciones

Escribir
Hablar

Usa pronombres de relativo para combinar las dos oraciones en una sola.

1. Tengo una amiga. Mi amiga toca la trompeta.
2. Ayer hice un bosquejo. El bosquejo salió muy bien.
3. No tengo pintura azul. No tener pintura azul es problemático.
4. Los violines y los contrabajos son instrumentos de cuerda. Los violines y los contrabajos cuestan mucho dinero.
5. Te hablé de la exposición. La exposición es muy buena.
6. Trabajo con unos artistas. Esos artistas son muy simpáticos.

## 19 | La familia de Lidia

Escuchar
Escribir

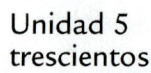

Escucha mientras Lidia habla de su familia. Luego contesta las preguntas.

1. ¿Cuántas hermanas tiene Lidia?
2. ¿Quién toca el violín?
3. ¿Quién estudia en la universidad?
4. ¿Qué les molesta a los abuelos?
5. ¿Qué tipo de música toca la banda en la que toca Armando?
6. De los tres hermanos, ¿a cuál ve Lidia con más frecuencia?
7. ¿Qué habrán aprendido las hijas de Armando dentro de unos años?
8. ¿De qué se siente orgullosa Lidia?

## 20 | Dime

**Hablar**

En parejas, túrnense para contestar las siguientes preguntas.

**A** Mi amiga Juana es la que mejor toca el violín.

**B** Soy yo el que canta mejor.

1. De tus compañeros, ¿quién tiene más talento musical?
2. ¿Qué tipo de música no te gusta? ¿Qué es lo que te molesta de ese tipo de música?
3. ¿Qué tipo de arte te interesa más? ¿Qué es lo que te gusta de ese tipo de arte?
4. ¿Quién es la persona con quien sales más?
5. ¿Quién es el pintor o la pintora que más te gusta?
6. ¿Tienes muchos amigos a quienes les gusta la música clásica?
7. ¿Cuál es el instrumento musical que más te gusta?

**Expansión**
Vuelve a contestar estas preguntas desde el punto de vista de tu mejor amigo(a).

## Comparación cultural

### La música latina

La música latina o hispana ha tenido una influencia importante en la música popular contemporánea de Estados Unidos y otros países alrededor del mundo. El ritmo de la salsa, el merengue y otros tipos de música caribeña es contagioso, como lo han demostrado artistas como Juan Luis Guerra, Olga Tañón, Shakira y Marc Anthony, entre otros. Ellos y otros artistas han encontrado un mercado para sus temas en todos los rincones de Estados Unidos. Su éxito ha permitido que otros artistas experimenten con la fusión de estilos. De hecho, la música latina se caracteriza por su innovación y no es raro escuchar canciones de rock con elementos de vallenato o cumbia. El estilo innovador más conocido quizás sea el reggaetón, que ha incorporado elementos del hip-hop de los Estados Unidos y del reggae.

### Compara con tu mundo

¿Tienes algún disco compacto de alguno de los artistas mencionados? ¿Irías a un concierto de rock en español?

Un concierto en vivo de Marc Anthony

**Más práctica** Cuaderno *pp. 92–93*

**PARA Y PIENSA**

**¿Comprendiste?** Completa las oraciones con pronombres de relativo. Una oración debe ser formal.

1. La música caribeña, _____ es contagiosa, se escucha mucho en Estados Unidos.
2. Artistas como Shakira y Marc Anthony, _____ cantan en español, han encontrado un mercado para sus temas.
3. La música latina influye en muchos países, _____ no es una sorpresa.

Lección 1
trescientos uno 301

# GRAMÁTICA en contexto

**¡AVANZA!** **Goal:** Notice how Fernando and María Elena use relative pronouns in their conversation. Then, practice using relative pronouns to ask and answer questions. *Actividades 21–22*

## Contexto *Diálogo*

**ESTRATEGIA Leer**
**Look for relative pronouns in descriptions**
As you read the dialogue, look for adjectives that describe the characters. Remember that relative pronouns introduce clauses that can act as adjectives. Complete a chart with an adjective and a clause that describes each person.

| María Elena es una persona... | artística. | a quien le interesa el arte. |
|---|---|---|
| Fernando | | |
| Mauro | | |
| Álvaro | | |

Fernando, un muchacho salvadoreño que vive en el mismo edificio de María Elena, la invita a un concierto. Fernando es músico y toca varios instrumentos.

**Fernando:** María Elena, ¿te acuerdas de esa exposición de arte abstracto, la que dan en el Museo Municipal? Quiero ir a verla. Y acabo de enterarme de que este viernes a las ocho la Orquesta Sinfónica da un concierto en el Teatro Nacional. Pensaba ir al museo el viernes por la tarde y luego asistir al concierto. ¿Te gustaría ir?

**María Elena:** Me encantaría, gracias. Sabes, en Managua iba al museo de arte. Generalmente iba con Álvaro, un amigo que trabajaba allí pero a quien no le interesaba mucho el arte abstracto. Por eso, yo no iba a todas las exposiciones de ese tipo de arte, así que tengo muchas ganas de ver esta exposición.

**Fernando:** Perfecto. ¿Paso por ti el viernes a las cuatro?

**María Elena:** Sí. Ay, no, espera. ¿Conoces a Mónica, la chica de quien te hablé? Pues, ella me invitó a cenar el viernes. No me atrevo a decirle que no puedo ir.

**Fernando:** Ella puede venir con nosotros.

**María Elena:** Buena idea. ¿Puedes buscarnos en el restaurante San Remo?

**Fernando:** Sí. Tengo una idea. ¿Te acuerdas de Mauro, el muchacho que conocimos en la universidad? ¿El que toca el trombón? Voy a invitarlo también. Lo que no sé es si le gustan los museos.

**María Elena:** ¡Perfecto! Nos vemos a las cuatro. Y si Mauro no quiere ir al museo, podemos encontrarnos con él en el teatro.

## 21 Comprensión del diálogo

**Leer Escribir**

Contesta las preguntas sobre el diálogo entre María Elena y Fernando.

1. ¿Quién es Fernando?
2. ¿Qué piensa hacer Fernando el viernes por la tarde?
3. ¿Qué hay en el Museo Municipal?
4. ¿Quién es Álvaro?
5. ¿Con quién pensaba María Elena salir a comer?
6. ¿Quién es Mauro?
7. ¿Dónde se van a encontrar Fernando y María Elena?
8. ¿Qué harán si Mauro no quiere ir al museo?

**Expansión**
¿Por qué querrá Fernando invitar a Mauro? ¿Qué harías tú en esa situación?

## 22 Entrevista

**Hablar**

En parejas, dramaticen esta situación. Luego represéntensela a la clase.

**A**
- Vas a cenar con amigos y luego ir a un concierto de música clásica. Tu compañero(a) no conoce a tus amigos.
- Quieres invitar a tu compañero(a) a ir con ustedes, pero tu compañero(a) es tímido(a), y no quiere salir con personas a quienes no conoce.
- Convéncele a tu compañero(a): dile lo que van a hacer y lo simpáticos que son tus amigos.
- Decidan a qué hora se van a encontrar y dónde.

**B**
- Tu compañero(a) quiere invitarte a cenar y a ir a un concierto con sus amigos.
- No conoces a los amigos, y eres tímido(a). No tienes ganas de salir con personas desconocidas.
- Tu compañero(a) te convence de ir al concierto, pero no quieres cenar con ellos. Da unas razones por las cuales no puedes cenar.
- Decidan a qué hora se van a encontrar y dónde.

**PARA Y PIENSA**

**¿Comprendiste?** Completa las oraciones con el pronombre de relativo apropiado.

1. ¿Conoces al vecino de María Elena, _____ toca varios instrumentos?
2. María Elena tiene un amigo a _____ no le gusta el arte abstracto.
3. _____ Fernando no sabe es si Mauro querrá salir con ellos.
4. Mauro rechazó la invitación de María Elena, _____ le sorprendió.

Lección 1
trescientos tres **303**

# Todo junto

**¡AVANZA!** **Goal:** *Show what you know* Read the entertainment guide. Then use the vocabulary and grammar from this lesson to do the activities that follow. *Actividades 23–27*

## Contexto  *Guía del ocio*

**ESTRATEGIA** Leer

**Note pros and cons** As you read about the events and places listed in the guide, note something about each one that strikes you as a positive or a negative.

| aspectos positivos | evento o lugar | aspectos negativos |
|---|---|---|
| | Club Electricity | Es bastante caro. |
| | | |

¿Tienes ganas de ir a bailar o ver una exposición? Lee la guía del ocio para saber qué puedes hacer esta semana.

### Cartelera CulturaJoven
**del 11 al 18 de marzo**

Agarra la buena onda con esta guía de lo mejor de tu ciudad para gente joven. Divertidos, económicos y a tu medida, aquí están los eventos y lugares que no te querrás perder.

**Música en vivo**

**Club Electricity**
El club más popular para escuchar música en vivo y bailar, donde podrás sentir la música de cerca. Para el fin del año, aquí habrán dado conciertos Juanes y Chayanne, entre otros. Jueves a domingo, a partir de las 9 h.
Entradas: 800 pesos.

**Concierto:** *Quique y los chavos*
Este conjunto mexicano toca música electro-pop super-bailable. Su disco más reciente combina rock latino, hip hop y salsa. Martes 12 de marzo a las 8:30h.
Teatro Villanueva.
Entradas: 450 pesos.

**Concierto:** *Bajo otro nombre*
Este grupo combina música tradicional de Argentina y Uruguay con ritmos hip-hop y electrónica para crear un nuevo sonido: el tango electrónico. Viernes 15 de marzo a las 8 h.
Estadio Universitario.
Entradas: 650 pesos.

**Teatro, baile y literatura**

**Teatro Atlántico:** «Vidas paralelas»
Se presenta «Vidas paralelas» por la afamada dramaturga Gisela Ríos. No te pierdas esta romántica comedia musical, estilo Broadway. Martes a viernes a las 7:30; sábado y domingo a las 2 h y las 8:00 h.
Entradas: 380 pesos.

**Festival de Flamenco**
Disfruta de un fin de semana del flamenco más puro de más de 30 compañías de baile. Participarán los mejores bailarines, cantantes y músicos de todo el mundo. Sábado y domingo, 11 h hasta 7 h, Teatro Universitario.
Entradas: 430 pesos.

**Librería Nueva Onda:** Charla literaria
Se presenta una charla con el poeta Jaime Figueras. La librería cuenta con la mayor selección de libros y revistas de toda la zona. Si no tienes dinero, puedes sentarte y leer todas las revistas que desees. Miércoles 13 de marzo a las 6:30 h.
Abierta al público.

**Museos y exposiciones**

**Exposición de fotografías:** «Un día típico»
Para esta exposición, se les dieron cámaras a unos estudiantes, quienes sacaron fotos de lo que vieron e hicieron durante un día. Ahora se podrá observar cómo interpretó el tema cada fotógrafo. Galería Sol y Luna, toda la semana, 11 h a 7 h. Abierta al público.

**Museo de Arte:** «Obras perdidas»
Se abre esta semana la exposición de bosquejos y obras incompletas de Siqueiros, Orozco y otros artistas mexicanos. Algunas obras, antes desconocidas, se podrán ver por primera vez. Museo de Arte, martes a domingo, 10 h a 6 h. Entradas: 100 pesos.

## 23 Comprensión de la guía del ocio

**Leer / Escribir**

Contesta las preguntas sobre la guía.

1. ¿Qué tipos de música puedes escuchar esta semana?
2. Si te gusta la literatura, ¿qué posibilidades hay para ti?
3. Si no tienes dinero, ¿qué puedes hacer para entretenerte?
4. ¿Por qué podría ser importante la exposición en el museo?
5. Si sólo tienes el miércoles libre, ¿a qué eventos podrías ir?
6. Sales del trabajo a las siete. ¿A qué eventos podrías ir después?
7. Tu amigo(a) ya habrá visto «Vidas paralelas». ¿Qué otra opción literaria le puedes sugerir?

**Expansión**
¿Qué evento de la guía te atrae más? ¿Cuál de ellos te parece el menos interesante?

## 24 ¿Qué habrían hecho?

**Hablar / Escribir**

Imagina que todos estuvieron en la ciudad donde tuvieron lugar los eventos de la guía del ocio. Indica qué habrían hecho todos (o no) o qué les habría gustado (o no). Utiliza los verbos dados.

| interesar | ver | asistir a | preferir |
|---|---|---|---|
| ir | | gustar | comprar | parecer |

**modelo:** Yo habría intentado ir al concierto de...

1. yo
2. mi mejor amigo(a)
3. mis padres
4. mi profesor(a) de español
5. mis compañeros de clase
6. mis amigos y yo

## 25 Vamos a salir

**Hablar**

Trabaja con un(a) compañero(a) para dramatizar la siguiente situación. Preparen un diálogo y represéntenlo.

**A**
- Quieres salir con tu amigo(a) y lo (la) invitas a hacer algo de la guía del ocio.
- Le propones a tu amigo(a) dos o tres opciones de la guía.
- Le das más información a tu amigo(a) y tratas de convencerlo(la) de que vaya contigo.
- Hablas con tu amigo(a) de las dos posibilidades y juntos deciden qué hacer.

**B**
- No has visto la guía. Le preguntas a tu amigo(a) qué eventos interesantes hay.
- Le pides a tu amigo(a) más detalles sobre una de las opciones: precio, lugar, hora.
- Sugieres otra actividad no mencionada en la guía y le explicas por qué ésa sería la mejor opción.
- Hablas con tu amigo(a) de las dos posibilidades y juntos deciden qué hacer.

**Expansión**
Envía un SMS a un(a) amigo(a) para hacer planes para el fin de semana. Sugiere una actividad y explica por qué crees que sería una buena opción.

Lección 1

## 26 Una visita muy movida

**Leer / Escribir**

Completa el correo electrónico que Sonia le escribió a su hermano Miguel sobre una visita a sus primos. Usa el pronombre de relativo correcto o la forma correcta del condicional perfecto.

> Aquí estoy con los primos, pasándola muy bien. Anoche fuimos a un concierto de un conjunto __1.__ (que / el que) no conocía: Quique y los chavos. ¡Cómo __2.__ (gustarte), Miguel! __3.__ (Lo que / Lo cual) más me impresionó del grupo fue su energía. Tocaron más de tres horas, __4.__ (quien / lo cual) no esperábamos. Nosotros __5.__ (ir) después a ese restaurante de comida argentina, __6.__ (que / el que) nos recomendaste, pero como ya era muy tarde, no pudimos. Esta mañana Diana y yo __7.__ (preferir) dormir, pero la tía Luci nos despertó para llevarnos a una exposición de fotografías __8.__ (la que / que) ella ayudó a organizar. ¡Qué lata! Oye, ¿te acuerdas de Elena, a __9.__ (la cual / quien) conocimos el año pasado? Es la chica con __10.__ (quien / que) salió Antonio por un tiempo. Ella también estuvo en el concierto. Parece que no le gustó mucho y dijo que __11.__ (ser) mejor ir al teatro. ¿Te imaginas?
> Bueno, me despido por ahora.

## 27 Una encuesta

**Hablar / Escribir**

Entrevista a tus compañeros de clase para identificar a aquellas personas a quienes les correspondan las siguientes características. Luego escribe un resumen de los resultados.

**A:** ¿Tomabas clases de piano cuando eras niño?

**B:** No, tomaba clases de violín.

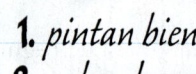

1. pintan bien
2. saben hacer retratos buenos
3. les encanta el arte abstracto
4. saben tocar el saxofón
5. tomaban clases de música cuando eran niños
6. conocen a alguien que toca el acordeón
7. fueron a un concierto de rock el año pasado
8. han compuesto una canción original
9. les parece genial el rap

**Expansión**

Averigua también quiénes sueñan con ser cantantes famosos o pintores famosos. ¿Por qué?

# Para crear

Hablar
Escribir

### Cuéntame un cuento

En grupos, escriban un cuento corto basándose en el cuadro, siguiendo las instrucciones a continuación.

#### Para comenzar

1. Pónganles nombres a los cuatro personajes.
2. Decidan qué relación hay entre sus personajes.
3. Inventen personalidades para los personajes.
4. Creen un borrador para el cuento. ¿Cuál es la situación central?
5. Decidan quién se encargará de cada parte del cuento. Deben incluir el trasfondo (el ambiente y el lugar, qué pasaba antes del comienzo), los sucesos (qué ocurrió, cuándo y cómo) y el diálogo.
6. Escriban el cuento. No se olviden de ponerle un título.

La chacarera, *José Morillo*

**Más práctica** Cuaderno *pp. 94–95*

**PARA Y PIENSA**

**¿Comprendiste?** Completa las oraciones con la forma correcta del condicional perfecto o futuro perfecto y la información entre paréntesis.

1. El año pasado, hubo un concierto de _____ *(nombre del grupo)*. _____ (Encantarme) ir, porque _____ *(explica por qué)*.
2. Me gusta leer _____ *(tu género preferido)*. Para finales de este año, pienso que _____ (leer) más de _____ *(número de libros)*.
3. El pintor o la pintora del pasado a quien más admiro es _____ *(nombre)*. Él (Ella) pintó _____ *(tipo de pintura)*. _____ (Gustarme) hablar con él (ella). Le _____ (preguntar) muchas cosas, por ejemplo sobre _____ *(temas)*.

Lección 1
trescientos siete **307**

# Lección 1

# En resumen
## Vocabulario y gramática

## Vocabulario

### La pintura

| | |
|---|---|
| abstracto(a) | abstract |
| la acuarela | watercolor |
| el autorretrato | self-portrait |
| el bosquejo | sketch |
| la exposición | exhibition |
| la galería de arte | art gallery |
| impresionista | impressionist |
| la naturaleza muerta | still life |
| el óleo | oil (painting) |
| la paleta | palette |
| el pincel | brush |
| el (la) pintor(a) | painter |
| surrealista | surreal |
| la tela | canvas |
| la textura | texture |

### Los instrumentos musicales

| | |
|---|---|
| el acordeón | accordion |
| el arpa | harp |
| la batería | drums |
| el contrabajo | double bass |
| la flauta | flute |
| los instrumentos | |
|    de percusión | percussion instruments |
|    de cuerda | string instruments |
|    de viento | wind instruments |
| el platillo | cymbal |
| el saxofón | saxophone |
| el tambor | drum |
| el trombón | trombone |
| la trompeta | trumpet |
| el violín | violin |

### La música

| | |
|---|---|
| el amplificador | amplifier |
| la banda | band |
| el (la) cantante | singer |
| el (la) compositor(a) | composer |
| el (la) director(a) | conductor |
| la música clásica | classical music |
| la orquesta sinfónica | symphony orchestra |
| el (la) sonidista | sound engineer |

### Para describir acciones

| | |
|---|---|
| componer | to compose |
| fatal | really bad, horrible |
| genial | great, awesome |
| Me encanta(n)... | I love . . . |
| Me parece(n)... | It seems (They seem) to me . . . |
| pintar | to paint |

### Ya sabes esto

| | |
|---|---|
| el cuadro | painting |
| el estilo | style |

Unidad 5

# Gramática

## El futuro perfecto

You form the **future perfect** with the future of **haber** followed by the **past participle**. Use it for events that will have been completed by a future date or to wonder about something in the past.

| habré  | habremos |
|--------|----------|
| habrás | habréis  |
| habrá  | habrán   |

+ past participle

Para mañana, **habré terminado** el bosquejo.
*By tomorrow, I **will have finished** the sketch.*

Luisa **no habrá ensayado** para el concierto.
*Luisa **must not have rehearsed** for the concert.*

## El condicional perfecto

You form the **conditional perfect** with the conditional of **haber** followed by the **past participle**. Use it for events that would have taken place if certain conditions had been true.

| habría  | habríamos |
|---------|-----------|
| habrías | habríais  |
| habría  | habrían   |

+ past participle

Yo te **habría acompañado** a la exposición. No fui porque tuve que estudiar.
*I **would have gone** with you to the exhibit. I didn't go because I had to study.*

## Los pronombres de relativo

To form an adjective clause that gives **additional information**, set it off by commas and use . . .

for people only — most commonly used: **quien** (singular), **quienes** (plural)

for people only — most commonly used: **que** (singular), **que** (plural)

for people and things: **el/la que** (singular), **los/las que** (plural); **el/la cual** (singular), **los/las cuales** (plural) — definite article clarifies the reference

*used in writing or formal speeches, etc.*

La pintura famosa de Guayasamín, **que** (**la que**) (**la cual**) representa las desigualdades, está en Quito.
*Guayasamín's famous painting, **which** depicts inequalities, is in Quito.*

If the clause gives **necessary information**, use **que**. When referring to people after a preposition, use **quien**(**es**).

La exposición **que** dieron fue buena.
*The exhibit **that** they gave was good.*

El artista **de quien** te hablé no está.
*The artist (**that/whom**) I told you **about** is not here.*

Use **lo que** or **lo cual** to refer to a clause, a concept, or to something that has not been stated but is understood.

Cancelaron el concierto, **lo que** (**lo cual**) nos sorprendió.
*They canceled the concert, **which** surprised us.*

Lección 1

# UNIDAD 5 Lección 2

**Tema:**

## A crear con manos y palabras

**¡AVANZA!** In this lesson you will learn to
- talk about sculpture and literature
- discuss arts-related activities

using
- passive voice and passive **se**
- impersonal **se**
- **se** for unintentional events

♻ *¿Recuerdas?*
- future
- imperfect

## Comparación cultural

**In this lesson you will learn about**
- arts-related proverbs in Spanish
- art museums in Madrid
- Mexican-American murals
- museums and musicians in Spanish-speaking countries

**Compara con tu mundo**
El Museo Guggenheim de Bilbao es famoso por su arte contemporáneo y la arquitectura de su edificio. ¿Qué museos de arte te gustaría conocer?

**¿Qué ves?**

*Mira la foto*
¿Qué representa esta escultura?

¿Por qué crees que se titula así?

¿De qué estará hecha?

¿Cómo describirías la escultura y el museo?

## MODES OF COMMUNICATION

| INTERPRETIVE | INTERPERSONAL | PRESENTATIONAL |
|---|---|---|
| Read about and compare art museums in the Spanish-speaking world.<br><br>Listen to and understand a report on Latin music. | Conduct a mock interview with your favorite musician, artist or writer.<br><br>With classmates, plan a school arts festival. | Report on a historical work of art by a Hispanic artist.<br><br>Write a review of your favorite literary work. |

«Mamá»
(escultura de Louise Bourgeois)
*Museo Guggenheim, Bilbao, España*

# Presentación de VOCABULARIO

**¡AVANZA!** **Goal:** Learn how to talk about sculpture and literature. Then discuss what literature and other arts-related activities you and your classmates like. **Actividades 1–4**

 **¿Recuerdas?** Future p. 178

## ESCUELA DE ARTE
### TALLERES

La escultura es una forma de arte muy antigua. El escultor puede esculpir en distintos materiales. El material más común es el yeso, que es blanco. El barro es el más blando. Primero hay que moldearlo para darle forma. Luego se seca y se endurece.

el barro

la escultora

Otros materiales son más duros, como la piedra y el mármol.

la piedra

Las dos herramientas principales del escultor son el cincel, para tallar o hacer dibujos, y la maza, un martillo para golpear el cincel. Para las esculturas humanas, muchas veces una modelo tiene que posar para el escultor.

el cincel

la maza

Si te gusta tallar la madera, quizás debas hacer artesanías o dedicarte a la ebanistería, que es la fabricación artesanal de muebles de madera.

la orfebrería

la ebanistería

la madera

Con los metales, como el bronce, puedes hacer esculturas o dedicarte a la orfebrería, que son objetos artesanales pequeños hechos en metal.

Unidad 5

# ESCUELA DE ARTE
## RINCÓN LITERARIO

## ¡Urgente!
### Periódico escolar busca escritores

¿Te gusta escribir? Hay muchas posibilidades. **El cuentista** escribe **cuentos. El novelista** escribe **novelas, el dramaturgo** obras de teatro o **dramas,** y **el ensayista** escribe **ensayos.**

**el dramaturgo** Federico García Lorca

**la novela**

**el cuento**

Las obras de **ficción** cuentan cosas que no ocurrieron en la vida real. Si te gusta **la fantasía,** puedes escribir cuentos de **ciencia ficción** y hablar de cosas que no existen. También puedes crear una **fábula,** con historias de animales que hablan y dejan enseñanzas.

**la fábula**

Si te gusta la creatividad con **imágenes,** puedes escribir una **novela gráfica.** Y si quieres publicar tu obra en Internet, puedes **diseñar** tu propio **blog.**

**la novela gráfica**

**el blog**

Recuerda que las obras de literatura tienen un **narrador** que cuenta la historia. Si el narrador es parte de la historia, la obra está escrita **en primera persona.** A veces, los autores escriben una **autobiografía,** que es la historia de su propia vida.

**Capítulo 1**
Estaba sentado frente al lago. De repente me asusté. Vi a un hombre extraño y lo llamé.
—Hola, me llamo Fabio —le dije.

**en primera persona**

### Más vocabulario
**la contratapa** back cover
**la librería virtual** online bookstore
**el libro electrónico** eBook
**la tapa** front cover
**la trama** plot

**¡Elige tu *estilo* y participa en nuestro periódico!**

### ¡A responder!   Escuchar

Escucha lo que una maestra de literatura les explica a los estudiantes. Luego di qué tipo de obra van a leer esta semana. Da algunos detalles.

Interactive Flashcards
my.hrw.com

Lección 2
trescientos trece **313**

# Práctica de VOCABULARIO

## 1 | Pasos artísticos  ¿Recuerdas? Future p. 178

Leer
Escribir

En un taller de arte te dieron la guía de actividades de otoño. Completa cada paso del curso con la palabra correcta del vocabulario de esta lección.

> **FORMAS     TALLER DE *arte*     Curso de otoño**
>
> 1. Harás esculturas con _____, un material blando y oscuro.
> 2. Luego, ese material se tendrá que _____ para que quede bien sólido.
> 3. Trabajarás en piedra y la escuela te dará un _____ y una _____ para esculpirla.
> 4. Irás a una exposición de estatuas de mármol y hablarás con los _____ que las crearon.
> 5. Estudiarás esculturas de _____ y verás que los colores no siempre son necesarios.
> 6. Al terminar el curso, dos _____ posarán para los estudiantes.
> 7. Visitarás un taller de _____ y observarás otra manera de trabajar en madera.
> 8. Los sábados habrá cursos adicionales de _____ para trabajar en bronce y plata.

## 2 | Editor(a) de literatura

Leer

Imagina que trabajas en una casa editorial (*publisher*). Este manuscrito de una crítica literaria tiene las oraciones desordenadas. Ordénalas del 1 al 8.

> a. Los otros cuentos son de fantasía con bastante humor.
> b. Analicemos el libro por orden, de la tapa hasta la contratapa.
> c. La contratapa incluye datos muy interesantes de Ana Rojas.
> d. La trama del primer cuento es de misterio.
> e. La tapa muestra unas imágenes preciosas de animales.
> f. Pronto sabremos más sobre la autora cuando publique su autobiografía.
> g. Hoy salió a la venta el nuevo libro de la cuentista Ana Rojas.
> h. Luego sabemos que esas imágenes representan algunas fábulas del libro.

**Expansión**
Escribe el texto de la tapa y la contratapa de tu libro favorito.

## 3 | Clase de literatura

Escuchar
Escribir

Guido y Gabriela hablan de la tarea que tienen que hacer para la clase de literatura. Escucha su conversación y contesta las preguntas.

1. ¿Qué estilos de literatura puede elegir Guido para la tarea?
2. ¿Qué estilos puede elegir Gabriela?
3. ¿Cómo reacciona Guido cuando escucha el título *Don Quijote*?
4. ¿Por qué a Gabriela no le gusta *Don Quijote*?
5. ¿Qué tipo de literatura escribe Isabel Allende?
6. ¿Por qué Gabriela no está contenta con el libro de García Lorca?

Unidad 5
314  trescientos catorce

## 4 | Charla entre escultores

Hablar  Con un(a) compañero(a), imaginen que son escultores(as). Hablen de los materiales que usan, de sus exposiciones y si les interesa otro tipo de artesanía. Usen el banco de palabras y otras palabras del vocabulario de esta lección.

| la galería de arte | la madera |
| diseñar | la orfebrería |
| el yeso | el mármol |
| el cincel | la exposición |

**A** Yo hago esculturas de mármol.

**B** Yo también. El viernes hice una exposición.

## Comparación cultural

### Dichos y refranes

¿Conoces el dicho *"There's no accounting for taste?"* ¿Acaso tienes amigos con gustos muy distintos a los tuyos en cuanto a la música, por ejemplo? En español el dicho equivalente es «Contra gustos no hay nada escrito». Puedes citarlo para señalar las preferencias muy variadas en cuanto a música, arte o literatura que suelen darse entre las personas. Como indica este proverbio, no hay un solo gusto artístico correcto... ¡por más que tus amigos insistan que sus grupos preferidos son los mejores!

Hay varios dichos en español relacionados con la música. Uno muy conocido es «Quien canta, sus males espanta», que subraya el efecto positivo que la música puede tener en levantar o mantener el ánimo. Otro es «Quien mal canta, bien le suena». ¿Qué crees que significa? ¿Conoces a alguien que sea ejemplo de este dicho?

Quien canta, sus males espanta.

### Compara con tu mundo

Cuando estás triste o bajo estrés, ¿te ayuda cantar, escuchar a tu grupo favorito o tocar un instrumento? ¿Qué tipo de música te hace sentir feliz?

**Más práctica** Cuaderno *p. 99*

**¿Comprendiste?**
1. ¿Quién escribe sobre cosas reales, una escritora de ciencia ficción o un ensayista?
2. ¿Cómo está escrito un libro en el que el narrador también es protagonista?
3. ¿Qué diferencia hay entre una novela y una novela gráfica?

# VOCABULARIO en contexto

**¡AVANZA!** **Goal:** Learn about sculpture and literature as you read Leonardo's blog. Then compare Leonardo's artistic preferences with yours and those of your classmates. *Actividades 5–7*

## Contexto *Blog*

**ESTRATEGIA Leer**
**Write down the schedule** To help understand Leonardo's entries in his blog, write down the schedule of events he attended in the morning and afternoon both days.

| Jornadas artísticas | |
|---|---|
| Por la mañana | Por la tarde |
| _____ | _____ |
| _____ | _____ |
| _____ | _____ |

Leonardo Casas, un joven de Uruguay, incluye en su blog todas sus actividades relacionadas con el arte. Hace poco participó en unas jornadas artísticas y publicó lo que hizo cada día.

## BLOG

### SOBRE MI BLOG
Éste es un blog serio donde doy mi opinión sobre distintos eventos artísticos. Invito a todos a leerlo y a compartir sus gustos. Acepto críticas e ideas. Respondo a todos los comentarios en 24 horas.

### ENLACES
Escultura   Teatro
Literatura  Mis fotos
Música      Escribe tus
Pintura     comentarios
            AQUÍ

### BLOG DE LEONARDO CASAS

**JORNADAS ARTÍSTICAS EN MONTEVIDEO (DÍA 1)**
*Publicado el 7 de agosto*

Durante una semana se realizarán las jornadas artísticas uruguayas. Cada día está dedicado a un tipo de arte distinto. Hoy nos enfocamos en los cuentistas de Latinoamérica. Desde Juan Rulfo, de México, hasta Jorge Luis Borges, de Argentina, se leyeron 10 cuentos por la mañana. Antes del mediodía el público tuvo que preparar preguntas y por la tarde se realizó un debate general con las opiniones de los cuentos leídos. Antes de terminar la jornada, se sortearon libros de nuestro cuentista Horacio Quiroga.

5 comentarios

**JORNADAS ARTÍSTICAS (DÍA 2)**
*Publicado el 8 de agosto*

Hoy fue un día de «manos a la obra». El tema fue la escultura. Primero, los participantes tuvieron que acercarse a una mesa donde había barro, yeso, madera y piedra, elegir uno de esos materiales y crear una figura. Como nadie sabía nada de escultura, fue muy divertido ver a todos moldeando sus materiales. Luego, los instructores hablaron de lo que habíamos hecho bien y mal. Más tarde explicaron cuáles eran los pasos profesionales para hacer una escultura. Después del almuerzo hubo una presentación en pantalla gigante de fotos de esculturas famosas. Luego nos dieron una guía de exposiciones en Montevideo. Mañana será el día de la música. Ya les contaré si bailamos candombe.

3 comentarios

Unidad 5

## 5 | Comprensión del blog

**Leer  
Escribir**

Lee el blog de Leonardo y luego contesta las siguientes preguntas.

1. ¿Cuál es la intención del blog de Leonardo?
2. ¿Leonardo acepta opiniones en su blog?
3. ¿De qué se habló el 7 de agosto?
4. ¿Cuál fue la actividad de la tarde de la primera jornada?
5. ¿Qué quiere decir Leonardo con «manos a la obra»?
6. ¿Cómo mostraron fotos el 8 de agosto?
7. ¿En qué ciudad se realizaron las jornadas artísticas?

**Expansión**  
¿Qué puedes deducir sobre la palabra **candombe**?

## 6 | Comentarios para Leonardo

**Escribir**

Imagina que fuiste a la jornada del día 2. En algunas cosas estás de acuerdo y en otras no. Escribe tu opinión en el blog de Leonardo. Usa el banco de palabras y el vocabulario de esta lección.

| el cincel | moldear |
| la maza | endurecer |
| posar | tallar |

**COMENTARIOS PARA LEONARDO CASAS**

Tu correo electrónico  
Tu nombre  
Artículo: «Jornadas artísticas (día 2)»  
Escribe tus comentarios aquí:

Me parece interesante promover la escultura pero creo que primero debieron explicar los pasos y después moldear los materiales. Lo que me gustó fue…

Publicar comentario

**Expansión**  
Responde a la opinión de un(a) compañero(a). Di si estás de acuerdo o si no lo estás y explica por qué.

## 7 | En las jornadas

**Hablar**

Con dos compañeros, representen un diálogo entre un(a) periodista y los instructores o presentadores de las jornadas de escultura y de literatura. Usen la siguiente lista como guía.

**A** ¿Qué tipo de arte van a presentar?

**B** Vamos a hacer esculturas en yeso y…

**C** Y leeremos cuentos de…

1. tipo de literatura que van a presentar
2. nombres de escritores latinoamericanos
3. preguntas para un debate de literatura
4. material disponible para esculpir
5. herramientas
6. lugares para ir a ver obras de arte

---

**PARA Y PIENSA**

**¿Comprendiste?**

1. ¿Qué es un blog?
2. ¿Qué diferencia hay entre un cuento y un ensayo?
3. ¿Qué significa la palabra **moldear**?

Lección 2  
trescientos diecisiete **317**

# Presentación de GRAMÁTICA

**¡AVANZA!** **Goal:** Learn to form the passive voice, passive **se**, and impersonal **se**. Then, practice using them to discuss literature and other arts-related activities. **Actividades 8–13**

 *¿Recuerdas?* Imperfect pp. R17–R27

**English Grammar Connection:** The **passive voice** tells you that the subject is receiving the action. You form it by combining **to be** with the **past participle** of the verb. The person who did the action can be expressed with the preposition **by**.

This novel **was written by** Marco Denevi.

## La voz pasiva, se pasiva y se impersonal

**Grammar Video**
my.hrw.com

You form the **passive voice** by combining **ser** with the **past participle.**

**Here's how:** Conjugate **ser** to agree with the subject receiving the action. Then add the **past participle** of the main verb. The participle agrees in gender and number with the noun receiving the action. The person who did the action can be expressed with the preposition **por**.

*agrees with noun*

Marco Denevi escribió **esta novela**. Esta novela **fue escrita por** Marco Denevi.
*Marco Denevi wrote this novel.* *This novel **was written by** Marco Denevi.*

Las pinturas de Dalí **serán exhibidas** en un museo de Londres.
*Dalí's paintings **will be exhibited** at a museum in London.*

Esta estatua **fue tallada por** Genaro Rivera.
*This statue **was carved by** Genaro Rivera.*

When the person who did the action is not known or important, then the **passive voice** is commonly expressed with the pronoun **se** and the third person form of the verb (**se pasiva**). The verb agrees in number with the noun receiving the action.

*agrees with noun*

**Se exhiben** muchas **pinturas** famosas en este museo.
*Many famous **paintings are exhibited** in this museum.*

The pronoun **se** can also act as the subject of the third person singular form of a verb without an object (**se impersonal**). It can mean *they*, *people*, *one*, or *you*.

**Se ensaya** en los salones de arriba.
*You (People) practice in the upstairs rooms.*

*Más práctica*
Cuaderno *pp. 100–101*

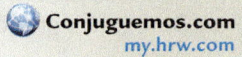

# Práctica de GRAMÁTICA

## 8 | Un robo en el Museo de Arte

**Leer / Escribir**

Completa el siguiente artículo con la voz pasiva de los verbos dados.

Ayer el Museo Metropolitano de Arte __1.__ (saquear) por dos hombres armados. Un guardia de seguridad __2.__ (atacar), pero no __3.__ (herir). Dos esculturas __4.__ (robar) y tres pinturas __5.__ (dañar) durante el incidente. Unas imágenes de los criminales __6.__ (grabar) por las cámaras de seguridad, y la policía __7.__ (informar) de lo ocurrido poco después. La escena __8.__ (examinar) por varios detectives. Al día siguiente, una casa __9.__ (registrar) por la policía. Allí encontraron las pinturas. Dos hombres __10.__ (detener).

## 9 | El rincón artístico

**Escribir**

Completa las oraciones sobre qué se hace en el colegio con la forma del verbo correcto entre paréntesis y el vocabulario apropiado.

1. En el club literario (se escribe / se escriben)...
2. En la biblioteca (se lee / se leen)...
3. En las novelas gráficas (se ilustra / se ilustran)...
4. En el club de drama (se realiza / se realizan)...
5. En la clase de español (se estudia / se estudian)...
6. En la clase de música (se toca / se tocan)...
7. En la clase de literatura (se comenta / se comentan)...
8. En el laboratorio de computadoras (se diseña / se diseñan)...
9. En la clase de arte (se esculpe / se esculpen)...

**Expansión**

¿Qué se hace en la clase de historia? ¿De matemáticas? ¿De biología?

## 10 | En la clase de arte

**Escuchar / Escribir**

Escucha a la señora Navarro describir una clase de arte que tuvo en la escuela secundaria. Haz una lista de los verbos que escuchas. Luego usa la lista para completar las oraciones con **se** pasiva.

1. _____ muchas actividades.
2. _____ libros de arte.
3. No _____ en mármol.
4. Una vez _____ un cincel y una maza para esculpir.
5. _____ figuras de madera.
6. _____ películas.
7. _____ mucho porque el profesor era bueno.

Lección 2
trescientos diecinueve **319**

## 11 | Las reglas del museo

Hablar Escribir

Mira las señales y di lo que no se hace en el museo. Usa **se** pasiva o **se** impersonal.

**Expansión**
Antes de entrar al museo, envía un SMS a un(a) amigo(a) contándole qué cosas no puede hacer en el museo.

## 12 | Autores y artistas

Hablar Escribir

Combina elementos de cada columna para decir por quiénes fueron hechas las siguientes obras. Usa la voz pasiva.

Unidad 5
**320** trescientos veinte

## 13 | Pasado, presente y futuro  ♻ ¿*Recuerdas?* Imperfect pp. R17–R27

Hablar | En grupos de tres, usen **se** pasiva o **se** impersonal para describir la vida en el año 1900, la vida de hoy y la vida en el año 2100. Pueden usar verbos del recuadro u otros verbos.

**A** En 1900 se viajaba a caballo.

**B** Hoy se viaja en coches que usan gasolina.

**C** En 2100 se viajará en carros que usan...

| diseñar | escribir | estudiar |
| mirar | leer | aprender |
| pintar | hablar | vivir |

## Comparación cultural

### El Prado

El Museo del Prado es uno de los mejores museos de arte del mundo. Este museo, que se encuentra en Madrid, fue establecido en 1819. Hoy tiene más de tres mil pinturas y más de cuatrocientas esculturas de artistas importantes de todo el mundo. Madrid también tiene otros museos de importancia mundial, como el Centro de Arte Reina Sofía, en el que se puede ver el famoso cuadro de Picasso, *Guernica,* que representa la violencia de la Guerra Civil Española. En Madrid también se puede visitar el Museo Thyssen-Bornemisza, que está organizado cronológicamente, de modo que se puede trazar la historia del arte europeo en una sola visita.

El Museo del Prado, Madrid, España

### Compara con tu mundo

¿Hay algún museo importante donde tú vives? ¿Cuáles son algunos de los museos más importantes de Estados Unidos? ¿Los has visitado alguna vez?

**Más práctica**  Cuaderno *pp. 100–101*

**¿Comprendiste?** Expresa estas oraciones con la voz pasiva.
1. Galdós escribió la novela.
2. Ese dramaturgo ha presentado muchas obras de teatro en Buenos Aires.
3. El escultor usa el cincel.

Lección 2

# GRAMÁTICA en contexto

**¡AVANZA!** **Goal:** Notice how the passive voice is used in the announcement for a literary contest. Then, use the passive voice to answer questions about the announcment and talk about a school poetry contest. *Actividades 14–15*

## Contexto *Anuncio*

**ESTRATEGIA Leer**
**Determine use of the passive voice** As you read the announcement, look for different types of passive voice. Find at least three examples of each and write them in a chart. How does the passive voice show that the action is more important than the person doing the action?

| la voz pasiva | la se pasiva |
|---|---|
| *es patrocinado* | *Se solicitan cuentos* |
| | |

Rosa, una amiga de María Elena, quiere publicar sus poemas. Piensa entregar algo para este concurso.

### ★ Se Anuncia Concurso Literario ★

Se solicitan cuentos que no se hayan publicado anteriormente para un concurso literario. El concurso es patrocinado por la Sociedad Centroamericana de Escritores. Este concurso se celebró por primera vez hace siete años. El año pasado se recibieron más de 220 cuentos de autores de todos los países de América Central.

Se aceptan cuentos de cinco a veinte páginas, escritos en español o inglés por autores residentes de América Central. No se aceptarán cuentos que ya hayan sido publicados en libros, en revistas o en Internet.

Los cuentos deben ser enviados a las oficinas de la Sociedad en Managua. Sólo se leerán los cuentos recibidos antes del 18 de julio.

Los cuentos serán evaluados por un distinguido grupo de autores y profesores universitarios de literatura. Los ganadores serán anunciados antes del 15 de septiembre. Se ofrecerá una cena en su honor a principios de octubre, durante la cual sus trabajos serán leídos por distinguidos actores.

Se incluirá compensación monetaria con los premios otorgados a los tres mejores cuentos. Estos tres cuentos también serán publicados por la Sociedad en su revista anual.

Homenaje a los ganadores del año anterior

## 14 | Comprensión del anuncio

Escribir
Leer

Basándote en el anuncio, contesta las preguntas. Usa la voz pasiva cuando sea posible.

1. ¿Quién anuncia el concurso?
2. ¿Cuánto tiempo hace que se celebra este concurso?
3. ¿Cuántos cuentos se recibieron el año pasado?
4. ¿Se aceptaría un cuento de ocho páginas?
5. ¿Se aceptan cuentos escritos en francés?
6. ¿Adónde deben enviarse los cuentos?
7. ¿Quiénes evaluarán los cuentos?
8. ¿Cuándo se anunciarán los resultados del concurso?
9. ¿Qué tipo de evento se ofrecerá para honrar a los ganadores?
10. ¿Dónde se publicarán los cuentos ganadores?

**Expansión**
¿Te gustaría participar en un concurso artístico? ¿Qué tratarías de entregar?

## 15 | Entrevista

Hablar

En parejas, dramaticen esta situación. Luego represéntensela a la clase.

**A**

- Acabas de saber que se ha organizado un concurso de poesía en tu escuela. Quieres que tu compañero(a) participe en el concurso.
- Se aceptan poemas escritos en inglés o en español. Se aceptarán de dos a tres poemas por cada persona. Descríbele el concurso a tu compañero(a). Inventa detalles.
- A tu compañero(a) le interesa, pero no quiere comprometerse. Trata de convencerle de entregar sus poemas.
- Ofrece cualquier tipo de ayuda que te pida tu compañero(a).

**B**

- Eres un(a) estudiante de Venezuela. Has escrito cuatro poemas, todos en español. Tu compañero(a) quiere hablarte de un concurso que se ha organizado en su escuela.
- No sabes si se aceptan poemas escritos en español, y no estás seguro(a) de que tengas un número suficiente de poemas.
- Te interesa el concurso, pero tienes dudas. Te pones nervioso(a) cuando tus poemas se leen en público.
- Pídele a tu compañero(a) que lea los poemas para ver qué le parecen.

**Expansión**
Escribe un e-mail a tu compañero(a) y explícale por qué crees que debe participar en el concurso de poesía.

**PARA Y PIENSA**

**¿Comprendiste?** Completa las oraciones para expresar la voz pasiva con la forma correcta del verbo entre paréntesis.

1. Se _____ (recibir) muchos poemas el año pasado.
2. Los poemas deben ser _____ (enviar) a las oficinas de la Sociedad.
3. Los resultados del concurso serán _____ (anunciar) en septiembre.

Lección 2
trescientos veintitrés  **323**

# Presentación de GRAMÁTICA

**¡AVANZA!** **Goal:** Learn how to talk about unintentional events using **se** and indirect object pronouns. Then, practice using them to discuss arts-related activities. **Actividades 16–21**

**English Grammar Connection:** In English, the subject of the sentence performs the action, whether intentional or not. In Spanish, unintentional events are seen as happening to someone.

The actor **forgot** all his lines.     Al actor **se le olvidaron** todas sus líneas.

## Se para acontecimientos no intencionales

**Grammar Video** my.hrw.com

Unintentional events in Spanish are expressed by **se** + **indirect object** + **verb**.

*Here's how:* The verb form is always in the third person singular or plural, and it agrees with the thing or things that were *lost, broken, dropped*, and so on. The person that they happened to is expressed with an **indirect object pronoun**.

| Verbs used to express unplanned or unintentional events | | | |
|---|---|---|---|
| acabarse | to run out of | perderse | to lose |
| agotarse | to run out of, to sell out of | quebrarse | to break |
| caerse | to drop, to fall down | quedarse | to leave behind |
| descomponerse | to break down | quemarse | to burn |
| irse la mano | to get carried away with | romperse | to break, to tear |
| olvidarse | to forget | | |

*agrees*

A nosotros **se nos cayeron** los escenarios en plena representación.
The sets **fell down on us** right in the middle of the scene.

Al escultor **se le rompió** el busto tratando de refinar la nariz.
The sculptor **broke** the bust trying to refine the nose.

Al pintor **se le fue** la mano con el color azul.
The painter **got carried away** with the color blue.

Cuando llegamos a la taquilla, ya **se les habían agotado** los boletos.
When we got to the ticket booth, **they had already run out of** tickets.

*Más práctica*
Cuaderno *pp. 102–103*

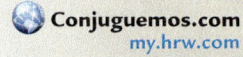
Conjuguemos.com
my.hrw.com

Unidad 5

# Práctica de GRAMÁTICA

## 16 | Un día fatal

Escuchar

Escucha mientras Aníbal describe todo lo que le pasó ayer. Mira los dibujos e indica en qué orden ocurrieron.

a.
b.
c.
d.
e.
f.

## 17 | Artistas distraídos

Leer

Empareja cada artista con el problema que tiene.

1. A la escultora...
2. Al ebanista...
3. Al cuentista...
4. Al dramaturgo...
5. A la ensayista...
6. Al autor de novelas gráficas...
7. A la pintora...
8. A la novelista...

a. se le fue la mano mientras tallaba.
b. se le acabó la pintura.
c. se le perdieron 300 páginas del manuscrito.
d. se le agotaron las ideas para sus historias.
e. se le olvidó mandar el ensayo a la revista.
f. se le cayó el busto.
g. se le descompuso el programa de diseño.
h. se le quedaron las copias de la obra de teatro en casa.

**Expansión**
Di tres cosas que les sucedieron a ti y a tus amigos. Usa **romperse**, **quedarse** y **quemarse**.

## 18 Hermanos gemelos

**Leer / Escribir**

Completa los recuerdos de Gina con los verbos indicados en el pretérito o en el imperfecto para expresar acontecimientos no intencionales. Luego di si las oraciones se refieren a Gina o a su gemelo, Pablo.

> De niña yo era buena estudiante, pero un poco distraída. Me encantaba la clase de arte. Más que nada me gustaba esculpir, pero siempre __1.__ (caer) el pincel y la maza. Y una vez __2.__ (ir) la mano con el cincel y la escultura quedó arruinada. Cuando pintaba, siempre __3.__ (acabar) mis colores favoritos, porque a la maestra frecuentemente __4.__ (olvidar) comprar pintura.
>
> Mi hermano gemelo, Pablo, por otra parte, estaba loco por los deportes. Una vez fuimos con mis padres a un partido de fútbol profesional. Mientras conducíamos al estadio, __5.__ (descomponer) el coche. Llegamos tarde y al entrar, en la taquilla un empleado nos dijo «Lo siento, ya __6.__ (agotar) los boletos». Así que no pudimos ver el partido.
>
> Para mí era más divertido ir a ver los partidos de béisbol de Pablo. Jugaba muy bien. Casi nunca __7.__ (caer) la pelota. Pero sí recuerdo que una vez cuando hacía mucho sol, a Pablo __8.__ (perder) de vista la pelota y __9.__ (caer).

a. Casi nunca se le caía la pelota.
b. Siempre se le caían cosas en la clase de arte.
c. Era un poco distraído(a).
d. Una vez tuvo un problema con una escultura.
e. Le gustaba jugar al béisbol.

**Expansión**
De niño(a), ¿qué se te olvidaba con frecuencia? ¿Tenías un juguete favorito que se te rompió?

## 19 Familia y amigos

**Hablar / Escribir**

Utiliza palabras de las tres columnas para formar oraciones sobre qué les pasa con frecuencia a tus familiares y amigos.

**modelo:** A mi hermano siempre se le acaba el dinero.

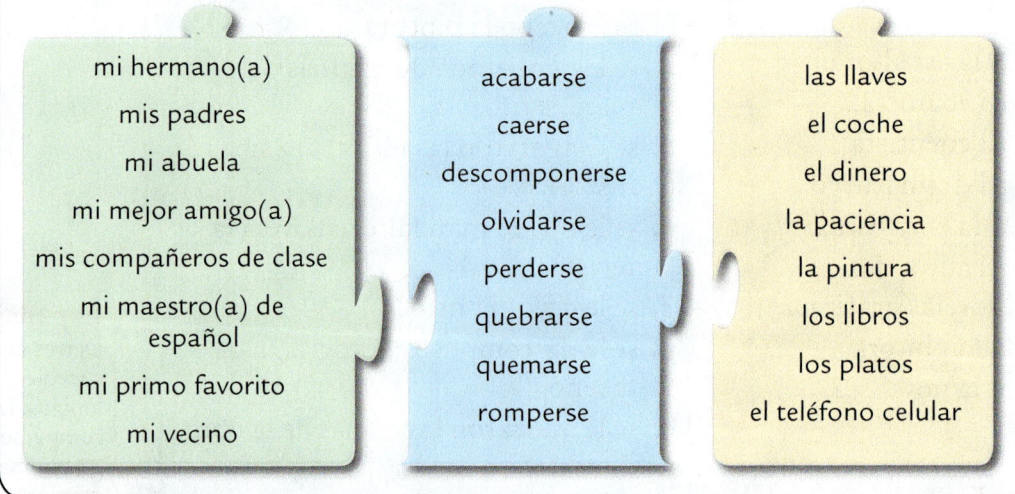

## 20 | Una fiesta caótica

**Hablar Escribir**

Cuéntale a la clase qué pasó cuando Daniel invitó a su clase de arte a su casa.

## 21 | En clase

**Escribir Hablar**

Escribe tres cosas que se te olvidan con frecuencia, dos cosas que se te han perdido este mes y dos cosas que se te acabaron hace poco. Léele tus oraciones a un(a) compañero(a) y pregúntale si le pasa lo mismo.

**A** Siempre se me olvidan los números de teléfono. ¿Y a ti?

**B** A mí también se me olvidan.

## Comparación cultural

### *El muralismo mexicanoamericano*

El muralismo se caracteriza por ser arte con un mensaje social. En los años sesenta algunos muralistas mexicoamericanos empezaron a pintar murales en Chicago, y ahora los hay en muchas ciudades de los Estados Unidos. Inspirados por los muralistas mexicanos como Diego Rivera y David Alfaro Siqueiros, los muralistas cuentan la historia de la inmigración y las condiciones sociales del pueblo mexicoamericano.

Los murales de Balmy Alley, San Francisco, California

### *Compara con tu mundo*

¿Hay murales en tu ciudad? ¿Has visto murales de artistas mexicoamericanos?

*Más práctica*  Cuaderno *pp. 102–103*

---

**PARA Y PIENSA**

**Comprendiste?** Completa el párrafo con las expresiones que corresponden.

Ayer a mi hermano __1.__ los lentes. También __2.__ su libro de inglés en casa. A mí __3.__ el dinero. Y a los dos __4.__ que era el cumpleaños de nuestro padre.

- se le perdieron
- se le quedó
- se nos olvidó
- se me acabó

Lección 2
trescientos veintisiete **327**

# GRAMÁTICA en contexto

**¡AVANZA!** **Goal:** Notice how Mauro expresses unplanned events to explain why he couldn't go out with María Elena and her friends. Then, use similar expressions to ask for explanations and give excuses. *Actividades 22–23*

## Contexto  *Correo electrónico*

**ESTRATEGIA**  Leer
**Identify what happened and to whom**
Look for instances in the e-mail where Mauro recounts what happened to him and to other people. Using a chart, note what happened and to whom.

| What happened? | To whom? |
|---|---|
| se le quedó el teléfono en casa | Mauro |
|  |  |

Mauro aceptó la invitación de Fernando a cenar y ver la exhibición de arte abstracto con él, María Elena y Mónica. Pero nunca llegó al restaurante. Al día siguiente, Mauro les envió el siguiente correo electrónico pidiendo disculpas.

---

Queridos amigos:

Quiero decirles cuánto siento no haberlos acompañado al museo anoche. Fue un día horrible y simplemente no pude llegar. ☹ Los habría llamado, pero se me quedó el teléfono celular en casa. No pude usar un teléfono público porque se me habían olvidado sus números de teléfono.

Ayer fui a la universidad con una compañera de clase, pero antes de llegar ella se dio cuenta de que se le había olvidado la tarea. Tuvimos que regresar a su casa para recogerla. Eran casi las once cuando volvimos y habíamos perdido la clase de matemáticas.

Por la tarde tuve que ensayar con la orquesta de la universidad. Mientras iba caminando a la sala de conciertos, se me cayó el trombón. ¡Qué horror! ☹ Temía que se me hubiera quebrado, pero cuando abrí la caja, vi que el trombón estaba intacto. ☺ Fue un alivio, pero me dejó de muy mal humor. Mientras ensayábamos, se me olvidaron las notas que debía tocar. Por fin al director se le acabó la paciencia y empezó a gritarme. ☹ Decidí hablar con él después del ensayo, pero no estaba en su oficina. Tuve que esperarlo casi dos horas. Cuando por fin llegó, ya eran casi las seis, así que no pude llegar al restaurante a tiempo. Regresé a casa e hice los preparativos para acostarme.

¿Están muy enojados conmigo? ¡Espero que no! ☺ ¿Saben qué voy a hacer el domingo? Voy a una conferencia sobre un autor que me gusta mucho, Arturo Pérez-Reverte. La conferencia comenzará a las dos de la tarde. Si les interesa, podríamos ir juntos y tomar un café después. ¿Qué les parece?

Un abrazo,

Mauro

## 22 | Comprensión del correo electrónico

**Leer**
**Escribir**

Basándote en el correo electrónico, contesta las preguntas.

1. ¿Por qué no pudo llamar Mauro a sus amigos?
2. ¿Por qué tuvo el amigo de Mauro que regresar a casa por la mañana?
3. ¿Qué le pasó a Mauro mientras iba caminando a la sala de conciertos?
4. ¿Se le quebró el trombón?
5. ¿Por qué se enojó el director de la orquesta con Mauro?
6. ¿Qué hora era cuando llegó el director?
7. ¿Qué hizo Mauro después de llegar a casa?
8. ¿A qué evento invita Mauro a los otros jóvenes?

**Expansión**
¿Qué pasó la última vez que se te descompuso algo? ¿Se te quebró algo que le pediste prestado a otra persona?

## 23 | ¿Por qué no viniste?

**Hablar**

En parejas, dramaticen esta situación. Luego represéntensela a la clase.

**A**
- Tu compañero(a) te invitó a un concierto la semana pasada. Le dijiste que irías, pero no fuiste. Ahora él (ella) no está muy contento(a).
- Inventa una lista de razones por las que no pudiste ir al concierto.
- Tu compañero(a) duda que digas la verdad. Trata de convencerlo(a).
- Al final, pídele perdón. Si te perdona, invítalo(a) a hacer algo contigo en el futuro.

**B**
- Tu compañero(a) dijo que iría contigo a un concierto la semana pasada, pero no fue. Estuviste esperándolo(la) mucho tiempo. No estás muy contento(a).
- Escucha las excusas de tu compañero(a). No estás seguro(a) de que diga la verdad.
- Hazle preguntas para aclarar las cosas.
- Decide si tu compañero(a) está diciendo la verdad. Si lo (la) crees, perdónalo(a) y acepta la invitación.

---

**PARA Y PIENSA**

**¿Comprendiste?** Empareja los acontecimientos con sus consecuencias lógicas.

1. Se me perdieron las llaves.
2. Se me acabó la pintura.
3. Se me descompuso la computadora.
4. Se me quemó el bistec.

a. No pude contestar el correo electrónico.
b. Preparé una hamburguesa.
c. No pude terminar el autorretrato.
d. Tuve que tomar el autobús.

Lección 2

# Todo junto

**¡AVANZA!** **Goal:** *Show what you know* Notice how the characters use future and conditional perfect, adjective clauses, and the passive voice. Then use them to talk about arts-related activities. *Actividades 24–27*

## Contexto *Video*

**ESTRATEGIAS**

**Practices and perspectives**
People may tell white lies (**mentirillas**) to spare others' feelings. Compare and contrast Carlos' and Isabel's reactions to doña Nora's presents to how you may have reacted in a similar situation. Also compare the perspectives that underlie this practice.

  **Ver**
**Paraphrase to understand**
To aid comprehension, watch the whole video to get the gist, then express the meaning in your own words.

*Resumen* Doña Nora visita a Carlos y a Isabel. Durante su visita, les trae unos regalos. Carlos no se entusiasma ni con la visita de su suegra ni con sus regalos.

**Carlos:** Hola, doña Nora. ¡Bienvenida! ¡Cuánto me alegro de verla!

**Nora:** Hola, Carlos. Te traje un regalo.

**Carlos:** Ah... un libro de poemas.

**Nora:** Sí. Fue escrito por un poeta contemporáneo muy sofisticado. ¡Fascinante!

**Carlos:** ¡Gracias! ¡No veo la hora de poder leerlo!

Unidad 5
trescientos treinta

**Isabel:** Vamos a sentarnos. Después llevamos tu maleta a tu cuarto. Bueno, mamá, ¿qué planes tienes? ¿Quieres ir a una galería de arte mañana? Hay varias exhibiciones que son realmente dignas de verse.

**Nora:** Sí, y por la noche podemos ir a un concierto. Pero, esta noche hay un programa sobre pintura y escultura que no me quiero perder. Empieza a las nueve.

**Carlos:** ¡Qué lástima! Para esa hora Isabel y yo ya nos habremos acostado.

**Isabel:** No, no. Vamos a mirar el programa contigo, mami.

**Carlos:** Y doña Nora, ¿ha pintado últimamente? ¿Algún paisaje, un autorretrato?

**Nora:** No, ahora me interesa la pintura abstracta. ¡Ay! Me olvidé de darles mi regalo. ¡Un momentito!

*Nora sale del cuarto y regresa después de unos momentos.*

**Nora:** ¡Para ustedes! ¡Mi más reciente creación!

**Isabel:** ¡Es hermoso! Gracias, mamá.

**Carlos:** Es... muy interesante.

**Nora:** Se titula *Primavera*. Yo creo que pueden ponerlo en esta pared.

**Carlos:** ¡No! Es decir... Quizás estaría mejor en la sala de estar.

**Nora:** Ahora que lo pienso... Isabel, estos colores irían mejor en el apartamento de tu hermana.

**Carlos:** ¡Sí! ¡No hay duda! ¡Allí va a quedar mucho mejor!

**Isabel:** Bueno, pero a mí me encanta el cuadro.

**Carlos:** Pero no debemos ser egoístas con tu hermana.

**Nora:** ¡Tengo una idea! Éste me gusta más para ustedes. *Un día de otoño*. ¡Es perfecto para la sala de ustedes!

**Isabel:** ¡Divino! Carlos, ¿quieres colgar el cuadro, por favor? Mamá y yo vamos a ir a la cocina a tomar una taza de té. ¿Vamos, mami?

> **También se dice**
> 
> Doña Nora usa la palabra **fascinante**.
> • **Venezuela** chévere
> • **Chile, Perú** bacán
> • **México** padre

## 24 Comprensión del video

**Leer Escribir**

Indica si las oraciones son ciertas o falsas. Corrige las falsas.

1. Carlos e Isabel no van a acostarse a las nueve.
2. El libro de poemas que Nora le regaló a Carlos le habrá gustado.
3. A doña Nora se le quedó en casa la pintura que quería regalarles a Carlos y a Isabel.
4. Doña Nora no habrá estudiado pintura por mucho tiempo.
5. A Carlos le gustan las dos pinturas que trajo doña Nora.
6. Después de que doña Nora se fue, Carlos e Isabel habrán quitado la pintura de la pared.

## 25 Integración

Leer
Escuchar
Hablar

Carlos, Isabel y doña Nora vieron el programa de arte, el cual doña Nora quería ver. Al próximo día, fueron a San José para visitar el Museo de los Niños. Lee el folleto del museo y escucha el anuncio del programa de televisión. Luego, escribe una entrada de diario desde el punto de vista de doña Nora o de Carlos. En la entrada, describe las cosas que viste y qué te parecieron.

**Fuente 1 Folleto del museo**

### El Museo de los Niños los invita

**Introducción**
Una vez la Penitenciaría Central, la cual fue definitivamente cerrada en 1979, hoy sirve como albergue del orgullo de nuestro país, en el cual se presentan tanto exposiciones de arte como conciertos de música y obras de teatro. Tiene de todo para toda la familia.

**Auditorio nacional**
Esta semana se presenta la obra de teatro «La casa de Bernarda Alba» de García Lorca, la cual será representada por el elenco de la Universidad Central. Consulte el horario para más información.

**Galería nacional**
Durante el mes de julio se presenta «Lo moderno», en el cual se mostrarán piezas que representan varias técnicas, como el grabado en placa, el óleo sobre madera, la talla en piedra y la acuarela, todas hechas por artistas costarricenses, como Cali Rivera y Hugo Sánchez.

**Complejo juvenil**
No dejen de ver esta joya del museo, en la cual tanto los niños y jóvenes como los adultos pueden explorar temas científicos, artísticos y tecnológicos. Hay un laboratorio de computación, una biblioteca y un centro audiovisual. Todos fueron diseñados para la exploración y ampliación de conocimiento.

**Fuente 2 Anuncio del programa**

**Escucha y apunta**

- ¿Cómo se llama el programa?
- ¿Qué época artística se destacará?
- ¿De qué artistas se hablará?
- ¿De qué país son los artistas?

**modelo:** Hoy fuimos al Museo de los Niños. Aunque me gusta el arte moderno, creo que el naturalismo, como vimos anoche en el programa «Historia del arte», es más comprensible.

## 26 Hablar

**ESTRATEGIA Hablar**

**Circumlocution** If you can't think of or don't know a word when speaking, you can describe that word using adjective clauses and words you do know. Start with phrases like **la persona que, un lugar en que, una cosa que,** or **lo que.** This allows you to keep the conversation going.

Con un(a) compañero(a), representa una conversación que trata de una exposición de arte. Imaginen que se les olvidan términos artísticos como «acuarela», «ebanistería» o «moldear». Describan los términos con cláusulas adjetivas. Cambien de papel entre sí. Procuren usar el registro apropiado, expresiones correctas y gestos adecuados.

A: Fui al museo y lo pasé muy bien.

B: ¿Qué clase de arte viste?

A: Se me olvida el nombre, pero es ese estilo en el que se usa...

## 27 ¡A escribir!

Imagina que eres crítico(a) de arte. Escoge una obra de arte de un(a) artista del mundo hispanohablante. Escribe una reseña de la obra. Incluye detalles sobre la técnica que se usó, el género y el período artístico. Finalmente incluye recomendaciones para tus amigos, indicando si a ellos les habría gustado o no la obra y por qué.

| Writing Criteria | Excellent | Good | Needs Work |
|---|---|---|---|
| Content | Your review contains many interesting details. | Your review includes some interesting details. | Your review contains few interesting details. |
| Communication | Your review is organized and easy to follow. | Parts of your review are organized and easy to follow. | Your review is disorganized and hard to follow. |
| Accuracy | You make few mistakes in grammar and vocabulary. | You make some mistakes in grammar and vocabulary. | You make many mistakes in grammar and vocabulary. |

**Expansión**
Escribe tu reseña en un e-mail para un(a) compañero(a) y pídele que te envíe la suya.

**Más práctica** Cuaderno *pp. 104–105, 110*

---

**PARA Y PIENSA**

**¿Comprendiste?** Forma oraciones para expresar acontecimientos no intencionales.
1. doña Nora / írsele la mano / color amarillo
2. Carlos e Isabel / caérsele / la pintura que doña Nora les regaló
3. doña Nora e Isabel / perdérsele / las entradas del concierto
4. doña Nora / olvidársele / la pintura en el auto

# Lección 2

# En resumen
## Vocabulario y gramática

## Vocabulario

### La escultura

| | |
|---|---|
| el barro | clay |
| blando(a) | soft |
| el bronce | bronze |
| el cincel | chisel |
| la ebanistería | woodworking |
| el (la) escultor(a) | sculptor |
| el mármol | marble |
| la maza | drop hammer |
| el (la) modelo | model |
| la orfebrería | metalwork |
| la piedra | stone |
| el yeso | plaster |

### La literatura

| | |
|---|---|
| la autobiografía | autobiography |
| el blog | blog |
| la ciencia ficción | science fiction |
| la contratapa | back cover |
| el (la) cuentista | short-story writer |
| en primera persona | in first person |
| el (la) ensayista | essayist |
| la fábula | fable |
| la fantasía | fantasy |
| la ficción | fiction |
| la librería virtual | online bookstore |
| el libro electrónico | eBook |
| el (la) narrador(a) | narrator |
| el (la) novelista | novelist |
| la tapa | front cover |
| la trama | plot |

### Para describir acciones

| | |
|---|---|
| endurecer | to harden |
| diseñar | to design |
| esculpir | to sculpt |
| moldear | to cast, to mold |
| posar | to pose |
| tallar | to carve |

### Ya sabes esto

| | |
|---|---|
| la artesanía | handicraft |
| el cuento | short story |
| el drama | drama |
| el (la) dramaturgo(a) | playwright |
| el ensayo | essay |
| la escultura | sculpture |
| la imagen | image |
| la madera | wood |
| la novela | novel |
| la novela gráfica | graphic novel |

Unidad 5
trescientos treinta y cuatro

# Gramática

## La voz pasiva

Combine **ser** with the **past participle** of the main verb. The participle agrees in gender and number with the noun receiving the action. The person who did the action is expressed with the preposition **por**.

> Esta **estatua fue tallada por** Genaro Rivera.
> This **statue was carved by** Genaro Rivera.

## Se pasiva

Combine **se** with the third person form of the **verb**. The verb agrees in number with the noun receiving the action. The person who did the action is not expressed.

> La **pintura** de Picasso **se exhibe** en el salón de arriba.
> The **painting** by Picasso **is exhibited** in the room upstairs.

## Se impersonal

Combine **se** with the third person singular form of the **verb** to express an impersonal subject like *they, people, one,* or *you*.

> **Se ensaya** en los salones de arriba.
> **You (People) practice** in the rooms upstairs.

## Se para acontecimientos no intencionales

Express unintentional events by combining **se** with the third person of the **verb**. It agrees with what was *lost, broken, dropped,* etc. The person affected is expressed with an **indirect object pronoun**.

| Verbs used to express unplanned or unintentional events | |
|---|---|
| acabarse | to run out of |
| agotarse | to run out of, to sell out of |
| caerse | to drop, to fall down |
| descomponerse | to break down |
| irse la mano | to get carried away with |
| olvidarse | to forget |
| perderse | to lose |
| quebrarse | to break |
| quedarse | to leave behind |
| quemarse | to burn |
| romperse | to break, to tear |

A nosotros **se nos cayeron** los escenarios en plena representación.
The sets **fell down on us** right in the middle of the scene.

Al escultor **se le rompió** el busto tratando de refinar la nariz.
The sculptor **broke** the bust trying to refine the nose.

Lección 2

# Lectura literaria

**¡AVANZA!** **Goal:** Read the following account of boyhood memories in Costa Rica. Then analyze how the author's descriptions and use of imagery vividly recreate a specific time and place.

## Para leer

**ESTRATEGIA Leer**

**Visualize the setting** In this memoir, the author describes a river and an orchard where he played as a boy. To help visualize these two places, make a mind map for each one. In the center, write the name of the place: **el río y la ribera** or **el huerto**. In attached circles, write the phrases **cómo era**, **quiénes estaban allí**, and **qué hacían los niños**. Fill in the circles with details as you read. Then, use your notes to create a drawing of the places.

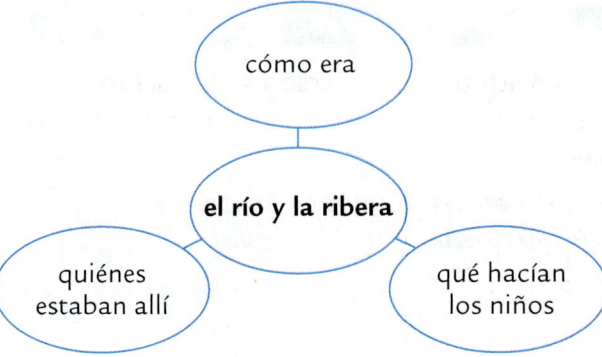

### Vocabulario para leer

**bullicioso(a)** *que hace mucho ruido*
**el huerto** *terreno donde se cultivan árboles frutales*
**el lavadero** *lugar donde se lava la ropa*
**la orilla** *borde entre la tierra y el agua del río*
**la presa** *muro construido para detener el agua*
**la ribera** *terreno junto al río*

## Nota cultural

### Sobre el autor  Aquileo J. Echeverría (1866–1909)

Aquileo J. Echeverría, de Costa Rica, se considera uno de los primeros autores clásicos de su país. Escribió cuentos y poemas y fue también militar, periodista y diplomático. Fue amigo de Rubén Darío, quien lo reconoció como el poeta nacional de Costa Rica. En la obra de Echeverría se presenta con frecuencia el tema de las costumbres rituales de la vida campesina, pero también tiene clara influencia del modernismo. La crónica de costumbres que aparece a continuación es de *Crónicas y cuentos míos*.

# La Presa (Adaptado)

Allí, donde hoy está el lavadero público, era hace pocos años el centro de reunión de los alegres y bulliciosos muchachos de San José.

5  Lo llamábamos «La Presa» porque hay una construida para elevar las aguas al nivel[1] del terreno en que está colocada[2] una maquinaria de cortar maderas.

En «La Presa» hemos aprendido a
10 nadar todos los muchachos de San José; progresando a tal punto que de entre nosotros salieron muchos excelentes nadadores.

Puente de Metlac, *Casimior Castro*

«La Presa» era nuestro baño favorito, por ser «Torres» el río más
15 cercano a San José, y por ofrecer muchas comodidades, pues hay en sus riberas piedras donde uno puede divertirse y poner la ropa.

Cuando un muchacho se escapaba de la escuela, era casi seguro que iba a «La Presa», que era el punto de reunión de los vagos[3].

En la orilla opuesta a la que nos desvestíamos tenía un viejecito
20 un huerto en el que crecían varios guayabos, naranjos y mangos que eran nuestra constante tentación. El dueño era un hombre de pocas pulgas[4] y nosotros le temíamos más que al pecado[5], atreviéndonos a entrar en sus propiedades solamente cuando éramos muchos. Uno de los muchachos era el Jefe, y designaba a los que debían quedarse
25 de centinelas[6], listos para dar la voz de alarma cuando divisaba al enemigo, y los demás se repartían[7] en dos grupos: los más ágiles subían a los árboles y los otros recogían las frutas que aquéllos arrojaban[8]. Una vez verificado el robo nos sentábamos a la orilla del río para repartirnos el botín[9].

### ❖ A pensar
¿Por qué crees que a los niños les gustaba tanto ir a la presa?

---

[1] level  [2] located  [3] kids who play hookey  [4] **de...** bad tempered
[5] sin  [6] guards  [7] **se...** were divided  [8] threw
[9] loot

## ✓ Reflexiona
¿Qué hacían los niños en el río y en el huerto?

# Lectura literaria  *continuación*

La cosecha de manzanas, *Joaquín Torres-García*

30  Después, los muchachos atravesaban el río, algunos hasta con tres guayabas en la boca, y un par de mangos verdes en las manos.

Pero no siempre la empresa salía bien[10]; y muchas veces el viejecito nos perseguía con su machete largo en la mano. Entonces era el gritar, el correr de aquí para allí, el saltar zanjas[11] y el atropellarse[12] los unos a 
35  los otros. El que caía se levantaba como podía, pues nadie se ocupaba de los demás: lo primero era salvar el propio pellejo[13].

Apuesto a[14] que ninguno de mis compañeros se ha olvidado de las famosas batallas navales; de aquel ardor bélico con que defendían y atacaban el castillo, aquella piedra memorable donde aprendimos las 
40  primeras lecciones del arte de la guerra.

---

[10] **salía...** turned out well  [11] ditches  [12] run into
[13] skin  [14] **Apuesto...** I'll bet

> **A pensar**
> ¿Por qué los chicos le tenían miedo al viejecito?

## ✓ Reflexiona

En las batallas navales, ¿qué servía de castillo para los chicos?

Unidad 5

¿Y quién ha olvidado el juego del coco, el barrizal[15] donde nos emporcábamos[16] retozando[17] en sus tibias aguas, y en fin, todos esos juegos inocentes y sencillos como eran nuestros corazones.

Hace pocos días fui a «La Presa» y me entristecí recordando aquellos tiempos felices. Nada ha variado; todo está en su puesto. Las lavanderas que hoy charlan y lavan ropa en el lavadero, veían admiradas a un hombre que, con la cara triste y muy apesadumbrado[18], andaba como buscando algo entre aquellas piedras.

En efecto, buscaba algo: la felicidad de aquellos deliciosos días que ya no volverán; y a no haberme contenido[19] la presencia de las mujeres, tal vez habría llorado sobre aquellas piedras, mudos testigos[20] de mi alegría, que parecían reconocerme y preguntarme por sus antiguos visitantes.

Triste, muy triste me retiré de aquel lugar donde se han borrado[21] ya las huellas de aquel grupo de diablillos y en donde no resonarán más sus alegres algarabías y carcajadas[22].

«La Presa» será siempre para nosotros el relicario[23] donde guardaremos muchos de los dulces recuerdos de nuestra niñez.

---

[15] mire
[16] **nos...** got filthy
[17] rough-housing
[18] weighed down
[19] **a...** had it not been for
[20] witnesses
[21] **se...** have been erased
[22] **algarabías...** noise and laughter
[23] locket

**A pensar**
Según el narrador, ¿eran buenos o malos los chicos? ¿Cómo lo sabes?

## Después de leer

### ¿Comprendiste?

1. ¿Qué era la presa para los niños, hace años?
2. ¿Qué había en el huerto del viejecito y cómo era el viejecito?
3. ¿Qué hacían los muchachos cuando entraban en el huerto del viejo?
4. ¿Qué sintió el autor cuando, ya hombre, volvió a la presa?
5. ¿Qué significará siempre la presa para el autor y sus amigos?

### ¿Y tú?

¿Has vuelto alguna vez a un lugar en el que jugabas cuando eras niño(a)? ¿Cómo te sentiste al verlo de nuevo?

### Para escribir

Escribe uno o dos párrafos para analizar el tema de la crónica.

### Desde tu mundo

En parejas, comparen los lugares en los que ustedes jugaban con sus amigos cuando eran niños con los lugares que menciona el texto. ¿Qué recuerdos tienen de aquella época?

# Lectura literaria continuación

**¡AVANZA!** **Goal:** Read the following poem, which reflects on the inevitability of experiencing intense emotions. Then assess how the poem contrasts man's existence with that of other objects.

## Para leer

**ESTRATEGIA Leer**

**Compare and contrast** This poem contrasts man's existence with that of objects without feelings, such as trees or rocks. Use a Venn diagram to note similarities between man's existence and that of other things (in the middle), as well as differences (in the non-overlapping parts of the circles).

### Nota cultural

**Sobre el autor** *Rubén Darío (1867–1916)*

De origen nicaragüense, Rubén Darío llegó a ser la figura principal del movimiento modernista, y su obra influyó definitivamente en la literatura latinoamericana y española. Con la publicación en 1888 de *Azul*, libro que lo dio a conocer en España, Darío se convierte en una figura de renombre internacional. En 1896 publica *Prosas profanas*, el primer libro realmente importante del modernismo y ejemplo del «arte por el arte». En 1905, publica *Cantos de vida y esperanza*, cuyo tema principal es el sentimiento nacionalista de los pueblos latinoamericanos. El poema «Lo fatal» es de este libro. En él se ve la vitalidad expresiva tan característica de Darío, en combinación con sus temas universales.

# Lo fatal

Dichoso[1] el árbol que es apenas sensitivo[2],
y más la piedra dura, porque ésa ya no siente,
pues no hay dolor más grande que el dolor de ser vivo,
ni mayor pesadumbre[3] que la vida consciente.

---
[1] Happy  [2] sentient  [3] grief

**A pensar**
¿Cuál es el dolor más grande, según el poema?

Unidad 5

La gitana, *Isidre Nonell*

5  Ser, y no saber nada, y ser sin rumbo cierto[4],

y el temor[5] de haber sido y un futuro terror...

y el espanto[6] seguro de estar mañana muerto,

y sufrir por la vida y por la sombra y por

lo que no conocemos y apenas sospechamos,

10  y la carne que tienta con sus frescos racimos,

y la tumba[7] que aguarda[8] con sus fúnebres ramos,

y no saber adónde vamos,

¡Ni de dónde venimos...!

---

[4] **sin...** without knowing one's way   [5] fear   [6] horror
[7] grave   [8] waits

## Después de leer

### ¿Comprendiste?

**PARA Y PIENSA**

1. ¿Cómo son el árbol y la piedra? ¿Por qué los envidia el poeta?
2. Según el poema, ¿cuál es la mayor pesadumbre?
3. ¿Qué es lo que le hace sentir terror al poeta?
4. ¿Cuáles son las dos cosas que no sabemos los seres humanos?

### ¿Y tú?

¿Estás de acuerdo con el poeta cuando dice «no hay dolor más grande que el dolor de ser vivo»? ¿Por qué sí o por qué no?

### Para escribir

Escribe uno o dos párrafos sobre el siguiente tema: Lo que se aprende de los momentos difíciles y las emociones penosas que son parte de la vida.

### Desde tu mundo

En grupos, comparen la actitud del poeta frente a la vida consciente con la de ustedes. ¿Tienen ustedes una actitud más positiva que la de él?

# Conexiones   *La historia*

## *La pintura como fuente histórica*

Seguramente habrás visto pinturas que se aprecian no sólo por su valor artístico, sino también por lo que nos dicen del pasado. Los historiadores y biógrafos estudian tales pinturas para entender más sobre cómo vivía la gente, cómo sucedió un evento determinado o cómo fue una persona.

En la primera pintura a continuación, se ven unos soldados y sus familias antes de una batalla de 1814 por la independencia de Chile. La segunda imagen es un retrato de Sor Juana Inés de la Cruz, monja, escritora y poeta mexicana del siglo 17. La última es un códice azteca de entre 1502 y 1520. Muestra los tributos entregados al emperador Moctezuma por los grupos bajo su dominio. ¿Qué información histórica te dan estos cuadros? Fíjate en los eventos y personas, y también en cómo están vestidas las personas y qué objetos hay a su alrededor.

La Revista de Rancagua (detalle), *Juan Manuel Blanes*

Retrato de Sor Juana Inés de la Cruz en su hábito de la orden de San Jerónimo

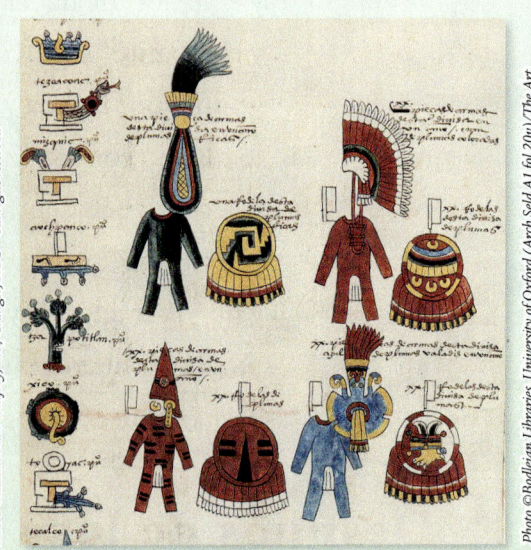
Códice Mendoza (detalle)

**Proyecto**  Haz un informe sobre un cuadro histórico de un artista del mundo hispanohablante. Unos ejemplos son *Guernica,* de Picasso; *El dos de mayo,* de Goya; *Las meninas,* de Velásquez; o los murales de Rivera, Orozco o Siqueiros. Investiga de qué eventos o personas trata la obra y cuál es su importancia histórica. Incluye una reproducción de la obra en tu informe.

**En tu comunidad**

¿Con qué eventos o personas históricas se asocia tu comunidad o región?

Investiga algo de interés histórico que ocurrió en tu comunidad, como una batalla o el nacimiento de una persona de renombre. Busca una representación artística—como una estatua, un cuadro o un mural—de ese evento o esa persona. Luego, compara y contrasta esa representación con las obras que se muestran en esta página o en el proyecto.

# Escritura

## Una reseña

Escribe una reseña de tu obra literaria favorita. Incluye un resumen de la trama, una descripción de los personajes y un análisis de su estilo. Concluye tu reseña dando tu opinión de los puntos fuertes de la obra y de sus defectos.

### ❶ Prepárate para escribir

**ESTRATEGIA Organiza tus ideas con un diagrama** Tu reseña debe incluir un resumen, una descripción, un análisis y una conclusión. Quieres comunicar lo esencial de la obra sin contarla de nuevo, así que debes escoger sólo los mejores detalles para apoyarte. Organiza tus ideas con un diagrama como el siguiente.

### ❷ Escribe

Usa las ideas que anotaste para escribir tu primer borrador.

**Párrafo 1** **Resumen** Explica brevemente qué sucede. Enfócate en los hechos significativos: quién, cuándo, dónde, por qué.

**Párrafo 2** **Descripción** Habla de los personajes. ¿Cómo son y por qué se comportan así? Debes comunicar lo esencial de cada personaje.

**Párrafo 3** **Análisis** ¿Qué estilo usa el (la) autor(a) para hacer que esta obra sea tan buena? Sé breve y escoge los mejores ejemplos.

**Párrafo 4** **Conclusión** ¿Por qué es ésta una obra maestra? ¿Cuáles son sus defectos? Convence a los lectores de que lean la obra incluso a pesar de sus defectos. Usa los pronombres de relativo y el condicional perfecto para dar tu opinión y explicar qué habrías hecho de otro modo.

### ❸ Revisa tu composición

Intercambia tu borrador con un(a) compañero(a) y corrígelo.

- ¿Están incluidos el resumen, la descripción, el análisis y la conclusión?
- ¿Están claramente desarrolladas las ideas? ¿Ha podido tu compañero(a) combinar la brevedad con unos ejemplos relevantes?
- ¿Es convincente la conclusión? ¿Te explica por qué vale la pena leer la obra? Presta atención al uso de los pronombres de relativo y del condicional perfecto.

> Lo ~~cual~~ **que** más me impresiona de esta autobiografía es la honestidad de la autora. Ella narra momentos personales y difíciles ~~y habla de problemas serios~~ *(sé breve)*. Describe los conflictos entre ella y su padre, un hombre ~~quien~~ **que** nunca la entendió. Por otro lado, la autora no nos cuenta la reacción de su padre, ~~que~~ **lo cual** me molestó. Creo que ~~habrá~~ **habría** sido mejor....

# Comparación cultural

**¡AVANZA!** **Goal:** Read about three art museums in the Spanish-speaking world. Then, compare these museums with similar art collections in the United States.

## Museos para visitar, música para escuchar

### VALLADOLID, ESPAÑA

**Patio Herreriano, Museo de Arte Contemporáneo Español**

Este museo es parte del Monasterio de San Benito. Fue restaurado por un equipo de arquitectos para que tuviera la misma atmósfera de tranquilidad que el monasterio original. La colección del museo data de 1918 hasta la actualidad e incorpora obras de diversos artistas españoles. Presenta bosquejos de Joan Miró y de Salvador Dalí, famosos artistas surrealistas, y también contiene una variedad de óleos pintados por artistas importantes como Miquel Barceló, Maruja Mallo, Modest Cuixart y Óscar Domínguez. También hay muchas obras de escultores importantes como Pablo Gargallo y Julio González, esculpidas en bronce, piedra, mármol, yeso y terracota.

*Oro (Retrato bidimensional),* Maruja Mallo, 1951, óleo sobre tela pegada a tabla

Esta artista española se conoce por sus temas populares y étnicos. *Oro* es un retrato con dos lados, uno de frente y el otro de perfil[1]. Su modelo es un arquetipo femenino que representa una mezcla de varias etnias[2]: la africana, la árabe y la europea.

### QUITO, ECUADOR

**Museo de Artes Visuales e Instrumentos Musicales (MAVIM)**

El MAVIM presenta obras del siglo XIX, entre ellas retratos, bosquejos anatómicos, pinturas costumbristas[3] y paisajes. El museo es famoso por sus obras de indigenismo, un movimiento social y artístico asociado con los años 30. Estas obras, pintadas por artistas como Oswaldo Guayasamín, Camilo Egas y Eduardo Kingman, sirvieron para que la sociedad respetara los derechos humanos de los indígenas de Ecuador. El MAVIM también tiene una exposición impresionante de instrumentos musicales indígenas, como arpas, quipas[4] y flautas, e instrumentos tradicionales de otros países, como Rusia y Egipto.

*La lavandera,* Eduardo Kingman, 1973, óleo sobre tela

Kingman usó un estilo realista con líneas rectas[5] y formas geométricas para dar énfasis a la dificultad de la vida indígena, su tema principal. Muchas veces las manos de sus modelos son tan expresivas como sus caras.

---

[1] profile    [2] ethnic groups    [3] showing typical scenes of country life
[4] pre-Columbian ocarina made of shell    [5] straight

Unidad 5

## MONTEVIDEO, URUGUAY

### Museo Nacional de Artes Visuales (MNAV)

El MNAV es el museo de arte más importante de Uruguay. Tiene un hermoso jardín para que los visitantes tengan un sitio tranquilo para descansar. El museo se conoce por sus exposiciones internacionales y por la calidad de su colección permanente, que tiene casi 100 años. Entre los artistas representados está Joaquín Torres García, que usó un estilo constructivista[6] para sus óleos, esculturas y obras talladas en madera. Otro artista uruguayo cuyas obras se encuentran aquí es Pedro Figari. Figari pintó sus óleos usando un estilo posimpresionista[7] con pinceladas de una textura muy gruesa. También se exhiben obras de José Cuneo, Luis Solari y Rafael Barradas.

**Baile en el patio**, Pedro Figari, 1923, óleo sobre cartón

Pedro Figari tiene fama de haber pintado la mayoría de sus obras de memoria, sin usar modelos que posaran. Aquí representa un baile en una comunidad afrohispana. Los bailes de origen africano, como el candombe, son un tema frecuente en su obra.

---

[6] constructivist; uses different materials and geometric shapes    [7] post-impressionist

## Después de leer

### ¿Comprendiste?

1. ¿Cuál de estos museos tiene el edificio más antiguo? ¿Dónde está?
2. ¿Qué tipo de obras hacía Joaquín Torres García?
3. ¿De qué estilo es la obra de Eduardo Kingman? ¿Cuál es el propósito de este tipo de arte?
4. ¿Qué escultores se mencionan? ¿En qué materiales trabajaron?
5. ¿Cuál de los museos tiene una exposición de instrumentos musicales? ¿Cómo son?

### Compara con tu mundo

¿Qué museos hay en tu estado o región? ¿Qué tipos de exposiciones ofrecen? ¿Cuáles son algunos de los museos y artistas más famosos de Estados Unidos?

# Comparación cultural *continuación*

**¡AVANZA!** **Goal:** Read about a singer from Spain and an Andean orchestra from Ecuador. Then, compare these artists and their music with musicians and musical styles in the United States.

## Rosario Flores:
### Las raíces del flamenco mezclados con el pop contemporáneo.

*Rosario Flores, hija del guitarrista Antonio González y la cantante de flamenco Lola Flores, ha ganado dos Premios Latin Grammy. Esta cantante española se especializa en la fusión de dos estilos conocida como flamenco-pop. Rosario habló con la revista costarricense Perfil sobre su carrera y su pasión por el flamenco.*

**C**uando hace un recorrido[1] por su carrera y ve que son más de 20 años, ¿qué pensamientos le vienen a la cabeza?

Tengo la sensación de que todavía me queda mucho por hacer, que no estoy para nada al final. Al revés, estoy casi en el principio. Mi vida es ésta, quiero cantar y bailar hasta que me vaya de este mundo. Creo que me queda mucho camino, muchas cosas por hacer y por decir.

**P**ara usted, ¿qué es el flamenco?

Es arte, pasión, verdad. Es una música de pasiones y muy auténtica. No es de medias tintas[2], hay que ser puro para sentir el flamenco.

**S**e dice que el flamenco tiene propiedades sanadoras[3].

Creo que sí. La música es la mejor medicina que tenemos los seres humanos para curarnos. Solamente necesitamos escuchar una baladita cuando tenemos una pena para empezar a llorar y te salgan todos los sentimientos que tienes ahí escondidos o cuando tienes una alegría, te pones a bailar. Creo que la música cura de verdad y es una de las bendiciones[4] que tenemos en esta tierra.

---

[1] **hace...** look back    [2] halfway (literally, "half dyed")    [3] curative    [4] blessings

El charango y el rondador

La quena

### La Orquesta de Instrumentos Andinos: «Fusionamos sonidos clásicos y latinos»

La Orquesta de Instrumentos Andinos es una orquesta ecuatoriana de treinta y cinco músicos que tocan música clásica con instrumentos indígenas. Esta fusión de lo clásico con lo andino resulta en un sonido musical nuevo. El diario ecuatoriano Hoy entrevistó a Patricio Mantilla, el director de la Orquesta.

**¿Cómo nació la idea de formar una orquesta con instrumentos andinos?**

Quisimos conocer y desarrollar al máximo las posibilidades de estos instrumentos para, con ese conocimiento, poder aportar[5] a la música ecuatoriana.

**¿Qué tan difícil es crear los arreglos para que las composiciones clásicas suenen en su orquesta?**

Fue un proceso complejo porque hay que tomar en cuenta[6] que los instrumentos andinos no fueron construidos para ejecutar[7] música clásica. Una de las virtudes de nuestra orquesta fue juntar lo académico con lo popular y crear nuestros propios arreglos. Para ello, añadimos ciertos cromatismos[8] a cada instrumento y el resultado fue una orquesta única con la capacidad para adaptarse a varios estilos.

**¿Qué tan amplio es su repertorio?**

En total, tenemos cerca de 300 temas arreglados para una orquesta de treinta y ocho instrumentos andinos, entre instrumentos de viento, como las quenas y rondadores; de cuerda como el charango; y de percusión, como los bombos. Hemos trabajado bastante con música clásica del período barroco, con temas de reconocidos compositores como Vivaldi, Beethoven y Bach. También tenemos arreglos con música latinoamericana de todos los países y música académica elaborada por maestros ecuatorianos.

---

[5] to contribute   [6] **tomar...** to keep in mind   [7] to play   [8] chromaticism; use of 12-note scale

## Después de leer

**PARA Y PIENSA**

### ¿Comprendiste?

1. ¿Qué tipo de música canta Rosario Flores? En su opinión, ¿cómo nos ayuda la música?
2. ¿Qué relación con la música hay en la familia de Rosario Flores?
3. ¿Qué tipo de música toca la Orquesta de Instrumentos Andinos? ¿Qué instrumentos musicales usan?
4. ¿Cuántos instrumentos hay en la orquesta?
5. ¿Cuál de estos artistas te interesa más? ¿Por qué?

### Compara con tu mundo

¿Qué sabes de las fusiones musicales en Estados Unidos? Hay muchos tipos de música popular que varían de región en región dentro del país. ¿Cuáles son las músicas tradicionales de Estados Unidos? ¿Cómo se mezclan con la música contemporánea? En Internet, busca tres tipos de música tradicional de Estados Unidos. Luego busca grupos o bandas que toquen música que represente una fusión con uno de estos estilos.

# UNIDADES 1-5
# Repaso inclusivo
## Options for Review

### 1 | Escucha, comprende y compara

Escuchar
Escribir

Escucha el informe sobre la música latina y contesta las preguntas.

1. ¿Dónde y cuándo comenzó la música salsa?
2. La salsa tiene influencia de otros estilos de música. Nombra dos.
3. ¿De dónde es el merengue?
4. Hoy día, se escriben dos tipos de merengue. ¿Cuáles son?
5. ¿Dónde se originó la cumbia? ¿Dónde se escucha hoy?
6. ¿Qué influencia africana tienen en común el merengue y la cumbia?
7. Menciona dos cosas que tienen en común los tres tipos de música.

### 2 | Lee y escribe un artículo

Leer
Escribir

Lee el artículo sobre Juanes. Después escribe otro artículo sobre tu músico latino preferido. Incluye información biográfica, una descripción de su música y qué ha hecho él o ella últimamente. Utiliza el pretérito, las formas pasivas y el pretérito perfecto apropiadamente.

## Un artista único

**J**uanes, artista único, es un cantante, compositor y guitarrista de Colombia. Su música combina el rock con ritmos tradicionales, como el vallenato y la cumbia, y también con el tango y el flamenco. En su música se toca un poco de todo. Hay voces, guitarra, teclados, cuerdas, baterías y bajos. Ganador de 12 Latin Grammys, Juanes ha sido declarado la figura más importante de la música latina de nuestra década.

**E**n este momento está terminando una exitosa gira por Europa. El tour comenzó el 2 de julio y terminará esta semana. Durante su gira los fans han disfrutado de canciones de los discos anteriores y de su disco más reciente. Como siempre, sus canciones de temas más íntimos, como el amor, se mezclan con las de temas sociales—todas hechas con la fusión única que es la marca de este artista.

## 3 Haz una entrevista

Escribir
Hablar

Entrevista a tu artista, escritor(a) o músico(a) preferido(a). Primero haz una lista de seis a ocho preguntas sobre su pasado, sus actividades recientes y sus aspiraciones artísticas. Utiliza los tiempos verbales de forma adecuada, tanto el indicativo como el subjuntivo. Después presenta la entrevista entre tú y tu compañero(a), que hace el papel de la estrella.

A ¿Cómo supiste que querías ser cantante?

B Bueno, tenía trece años y...

**Expansión**
Entrevista por e-mail a un(a) compañero(a) que te responda como si fuera tu artista favorito(a). Después, intercambien papeles.

## 4 Organiza un festival

Hablar
Escribir

Con unos(as) compañeros(as), organicen un festival escolar de las artes. Quieren incluir muchas expresiones artísticas: música, baile, teatro, escultura, pintura, dibujo y literatura. Sigan estos pasos:

- Averigüen los talentos artísticos de sus compañeros.
- Decidan dónde y cuándo será el festival. Necesitan un escenario para interpretaciones musicales y dramáticas y una sala para exposiciones.
- Hagan el programa del festival. Decidan en qué orden se hará todo.

Diseñen una cartelera con fotos o dibujos para promocionar el festival. Usen el futuro, el condicional y los pronombres de relativo.

## 5 Haz un informe oral

Hablar

Haz una presentación sobre tu libro u obra de arte favorita. Explica cuándo y por quién fue escrito o hecho, describe brevemente su trama o contenido y habla de su estilo. Explica lo que te gusta de esta obra y compárala con otro libro u obra de arte. Trae el libro o una reproducción de la obra de arte a la clase. En tu informe, utiliza correctamente las formas pasivas, los participios pasados, los comparativos y los pronombres de relativo.

## 6 Imagina y describe

Escribir

Imagina que tuviste la oportunidad de asistir a un concierto de tu cantante o tu grupo musical favorito y de conocerlos en persona. Describe:

- cómo era el lugar y qué estaban haciendo todos antes del concierto
- qué pasó durante el concierto, qué música tocaron y cómo estuvo
- cómo te sentiste al conocer al grupo, qué dijeron y qué pasó después

Utiliza apropiadamente el pretérito, el imperfecto y los gerundios.

trescientos cuarenta y nueve

# Actividades preparatorias

### ❶ Beauty and Aesthetics: Interpretive Listening

Ahora escucharás una selección auditiva. Después se te harán varias preguntas sobre lo que acabas de escuchar. Escoge la mejor respuesta a cada pregunta. En esta selección, escucharás una biografía de Frida Kahlo.

1. 
   A. Una distinguida escritora
   B. Una famosa actriz de Nueva York
   C. Una pintora mexicana de gran renombre
   D. Una conocida artista de París

2. 
   A. Se lesionó la columna vertebral en un accidente.
   B. Se fracturó el hombro al caerse de su bicicleta.
   C. Patinando, de niña, la atropelló un tranvía.
   D. Sufrió un derrame cerebral que la incapacitó.

3. 
   A. El amor
   B. La juventud
   C. El dolor
   D. La muerte

4. 
   A. Rebelde
   B. Apasionada
   C. Valiente
   D. Resignada

5. 
   A. Su divorcio de Diego Rivera
   B. Su casamiento con Diego Rivera
   C. El accidente que sufrió
   D. Sus viajes con Rivera por Estados Unidos

6. 
   A. A su gran amor por Diego Rivera
   B. A la muerte de su querida madre
   C. A su rebeldía y su carácter independiente
   D. A que se sintiera siempre cerca de la muerte

### ❷ Beauty and Aesthetics: Presentational Writing

Escríbele un correo electrónico a un(a) amigo(a) que vive en México. Acabas de saber que va a venir a tu ciudad el año entrante para estudiar arte o música en la universidad. Saluda a tu amigo(a) y responde a estas cosas que seguro quiere saber y pregúntale qué cosas hace en México. Usa expresiones, un registro y un estilo que sean apropiados para la cultura hispana.

- ¿Qué piensas de la noticia? Expresa tu reacción.
- ¿Cómo es tu ciudad? Descríbela y menciona algunas actividades culturales que le interesarían.
- ¿Qué has hecho últimamente? Descríbele un concierto al que fuiste o una exposición que viste recientemente.
- ¿Qué conciertos ha visto tu amigo(a) en México? Pregúntale qué banda le gustaría ver aquí.
- ¿Qué cosas nuevas quiere hacer aquí en tu ciudad? Pregúntale si hay alguna exposición que quiera ver.

Unidad 5

*These activities can be used to help you to prepare for the Advanced Placement Spanish Language examination, or to practice vocabulary and grammar concepts you have learned in this unit. See also online Resources for AP® Preparation.*

## ❸ Beauty and Aesthetics: Interpretive Reading

Lee el pasaje siguiente y elige la mejor respuesta o terminación para cada pregunta u oración incompleta.

### LOS CHAC MOOL Y LA CULTURA MAYA

Chac Mool es una representación escultórica que fue descubierta por primera vez en el siglo diecinueve por el explorador francés Augustus Le Plongeon, en la antigua ciudad maya Chichén Itzá, en la península de Yucatán. Le Plongeon, un viajero que recorrió el territorio mexicano, encontró, frente a los templos mayas, unas figuras de piedra tallada, de gran tamaño, recostadas en sus espaldas, con las rodillas alzadas y la cabeza volteada hacia un lado y un hueco en el estómago para depositar ofrendas. A esas figuras las llamó *Chac Mool*. El nombre relaciona a estos ídolos con otros dioses de origen maya, los *chacs*. Se trataba de dioses de la lluvia y su nombre significa «rojo», «grande» o «grave».

La representación de Chac Mool se puede encontrar en muchos sitios mayas. Algunos creen que Chac Mool es el dios maya de la lluvia, un dios muy importante en la región árida del Yucatán. Otros han teorizado que Chac Mool es el mensajero de los dioses y que recibe las ofrendas para éstos en el recipiente que sostiene. La importancia de los chacs en la vida campesina de los mayas se debía a la escasez de lluvias, tan importantes para el cultivo, y a la creencia de que la sequía, frecuente en México, era una desgracia que atribuían a un castigo divino por algún agravio de sus ancestros hacia los dioses. Eso explica la inacabable cantidad de ofrendas realizadas para agasajar a los chacs con el fin de que éstos les enviaran la lluvia.

Aunque no se sabe con certidumbre qué era el Chac Mool, algunos suponen que este ídolo también recibía ofrendas para provocar la lluvia. De ahí que su descubridor le pusiera el mismo nombre, *Chac*, y *Mool* como uno añadido que hace referencia a los meses de la cosecha.

1. ¿Cuál es el tema principal de este texto?
   A. Las culturas precolombinas
   B. El significado de los *Chac Mool*
   C. La mitología maya
   D. La agricultura en México

2. ¿Quién fue Augustus Le Plongeon?
   A. Un campesino maya
   B. Un historiador mexicano
   C. Un explorador francés
   D. Un experto en la cultura maya

3. ¿Qué es el Chac Mool?
   A. Una escultura en muchos sitios mayas
   B. El nombre del templo maya más conocido
   C. El dios maya de la cosecha
   D. Una ofrenda para los dioses mayas

4. ¿Cuál es una teoría sobre la identidad del Chac Mool?
   A. Que representa un castigo divino
   B. Que es el dios maya de la sequía
   C. Que es el dios maya de la lluvia
   D. Que representa a los ancestros mayas

5. ¿Qué función tenía el recipiente que la escultura sostenía?
   A. Simbolizaba el hambre de los mayas.
   B. Servía para colectar agua cuando llovía.
   C. Servía para recibir ofrendas.
   D. Guardaba los restos de los ancestros mayas.

# UNIDAD 6

# Ver, divertirse e informarse

## Lección 1
*Tema: ¿Qué hay en la tele?*

## Lección 2
*Tema: El mundo de las noticias*

*Familia hispana disfrutando de un programa de televisión*

A los hispanos les gusta pasar tiempo en familia. Sentarse a ver televisión es uno de los momentos para divertirse e informarse juntos. ¿Con quién ves televisión? ¿Qué tipo de programas te gustan? ¿Cuánto tiempo pasas frente al televisor?

*Edificio de Canal Siete, en Buenos Aires, Argentina*

◄ **Canales de televisión** Los programas que vemos en casa son transmitidos desde los canales de televisión, que cuentan con una tecnología que se actualiza día a día. Ya entramos en la era de la televisión digital para recibir imagen y sonido de alta calidad. *¿Qué canal de televisión hay en tu ciudad o cerca de ella? ¿Qué diferencias encuentras entre la televisión por cable y por satélite? ¿Qué ocurre si no tienes ninguno de los dos sistemas?*

**Telenovelas** Los países latinoamericanos son grandes productores de telenovelas. La mayoría de las telenovelas en español que vemos en Estados Unidos son de Venezuela, México o Colombia, o coproducciones entre estos países. Se destacan por su escenografía y sus escenas al aire libre, lo que permite apreciar los paisajes y la historia de cada lugar. *¿Has visto telenovelas en español alguna vez? ¿Qué tipo de escenografía o imágenes se veían?* ►

*Telenovela «Alborada», México, con Lucero y Fernando Colunga*

*Equipo del noticiero local «Nueva Inglaterra»*

◄ **Noticieros** Sin importar en qué país estemos, los noticieros nos informan de los sucesos locales, nacionales e internacionales. Para mantenernos al tanto de lo que ocurre, un grupo de personas trabaja veinticuatro horas delante y detrás de las cámaras. *¿Qué noticiero ven en tu casa? ¿Qué secciones tiene? ¿Cuál te interesa más?*

trescientos cincuenta y tres **353**

# UNIDAD 6 · Lección 1

## Tema:
### ¿Qué hay en la tele?

**¡AVANZA!** **In this lesson, you will learn to**
- talk about television equipment, programming and advertising
- discuss what you like and don't like to watch on TV

**using**
- imperfect subjunctive in adverbial clauses
- imperfect subjunctive to express hypothetical or contrary-to-fact situations

 **¿Recuerdas?**
- comparatives
- preterite vs. imperfect

**In this lesson you will learn about**
- soap operas in Latin America
- popular Spanish-language television programs

### Compara con tu mundo
El «Show de Cristina» y su anfitriona Cristina Saralegui atraen a millones de televidentes diariamente. En este programa se invitan a paneles de invitados a venir a hablar sobre varios temas. *¿Por qué crees que este tipo de programa es tan popular?*

### ¿Qué ves?
*Mira la foto*
- ¿Qué hace Cristina en este momento?
- ¿Quiénes están detrás de ella, y qué hacen?
- ¿A qué otros programas se parece éste?

## MODES OF COMMUNICATION

| INTERPRETIVE | INTERPERSONAL | PRESENTATIONAL |
|---|---|---|
| Listen to a conversation and identify opinions people have television programs.<br><br>Read and identify the effects that having a television has on teens. | Survey classmates about their television viewing habits. | Dramatize a conversation about a documentary.<br><br>Present a plan for a new television program. |

**En el estudio del «Show de Cristina»**
*Miami, Florida*

# Presentación de VOCABULARIO

**¡AVANZA!** **Goal:** Learn to talk about TV equipment, programming and advertising. Then, discuss what you like and don't like to watch on TV. *Actividades 1–5*

**A** Si quieres **entretenimiento** puedes conseguirlo en tu casa. **Enciende** el televisor. ¿No sabes cuál es **la programación** de hoy? Entonces lee **la guía de televisión** y fíjate qué programas dan. Serás un **televidente** más.

**B** Para ver televisión debes recibir **la señal digital** con una caja especial llamada **recibidor.** Si pagas una cuota puedes ver más programas de televisión por **cable** o por **satélite.** Los televisores modernos son de **alta definición,** con imágenes más definidas y precisas.

**C** Con **la suscripción** o inscripción al cable o satélite se te ofrecen varios **paquetes,** como deportes, dibujos animados y películas en español.

**D** Un accesorio importante es **el reproductor de DVD.** Con él puedes ver cualquier DVD a la hora que quieras. Y si tienes un **grabador de DVD** puedes **grabar** tu programa favorito en un disco.

**E** ¡Puedes manejar todo con **el control remoto**! Cada **tecla** tiene una función. Usas la de **retroceso rápido** si quieres volver a una escena anterior, la de **avance rápido** para adelantar la película o **la tecla de pausa** si quieres ir a buscar un refresco.

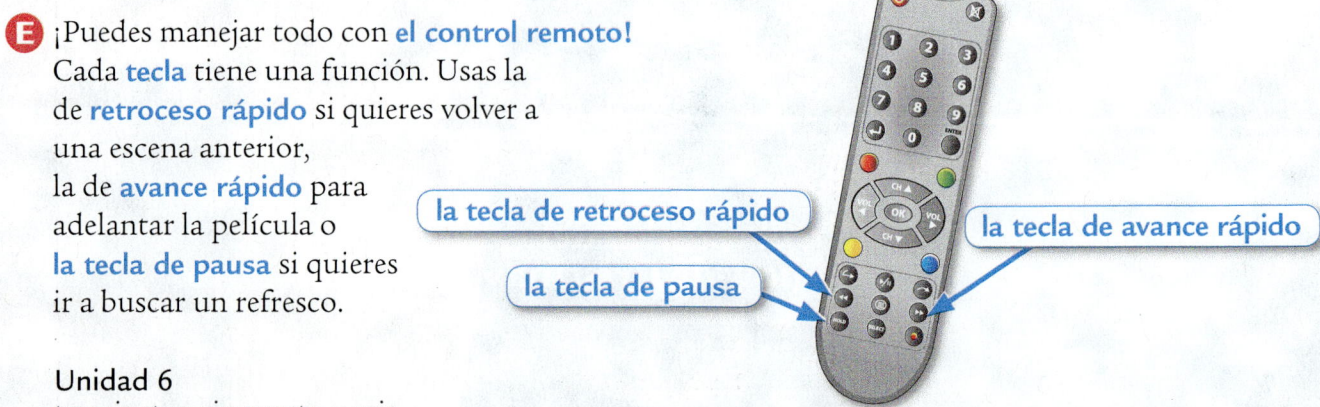

Unidad 6
**356** trescientos cincuenta y seis

**F** En la televisión hay gustos para todos. Puedes ver **la actuación** de grandes estrellas del cine y la televisión. Y durante los programas verás unos minutos de **comerciales,** para saber qué puedes comprar.

la telenovela

el programa de talento

**G** **Las telenovelas** son famosas por todo el mundo hispano. Puedes reír y llorar por muchos capítulos. En **los programas de chismes** te enteras de lo que ocurre en la vida de los personajes de **la farándula.**

**H** **Los programas de talento** están de moda. La gente puede bailar, cantar, patinar o mostrar destrezas para hacerse famosa.

el programa de vida animal

el panel

el programa de cocina

**I** **Los programas de vida animal** enseñan sobre los animales y su hábitat. **Los programas infantiles** educan a los televidentes más pequeños.

**J** Hay programas en los que participa un **panel** de invitados que cuentan experiencias personales. Luego **el público** da su opinión. También es divertido mirar un **programa de cocina,** donde te enseñan a preparar platos deliciosos.

**K** **Las miniseries** son películas en varios capítulos **continuados,** es decir que la historia continúa en el próximo capítulo. Muchas de ellas son **dramas,** porque presentan conflictos entre personas.

### Más vocabulario

**apagar** *to turn off*
**la cadena** *TV network*
**el documental** *documentary*
**el estudio** *studio*
**el programa de ventas** *sales show*
**el reality** *reality show*
**la serie** *series*
**el telediario** *news program*

¡A responder! Escuchar

Escucha una entrevista al director de programación de una nueva cadena de televisión. Luego di qué programación de esa cadena te interesa y por qué.

Lección 1

# Práctica de VOCABULARIO

## 1 La programación de Canal Todos

Leer
Escribir

Lee la programación del miércoles en el Canal Todos. Luego indica qué tipo de programa es cada uno.

**CANAL TODOS**
**MIÉRCOLES**

| | | | |
|---|---|---|---|
| 10:00 | **Pablo el perro** Pablo es un perro que habla. Pero sólo lo sabe Tati. | 16:00 | **Hospitales** Cómo funcionan los mejores hospitales del mundo. |
| 11:00 | **Sabelotodo** Todo lo que pasa en la farándula. | 18:00 | **Las noticias a las seis** Todos los sucesos del día. |
| 13:00 | **Amor y tristeza** Ana es una muchacha pobre que se enamora de Julián, un joven rico. | 19:00 | **La guerra y el amor** Capítulo tres: La semana pasada Andrea se iba de viaje. Esta semana ocurre algo terrible. |
| 14:00 | **Hoy y ahora** Cinco invitados hablan de sus problemas con el dinero. | 21:00 | **Baila, baila, baila** Los bailarines compiten por el gran premio. |
| 15:00 | **El chef** Hoy: Recetas saludables para el verano. | 22:00 | **Encuentros** Largometraje con la triste historia entre un hombre y su ex esposa. |

## 2 Secretos de la televisión

Leer

Completa las oraciones con la opción apropiada.

1. Si quieres ver más programas de televisión, puedes pagar por ____.
   **a.** el comercial    **b.** el cable    **c.** la guía de televisión
2. Cuando quieres adelantar la película, usas ____.
   **a.** el avance rápido    **b.** el grabador de DVD    **c.** el retroceso rápido
3. A mí me gusta la competición. Voy a ver ____.
   **a.** una telenovela    **b.** un programa de chismes    **c.** un programa de talento
4. Los programas para niños se llaman ____.
   **a.** programas de farándula    **b.** programas infantiles    **c.** reality
5. Con el reproductor de DVD puedo ____.
   **a.** grabar mi programa favorito    **b.** apagar la televisión    **c.** ver una película
6. Mi programa favorito empieza ahora. Voy a ____ el televisor.
   **a.** apagar    **b.** grabar    **c.** encender
7. Con el satélite, recibimos más de 150 ____.
   **a.** recibidores    **b.** cadenas    **c.** ventas
8. Para ver con mejor calidad, necesitamos ____.
   **a.** la señal digital    **b.** el estudio    **c.** el público

**Expansión**
¿Cuántas horas por día ves televisión? ¿Cuál es tu programa favorito y de qué se trata?

Unidad 6
trescientos cincuenta y ocho

## 3 | Televisión en pareja

Escuchar
Leer

Escucha la conversación entre Sara y Raúl. Luego completa la tabla con marcas para indicar quién hizo, hace o hará las siguientes cosas.

| Acciones | Sara | Raúl |
| --- | --- | --- |
| Ver el telediario | | |
| Desear un televisor de alta definición | | |
| Ver los programas de chismes | | |
| Dar la guía de televisión | | |
| Quejarse de los comerciales | | |
| Opinar sobre las telenovelas | | |
| Comprar un reproductor de DVD | | |

## 4 | Programadores de TV

Hablar

Trabajas con un(a) compañero(a) en un canal de cable. Hablen de los programas que les gustaría ofrecer. Usen el banco de palabras y el vocabulario de esta lección.

A ¿Ofrecemos programas infantiles?

B Sí, hay muchos **televidentes** jóvenes.

| entretenimiento | drama | continuado | comercial |
| suscripción | miniseries | paquete | público |

## 5 | ¿Qué vamos a ver?

Hablar

Con un(a) compañero(a), creen un diálogo para representar lo que ocurre en las ilustraciones. Utilicen el vocabulario de esta lección.

**Más práctica** Cuaderno *p. 111*

**¿Comprendiste?**
1. ¿Cuál es la diferencia entre una serie y una miniserie?
2. Nombra tres teclas importantes del control remoto para ver una película.
3. ¿En qué programa participa más el público: un programa de cocina o un programa de ventas?

Lección 1

# VOCABULARIO en contexto

**¡AVANZA!** **Goal:** Read the advertisements for cable and satellite TV service. Then, compare the two services and their programming. *Actividades 6–8*

♻ **¿Recuerdas?** Comparatives p. 108

## Contexto  *Cupones publicitarios*

**ESTRATEGIA  Leer**
**Compare alternatives** As you read the advertisements, note the similarities and differences between the two. Use a decision-making model to compare the two services.

| Problema: | Decidir entre cable y satélite |
|---|---|

| Alternativas | A favor (+) o En contra (–) |
|---|---|
| Cable | (+) |
|  | (–) |
| Satélite | (+) |
|  | (–) |

| Decisión: | |
|---|---|

En el buzón de tu casa dejaron un sobre con cupones publicitarios. Dos de ellos ofrecen servicio de televisión por cable y por satélite, y mencionan los beneficios de cada uno.

★★★★ **CABLE 5O ESTRELLAS** ★★★★

Todo el entretenimiento que usted esperaba... y a buen precio.

★ Más de 100 cadenas  ★ 100% alta definición  ★ 5 canales de música  ★ Imagen perfecta en días de tormenta ★

Escoja el paquete de programación que más le guste:

**Paquete de familia**

- Programas infantiles
- Programas de cocina
- Películas... ¡sin comerciales!
- Programas de vida animal

**Paquete de reality**

- Documentales
- Telediario
- Programas de chismes
- ¡Todos los programas de reality!
  ¡Dos exclusivos en cable!

**Paquete de drama**

- Telenovelas
- Series
- Miniseries
- Y muchas películas...
  ¡sin comerciales!

Mencione este cupón y le daremos 6 meses gratis. Llame esta semana al **888-555-1234**

**EL PLATO — TV POR SATÉLITE**

Cada día más televidentes se deciden por el satélite. ¡Ya verás por qué!

Compra el equipo y nosotros hacemos la instalación. Sólo enciende el televisor.

Tenemos más canales que el cable, 30 canales de alta definición, 10 canales de música. ¡Sin paquetes y a mejor precio!

**OFERTA CON CUPÓN:** Si te suscribes esta semana recibes GRATIS un reproductor y grabador de DVD para grabar tus programas favoritos.

**Descuento del 10%** en la suscripción por el primer año.

LLAMA HOY AL **888-555-4321** O VISÍTANOS EN **WWW.ELPLATO.HM.COM**

Unidad 6

## 6 | Comprensión de los cupones publicitarios

**Leer**
**Escribir**

Lee los cupones publicitarios de cable y satélite. Luego contesta las preguntas.

1. ¿Qué servicio ofrece todos los canales en alta definición?
2. ¿Qué servicio ofrece canales de música?
3. ¿En qué paquete(s) están incluidas las películas?
4. ¿Tienes que instalar tú el satélite?
5. ¿Quién te ofrece un grabador de DVD?
6. ¿En cuál de los tres paquetes de cable parece haber más comerciales?
7. ¿Qué recibes gratis si compras una suscripción al cable?
8. ¿Cuál de los dos servicios da mayor descuento el primer año?

## 7 | Compara los dos     *¿Recuerdas?* Comparatives p. 108

**Escribir**

Compara los diferentes servicios y paquetes mencionados en los cupones publicitarios.

**modelo:** paquete de familia / paquete de reality
Me interesaría más el paquete de reality.
Creo que los programas infantiles son más... que...

1. número de cadenas por cable / por satélite
2. precio del cable / del satélite
3. canales de música por cable / por satélite
4. descuentos en el cable / en el satélite
5. imagen por cable / por satélite

## 8 | Cable para la familia

**Hablar**

Con un(a) compañero(a), representen un diálogo entre un(a) joven que quiere convencer a su padre (madre) de que compre una suscripción al cable. El (La) joven explica los beneficios del cable que no tiene el satélite. El padre (la madre) hace preguntas y pone objeciones.

**A** Necesitamos una suscripción al cable porque...

**B** ¿Pero no crees que...?

**Expansión**
¿Cambiarías el servicio de televisión que tienes ahora? ¿Por qué? ¿Hay otras cadenas que te gustaría tener? ¿Preferirías otro tipo de programación?

**¿Comprendiste?**
1. ¿Cuál es la ventaja de los cupones publicitarios?
2. ¿Qué es un paquete de programación?
3. ¿Cuál es la ventaja principal de la televisión por satélite?

Lección 1
trescientos sesenta y uno

# Presentación de GRAMÁTICA

**¡AVANZA!** **Goal:** Review the uses of the subjunctive in adverbial clauses and learn to use the imperfect subjunctive in adverbial clauses. Then, practice using them to discuss television programming and equipment. **Actividades 9–14**

 **¿Recuerdas?** Preterite vs. imperfect pp. 82–83

**English Grammar Connection:** In English, subordinate clauses can act as adverbs, telling *why, how,* or *when* an action happens or happened.

       *main clause*       *subordinate adverb clause telling why*

I turned on the television so that we **could watch** our favorite program.

The verb in the subordinate clause can be **present, past, conditional,** or **infinitive** depending on when it happens with respect to the verb in the main clause, and depending on the tense of the verb in the main clause.

## Imperfecto del subjuntivo en cláusulas adverbiales

**Grammar Video** my.hrw.com

In Spanish, you use the imperfect subjunctive in many subordinate adverbial clauses.

*Here's how:* If you're using one of these conjunctions, which tell *why* or *how,* and you have a change of subject in the subordinate clause, use the **subjunctive mood**.

| Conjunctions telling why and under what circumstances | |
|---|---|
| **a fin de que** | in order that |
| **a menos que** | unless |
| **con tal de que** | provided (that) |
| **en caso de que** | in case |
| **para que** | for + subject + infinitive, so (that) |
| **sin que** | without + subject + gerund, unless |

When the verb in the main clause is in the preterite or imperfect, and the action in the subordinate clause happened *at the same time* or *after* the verb in the main clause, then use the **imperfect subjunctive** in the subordinate clause.

        ——— *at the same time* ———

Nunca veíamos esa telenovela **sin que estuviera** toda la familia.
*We would never watch that soap opera **without** the whole family **being there**.*

*first this happened*                       *then this happened*

Mi mamá encendió el televisor **para que viéramos** la telenovela.
*My mom turned on the television **so that we could (for us to) watch** the soap opera.*

*continúa en la página 363*

Unidad 6

*viene de la página 362*

If you're using one of these conjunctions, which tell *when,* and you have a change of subject in the subordinate clause, use the **indicative mood** to refer to *habitual* or *completed* events and the **subjunctive mood** to refer to *future* events.

| Conjunctions telling when | |
|---|---|
| cuando | when |
| después de que | after |
| en cuanto | as soon as |
| hasta que | until |
| tan pronto como | as soon as |

**habitual**   Nunca veía televisión **cuando tenía** que estudiar.
*I never watched television **when I had** to study.*

**completed**   Encendí el televisor **tan pronto como llegué** a casa.
*I turned on the television **as soon as I got** home.*

**future**   No vamos a comer **hasta que termine** la telenovela.
*We're not going to eat **until** the soap opera **ends**.*

Sometimes, even when talking about a past event, you can also refer to the *future from a past moment.* You do this with the **conditional** or with **iba a** + **infinitive** in the main clause, and the **imperfect subjunctive** in the subordinate clause.

— *projects forward from a past moment*   *was anticipated* —
Yo **iba a encender** el grabador de DVD tan pronto como **comenzara** el programa.
*I **was going to turn on** the DVD recorder as soon as **the program started**.*

*projects forward from a past moment* —   *was anticipated* —
Dijeron que el programa **comenzaría** después de que **terminara** el comercial.
*They said that the program **would begin** after the commercial **ended**.*

Papá dijo que no **compraríamos** un grabador de DVD hasta que **bajara** el precio.
*Dad said **we wouldn't buy** a DVD recorder until the price **went down**.*

**Más práctica**
Cuaderno *pp. 112–113*

Lección 1
**363**

# Práctica de GRAMÁTICA

## 9 ¿Eres teleadicto(a)?

**Leer** Escoge el verbo que mejor completa cada oración. Luego indica si las oraciones son verdaderas o falsas en tu caso.

1. Ayer encendí el televisor tan pronto como (volví / volviera) a casa.
2. Abuela me grabó los reality para que no los (perdí / perdiera).
3. Nunca pierdo el estreno de un programa a menos que mis padres me (prohíben / prohíban) verlo.
4. Mis padres dicen que puedo ver televisión después de que (termino / termine) la tarea.
5. En cuanto (comienza / comience) un reality, no le hago caso a nadie.
6. Sólo veo televisión cuando (hace / haga) mal tiempo.

> **Expansión**
> En la escuela primaria, ¿veías programas infantiles antes de que cenara tu familia? ¿Qué programas te prohibían que vieras tus padres?

## 10 Un sábado lluvioso

**Leer** Completa el diario con los verbos en el infinitivo, el pretérito, el condicional o en el imperfecto del subjuntivo.

Le dije a mi hermana que la llevaría al parque con tal de que no __1.__ (llover), pero empezó a llover en cuanto __2.__ (salir). Entonces encendí el televisor. Ella me dijo que __3.__ (ver) un programa de vida animal con tal de que lo __4.__ (mirar) juntos. Así que vimos la tele por una hora y media sin que ella __5.__ (quejarse) ni una vez. No podíamos salir hasta que __6.__ (dejar) de llover, y seguía lloviendo. Por eso, conecté el reproductor de DVD al televisor para que nosotros __7.__ (ver) una película. Después, decidimos jugar al tenis de mesa para __8.__ (hacer) un poco de ejercicio. Después de __9.__ (jugar), hablamos con papá. De modo que pasamos todo el día sin __10.__ (salir) de casa.

## 11 Las instrucciones de mamá

**Escuchar / Escribir** Escucha el mensaje que le dejó una madre a su hija. Luego completa las oraciones según lo que dijo la madre.

1. Ofelia ayudó a su mamá para que ella...
2. La madre le pidió que no apagara el teléfono en caso de que...
3. Ofelia debía hacer la tarea tan pronto como...
4. Ofelia debía encender el televisor a fin de que...
5. La familia no podría ver películas a menos que...
6. Ofelia grabaría el programa de cocina en caso de que...

Unidad 6

## 12 Aficionados a la televisión

**Hablar / Escribir**

Usa los dibujos y las indicaciones para formar oraciones lógicas.

modelo: El vendedor  para que los clientes

El vendedor les dio un descuento de 40 % para que los clientes compraran un televisor de alta definición.

1. Sara y Ana no  hasta que

2. Voy a ver  tan pronto como

3. Pepe no  a menos que

4. Selena  con tal de que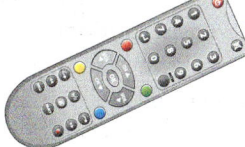

5. Timoteo  después de que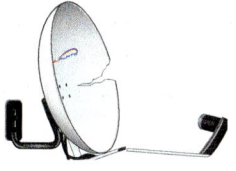

## 13 Excusas  ¿*Recuerdas?* Preterite vs. imperfect pp. 82–83

**Escribir**

Tu madre (padre) te pregunta por SMS sobre cosas que no hiciste. Responde por qué no pudiste hacerlas.

1. ¿Grabaste mi programa favorito?
2. ¿Miraste el programa informativo?
3. ¿Por qué no me dijiste que ya había empezado el programa?
4. ¿Buscaste el control remoto?
5. ¿Apagaste el televisor?
6. ¿Compraste una guía de televisión?

¿Devolviste los videos?

Los iba a devolver en cuanto terminaran los dibujos animados, pero...

Lección 1

## 14 | A menos que...

**Hablar**

En parejas, túrnense para formar oraciones lógicas. Usen conjunciones en sus oraciones.

**modelo:** yo / tener que ir a la escuela / estar enfermo
Yo tenía que ir a la escuela a menos que estuviera enfermo.

1. Mi madre / ver programas de cocina / terminar las telenovelas
2. Mi hermano(a) / poder ver programas infantiles / no haber violencia
3. Yo / ver programas de... / hacer la tarea
4. Mi familia / jugar juegos de mesa / no haber satélite
5. Mis padres / no comprar un reproductor de DVD / bajar el precio
6. Nosotros / comprar una suscripción al cable / ser caro

**Expansión**
Hagan dos preguntas más con **un programa de ventas** y **apagar.**

## Comparación cultural

### Las telenovelas en Latinoamérica

Los países más conocidos por sus telenovelas son México, Venezuela y Argentina. Las telenovelas de estos países se ven por toda Latinoamérica. Las telenovelas latinoamericanas son algo diferentes de las telenovelas de Estados Unidos. La actuación tiende a ser más melodramática, por ejemplo, y ¡las telenovelas latinoamericanas terminan! No duran años como las novelas estadounidenses, sino que terminan después de una temporada *(season)* televisiva. Sin embargo, sí se parecen en una cosa: presentan una versión idealizada de la sociedad. Son una excelente forma de entretenimiento, pero por lo general no tienen mucho en común con la vida real, lo cual es parte de su encanto.

El rodaje de la telenovela *Ni contigo ni sin ti*

### Compara con tu mundo

¿Conoces alguna telenovela hispanoamericana? ¿Qué telenovelas miras tú? ¿Cuáles ven tus amigos o parientes?

**Más práctica** Cuaderno *pp. 112–113*

**PARA Y PIENSA**

**¿Comprendiste?** Empareja las preguntas con sus respuestas lógicas. Luego completa las respuestas con la forma correcta del verbo.

1. ¿Para qué grabaste el programa?
2. ¿Por qué miraba el telediario con sus estudiantes el profesor de español?
3. ¿Vas a comprar un televisor de alta definición?

a. Sí, a menos que _____ (ser) demasiado caro.
b. La grabé para que nosotros lo _____ (ver) más tarde.
c. Lo miraba para que sus estudiantes _____ (poder) escuchar el español.

Unidad 6

# GRAMÁTICA en contexto

**¡AVANZA!** **Goal:** Notice how Ana and Sr. Lezama use the imperfect subjunctive after conjunctions to tell why and under what circumstances things happen. Then, use conjunctions in a conversation with a partner. *Actividades 15–16*

## Contexto *Entrevista*

**ESTRATEGIA Leer**

**Look for verbs and conjunctions** Sr. Lezama uses various conjunctions in the interview. Note the verbs before and after conjunctions, using a table. What do you notice about the tenses and moods used with each conjunction?

| Verbo (cláusula principal) | Conjunción | Verbo (cláusula subordinada) |
|---|---|---|
| Vine | para que | pudiera |
|  |  |  |

Ana escribe para el periódico de su escuela. Entrevista al señor Lezama para un artículo sobre inmigrantes.

**Ana:** Buenas tardes, señor Lezama. ¿Cuánto tiempo hace que vino aquí?

**Sr. Lezama:** Vine hace muchos años para que mi esposa pudiera estudiar aquí.

**Ana:** ¿Ya hablaban ustedes inglés cuando llegaron? ¿Cómo lo aprendieron?

**Sr. Lezama:** Mi esposa y yo lo habíamos estudiado, pero no lo hablábamos bien. Antes de venir, comenzamos a ver televisión norteamericana para practicar antes de que llegáramos. Teníamos un paquete de cable que incluía unas cadenas norteamericanas.

**Ana:** ¿Ya habían visitado este país?

**Sr. Lezama:** No. Lo único que sabíamos de Estados Unidos era lo que habíamos visto en la televisión.

**Ana:** ¿Qué tipos de programas veían?

**Sr. Lezama:** A mi me gustaba ver el telediario para que supiéramos más de la actualidad. A mi esposa le gustaban más los dramas.

**Ana:** ¿Qué le sorprendió cuando llegó a este país?

**Sr. Lezama:** Pues, muchas cosas. Había visto varios capítulos de algunas miniseries. Creía que todos los jóvenes norteamericanos no podían ser populares a menos que fueran de una familia rica.

**Ana:** ¿La televisión de aquí es muy diferente de la de su país?

**Sr. Lezama:** Sí. En mi país había programas de diferentes países. Aquí hay más documentales.

**Ana:** Bueno, gracias por la entrevista.

Lección 1

## 15 | Comprensión de la entrevista

Leer
Escribir

Basándote en la entrevista, contesta las preguntas.

1. ¿Para qué vino el señor Lezama a este país?
2. ¿Por qué vieron los Lezama mucha televisión estadounidense antes de venir a Estados Unidos?
3. ¿Qué tipos de programas prefería el señor Lezama? ¿Y su esposa?
4. ¿Qué impresión tenía el señor Lezama de los jóvenes norteamericanos antes de venir a Estados Unidos?
5. ¿De dónde vinieron las primeras impresiones del señor Lezama acerca de las familias norteamericanas?
6. ¿Cuáles son dos diferencias entre la televisión estadounidense y la del país del señor Lezama?

**Expansión**
¿Qué programas mejor representan a la sociedad norteamericana? ¿Qué impresión de Estados Unidos te da la programación?

## 16 | Entrevista

Hablar

En parejas, dramaticen esta situación. Luego represéntensela a la clase.

**A**

- Entrevistas al (a la) director(a) de un documental sobre adolescentes norteamericanos. No te pareció muy bueno el programa.
- En el programa tu compañero(a) dijo que muchos jóvenes no practicaban deportes. Pregúntale cómo llegó a esa conclusión.
- Dile que no estabas de acuerdo cuando dijo que los programas más populares entre los jóvenes eran los documentales.
- Tu compañero(a) dijo que los jóvenes no tenían muchos aparatos electrónicos. Pregúntale cómo lo sabe.

**B**

- Eres director(a) de un documental sobre los adolescentes norteamericanos. Tu compañero(a) te entrevista acerca del programa.
- Tu compañero(a) quiere saber por qué incluiste ciertos detalles sobre los deportes.
- Explícale por qué dijiste que los jóvenes eran aficionados de los documentales.
- Tu compañero(a) te pregunta cómo sabes que los jóvenes no tienen muchos aparatos electrónicos.

**PARA Y PIENSA**

**¿Comprendiste?** Completa cada oración con el imperfecto del subjuntivo del verbo apropiado.
1. El Sr. Lezama vio programas para que él y su esposa _____ (aprender / decir) más de la vida norteamericana.
2. El Sr. Lezama habló con Ana a fin de que ella _____ (poner / poder) escribir un artículo.
3. El Sr. Lezama no vería telenovelas a menos que _____ (tener / hacer) tiempo libre durante el día.

Unidad 6
trescientos sesenta y ocho

# Presentación de GRAMÁTICA

**¡AVANZA!**

**Goal:** Review and expand on the use of the imperfect subjunctive in clauses beginning with **como si** and **ni que** to refer to something hypothetical. Then, practice using them to talk about television programming.
*Actividades 17–20*

**English Grammar Connection:** In English, you use the **past subjunctive** after **if** and **as if** for situations that are *hypothetical* or *contrary to fact*. Except for the verb **to be,** all forms of the past subjunctive are the same as the past tense.

**If** I **knew** what was happening, I would tell you.
Colleen speaks Spanish **as if** she **were** a native.

## Más usos del imperfecto del subjuntivo

**Grammar Video**
my.hrw.com

In Spanish, you use the **imperfect subjunctive** to talk about situations that are *hypothetical* or *contrary to fact*.

**Here's how:** Use the **imperfect subjunctive** after **si** to express something that is *contrary to fact*. Use the **conditional** in the main clause.

⎯ contrary to fact ⎯ conditional in main clause

**Si tuviéramos** un grabador de DVD, **podríamos** grabar nuestros programas favoritos.
*If we had a DVD recorder, we could record our favorite shows.*

Me **gustaría** esta cadena **si** no **dieran** tantos comerciales.
*I would like this TV network if they didn't show so many commercials.*

Always use the **imperfect subjunctive** after the expression **como si** to express *as if*. This expression compares something to *hypothetical* events or situations.

*actor is compared to someone who doesn't know his lines*

El actor habla **como si** no **supiera** bien sus líneas.
*The actor speaks as if he didn't know his lines well.*

*image is compared to being there*

La imagen de alta definición es tan precisa que es **como si estuvieras** allí.
*The high definition picture is so clear, it's as if you were there.*

Use the **imperfect subjunctive** after the expression **ni que** to express *(it's) not as if*. This is commonly used in exclamations.

No critiques. ¡**Ni que** tú **tuvieras** talento para ganar el concurso!
*Don't criticize. It's not as if you had talent to win the contest!*

*Más práctica*
Cuaderno *pp.* 114–115

Conjuguemos.com
my.hrw.com

Lección 1

# Práctica de GRAMÁTICA

## 17 Si las cosas fueran diferentes

**Leer** Escoge los verbos correctos para completar las oraciones.

1. (Podríamos / Pudiéramos) mirar el telediario si tuviéramos tiempo.
2. Si (costaría / costara) menos, compraría el televisor de alta definición.
3. Aprenderías mucho si (trabajaras / trabajarías) en un estudio de televisión.
4. Mi hermanito es tan travieso que (apagaría / apagara) el televisor aun si si yo estuviera viendo mi programa favorito.
5. Cambiaríamos de canal si (sabríamos / supiéramos) dónde está el control remoto.
6. No (miraríamos / miráramos) el programa de ventas si no estuviéramos tan aburridos.
7. No participaría en ese nuevo reality. ¡Ni que me (pagaran / pagarían)!

## 18 La carrera de César

**Escuchar Escribir**

César se va a graduar del colegio dentro de poco y piensa dedicarse a trabajar para una cadena televisiva. Escucha sus comentarios y contesta las preguntas.

1. Si César vendiera suscripciones, ¿qué tipo de paquete vendería?
2. ¿Qué necesitaría hacer para participar en un programa de talento?
3. ¿En qué tipo de programa preferiría actuar? ¿Por qué?
4. ¿Por qué decide no actuar?
5. ¿Qué haría si fuera reportero? ¿Qué estudiaría?
6. ¿Cómo podría estudiar la vida marina y trabajar para una cadena televisiva?
7. ¿Qué aprendería la gente si César se dedicara a cocinar? ¿Qué preparación necesitaría?

## 19 Para ganar...

**Escribir Hablar**

Usa los dibujos para describir qué tendría que hacer Rosario si quisiera ganar la competencia de un programa de talento.

Unidad 6

## 20 | Situaciones

**Hablar** Trabaja con un(a) compañero(a) para contestar estas preguntas. Trata de incluir muchos detalles.

1. Si tuvieras una tarjeta de regalo para una tienda de electrónica, ¿qué comprarías?
2. Si pudieras participar en un reality, ¿qué cosas harías? ¿Cómo te sentirías?
3. Si sólo pudieras mirar televisión dos horas por semana, ¿qué programas verías? ¿Qué harías el resto del tiempo?
4. Si fueras director(a) de una cadena de televisión, ¿qué tipos de programas incluirías en la programación? ¿A quiénes les interesarían esos programas?

**Expansión**
¿Qué le preguntarías a tu actor (actriz) favorito(a) si pudieras entrevistarlo(la)? Prepara tres preguntas que podrías hacerle.

## Comparación cultural

### Programas de ayer y de hoy

Los programas de variedades tradicionalmente han formado una parte importante de la programación en las cadenas de televisión latinoamericanas. *Sábado gigante,* el cual se graba en Miami y se transmite por la cadena Univisión, es uno de los más tradicionales. Este programa, que se transmite desde el año 1962, se graba con el público en vivo. Presenta una variedad de artistas musicales, entrevistas con actores invitados, concursos para el público y segmentos cómicos. Sin embargo, este tipo de programa es menos popular hoy que en el pasado. Hoy en la televisión hispana se pueden ver programas de reality, telediarios internacionales, comedias y las famosas telenovelas.

Don Francisco, anfitrión de *Sábado gigante*

### Compara con tu mundo

¿Qué programas de variedades ves? ¿Recuerdan tus padres o tus abuelos algunos programas de variedades que veían cuando eran jóvenes?

**Más práctica** Cuaderno *pp. 114–115*

**¿Comprendiste?** Completa las oraciones con la forma correcta del verbo entre paréntesis.
1. Si nosotros _____ (visitar) Miami, _____ (poder) ir al estudio en el que se graba *Sábado gigante*.
2. Si yo _____ (cantar) en *Sábado gigante*, posiblemente _____ (ganar) un premio.
3. Yo no sé por qué _____ (participar) tú en un reality. ¡Ni que _____ (tener) talento!

# GRAMÁTICA en contexto

**¡AVANZA!** **Goal:** Notice how Sr. Lezama and Ana use the conditional and past subjunctive to talk about what might happen under certain circumstances. Then, use these forms to answer questions. *Actividades 21–22*

## Contexto *Entrevista*

**ESTRATEGIA** Leer
**Read between the lines** Hypothetical situations express something that is not true. "I would call you if I had time," implies that you don't have time. Find and note three hypothetical sentences in the dialogue. Then, write an equivalent statement that isn't hypothetical.

| Oración hipotética | Oración equivalente |
|---|---|
| Si fueras estudiante en mi país, no tendrías carro. | Ana no es de ese país y sí tiene carro. |

Ana le pide otra entrevista al señor Lezama.

**Ana:** Señor Lezama, ¿tiene un momento? Me gustaría preguntarle algo más.

**Sr. Lezama:** Claro. Pasa. ¿Qué más quieres saber?

**Ana:** Quería saber unos detalles más de la vida en su país. Por ejemplo, ¿son comunes los aparatos electrónicos?

**Sr. Lezama:** Sí. Mucha gente tiene televisores y reproductores de DVD. Los jóvenes tienen reproductores MP3 y los teléfonos celulares son comunes. Los equipos electrónicos caros como los televisores de alta definición son menos comunes.

**Ana:** Entonces, la vida de los jóvenes allá no es muy diferente.

**Sr. Lezama:** Bueno, yo no diría eso. ¿Tienes carro? Si fueras estudiante en mi país, probablemente no tendrías carro propio. Si quisieras visitar a una amiga, caminarías o tomarías el autobús.

**Ana:** ¿Y la escuela sería muy diferente?

**Sr. Lezama:** No. Si estudiaras allá, irías a clase, estudiarías y tomarías exámenes. Pero tendrías que comprar tus libros de texto.

**Ana:** No me gustaría eso. ¿Qué haría yo los fines de semana?

**Sr. Lezama:** Saldrías con tus amigos y ustedes irían al cine o a bailar. En muchos casos pasarías más tiempo con tu familia que aquí.

**Ana:** Interesante. Gracias por contestar todas mis preguntas.

**Sr. Lezama:** De nada. Avísame cuando salga tu artículo en el periódico.

Unidad 6

## 21 | Comprensión de la entrevista

**Leer
Escribir**

Contesta las preguntas basándote en la entrevista.

1. ¿Es frecuente que la gente tenga reproductores de DVD en el país de origen del señor Lezama?
2. Si Ana viviera en ese país, ¿tendría coche propio?
3. Si no tuviera coche, ¿cómo podría Ana visitar a sus amigos?
4. Si viviera en ese país, ¿la vida de Ana sería muy diferente? Explica.
5. ¿Qué tendría que comprar Ana si viviera en ese país?
6. ¿Qué dijo el señor Lezama que haría Ana los fines de semana?
7. ¿Pasaría más o menos tiempo con su familia?

**Expansión**
Si tuvieras la oportunidad de estudiar en un país extranjero, ¿lo harías? ¿Por qué?

## 22 | Entrevista

**Hablar**

En parejas, dramaticen esta situación. Luego represéntensela a la clase.

**A**

- Eres vendedor(a) de suscripciones para una compañía de cable. Tienes que vender diez suscripciones al día.
- Tienes un paquete completo que cuesta $135.00 al mes. Explícale a tu cliente todo lo que está incluido en el paquete.
- Escucha el problema que tiene tu compañero(a) y trata de convencerlo(la) de comprar el paquete más caro. Recuérdale de todo lo que podría ver y grabar si tuviera ese paquete.
- Hazle una oferta final.

**B**

- Eres estudiante universitario(a) y alquilas tu propio apartamento. Te encanta ver todo tipo de programación en la televisión.
- Quieres el paquete más completo, pero no tienes mucho dinero. Sólo puedes pagar un paquete básico.
- Te gustaría comprar el paquete, pero no estás seguro. Dile a tu compañero(a) que no sabes qué te pasaría si tus padres se enteraran de la compra.
- Decide si vas a aceptar la oferta.

**PARA Y PIENSA**

**¿Comprendiste?** Completa las oraciones con la forma del verbo que mejor corresponda.

| ver | tener | ser | contestar |

1. Si Ana tuviera más preguntas para el Sr. Lezama, él se las _____.
2. El Sr. Lezama dijo que no creía que la vida de los estudiantes en su país _____ igual a la de los estudiantes en Estados Unidos.
3. A Ana le molestaba que los estudiantes en el otro país _____ que comprar sus propios libros de texto.

Lección 1

# Todo junto

**¡AVANZA!** **Goal: Show what you know** Read about the effects that having a television in their room has on teens. Then, use the vocabulary and grammar from this lesson to do the activities that follow. **Actividades 23–27**

## Contexto  *Artículo científico*

**ESTRATEGIA Leer**
**Note facts, then react** As you read the facts and findings in this article, note them using a chart. Look for four or five facts or findings. For each one, give your reaction.

| Dato o hallazgo | Mi reacción |
|---|---|
| Más del 60% de los adolescentes tienen televisores en sus habitaciones. | Me sorprende, porque yo no tengo televisor en mi habitación. |
|  |  |

Se ha hablado mucho de los efectos negativos de ver televisión, sobre todo en los jóvenes. Lee este artículo para saber más sobre las consecuencias para los adolescentes de tener un televisor en la habitación.

**La FAMILIA y la SALUD**
**¿Un televisor en cada habitación?**

Ya se sabe bastante acerca de los problemas que puedan resultar, para cualquier persona, de pasar largas horas frente al televisor. Ahora, por primera vez, se ha hecho un <u>estudio científico</u> para investigar las consecuencias de tener televisión en la habitación de un adolescente. La investigación se llevó a cabo entre <u>adolescentes de entre 15 y 18 años</u>. Más del 60% de los jóvenes participantes poseían un televisor propio en su cuarto.

Para comenzar, se observó que los jóvenes con televisor en su habitación veían, como mínimo, 5 horas por día de programación, lo cual los convierte en <u>teleadictos</u>. Y tanto entre los chicos como las chicas, se observó dos consecuencias más:

• Tenían <u>una dieta menos saludable</u>. Las chicas con televisores comían menos verduras y tomaban más refrescos, mientras que los chicos comían menos fruta.

• Tenían <u>menos contacto con sus familias</u>. Las muchachas y los muchachos con tele no se sentaban a la mesa a comer con sus familias con tanta frecuencia.

Para las <u>chicas</u>, otra consecuencia de tener un televisor en la habitación fue que <u>eran menos deportistas</u>. Hacían un 50% menos de actividad física por semana que las adolescentes sin ese aparato. Para los <u>chicos</u> con televisores, otra consecuencia fue que <u>sacaban peores notas</u> que los muchachos que no tenían el aparato en sus cuartos.

Por lo tanto, el estudio demuestra que los jóvenes que disponen de televisor en su habitación:

• llevan una dieta menos variada y saludable
• hacen menos ejercicio
• pasan menos tiempo con sus familias
• tienden a sacar peores notas que el resto de los adolescentes

En definitiva, no resulta positivo el efecto de poseer un televisor en la habitación sobre el estilo de vida de los adolescentes.

Unidad 6

## 23 | Comprensión del artículo científico

**Leer
Escribir**

Contesta las preguntas sobre el artículo.

1. ¿Qué se investigó en el estudio científico? Analiza la idea principal del artículo.
2. ¿Qué edad tenían los participantes?
3. ¿Qué tenían en su cuarto la mayoría de los participantes?
4. El estudio encontró tres consecuencias para chicos y chicas. ¿Cuáles fueron?
5. ¿Qué otra consecuencia para chicas notó el estudio?
6. ¿Qué otra consecuencia para chicos notó el estudio?
7. ¿A qué conclusión final llega el estudio?

**Expansión**

¿Estás de acuerdo con los resultados del estudio? ¿Eres teleadicto(a) o conoces a alguien que lo sea?

## 24 | Se fue el televisor

**Leer
Escribir**

Completa la conversación entre Esteban y su padre con la forma correcta del verbo entre paréntesis. Utiliza el presente del indicativo, el pretérito, el presente del subjuntivo o el imperfecto del subjuntivo.

**Esteban:** ¿Qué pasó en mi habitación? ¿Dónde está mi televisor?

**Padre:** Tu madre y yo decidimos que sería mejor que tú no __1.__ (tener) televisor por ahora.

**Esteban:** ¿Cómo? ¿Por qué?

**Padre:** Porque tienes que corregir unos problemas, antes de que las cosas __2.__ (ponerse) peores. Empecemos por tus malas notas. Nos dijiste que siempre harías la tarea tan pronto como __3.__ (volver) a casa. Casi nunca haces eso. Ese problema empezó cuando nosotros __4.__ (comprarte) el televisor. Te lo dimos para que __5.__ (poder) ver tus programas favoritos sin interrupciones, pero ha sido una mala idea. Lo siento, pero hasta que __6.__ (mejorar) tus notas, no tendrás televisor.

**Esteban:** Parece mentira. Ojalá __7.__ (vivir) con Antonio. Sus padres le dijeron que podría tener un televisor y una computadora, con tal de que __8.__ (portarse) bien en la escuela.

**Padre:** Bueno, tus notas no son el único problema. Nos gustaría que tú __9.__ (cumplir) más con tus obligaciones en casa. Últimamente, cuando __10.__ (ser) hora de comer, o de ver a tus abuelos, prefieres ver la tele. Hijo, hasta que tú __11.__ (hacer) algunos cambios, no podrás ver tele ni usar la computadora.

**Esteban:** ¿Pero qué dices? Bueno, cuando __12.__ (ir) a la universidad, voy a hacer lo que quiera.

**Padre:** Bien, pero si tú __13.__ (volver) a tener problemas con tus notas, nosotros dejaríamos de pagar la matrícula. Ya eres casi adulto, Esteban, y mientras no __14.__ (portarse) como tal, seguiremos tratándote como niño.

Lección 1

## 25 | ¿En pro o en contra?

Hablar
Escribir

Combina palabras de cada columna para expresar tus ideas sobre la televisión. Utiliza el imperfecto del subjuntivo y el condicional.

**modelo:** Si no pudiera ver partidos de fútbol en la tele, mi hermano estaría furioso.

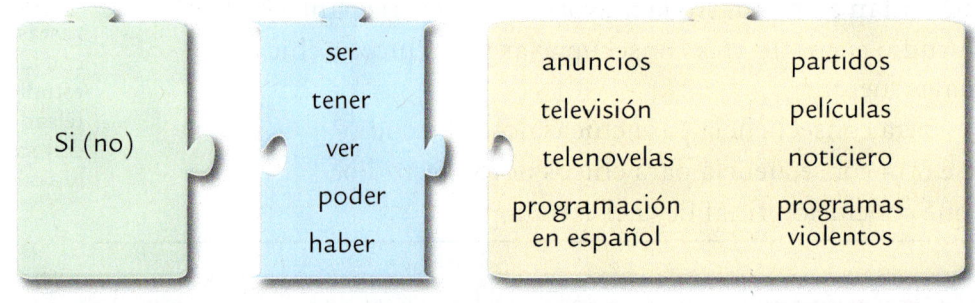

| Si (no) | ser | anuncios | partidos |
|---|---|---|---|
| | tener | televisión | películas |
| | ver | telenovelas | noticiero |
| | poder | programación en español | programas violentos |
| | haber | | |

## 26 | ¿Qué te parece?

Hablar

Con un(a) compañero(a), habla del estudio de la página 374. Comenten y háganse preguntas sobre:

- los resultados del estudio
- sus reacciones a lo que leyeron
- sus hábitos con respecto a la televisión

**A** ¿Cuántas horas de televisión ves al día?

**B** No sé. Depende de...

## 27 | Una encuesta

Hablar
Escribir

Entrevista a tus compañeros de clase para identificar a aquellas personas a quienes les correspondan las siguientes características. Luego escribe un resumen de los resultados.

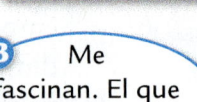

**A** ¿Qué piensas de los reality? ¿Tienes uno favorito?

**B** Me fascinan. El que prefiero es...

1. vieron un programa horrible anoche
2. sus padres no les dejan ver televisión
3. siempre veían dibujos animados de niños(as)
4. tienen un televisor en su cuarto
5. hacen la tarea mientras ven televisión
6. piensan que los anuncios no influyen en ellos
7. han perdido el control remoto
8. participaron en un programa de talento
9. son adictos a los reality

**Expansión**
Averigua también quiénes odian las telenovelas y quiénes creen que la televisión es aburrida.

Unidad 6

# Para crear

**Hablar Escribir**

## Un programa totalmente nuevo

Tú y tus compañeros son escritores para una cadena televisiva. Les han pedido que inventen un programa nuevo, dirigido a chicos de 14 a 18 años. Escojan entre los programas representados aquí u otro que les interese. Hagan un plan para su programa y escriban el guión del primer episodio. Sigan las instrucciones a continuación.

### Para comenzar

1. Decidan qué tipo de programa quieren hacer. ¿Cuál sería la opción más popular entre un público adolescente?
2. Diseñen el programa. Si es un reality o programa de talento, ¿dónde tendrá lugar y como funcionará? Si es una telenovela, ¿cuál será el conflicto central y quiénes serán los personajes? Si es un dibujo animado, ¿en qué se basará? Si es un programa de cocina, ¿quiénes participarán y qué platos presentarán?
3. Inventen un título para el programa.
4. Hagan un borrador del guión para el primer episodio.
5. Preséntenle su plan a la clase. Expliquen qué programa escogieron y por qué, sus ideas para el programa y cómo será el primer episodio.

**Más práctica** Cuaderno *pp. 116–117*

**PARA Y PIENSA**

**¿Comprendiste?** Completa las oraciones con la forma correcta del verbo y la información indicada entre paréntesis.

1. Si yo _____ (salir) en un programa de televisión, _____ (gustarme) estar en _____ (*tipo de programa*), porque _____ (*tus motivos*).
2. Esta noche, después de que yo _____ (*acción*), mis amigos y yo vamos a ver _____ (*tipo de programa*).
3. Anoche, tan pronto como yo _____ (encender) el televisor, mis padres me pidieron que _____ (*acción*).
4. Generalmente tengo que _____ (*acción*) antes de que mis hermanos y yo _____ (poder) ver _____ (*tipo de programa*).

Lección 1
trescientos setenta y siete **377**

# En resumen
## Vocabulario y gramática

## Vocabulario

### En el televisor

| | |
|---|---|
| (de) alta definición | high definition |
| el avance rápido | fast forward |
| el cable | cable |
| la cadena | TV network |
| el control remoto | remote control |
| el entretenimiento | entertainment |
| el grabador de DVD | DVD recorder |
| la guía de televisión | TV guide |
| el paquete | packet |
| la pausa | pause |
| el recibidor | receiver |
| el reproductor de DVD | DVD player |
| el retroceso rápido | rewind |
| el satélite | satellite |
| la señal digital | digital signal |
| la suscripción | membership |
| la tecla | key |
| el (la) televidente | TV viewer |

### Para describir acciones

| | |
|---|---|
| apagar | to turn off |
| encender | to turn on |
| grabar | to record |

### Los programas

| | |
|---|---|
| la actuación | performance |
| el comercial | commercial |
| continuado(a) | continued |
| el drama | drama |
| el estudio | studio |
| la farándula | show business |
| la miniserie | miniseries |
| el panel | panel (of guests or speakers) |
| el programa | show, program |
|   de chismes | gossip show |
|   de cocina | cooking show |
|   de talento | talent show |
|   de ventas | sales show |
|   de vida animal | animal program |
|   infantil | children's program |
| la programación | programs |
| el reality | reality show |
| la serie | series |
| el telediario | news program |
| la telenovela | soap opera |

### Ya sabes esto

| | |
|---|---|
| el documental | documentary |
| el público | audience |

Unidad 6
trescientos setenta y ocho

# Gramática

## El imperfecto del subjuntivo en cláusulas adverbiales

Always use the **subjunctive mood** after these conjunctions that tell *why* or *how*.

| Conjunctions telling why or how | |
|---|---|
| a fin de que | in order that |
| a menos que | unless |
| con tal de que | provided (that) |
| en caso de que | in case |
| para que | for + subject + infinitive; so (that) |
| sin que | without + subject + gerund, unless |

When the verb in the main clause is in the preterite or imperfect, use the **imperfect subjunctive** in the subordinate clause.

> Mamá encendió el televisor **para que viéramos** el noticiero.
> *Mom turned on the television **for us to watch** the newscast.*

> Papá puso el grabador de DVD **en caso de que** no **llegáramos** a tiempo para ver el programa.
> *Dad set the DVD recorder **in case we didn't get** home in time to see the program.*

> Le dejé el control remoto en la mesa **para que** lo **encontrara** fácilmente.
> *I left the remote control on the table for him **so he could find** it easily.*

With these conjunctions that tell *when*, use the **indicative mood** to refer to *habitual* or *completed* events and the **subjunctive mood** to refer to *future* events.

| Conjunctions telling when | |
|---|---|
| cuando | when |
| después de que | after |
| en cuanto | as soon as |
| hasta que | until |
| tan pronto como | as soon as |

> Encendí el televisor **tan pronto como llegué** a casa.
> *I turned on the television **as soon as I got** home.*

> No vamos a comer **hasta que termine** la telenovela.
> *We're not going to eat **until** the soap opera **ends**.*

To talk about the future from a past perspective, use the **conditional** or **iba a** + **infinitive** and the **imperfect subjunctive**.

> Dijeron que el programa **comenzaría después de que terminara** el comercial.
> *They said that the program **would start after** the commercial **ended**.*

## Más usos del imperfecto del subjuntivo

Use the **imperfect subjunctive** after **si** to express something *hypothetical* or *contrary to fact*. Use the **conditional** in the main clause.

> **Si tuviéramos** un grabador de DVD, **podríamos** grabar nuestros programas favoritos.
> ***If we had** a DVD recorder, **we could** record our favorite shows.*

Use the **imperfect subjunctive** after the expression **como si** or **ni que**.

> El actor habla **como si no supiera** todas sus líneas.
> *The actor speaks **as if he didn't know** all his lines.*

> **Ni que tuvieras** talento para ganar el concurso.
> ***It's not as if you had** talent to win the contest.*

Lección 1
trescientos setenta y nueve **379**

UNIDAD 6

# Lección 2

**Tema:**
## El mundo de las noticias

**¡AVANZA!** In this lesson, you will learn to
- discuss news coverage in the media
- talk about current events

*using*
- past perfect subjunctive
- sequence of tenses

♻ *¿Recuerdas?*
- past perfect indicative

## Comparación cultural

### In this lesson you will learn about
- Proverbs in Spanish related to communication
- Spanish-language television channels
- Political activism among Latin American students
- Latin American TV stations, programs, and actors

### Compara con tu mundo
Desde Los Ángeles, el presentador Antonio Valverde se prepara para comenzar el noticiero matutino de Univisión 34. Esta estación fue la primera en transmitir en español en la ciudad.
*¿Qué noticieros en español puedes ver en tu área? Visita el sitio web de un canal de televisión en español y compáralo con un sitio web local que esté en inglés.*

### ¿Qué ves?
*Mira la foto*
¿Qué personas y equipo ves en el estudio?

¿Qué se ve en las pantallas de arriba y detrás del presentador?

¿Qué te parece trabajar para un noticiero?

380 Unidad 6
trescientos ochenta

## MODES OF COMMUNICATION

| INTERPRETIVE | INTERPERSONAL | PRESENTATIONAL |
|---|---|---|
| Read and understand a conversation about an immigrant's life before coming to the United States.<br><br>Listen to and understand a news bulletin. | Debate which television programs would be most popular among viewers.<br><br>Ask others their opinion about adding a news report to your class Web site. | Write a report about an important event in your life.<br><br>Present a weekly news report to your school. |

**Noticiero de Univisión**
*Los Ángeles, California*

# Presentación de VOCABULARIO

**¡AVANZA!** **Goal:** Learn how to discuss coverage of news in the media. Then, talk about current events. *Actividades 1–4*

**A** Es importante ver **el noticiero** para **enterarse** de lo que pasa y cuáles son **los acontecimientos** importantes del día. El noticiero tiene **un presentador,** que lee **los titulares** de las noticias y luego habla sobre ellas.

el presentador

CANAL 4 — la reportera

el móvil

**B** Para hacer **la cobertura** o reporte de las noticias en la calle, **el reportero** va con un micrófono y el camarógrafo con su cámara. Van por toda la ciudad en un **móvil,** que es una camioneta con todo el equipo necesario.

el reporte meteorológico

la noticia de último momento

**C** Una parte importante del noticiero es **el reporte meteorológico,** donde nos informan cómo está el tiempo.

**D** Si hay un suceso importante para el país, como un **discurso** del presidente, todos los canales lo transmiten al mismo tiempo en **cadena nacional.** Nunca se sabe cuándo llegan las noticias. Si de repente ocurre algo importante, aparecerá **la noticia de último momento** en la pantalla de tu televisor.

Unidad 6
**382** trescientos ochenta y dos

**E** Trabajar en **los medios de difusión** tiene sus riesgos. Los reporteros tienen que ir a lugares peligrosos para dar la noticia de **desastres naturales,** como **huracanes, terremotos, tornados** o **avalanchas.** A veces tienen que ir a **zonas de guerra.**

**F** Muchas veces, los reporteros se mezclan con la gente durante **las manifestaciones.** Aquí, la gente **marcha** para pedirle cosas al **gobierno** o para **protestar** contra cosas con las que no están de acuerdo.

**los desastres naturales**

**la manifestación**

**opinar**

**la entrega de premios**

**G** Cuando hay una **elección** para presidente, **gobernador** o **alcalde,** el reportero le pregunta a la gente quién es su **candidato** favorito. La gente **opina** y da sus ideas.

**H** Los reporteros también van a **las entregas de premios,** como el Latin Grammy. Allí pueden pisar **la alfombra roja** y entrevistar a las estrellas. Les preguntan sobre su **vida privada** y si participaron en algún **escándalo.** En otros casos hacen la cobertura de un programa de **homenaje** o tributo a un cantante o a un actor.

### Más vocabulario

**la conferencia de prensa** press conference
**la huelga** strike
**el incendio** fire
**la inundación** flood
**la tormenta** storm

### ¡A responder! Escuchar

Escucha las últimas noticias. Los presentadores del noticiero dan varias noticias pero las puedes separar en dos grupos principales. ¿Cuáles son?

Lección 2

# Práctica de VOCABULARIO

## 1 | Candidata para alcaldesa

**Leer** | La señora Luz María Prado se presenta como candidata en las elecciones municipales. Completa su discurso con la palabra apropiada.

> Soy Luz María Prado y quiero ser __1.__ (la alcaldesa / la presentadora) de esta ciudad. Tengo mucha experiencia en __2.__ (el gobierno / el incendio). En la temporada de __3.__ (alfombra roja / huracanes) estuve aquí con ustedes. Cuando sus casas sufrieron daños por el agua de __4.__ (las manifestaciones / las inundaciones) no sólo di una __5.__ (conferencia de prensa / cobertura), sino que trabajé con la gente. Cuando los trabajadores hicieron __6.__ (homenajes / huelga) luché por ellos. No tengo miedo de __7.__ (opinar / marchar) sobre temas controvertidos. Voten por mí en __8.__ (los titulares / las elecciones) de septiembre.

## 2 | Una noche de estrellas

**Leer** | Lía y Bea hablan por teléfono de la entrega de premios que están viendo. Completa su conversación con las frases en la segunda columna.

—¿Qué estás haciendo?
—Estoy mirando la tele. Quiero ver __1.__ .
—Yo también. ¡Qué suerte que se acabó __2.__ !
—Me gustan las entrevistas en __3.__ .
—Cambia al Canal 5. Ahora __4.__ .
—En el Canal 4 hay el tributo al director Beto Dávila. Están haciendo __5.__ .
—Beto Dávila tuvo algunos __6.__ .
—Es cierto. ¿En otros canales estarán también pasando este __7.__ ?
—Estoy segura de que están haciendo entrevistas en todos los __8.__ .

a. están hablando con varios actores
b. la alfombra roja
c. la huelga de los actores la semana pasada
d. acontecimiento
e. un homenaje en su honor
f. medios de difusión
g. escándalos en su vida privada
h. la entrega de premios en el Canal 4

**Expansión**
Elige a una estrella que te gustaría entrevistar en la alfombra roja y escribe cinco preguntas que le harías.

## 3 | Las noticias de anoche

**Escuchar Escribir** | Nuria y Mariano hablan sobre las noticias de anoche. Escúchalos e indica si las oraciones son verdaderas o falsas. Corrige las falsas.

1. Mariano vio el noticiero anoche.
2. Hubo un incendio en el barrio de Nuria.
3. Nuria vio la noticia de último momento en el televisor.
4. El camarógrafo y el reportero estaban en el estudio de Canal 3.
5. Nadie sabe la causa del incendio.
6. Pasan muchos coches por la zona del incendio.

Unidad 6
384 trescientos ochenta y cuatro

## 4 | ¿Qué viste en la tele?

**Hablar**

Con dos compañeros(as), hablen de lo que vieron anoche en la tele. Den detalles y comparen lo que vio cada uno. Usen las imágenes y el vocabulario de esta lección.

**A** ¿Qué viste anoche?

**B** Vi el reporte meteorológico. Hubo unos tornados terribles en Oklahoma. Y tú, ¿qué viste?

**C** Pues yo vi...

## Comparación cultural

### Dichos y refranes

En español hay muchos dichos relacionados con las noticias. Algunos, como «Extremo es creer a todos y error no creer a ninguno», señalan el riesgo que puede haber en aceptar como verdadero todo lo que nos dicen. Otros, como «Tomar la corriente desde la fuente», subrayan la importancia de averiguar el origen de los sucesos. El conocido dicho «Mucho hablar, mucho errar» destaca la necesidad de verificar lo que dices antes de decirlo. Hay otro grupo de refranes que sirve para poner en perspectiva los sucesos, por más graves que parezcan. Dos ejemplos son «No hay mal que por bien no venga» y «No hay bien ni mal que cien años dure».

Extremo es creer a todos y error no creer a ninguno.

### Compara con tu mundo

¿Conoces los dichos *"Don't believe everything you hear"* o *"Straight from the horse's mouth"*? Da ejemplos de situaciones en las que podrías usar estos dichos.

**Más práctica** Cuaderno *p. 121*

### PARA Y PIENSA

**¿Comprendiste?**

1. ¿Quiénes son «la cara» de los noticieros?
2. ¿Qué son los desastres naturales? Nombra algunos.
3. ¿Para qué se hacen las manifestaciones?

Lección 2

# VOCABULARIO en contexto

**¡AVANZA!** **Goal:** Read the biography of the new announcer on Channel 5 news. Then, prepare an interview for a different announcer and create a commercial.
*Actividades 5–7*

## Contexto *Artículo biográfico en Internet*

**ESTRATEGIA Leer**

**Note important events** As you read the biography, note the important events in Adriana Mendiola's life. Complete a diagram with events for each part of her life.

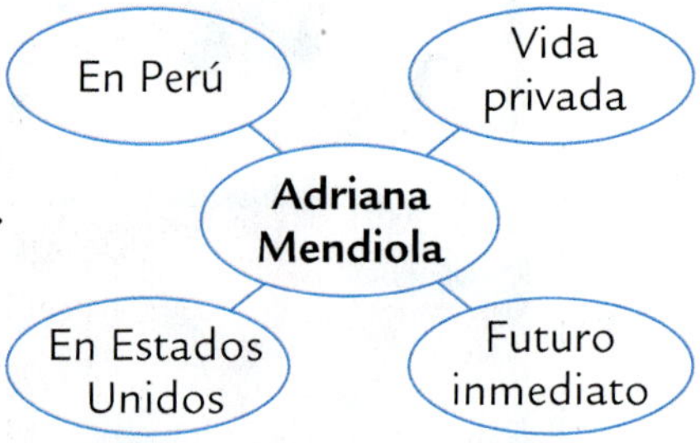

Adriana Mendiola es la nueva presentadora del noticiero del Canal 5, una cadena nacional. En la página Web salió un artículo con su biografía para presentarla al público.

### CANAL 5

### UNA CARA NUEVA EN CANAL 5

El noticiero del Canal 5 tendrá una nueva presentadora. Su cara es muy conocida en todo el país. Ha ganado varios premios por su cobertura de las noticias nacionales. Estamos hablando de Adriana Mendiola.

Adriana empezó su carrera trabajando de reportera en el periódico de un pueblo pequeño de Perú. Ella fue la primera en enterarse de la huelga en las minas de ese pueblo. También estuvo allí cuando el alcalde habló con los trabajadores.

Su primer trabajo en la televisión estadounidense fue presentar el reporte meteorológico. Al año siguiente empezó a hacer reportes sobre los huracanes de Texas. Durante su cobertura, acompañó al gobernador por las zonas más afectadas.

En las manifestaciones frente al Capitolio, le dio la oportunidad de opinar a mucha gente que protestaba. También estaba allí cuando se enteraron del escándalo financiero. Desde el lunes, esta encantadora mamá de dos niños y amante del surf a vela será la presentadora del Canal 5 y dedicará el primer programa a las próximas elecciones.

Unidad 6
trescientos ochenta y seis

## 5 | Comprensión del artículo biográfico

**Leer**
**Escribir**

Lee la biografía de Adriana Mendiola y contesta las siguientes preguntas.

1. ¿Por qué hay una biografía de Adriana Mendiola en la página Web?
2. ¿Por qué ha ganado premios Adriana?
3. ¿Cuál fue el primer trabajo de Adriana?
4. ¿Cuál fue el primer trabajo de Adriana en la televisión?
5. ¿Cuándo dejó ella opinar a la gente en la televisión?
6. ¿Sobre qué desastre natural hizo ella reportes?
7. ¿Qué hace Adriana en su vida privada?
8. ¿Cuál será el tema principal de su primer programa?

**Expansión**
Escribe una entrevista imaginaria a un(a) presentador(a) de noticias de tu canal favorito.

## 6 | Otra cara nueva

**Hablar**

Hay un(a) nuevo(a) presentador(a) en la cadena local. Entrevista a él (ella) para saber un poco más de su vida, trabajos anteriores y experiencia en el mundo de las noticias. Usa el vocabulario de esta lección.

**A** ¿Cómo empezó su carrera en las noticias?

**B** De niño(a) escribía titulares sobre lo que escuchaba.

## 7 | Comercial para las noticias

**Escribir**

Todas las noches a las 20:00 hay un comercial para el noticiero de las 22:00 horas. Escribe un comercial para esta noche y explícales a los televidentes las historias y los sucesos que van a salir en las noticias. Usa todo el vocabulario de esta lección que puedas.

**modelo:**

CANAL 5

No se pierda esta noche el noticiero nacional del Canal 5. Manifestaciones en la casa de gobierno. La gente opina y le pide al presidente más trabajos. Además,...

### PARA Y PIENSA

**¿Comprendiste?**
1. ¿Cuál es el propósito de un artículo biográfico?
2. ¿Qué experiencias te preparan para ser presentador(a) en una cadena nacional?
3. ¿Qué diferencia hay entre un presentador y un reportero?

Lección 2
trescientos ochenta y siete **387**

# Presentación de GRAMÁTICA

**¡AVANZA!** **Goal:** Learn to form the past perfect subjunctive. Then, practice using the past perfect subjunctive to talk about news coverage and current events.
*Actividades 8–10*

 *¿Recuerdas?* Past perfect indicative p. 158

**English Grammar Connection:** In English, you use the **past perfect subjunctive** after the conjunctions **if** and **as if**. The past perfect subjunctive in English has the same form as the past perfect indicative.

> **If** we **had known** about the hurricane, we never would have gone there on vacation.
>
> The candidate acts **as if** she **had won** the election.

## El pluscuamperfecto del subjuntivo

*Grammar Video*
my.hrw.com

In general, you use the **past perfect subjunctive** (**el pluscuamperfecto del subjuntivo**) in the same way you use the other tenses of the **subjunctive**.

**Here's how:** To form the **past perfect subjunctive**, combine the imperfect subjunctive of **haber** with the **past participle** of the verb.

| hubiera | hubiéramos |
|---------|------------|
| hubieras | hubierais |
| hubiera | hubieran |

+ past participle

The **past perfect subjunctive** refers to actions that happened *before* a past-tense verb in the main clause.

> Sentí mucho que no les **hubiéramos mandado** más ayuda a las víctimas.
> *I was very sorry that we **hadn't sent** the victims more aid.*

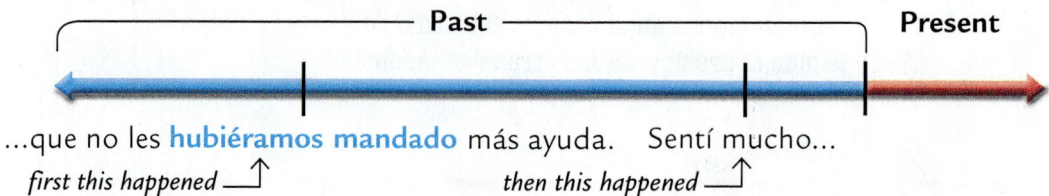

You can use it in . . .

**noun clauses**   Me sorprendió que nadie **se hubiera enterado** del terremoto.
*I was surprised that no one **had found out** about the earthquake.*

*continúa en la página 389*

*viene de la página 388*

**adjective clauses**    La gente quería un candidato que **hubiera votado** a favor de la nueva ley.
*People wanted a candidate who **had voted** in favor of the new law.*

No había ninguna comunidad que el huracán no **hubiera afectado**.
*There wasn't a single community that the hurricane **hadn't affected**.*

**adverb clauses**    Compramos este televisor antes de que **hubieran anunciado** el cambio a la señal digital.
*We bought this television before **they had announced** the change to the digital signal.*

El público no iba a terminar la manifestación hasta que el gobernador **hubiera escuchado** sus quejas.
*The people weren't going to end the demonstration until the government **had heard** their complaints.*

Use the **past perfect subjunctive** in clauses referring to past situations that were *contrary-to-fact* or *hypothetical*. Use the **conditional perfect** in the main clause.

*what would be true* ↓      *contrary to fact* ↓

Me **habría gustado** el programa si no **hubieran dado** tantos anuncios comerciales.
*I **would have liked** the program if they **hadn't shown** so many commercials.*

La campaña **habría tenido** más éxito si **hubiéramos tenido** mejor lema.
*The campaign **would have been** more successful if **we'd had** a better slogan.*

When referring to the past, always use the **past perfect subjunctive** after the expression **como si** to express *as if*. This expression compares something to a past *hypothetical* situation or event.

*storm is compared to hypothetical tornado*

La tormenta fue tan fuerte **como si hubiera pasado** un tornado.
*The storm was as strong as if a tornado **had come through**.*

Aunque fue corta, los efectos de la huelga fueron **como si hubiera durado** muchos meses.
*Although it was short, the effects of the strike were as if **it had lasted** many months.*

**Más práctica**
Cuaderno *pp.* 122–123

Conjuguemos.com
my.hrw.com

# Práctica de GRAMÁTICA

## 8 En las noticias

Leer | Combina frases de la columna A y la columna B para formar oraciones lógicas.

**A**
1. Si el actor hubiera sabido que ganaría...
2. Me habría preparado para la tormenta...
3. Yo iba a apagar el televisor en cuanto...
4. Al presentador le irritó que...
5. La compañía buscaba personas que...
6. Los reporteros no habrían sido heridos...
7. El reportero no encontró a nadie que...
8. Si el reportero me hubiera preguntado mi opinión...

**B**
a. hubiera visto los acontecimientos.
b. si no hubieran estado en una zona de guerra.
c. habría asistido a la entrega de premios.
d. se la habría dado.
e. el presidente terminara su discurso.
f. los productores hubieran censurado el noticiero.
g. si hubiera escuchado el reporte meterológico.
h. hubieran estudiado una lengua extranjera.

## 9 Una elección del año pasado

¿*Recuerdas?* Past perfect indicative p. 158

Leer
Escribir | El señor Gallegos fue candidato a alcalde, pero perdió. Completa lo que dice con la forma correcta de los verbos entre paréntesis. Usa el pluscuamperfecto del indicativo o del subjuntivo.

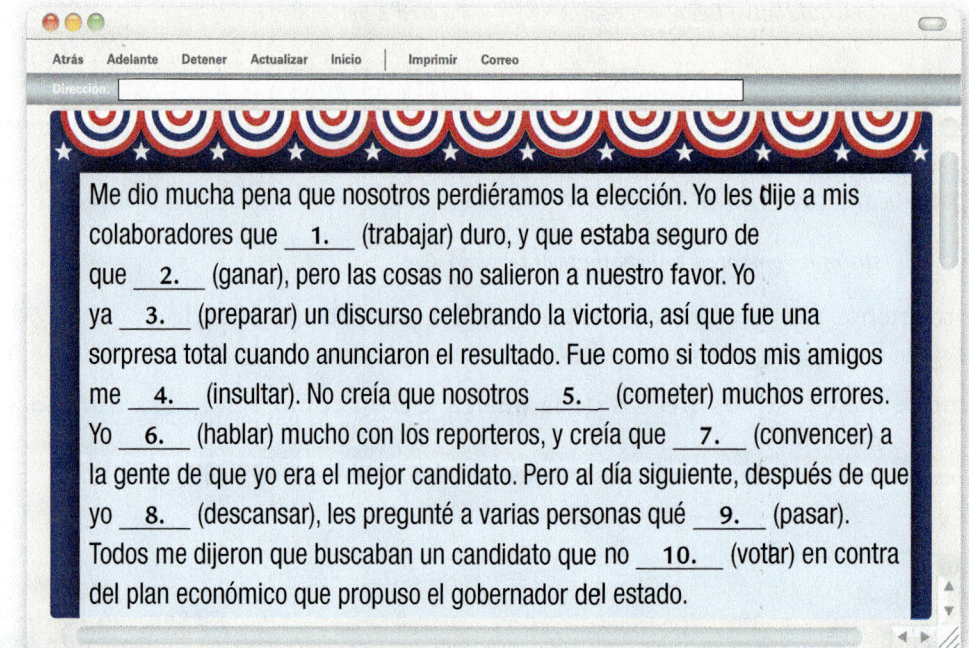

Me dio mucha pena que nosotros perdiéramos la elección. Yo les dije a mis colaboradores que __1.__ (trabajar) duro, y que estaba seguro de que __2.__ (ganar), pero las cosas no salieron a nuestro favor. Yo ya __3.__ (preparar) un discurso celebrando la victoria, así que fue una sorpresa total cuando anunciaron el resultado. Fue como si todos mis amigos me __4.__ (insultar). No creía que nosotros __5.__ (cometer) muchos errores. Yo __6.__ (hablar) mucho con los reporteros, y creía que __7.__ (convencer) a la gente de que yo era el mejor candidato. Pero al día siguiente, después de que yo __8.__ (descansar), les pregunté a varias personas qué __9.__ (pasar). Todos me dijeron que buscaban un candidato que no __10.__ (votar) en contra del plan económico que propuso el gobernador del estado.

## 10 Noticia de un robo

**Escuchar**

Escucha la noticia e indica si las oraciones son verdaderas o falsas.

1. Marisa no encontró a nadie que hubiera votado por el presidente.
2. Al joven no le gustó que no se permitiera sacar fotos del presidente.
3. El joven gritaba como si hubiera sido atacado.
4. El joven gritó antes de que hubieran terminado las entrevistas.
5. Marisa habló con el joven antes de que llegara la policía.
6. Según la policía, el joven no podría haber prevenido el robo.
7. La policía buscaba personas que hubieran votado contra el presidente.
8. Nadie había hablado con la policía cuando Marisa hizo este reporte.

**Expansión**
Corrige las oraciones falsas.

## Comparación cultural

### La televisión por cable y las cadenas de noticias

En las últimas décadas, la televisión por cable se ha extendido a muchas partes del mundo y ha abierto paso a la difusión de todo tipo de programación y de propaganda. En América Latina, muchos paquetes de servicio por cable incluyen uno o más canales internacionales de noticias. Un televidente latinoamericano puede enterarse de las noticias mirando la cadena norteamericana CNN en español, que transmite para América Latina desde sus estudios en Atlanta. Otra opción es el canal de noticias por satélite de la cadena TVE Internacional, Televisión Española. En 2005 se creó en Venezuela una nueva opción para los televidentes latinoamericanos: TeleSur. Esta cadena se creó para ofrecer información desde un punto de vista muy distinto al de las otras cadenas internacionales.

Ana María Montero, locutora de CNN en Español.

### Compara con tu mundo

¿Escuchas alguna cadena de noticias? ¿Cuál es tu favorita? ¿Hay un canal de televisión en español donde tú vives?

**Más práctica** Cuaderno pp. 122–123

**PARA Y PIENSA**

**¿Comprendiste?** Completa las oraciones con la forma correcta del pluscuamperfecto del subjuntivo o del condicional perfecto.
1. La policía buscaba personas que _____ (ver) los acontecimientos.
2. Si yo _____ (tener) tiempo, _____ (mirar) las noticias.
3. No había ningún candidato en la elección que _____ (vivir) en otro país.

Lección 2

# GRAMÁTICA en contexto

**¡AVANZA!** **Goal:** Notice how Sr. and Sra. Lezama use past perfect indicative and subjunctive to talk about life before they came to the U.S. Then, use these verb structures to talk about other past events. *Actividades 11–13*

## Contexto *Diálogo*

**ESTRATEGIA Leer**
**Use a timeline** The past perfect indicative and past perfect subjunctive refer to events that happened before some other point in the past. To keep track of what happened when, plot the events on a timeline. In this conversation, which events happened recently, and which ones longer ago?

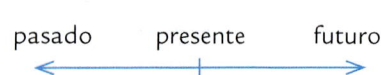

Después de hablar con Ana, el señor Lezama comenta su día con su esposa.

**Sr. Lezama:** Oye, ¿sabes? Hoy una muchacha de la escuela, que es reportera, me entrevistó.

**Sra. Lezama:** ¿Vas a salir en el noticiero? Creí que no te gustaban las cámaras.

**Sr. Lezama:** No, no. Es reportera para el periódico escolar. Me preguntó acerca de nuestra vida antes de que viniéramos a Estados Unidos.

**Sra. Lezama:** ¿Recuerdas cuando me aceptaron en la universidad, y no conocíamos a nadie que hubiera vivido aquí, y no había nadie que se hubiera ido a Estados Unidos para estudiar?

**Sr. Lezama:** Si hubiera sabido que viviríamos aquí, habría estudiado más el inglés porque no lo hablaba para nada. Pero, me interesaba más la política. Yo organizaba manifestaciones y protestaba.

**Sra. Lezama:** Yo sí hablaba inglés. Si no lo hubiera aprendido ya, la universidad no me habría aceptado.

**Sr. Lezama:** Hicimos todo sin planear. Es increíble que sobreviviéramos.

**Sra. Lezama:** Sí. Nuestro primer año aquí habría sido mucho más fácil si hubiéramos alquilado un apartamento con anticipación. Pero todo salió bien. ¿Cuándo va a salir el artículo?

**Sr. Lezama:** No sé. No creo que la muchacha haya comenzado a escribirlo.

**Sra. Lezama:** No te olvides de traerme una copia cuando salga.

**Sr. Lezama:** Sí, como no. Te traigo dos o tres copias.

## 11 | Comprensión del diálogo

**Leer
Escribir**

Basándote en el diálogo, contesta las preguntas.

1. Si la señora Lezama no hubiera estudiado inglés, ¿qué habría pasado?
2. ¿Qué habría hecho el señor Lezama si hubiera sabido que se mudaba?
3. ¿Qué hacía el señor Lezama antes de venir a Estados Unidos?
4. ¿Cuál fue otro problema que tuvieron al llegar a Estados Unidos?
5. ¿Cómo habrían podido evitar los problemas del primer año?
6. ¿Creía el señor Lezama que Ana había comenzado el artículo?

**Expansión**
¿Qué le aconsejarías a alguien que se iba a mudar a tu ciudad? ¿Dónde le recomendarías que viviera?

## 12 | Cuéntalo de nuevo

**Hablar
Escribir**

Cuenta lo que le sucedió al ladrón. Después explica qué habría hecho de otra forma el ladrón si hubiera sabido lo que le pasaría.

## 13 | Entrevista

**Hablar**

En parejas, dramaticen las situaciones. Luego represéntenselas a la clase.

**A**
- Hablas con tu amigo(a) de lo que habrías hecho de otro modo ahora que te gradúas.
- Nunca hablaste con alguien que te gustaba mucho. Ahora él (ella) sale con tu amigo(a).
- Nunca trabajaste para el periódico escolar, pero quieres dedicarte al periodismo.

**B**
- Hablas con tu amigo(a) de lo que habrías hecho de otro modo ahora que vas a graduarte.
- Salías con alguien que te gustaba mucho. Te sentiste muy mal cuando te dejó.
- No tomaste ninguna clase avanzada y quieres ir a una universidad prestigiosa.

**PARA Y PIENSA**

**¿Comprendiste?** Completa las oraciones con un verbo apropiado. Usa el pluscuamperfecto del subjuntivo.

1. Si el señor Lezama _____ más el inglés, su vida habría sido más fácil.
2. La señora Lezama no creía que su esposo _____ con una reportera.
3. Los señores Lezama no conocían a nadie que _____ en Estados Unidos.

Lección 2
trescientos noventa y tres **393**

# Presentación de GRAMÁTICA

**¡AVANZA!** **Goal:** Review the sequence of tense and mood in subordinate clauses. Then, practice using them to talk about news coverage and current events. *Actividades 14–16*

**English Grammar Connection:** In English, the relationship between the time of the action in the **main clause** and the time of the action in the **subordinate clause** is known as **sequence of tenses**.

*same time or later*
He **knows** the show **starts** at 8:00.

*same time or later*
He **knew** the show **started** at 8:00.

## La secuencia de tiempos verbales

**Grammar Video** my.hrw.com

In Spanish, the tense of the verb in the **subordinate clause** depends on the tense of the verb in the **main clause** and also on whether the action is at the *same time as, before,* or *after* the verb in the main clause. Additionally, the verb in the subordinate clause will be in the **indicative** or the **subjunctive** depending on the meaning of the main clause.

*Here's how:* If the action in the **subordinate clause** is at the *same time as* or *after* the action in the **main clause,** then follow this sequence.

|  | Main clause | + | Subordinate clause (action same time as *or* after) |
|---|---|---|---|
| **Present (indicative)** | Sabe<br>Sabrá<br>Ha sabido | que | sale.<br>saldrá mañana. |
| **Present (subjunctive)** | Quiere<br>Querrá<br>Ha querido<br>Dile | que | salgamos ya.<br>salga. |
| **Past (indicative)** | Supo<br>Sabía<br>Había sabido<br>Sabría<br>Habría sabido | que | salió entonces.<br>salía de allí.<br>saldría al día siguiente. |
| **Past (subjunctive)** | Quería<br>Querría<br>Habría querido | que | saliéramos ya. |

*continúa en la página 395*

Unidad 6
trescientos noventa y cuatro

*viene de la página 394*

El reportero **sabe** que **está** en el aire.
*The reporter **knows he is** on the air.*

La candidata **quiere** que **votemos** por ella.
*The candidate **wants us to vote** for her.*

El gobernador **quería** que el congreso lo **apoyara**.
*The governor **wanted** the congress **to support** him.*

If the action in the **subordinate clause** was at a time *before* the action in the **main clause,** then follow this sequence.

| | Main clause | + | Subordinate clause (action same time as *or* before) |
|---|---|---|---|
| Present (indicative) | Sabe<br>Sabrá<br>Ha sabido | que | ha salido.<br>salió.<br>salía. |
| Present (subjunctive) | Le extrañó<br>Le extrañará<br>Le ha extrañado | que | hayamos salido.<br>saliéramos tan temprano. |
| Past (indicative) | Supo<br>Sabía<br>Había sabido<br>Sabría<br>Habría sabido | que | salió de allí en seguida.<br>salía de allí.<br>había salido corriendo.<br>habría salido ya. |
| Past (subjunctive) | Le extrañó<br>Le extrañaba<br>Le habría extrañado | que | saliéramos ya.<br>hubiéramos salido ya. |

El candidato **ha sabido** por mucho tiempo que su compañera **tenía** problemas con la ley.
*The candidate **has known** for a long time that his partner **had** legal troubles.*

La alcaldesa **sabía** que el público **protestaría**.
*The mayor **knew** the public **would protest**.*

**Querían** que todos **huyeran** del huracán.
***They wanted** everyone **to flee** from the hurricane.*

**Más práctica**
Cuaderno *pp. 124–125*

Lección 2

# Práctica de GRAMÁTICA

## 14 | Una manifestación

Escuchar
Leer

Enrique y su amiga Nora hablan de sus planes para el sábado. Escucha la conversación e indica si las siguientes oraciones son verdaderas o falsas.

1. Nora dijo que Arturo quería que ella fuera a una manifestación.
2. Nora creía que la gente le estaba pidiendo al gobierno que no cambiara a una nueva política.
3. A Enrique le sorprendió que Nora quisiera ir a una manifestación.
4. Enrique no creía que Arturo hubiera ido a ninguna manifestación.
5. Nora dijo que la manifestación sería en la Universidad Nacional.
6. Cuando Enrique le preguntó a Nora sobre el tiempo, ella le respondió que había visto el pronóstico meteorológico.
7. Enrique preguntó si protestarían aunque hubiera un huracán.
8. Enrique no creía que ir a la manifestación fuera muy buena idea.
9. Nora no creía que hubiera un reportero en la manifestación.

**Expansión**
Corrige las oraciones falsas.

## 15 | ¡Avalancha!

Leer
Escribir

María es reportera. Cubrió una avalancha que bloqueaba una carretera. Lee sus notas y luego completa el fragmento del artículo que escribió.

- Hay una avalancha en la Interestatal 70.
- La policía dice que ocurrió a las siete de la mañana.
- El Departamento de Transporte informa que la carretera está cerrada, pero estará abierta mañana.
- Hay muchos coches que no pueden pasar.
- La policía no cree que haya heridos.
- Han ocurrido dos avalanchas este mes.
- La policía dice que es importante que la gente escuche el pronóstico meteorológico.
- Yo he visto muchas avalanchas, pero ésta es la más grande.
- Habrá una conferencia de prensa mañana a las ocho.

### AVALANCHA EN COLORADO

Ayer __1.__ una avalancha en la Interestatal 70 en el estado de Colorado. La policía dijo que __2.__ a las siete de la mañana. El Departamento de Transporte del estado informó que la carretera __3.__ cerrada, pero aseguró que __4.__ abierta hoy. Ayer __5.__ muchos coches que no __6.__ pasar, pero la policía no __7.__ que __8.__ heridos. Antes de ésta, ya __9.__ dos avalanchas este mes, y la policía informó que era importante que la gente __10.__ el reporte meteorológico. Esta reportera ya __11.__ muchas avalanchas, pero ésta fue la más grande. También se informó que __12.__ una conferencia de prensa esta mañana.

**Expansión**
Vives en Colorado. Envía un e-mail a María para avisarle que estás bien y pregúntale qué debes hacer en esta situación.

## 16 | Siguiendo la elección

**Hablar** | Eres reportero(a), cubriendo las elecciones. Basándote en los dibujos, cuenta lo que pasó durante la campaña para gobernador.

### Comparación cultural

#### Los estudiantes y la política

En muchos países latinoamericanos, los estudiantes de secundaria y los universitarios tienden a ser más activos en la política que los estudiantes norteamericanos. Marchan en manifestaciones, organizan protestas y hablan con reporteros. A veces hasta organizan huelgas. Por lo general estas manifestaciones son pacíficas y hasta divertidas: el actor mexicano Gael García Bernal ha dicho que conoció a su primera novia mientras marchaban a favor de los derechos de los indígenas. Sin embargo, en algunas ocasiones las manifestaciones han tenido resultados trágicos. En 1968, muchos estudiantes mexicanos murieron en una confrontación con el gobierno, y muchos activistas políticos murieron bajo las dictaduras militares que existían en algunos países durante los años setenta y ochenta.

Manifestación estudiantil, Caracas, Venezuela

#### Compara con tu mundo

¿Te interesa la política? ¿Eres más o menos activo(a) en asuntos de la política que tus amigos? ¿Bajo qué circunstancias participarías en una manifestación?

**Más práctica** Cuaderno *pp. 124–125*

**¿Comprendiste?** Completa las oraciones con la forma correcta del verbo subrayado.
1. Hoy mis padres quieren que yo <u>estudie</u>. Cuando era más joven, también querían que yo _____.
2. Ahora Mario dice que <u>irá</u> a la fiesta. Pero la semana pasada también dijo que _____ a otra fiesta, y no fue.
3. Sé que <u>ha habido</u> un terremoto. Pero el año pasado no sabía que _____ un incendio.

Lección 2

# GRAMÁTICA en contexto

**¡AVANZA!** **Goal:** Notice how the reporters use different verb tenses to recount what people said and did in the past. Then, use sequence of tenses to narrate other past events. *Actividades 17–19*

## Contexto *Diálogo*

**ESTRATEGIA** Leer
**Find direct and indirect quotations** In news articles, it's normal to see both direct quotes (in quotation marks) and indirect quotes. Read the summaries, looking for indirect quotations and noting them in a chart. Then, write a direct quote to reflect what each person actually said.

| Resumen | Cita |
|---|---|
| *Dijo que ocurrió porque alguien había olvidado apagar el horno.* | *"Ocurrió porque alguien olvidó apagar el horno."* |
| | |

Ana se reúne con otros reporteros del periódico para resumir los artículos que han escrito.

**Miguel:** Escribí un artículo sobre el incendio en la cafetería. El señor Mas dijo que ocurrió porque alguien había olvidado apagar el horno. El cocinero me aseguró que no hubo heridos, pero dijo que la cafetería sólo serviría cereales y sándwiches esta semana.

**Úrsula:** Reporté sobre la manifestación que tuvo lugar ayer. Un vecino, el doctor Saucedo, me explicó que la gente protestaba contra las malas condiciones de las calles. Quería que el gobierno las arreglara. Le había dicho al alcalde que era un problema grave. Él respondió que solucionaría el problema.

**Samuel:** Escribí sobre la entrega de premios que se celebró la semana pasada. Hablé con el presidente del club de drama. Estaba muy contento de haber ganado un premio porque los miembros del club habían trabajado mucho para presentar su obra en el concurso regional. También me dijo que el club competiría en dos concursos más este año, y que esperaba que ellos ganaran más premios.

**Ana:** Yo entrevisté al señor Lezama, el profesor de matemáticas. Me dijo que había venido a Estados Unidos para que su esposa estudiara en la universidad. Había estudiado inglés, pero no lo hablaba muy bien. Me contó que ellos habían tenido más problemas para acostumbrarse de los que habían anticipado. Además, hablamos un poco sobre la vida de los estudiantes en su país.

## 17 | Comprensión del diálogo

**Leer
Escribir**

Basándote en el diálogo, contesta las preguntas.

1. ¿Qué dijo Miguel que había pasado en la cafetería?
2. ¿Qué tuvieron que servir en la cafetería después?
3. ¿Con quién había hablado Úrsula antes de escribir su artículo?
4. Según Samuel, ¿qué grupo ganó un premio?
5. ¿Cuáles eran los planes de ese grupo para el resto del año?
6. Según Ana, ¿qué problema tenía el señor Lezama?

**Expansión**
Si fueras reportero(a) para el periódico de tu escuela, ¿qué acontecimientos cubrirías?

## 18 | Un accidente de tránsito

**Hablar
Escribir**

Basándote en el dibujo, cuenta lo que pasó en el centro ayer. Incluye comentarios de los testigos y de la policía.

**modelo:** Un testigo dijo que dos coches se habían chocado.

## 19 | Entrevista

**Hablar**

En parejas, dramaticen esta situación. Luego represéntensela a la clase.

**A**
- Hablaste con tu amigo Óscar. Te contó todo lo que había hecho durante sus vacaciones, incluso que había participado en una manifestación.
- Ahora hablas con tu compañero(a). Cuéntale todo lo que había hecho Óscar.
- Dile a tu compañero(a) qué hará Óscar antes de volver de sus vacaciones.

**B**
- Hablaste con tu amiga Celia. Te contó que estaba esquiando cuando ocurrió una avalancha.
- Ahora hablas con tu compañero(a). Cuéntale todo lo que le había pasado a Celia.
- Celia también te dijo que tendría que cambiar sus planes. Dile a tu compañero(a) qué hará Celia durante el resto de sus vacaciones.

**PARA Y PIENSA**

**¿Comprendiste?** Escoge el verbo apropiado para completar las oraciones.
1. Miguel dijo que la cafetería sólo (sirvió / serviría) comida fría.
2. El alcalde prometió que (trataría / trataba) de resolver el problema.
3. Ana dijo que el profesor Lezama no (anticiparía / había anticipado) muchos problemas.

Lección 2
trescientos noventa y nueve **399**

# Todo junto

**¡AVANZA!** **Goal: Show what you know** Notice how the characters use different tenses, subjunctive and command forms to talk about events and make suggestions. Then, use the subjunctive and sequence of tenses to present logical arguments and publicity campaigns. *Actividades 20–23*

## Contexto *Video*

**ESTRATEGIAS**

**Practices and perspectives**
Compare and contrast Carlos' and Isabel's reactions to watching TV to how you may have reacted in a similar situation. Also compare the perspectives that underlie this reluctance towards spending less time watching TV.

**Use clues to infer meaning**
Notice Carlos's and Isabel's facial expressions and tone of voice. These verbal and visual clues help you understand their moods. Knowing how a character feels can help you infer the meaning of unknown words.

*Resumen* Cuando Isabel se queja de que Carlos ve mucha televisión, los dos quedan en ver sólo el telediario. Pero, se dan cuenta de que el telediario da más malas noticias de las que pueden soportar. Deciden ver dibujos animados.

**Isabel:** Carlos, ¿otra vez estás mirando televisión? Te pedí que limpiaras el garaje y que le pusieras gasolina al carro.

**Carlos:** Sí, más tarde. Ahora tienen mi programa de concursos favorito.

**Isabel:** Hazme un favor. Apaga el televisor por unos minutos. Tenemos que hablar.

Unidad 6

**Carlos:** Quizás tendré que empezar a grabar mis programas favoritos. Además tú miras tres o cuatro telenovelas todos los días.

**Isabel:** ¡Dos! Pero mira. Te voy a proponer una cosa: tratemos de hacer algo más importante con nuestro tiempo. No miremos tanta televisión.

**Carlos:** Bueno, pero hagamos una excepción: el telediario de las diez.

**Isabel:** Sí, pero no te olvides, sólo las noticias. Bueno, el presidente tiene una conferencia de prensa hoy y quiero verla.

**Carlos:** Y van a entrevistar al embajador de España a las siete. Va a hablar de la campaña electoral en España.

**Isabel:** Bueno y también quiero ver quién se va a postular para gobernador. Voy a preparar palomitas de maíz.

*Más tarde*

**Isabel:** ¡Estás mirando dibujos animados!

**Carlos:** Bueno, está bien. Es que a mí me gustan los dibujos animados. A veces quiero olvidarme de lo que veo en las noticias: incendios, terremotos, huracanes.

**Isabel:** Crímenes, guerras, huelgas... tienes razón. ¿Quieres palomitas? Prende el televisor, a mí también me gustan los dibujos animados.

### También se dice

Isabel usa la frase **palomitas de maíz.**
- **Argentina** pochoclo
- **Chile** cabritas
- **Colombia** crispetas
- **Ecuador** canguil
- **Honduras** rosetas de maíz
- **República Dominicana** cocaleca
- **Uruguay** pipoca
- **Venezuela** cotufa

## 20 Comprensión del video

Leer
Escribir

Completa las siguientes oraciones con la forma correcta del verbo entre paréntesis. Después, indica si son ciertas o falsas. Corrige las falsas.

1. Isabel le pidió a Carlos que ____ (limpiar) el garaje y que ____ le (poner) gasolina al auto.
2. Isabel quiere que él ____ (apagar) la tele y dice que tienen que bailar más.
3. A Carlos nunca le han ____ (gustar) los programas de concurso y las telenovelas.
4. El embajador de España tal vez ____ (postularse) a la presidencia.
5. Carlos dice que es importante que los dos jamás ____ (perderse) las noticias.
6. Al final Isabel le dice que ____ (encender) la televisión y que ____ (ver) algo divertido.

## 21 | Integración

Leer
Escuchar
Escribir

CRCN es una cadena de radio y televisión. Tienes que preparar el guión para un anuncio publicitario para su programación de otoño. Tu anuncio va dirigido al público hispano de la edad de Isabel y Carlos. Lee la siguiente guía y luego escucha el anuncio de radio. Identifica la idea principal de todos los programas para preparar el guión.

**Fuente 1** Guía televisiva CRCN: Programación de otoño

**En la mira**

**Gabi:** Programación infantil exitosa sigue
Lo último en los dibujos animados japoneses, la historia de Gabi continúa. La niña quiere ser la protagonista del próximo espectáculo en el Día de la Asamblea Escolar. Su maestra, la Sra. Bonilla, le da el papel principal, el cual debe compartir con Miguel, quien no sabe bailar, hasta que la maestra obliga a los dos a practicar todos los días. Gabi aprende a ser paciente y el espectáculo sale casi perfecto.

**El mundo de hoy:** Las noticias internacionales que te mantienen al tanto
Infórmate con las últimas noticias de los acontecimientos del mundo, análisis y opinión sobre la información de política y economía internacional, los avances científicos y sucesos culturales. Esta semana entrevistamos en mesa redonda al periodista Jaime Pérez, quien ha sido clave en los discursos de las campañas electorales.

**Casas verdes:** Construye con materiales naturales
¿Casas construidas con trigo, maíz, girasoles, café y coco? No se trata de una película de ciencia ficción. Son viviendas reales, bonitas y que además ahorran energía. Conozcan estas construcciones basadas muchas veces en tradiciones antiguas de todo el mundo.

**No hay paraíso:** la última de las novelas del Cono Sur
La exitosa telenovela argentina se emitirá en nuestro país sólo a través de este canal. Basada en un hecho real, cuenta la dramática historia de Catalina, una muchacha pobre que decide hacer cualquier cosa para ser cantante.

**Fuente 2** Anuncio de radio

**Escucha y apunta**

· ¿Cómo se llaman la locutora y su programa?

· ¿Qué tipo de programa es?

· ¿Cuáles son las noticias de los titulares?

· ¿De qué trata el concurso?

**modelo:** Desde los programas más dramáticos hasta los más chistosos, CRCN tiene de todo para usted y su familia. Hemos programado noticieros, novelas, comedias y documentales, todos escogidos de entre las mejores estaciones de toda nuestra cadena.

**Expansión**
Haz una grabación de tu anuncio. Si puedes, incluye música y efectos de sonido.

Unidad 6

## 22 Hablar

**ESTRATEGIA Hablar**

**Make logical arguments** Hypothetical statements make effective logical arguments. As you debate or defend your arguments in front of the class, make hypothetical statements about things that are contrary to fact (**Si fuera así, no tendríamos...**). You can also make hypothetical statements to justify someone's actions or attitudes.

En grupos, tengan un debate sobre cuál de los programas de CRCN sería el más popular entre televidentes como Carlos e Isabel. Apoya tus opiniones con detalles de los programas y los gustos del público y también con oraciones hipotéticas.

**A** A los jóvenes como Carlos les gustaría «Casas verdes».

**B** Yo estaría de acuerdo si no hubiera visto a Carlos mirando dibujos animados.

**Expansión**
Presenten el debate en clase refiriéndose a sus programas favoritos.

## 23 ¡A escribir!

Escoge un programa de CRCN que te guste y haz un póster publicitario para el mismo. Incluye tanto un lema como imágenes. En clase, comparen los pósters y coméntenlos. Pueden darse sugerencias entre sí para mejorar los pósters.

| Writing Criteria | Excellent | Good | Needs Work |
|---|---|---|---|
| Content | Your poster contains many convincing details. | Your poster includes some convincing details. | Your poster contains few convincing details. |
| Communication | Your poster is organized and easy to follow. | Parts of your poster are organized and easy to follow. | Your poster is disorganized and hard to follow. |
| Accuracy | You make few mistakes in grammar and vocabulary. | You make some mistakes in grammar and vocabulary. | You make many mistakes in grammar and vocabulary. |

**Más práctica** Cuaderno *pp. 126–127, 132*

**PARA Y PIENSA**

**¿Comprendiste?** Completa las frases con la forma correcta del verbo en el pasado y luego pon las frases en orden cronológico según el video.
1. Isabel dijo que ya no _____ (ver) tanta televisión.
2. Carlos dijo que tal vez _____ (grabar) sus programas favoritos.
3. Isabel quiso que los dos _____ (hablar) del tiempo que _____ (pasar) frente a la tele últimamente.
4. Isabel se puso contenta de que los dos _____ (comer) palomitas mientras _____ (ver) dibujos animados.

# Lección 2

# En resumen
## Vocabulario y gramática

Interactive Flashcards
my.hrw.com

## Vocabulario

### Las noticias

| | |
|---|---|
| el acontecimiento | event |
| la alfombra roja | red carpet |
| la cadena nacional | national network |
| la cobertura | coverage |
| la conferencia de prensa | press conference |
| la entrega de premios | awards ceremony |
| el escándalo | scandal |
| el homenaje | tribute |
| la huelga | strike |
| el medio de difusión | media |
| el móvil | mobile TV news van |
| la noticia de último momento | breaking news |
| el (la) presentador(a) | announcer |
| el reporte meteorológico | weather report |
| el (la) reportero(a) | reporter |
| el titular | headline |
| la vida privada | private life |

### La política

| | |
|---|---|
| el alcalde (la alcaldesa) | mayor |
| el (la) candidato(a) | candidate |
| el discurso | speech |
| la elección | election |
| el (la) gobernador(a) | governor |
| el gobierno | government |
| la manifestación | demonstration |
| la zona de guerra | war zone |

### Los desastres naturales

| | |
|---|---|
| la avalancha | avalanche |
| el desastre natural | natural disaster |
| el huracán | hurricane |
| el terremoto | earthquake |
| la tormenta | storm |
| el tornado | tornado |

### Para describir acciones

| | |
|---|---|
| enterarse (de) | to find out about |
| marchar | to march |
| opinar | to give or express an opinion |
| protestar | to protest |

### Ya sabes esto

| | |
|---|---|
| el incendio | fire |
| la inundación | flood |
| el noticiero | news program |

# Gramática

## El pluscuamperfecto del subjuntivo

To form the **past perfect subjunctive**, combine the imperfect subjunctive of **haber** with the **past participle** of the verb.

| hubiera | hubiéramos |
|---|---|
| hubieras | hubierais |
| hubiera | hubieran |

+ past participle

Use the **past perfect subjunctive** in clauses requiring the subjunctive for actions that happened *before* a past-tense verb in the main clause.

> Sentí mucho que no les **hubiéramos mandado** más ayuda a las víctimas.
> *I was very sorry that **we hadn't sent** the victims more aid.*

> La gente quería un candidato que **hubiera votado** a favor de la ley.
> *People wanted a candidate who **had voted** in favor of the law.*

> No compramos un televisor antes de que **hubieran anunciado** el cambio a la señal digital.
> *We didn't buy a television before **they had announced** the change to the digital signal.*

Use the **past perfect subjunctive** in clauses referring to past situations that were *contrary-to-fact* or *hypothetical*. Use the **conditional perfect** in the main clause.

> Me **habría gustado** el programa si no **hubieran dado** tantos anuncios comerciales.
> *I **would have liked** the program if they **hadn't shown** so many commercials.*

Use the **past perfect subjunctive** after the expression **como si**.

> La tormenta fue tan fuerte **como si hubiera pasado** un tornado.
> *The storm was as strong as if a tornado **had come through**.*

### La secuencia de tiempos verbales

| | Main clause | + | Subordinate clause (same time as *or* after) | Subordinate clause (same time as *or* before) |
|---|---|---|---|---|
| Present (indicative) | Sabe<br>Sabrá<br>Ha sabido | que | sale.<br>saldrá mañana. | ha salido.<br>salió.<br>salía. |
| Present (subjunctive) | Le extraño<br>Le extrañará<br>Le ha extrañado<br>Dile | que | salgamos ya.<br>salga. | hayamos salido.<br>saliéramos tan temprano. |
| Past (indicative) | Supo<br>Sabía<br>Había sabido<br>Sabría<br>Habría sabido | que | salió entonces.<br>salía de allí.<br>saldría al día siguiente. | salió de allí en seguida.<br>salía de allí.<br>había salido corriendo.<br>habría salido ya. |
| Past (subjunctive) | Le extrañó<br>Le extrañaba<br>Le habría extrañado | que | saliéramos ya. | saliéramos ya.<br>hubiéramos salido ya. |

*Practice Spanish with Holt McDougal Apps!*

Lección 2

# Lectura literaria

Read the following story about a woodcutter, a merchant, a lost bag of money and an unexpected verdict from a king. Then, analyze how the plot gains tension and complexity through use of narration and dialogue.

## Para leer

**ESTRATEGIA** Leer

**Paraphrase to understand** This story begins with a poor man finding a bag of money; very quickly, subsequent events build to a complex, surprising outcome. To help understand the storyline, restate each section in a few phrases as you read. If you have trouble paraphrasing, reread the section, jotting down notes or questions.

| Sección | Resumen |
|---|---|
| Líneas 1–13 | El leñador, un hombre muy pobre, encuentra el dinero. Decide no gastarlo. |
| Líneas 14–20 | |
| Líneas 21–28 | |
| Líneas 29–41 | |
| Líneas 42–51 | |

### Vocabulario para leer

**la bolsa** artículo usado para llevar o guardar cosas
**el comerciante** persona que tiene un negocio
**la devolución** acción de devolver una cosa a su dueño
**esconder** poner algo en un lugar donde no se vea
**el leñador** persona que corta leña en el bosque
**la onza** antigua medida de peso

### Nota cultural

#### Sobre la autora Fernán Caballero (1796–1877)

Fernán Caballero, cuyo verdadero nombre era Cecilia Böhl de Fáber, inició el realismo en España y señaló el camino para el renacimiento de la novela en su país. Su idea de lo que debe ser una novela queda expresada al decir: «La novela no se inventa; se observa». Su obra combina dos elementos románticos: lo sentimental y el costumbrismo. Lo nuevo en ella fue la técnica realista. Su primera novela, y quizás la mejor, fue *La gaviota*. Los cuentos de Fernán Caballero tienen una temática variada, que va desde la espiritualidad poética hasta lo vulgar. Siente especial predilección por el relato de tipo moral, y su estilo es sencillo y natural. Sus cuentos fueron publicados en la colección *Cuadros de costumbres andaluzas*.

# La bolsa

Un hombre muy pobre encontró un día una bolsa, y dentro de ella cien onzas de oro. Las contó muy contento e hizo muchos planes, imaginando un futuro de abundancia y de felicidad. Después, sin embargo, consideró que aquel dinero tenía dueño, sintió vergüenza[1] al pensar en los planes que había hecho, escondió la bolsa y se fue a trabajar.

Cortó mucha leña[2], pero no la pudo vender, de manera que aquella noche él y su familia no cenaron.

—Terrible es la tentación —decía el pobre hombre—, pero este dinero no es mío, y no debo gastarlo. ❧

Por la mañana pregonaron[3] por las calles, como era costumbre en aquellos tiempos, el nombre del que había perdido la bolsa y el premio[4] de veinte onzas que ofrecían por la devolución del dinero. El hombre le llevó la bolsa al dueño, que era un comerciante muy rico.

—Aquí está su bolsa —le dijo.

Pero el comerciante, que no quería pagar lo que había prometido, examinó la bolsa, contó el dinero que estaba dentro, y dijo, fingiendo[5] estar enojado:

—Ésta es mi bolsa, pero yo tenía en ella ciento treinta onzas. Aquí sólo hay cien, y como es claro que robaste el resto, voy a pedir que te castiguen por ladrón[6].

—Dios sabe que digo la verdad —dijo el hombre.

### ❧ A pensar
¿Qué harías tú con la bolsa si fueras el leñador?

[1] shame  [2] firewood  [3] they made public
[4] reward  [5] pretending  [6] **te...** they charge you with robbery

## ✓ Reflexiona

¿Cómo se compara el carácter del leñador con el del comerciante?

# Lectura literaria *continuación*

Los dos fueron conducidos a la presencia del Rey[7].

30 —Hazme, le dijo al pobre hombre —una relación sencilla[8] de este suceso.

—Yo, Vuestra Majestad, encontré la bolsa; conté el dinero y sé que sólo contenía cien onzas. Tenía en mi casa una mujer y seis hijos esperando el pan. Pensé en gastar el oro, pero después pensé que tenía 35 dueño, tal vez con más obligaciones que yo; lo escondí y me fui a trabajar.

—¿Y no has tomado nada, absolutamente nada, de la bolsa?

—No, señor. Y anoche mis hijos no comieron.

—¿Qué dices tú? —le preguntó el Rey al comerciante.

40 —Señor, que todo lo que dice este hombre es falso, porque mi bolsa tenía ciento treinta onzas y sólo él ha podido robar las que faltan[9].

> **A pensar**
> ¿Cuál de las dos versiones del suceso te parece la más creíble? ¿Por qué?

---

[7] **presencia...** before the king   [8] **Hazme...** Give me a simple account   [9] are missing

## ✓ Reflexiona

¿Qué crees que hará el rey para resolver esta situación? Si fueras rey (o reina), ¿cómo la resolverías tú?

Unidad 6

—Tú, pobre hombre —dijo el Rey— refieres el suceso con tal naturalidad que no es posible dudar de lo que dices. Además, has podido quedarte[10] con todo... Tú, comerciante, gozas de buena posición y mucho crédito; no podemos presumir[11] de ti un engaño[12]. Diciendo los dos verdad, es claro que la bolsa con cien onzas que ha hallado este hombre es distinta de la tuya, que tiene ciento treinta... Recoge, pues, la bolsa, buen hombre, le dijo al leñador —y llévala a tu casa hasta que aparezca[13] su dueño; y si por casualidad encuentras otra con ciento treinta onzas, llévasela a este honrado[14] comerciante, que entonces cumplirá su palabra[15] y te dará las veinte onzas que ofreció.

---

[10] **has...** you could have kept  [11] suspect  [12] trick
[13] shows up  [14] honorable  [15] **cumplirá...** will keep his word

### A pensar
¿Será sincero o irónico el tono del rey? ¿Cómo lo sabes?

## Después de leer

### ¿Comprendiste?

1. ¿Cuánto dinero había en la bolsa que encontró el hombre?
2. ¿Cuál fue su primera reacción? ¿Qué pensó después?
3. ¿Qué dijo el comerciante para evitar pagar la recompensa?
4. ¿Qué le dijo el Rey al hombre pobre?
5. ¿Qué le pasó al comerciante?

### ¿Y tú?

Usando tus propias palabras, parafrasea y analiza la idea principal y el tema del texto.

### Para escribir

Escribe uno o dos párrafos sobre el siguiente tema: Lo que sucedió cuando otra persona me engañó o cuando yo engañé a otro.

### Desde tu mundo

En parejas, desarrollen un final nuevo para este cuento en el que el leñador decide quedarse con el dinero, o en el que el rey opta por creerle al comerciante. Preséntenle su versión a la clase.

# Lectura literaria  *continuación*

**¡AVANZA!** **Goal:** Read the following poem, which compares one's life to a journey. Then, analyze how the poem's metaphors convey universal themes.

## Para leer

**ESTRATEGIA** Leer

**Paraphrase the metaphors** Use a chart to list and analyze the metaphors in this poem. Paraphrase each metaphor, explaining the meaning in your own words. Then, write the image that comes to mind when you read that metaphor.

| Metáfora | Mi interpretación | Imagen |
|---|---|---|
| Caminante, son tus huellas el camino… | Las personas somos viajeros. Cada persona hace su propio camino. | una persona a solas, caminando en el campo |
| | | |

### Nota cultural

#### Sobre el poeta Antonio Machado (1875–1939)

La poesía del español Antonio Machado, quien es considerado como el gran poeta de la Generación de 1898, es de profunda espiritualidad. Su obra poética, que no es muy extensa, se concentra en ciertos temas esenciales: los recuerdos de su juventud en Sevilla, el amor, los paisajes de Castilla y Andalucía, España y, sobre todo, el tiempo, la muerte y Dios. Sus obras más importantes son *Soledades* (1903), *Soledades, galerías y otros poemas* (1907), *Campos de Castilla* (1912) y *Nuevas canciones* (1925).

# Poema XXIII

Caminante, son tus huellas[1]
el camino, y nada más;
caminante, no hay camino,
se hace camino al andar.
5  Al andar se hace camino,
y al volver la vista atrás[2]
se ve la senda[3] que nunca
se ha de volver a pisar[4].
Caminante, no hay camino,
10  sino estelas[5] en la mar.

(De *Proverbios y cantares*)

---

[1] footprints
[2] **volver...** to look back
[3] path
[4] to set foot on
[5] wakes (of ships)

### ❖ A pensar
¿Qué imágenes te sugieren las palabras **huellas, camino, senda** y **estelas**?

## Después de leer

### ¿Comprendiste?
1. ¿Qué representa el caminante?
2. ¿Qué representa el camino?
3. ¿A qué se refiere el poema cuando habla de la «senda que nunca se ha de volver a pisar»?
4. ¿Por qué dice el poema que nuestros caminos son estelas?

### ¿Y tú?
Imagina tu vida como camino. Haz un dibujo de la ruta que has trazado hasta ahora, con los mojones *(milestones)* y desvíos más significativos.

### Para escribir
Escribe uno o dos párrafos sobre el siguiente tema: Lo que se puede cambiar y controlar en nuestras vidas y lo que ya está determinado.

### Desde tu mundo
En grupos, comenten esta idea: «En la vida nunca se puede volver atrás». ¿Están de acuerdo con eso? ¿Qué ejemplos pueden citar en contra o a favor?

# Conexiones  Las matemáticas

## La ruta de los huracanes

Los huracanes son violentas tormentas tropicales con lluvias torrenciales y vientos que pueden alcanzar velocidades de 186 millas por hora. Suelen ocurrir en el océano Atlántico, el Golfo de México y el Caribe, entre el 1 de junio y el 30 de noviembre. Durante los huracanes más severos hay inundaciones, apagones extensos e incendios. En tal situación, todos dependen de los noticieros para mantenerse informados. Mediante mapas y fotos satélite es posible ver, y hasta cierto punto predecir, la ruta que seguirá un huracán y así prevenir a todos para que tomen las medidas necesarias.

*El huracán Gustav, atravesando el Caribe*

Estudia el mapa de la ruta del huracán Frances. Fíjate en cómo las líneas y los números de latitud y longitud indican la ruta de modo muy preciso. La tabla al lado muestra la latitud y longitud del huracán Gustav durante ocho días. Pon una hoja de papel de calcar *(tracing paper)* encima del mapa. Utiliza la información de la tabla para dibujar la ruta de Gustav.

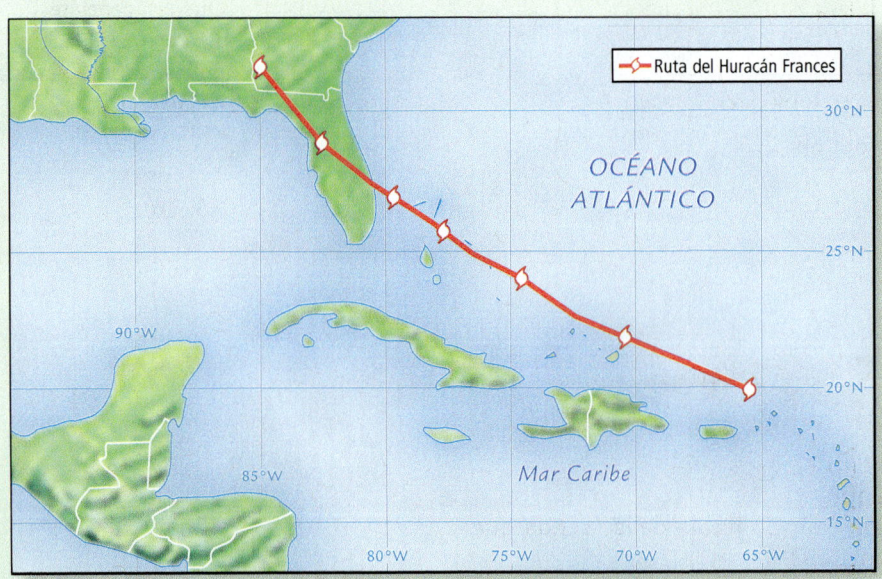

### Huracán Gustav

| Día | Latitud | Longitud |
|---|---|---|
| 1 | 15.5° N | 70.1° W |
| 2 | 17.5° N | 72° W |
| 3 | 18.8° N | 73.7° W |
| 4 | 17.8° N | 75.6° W |
| 5 | 18.3° N | 78.3° W |
| 6 | 20.8° N | 81.6° W |
| 7 | 24.7° N | 85.5° W |
| 8 | 29.2° N | 90.8° W |

**Proyecto** Investiga un desastre natural que haya sucedido este año en un país hispanohablante. Haz un informe sobre qué pasó, dónde, cuándo y cuáles fueron los efectos. Preséntale el suceso a la clase como si fueras el (la) reportero(a) de un noticiero. Incluye mapas y fotos en tu informe. Visita un portal de noticias en español, como El País o CNN en español, para buscar y analizar información.

### En tu comunidad

¿Cuáles son los desastres naturales que suelen afectar a tu comunidad o región?

Investiga los desastres naturales más frecuentes en tu región, como tornados, incendios forestales o inundaciones. ¿A qué se deben tales desastres? ¿Cuál es la relación entre el clima y la ubicación geográfica de un lugar y los desastres que suelen acontecer allí?

Unidad 6

# Escritura

## Una noticia importante

Trabajas para un noticiero y estás encargado(a) de escribir un guión de las noticias para que los locutores lo lean. De los acontecimientos que tuvieron lugar recientemente, escoge el que consideres más importante.

### 1 Prepárate para escribir

**ESTRATEGIA** **Organiza los puntos clave y los detalles** Tu guión debe abarcar los puntos clave del acontecimiento en un orden lógico, junto con los detalles más relevantes. Organiza la información con un diagrama como el siguiente.

Qué → Dónde → Cuándo → (A) quién(es) → Causas → Consecuencias

### 2 Escribe

Usa tu información para hacer un borrador del guión. Contesta esas preguntas que todo buen periodista debe hacerse: ¿qué? ¿dónde? ¿cuándo? ¿(a) quién? Imita el estilo periodístico y la brevedad de los noticieros, sin omitir los detalles memorables. Organiza tu guión de la siguiente manera:

- **El contexto** Relata las circunstancias y resume los puntos clave. Despierta el interés del público pero sé breve.
- **Las causas** Habla del trasfondo; es decir, de lo que pasó antes del suceso. ¿Cuáles fueron los hechos anteriores que se combinaron para producir este resultado? Usa la secuencia de tiempos verbales de forma correcta.
- **Las consecuencias** Explica qué impacto tendrá el suceso. Incluye citas de personas involucradas y presta atención a la secuencia de tiempos verbales.
- **La conclusión** Ofrece tu opinión o haz un comentario sobre el acontecimiento.

### 3 Revisa tu composición

Intercambia tu borrador con un(a) compañero(a) y corrígelo.

- ¿Ha contestado tu compañero(a) las preguntas importantes? ¿Ha incluido detalles relevantes?
- ¿Suena el guión como un informe del noticiero? ¿Qué cambios estilísticos puedes sugerir?
- ¿Están explicadas de manera clara las causas y consecuencias? ¿Ha indicado tu compañero(a) qué pasó antes del suceso y ha informado sobre lo que pasará después?

> Al hablar del incendio en la fábrica, el gerente observó: «Antes de bajarme al sótano, le ~~pregunto~~ **pregunté** al guardia si había sucedido algo fuera de lo normal. Como él pasó la noche allí, se supone que ~~hubiera~~ **habría** notado algo, ¿no? Pues, me dijo que ~~había~~ **había pasado** una noche muy tranquila. Si yo hubiera sabido que ese terrible incendio ya se ~~inició~~ **había iniciado** en el sótano, jamás ~~entraría~~ **habría entrado**...»

# Comparación cultural

**¡AVANZA!** **Goal:** Read about three different cable and satellite television packages in Colombia, Nicaragua, and Venezuela. Then, compare them with similar packages in the U.S.

## La televisión de tres naciones hispanohablantes

### ¡Tú tienes todo el control!

¡Bajamos los precios de suscripción hasta el mínimo! No pierdas esta oportunidad para ver todas tus cadenas favoritas, ¡y los programas más populares! Nuestros paquetes de cable te ofrecen el entretenimiento que quieres, por el precio que mereces[1]. Por un pequeño pago mensual[2] puedes elegir entre una variedad de opciones.

 El *Paquete Colombiano* tiene las cadenas nacionales más populares, incluyendo Caracol TV, Telecafé, Teleantioquia, TeleCaribe TV, Telepacífico, RCN TV, TV Colombia y Cablenoticias.

 El *Paquete Latinoamericano* incluye todas las cadenas del *Paquete Colombiano*, y además veinte de las cadenas más populares de Latinoamérica: América TV Perú, Frecuencia Latina, Mega Chile y Telefé Internacional, entre otras.

Todas tus cadenas y programas a tu alcance[3]. Más de 30 canales en alta definición. ¡Te sentirás como si lo vieras en persona! Contáctanos para más detalles:
**888-555-3421**

### ¿Se aburre de ver siempre lo mismo?

Con nuestros paquetes de programación, ¡usted y su familia pueden explorar un nuevo mundo de entretenimiento!

**Paquete Nacional**
Las cuatro cadenas nicaragüenses: Televicentro Canal 2, Telenica Canal 8, ESTV Canal 11 y 100% Noticias. Además, seis cadenas de Centro y Sudamérica. Nuestro paquete más económico.

**Paquete Infantil**
Todos los programas para niños, de Nicaragua y de otros países hispanohablantes. ¡Sus hijos se lo agradecerán!

**Paquete Telenovelas**
Las telenovelas de la tarde más populares de México, Venezuela, Colombia, Argentina, Chile y Perú, todas en el confort de su casa.

**Paquete Deportes**
¡Todos los deportes, todo el día! ¡Viva toda la emoción deportiva como si estuviera en el estadio!

Para aprovechar nuestro servicio con red de fibra óptica[4] de última tecnología, llámenos al
**888-555-3412.**

---

[1] deserve   [2] monthly   [3] at your fingertips   [4] fiber optic

Unidad 6
cuatrocientos catorce

# SERVISATÉLITE de Venezuela

## ¡Tenemos la tecnología que quieres!
Nuestro servicio de televisión por satélite te brinda[5] una programación difícil de igualar. Suscríbete hoy y podrás elegir programas y cadenas del mundo entero.

## ¡Tenemos tus cadenas preferidas!
Siempre estarás al corriente[6] con todas las cadenas nacionales, incluidas Venevisión, Globovisión, Televen, Radio Caracas Televisión, VTV y Meridiano. Y si quieres enterarte de lo que pasa en el mundo, ofrecemos cadenas de Latinoamérica, Estados Unidos y Europa.

## ¡Tenemos tus programas favoritos!
Escoge entre deportes, telediarios, miniseries, reality, y telenovelas y películas con la actuación de los actores y actrices más famosos del mundo hispano.

## ¡Tenemos tu suscripción por un precio accesible!
Contáctanos para elegir entre una variedad de paquetes: **888-555-1243.**

**No lo pienses más, con Servisatélite tendrás… ¡un sinfín[7] de opciones!**

---

[5] offers   [6] up to date   [7] endless number

# Después de leer

### ¿Comprendiste?

1. ¿Cuáles son tres cadenas de televisión colombianas? ¿Nicaragüenses? ¿Venezolanas?
2. ¿Cómo están organizados los paquetes de televisión por cable?
3. ¿Qué usa Cable TodoNica para transmitir sus programas? ¿Y qué usa Servisatélite?
4. ¿Si estuvieras en Nicaragua y fueras fanático del rugby, ¿qué paquete escogerías?
5. ¿Cuál de los tres volantes te parece más atractivo y por qué?

### Compara con tu mundo

¿Cuáles son algunas de las cadenas de televisión más populares en Estados Unidos? ¿Cuáles son algunos programas que se transmiten solamente por televisión por cable? ¿Se organizan los paquetes de programas de Estados Unidos como en estos países? ¿Qué diferencias ves?

# Comparación cultural *continuación*

**¡AVANZA!** **Goal:** Read descriptions of three television programs in Colombia, Nicaragua and Venezuela. Then, compare them to similar programs in the U.S.

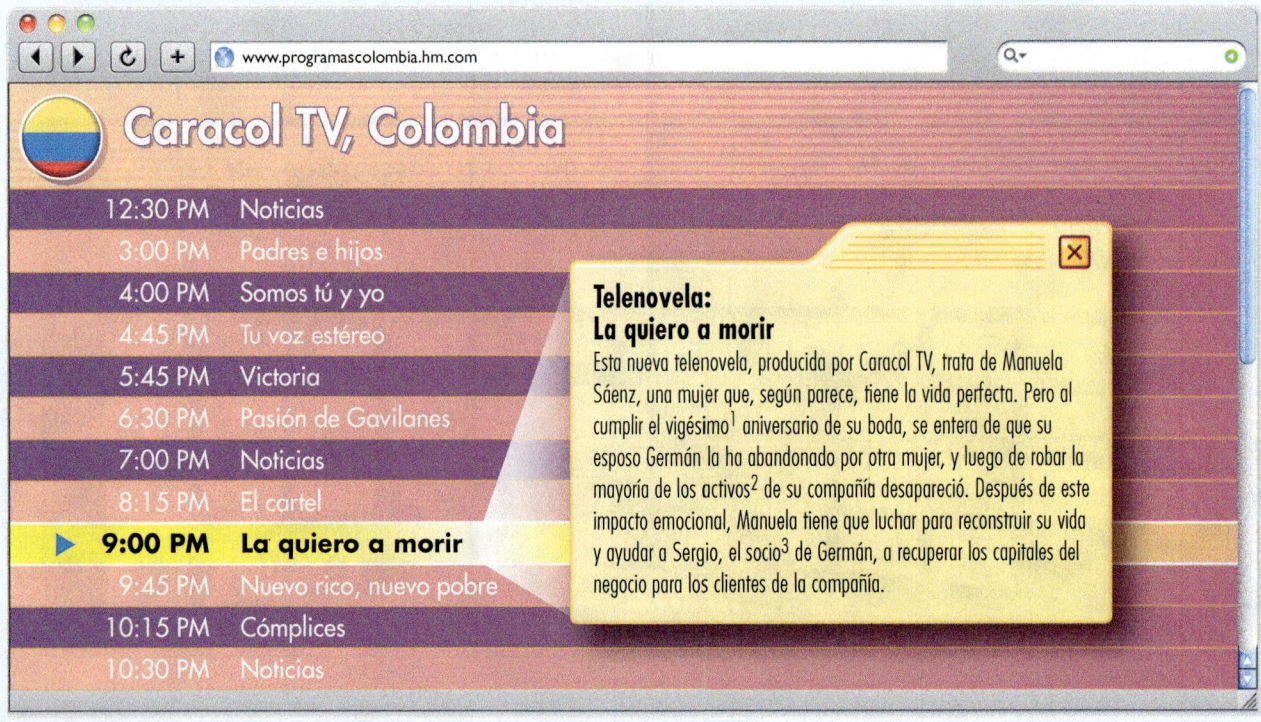

[1] twentieth   [2] assets   [3] business associate

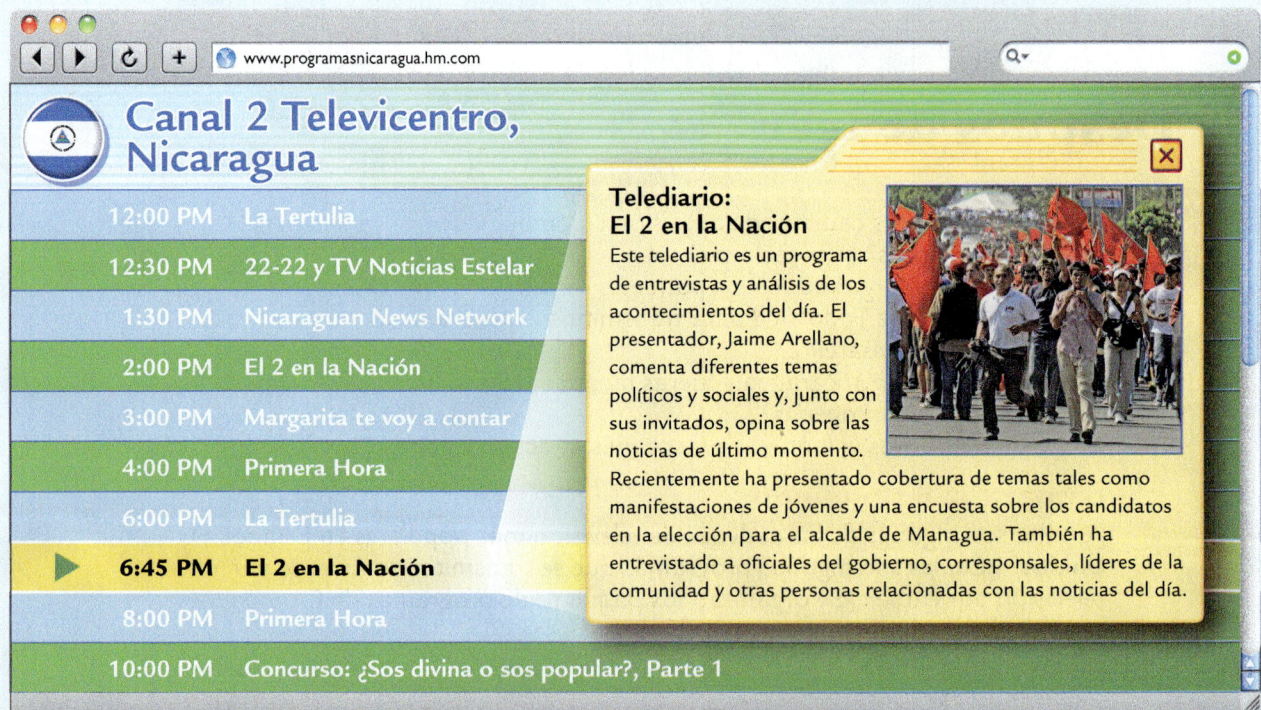

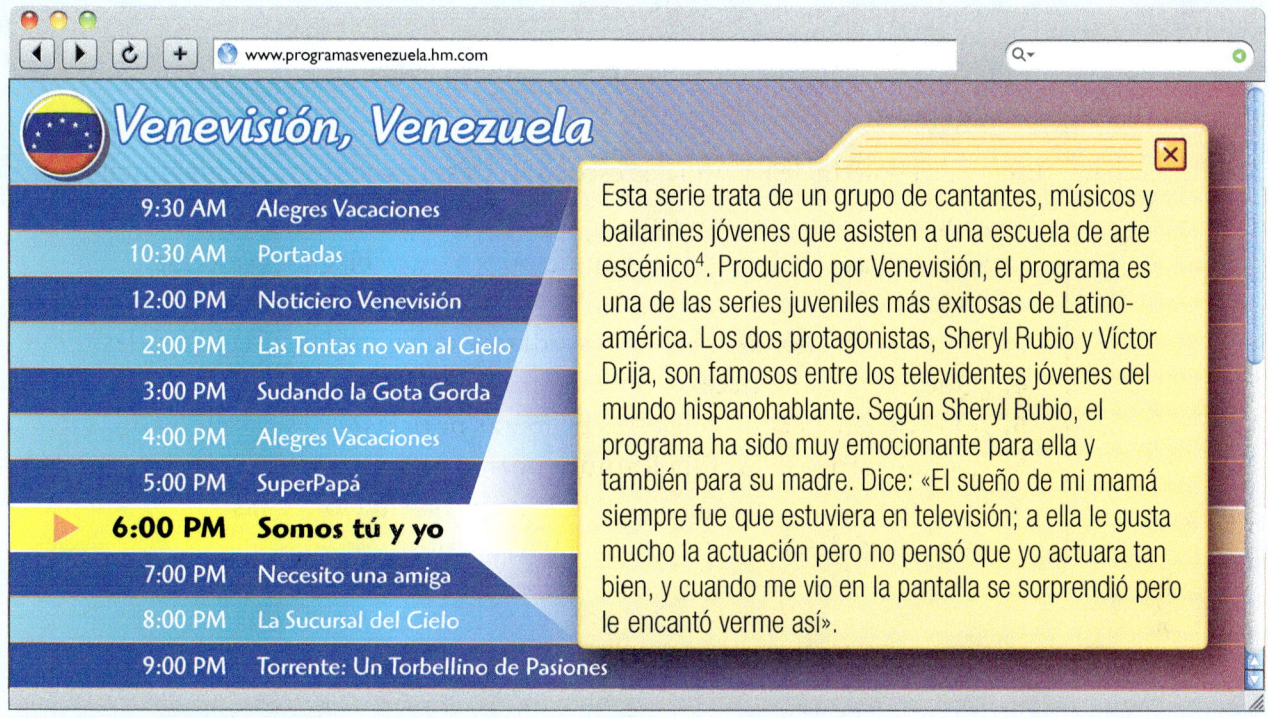

[4] performing arts

## Después de leer

### ¿Comprendiste?

1. ¿Qué tipo de programa es «La quiero a morir»? ¿Quién es la protagonista? ¿De qué país es el programa?
2. ¿Qué tipo de programa es «El 2 en la Nación»? ¿De qué se trata? ¿Quién es el presentador?
3. ¿Qué tipo de programa es «Somos tú y yo»? ¿Quiénes son los protagonistas? ¿De qué país es el programa?
4. ¿Cuál de las tres cadenas ofrece más telediarios y programas de noticias?
5. ¿Qué quiso decir Sheryl Rubio con «cuando me vio en la pantalla»?

### Compara con tu mundo

Piensa en tres programas estadounidenses que sean similares a éstos. Navega por Internet para buscar más detalles sobre cada uno. ¿Cuál es el tema principal? ¿Quiénes son los protagonistas o presentadores? ¿Cuándo se transmiten y en qué cadenas de televisión?

## UNIDADES 1-6

# Repaso inclusivo
### ♻ Options for Review

**Digital performance space**

## 1 Escucha, comprende y decide

**Escuchar** 
**Escribir**

Escucha el boletín de las noticias escolares. Después contesta las preguntas.

1. ¿Sobre qué noticias informa Liliana?
2. Si quisieras saber más de las audiciones e intercolegiales, ¿dónde buscarías?
3. ¿Qué hará y adónde irá el (la) estudiante que gane las intercolegiales?
4. ¿Qué habilidades necesitan los aspirantes al puesto de periodista?
5. ¿Qué tienen en común las tres primeras noticias?
6. ¿Dónde estuvo la familia Ramos anoche, y por qué?
7. Pon en orden cronológico estos eventos: las audiciones, las intercolegiales, las entrevistas, el nacimiento.

## 2 Lee y continúa un artículo

**Leer**
**Escribir**

Lee la primera parte de un artículo del periódico escolar. Después termina la segunda parte del artículo, contestando las preguntas al final. Presta atención a la secuencia de tiempos verbales y al uso del indicativo y subjuntivo.

### Gato perdido aparece después de seis días

Hay cuartos desordenados, y luego hay el cuarto de Juan Pedro (Juanpe) Arce. Este lugar insólito, conocido como «El volcán», se convirtió durante casi una semana en el escóndite de Tiburón, el queridísimo gato de la familia Arce, así llamado por ser delgado, silencioso y de color gris. Según la señora Arce, Tibu desapareció el lunes pasado: «Al no encontrar a Tibu, nos pusimos muy preocupados. La primera noche lo estuvimos buscando hasta el amanecer. Llamamos a la sociedad protectora; pusimos carteles por todo el barrio. Ha sido terrible, todos preguntándonos qué le habría pasado e imaginándonos lo peor. ¿Quién se habría imaginado que al gato se le ocurriría meterse allí?» Comenta Teresa, hermana mayor de Juanpe: «A mí no me sorprende en absoluto que Tibu se haya metido allí, ni que Juanpe no se haya dado cuenta. Si Juanpe no hubiera dejado su habitación hecha un desastre, esto no  habría pasado. Que yo sepa, allí podría haber otros animales, como ratones, por ejemplo.»

Vuelto sano y salvo el gato, todos quedamos con ganas de saber más. En la próxima parte, contestaremos todas sus preguntas: ¿Dónde, exactamente, se escondió Tibu, y por qué? ¿De qué vivió? ¿Cómo es que Juanpe nunca lo sintió? ¿Qué más habrá en su cuarto? ¿Qué podría haber hecho la familia para evitar este infortunio?
*Ver la página 8.*

## 3 | Haz una entrevista

Escribir
Hablar

Eres reportero(a) para el periódico escolar. Tu compañero(a) se presenta como candidato(a) para presidente(a) de la clase. Primero haz una lista de diez preguntas para él (ella). Incluye preguntas sobre:

- sus habilidades y antecedentes académicos
- cómo se compara con los otros candidatos
- cómo mejoraría los programas deportivos y culturales de tu escuela
- cómo ayudaría a organizar el viaje del fin de año
- qué soluciones ve a los problemas sociales en tu escuela

Usa correctamente los comparativos, los verbos en el pasado, el futuro, el condicional y el imperfecto del subjuntivo. Después presenta la entrevista.

## 4 | Organiza el sitio Web de la clase

Hablar
Escribir

Tu clase de español ha decidido incluir una sección de noticias en su sitio Web. Primero entrevista a tus compañeros sobre qué acontecimientos han sido o serán los más importantes para ellos, la clase o la escuela. Después combinen y organicen los resultados. Decidan qué sucesos pondrán en la primera plana de la sección de noticias de su página. Escriban un titular y un resumen para cada suceso.

**Expansión**
Intercambia opiniones con tus compañeros para decidir qué acontecimientos son los más importantes y por qué lo son.

## 5 | Haz un informe escrito

Escribir

Haz un informe escrito sobre el evento que más te ha afectado en la vida hasta ahora. Puede ser un desastre natural en tu comunidad, una mudanza, un concurso u otro acontecimiento. En tu informe, explica:

- qué pasó y cuáles fueron las circunstancias
- cómo te sentiste, cómo te afectó y por qué
- cómo has cambiado como resultado del evento
- cómo sería diferente tu vida si no hubieras vivido ese momento

Utiliza las formas verbales adecuadas, como pretérito, imperfecto, condicional y pretérito perfecto, así como los pronombres reflexivos.

**Expansión**
Explica qué habrías hecho de diferente si pudieras volver a vivir ese evento de nuevo.

## 6 | Presenta las noticias

Escribir
Hablar

Con un grupo, prepara y luego presenta el noticiero semanal de tu escuela. Cada uno se encargará de informar sobre una de las siguientes áreas:

- noticias deportivas
- el tiempo
- noticias culturales y recreativas
- otras noticias

Utilicen de manera apropiada la secuencia de tiempos verbales, las formas pasivas, los pronombres de complemento directo e indirecto y los modos indicativo y subjuntivo.

# Actividades preparatorias

**❶ Science and Technology: Interpretive Listening and Reading, Presentational Writing**

Vas a escribir un ensayo sobre la siguiente pregunta: **¿Cuáles son algunos de los problemas ambientales que enfrenta el mundo hispanohablante y qué medidas se están tomando para la conservación?**

Primero lee las dos fuentes impresas a continuación. Luego escucha el material auditivo. Al escribir tu ensayo, utiliza y sintetiza la idea principal de lo que leíste y escuchaste en las tres fuentes de información.

**Fuente 1** Folleto de un museo

### La conservación del medio ambiente en Perú: ayer y hoy

Perú posee una enorme variedad de ecosistemas. La Amazonia, la selva tropical más grande del mundo, ocupa gran parte del territorio de Perú. La cordillera de los Andes atraviesa el país de norte a sur. La parte oriental de la cordillera es lluviosa, mientras que la parte occidental es árida. La costa también es árida, por lo que aporta otros microclimas alternativos.

En este entorno prosperó la cultura agrícola de los incas. Domesticaron 182 especies vegetales y desarrollaron una agricultura planificada, señalando los terrenos de cultivo de cada especie y variedad. Gracias a aquel esfuerzo, hoy en Perú se cultivan una gran variedad de especies alimentarias y medicinales. Sin embargo, muchas etnias que practican este tipo de agricultura están desapareciendo y, con ellas, los conocimientos tradicionales sobre el manejo sustentable de los ecosistemas. Para evitarlo, el gobierno peruano ha creado zonas protegidas donde pueden vivir esas etnias y, además, promueve mecanismos para preservar los conocimientos tradicionales, como la agricultura orgánica y la agricultura ecológica.

En la actualidad, el deterioro de la calidad del agua es uno de los problemas más graves del país. Ello se debe a los vertimientos industriales y domésticos sin tratamiento y al uso indiscriminado de agroquímicos. Por eso, el gobierno peruano ha puesto en marcha políticas para controlar a los principales emisores de contaminantes. Además, promueve la reutilización de las aguas residuales de origen doméstico, así como la transformación de las industrias contaminantes en industrias limpias y eficientes, que no usen productos tóxicos. Esperamos que los peruanos de hoy en día sigan inspirándose en su larga tradición de conservación del medio ambiente y logren preservar la inmensa riqueza natural del país.

*These activities can be used to help you to prepare for the Advanced Placement Spanish Language examination, or to practice vocabulary and grammar concepts you have learned in this unit. See also online Resources for AP® Preparation.*

### Fuente 2 Artículo

#### Chile y el medio ambiente

La Corporación de Fomento de la Producción (CORFO) fue creada en 1939 en Chile para mejorar la actividad productiva nacional. Un propósito de la organización es generar más empleos y oportunidades para la modernización productiva. Una manera de lograr su meta es a través de la innovación y el desarrollo tecnológico. Hoy en día, un tema importante en sus proyectos es el medio ambiente.

Como resultado de un acuerdo mediado por CORFO en 2002, empezó un esfuerzo nacional para aumentar el reciclaje y disminuir la cantidad de basura producida en Chile. Los ministerios de economía, salud y educación y la Comisión Nacional del Medio Ambiente (CONAMA) apoyaron el acuerdo, que es parte del programa de producción más limpia de CORFO. La meta del programa es incorporar tecnologías más limpias a los procesos de producción para que haya menos basura.

En abril de 2003, un grupo de empresarios chilenos, apoyados por CORFO, asistieron a una conferencia en Alemania sobre nuevas tecnologías para aprovechar fuentes renovables de energía. Algunos de ellos creen que en el futuro cercano se podrían utilizar paneles solares para cosechar la energía del sol en el desierto de Atacama, en el norte de Chile. Creen que esta energía, que no se usa en el norte, se podría utilizar en el sur del país.

En la década de los noventa, con el aumento de los productos cultivados en Chile para la exportación, sobre todo las frutas, aumentó el uso de los pesticidas. Con la presión de exportar grandes cantidades de uvas, manzanas, peras, kiwis, melocotones y ciruelas, Chile usaba pesticidas muy tóxicos y peligrosos que ya eran ilegales en otros países. CORFO está trabajando para establecer acuerdos de producción limpia con la agroindustria para que usen pesticidas que no dañen el medio ambiente.

El grupo CONAMA ha desarrollado una colaboración con varios grupos prestigiosos de Estados Unidos. Con el apoyo de estos grupos, Chile espera educar y capacitar a profesionales ligados a temas ambientales como la calidad del aire. Otro objetivo de esta cooperación es el establecimiento de un grupo que ayudará al gobierno chileno a implementar los proyectos y acuerdos de cooperación ambiental asociados al Tratado de Libre Comercio con Estados Unidos y la alianza con la Unión Europea.

### Fuente 3 Artículo grabado

El material que vas a escuchar es parte de un artículo titulado «Protejamos nuestra Tierra». Al escribir tu ensayo, utiliza y sintetiza la idea principal y el tema de lo que leíste y escuchaste en las tres fuentes de información.

# Recursos

**Para y piensa** Self-Check Answers ... **R2**

**Algunas reglas generales** ......... **R8**

**Resumen de gramática** .......... **R12**

**Glosario**
  Español-inglés .......... **R28**
  Inglés-español .......... **R58**

**Créditos** ................ **R88**

**Índice de gramática** ........... **R90**

# Para y piensa
# Self-Check Answers

## Unidad 1

**p. 9**
1. letra de molde
2. en la oficina de personal
3. seguro de vida, seguro médico

**p. 11**
1. No, hay planillas para completar con otro tipo de información.
2. María Inés Vigo Acosta
3. para que alguien nos dé su opinión del aspirante

**p. 15**
*Answers will vary. Sample answers include:*
1. El señor López es secretario.
2. Los aspirantes están nerviosos.
3. Mis referencias son impresionantes.
4. La compañía es buena.

**p. 17**
1. es
2. ser
3. está
4. es

**p. 21**
1. Sí, me lo dio.
2. Se lo pidió hace dos semanas.
3. Sí, nos fue bien.
4. Sí, te los traje.

**p. 23**
1. se los
2. entregárselas
3. pedírsela
4. se la

**p. 27**
*Answers will vary. Sample answers include:*
1. la solicitud, la hoja de vida, el título
2. Te preguntan sobre tus antecedentes académicos, tu experiencia, etc. Tienes que hablar de los trabajos que has tenido y de la experiencia que ya tienes.
3. Answers will vary.
4. Si eres aspirante, te puede ayudar a poner tu hoja de vida en su sitio Web. También te pueden buscar vacantes que te interesan. Si buscas personal, en la agencia de empleo hay varios aspirantes a escoger.

**p. 35**
1. en la sala de conferencias
2. una nota formal con un resumen de información importante
3. Estimado, Muy señor mío; Atentamente

**p. 37**
1. Llega más rápido y la persona lo lee inmediatamente.
2. Las personas amables tienen más posibilidad de realizar ventas.
3. En un tiempo podrás ganar más dinero.

**p. 40**
1. me
2. *no pronoun needed*
3. se, *no pronoun needed*

**p. 42**
1. Se
2. se
3. se

**p. 47**
1. de
2. en
3. a
4. con

**p. 49**
1. en
2. con
3. de

**p. 53**
1. se, 4
2. con, 2
3. *no pronoun or preposition needed*, 1
4. con, 3

**p. 59**
1. Es pequeño, con cortinas de encaje y olor a jazmines.
2. Es de la señorita Julia misma, de cuando ella tenía dieciocho años. Es un cuadro enorme.
3. Alberto está cada día más enamorado de la muchacha del retrato; cada día siente más odio por la señorita Julia.
4. Alberto la mata.
5. Tienen el inventario hecho por Alberto.
6. El cuadro del inventario es de una muchacha sola; el cuadro que ven los policías es de una pareja.

**p. 61**
1. triste
2. No, no se queja porque tuvo todo.
3. Se compara con un árbol que pierde una a una sus hojas.
4. Representa las hojas que caen del árbol.

**p. 65**
1. la energía eólica
2. el agroturismo
3. proteger a las personas que usan técnicas artesanales y garantizarles un sueldo justo
4. trabajar la tierra sin dañar el medio ambiente, obtener energía producida por el viento, no se usan máquinas
5. se trabaja la tierra con técnicas tradicionales, se siguen usando los molinos, se protege el arte tradicional

**p. 67**
1. compañía de energía eólica; cooperativa de comercio justo
2. cooperativas de comercio justo
3. agroturismo
4. energía eólica
5. energía eólica

# Unidad 2

**p. 79**
1. deportes acuáticos
2. el (la) árbitro(a)
3. En el surf a vela, el viento empuja la vela de la tabla; en el kitesurf, el viento hace volar una cometa a la que te sujetas.
4. El autódromo es para carreras de autos; el velódromo es para carreras de bicicletas.

**p. 81**
1. No, también incluyen deportes de otros países.
2. con el cinturón de seguridad
3. una moto con cuatro ruedas

**p. 86**
1. b
2. c
3. a

**p. 88**
1. empecé
2. Eran
3. apuntaba

**p. 91**
1. quiso
2. iba
3. supimos
4. quería

**p. 93**
1. quería
2. pudo
3. pudimos
4. pudieron/quisieron
5. conocía, conoció
6. quería

**p. 97**
*Answers will vary. Sample answers include:*
1. el golf, el rugby; el kitesurf y el esnórkel
2. Hice esquí acuático y también monté en bici.
3. Me gustaba el béisbol. También me gustaba la gimnasia.
4. Tenía seis años cuando aprendí a montar en bici; tenía cuatro años cuando aprendí a nadar.

**p. 105**
1. Es el primer golpe que se le da a la pelota en cada parte del partido.
2. *Possible answers:* bolos, dardos, futbolín, hockey de aire, hockey sobre hielo
3. con un juego de mesa

**p. 107**
1. Es una lista de reglas. Sirve para jugar a un deporte o a un juego, o para tener una conducta en ciertos lugares.
2. una moneda para que salgan las pelotas
3. No.

**p. 110**
1. tantas, como
2. menor que (mayor que)
3. más, de los

**p. 112**
1 más, que
2. de lo que
3. más, que

**p. 117**
1. estoy jugando
2. estaba hablando
3. llevan, patinando
4. fuimos caminando

**p. 119**
1. está trabajando
2. está escribiendo
3. llevan, aprendiendo
4. sigue esperando

**p. 123**
1. d, compró
2. b, quería
3. a, iba
4. c, decidieron

**p. 129**
1. El soldado vomitó tres cuervos vivos.
2. dos cuervos
3. El capitán Aristófanes dijo que fue un cuervo; el teniente Pitágoras dice que sólo vomitó un ala de un cuervo.
4. Según el sargento Esopo, él dijo que el soldado había vomitado «negro como el ala del cuervo» y de ahí corrió la noticia.
5. Porque ya mandó un informe al ministerio diciendo que el soldado había vomitado cinco o seis cuervos.

**p. 131**
1. Sí, ella lo idolatraba y él la adoraba.
2. Se casó con otro.
3. Murió de un aborto.
4. Él se casó seis meses antes del matrimonio de ella. Ahora es feliz.

**p. 135**
1. Paraguay y Perú
2. los Juegos Olímpicos de Verano
3. Perú
4. la pesca deportiva
5. Es congresista.

**p. 137**
1. Gary Saavedra: 12 años; Julieta Granada: 4 años; Julio Granda: 5 años
2. Era difícil competir contra atletas mayores con más experiencia.
3. Su padre trabajaba en un campo de golf y su madre le acompañaba de cadi.
4. Usa la intuición y no estudia ni teoría ni aperturas.
5. *Answers will vary.*

# Para y piensa   Self-Check Answers

## Unidad 3

**p. 149**
1. en el consulado; en la embajada
2. una habitación sencilla
3. un paseo o una visita a un lugar importante

**p. 151**
1. Falsa. Hay vuelos directos, sin escala.
2. Falsa. Hay habitaciones interiores y con vista al mar.
3. Falsa. El servicio de habitación está incluido.

**p. 155**
1. Los turistas no están satisfechos con el guía.
2. Yo estoy encantado(a) con el hotel.
3. El agente quiere las excursiones pagadas por adelantado.
4. Todos quedaron dormidos en el autobús anoche.
5. El botones quedó agradecido con la propina.

**p. 157**
1. interesadas
2. incluidos
3. cubierta/incluida

**p. 161**
1. No había vivido en una ciudad grande.
2. Había estudiado el español por dos años.
3. Había leído sobre la historia de México.
4. Ha conocido a muchos amigos.
5. Ha visto pirámides aztecas.
6. Ha descansado en Cancún.

**p. 163**
*Answers will vary. Sample answers include:*
1. He estudiado y leído mucho.
2. Mis padres me han dicho que debo acostarme más temprano.
3. Mi hermana había ensayado el piano y yo había hecho la tarea.

**p. 167**
*Answers will vary. Sample answers include:*
1. en una agencia de viajes o en Internet
2. He ido a la playa y he visitado el Morro.
3. Ya había ido a San Francisco, Los Ángeles y Seattle.

**p. 175**
1. el cinturón de seguridad
2. la zona de seguridad
3. el boleto electrónico

**p. 177**
1. su primer viaje en avión
2. al aeropuerto, cuando debe recoger el equipaje
3. cuando compran muchas cosas en otro país

**p. 181**
*Answers will vary. Sample answers include:*
1. Sí, viajaré con mi familia. Iremos a Costa Rica.
2. Me gustaría viajar a Inglaterra.
3. Les dicen que tendrán que abrocharse el cinturón de seguridad.

**p. 183**
1. buscarán
2. Comerán/Desayunarán
3. habría

**p. 187**
*Answers will vary. Sample answers include:*
1. Serían las cuatro menos cuarto.
2. Sí, costará más.
3. Viajará a la Argentina.
4. Irían a la costa.
5. Llevaré dos maletas.

**p. 189**
1. c
2. b
3. a

**p. 193**
1. Silvia dijo que nunca habíamos ido a Costa Rica.
2. Claudia dijo que no habíamos comido todavía.
3. Margarita dijo que había encontrado el hotel ideal.
4. Claudia dijo que se quedaría en el hotel Magnolia.

**p. 199**
1. Dejan yerba fresca.
2. Apenas dormía; pasaba la noche esperando la llegada de los Reyes. Al día siguiente saltaba de la cama, corría gritando por la casa y jugaba con sus nuevos juguetes.
3. Los niños ya se olvidaban de sus regalos y volvían a sus juguetes viejos.
4. Le dijo que los Reyes Magos no eran de verdad.
5. *Answers will vary.* Los niños pueden jugar mejor con sus juguetes viejos; los juguetes viejos parecen ser compañeros fieles de todos los días; los niños aprenden más jugando con sus juguetes viejos.

**p. 201**
1. Eran un matrimonio que vivía en Grecia hace muchos siglos. Ulises era sabio y astuto; Penélope era bella, dotada y coqueta.
2. Ulises se preparaba para irse de viaje cada vez que Penélope empezaba un nuevo tejido.
3. Según Monterroso, Penélope pasaba el rato con sus admiradores, coqueteando y tejiendo. Según Homero, Penélope quería apartarse de sus admiradores y por eso se ponía a tejer cada vez que Ulises estaba de viaje.

**p. 205**
1. a las tortugas que desovan allí
2. en El Yunque
3. en Mérida
4. Parque Nacional Tortuguero
5. El Yunque

**p. 207**
1. Parque Nacional Tortuguero
2. El Yunque y Tortuguero
3. al de México
4. paseos en lancha
5. Mérida

# Unidad 4

**p. 219**
1. tu hermanastro
2. la violencia doméstica
3. *Three of the following:* el alcoholismo, el analfabetismo, el crimen, la delincuencia, el desempleo, la deserción escolar, las drogas, el homicidio, la inflación, las pandillas, el SIDA, la violencia doméstica

**p. 221**
1. verdadera
2. Falsa. El problema es peor en las zonas rurales.
3. verdadera

**p. 225**
1. Algunos adultos piensan que todos los adolescentes son criminales.
2. Yo no conozco a nadie que use drogas.
3. Yo no creo que haya mucho crimen en nuestra ciudad.

**p. 227**
1. sean
2. ofrezca
3. ir
4. es

**p. 231**
1. venga
2. se gradúen
3. vayan

**p. 233**
1. ofrezca
2. tiene
3. abandonen
4. aceptes

**p. 237**
*Answers will vary. Sample answers include:*
1. En mi escuela, dos problemas que veo son las pandillas y la agresión.
2. La pobreza entre los estudiantes me preocupa bastante. Recomiendo que los maestros y los padres hablen con la comunidad para tratar de conseguir ayuda y dinero.
3. Para combatir problemas como el embarazo entre jóvenes o la drogadicción, es necesario que el gobierno eduque a los jóvenes sobre los riesgos.
4. Para que haya menos hambre, todos tenemos que colaborar, antes de que el problema se ponga más grave.

**p. 245**
1. reprobar
2. el dinero que recibes de un banco o de otra persona y que tienes que pagar en el futuro
3. *Two of the following:* licenciatura, maestría, doctorado

**p. 247**
1. darles la bienvenida e informarles sobre el colegio y dos fechas importantes
2. porque es urgente
3. *Two of the following:* programas especiales para estudiantes de honor, consejeros de carrera y de formación académica, profesores con el doctorado en su campo profesional, preparación y ayuda individualizada para los exámenes

**p. 251**
1. Voy a salir en cuanto haya terminado de pagar las cuentas.
2. Ramón espera que su compañero de cuarto ya haya pagado el alquiler.
3. No tienes que pagar impuestos a menos que hayas ganado dinero.
4. Mi hermana ya ha tomado el examen de ingreso.
5. Luis no ha decidido todavía qué materias va a estudiar este semestre.

**p. 253**
1. haya estado
2. se ha divertido
3. haya aprendido
4. ha tenido

**p. 257**
1. reprobara
2. ayudara
3. aprobara

**p. 259**
1. era
2. tuviera
3. estudiara

**p. 263**
1. se case, 4
2. sea, 2
3. debe, 1
4. está, 3

**p. 269**
1. Se sentían muy preocupados y tristes, con un nudo en la garganta. Al llegar, tenían un nudo en el estómago.
2. Tuvieron que buscar colegios, transporte, lugares donde vivir y trabajo.
3. Recibían mantequilla de maní, queso, jamón enlatado y leche en polvo.
4. Compartían lo que tenían; acogieron a otros refugiados en sus casas.

**p. 271**
1. Habla ella misma, su verdadera voz o su esencia.
2. Las separa un profundo abismo.
3. *Answers will vary.*
4. a su marido o amo; a nadie

**p. 275**
1. CE-MUJER
2. Mano a Mano
3. VEGlobal
4. hambre, analfabetismo, deserción escolar, enfermedades, violencia doméstica

**p. 277**
1. proveer la educación avanzada a los jóvenes pobres del departamento de La Paz; ofrecer una educación secundaria a jóvenes vulnerables a varios problemas sociales; la educación universal y la responsabilidad social
2. varios grupos bolivianos y con South Dakota State University (Brookings), el College of St. Catherine (St. Paul, MN) y University of Wisconsin (River Falls)
3. agricultura orgánica, agroturismo, agroindustria, eco-construcción
4. *At least one of the following:* educación a distancia, cursos desde el sexto grado de primaria hasta el final de secundaria, programas de bachillerato y diplomado

# Para y piensa   Self-Check Answers

## Unidad 5

**p. 289**
1. el pincel, la paleta, la tela, la pintura
2. al piano
3. platillo, tambor: de percusión; saxofón, trombón: de viento; contrabajo, guitarra eléctrica: de cuerda

**p. 291**
1. de música
2. con la pintura
3. tiendas de música y de arte, conciertos, exposiciones, escuelas de arte y música

**p. 295**
1. b
2. a
3. d
4. c

**p. 297**
1. habrá vuelto
2. habría vendido
3. habría gustado

**p. 301**
1. que / la cual / la que
2. quienes
3. lo cual / lo que

**p. 303**
1. el que
2. quien
3. Lo que
4. lo cual

**p. 307**
*Answers will vary. Sample answers include:*
1. El año pasado, hubo un concierto de Maná en Houston. Me habría encantado ir, porque ellos son mi grupo latino favorito.
2. Me gusta leer novelas de horror. Para finales de este año, calculo que habré leído más de 20 libros.
3. El pintor del pasado a quien más admiro es Rubens. Él hizo retratos, pinturas religiosas y paisajes. Me habría gustado hablar con él. Le habría preguntado sobre sus retratos de su familia.

**p. 315**
1. un ensayista
2. en primera persona
3. La novela no tiene ilustraciones; en la novela gráfica las ilustraciones son muy importantes.

**p. 317**
1. Es un sitio Web creado por una persona para publicar sus experiencias personales.
2. Un cuento es una obra de ficción; un ensayo contiene hechos y opiniones reales.
3. darle forma a algo

**p. 321**
1. La novela fue escrita por Galdós.
2. Muchas obras de teatro han sido presentadas en Buenos Aires por ese dramaturgo.
3. El cincel es usado por el escultor.

**p. 323**
1. recibieron
2. enviados
3. anunciados

**p. 327**
1. se le perdieron
2. se le quedó
3. se me acabó
4. se nos olvidó

**p. 329**
1. d
2. c
3. a
4. b

**p. 333**
1. A doña Nora se le fue la mano con el color amarillo.
2. A Carlos y a Isabel se les cayó la pintura que doña Nora les regaló.
3. A doña Nora y a Isabel se les perdieron las entradas del concierto.
4. A doña Nora se le olvidó la pintura en el auto.

**p. 339**
1. Era su centro de reunión y el lugar adonde iban para nadar, jugar y divertirse.
2. Había naranjos, guayabos y mangos; el viejecito era un hombre antipático.
3. Trataban de robarle las frutas del huerto.
4. Se puso muy triste.
5. Será el lugar donde ellos guardarán los recuerdos de su niñez.

**p. 341**
1. El árbol es dichoso porque apenas siente; la piedra es dura y no siente nada. El poeta los envidia porque no experimentan emociones penosas.
2. La vida consciente es la mayor pesadumbre.
3. El conocimiento de que va a morir.
4. No sabemos ni adónde vamos ni de dónde venimos.

**p. 345**
1. el Patio Herreriano; está en el monasterio de San Benito en Valladolid, España
2. óleos, esculturas y obras talladas en madera
3. el indigenismo, para que se respeten los derechos humanos de los indígenas
4. Pablo Gargallo, Julio González, Joaquín Torres García; bronce, yeso, madera, terracota, piedra y mármol
5. el MAVIM, instrumentos musicales indígenas y de otras regiones como Europa, Rusia y Egipto

**p. 347**
1. flamenco, pop y flamenco-pop, es una buena medicina para curarnos
2. Su padre era guitarrista y su madre cantante de flamenco.
3. música clásica, instrumentos de viento (quenas, rondadores), instrumentos de cuerda (charango), instrumentos de percusión (bombos)
4. treinta y ocho
5. *Answers will vary.*

# Unidad 6

### p. 359
1. la serie empieza y termina el mismo día; la miniserie es continuada y dura varios capítulos
2. avance rápido, retroceso rápido y pausa
3. *Answers will vary.*

### p. 361
1. se consiguen descuentos
2. una suscripción a programas del mismo tipo
3. se ven más canales

### p. 366
1. b; viéramos
2. c; pudieran
3. a; sea

### p. 368
1. aprendieran
2. pudiera
3. tuviera

### p. 371
1. visitáramos, podríamos
2. cantara, ganaría
3. participarías, tuvieras

### p. 373
1. contestaría
2. fuera
3. tuvieran

### p. 377
*Answers will vary. Sample answers include:*
1. Si saliera en un programa de televisión, me gustaría estar en un programa de animales, porque quiero ser veterinario.
2. Esta noche, después de que salga del entrenamiento de voleibol, mis amigos y yo vamos a ver un reality.
3. Anoche, tan pronto como encendí el televisor, mis padres me pidieron que sacara la basura.
4. Generalmente tengo que hacer la tarea antes de que mis hermanos y yo podamos ver nuestro concurso favorito.

### p. 385
1. los presentadores
2. todos los desastres ocasionados por la naturaleza, como los tornados
3. para expresar ideas y pedir cosas en grupo

### p. 387
1. dar un resumen de la vida de una persona conocida
2. trabajar de reportero en un periódico, trabajar en la televisión, cubrir muchos eventos, etc.
3. el presentador está en el canal presentando las noticias; el reportero sale a la calle a hacer la cobertura

### p. 391
1. hubieran visto
2. hubiera tenido, habría mirado
3. hubiera vivido

### p. 393
1. hubiera estudiado
2. hubiera hablado
3. hubiera vivido

### p. 397
1. estudiara
2. iría
3. había habido

### p. 399
1. serviría
2. trataría
3. había anticipado

### p. 403
1. vieran, 2
2. grabaría, 3
3. hablaran, pasaban, 1
4. comieran, veían, 4

### p. 409
1. Había cien onzas de oro.
2. quedarse con el dinero; que aquel dinero tenía dueño
3. Dijo que en la bolsa había ciento treinta onzas.
4. Le dijo que debía recoger el dinero y llevarlo a su casa.
5. Perdió todo su dinero.

### p. 411
1. El caminante nos representa a nosotros, los seres humanos.
2. El camino es la vida.
3. Se refiere a lo que ya hemos vivido.
4. Porque nuestras vidas no tienen caminos predeterminados. Nosotros hacemos el camino de nuestras vidas de la misma manera que un barco pasa por el océano.

### p. 415
1. Colombia: Caracol TV, Telecafé, Teleantioquia, TeleCaribe TV, Telepacífico, RCN TV, TV Colombia, Cablenoticias; Nicaragua: Televicentro Canal 2 y Telenica Canal 8, ESTV Canal 11 y 100% Noticias; Venezuela: Venevisión, Globovisión, Televen, Radio Caracas Televisión, VTV, Meridiano
2. por país/región y por tipo de programa
3. una red de fibra óptica; un satélite
4. Paquete Deportes
5. *Answers will vary.*

### p. 417
1. telenovela, Manuela Sáenz, Colombia
2. telediario, temas políticos y sociales del día, Jaime Arellano
3. serie juvenil, Sheryl Rubio y Víctor Drija, Venezuela
4. Canal 2 Televicentro
5. cuando me vio en la televisión

# Algunas reglas generales

## Separación de palabras

### A. Vocales

1. A vowel or a vowel combination can constitute a syllable.
   e-ne-ro    a-cuer-do    Eu-ro-pa    ai-re    u-no

2. Diphthongs and triphthongs are considered single vowels and cannot be divided.
   vie-ne    Dia-na    cue-ro    es-tu-diáis    bui-tre

3. Two strong vowels (**a, e,** or **o**) do not form a diphthong and are separated into two syllables.
   em-ple-o    le-an    ro-e-dor    tra-e-mos    lo-a

4. A written accent mark on a weak vowel (**i** or **u**) breaks the diphthong; thus the vowels are separated into two syllables.
   rí-o    dú-o    Ma-rí-a    Ra-úl    ca-í-mos

### B. Consonantes

1. A single consonant forms a syllable with the vowel that follows it.
   mi-nu-to    ca-sa-do    la-ti-na    Re-na-to

   ¡ATENCIÓN! **ch, ll,** and **rr** are considered single consonants.
   co-che    a-ma-ri-llo    ci-ga-rro

2. Consonant clusters composed of **b, c, d, f, g, p,** or **t** with **l** or **r** are considered single consonants and cannot be separated.
   su-bli-me    cre-ma    dra-ma    flo-res    gra-mo    te-a-tro

3. When two consonants appear between two vowels, they are separated into two syllables.
   al-fa-be-to    mo-les-tia    me-ter-se

   ¡ATENCIÓN! When a consonant cluster composed of **b, c, d, f, g, p,** or **t** with **l** or **r** appears between two vowels, the cluster joins the following vowel.
   so-bre    o-tra    ca-ble    te-lé-gra-fo

4. When three consonants appear between two vowels, only the last one goes with the following vowel.
   ins-pec-tor    trans-por-te    trans-for-mar

   ¡ATENCIÓN! When there is a cluster of three consonants in the combinations described in rule 2, the first consonant joins the preceding vowel and the cluster joins the following vowel.
   es-cri-bir    im-plo-rar    ex-tran-je-ro

# El acento ortográfico

In Spanish, all words are stressed according to specific rules. Words that do not follow the rules must have a written accent mark to indicate the change of stress. The basic rules for accentuation are as follows:

1. Words ending in a vowel, **n**, or **s** are stressed on the next to the last syllable.

    **ver**-de    re-**ten**-go    ro-**sa**-da    es-**tu**-dian    co-**no**-ces

2. Words ending in a consonant, except **n** or **s**, are stressed on the last syllable.

    es-pa-**ñol**    pro-fe-**sor**    pa-**red**    tro-pi-**cal**    na-**riz**

3. All words that do not follow these rules, and also those that are stressed on the second from the last syllable, must have a written accent mark.

    ca-**fé**    co-**mió**    ma-**má**    sa-**lón**    fran-**cés**
    **án**-gel    **lá**-piz    **mú**-si-ca    de-**mó**-cra-ta

4. The interrogative and exclamatory pronouns and adverbs have a written accent mark to distinguish them from the relative forms.

    ¿**Qué** comes?    ¡**Qué** calor hace!

5. Words that have the same spelling but different meanings have a written accent mark to accentuate one from another.

    | el   | *the*           | él   | *he, him* |
    |------|-----------------|------|-----------|
    | mi   | *my*            | mí   | *me*      |
    | tu   | *your*          | tú   | *you*     |
    | te   | *you, yourself* | té   | *tea*     |
    | si   | *if*            | sí   | *yes*     |
    | mas  | *but*           | más  | *more*    |
    | solo | *alone*         | sólo | *only*    |

6. The demonstrative pronouns have a written accent mark to distinguish them from the demonstrative adjectives.

    éste    ésta    ése    ésa    aquél    aquélla
    éstos   éstas   ésos   ésas   aquéllos aquéllas

7. Affirmative commands with object pronouns have written accent marks if the word has two or more syllables after the stress.

    Tráigamela.    Cómpralo.    Pídasela.

Recursos
Algunas reglas generales

## Algunas reglas generales

### Uso de las mayúsculas

In Spanish, only proper nouns are capitalized. Nationalities, languages, days of the week, and months of the year are not considered proper nouns.

Jaime Ballesteros es de Buenos Aires, pero sus padres no son argentinos; son de España. El sábado, tres de junio, Jaime y sus padres, el doctor[1] Juan Ballesteros y su esposa, la señora[1] Consuelo Ballesteros, salen para Madrid.

[1] These words are capitalized only when they are abbreviated: Dr., Sra.

### Puntuación

1. Inverted question marks and exclamation marks must be placed at the beginning of questions and exclamations.
   —¿Tú quieres ir con nosotros?
   —¡Por supuesto!
2. A comma is not used before **y** or **o** at the end of a series.
   Estudio francés, historia, geografía **y** matemáticas.
3. In a dialogue, a dash is frequently used instead of quotation marks.
   —¿Cómo estás, Pablo?
   —Muy bien, ¿y tú?

### Estudio de cognados

#### A. Cognates

Cognates are words that are the same or similar in two languages. It is extremely valuable to be able to recognize them when learning a foreign language. Following are some principles of cognate recognition in Spanish.

1. Some words are exact cognates; only the pronunciation is different.

| general | terrible | musical | central | humor | banana |
|---|---|---|---|---|---|
| idea | mineral | horrible | cultural | natural | terror |

2. Some cognates are almost the same, except for a written accent mark, a final vowel, or a single consonant in the Spanish word.

| región | comercial | arte | México | posible | potente |
|---|---|---|---|---|---|
| personal | península | oficial | importante | conversión | imposible |

Recursos
Algunas reglas generales

### Estudio de cognados (continued)

3. Most nouns ending in *-tion* in English end in **-ción** in Spanish.

   | conversa**ción** | solu**ción** | opera**ción** | coopera**ción** |

4. English words ending in *-ce* and *-ty* end in **-cia, -cio, -tad,** and **-dad** in Spanish.

   | importan**cia** | precipi**cio** | liber**tad** | ciu**dad** |

5. The English ending *-ous* is often equivalent to the Spanish ending **-oso(a).**

   | fam**oso** | amor**oso** | numer**oso** | malici**oso** |

6. The English consonant *s-* is often equivalent to the Spanish **es-**.

   | **es**cuela | **es**tado | **es**tudio | **es**pecial |

7. English words ending in *-cle* end in **-culo** in Spanish.

   | artí**culo** | cír**culo** | vehí**culo** |

8. English words ending in *-y* often end in **-io** in Spanish.

   | laborator**io** | conservator**io** |

9. English words beginning with *ph-* begin with **f-** in Spanish.

   | **f**armacia | **f**rase | **f**ilosofía |

10. There are many other easily recognizable cognates for which no rule can be given.

    | millón | estudiar | millonario | mayoría | deliberadamente |
    | ingeniero | norte | enemigo | monte | |

## B. False Cognates

False cognates are words that look similar in Spanish and English, but have very different meanings. Some common ones are as follows:

| English Word | Spanish Equivalent | False Cognate |
|---|---|---|
| actually | realmente | actualmente (*nowadays*) |
| application | solicitud | aplicación (*diligence*) |
| card | tarjeta | carta (*letter*) |
| character (*in lit.*) | personaje | carácter (*personality, nature*) |
| embarrassed | avergonzado(a) | embarazada (*pregnant*) |
| exit | salida | éxito (*success*) |
| library | biblioteca | librería (*bookstore*) |
| major (*studies*) | especialidad | mayor (*older, major in armed services*) |
| minor (*studies*) | segunda especialidad | menor (*younger*) |
| move (*from one home to another*) | mudarse | mover (*move something*) |
| question | pregunta | cuestión (*matter*) |
| subject | asunto, tema | sujeto (*subject of a sentence*) |

# Resumen de gramática

## Nouns, Articles, and Pronouns

### Nouns

**Nouns** identify people, animals, places, things, and feelings. All Spanish nouns, even if they refer to objects, are either **masculine** or **feminine.** They are also either **singular** or **plural.** Nouns ending in **-o** are usually masculine; nouns ending in **-a** are usually feminine.

To form the **plural** of a noun, add **-s** if the noun ends in a vowel; add **-es** if it ends in a consonant.

| Singular Nouns | | Plural Nouns | |
|---|---|---|---|
| **Masculine** | **Feminine** | **Masculine** | **Feminine** |
| abuelo | abuela | abuelos | abuelas |
| chico | chica | chicos | chicas |
| hombre | mujer | hombres | mujeres |
| papel | pluma | papeles | plumas |
| zapato | blusa | zapatos | blusas |

### Articles

**Articles** identify the class of a noun: masculine or feminine, singular or plural. **Definite articles** are the equivalent of the English word *the*. **Indefinite articles** are the equivalent of *a, an,* or *some*.

| Definite Articles | | | | Indefinite Articles | | |
|---|---|---|---|---|---|---|
| | **Masculine** | **Feminine** | | | **Masculine** | **Feminine** |
| **Singular** | **el** chico | **la** chica | | **Singular** | **un** chico | **una** chica |
| **Plural** | **los** chicos | **las** chicas | | **Plural** | **unos** chicos | **unas** chicas |

### Pronouns

**Pronouns** take the place of nouns. The pronoun used is determined by its function or purpose in a sentence.

| Pronouns After Prepositions | | Direct Object Pronouns | | Indirect Object Pronouns | |
|---|---|---|---|---|---|
| yo | nosotros(as) | me | nos | me | nos |
| tu | vosotros(as) | te | os | te | os |
| usted | ustedes | lo, la | los, las | le | les |
| él, ella | ellos(as) | | | | |

Recursos
Resumen de gramática

## Nouns, Articles, and Pronouns (continued)

**Pronouns After Prepositions**

| | |
|---|---|
| mí | nosotros(as) |
| ti | vosotros(as) |
| usted | ustedes |
| él, ella | ellos(as) |

**Reflexive Pronouns**

| | |
|---|---|
| me | nos |
| te | os |
| se | se |

# Adjectives

**Adjectives** describe nouns. In Spanish, adjectives match the **gender** and **number** of the nouns they describe. To make an adjective plural, add **-s** if it ends in a vowel; add **-es** if it ends in a consonant. The adjective usually comes after the noun in Spanish.

### Adjectives

| | Masculine | Feminine |
|---|---|---|
| **Singular** | el chico alt**o** | la chica alt**a** |
| | el chico inteligente | la chica inteligente |
| | el chico joven | la chica joven |
| | el chico trabajador | la chica trabajador**a** |
| **Plural** | los chicos alto**s** | las chicas alta**s** |
| | los chicos inteligente**s** | las chicas inteligente**s** |
| | los chicos jóven**es** | las chicas jóven**es** |
| | los chicos trabajador**es** | las chicas trabajadora**s** |

Sometimes adjectives are shortened when they are placed in front of a masculine singular noun.

### Shortened Forms

| | |
|---|---|
| alguno | **algún** chico |
| bueno | **buen** chico |
| malo | **mal** chico |
| ninguno | **ningún** chico |
| primero | **primer** chico |
| tercero | **tercer** chico |

# Resumen de gramática

### Adjectives (continued)

**Possessive adjectives** indicate who owns something or describe a relationship between people or things. They agree in number with the nouns they describe. **Nuestro(a)** and **vuestro(a)** must also agree in gender with the nouns they describe.

**Possessive adjectives** also have long forms that follow the noun for emphasis. Expressed without the noun, they act as pronouns.

|  | Masculine Short Form | | Masculine Long Form | |
|---|---|---|---|---|
| Singular | **mi** amigo | **nuestro** amigo | amigo **mío** | amigo **nuestro** |
|  | **tu** amigo | **vuestro** amigo | amigo **tuyo** | amigo **vuestro** |
|  | **su** amigo | **su** amigo | amigo **suyo** | amigo **suyo** |
| Plural | **mis** amigos | **nuestros** amigos | amigos **míos** | amigos **nuestros** |
|  | **tus** amigos | **vuestros** amigos | amigos **tuyos** | amigos **vuestros** |
|  | **sus** amigos | **sus** amigos | amigos **suyos** | amigos **suyos** |

|  | Feminine Short Form | | Feminine Long Form | |
|---|---|---|---|---|
| Singular | **mi** amiga | **nuestra** amiga | amiga **mía** | amiga **nuestra** |
|  | **tu** amiga | **vuestra** amiga | amiga **tuya** | amiga **vuestra** |
|  | **su** amiga | **su** amiga | amiga **suya** | amiga **suya** |
| Plural | **mis** amigas | **nuestras** amigas | amigas **mías** | amigas **nuestras** |
|  | **tus** amigas | **vuestras** amigas | amigas **tuyas** | amigas **vuestras** |
|  | **sus** amigas | **sus** amigas | amigas **suyas** | amigas **suyas** |

## Demonstrative Adjectives and Pronouns

Demonstrative adjectives and pronouns describe the location of a person or a thing in relation to the speaker. Their English equivalents are *this, that, these,* and *those*.

### Demonstrative Adjectives

**Demonstrative adjectives** agree in gender and number with the noun they describe.

| Demonstrative Adjectives | | |
|---|---|---|
|  | Masculine | Feminine |
| Singular | **este** chico | **esta** chica |
|  | **ese** chico | **esa** chica |
|  | **aquel** chico | **aquella** chica |
| Plural | **estos** chicos | **estas** chicas |
|  | **esos** chicos | **esas** chicas |
|  | **aquellos** chicos | **aquellas** chicas |

Recursos
Resumen de gramática

## Demonstrative Adjectives and Pronouns (continued)

### Demonstrative Pronouns

**Demonstrative pronouns** agree in gender and number with the noun they replace.

**Demonstrative Pronouns**

|  | Masculine | Feminine |
|---|---|---|
| **Singular** | éste | ésta |
|  | ése | ésa |
|  | aquél | aquélla |
| **Plural** | éstos | éstas |
|  | ésos | ésas |
|  | aquéllos | aquéllas |

## Comparatives and Superlatives

### Comparatives

**Comparatives** are used to compare two people or things.

**Comparatives**

|  | más (+) | menos (−) | tan, tanto(s), tanto (=) |
|---|---|---|---|
| *with adjectives* | **más** serio **que**... | **menos** serio **que**... | **tan** serio **como**... |
| *with nouns* | **más** cosas **que**... | **menos** cosas **que**... | **tantas** cosas **como**... |
| *with verbs* | Me gusta leer **más que** pasear. | Me gusta pasear **menos que** leer. | Me gusta hablar **tanto como** escuchar. |

There are a few irregular comparative words. When talking about the age of people, use **mayor** and **menor**. When talking about qualities, use **mejor** and **peor**.

| Age | Quality |
|---|---|
| mayor | mejor |
| menor | peor |

When comparing numbers, use **de** instead of **que**.
**más de** cinco...
**menos de** cinco...

Recursos
Resumen de gramática **R15**

## Resumen de gramática

### Comparatives and Superlatives (continued)

#### Superlatives

**Superlatives** are used to set apart one item from a group. They describe which item has the most or least of a quality.

**Superlatives**

|  | Masculine | Feminine |
|---|---|---|
| Singular | **el más** caro | **la más** cara |
|  | **el** anillo **más** caro | **la** blusa **más** cara |
|  | **el menos** caro | **la menos** cara |
|  | **el** anillo **menos** caro | **la** blusa **menos** cara |
| Plural | **los más** caros | **las más** caras |
|  | **los** anillos **más** caros | **las** blusas **más** caras |
|  | **los menos** caros | **las menos** caras |
|  | **los** anillos **menos** caros | **las** blusas **menos** caras |

The ending **-ísimo(a)** can be added to an adjective to intensify it.

| | | |
|---|---|---|
| Singular | caldo riqu**ísimo** | sopa riqu**ísima** |
| Plural | huevos riqu**ísimos** | tortillas riqu**ísimas** |

### Adverbs

**Adverbs** tell *when, where, how, how long,* or *how much*. They can be formed by adding **-mente** to the singular feminine form of an adjective.

| Adjective | | Adverb |
|---|---|---|
| alegre | → | alegre**mente** |
| fácil | → | fácil**mente** |
| general | → | general**mente** |
| normal | → | normal**mente** |
| triste | → | triste**mente** |
| lento(a) | → | lenta**mente** |
| activo(a) | → | activa**mente** |
| rápido(a) | → | rápida**mente** |
| serio(a) | → | seria**mente** |
| tranquilo(a) | → | tranquila**mente** |

### Affirmative and Negative Words

**Affirmative** or **negative** words are used to talk about indefinite or negative situations.

| Affirmative Words | Negative Words |
|---|---|
| algo | nada |
| alguien | nadie |
| algún/alguno(a) | ningún/ninguno(a) |
| o... o | ni... ni |
| siempre | nunca |
| también | tampoco |

# Verbs: Regular Verbs

**Regular verbs** ending in **-ar, -er,** or **-ir** always have regular endings.

## Simple Indicative Tenses

### -ar Verbs

| Infinitive | Present Participle | Past Participle |
|---|---|---|
| hablar | hablando | hablado |

| | | | |
|---|---|---|---|
| Present | hablo | hablamos |
| | hablas | habláis |
| | habla | hablan |
| Preterite | hablé | hablamos |
| | hablaste | hablasteis |
| | habló | hablaron |
| Imperfect | hablaba | hablábamos |
| | hablabas | hablabais |
| | hablaba | hablaban |
| Future | hablaré | hablaremos |
| | hablarás | hablaréis |
| | hablará | hablarán |
| Conditional | hablaría | hablaríamos |
| | hablarías | hablaríais |
| | hablaría | hablarían |

### -er Verbs

| Infinitive | Present Participle | Past Participle |
|---|---|---|
| vender | vendiendo | vendido |

| | | |
|---|---|---|
| Present | vendo | vendemos |
| | vendes | vendéis |
| | vende | venden |
| Preterite | vendí | vendimos |
| | vendiste | vendisteis |
| | vendió | vendieron |

**RESUMEN DE GRAMÁTICA**

Recursos
Resumen de gramática

# Resumen de gramática

## Verbs: Regular Verbs (continued)

### -er Verbs

| Imperfect | vendía | vendíamos |
|---|---|---|
| | vendías | vendíais |
| | vendía | vendían |
| Future | venderé | venderemos |
| | venderás | venderéis |
| | venderá | venderán |
| Conditional | vendería | venderíamos |
| | venderías | venderíais |
| | vendería | venderían |

### -ir Verbs

| Infinitive | Present Participle | Past Participle |
|---|---|---|
| compartir | compartiendo | compartido |

| Present | comparto | compartimos |
|---|---|---|
| | compartes | compartís |
| | comparte | comparten |
| Preterite | compartí | compartimos |
| | compartiste | compartisteis |
| | compartió | compartieron |
| Imperfect | compartía | compartíamos |
| | compartías | compartíais |
| | compartía | compartían |
| Future | compartiré | compartiremos |
| | compartirás | compartiréis |
| | compartirá | compartirán |
| Conditional | compartiría | compartiríamos |
| | compartirías | compartiríais |
| | compartiría | compartirían |

## Future with ir a + infinitive

Another way to express the future is with the construction **ir a + infinitive.**

| voy | vamos |
|---|---|
| vas | vais |
| va | van |

Ellos **van a venir** mañana.

## Verbs: Regular Verbs (continued)

### Command Forms

|  |  | tú Commands | usted Commands | ustedes Commands | nosotros Commands |
|---|---|---|---|---|---|
| -ar Verbs | + | habla | hable | hablen | hablemos |
|  | – | no hables | no hable | no hablen | no hablemos |
| -er Verbs | + | vende | venda | vendan | vendamos |
|  | – | no vendas | no venda | no vendan | no vendamos |
| -ir Verbs | + | comparte | comparta | compartan | compartamos |
|  | – | no compartas | no comparta | no compartan | no compartamos |

### Subjunctive Forms

#### Present Subjunctive

| | | |
|---|---|---|
| -ar Verbs | hable | hablemos |
|  | hables | habléis |
|  | hable | hablen |
| -er Verbs | venda | vendamos |
|  | vendas | vendáis |
|  | venda | vendan |
| -ir Verbs | comparta | compartamos |
|  | compartas | compartáis |
|  | comparta | compartan |

#### Imperfect Subjunctive

| | | |
|---|---|---|
| -ar Verbs | hablara | habláramos |
|  | hablaras | hablarais |
|  | hablara | hablaran |
| -er Verbs | vendiera | vendiéramos |
|  | vendieras | vendierais |
|  | vendiera | vendieran |
| -ir Verbs | compartiera | compartiéramos |
|  | compartieras | compartierais |
|  | compartiera | compartieran |

# Resumen de gramática

## Verbs: Regular Verbs (continued)

### Compound Tenses

The **perfect tenses** are formed with a conjugation of the auxiliary verb **haber** and a **past participle**.

| Present Perfect | **he** hablado | **ha** hablado | **habéis** hablado |
|---|---|---|---|
|  | **has** hablado | **hemos** hablado | **han** hablado |
| Present Perfect Subjunctive | **haya** hablado | **haya** hablado | **hayáis** hablado |
|  | **hayas** hablado | **hayamos** hablado | **hayan** hablado |
| Past Perfect | **había** hablado | **había** hablado | **habíais** hablado |
|  | **habías** hablado | **habíamos** hablado | **habían** hablado |
| Past Perfect Subjunctive | **hubiera** hablado | **hubiera** hablado | **hubierais** hablado |
|  | **hubieras** hablado | **hubiéramos** hablado | **hubieran** hablado |
| Future Perfect | **habré** hablado | **habrá** hablado | **habréis** hablado |
|  | **habrás** hablado | **habremos** hablado | **habrán** hablado |

## Stem-Changing Verbs

### Present Tense

Stem-changing verbs in the present tense change in all forms except **nosotros(as)** and **vosotros(as)**.

**e → ie**

| pensar | p**ie**nso | pensamos |
|---|---|---|
|  | p**ie**nsas | pensáis |
|  | p**ie**nsa | p**ie**nsan |

Other **e → ie** stem-changing verbs are **cerrar, comenzar, despertarse, empezar, encender, entender, hervir, perder, preferir, querer** and **recomendar**.

**e → i**

| servir | s**i**rvo | servimos |
|---|---|---|
|  | s**i**rves | servís |
|  | s**i**rve | s**i**rven |

Other **e → i** stem-changing verbs are **competir, freír, pedir, seguir** and **vestirse**.

**o → ue**

| poder | p**ue**do | podemos |
|---|---|---|
|  | p**ue**des | podéis |
|  | p**ue**de | p**ue**den |

Other **o → ue** stem-changing verbs are **acostarse, almorzar, costar, doler, dormir, encontrar, envolver, probar** and **volver**.

**u → ue**

| jugar | j**ue**go | jugamos |
|---|---|---|
|  | j**ue**gas | jugáis |
|  | j**ue**ga | j**ue**gan |

**Jugar** is the only verb with a **u → ue** stem-change.

## Stem-Changing Verbs (continued)

### Preterite Tense

Stem-changing **-ir** verbs in the present tense also change stems in some forms of the preterite.

e → i

| pedir | pedí | pedimos |
|---|---|---|
|  | pediste | pedisteis |
|  | pidió | pidieron |

o → u

| dormir | dormí | dormimos |
|---|---|---|
|  | dormiste | dormisteis |
|  | durmió | durmieron |

### Present Subjunctive

Stem-changing **-ar** and **-er** verbs in the present tense also change stems in the same forms of the subjunctive.

e → ie

| pensar | piense | pensemos |
|---|---|---|
|  | pienses | penséis |
|  | piense | piensen |

o → ue

| poder | pueda | podamos |
|---|---|---|
|  | puedas | podáis |
|  | pueda | puedan |

u → ue

| jugar | juegue | juguemos |
|---|---|---|
|  | juegues | juguéis |
|  | juegue | jueguen |

Stem-changing **-ir** verbs in the present tense change stems in *all* forms of the subjunctive.

e → ie, i

| preferir | prefiera | prefiramos |
|---|---|---|
|  | prefieras | prefiráis |
|  | prefiera | prefieran |

o → ue, u

| dormir | duerma | durmamos |
|---|---|---|
|  | duermas | durmáis |
|  | duerma | duerman |

e → i

| pedir | pida | pidamos |
|---|---|---|
|  | pidas | pidáis |
|  | pida | pidan |

### Present Participles

Some verbs have stem changes as present participles.

| decir | → | diciendo |
|---|---|---|
| dormir | → | durmiendo |
| pedir | → | pidiendo |
| poder | → | pudiendo |
| servir | → | sirviendo |
| venir | → | viniendo |
| vestir | → | vistiendo |

# Resumen de gramática

## Verbs: Spelling Changes

The following verbs undergo spelling changes in some forms to maintain their pronunciation.

| c → qu          | Preterite   | Subjunctive | Command         |
|-----------------|-------------|-------------|-----------------|
| **buscar**      |             |             |                 |
| yo              | busqué      | busque      |                 |
| tú              | buscaste    | busques     | no busques      |
| usted/él/ella   | buscó       | busque      | busque          |
| nosotros(as)    | buscamos    | busquemos   | (no) busquemos  |
| vosotros(as)    | buscasteis  | busquéis    |                 |
| ustedes/ellos(as)| buscaron   | busquen     | busquen         |

like **buscar**: destacar(se), explicar, implicar, personificar, pescar, practicar, publicar, sacar, secar(se), significar, tocar

| g → gu          | Preterite   | Subjunctive | Command         |
|-----------------|-------------|-------------|-----------------|
| **jugar (ue)**  |             |             |                 |
| yo              | jugué       | juegue      |                 |
| tú              | jugaste     | juegues     | no juegues      |
| usted/él/ella   | jugó        | juegue      | juegue          |
| nosotros(as)    | jugamos     | juguemos    | (no) juguemos   |
| vosotros(as)    | jugasteis   | juguéis     |                 |
| ustedes/ellos(as)| jugaron    | jueguen     | jueguen         |

like **jugar**: apagar, arriesgar(se), descargar, encargar(se), investigar, llegar, navegar, otorgar, pagar

| z → c           | Preterite   | Subjunctive | Command         |
|-----------------|-------------|-------------|-----------------|
| **almorzar (ue)**|            |             |                 |
| yo              | almorcé     | almuerce    |                 |
| tú              | almorzaste  | almuerces   | no almuerces    |
| usted/él/ella   | almorzó     | almuerce    | almuerce        |
| nosotros(as)    | almorzamos  | almorcemos  | (no) almorcemos |
| vosotros(as)    | almorzasteis| almorcéis   |                 |
| ustedes/ellos(as)| almorzaron | almuercen   | almuercen       |

like **almorzar**: amenazar, analizar, cazar, comenzar, comercializar, cruzar, empezar, especializar(se), idealizar, organizar, penalizar, reemplazar, reutilizar, simbolizar, utilizar

## Verbs: Spelling Changes (continued)

| i → y | Present | Preterite | Subjunctive* | Command |
|---|---|---|---|---|
| **construir** | | | | |
| yo | construyo | construí | construya | |
| tú | construyes | construiste | construyas | construye / no construyas |
| usted/él/ella | construye | construyó | construya | construya |
| nosotros(as) | construimos | construimos | construyamos | (no) construyamos |
| vosotros(as) | construís | construisteis | construyáis | |
| ustedes/ellos(as) | construyen | construyeron | construyan | construyan |

Present Participle: construyendo
*spelling change also applies in all forms of the **Imperfect Subjunctive**: construyera...
like **construir**: destruir, disminuir, concluir

| g → j | Present | Subjunctive | Command |
|---|---|---|---|
| **proteger** | | | |
| yo | protejo | proteja | |
| tú | proteges | protejas | no protejas |
| usted/él/ella | protege | proteja | proteja |
| nosotros(as) | protegemos | protejamos | (no) protejamos |
| vosotros(as) | protegéis | protejáis | |
| ustedes/ellos(as) | protegen | protejan | protejan |

like **proteger**: recoger

| c → j | Preterite | Imperfect Subjunctive |
|---|---|---|
| **conducir** | | |
| yo | conduje | condujera |
| tú | condujiste | condujeras |
| usted/él/ella | condujo | condujera |
| nosotros(as) | condujimos | condujéramos |
| vosotros(as) | condujisteis | condujerais |
| ustedes/ellos(as) | condujeron | condujeran |

like **conducir**: traducir

# Resumen de gramática

## Verbs: Irregular Verbs

The following verbs are irregular in some forms. The irregular forms are **boldface.**

### abrir
| | |
|---|---|
| Past Participle | **abierto** |

### caer(se)
| | |
|---|---|
| Present | **caigo,** caes, cae, caemos, caéis, caen |
| Preterite | caí, **caíste, cayó, caímos, caísteis, cayeron** |
| Present Participle | **cayendo** |
| Past Participle | **caído** |

### conocer
| | |
|---|---|
| Present | **conozco,** conoces, conoce, conocemos, conocéis, conocen |

### creer
| | |
|---|---|
| Preterite | creí, **creíste, creyó, creímos, creísteis, creyeron** |
| Present Participle | **creyendo** |
| Past Participle | creído |

### dar
| | |
|---|---|
| Present | **doy,** das, da, damos, dais, dan |
| Preterite | **di, diste, dio, dimos, disteis, dieron** |
| Subjunctive | **dé, des, dé, demos, deis, den** |
| Commands | da (tú), **no des** (neg. tú), **dé** (usted), **den** (ustedes) |

### decir
| | |
|---|---|
| Present | **digo,** dices, dice, decimos, decís, dicen |
| Preterite | **dije, dijiste, dijo, dijimos, dijisteis, dijeron** |
| Future | **diré, dirás, dirá, diremos, diréis, dirán** |
| Conditional | **diría, dirías, diría, diríamos, diríais, dirían** |
| Commands | **di** (tú), no digas (neg. tú), diga (usted), digan (ustedes) |
| Past Participle | **dicho** |

## Verbs: Irregular Verbs (continued)

### descubrir
| | |
|---|---|
| Past Participle | **descubierto** |

### escribir
| | |
|---|---|
| Past Participle | **escrito** |

### estar
| | |
|---|---|
| Present | **estoy, estás, está,** estamos, estáis, **están** |
| Preterite | **estuve, estuviste, estuvo, estuvimos, estuvisteis, estuvieron** |
| Subjunctive | **esté, estés, esté,** estemos, estéis, **estén** |
| Commands | está (tú), **no estés** (neg. tú), **esté** (usted), **estén** (ustedes) |

### hacer
| | |
|---|---|
| Present | **hago,** haces, hace, hacemos, hacéis, hacen |
| Preterite | **hice, hiciste, hizo, hicimos, hicisteis, hicieron** |
| Future | **haré, harás, hará, haremos, haréis, harán** |
| Conditional | **haría, harías, haría, haríamos, haríais, harían** |
| Commands | **haz** (tú), no hagas (neg. tú), haga (usted), hagan (ustedes) |
| Past Participle | **hecho** |

### ir
| | |
|---|---|
| Present | **voy, vas, va, vamos, vais, van** |
| Preterite | **fui, fuiste, fue, fuimos, fuisteis, fueron** |
| Imperfect | **iba, ibas, iba, íbamos, ibais, iban** |
| Subjunctive | **vaya, vayas, vaya, vayamos, vayáis, vayan** |
| Commands | **ve** (tú), **no vayas** (neg. tú), **vaya** (usted), **vayan** (ustedes) |
| Present Participle | **yendo** |
| Past Participle | **ido** |

### leer
| | |
|---|---|
| Preterite | leí, **leíste, leyó, leímos, leísteis, leyeron** |
| Present Participle | **leyendo** |
| Past Participle | **leído** |

### morir
| | |
|---|---|
| Past Participle | **muerto** |

# Resumen de gramática

## Verbs: Irregular Verbs (continued)

### poder

| | |
|---|---|
| Preterite | **pude, pudiste, pudo, pudimos, pudisteis, pudieron** |
| Future | **podré, podrás, podrá, podremos, podréis, podrán** |
| Conditional | **podría, podrías, podría, podríamos, podríais, podrían** |

### poner

| | |
|---|---|
| Present | **pongo,** pones, pone, ponemos, ponéis, ponen |
| Preterite | **puse, pusiste, puso, pusimos, pusisteis, pusieron** |
| Future | **pondré, pondrás, pondrá, pondremos, pondréis, pondrán** |
| Conditional | **pondría, pondrías, pondría, pondríamos, pondríais, pondrían** |
| Commands | **pon** (tú), no pongas (neg. tú), ponga (usted), pongan (ustedes) |
| Past Participle | **puesto** |

### querer

| | |
|---|---|
| Preterite | **quise, quisiste, quiso, quisimos, quisisteis, quisieron** |
| Future | **querré, querrás, querrá, querremos, querréis, querrán** |
| Conditional | **querría, querrías, querría, querríamos, querríais, querrían** |

### resolver

| | |
|---|---|
| Past Participle | **resuelto** |

### romper

| | |
|---|---|
| Past Participle | **roto** |

### saber

| | |
|---|---|
| Present | **sé,** sabes, sabe, sabemos, sabéis, saben |
| Preterite | **supe, supiste, supo, supimos, supisteis, supieron** |
| Future | **sabré, sabrás, sabrá, sabremos, sabréis, sabrán** |
| Conditional | **sabría, sabrías, sabría, sabríamos, sabríais, sabrían** |
| Subjunctive | **sepa, sepas, sepa, sepamos, sepáis, sepan** |
| Commands | sabe (tú), **no sepas** (neg. tú), **sepa** (usted), **sepan** (ustedes) |

### salir

| | |
|---|---|
| Present | **salgo,** sales, sale, salimos, salís, salen |
| Future | **saldré, saldrás, saldrá, saldremos, saldréis, saldrán** |
| Conditional | **saldría, saldrías, saldría, saldríamos, saldríais, saldrían** |
| Commands | **sal** (tú), no salgas (neg. tú), salga (usted), salgan (ustedes) |

## Verbs: Irregular Verbs (continued)

### ser

| | |
|---|---|
| Present | **soy, eres, es, somos, sois, son** |
| Preterite | **fui, fuiste, fue, fuimos, fuisteis, fueron** |
| Imperfect | **era, eras, era, éramos, erais, eran** |
| Subjunctive | **sea, seas, sea, seamos, seáis, sean** |
| Commands | **sé** (tú), **no seas** (neg. tú), **sea** (usted), **sean** (ustedes) |

### tener

| | |
|---|---|
| Present | **tengo, tienes, tiene,** tenemos, tenéis, **tienen** |
| Preterite | **tuve, tuviste, tuvo, tuvimos, tuvisteis, tuvieron** |
| Future | **tendré, tendrás, tendrá, tendremos, tendréis, tendrán** |
| Conditional | **tendría, tendrías, tendría, tendríamos, tendríais, tendrían** |
| Commands | **ten** (tú), no tengas (neg. tú), tenga (usted), tengan (ustedes) |

### traer

| | |
|---|---|
| Present | **traigo,** traes, trae, traemos, traéis, traen |
| Preterite | **traje, trajiste, trajo, trajimos, trajisteis, trajeron** |
| Present Participle | **trayendo** |
| Past Participle | **traído** |

### venir

| | |
|---|---|
| Present | **vengo, vienes, viene,** venemos, venís, **vienen** |
| Preterite | **vine, viniste, vino, vinimos, vinisteis, vinieron** |
| Future | **vendré, vendrás, vendrá, vendremos, vendréis, vendrán** |
| Conditional | **vendría, vendrías, vendría, vendríamos, vendríais, vendrían** |
| Commands | **ven** (tú), no vengas (neg. tú), venga (usted), vengan (ustedes) |

### ver

| | |
|---|---|
| Present | **veo,** ves, ve, vemos, veis, ven |
| Preterite | **vi, viste, vio, vimos, visteis, vieron** |
| Imperfect | **veía, veías, veía, veíamos, veíais, veían** |
| Past Participle | **visto** |

### volver

| | |
|---|---|
| Past Participle | **vuelto** |

# Glosario español-inglés

This Spanish-English glossary contains all the active vocabulary words that appear in the text as well as passive vocabulary lists.

**a** to, at, for, 4.2
　**a fin de que** in order that, III
　**a la vez** at the same time
　**A la(s)...** At... o'clock., I
　**a menos que** unless, III
　**a pesar de que** in spite of, despite, III
　**a pie** on foot, I
　**¿A qué hora es/son...?** At what time is/are...?, I
　**a tiempo** on time, 4.2
　**a veces** sometimes, II
　**A ver.** Let's see., III
**abandonar** to abandon
**abierto(a)** open
　**Está abierto(a).** It's open., III
**el (la) abogado(a)** lawyer
**abordar** to board, 3.2
**abrazar** to hug
**el abrazo** hug, 1.2
**el abrigo** coat
**abril** April
**abrir** to open
　**abrir el grifo** to turn on the faucet, III
**abrocharse** to fasten, 3.2
　**abrocharse (el cinturón de seguridad)** to fasten (the seatbelt), 3.2
**abstracto(a)** abstract, 5.1
**absurdo(a)** absurd
　**lo absurdo** the absurd
**la abuela** grandmother
**el abuelo** grandfather
**los abuelos** grandparents
**aburrido(a)** boring
**acabar de** to have just, 1.2
**acabarse** to run out of, 5.2
**académico(a)** academic, 1.1
　**los antecedentes académicos** academic records, transcripts, 1.1
**acampar** to camp

**el acantilado** cliff
**acariciar** to caress, to stroke
**acaso** perhaps, maybe
　**por si acaso** just in case, I
**el acceso** access
**el accesorio** prop, accessory
**los accesorios** accessories, 2.2
**la acción (pl. las acciones)** action
**el aceite** (cooking) oil
**la aceituna** olive
**aceptar** to accept, 4.2
　**ser aceptado(a)** to get accepted, 4.2
**la acera** sidewalk
**acercarse** to approach
**aclarar** to clarify, to make clear
**acogedor(a)** cozy, welcoming
**el (la) acomodador(a)** usher
**acompañar** to accompany; to go or come with
　**¿Quieres acompañarme a...?** Would you like to come with me to...?, I
**aconsejar que** to advise that
**el acontecimiento** event, happening, 6.2
**acordarse (ue) de** to remember to (about), 1.2
**el acordeón** accordion, 5.1
**acostarse (ue)** to go to bed
　**Pienso acostarme temprano.** I plan to go to bed early., III
**acostumbrarse a** to become accustomed to, 1.2
**la actitud** attitude
**la actividad** activity
**activo(a)** active
**el acto** act
**el actor** actor
**la actriz (pl. las actrices)** actress
**la actuación** acting, performance, 5.2
　**la actuación callejera** street performance, I
**actual** current, contemporary
**la actualidad** the present
**actuar** to act

**actuar en un drama** to act in a play, III
**la acuarela** watercolor, 5.1
**el acuario** aquarium
**acuático(a)** water (adj.), 2.1
　**el deporte acuático** water sport, 2.1
　**el esquí acuático** water-skiing, 2.1
**el acuerdo** agreement
　**De acuerdo.** Right. Agreed., III
　**estar/no estar de acuerdo con** to agree/disagree with, II
　**ponerse de acuerdo** to agree, III
**adelantado(a)** advance, 3.1
　**pagar por adelantado** to pay in advance, 3.1
**adelante** ahead, 3.2
　**más adelante** up ahead, 3.2
**además** in addition, additionally
　**además de** besides, in addition to
**Adiós.** Goodbye.
**adivinar** to guess
**adjunto(a)** attached
**administrar** to manage, 4.2
**el (la) adolescente** teenager, 4.1
**¿Adónde?** (To) Where?
　**¿Adónde vas?** Where are you going?, I
**adquirir (ie)** to acquire
**la aduana** customs
　**pagar derechos de aduana** to pay customs duty, 3.2
　**pasar por la aduana** to go through customs, II
**el (la) adulto(a)** adult, 4.1
**adulto(a) adj.** adult (adj.)
**la advertencia** warning
**advertir (ie, i)** to warn
**aeróbico(a)** aerobic, 2.1
　**los ejercicios aeróbicos** aerobics, 2.1
**la aerolínea** airline, 3.2
**el aeropuerto** airport
**afectar** to affect
**afeitarse** to shave oneself
**el (la) aficionado(a)** fan, sports fan

Recursos
Glosario español-inglés

**la agencia** agency
  **la agencia de publicidad** ad agency, III
  **la agencia de viajes** travel agency, II
**la agenda electrónica** personal organizer
**el (la) agente** agent, 1.1
  **el (la) agente de bolsa** stockbroker, III
  **el (la) agente de relaciones públicas** public relations agent, 1.1
  **el (la) agente de viajes** travel agent, II
**agobiante** stifling
**agosto** August
**agotador(a)** exhausting
**agotarse** to run out of, to sell out of, 5.2
**agradecer (agradezco)** to thank, 1.2
**la agresión** aggression, 4.1
**el (la) agricultor(a)** farmer
**la agricultura** agriculture
**agrio(a)** sour; bitter
**el agua (fem.)** water
  **el agua dulce** fresh water, III
  **las aguas termales** hot springs
**el aguacate** avocado
**el (la) ahijado(a)** godchild
**ahogado(a)** stifled, choked
**ahora** now
  **ahora mismo** right now, I
**ahorrar** to save (money, time)
**los ahorros** savings
  **la cuenta de ahorros** savings account, III
**el aire** air, 2.2
  **al aire libre** outside, outdoors; open-air, I
  **el aire acondicionado** air conditioning, I
  **el aire puro** clean air, III
  **el hockey de aire** air hockey, 2.2
**el ajedrez** chess, 2.2
**el ajo** garlic
**al** to the
  **al aire libre** outside, outdoors; open-air, III
  **al extranjero** abroad, III
  **al lado (de)** next to, I
  **al revés** upside down
**el ala (fem.)** wing
**alado(a)** winged
**el albergue juvenil** youth hostel
**el (la) alcalde(-esa)** mayor, 6.2

**la alcaldía** mayorship
**alcanzar** to reach, to attain
**el alcoholismo** alcoholism, 4.1
**alegrarse (de que...)** to be happy (that...)
**alegrarse de** to be glad to, 1.2
**alegre** happy; upbeat
**la alfombra** rug, carpet, 6.2
  **la alfombra roja** red carpet, 6.2
**algo** something
**el algodón** cotton
**alguien** someone
**algún** some
  **Algún día...** Some day..., II
**alguno(a)** some, any
**el alimento** food
**el aljibe** cistern
**allí** there
**el almacén (pl. los almacenes)** department store
**almacenar** to store
**almorzar (ue)** to eat lunch
**el almuerzo** lunch
**¿Aló?** Hello? (on telephone)
**el alojamiento** lodging, 3.1
**el alpinismo** mountain climbing, 2.1
**el (la) alpinista** mountain climber
**alquilar** to rent
**el alquiler** rent, 4.2
  **pagar el alquiler** to pay the rent, 4.2
**alto(a)** tall, high, 6.1
  **de alta definición** high definition, 6.1
**el altoparlante** loudspeaker
**la altura** height
**el (la) alumno(a)** student
**amable** nice, friendly; kind
  **Muy amable.** Very kind., III
**el amanecer** sunrise
**amargo(a)** bitter
**amarillo(a)** yellow
**el ambiente** atmosphere, setting
**ambos(as)** both
**amenazar** to threaten
**el (la) amigo(a)** friend
**la amistad** friendship
**el amor** love, 4.1
**el amplificador** amplifier, 5.1
**el amuleto** good-luck charm
**añadir** to add
**el analfabetismo** illiteracy, 4.1
**el análisis (pl. los análisis)** analysis
**el (la) analista** analyst, 1.1
  **el (la) analista de sistemas** systems analyst, 1.1

**analizar** to analyze
**anaranjado(a)** orange (color)
**ancho(a)** wide
**los ancianos** the elderly
**andar** to walk, to go
  **andar en patineta** to skateboard, I
**el andén (pl. los andenes)** platform
**el anillo** ring
**la animación** animation
**animado(a)** animated, upbeat
**el animal** animal, 6.1
  **el programa de vida animal** animal life show, 6.1
**animarse** to get interested or excited
**el ánimo** spirit
**el año** year
  **el Año Nuevo** New Year
  **el año pasado** last year, II
  **¿Cuántos años tienes?** How old are you?, I
  **tener... años** to be... years old, I
**anoche** last night
**la anotación (pl. las anotaciones)** annotation, entry
**anteayer** the day before yesterday
**el antecedente** previous record; background event, 8.1
  **los antecedentes académicos** academic records, transcripts, 1.1
**antemano: de antemano** beforehand
**antes (de)** before
  **antes (de) que** before, III
**anticipación: con anticipación** in advance
**anticipar** to anticipate
**antiguo(a)** ancient old
**el anuario** yearbook
**anunciar** to announce
**el anuncio** advertisement, ad, announcement
  **el anuncio clasificado** classified ad, III
  **el anuncio de prensa** press release, I
  **el anuncio personal** personal ad, III
**apagar** to turn off, 6.1
  **apagar la luz** to turn off the light, II
**apagarse** to go out, to burn out
**el aparato** device
**aparecer (aparezco)** to appear
**el apartamento** apartment
**aparte de** besides, apart from
**apasionado(a)** passionate

**el apellido** last name
**apenas** barely
**aplaudir** to clap
**el apodo** nickname
**apoyar** to support
**el apoyo** support
**apreciar** to appreciate
**aprender** to learn
    **aprender el español** to learn Spanish, I
**apretado(a)** tight (clothing)
**el apretón (pl. los apretones) de manos** handshake
    **aprobar** to pass, 4.2
**aprobar (ue)** to pass (a law or test)
**aprovechar** to take advantage (of something), III
**apuntar** to aim, 2.2
**los apuntes** notes
    **tomar apuntes** to take notes, I
**aquel (aquella)** that (over there)
    **aquél (aquélla)** that one (over there), II
**aquellos(as)** those (over there)
    **aquéllos(as)** those ones (over there), II
**aquí** here
**la araña** spider
**el (la) árbitro** referee, umpire, 2.1
**el árbol** tree
    **el árbol de Navidad** Christmas tree, I
**el archivo** file, file cabinet, 1.1
    **el archivo electrónico** electronic file, 1.1
**la ardilla** squirrel
**la arena** sand
**el arete** earring
**el argumento** plot
**el arma** weapon, 4.1
**el armario** closet; armoire
**el arnés** harness, 2.1
**el aro** hoop, ring, basket (in basketball), 2.1
**el arpa** harp, 5.1
**el (la) arqueólogo(a)** archaeologist
**el (la) arquitecto(a)** architect, III
**la arquitectura** architecture
**el arrecife (de coral)** (coral) reef
**arreglar** to repair
    **arreglarse** to get ready, II
**el arrepentimiento** regret
**arriesgado(a)** risky
**arriesgarse** to risk
**la arroba** at sign @ (in e-mail address)
**el arroz** rice

**el arte** art, 5.1
    **el arte interpretativo** performance art, I
    **las artes marciales** martial arts, I
    **las bellas artes** fine arts
    **la galería de arte** art gallery, 5.1
**la artesanía** handicraft, 5.2
**el (la) artesano(a)** artisan, craftsperson
**el artículo** article
    **el artículo de opinión** editorial, III
    **los artículos** goods, articles, II
    **los artículos deportivos** sporting goods, I
**el (la) artista** artist
**artístico(a)** artistic
**el asado** barbecue
**asado(a)** roasted
**el ascenso** promotion, 1.2
**el ascensor** elevator
**el asco** disgust
    **¡Qué asco!** How disgusting!, II
**asegurar** to assure
    **Te lo aseguro.** I assure you., III
**asentir (ie, i)** to agree
**así** this way, like this
    **así que** so, thus
**el asiento** seat, 3.2
    **el asiento numerado** numbered seat, III
**la asignatura** subject (in school)
**asistir a** to attend
**asombrarse** to be astonished
**asombroso(a)** surprising
**la aspiradora** vacuum cleaner
    **pasar la aspiradora** to vacuum, I
**el (la) aspirante** applicant, 1.1
**el (la) astronauta** astronaut
**asustarse** to get scared
**atender (ie)** to attend
**Atentamente** Sincerely, 1.2
**atento(a)** attentive
    **Muy atento(a).** Very attentive., III
**aterrizar** to land, 3.2
**aterrorizar** to terrify, to frighten
**el (la) atleta** athlete
**atlético(a)** athletic
**las atracciones** attractions, sights
    **ver las atracciones** to go sightseeing, II
**atractivo(a)** attractive
**atraer (atraigo)** to attract
**atrasar** to delay
**atrasarse** to get behind (schedule), to fall behind, 1.1
**atreverse a** to dare, 1.2

**atrevido(a)** daring
**el aula** classroom
**aumentar** to increase
**aun** even
**aún** still, yet
**aunque** although
**la ausencia** absence
**auténtico(a)** authentic
**los autitos chocadores** bumper cars
**la autobiografía** autobiography, 5.2
**el autobús (pl. los autobuses)** bus
    **en autobús** by bus, I
**el autódromo** racetrack, 2.1
**la autoestima** self-esteem
**el automóvil** automobile, car
**el (la) autor(a)** author
**el autorretrato** self-portrait, 5.1
**el (la) auxiliar** attendant, 3.2
    **el (la) auxiliar de vuelo** flight attendant, 3.2
**la avalancha** avalanche, 6.2
**el avance** advance, 6.1
    **el avance rápido** fast forward, 6.1
**avancemos** let's advance, let's move ahead
**¡Avanza!** Advance!, Move ahead!
**avanzado(a)** advanced
**avanzar** to advance, to move ahead
**avaro(a)** miserly
**la avenida** avenue
**la aventura** adventure
**avergonzarse** to feel embarrassed
**el avión (pl. los aviones)** airplane
    **en avión** by plane, I
**avisar** to inform
**¡Ay, por favor!** Oh, please!
**ayer** yesterday
**la ayuda** help, 4.1
    **el centro de ayuda** counseling center, helpline, 4.1
**ayudar a** to help, 1.2
**el ayuno** hunger strike; fast
**la azafata** female flight attendant, 3.2
**azteca** Aztec
**el azúcar** sugar
**azul** blue

**el backgammon** backgammon, 2.2
**la bahía** bay
**bailar** to dance
**el bailarín/la bailarina** dancer

**el baile** dance
**bajar** to descend
   **bajar el telón** to lower the curtain, III
**bajo** under, beneath
   **bajo techo** indoor, 2.2
**bajo(a)** short (height)
**el balcón (pl. los balcones)** balcony
**la ballena** whale
**la balsa** raft
**la banana** banana
**bañarse** to take a bath
**el banco** bank; bench
**la banda** band, 5.1
**la bandera** flag
**la bañera** bathtub, tub
**el baño** bathroom
**el (la) banquero(a)** banker
**barajar** to deal, 2.2
**la baranda** railing
**barato(a)** inexpensive
**bárbaro: ¡Qué bárbaro!** How cool!
**el barco** boat
   **en barco** by boat, I
**barrer** to sweep
**el barrio** neighborhood
**el barro** clay, 5.2
**la base** base, 1.2
   **la base de datos** database, 1.2
**el básquetbol** basketball (the sport)
**bastante** quite
**bastar con** to be enough to, 1.2
**la basura** trash, garbage
**el basurero** garbage container, trash can, III
**la batalla** battle
**el bate** (baseball) bat
**la batería** battery, drums, 5.1
**batido(a)** beaten
**batir** to beat
**el bautismo** baptism
**el (la) bebé** baby, infant
**beber** to drink
**la bebida** beverage, drink
**la beca** scholarship, 4.2
**el (la) becario(a)** intern, 1.1
**el béisbol** baseball (the sport), 2.1
   **el guante de béisbol** baseball glove, 2.1
**el (la) beisbolista** baseball player
**la belleza** beauty
**bello(a)** nice, beautiful
**el beneficio** benefit, 1.1
   **a beneficio de** for the benefit of, III
**la biblioteca** library
**el (la) bibliotecario(a)** librarian

**la bicicleta** bicycle
**bien** well, fine, 2.1
   **Bien. ¿Y tú/usted?** Fine. And you? (familiar/formal), III
   **irle bien (a alguien)** to do well, III
   **Muy bien. ¿Y tú/usted?** Very well. And you? (familiar/formal), III
   **pasarlo bien (mal)** (not) to have a good a time, 2.1
   **salir bien** to turn out well, III
**la bienvenida** welcome
**bienvenido(a) (adj.)** welcome (adj.)
**el billar** billiards, 5.2
**el billete** ticket
   **sacar el billete** to buy a ticket, III
**la biodiversidad** biodiversity
**la biografía** biography
**la bisabuela** great-grandmother
**el bisabuelo** great-grandfather
**los bisabuelos** great-grandparents
**el bistec** beef
**la biznieta** great-granddaughter
**el biznieto** great-grandson
**los biznietos** great-grandchildren
**el blanco** dartboard, 2.2
**blanco(a)** white
   **en blanco** blank
**blando(a)** soft, 5.2
**el blog** blog, 5.2
**el bloqueador de sol** sunscreen
**la blusa** blouse
**la boca** mouth
**la boda** wedding
**el boleto** ticket, 3.2
   **el boleto de ida y vuelta** roundtrip ticket, II
   **el boleto electrónico** e-ticket, 3.2
**la bolsa** bag, handbag; stock market, III
   **la bolsa de plástico** plastic bag, III
**los bolos** bowling, bowling pins, 2.2
   **jugar a los bolos** to go bowling, 2.2
**el (la) bombero(a)** firefighter, III
**la bombilla** light bulb
**la bombonería** candy store
**bonito(a)** pretty
**el boquerón (pl. los boquerones)** anchovy
**bordar** to embroider
**el borrador** eraser; draft
**borrar** to erase
**el bosque** forest, woods
   **el bosque lluvioso** rain forest, I
   **el bosque nuboso** cloud forest
**el bosquejo** story board; sketch, 5.1

**la bota** boot
**el bote** boat
   **el bote de remos** rowboat
**la botella** bottle
**el botones** bellhop, 3.1
**¡Bravo!** Bravo!
**el brazo** arm
**brillante** brilliant
**brillar** to shine
**la brisa** breeze
**el brócoli** broccoli
**la broma** joke
**el bronce** bronze, 5.2
**la brújula** compass
**el (la) buceador(a)** scuba diver
**bucear** to scuba-dive, 2.1
**bueno(a)** good
   **¡Buen provecho!** Enjoy!, II
   **Buenas noches.** Good evening; Good night., III
   **Buenas tardes.** Good afternoon., III
   **Bueno,...** Well,...
   **¿Bueno?** Hello? (on phone), II
   **Buenos días.** Good morning., III
   **Es bueno (que...)** It's good (that...), II
**burlarse de** to make fun of, I
**buscar** to look for
**la búsqueda** search
**el buzón (pl. los buzones)** mailbox

**el caballero** knight
**el caballo** horse
   **montar a caballo** to ride a horse, I
**la cabeza** head
**la cabina** cabin; booth
**el cable** cable, 6.1
**el cacao** cacao tree
**cada** each; every
   **cada tanto** from time to time
   **cada vez más** more and more
**la cadena** TV network, 6.1
   **la cadena nacional** national network, 6.2
**la cadera** hip
**caer (caigo)** to fall
**caerse** to fall down, 5.2
**el café** coffee; café
**el cafetal** coffee farm
**la cafetería** cafeteria

el (la) cafetero(a) coffee worker
la caja box, 3.1
　la caja de seguridad safe, safe deposit box, 3.1
el (la) cajero(a) cashier
　el cajero automático ATM, III
el cajón drawer, 1.1
el calamar squid
el calcetín (pl. los calcetines) sock, III
la calculadora calculator
el cálculo calculation, 1.2
　la hoja de cálculo spreadsheet, 1.2
el caldo broth
el calendario calendar
calentar (ie) to heat
la calidad quality
cálido(a) warm
caliente hot (temperature)
callado(a) quiet
la calle street
el callejón (pl. los callejones) alley
el calor heat
　el calor agobiante stifling heat, III
　Hace calor. It is hot., III
　tener calor to be hot (person), I
la cama bed
　hacer la cama to make the bed, I
la cámara camera
　la cámara de cine movie camera, II
　la cámara de video video camera, II
　la cámara digital digital camera, II
el (la) camarero(a) (food) server
el (la) camarógrafo(a) cameraman/camerawoman, II
cambiar to change
　cambiar de papel to change roles, I
el cambio change
caminar to walk
la caminata hike
　dar o hacer una caminata to hike, to take a hike, III
el camión (pl. los camiones) truck
la camioneta SUV, truck
la camisa shirt
la camiseta T-shirt
la campaña campaign
el campeón, la campeona (pl. los campeones) champion
el campeonato championship
　el Campeonato Mundial Juvenil World Youth Championship, I
el campo field; the country, countryside, I
la caña rod, 2.1

el canal channel
　el canal de televisión TV channel, III
cancelar to cancel, 3.2
la cancha court (sports)
el (la) candidato(a) candidate, 6.2
la canoa canoe
cansado(a) tired
cansarse to get tired, 2.1
el (la) cantante singer, 5.1
cantar to sing
la cantimplora canteen, water bottle, III
el canto chant
la capa de ozono ozone layer
el caparazón (pl. los caparazones) shell (of an animal)
capaz capable
la capilla chapel
el capítulo chapter
captar to capture
capturar to capture, 4.1
la cara face
la carabela caravel
el caracol seashell
la cárcel jail, 4.1
la carga cargo, 3.2
el cariño affection
Cariños Love, 1.2
la carnada bait, 2.1
la carne meat
la carnicería butcher shop
caro(a) expensive
　¡Qué caro(a)! How expensive!, I
la carpeta folder, 1.1
el (la) carpintero(a) carpenter
la carrera race, career, 4.2
el carrete reel
la carretera highway
el carro car
la carroza float
la carta letter; card, 2.2
　la carta al editor letter to the editor, I
　la carta de presentación cover letter, I
　las cartas cards, 2.2
el cartel sign, poster
la cartera wallet
el (la) cartero(a) mail carrier; postman/postwoman
el cartón cardboard
la casa house
　la casa editorial publishing company, I
　la casa rodante RV, III

casarse to get married
casarse con to marry, 1.2
la cascada waterfall
la cáscara shell (of a nut or seed)
el casco helmet, 2.1
casi almost
el caso case
　en caso de que in case, III
castaño(a) brown (hair)
el castillo castle, 3.1
la casualidad chance
　por casualidad by chance, III
la catedral cathedral
catorce fourteen
el cautiverio captivity
cazar to hunt
la cebolla onion
celebrar to celebrate
los celos jealousy
　tener celos (de) to be jealous (of), II
el celular cellular telephone
la cena dinner
cenar to dine, to have dinner
　la hora de cenar suppertime
las cenizas ashes
el centro center; downtown
　el centro comercial shopping center, mall, I
　el centro de ayuda counseling center, helpline, 4.1
　el centro histórico historic center, III
cepillar to brush
　cepillarse los dientes to brush one's teeth, II
el cepillo brush
　el cepillo de dientes toothbrush, II
la cerámica ceramics; ceramic
　de cerámica (made of) ceramic, II
cerca (de) near (to)
el cerdo pork
　la chuleta de cerdo pork chop, II
el cereal cereal
la ceremonia ceremony
cero zero
cerrado(a) closed
　Está cerrado(a). It's closed., III
cerrar (ie) to close
　cerrar el grifo to turn off the faucet, III
la certeza certainty
el césped grass, lawn
　cortar el césped to cut the grass, I
el chaleco vest, 3.2
　el chaleco salvavidas life jacket,

Recursos
Glosario español-inglés

3.2
**el chambelán** male attendant
**el champú** shampoo
**la chaqueta** jacket
**charlar** to chat
**¡Chau!** Bye!
**el cheque** check
**chévere: ¡Qué chévere!** How cool!
**la chica** girl
**el chico** boy
**chino(a)** Chinese, 2.2
  **las damas chinas** Chinese checkers, 2.2
**el chisme** gossip, 6.1
  **el programa de chisme** gossip show, 6.1
**el chiste** joke
  **hacer chiste de** to make fun of, I
**el chorizo** sausage
**el ciclismo** bicycle racing, cycling, 2.1
**el ciclo** cycle
  **el ciclo de vida** life cycle, I
**cien** one hundred
**la ciencia** science, 5.2
  **la ciencia ficción** science fiction, 5.2
**las ciencias** science
  **las ciencias naturales** natural sciences, I
**el (la) científico(a)** scientist
**cierto(a)** certain; true
  **(No) Es cierto que...** It is (not) true that..., II
**la cima** peak; height
**el cincel** chisel, 5.2
**cinco** five
**cincuenta** fifty
**el cine** movie theater; the movies
  **la estrella de cine** movie star, II
**la cinta** belt, 3.2
  **la cinta transportadora** luggage carousel, 3.2
**el cinturón (pl. los cinturones)** belt, 3.2
  **el cinturón de seguridad** seat belt, 3.2
**la cita** quotation; appointment
  **tener una cita** to have an appointment, II
**la ciudad** city
  **la ciudad universitaria** campus, I
**la ciudadanía** citizenship
**el (la) ciudadano(a)** citizen
**la civilización (pl. las civilizaciones)** civilization
**claro(a)** clear

**¡Claro que sí!** Of course!, II
**Claro.** Of course., III
**la clase** class, classroom; kind, type, 3.1
  **la clase turista** tourist class, 3.1
  **primera clase** first class, 3.1
**clásico(a)** classical, 5.1
  **la música clásica** classical music, 5.1
**clavar** to hit the dartboard, 2.2
**el (la) cliente** client
**el clima** climate, weather
**el clímax** climax
**el club** club
**la cobertura** coverage, 6.2
**cobrar** to charge (money), 4.2
**el cobre** copper
**el coche** car, carriage
  **el coche tirado por caballo** horse-drawn carriage, I
  **en coche** by car, I
**el cochinillo** suckling pig
**cocido(a)** cooked
**la cocina** kitchen; cuisine, 6.1
  **cocina** cooking
  **el programa de cocina** cooking show, 6.1
**cocinar** to cook
**la codera** elbow pad, 2.1
**codicioso(a)** greedy
**el código** code, 1.2
  **el código de vestimenta** dress code, 1.2
**el codo** elbow
**la cola** tail; line, 3.2
  **hacer cola** to get in line, II
  **ponerse en la cola** to stand in line, 3.2
**colaborar** to collaborate
**el colegio** school, high school
**colgar (ue)** to hang
**el collar** necklace
**el color** color
  **¿De qué color es/son...?** What color is/are...?
**colorido(a)** colorful
**la columna** column
  **la columna de consejos** advice column
**el columpio** swing, swingset
**la comedia** comedy
**el comedor** dining room
  **el comedor de beneficencia** soup kitchen, III
**comentar** to comment on, to talk about, III

**comenzar (ie)** to begin
**comer** to eat
  **comer al aire libre** to picnic, to eat outside, I
**el comercial** commercial, 6.1
**comercializar** to commercialize, to market
**la cometa** kite, 2.1
**cometer** to commit
  **cometer un error** to make a mistake, III
**cómico(a)** funny
**la comida** meal; food
  **la comida chatarra** junk food, III
**el comienzo** beginning, start
**el comité** committee
  **el comité de eventos** events committee, III
  **el comité estudiantil** student government, III
**como** since; as, like
  **como sea** however that may be
**¿Cómo...?** How...?; What?
  **¿Cómo eres?** What are you like?, I
  **¿Cómo está usted?** How are you? (formal), I
  **¿Cómo estás?** How are you? (familiar), I
  **¿Cómo llego a...?** How do I get to...?, II
  **¿Cómo me queda(n)?** How does it (do they) fit me?, II
  **¡Cómo no!** Of course!, II
  **¿Cómo se llama?** What's his/her/your (formal) name?, I
  **¿Cómo te llamas?** What's your name? (familiar), I
**la cómoda** dresser
**cómodo(a)** comfortable
**los compadres** godparents
**el (la) compañero(a)** companion, partner
  **el (la) compañero(a) de equipo** teammate, II
**la compañía** company, business
**comparar** to compare
**la comparsa** dance troupe
**el compartimiento** luggage compartment, 3.2
**compartir** to share
**la competencia** competition
**el (la) competidor(a)** competitor
**competir (i, i)** to compete
**complejo(a)** complex
**completo** complete, 1.2
  **el trabajo de tiempo**

**completo** full-time job, 1.2
**complicado(a)** complicated
**componer** to compose, 5.1
**el comportamiento** behavior
**comportarse bien/mal** to behave well/badly, III
**el (la) compositor(a)** composer, 5.1
**comprar** to buy
**comprender** to understand
    **¿Comprendiste?** Did you understand?, I
**la comprensión** understanding
**comprensivo(a)** understanding
**comprometerse** to commit oneself
**el compromiso** commitment, engagement, 4.1
**la computación** computer studies
**la computadora** computer, 1.1
    **la computadora portátil** laptop computer, III
**común** common
    **en común** in common
**comunicarse** to communicate, 1.2
**la comunidad** community
**comunitario(a)** community (adj.), 4.1
    **el trabajo comunitario** community work, 4.1
**con** with, 3.1
    **con anticipación** in advance, III
    **con cuidado** carefully, I
    **Con mucho gusto.** With pleasure., III
    **Con permiso.** Excuse me., III
    **con tal (de) que** as long as, III
    **con vista al mar** with an ocean view, 3.1
**conceder** to grant, to bestow
**concentrarse** to be concentrated
**conciencia: la conciencia social** social awareness, III
**el concierto** concert
**concluir** to conclude, to finish
**conclusión : en conclusión** in conclusion, III
**el concurso** contest
**conducir (conduzco)** to drive, to steer
**la conducta** behavior
**el (la) conductor(a)** conductor
**conectar** to connect
    **conectar(se) a Internet** to connect to the Internet, III
**la conexión** flight connection, 3.2
**confirmar: confirmar el vuelo** to confirm a flight, II
**la conferencia** conference, 6.2

**la conferencia de prensa** press conference, 6.2
**la conferencia telefónica** phone conference, 1.2
**la sala de conferencias** conference room, 1.2
**confiar en** to trust, 1.2
**confidencial** confidential, 1.2
**confirmar** to confirm, 3.2
**el conjunto** band, musical group
**conmigo** with me
**conocer (conozco)** to know, to be familiar with; to meet, I
**conocido(a)** known
    **muy conocido(a)** well-known, I
**el conocimiento** knowledge
**consecutivo(a)** consecutive, in a row
**conseguir (i, i)** to get, to find
**el (la) consejero(a)** counselor, advisor
**los consejos** advice
    **dar consejos** to give advice, III
**conservar** to conserve, to keep
**la consideración** consideration
**considerado(a)** considerate
**considerar** to consider
**consistir en** to consist of, 1.2
**la consola** console, 2.2
    **la consola de videojuegos** videogame console, 2.2
**construir** to build
**el consulado** consulate, 3.1
**el (la) consultor(a)** consultant
    **el (la) consultor(a) de informática** IT consultant, I
**el consultorio** doctor's/dentist's office, II
**el (la) consumidor(a)** consumer
**la contabilidad** accounting
**el (la) contador(a)** accountant
**la contaminación** pollution, contamination, II
**contar (ue)** to tell (a story); to count
    **contar con** to count on; to have, to include, 1.2
    **contar con los demás** to count on others, III
**contento(a)** happy
**la contestadora** answering machine
**contestar** to answer
**el contexto** context
**contigo** with you (familiar)
**continuado(a)** continued, 6.1
**contra** against
**el contrabajo** double bass, 5.1
**la contraseña** password

**el contraste** contrast
**la contratapa** back cover, 5.2
**contratar** to hire
**el control** control, 6.1
    **el control remoto** remote control, 6.1
**controlar** to control, 4.2
**convencer** to convince
    **¡Estoy convencido(a)!** I'm convinced!, II
**convertirse en** to turn into
**la cooperación** cooperation
**la copa** goblet
    **la Copa Mundial** World Cup, II
**el coraje** courage
**el corazón (pl. los corazones)** heart
**la corbata** tie, necktie
**el corbatín (pl. los corbatines)** bow tie, III
**el cordero** lamb
**la cordillera** mountain range
**el coro** choir
**la corona** tiara
**corregir (i, i) (corrijo)** to correct
**el correo** mail, 1.2
    **el correo electrónico** e-mail, 1.2
**correr** to run
**el (la) corresponsal** correspondent, 6.2
**la corriente** electricity
**cortar** to cut
    **cortar el césped** to cut the grass, I
**la corte** entourage, attendants
**cortés** polite, courteous, 1.2
**la cortina** curtain
**corto(a)** short (length)
**el cortometraje** short documentary, III
**la cosa** thing
**la cosecha** harvest
**coser** to sew
**la costa** coast
**costar (ue)** to cost
    **¿Cuánto cuesta(n)?** How much does it (do they) cost?, I
    **Cuesta(n)...** It (They) cost(s)..., I
**la costumbre** custom
**cotidiano(a)** daily
**crear** to create
**la creatividad** creativity
**crecer (crezco)** to grow; to grow up
**el crédito** credit, 4.2
    **la tarjeta de crédito** credit card, 4.2
**creer** to believe, to think
    **Creo que sí/no.** I think/don't

think so., III
  no creer que... to not believe that...
la crema de afeitar shaving cream
la cría (pl. las crías) brood
la crianza raising (of children), 4.1
criar to raise, to bring up
el crimen (pl. los crímenes) crime, 4.1
la crítica review
criticar to criticize
cronológico: en orden
  cronológico in chronological order, III
el crucero cruise
  hacer un crucero to go on a cruise, III
crudo(a) raw
la cruz (pl. las cruces) cross
cruzar to cross
el cuaderno notebook
la cuadra city block
el cuadro painting, square
  de cuadros plaid, II
¿Cuál(es)? Which?; What?
  ¿Cuál es la especialidad de la casa? What is the specialty of the house?, II
  ¿Cuál es la fecha? What is the date?, I
  ¿Cuál es tu/su número de teléfono? What is your phone number? (familiar/formal), I
la cualidad quality
cualificado(a) qualified
cualquier any
cuando when
  cuando sea whenever that may be
¿Cuándo? When?
cuanto as much
  en cuanto as soon as, III
  en cuanto a as to, as for
cuánto(a) how much
  ¿Cuánto cuesta(n)? How much does it (do they) cost?, I
cuántos(as) how many
  ¿Cuántos años tienes? How old are you?, I
  ¿Cuántos(as)...? How many...?, I
cuarenta forty
el cuarto quarter; room, bedroom, 3.1
  el cuarto libre vacant room, 3.1
  desocupar el cuarto to vacate the room, 3.1
cuarto(a) fourth
  ... y cuarto quarter past... (the hour), I

el cuatriciclo four-wheeler, 2.1
cuatro four
cuatrocientos(as) four hundred
la cubierta deck (of a boat)
el cubo bucket
la cuchara spoon
el cuchillo knife
el cuello neck
la cuenta bill, account, 1.2
  la cuenta de ahorros savings account, III
  darse cuenta de to realize, 1.2
  tener en cuenta to take into account
  trabajar por cuenta propia to be self-employed, 1.2
el (la) cuentista short-story writer, 5.2
el cuento story, short story, 5.2
  un cuento policíaco crime story, III
la cuerda string, 5.1
  los instrumentos de cuerda string instruments, 5.1
el cuero leather
  de cuero (made of) leather, II
el cuerpo body
la cuestión (pl. las cuestiones) question, issue
el cuestionario questionnaire
la cueva cave
el cuidado care
  con cuidado carefully, I
cuidar to care for, to take care of
  cuidar niños to baby-sit, III
el cultivo cultivation
la cultura culture
el cumpleaños birthday
  ¡Feliz cumpleaños! Happy birthday!, I
cumplir con to carry out, to fulfill
la cuñada sister-in-law
el cuñado brother-in-law
la cuota installment, 4.2
la cura cure, 4.1
curar to cure
curioso(a) curious
cursar to study
el curso course (of study)

los dados dice, 2.2
¡Dale! Come on!

la dama female attendant
las damas checkers, 2.2
  las damas chinas Chinese checkers, 2.2
dañar to damage, to harm
el daño damage
la danza dance
  la danza folklórica folk dance, I
dar (doy) to give
  dar consejos to give advice, III
  dar lo mismo to be all the same, I
  dar una caminata to hike, II
  dar una sugerencia to make a suggestion, III
  dar una vuelta to take a walk, III
  darle de comer al perro to feed the dog, I
  darse cuenta de to realize, III
  darse prisa to hurry up, I
  Me da miedo. It scares me., III
  Quisiera dar las gracias a... I would like to thank..., II
los dardos darts, 2.2
darse cuenta de to realize, 1.2
los datos information, data, 1.2
  la base de datos database, 1.2
de of, from, 3.1
  de alta definición high-definition, 6.1
  de antemano beforehand, III
  de cocina cooking, 6.1
  de habla hispana Spanish-speaking, I
  de ida y vuelta round-trip ticket, 3.1
  de la mañana in the morning (with a time), I
  de la noche at night (with a time), I
  de la tarde in the afternoon (with a time), I
  de madera (made of) wood, I
  de moda in style, fashionable
  De nada. You're welcome., III
  de oro (made of) gold
  de pasillo aisle (seat), 3.2
  de plata (made of) silver, I
  de repente suddenly
  de vacaciones on vacation, I
  de ventanilla window (seat), 3.2
  de ventas sales, 6.1
  ¿De veras?, Really?
  ¿De verdad? Really?
  de vez en cuando once in a while, I
  de vida animal animal life, 6.1
debajo (de) underneath, under
el debate debate

**debatir** to debate
**deber** should, ought to
**el deber** duty
**decidir** to decide
**décimo(a)** tenth
**decir (digo)** to say
   **¿Diga?** Hello? (on phone), II
   **también se dice...** you can also say..., I
   **¡Te digo la verdad!** I'm telling you the truth!, II
**la decisión (pl. las decisiones)** decision
   **tomar decisiones** to make decisions, III
**la decoración (pl. las decoraciones)** decoration, III
**decorar** to decorate
**la dedicación** dedication
**dedicado(a)** dedicated
**el dedo** finger
   **el dedo del pie** toe, II
   **el dedo pulgar** thumb
**la deforestación** deforestation, III
**la definición** definition, 6.1
   **de alta definición** high definition, 6.1
**dejar** to leave (behind)
   **dejar de...** to quit..., to give up...
   **dejar que** to allow (that), III
   **dejar un mensaje** to leave a message, II
   **Le dejo... en...** I'll give... to you for... (a price), II
   **¿Me deja ver?** May I see?, II
**del (de la)** of/from the
   **del medio** center section, 3.2
**delante (de)** in front (of)
**delegar** to delegate
**deletrear** to spell
**delgado(a)** thin
**delicioso(a)** delicious
**la delincuencia** delinquency, 4.1
**el (la) delincuente** delinquent, 4.1
**los demás** others
**demasiado** too; too much
**el (la) dentista** dentist
**dentro (de)** inside (of)
**el deporte** sport, 2.1
   **el deporte acuático** water sport, 2.1
**los deportes** sports
   **los deportes acuáticos** water sports, I
   **los deportes extremos** extreme sports

**el (la) deportista** sportsman, sportswoman, II
**deportivo(a)** sports (adj.), sporting, 2.1
   **la escalada deportiva** rock climbing, 2.1
   **la página deportiva** sports page, 2.1
**deprimido(a)** depressed
**derecho(a)** right (side, direction)
   **doblar a la derecha** to turn right, II
   **la hilera de la derecha** right section, 3.2
**derecho** straight
   **seguir derecho** to go straight, II
**el derecho** law (profession), duty, 3.2
   **pagar derechos de aduana** to pay customs duty, 3.2
**el derrumbe** landslide
**desagradable** disagreeable
**el desaliento** discouragement
**desarrollar** to develop
**el desarrollo** development
**el desastre** disaster
   **el desastre natural** natural disaster, 6.2
**desayunar** to have breakfast
**el desayuno** breakfast
**descansar** to rest
**descargar** to download
**descifrar** to decipher
**descomponerse** to break (down), 5.2
**desconocido(a)** unknown
   **lo desconocido** the unknown, I
**describir** to describe
**descubrir** to discover
**el descuento** discount
**desde** from, since
**la desdicha** unhappiness
**desear** to wish, to want
**desempeñar** to hold (a position), to carry out, 1.1
**el desempleo** unemployment, 4.1
**el desenlace** outcome
**el deseo** desire
**la deserción** desertion, 4.1
   **la deserción escolar** dropping out of school, 4.1
**desesperado(a)** desperate
**desesperar** to despair
**desfilar** to parade, to march
**el desfile** parade
**deslizarse** to slide
**deslumbrante** dazzling
**desocupar** to vacate, 3.1

**desocupar el cuarto** to vacate the room, 3.1
**el desodorante** deodorant
**desordenar** to mess up
**desorganizado(a)** disorganized
**despedido(a)** fired, 1.1
   **ser despedido(a)** to get fired, 1.1
**despedir** to fire, 1.1
**despegar** to take off (a plane), 3.2
**despertarse (ie)** to wake up
**después (de)** afterward; after
**destacado(a)** outstanding
**destacarse por...** to stand out (from others) for..., to be remarkable for...
**el destino** destination
**destreza** skill, 2.2
**la destrucción** destruction
**destruir** to destroy
**desvanecerse** to vanish
**la desventaja** disadvantage
**el detalle** detail
**el (la) detective** detective
**el detector** detector, 3.2
   **el detector de metales** metal detector, 3.2
**detenerse (me detengo)** to stop
**detrás (de)** behind
**la deuda** debt, 4.2
**el día** day, 1.2
   **Algún día...** Some day..., II
   **Buenos días.** Good morning., III
   **el día feriado** holiday, III
   **el día personal** personal day, 1.2
   **el día por enfermedad** sick day, 1.2
   **los días festivos** holidays, I
   **¿Qué día es hoy?** What day is today?, I
   **todos los días** every day, I
**el diálogo** dialog
**diario(a)** daily
**dibujar** to draw
**el dibujo** drawing
   **los dibujos animados** cartoons, III
**diciembre** December
**diecinueve** nineteen
**dieciocho** eighteen
**dieciséis** sixteen
**diecisiete** seventeen
**el diente** tooth
**la dieta** diet
   **la dieta balanceada** balanced diet, III
   **seguir una dieta balanceada** to follow a balanced diet, II

**diez** ten
**diferente** different
**difícil** difficult
**la dificultad** difficulty
**la difusión** broadcast, 6.2
  **el medio de difusión** media, 6.2
**digital** digital, 6.1
  **la señal digital** digital signal, 6.1
**el dinero** money
  **el dinero en efectivo** cash, II
**el dios** god
**la diosa** goddess
**el diploma** diploma, 1.1
**la dirección (pl. las direcciones)** address, direction, III
  **la dirección de escenografía** stage direction, III
  **la dirección electrónica** e-mail address, II
  **pedir direcciones** to ask for directions, III
**directo(a)** direct, straight, 3.1
  **el vuelo directo** direct flight, 3.1
**el (la) director(a)** principal, director, conductor, 5.1
**dirigir (dirijo)** to direct, to lead, to direct (a play or movie)
**el disco compacto** compact disc
  **quemar un disco compacto** to burn a CD, I
**Disculpe.** Excuse me; I'm sorry.
**el discurso** speech, 6.2
**discutir** to discuss; to argue
**el (la) diseñador(a)** designer
  **el (la) diseñador(a) de páginas web** Web page designer, III
**diseñar** to design, 5.2
**el diseño** design
**el disfraz (pl. los disfraces)** costume
**disfrutar (de)** to enjoy
**disminuir** to diminish, to decrease, III
**disponerse (me dispongo) a...** to get ready to..., I
**disponible** available
**la distancia** distance, 1.2
  **la llamada de larga distancia** long distance call, 1.2
**distinguirse** to be distinguished
**distinto(a)** distinct, different
**distribuir** to distribute
**la diversión** fun
**divertido(a)** fun
  **¡Qué divertido!** How fun!, I
**divertirse (ie, i)** to enjoy oneself, to have fun, III
**el divorcio** divorce, 4.1

**doblar** to turn; to fold; to dub, II
  **doblar a la derecha/a la izquierda** to turn right/left, II
**doble** double, 3.1
  **la habitación doble** double room, 3.1
**doce** twelve
**el (la) doctor(a)** doctor
**el doctorado** doctorate, 4.2
**el documental** documentary, 6.1
**el documento (de identidad)** (identification) document
**el dólar** dollar
**doler (ue)** to hurt, to ache
**el dolor** ache
  **el dolor de estómago** stomachache
**doméstico(a)** domestic, 4.1
  **la violencia doméstica** domestic violence, 4.1
**domingo** Sunday
**la donación (pl. las donaciones)** donation, III
**el dominó** dominoes, 2.2
**donar** to donate
**donde** where
  **donde sea** wherever that may be
**¿Dónde?** Where?
  **¿De dónde eres?** Where are you from? (familiar), I
  **¿De dónde es usted?** Where are you from? (formal), I
  **¿De dónde es?** Where is he/she from?, I
  **Por favor, ¿dónde queda...?** Can you please tell me where ... is?, II
**dorado(a)** golden
**dormir (ue, u)** to sleep
  **dormir una siesta** to take a nap, III
  **el saco de dormir** sleeping bag, III
**dormirse (ue, u)** to fall asleep
**el dormitorio** dorm, 4.2
**dos** two
**doscientos(as)** two hundred
**el drama** drama, play, dramatic work, 6.1
**el (la) dramaturgo(a)** playwright, dramatist, 5.2
**la droga** drug, 4.1
**el (la) drogadicto(a)** drug addict, 4.1
**la ducha** shower
**ducharse** to take a shower
**dudar** to hesitate
  **dudar que...** to doubt that...
**dudoso(a)** doubtful
  **Es dudoso que...** It's doubtful that...
**el (la) dueño(a)** owner
**dulce** sweet
  **el agua dulce** fresh water, III
**durante** during
**durar** to last
**el DVD** DVD, 6.1
  **el grabador de DVD** DVD recorder, 6.1
  **el reproductor de DVD** DVD player, 6.1

**la ebanistería** cabinet making, wood working, 5.2
**echar** to throw
**el (la) ecólogo(a)** ecologist
**el ecoturismo** ecotourism
**el ecuador** equator
**el edificio** building
**editar** to edit
**el (la) editor(a)** editor
**la educación** education
**educado(a)** educated; polite
**educativo(a)** educational, 4.2
  **el sistema educativo** educational system, 4.2
**el efecto** effect
  **el efecto invernadero** greenhouse effect, III
  **los efectos especiales** special effects, II
**eficiente** efficient, 1.2
**el ejemplo** example
**el ejercicio** exercise
  **hacer ejercicio** to exercise, II
**los ejercicios** exercise, 2.1
  **los ejercicios aeróbicos** aerobics, 2.1
**el ejército** army
**él** he; him
**la elección** election, 6.2
**el (la) electricista** electrician
**electrónico(a)** electronic, 1.1
  **el archivo electrónico** electronic file, 1.1
  **el boleto electrónico** e-ticket, 3.2
  **el correo electrónico** e-mail, 1.2
**elegir (i, i) (elijo)** to choose
**el elemento** element
**ella** she; her
**ellos(as)** they; them

**la embajada** embassy, 3.1
**el embarazo** pregnancy, 4.1
**el embarque** boarding, 3.2
   **la tarjeta de embarque** boarding pass, 3.2
**embellecer** to beautify
**la emergencia** emergency, 3.2
   **la salida de emergencia** emergency exit, 3.2
**emigrar** to emigrate
**la emisora (de radio)** (radio) station, III
**emitir** to broadcast
**emocionado(a)** excited
   **Estoy muy emocionado(a).** I'm overcome with emotion., III
**emocionante** exciting
**emparejar** to match
**empatado(a): estar empatado** to be tied (a score)
**el (la) emperadora** emperor
**empezar (ie)** to begin
**el (la) empleado(a)** employee
**el empleo** job
**emprender** to undertake
**la empresa** company, firm
   **la administración de empresas** business administration, III
**el (la) empresario(a)** businessperson
**en** in, on, 3.1
   **en absoluto** not at all, III
   **en autobús** by bus, I
   **en avión** by plane, I
   **en barco** by boat, I
   **en caso de que** in case, III
   **en coche** by car, I
   **en conclusión** in conclusion, III
   **en cuanto** as soon as, III
   **en línea** online, I
   **en orden cronológico** in chronological order, III
   **en primera persona** in first person, 5.2
   **en tránsito** in transit, 3.1
   **en tren** by train, I
   **estar en línea** to be online, II
**enamorado(a)** in love
   **estar enamorado(a) de** to be in love with, II
**encajar** to fit, to be fitting
**el encaje** lace
**encantado(a)** magical, enchanted
   **Encantado(a).** Delighted; Pleased to meet you., III

**encantar** to delight
   **Me encanta(n)...** I love..., 5.1
   **Sí, me encantaría.** Yes, I would love to., III
**encender** to light (a match or fire), to turn on, 6.1
   **encender la luz** to turn on the light, II
**encargarse de** to take charge (care) of, 1.2
**encima (de)** on top (of)
**encontrar (ue)** to find
   **encontrarse (ue)** to find oneself; to be located
   **encontrarse con** to meet up with, III
**el encuentro** encounter
**la encuesta** survey
**endurecer** to harden, 5.2
**el (la) enemigo(a)** enemy
**enero** January
**la enfermedad** sickness, disease, illness, 4.1
   **el día por enfermedad** sick day, 1.2
**el (la) enfermero(a)** nurse
**enfermo(a)** sick
**enfocarse (en)** to focus (on)
**el enfoque** focus
**enfriar** to cool
**el enlace** link
**enojado(a)** angry
**enojarse** to get angry
**enojón(-ona)** short-tempered
**enorme** huge, enormous
**la ensalada** salad
**ensayar** to rehearse
**el (la) ensayista** essayist, 5.2
**el ensayo** essay, rehearsal
**enseñar** to teach
**ensuciar** to get (something) dirty
**entender (ie)** to understand
   **entenderse bien** to understand each other well, II
   **entenderse mal** to misunderstand each other, II
**enterarse (de)** to find out (about), to get to know about, 6.2
**entonces** then, so
**la entrada** ticket, entrance
**entrar** to enter
**entre** between
**la entrega** delivery, 6.2
   **la entrega de premios** awards show, awards ceremony, 6.2
**el entremés (pl. los entremeses)** appetizer, III
**entremeterse** to meddle
**el entrenamiento** training
**entrenarse** to train
**entretener** to entertain
**el (la) entrenador(a)** coach, trainer, III
**el entretenimiento** entertainment, 6.1
**la entrevista** interview
**entrevistar** to interview
**el envase** container
**enviar** to send
**envolver (ue)** to wrap
**el equilibrio** balance
**el equipaje** luggage, 3.2
   **el exceso de equipaje** excess luggage, 3.2
   **facturar el equipaje** to check in the luggage, 3.2
**el equipo** team; equipment, gear, III
**la erosión** erosion
**el error** error, mistake
**la escala** stopover, 3.2
   **hacer escala** to make a stopover, 3.2
   **sin escalas** direct (nonstop) flight, 3.1
**la escalada deportiva** rock climbing, 2.1
**escalar** to climb
   **escalar montañas** to climb mountains, III
**la escalera** stairs
**el escándalo** scandal, 6.2
**el escáner** scanner
**la escapada** getaway
**el escaparate** display window
**la escena** scene
**el escenario** stage set, movie set
**la escenografía** scenery
**escoger (escojo)** to choose
**escolar** school (adj.), school-related, 4.1
   **la deserción escolar** dropping out of school, 4.1
**esconder** to hide
**escribir** to write
**el (la) escritor(a)** writer
**el escritorio** desk
**la escritura** writing
**escuchar** to listen (to)
**el escudo** coat of arms
**la escuela** school, 4.2
   **la escuela primaria** elementary school, 4.2
   **la escuela secundaria**

**(estatal)** (state) junior high and high school, 4.2
**la escuela técnica** technical school, III
**esculpir** to sculpt, 5.2
**el (la) escultor(a)** sculptor, 5.2
**la escultura** sculpture
**ese(a)** that... (there)
**ése(a)** that one
**el esfuerzo** effort
**la esmeralda** emerald
**el esnórkel** snorkeling, 2.1
**esos(as)** those... (there)
**ésos(as)** those ones
**el espacio** space, room
**la espada** sword
**los espaguetis** spaghetti
**el español** Spanish
**el espanto** fright, terror
**especial** special
**la especialidad** specialty, major (in college), specialization, 4.2
**la especialidad de la casa** specialty of the house, II
**especializarse en** to major in
**la especie** species
**las especies en peligro de extinción** endangered species, III
**el espectáculo** performance, show, III
**el espejo** mirror
**la espera** waiting, 3.2
**la lista de espera** waiting list, 4.2
**la esperanza** hope
**esperar** to wait (for)
**las espinacas** spinach
**el espíritu** spirit
**el esplendor** splendor, glory
**la esposa** wife, spouse
**el esposo** husband, spouse
**la espuma** mist; foam
**el esquí** skiing, 2.1
**el esquí acuático** water-skiing, 2.1
**esquiar** to ski
**la esquina** corner
**en la esquina** on the corner, II
**establecer** to establish
**el establecimiento** establishment
**la estación (pl. las estaciones)** season; station, III
**la estación de metro** subway station, III
**la estación de tren** train station, II
**el estacionamiento** parking, 3.1
**la zona de estacionamiento** parking lot, 3.1

**el estadio** stadium
**el estado** state
**la estancia** ranch
**el estante** shelf
**estar** to be
**Está abierto(a)/cerrado(a).** It's open/closed., III
**¿Está bien?** OK?, I
**¿Está...?** Is... there?, II
**estar de vacaciones** to be on vacation, II
**estar en línea** to be online, II
**estar/no estar de acuerdo con** to agree/disagree with, III
**No, no está.** No, he's/she's not here., III
**estatal** state, 4.2
**la estatua** statue
**la estatuilla** statuette
**el este** east
**este(a)** this... (here)
**éste(a)** this one
**el estilo** style
**Estimado(a)** Dear (cordial but not affectionate), 1.2
**el estómago** stomach
**el dolor de estómago** stomachache
**estos(as)** these... (here)
**éstos(as)** these ones
**la estrategia** strategy
**estrecho(a)** narrow
**la estrella** star; movie star
**la estrella de cine** movie star, II
**estremecerse** to shudder
**estrenar** to premiere, to open
**el estreno** premiere
**el estrés** stress
**estresado(a)** stressed
**la estrofa** stanza
**el estuco** stucco
**el (la) estudiante** student, 4.2
**el (la) estudiante de honor** honor student, 4.2
**el (la) estudiante de intercambio** exchange student, I
**estudiar** to study
**el estudio** study
**estudioso(a)** studious
**la estufa** stove
**la estufa de gas** gas stove, III
**la etapa** stage
**eterno(a)** eternal
**el euro** Euro
**evaluar** to evaluate
**evitar** to avoid
**el examen (pl. los exámenes)** test, 4.2

**el examen de ingreso** entrance examination, 4.2
**el examen final** final examination, 4.2
**el examen parcial** midterm examination, 4.2
**la excavación (pl. las excavaciones)** excavation, III
**¡Excelente!** Excellent!
**el exceso** excess, 3.2
**el exceso de equipaje** excess luggage, 3.2
**la excursión (pl. las excursiones)** day trip, excursion; tour
**hacer una excursión** to go on a day trip, II
**exhibir** to exhibit
**exigir (exijo) que** to demand that
**exiliarse** to be exiled
**el éxito** success; hit (song)
**tener éxito** to be successful, II
**exitoso(a)** successful
**exótico(a)** exotic
**la experiencia** experience, 1.1
**experimentar** to experience
**explicar** to explain
**explorar** to explore
**la exposición** exhibition, 5.1
**expresar** to express
**la extinción (pl. las extinciones)** extinction
**extinguirse** to become extinct
**extra** additional, 1.2
**las horas extras** overtime, 1.2
**el(la) extranjero(a)** foreigner, 3.1
**el extranjero** foreign land
**al extranjero** abroad, 3.1

**la fábula** fable, 5.2
**la fachada** facade, front of a building
**fácil** easy
**fácilmente** easily
**la facturación** check-in, 3.2
**el kiosco de facturación** check-in kiosk, 3.2
**facturar** to check in, 3.2
**facturar el equipaje** to check in the luggage, 3.2
**la facultad** school, department (in college)

la falda  skirt
falso(a)  false
falta: hacer falta  to lack, to be missing
faltar  to lack, to be missing
la fama  fame
la familia  family
los familiares  family members
famoso(a)  famous
la fantasía  fantasy
la farándula  show business, 6.1
la farmacia  pharmacy, drug store
el faro  lighthouse
la farsa  farce; comical play
el (la) farsante  fraud
fastidiar  to annoy
fatal  horrible, really bad, 5.1
favorito(a)  favorite
el fax  fax, 1.1
febrero  February
la fecha  date, 4.2
   ¿Cuál es la fecha?  What is the date?, I
   la fecha de nacimiento  birth date, I
   la fecha de vencimiento  due date, 4.2
   la fecha límite  deadline, 1.2
¡Felicidades!  Congratulations!
felicitar  to congratulate
feliz  happy
   ¡Feliz cumpleaños!  Happy birthday!, I
feo(a)  ugly
la feria  fair
la ferretería  hardware store
fiable  dependable
la ficción  fiction, 5.2
   la ciencia ficción  science fiction, 5.2
la ficha  game piece, 2.2
fiel  faithful
fiesta  party; holiday
   la fiesta de sorpresa  surprise party, I
   la fiesta nacional  national holiday, I
figurar en  to appear in, III
fijarse en  notice, 1.2
la fila  row, 3.2
el filete a la parrilla  grilled steak, II
filmar  to film, II
fin  end
   a fin de que  in order that, III
   el fin  end, I
   el fin de semana  weekend, II

por fin, finally, II
   sin fines lucrativos  nonprofit, I
final  final, 4.2
   el examen final  final examination, 4.2
financiero(a)  financial
las finanzas  finance, 4.2
fino(a)  fine, of high quality
el flan  custard
la flauta  flute, 5.1
flexible  flexible, 1.2
   el horario flexible  flex time, 1.2
flojo(a)  loose (clothing)
la flor  flower
la florería  flower shop
el florero  vase
la fogata  campfire
el follaje  foliage
el folleto  brochure, 3.1
fomentar  to support, to foster
el fondo  back; bottom
   los fondos  funds, III
la forma  shape, form
   ponerse en forma  to get in shape, III
formal  formal
formar  to form
fortalecer (fortalezco)  to strengthen
la fortaleza  fortress
el fósforo  match
la foto  photo, picture
   el foto ensayo  photo essay
   tomar/sacar fotos  to take pictures, II
la fotocopia  photocopy, 1.1
la fotocopiadora  photocopier, 1.1
el (la) fotógrafo(a)  photographer
fracasar  to fail
el fracaso  failure
la frecuencia  frequency
frecuente  frequent
frecuentemente  frequently
el fregadero  kitchen sink
freír (i, i)  to fry
el frente  front
   en frente de  in front of
   frente a  across from, facing, III
la fresa  strawberry
fresco(a)  fresh
   hacer fresco  to be cool (weather), III
los frijoles  beans
el frío  cold
   Hace frío.  It is cold., III
   tener frío  to be cold (person), I
frito(a)  fried

la fruta  fruit
la frutería  fruit stand
el fuego  fire
   los fuegos artificiales  fireworks, I
la fuente  fountain, source
fuera (de)  outside (of)
fuerte  strong
la fuerza natural  natural force
el (la) fundador(a)  founder
fundar  to found
el fútbol  soccer (the sport), 2.2
   el fútbol 5  indoor soccer with 5 players, 2.2
   el fútbol americano  football (the sport), I
el futbolín  foosball, 2.2
el futuro  future
   En el futuro...  In the future..., II

las gafas  glasses
   las gafas de sol  sunglasses, III
la gala  gala; formal party
la galería  gallery, 5.1
   la galería de arte  art gallery, 5.1
la galleta  cookie
el (la) ganadero(a)  cattle rancher
el ganado  cattle
ganador(a)  winning
el (la) ganador(a)  winner
ganar  to win
   ganarse la vida como...  to earn a living as..., II
el gancho  hook
una ganga  a bargain
la garganta  throat
gastar  to spend
el gasto  expense, 4.2
el (la) gato(a)  cat
el gazpacho  cold tomato soup
el (la) gemelo(a)  twin
generalmente  generally, in general
el género literario  genre
la generosidad  generosity
generoso(a)  generous
genial  wonderful, great, awesome, 5.1
la gente  people
   la gente sin hogar  the homeless, III
el (la) gerente  manager
el gesto  gesture
el gigante  giant

**la gimnasia** gymnastics
**el gimnasio** gymnasium
**gitano(a)** Gypsy
**el glaciar** glacier
**el globo** balloon
**el (la) gobernador(a)** governor, 6.2
**el gobierno** government, 6.2
**el gol** goal (in sports), 2.2
   **meter un gol** to score (in soccer, hockey), 2.2
**el golf** golf, 2.1
   **el palo de golf** golf club, 2.1
**golpear** to hit
**la goma** rubber
**la gorra** cap
**el gorro** winter hat
**el gozo** enjoyment, happiness
**el grabado sobre madera** wood engraving
**el grabador** recorder, tape recorder, 6.1
   **el grabador de DVD** DVD recorder, 6.1
**grabar** to record, 6.1
**Gracias.** Thank you.
   **Gracias por atenderme.** Thank you for your service., III
   **Muchas gracias.** Thank you very much., III
   **Quisiera dar las gracias a...** I would like to thank..., II
**la graduación** graduation
**graduarse** to graduate
**la gráfica** graphic
**gráfico(a)** graphic, 5.2
   **la novela gráfica** graphic novel, 5.2
   **el programa gráfico** graphic programs, 1.2
**la gramática** grammar
**grande** big, large
**la grandeza** grandeur
**la grapadora** stapler, 1.1
**el grifo** faucet
   **abrir el grifo** to turn on the faucet, III
   **cerrar el grifo** to turn off the faucet, III
**el grito** shout, cry
**el grupo** group
**el guante** glove, 2.1
   **el guante de béisbol** baseball glove, 2.1
   **los guantes de trabajo** work gloves, III
**guapo(a)** good-looking
**guardar** to keep, to put away
**el (la) guardia** guard, 3.2
**la guerra** war
   **la zona de guerra** war zone, 6.2
**el (la) guerrero(a)** warrior
**la guía** guide, guidebook
   **la guía de televisión** TV guide, 6.1
   **la guía del viajero** travel guide, I
**el (la) guía (person)** guide (person)
**el guión (pl. los guiones)** screenplay, script
**el (la) guionista** screenwriter
**el guisante** pea
**la guitarra** guitar
**gustar** to like
   **Me gusta...** I like..., I
   **Me gustaría...** I would like..., II
   **No me gusta...** I don't like..., I
   **¿Qué profesión te gustaría tener?** What do you want to be?, II
   **¿Qué te gusta hacer?** What do you like to do?, I
   **¿Te gusta...?** Do you like...?, I
   **¿Te gustaría...?** Would you like...?, I
**el gusto** pleasure
   **Con mucho gusto.** With pleasure., III
   **el gusto es mío.** The pleasure is mine., III
   **Mucho gusto.** Nice to meet you., III

**haber** to have
   **ha habido...** there have been..., I
   **Había una vez...** Once upon a time there was/were ... ..., II
   **No hay de qué.** Don't mention it., III
**la habitación** room, 3.1
   **la habitación doble** double room, 3.1
   **la habitación sencilla** single room, 3.1
   **el servicio de habitación** room service, 3.1
**el (la) habitante** inhabitant
**hablar** to talk, to speak
   **hablar por teléfono** to talk on the phone, I
   **¿Puedo hablar con...?** May I speak to...?, II
**el habla** speech
   **de habla hispana** Spanish-speaking, I
**hacer** to make, to do, 3.2
   **Hace calor.** It is hot., III
   **Hace frío.** It is cold., III
   **Hace muchos siglos...** Many centuries ago..., I
   **Hace sol.** It is sunny., III
   **Hace viento.** It is windy., III
   **hacer clic en** to click on, II
   **hacer cola** to get in line, II
   **hacer ejercicio** to exercise, II
   **hacer escala** to make a stopover, 3.2
   **hacer esquí acuático** to water-ski, I
   **hacer falta** to lack, to be missing
   **hacer fresco** to be cool (weather), III
   **hacer la cama** to make the bed, I
   **hacer la maleta** to pack a suitcase, II
   **hacer puntos** to score, 2.2
   **hacer la tarea** to do homework, I
   **hacer los mandados** to do errands, III
   **hacer surf de vela** to windsurf, I
   **hacer surfing** to surf, to go surfing, I
   **hacer un papel** to play a role, II
   **hacer un viaje** to take a trip, II
   **hacer una caminata** to hike, III
   **hacer una excursión** go on a day trip, III
   **hacer una visita guiada** to take a guided tour, III
   **hacerle gracia a alguien** to please someone, I
   **Me hace llorar.** It makes me cry., III
   **Me hace reír.** It makes me laugh., III
   **¿Qué hicieron ustedes?** What did you do? (pl., formal), I
   **¿Qué hiciste?** What did you do? (sing., familiar), I
   **¿Qué tiempo hace?** What is the weather like?, I
**hacerse** to become
   **hacerse mujer** to become a woman
**hacia** toward
   **hacia abajo** down, I
   **hacia arriba** up, I
**la hamaca** hammock
**el hambre** hunger, 4.1

**tener hambre** to be hungry, I
**la hamburguesa** hamburger
**la harina** flour
**harto: estar harto(a)** to be tired or fed up
**hasta** until
   **Hasta luego.** See you later., III
   **Hasta mañana.** See you tomorrow., III
   **hasta que** until, III
**hay...** there is/are...
   **hay que...** one has to..., one must..., I
**la hazaña** feat, exploit
**hecho(a)** made
   **hecho(a) a mano** handmade
**la heladería** ice cream shop
**el helado** ice cream
**la herencia** heritage
**la herida** wound
**herido(a)** hurt
**herir (ie, i)** to wound; to hurt, 4.1
**la hermana** sister
**la hermanastra** stepsister, 4.1
**el hermanastro** stepbrother, 4.1
**el hermano** brother
**los hermanos** brothers; brother(s) and sister(s)
**hermoso(a)** handsome; pretty
**el héroe** hero
**heroico(a)** heroic
**la heroína** heroine
**la herramienta** tool
**hervido(a)** boiled
**hervir (ie, i)** to boil
**el hielo** ice, 2.2
   **el hockey sobre hielo** ice hockey, 2.2
   **el patín de hielo** ice skate, 2.2
**la hierba** herb
**la hija** daughter
**la hijastra** stepdaughter, 4.1
**el hijastro** stepson, 4.1
**el hijo** son
**los hijos** children, son(s) and daughter(s)
**la hilera** section (of seats), 3.2
   **la hilera de la derecha / izquierda** right/left section, 3.2
   **la hilera del medio** center section, 3.2
**la historia** history, story
**histórico(a)** historic; historical, 3.1
   **los lugares históricos** historic sites, 3.1
**la historieta** comic strip
**el hockey** hockey, 2.2

**el hockey de aire** air hockey, 2.2
**el hockey sobre hielo** ice hockey, 2.2
**el hogar** home
   **la gente sin hogar** the homeless, III
   **el hogar de ancianos** nursing home, III
**la hoja** sheet, leaf, 1.2
   **la hoja de cálculo** spreadsheet, 1.2
   **la hoja de vida** résumé, 1.1
**Hola.** Hello., Hi.
**el hombre** man
   **el hombre de negocios** businessman, III
**el hombro** shoulder
**el homenaje** tribute, homage, 6.2
**el homicidio** homicide, 4.1
**honesto(a)** honest, sincere
**el honor** honor, 4.2
   **el (la) estudiante de honor** honor student, 4.2
**honrado(a)** honest, honorable
**honrar** to honor
**la hora** hour, time, 1.2
   **a la hora que sea** at whatever time that might be
   **¿A qué hora es/son...?** At what time is/are...?, I
   **la hora de cenar** suppertime
   **las horas extras** overtime, 1.2
   **¿Qué hora es?** What time is it?, I
**horadar** to drill
**el horario** schedule, 1.2
   **el horario de verano** summer hours, 1.2
   **el horario flexible** flex time, 1.2
**el horizonte** horizon
**el horno** oven
**horrible** horrible
**hospedarse** to stay (e.g., at a hotel), 3.1
**el hospital** hospital
**el hostal** hostel; inn
**el hotel** hotel
**hoy** today
   **hoy en día** nowadays
   **Hoy es...** Today is ..., I
   **¿Qué día es hoy?** What day is today?, I
**la huelga** labor strike
**la huella** footprint
**el huevo** egg
**húmedo(a)** humid
**el huracán (pl. los huracanes)** hurricane, 6.2

**el icono** icon
**la ida** going, 3.1
   **de ida** one-way (ticket), 3.1
   **de ida y vuelta** round-trip (ticket), 3.1
**la idea** idea
   **Es buena idea/mala idea.** It's a good idea/bad idea., III
**ideal** ideal
**idealizar (a alguien)** to idealize (someone)
**la identificación** identification, ID
**el idioma** language
   **el idioma castellano** the Spanish language, I
**la iglesia** church
**igual** equal, the same
**Igualmente.** Same here; Likewise.
**iluminar** to illuminate
**ilusionado: estar ilusionado(a)** to be excited, to be thrilled
**la imagen (pl. las imágenes)** image, 5.2
**imitar** to imitate
**la impaciencia** impatience
**impaciente** impatient
**implicar** to imply
**la importancia** importance
**importante** important
   **Es importante (que...)** It's important (that...), II
**importar** to be important, to matter
**imposible** impossible
**imprescindible: es imprescindible que...** it is indispensable that...
**impresionante** impressive, awesome
**impresionista** impressionist, 5.1
**imprimir** to print
**improbable: es improbable que...** It's improbable that...
**el impuesto** tax, 4.2
   **libre de impuestos** duty-free, 3.2
**el incendio** fire (accidental)
   **el incendio forestal** forest fire, II
**incluido(a)** included
**incluir** to include
**incontable** countless
**increíble** unbelievable
**indígena** indigenous, native
**infantil** children's, 6.1
   **el programa infantil** children's show, 6.1
**inferir (ie, i)** to infer

la **inflación** inflation, 4.1
la **influencia** influence
**influir** to influence
la **información** information
**informal** informal, casual
**informarse** to keep informed
el **informe** report
la **ingeniería** engineering
el (la) **ingeniero(a)** engineer
**ingenioso(a)** clever
el **inglés** English
el **ingrediente** ingredient
el **ingreso** entrance, 4.2
    el **examen de ingreso** entrance examination, 4.2
la **iniciativa** initiative
la **inmigración** immigration
el (la) **inmigrante** immigrant
la **innovación (pl. las innovaciones)** innovation
**inolvidable** unforgettable
**inscribirse** to enroll, 4.2
el **insecto** insect
**insistir** to insist
**insólito(a)** unusual
el **instrumento** instrument, 5.1
    los **instrumentos de cuerda** string instruments, 5.1
    los **instrumentos de percusión** percussion instruments, 5.1
    los **instrumentos de viento** wind instruments, 5.1
el (la) **integrante** member
**inteligente** intelligent
**intentar** to try
**interactivo(a)** interactive, 2.2
    el **juego interactivo** interactive games, 2.2
**intercambiar opiniones** to exchange opinions
el **intercambio** exchange
el **interés (pl. los intereses)** interest, 4.2
**interesante** interesting
**interesar** to interest
el **intermedio** intermission
**internacional** international, 1.2
    la **llamada internacional** international call, 1.2
**Internet** Internet
    **conectarse a Internet** to connect to the Internet, I
    **navegar por Internet** to surf the Web, I

    **por Internet** on the Internet, I
**interpretar** to perform (a dance)
el (la) **intérprete** performer
la **inundación (pl. las inundaciones)** flood
el **invento** invention
el (la) **inversionista** investor
**invertir (ie, i)** to invest
la **investigación (pl. las investigaciones)** research
**investigar** to investigate
el **invierno** winter
la **invitación (pl. las invitaciones)** invitation
los **invitados** guests
**invitar** to invite
    **Te invito.** I invite you; I'll treat you., III
**ir (voy)** to go
    **ir a...** to be going to..., I
    **ir de compras** to go shopping, I
    **ir de tapas** to go out to eat, III
    **ir de vacaciones** to go on vacation, II
    **irle bien (a alguien)** to do well, III
    **Vamos a...** Let's..., I
la **irresponsabilidad** irresponsibility
**irse** to leave, 5.2
    **irse la mano** to get carried away with, 5.2
la **isla** island
el **itinerario** itinerary
**izquierdo(a)** left (side, direction)
    la **hilera de la izquierda** left section, 3.2
    **doblar a la izquierda** to turn left

el **jabón (pl. los jabones)** soap
el **jamón (pl. los jamones)** ham
el **jarabe** syrup
el **jardín (pl. los jardines)** garden
    los **jardines botánicos** botanical gardens, I
los **jeans** jeans
el (la) **jefe(a)** boss, 1.1
**joven (pl. jóvenes)** young
el (la) **joven (pl. los jóvenes)** young man/woman
las **joyas** jewelry
la **joyería** jewelry store
la **jubilación** retirement, 1.1

el **plan de jubilación privada** 401K, 1.1
**jubilarse** to retire, 1.1
el **juego** game, 2.2
    los **juegos de computadora** computer games, III
    el **juego de mesa** board game, 2.2
    el **juego interactivo** interactive games, 2.2
    los **Juegos Olímpicos** Olympic Games, II
    los **Juegos Panamericanos** Panamerican Games, II
    el **juego virtual** virtual games, 2.2
**jueves** Thursday
el (la) **juez(a) (pl. los jueces, las juezas)** judge, 4.1
el (la) **jugador(a)** player
**jugar (ue)** to play (sports or games)
    **jugar a los bolos** to go bowling
    **jugar al fútbol** to play soccer, I
    **jugar en equipo** to play on a team, II
el **jugo** juice
    el **jugo de naranja** orange juice, I
**julio** July
**junio** June
**juntar** to join
    **juntar fondos** to fundraise, III
    **juntarse (con)** to get together (with), III
**junto a** next to
**junto(a)** together
**jurar** to swear (an oath)
    **¡Te lo juro!** I swear to you!, II
**juvenil** juvenile, 4.1
    la **delincuencia juvenil** juvenile deliquency, 4.1
el **juzgado** court, 4.1
    el **juzgado de menores** juvenile court, 4.1

el **kayac** kayak
el **kiosco** kiosk, 3.2
    el **kiosco de facturación** check-in kiosk, 3.2
el **kitesurf** kitesurfing, 2.1

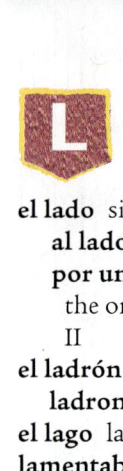

## L

**el lado** side
  **al lado (de)** next to, I
  **por un lado... por otro lado** on the one hand... on the other hand, II
**el ladrón (pl. ladrones), la ladrona** thief, 4.1
**el lago** lake
**lamentable: Es lamentable que...** It's too bad that...
**la lámpara** lamp
**la lana** wool
**la lancha** boat, ferry, 2.1
  **la lancha con motor** offshore boat, 2.1
**el lápiz (pl. los lápices)** pencil
**largo(a)** long, 1.2
  **la llamada de larga distancia** long distance call, 1.2
**el largometraje** feature-length/full-length movie
**la lástima** shame, pity
  **Es una lástima que...** It's a shame that..., I
  **¡Qué lástima!** What a shame!, II
**lastimarse** to hurt oneself
**la lata** can, metal can
  **la lata de refresco** soda can
  **ser una lata** to be a nuisance, III
**latoso(a)** annoying
**el lavabo** bathroom sink
**lavar** to wash
**lavarse** to wash oneself, II
  **lavarse el pelo** to wash one's hair
  **lavarse la cara** to wash one's face, I
**el lazo** lasso
**la lección (pl. las lecciones)** lesson
**la leche** milk
**la lechería** dairy store
**la lechuga** lettuce
**la lechuza** owl
**el (la) lector(a)** reader
  **el lector DVD** DVD player, I
**la lectura** reading
**leer** to read
**lejos (de)** far (from)
**el lema** motto
**la leña** firewood
**lentamente** slowly
**lento(a)** slow
**la letra** letter, 1.1
  **la letra de molde** printing, 1.1
**el letrero** sign, poster

**levantar** to lift, to raise
  **levantar pesas** to lift weights, I
  **levantarse** to get up, II
  **levantar el telón** to raise the curtain, III
**la ley** law
  **la ley de oro** the golden rule
  **las leyes laborales** labor laws
**la leyenda** legend
**la libertad** liberty, freedom
**la libra** pound (weight)
**libre** free, 3.1
  **el cuarto libre** vacant room, 3.1
  **libre de impuestos** duty-free, 3.2
**la librería** bookstore
**el libro** book
  **el libro de historietas** comic book, III
**la licenciatura** bachelor's degree, 4.2
**el liceo** high school
**el (la) líder** leader
**la liga** league
**ligero(a)** light (weight)
**límite** final, 1.2
  **la fecha límite** deadline, 1.2
**el limón (pl. los limones)** lemon
**limpiar** to clean
**la limpieza** cleaning, 1.1
  **el personal de limpieza** cleaning staff, 1.1
**limpio(a)** clean
**el lino** linen
**el lío** mess
**la lista** list, 3.2
  **la lista de espera** waiting list, 4.2
**listo(a)** ready
**la llama** flame
  **en llamas** on fire, burning
**la llamada** call, phone call, 1.2
  **la llamada de larga distancia** long distance call, 1.2
  **la llamada internacional** international call, 1.2
  **la llamada local** local call, 1.2
**llamar** to call
  **llamar a alguien** to call someone (by phone), II
**llamarse** to be called
  **¿Cómo se llama?** What's his/her/your (formal) name?, I
  **¿Cómo te llamas?** What's your name? (familiar), I
  **Me llamo...** My name is..., I
  **Se llama...** His/Her name is ..., I
**el llano** prairie, plain

**las llanuras** plains
**la llave** key
**la llegada** arrival
**llegar** to arrive, 1.2
  **¿Cómo llego a...?** How do I get to...?, II
  **llegar tarde** to arrive late, 1.2
**llenar** to fill (up)
  **llenar una solicitud de empleo** to fill out an application, III
**llevar** to take, to carry; to wear
**llevarse bien (mal)** to (not) get along
**llorar** to cry
  **Me hace llorar.** It makes me cry., III
**llover (ue)** to rain
**la lluvia** rain
**Lo siento.** I'm sorry.
**local** local, 1.2
  **la llamada local** local call, 1.2
**la locura** craziness
**el (la) locutor(a)** announcer
**lograr** to achieve
**el logro** achievement, success
**luchar** to struggle
**luego** later; then
  **Hasta luego.** See you later., III
**el lugar** place, 3.1
  **los lugares históricos** historic sites, 3.1
  **tener lugar** to take place
**la luna** moon
**lunes** Monday
**la luz (pl. las luces)** light
  **encender la luz** to turn on the light, II

## M

**la madera** wood
  **de madera** (made of) wood, II
**la madrastra** stepmother
**la madre** mother
**la madrina** godmother
**la madrugada** dawn
**la maestría** master's degree, 4.2
**el (la) maestro(a)** teacher
**el maíz** corn
**mal** badly, 2.1
  **Mal. ¿Y tú/usted?** Bad. And you? (familiar/formal), III
  **pasarlo bien (mal)** (not) to have a good a time, 2.1

**la maleta** suitcase
  **hacer la maleta** to pack a suitcase, II
**malo(a)** bad
  **Es malo que...** It's not good that..., II
**mañana** tomorrow
  **Mañana es...** Tomorrow is ...
  **Hasta mañana.** See you tomorrow., III
**la mañana** morning
  **de la mañana** in the morning (with a time), I
**el mandado** errand
  **hacer los mandados** to do errands, III
**mandar** to send, to order, to command
  **mandar que** to order, command that, III
  **mandar tarjetas postales** to send postcards, II
**el mandato** command
**la manga** sleeve
**la manifestación (pl. las manifestaciones)** demonstration, 6.2
**la mano** hand, 5.2
  **(estar) hecho(a) a mano** (to be) handmade, II
  **irse la mano** to get carried away with, 5.2
  **¡Manos a la obra!** Let's get to work!
**la manta** blanket
**mantener (mantengo)** to keep, to maintain
  **mantener el equilibrio** to keep one's balance, III
  **mantenerse en forma** to stay in shape, II
**el mantenimiento** maintenance, 1.1
  **el personal de mantenimiento** maintenance staff, 1.1
**la manzana** apple; (city) block
**el mapa** map
**el maquillaje** makeup
**maquillarse** to put on makeup
**la máquina** machine
**el mar** sea, 3.1
  **con vista al mar** with an ocean view, 3.1
**la maravilla** marvel
**marchar** to march, 6.2
**marearse** to get seasick; to get dizzy

**la mariposa** butterfly
**los mariscos** seafood
**el mármol** marble, 5.2
**marrón (pl. marrones)** brown
**martes** Tuesday
**marzo** March
**más** more; plus, in addition to, 3.2
  **más adelante** up ahead, 3.2
  **más de...** more than (with numbers), II
  **Más o menos. ¿Y tú/usted?** So-so. And you? (familiar/formal), III
  **más tarde** later (on), II
  **más... que** more... than, II
**la máscara** mask; masquerade, 3.2
  **la máscara de oxígeno** oxygen mask, 3.2
**la mascota** pet
**matar** to kill, 4.1
**las matemáticas** math
**la materia** subject (in school); course
**la matrícula** tuition, 4.2
**el matrimonio** marriage; married couple
**mayo** May
**la mayonesa** mayonnaise
**mayor** older
**la maza** drop hammer, 5.2
**me** me, to (for) me, 5.1
  **Me encanta(n)...** I love..., 5.1
  **Me parece(n)...** It seems (They seem) to me..., 5.1
**el (la) mecánico(a)** mechanic
**la medalla** medal
  **la medalla de oro/plata/bronce** gold/silver/bronze medal
**el (la) médico(a)** doctor
**el medio** medium; middle, center, 3.2
  **en medio de** in the middle of, I
  **la hilera del medio** center section, 3.2
  **por medio de** by means of, I
**el medio ambiente** environment
**medio(a)** half (adj.), 1.2
  **el trabajo de medio tiempo** part-time job, 1.2
  **y media** half past (the hour), I
**medioambiental** environmental
**los medios** media, 6.2
  **el medio de difusión** media, 6.2
**mejor** better
**la mejora** improvement
**mejorar** to improve
**el memorándum** memo, 1.2
**la memoria** memory
**menor** younger

**los menores** minors, 4.1
  **el juzgado de menores** juvenile court, 4.1
**menos** less
  **a menos que** unless, III
  **menos (diez)** (ten) to/before (the hour), I
  **menos de...** less than... (with numbers), II
  **menos que...** less than..., II
  **menos... que** less... than, II
**el mensaje** lesson; message
  **dejar un mensaje** to leave a message, II
  **el mensaje instantáneo** instant message, I
**la mente** mind
**la mentira** lie, falsehood
**el menú** menu
**el mercado** market
  **el mercado al aire libre** open-air market, II
  **el mercado laboral** labor market
**las mercancías** merchandise
**merendar (ie)** to have a snack
**la merienda** afternoon snack
**el mes** month
  **el mes pasado** last month, II
**la mesa** table, 2.2
  **el juego de mesa** board game, 2.2
  **poner la mesa** to set the table, I
**la mesita** nightstand, end table
**la meta** goal
**la metáfora** metaphor
**el metal** metal, 3.2
  **de metal** (made of) metal, II
  **el detector de metales** metal detector, 3.2
**meteorológico(a)** weather (adj.), 6.2
  **el reporte meteorológico** weather report, 6.2
**meter** to put in, 2.2
  **meterse con alguien** to provoke someone, I
  **meterse en** to go into, III
  **meterse en problemas** to get into trouble, III
  **meter un gol** score (in soccer, hockey), 2.2
**el metro** subway; meter
**la mezcla** mixture
**mezclado(a)** mixed
**mezclar** to mix
**la mezquita** mosque
**mi** my
**mí** me

**GLOSARIO español-inglés**

Recursos
Glosario español-inglés    **R45**

**el micrófono** microphone
**el microondas** microwave (oven)
**el miedo** fear
   **Me da miedo.** It scares me., III
   **¡Qué miedo!** How scary!, I
   **tener miedo** to be afraid, I
**la miel** honey
**el miembro** member
   **ser miembro de...** to be a member of..., I
**mientras tanto** meanwhile
**miércoles** Wednesday
**la migración (pl. las migraciones)** migration
**mil** thousand, one thousand
**el milagro** miracle
**el (la) militar** soldier
**millón: un millón (de)** million, one million
**la miniserie** miniseries, 6.1
**el minuto** minute
**el mirador** outlook, lookout
**mirar** to watch, to look (at)
**mismo(a)** same
**el mito** myth
**la mochila** backpack
**la moda** style, fashion
   **estar de moda** to be in style, II
**el (la) modelo** model, 5.2
**moderno(a)** modern
**la modestia** modesty
**modesto(a)** modest
**el molde** mold, pattern, 1.1
   **la letra de molde** printing, 1.1
**moldear** to mold, 5.2
**moler (ue)** to grind
**molestar** to bother
**molesto(a)** annoying
**molido(a)** ground (up)
**el momento** moment, 6.2
   **la noticia de último momento** breaking news, 6.2
   **Un momento.** One moment., III
**la moneda** currency
**el monedero** change purse
**el monje** monk
**el mono** monkey
**la montaña** mountain
   **la montaña rusa** roller coaster, I
**montar** to ride; to put up
   **montar a caballo** to ride a horse, II
   **montar en bicicleta** to ride a bike, I
**el monumento** monument
**morir (ue, u)** to die
**el mortero** mortar and pestle

**la mostaza** mustard
**el mostrador** counter, 3.2
**mostrar (ue)** to show
**el mote** nickname
**motivado(a)** motivated
**la moto acuática** personal watercraft
**el motor** motor, 2.1
   **la lancha con motor** offshore boat, 2.1
**mover** to move, 2.2
**el móvil** mobile TV station, 6.2
**el MP3** MP3, 2.2
   **el reproductor MP3** MP3 player, 2.2
**la muchacha** girl
**el muchacho** boy
**mucho** a lot
   **Mucho gusto.** Nice to meet you., III
**muchos(as)** many
   **muchas veces** often, many times, I
**mudarse** to move, to relocate
**los muebles** furniture
**el muelle** dock
**muerto(a)** dead; still, 5.1
   **la naturaleza muerta** still life, 5.1
**la mujer** woman
   **la mujer de negocios** businesswoman, III
**el (la) mulo(a)** mule
**la multa** fine, penalty, 4.2
**mundial** global, world (adj.)
**el mundo** world
**la muñeca** wrist
**la muralla** wall
**el murciélago** bat (animal)
**el muro** wall
**musculoso(a)** muscular
**el museo** museum
**la música** music, 5.1
   **la música bailable** dance music, III
   **la música clásica** classical music, 5.1
   **la música folklórica** folk music, I
   **la música rock** rock music, I
**el (la) músico(a)** musician
   **el (la) músico(a) callejero(a)** street musician, III
**muy** very, 1.2
   **Muy bien. ¿Y tú/usted?** Very well. And you? (familiar/formal), III
   **Muy señor(a) mío(a)** Dear Sir (Madam), 1.2

# N

**nacer (nazco)** to be born
**el nacimiento** birth
**nacional** national, 6.2
   **la cadena nacional** national network, 6.2
**nada** nothing
   **De nada.** You're welcome., III
**nadar** to swim
**nadie** no one, nobody
**los naipes** cards
**la naranja** orange (fruit)
**la nariz (pl. las narices)** nose
**la narración** narration
**el narrador** narrator, 5.2
**narrar** to narrate
**la natación** swimming
**natural** natural, 6.2
   **el desastre natural** natural disaster, 6.2
**la naturaleza** nature, 5.1
   **la naturaleza muerta** still life, 5.1
**el (la) navegante** navigator
**navegar** to sail, to go sailing
   **navegar por Internet** to surf the Web, I
   **navegar por rápidos** to go whitewater rafting, III
**la Navidad** Christmas
**la neblina** fog
**necesario(a)** necessary
   **Es necesario (que...)** It's necessary (that...), II
**la necesidad** need
**necesitar** to need
**negarse a** to refuse to, 1.2
**el negocio** business
   **el hombre/la mujer de negocios** businessman/businesswoman, III
**negro(a)** black
**nervioso(a)** nervous
**nevar (ie)** to snow
**la nevera** refrigerator
**ni... ni** neither... nor
**la nieta** granddaughter, grandchild
**el nieto** grandson, grandchild
**los nietos** grandchildren
**la nieve** snow
**el (la) niñero(a)** babysitter
**la niñez** childhood
**ningún** none, not any
**ninguno(a)** none, not any
**el (la) niño(a)** child

**Recursos**
Glosario español-inglés

**el nivel** level
**no** no
   **no renovable** nonrenewable, III
   **no sólo... sino también...** not only... but also..., II
**la noche** night; evening
   **Buenas noches.** Good evening; Good night., III
   **de la noche** at night (with a time), I
**el nombre** name
**normalmente** normally; usually
**el norte** north
**nosotros(as)** we; us
**la nota** grade (on a test)
   **sacar una buena/mala nota** to get a good/bad grade, I
**la noticia** notice
   **las noticias** news
   **la noticia de último momento** breaking news, 6.2
**el noticiero** news program
**novecientos(as)** nine hundred
**novedoso(a)** novel, original
**la novela** novel
   **la novela gráfica** graphic novel, 5.2
**el (la) novelista** novelist, 5.2
**noveno(a)** ninth
**noventa** ninety
**la novia** girlfriend; fiancée
**el noviazgo** engagement, 4.1
**noviembre** November
**el novio** boyfriend; fiancé
**la nuera** daughter-in-law
**nuestro(a)** our
**nueve** nine
**nuevo(a)** new
**el número** number, shoe size
   **el número de teléfono** phone number, I
**nunca** never
**nutritivo(a)** nutritious

## O

**o** or
   **o... o** either... or, II
**el objeto** object, item
**el oblivio** oblivion
**la obra** work (of art, literature)
   **la obra caritativa** charitable work, III
   **la obra de teatro** play, dramatic work, III

**el (la) obrero(a)** laborer
**observar** to observe
**el obstáculo** obstacle
**el océano** ocean
**ocho** eight
**ochocientos(as)** eight hundred
**el ocio** leisure
**octavo(a)** eighth
**octubre** October
**ocupado(a)** busy
**ocurrírsele (a alguien)** to occur (to someone)
**el oeste** west
**ofender** to offend
**la oferta** offering, offer
**la oficina** office
   **la oficina de personal** human resources department, 1.1
   **la oficina de turismo** tourist office, II
   **la oficina del (de la) director(a)** principal's office, I
**el oficio** occupation
**ofrecer (ofrezco)** to offer
   **Le puedo ofrecer...** I can offer you... (a price), I
**el oído** ear, inner ear (hearing)
**Ojalá...** I hope..., Hopefully...
   **¡Ojalá!** I hope so!
**el ojo** eye
**la ola** wave
**el óleo** oil painting, 5.1
**la olla** pot
**oloroso(a)** fragrant
**olvidarse** to forget, 5.2
**once** eleven
**opinar** to give an opinion, to express an opinion, 6.2
**la opinión (pl. las opiniones)** opinion
   **En mi opinión...** In my opinion..., II
**la oración (pl. las oraciones)** sentence
**ordenar** to organize
**la oreja** ear, outer ear
**la orfebrería** metal work, 5.2
**organizado(a)** organized
**organizar** to organize
**el orgullo** pride
**orgulloso(a)** proud
   **estar orgulloso(a) (de)** to be proud (of), II
**originarse** to originate
**la orilla** shore
**el oro** gold

**la orquesta** orchestra, 5.1
   **la orquesta sinfónica** symphony orchestra, 5.1
**osado(a)** daring
**el otoño** autumn, fall
**otorgar** to grant
**otro(a)** other
**el oxígeno** oxygen, 3.2
   **la máscara de oxígeno** oxygen mask, 3.2
**el (la) oyente** listener

## P

**la paciencia** patience
**paciente** patient
**el padrastro** stepfather, 4.1
**el padre** father
**los padres** parents
**el padrino** godfather
**los padrinos** godparents
**la paella** traditional Spanish rice dish
**pagar** to pay, 3.2
   **pagar derechos de aduana** to pay customs duty, 3.2
   **pagar el alquiler** to pay the rent, 4.2
   **pagar por adelantado** to pay in advance, 3.1
**la página** page, 2.1
   **la página deportiva** sports page, 2.1
**el pago** payment, 4.2
**el país** country, nation
   **el país natal** native country
**el paisaje** landscape
**el pájaro** bird
**el palacio** palace
**la paleta** palette, 5.1
**el palo** stick, club, 2.1
   **el palo de golf** golf club, 2.1
**la paloma** dove
**el pan** bread
**la panadería** bakery
**la pandilla** gang, 4.1
**el panel** guests, 6.1
**la pantalla** monitor; screen
**los pantalones** pants
   **los pantalones cortos** shorts, I
**la papa** potato
   **las papas fritas** French fries, I
**los papás** parents
**el papel** paper; role, part

**cambiar de papel** to change roles, I
**de papel** (made of) paper
**hacer un papel** to play a role, II
**el papel de regalo** wrapping paper, I
**el paquete** packet, 6.1
**para** for; in order to
  **para que** in order that, so that, III
  **Y para comer/beber...** And to eat/drink..., II
**Para y piensa.** Stop and think.
**la parada de autobús** bus stop
**el paraguas** umbrella
**parar** to stop
**pararse** to stand (up)
**el parchís** Parcheesi®, 2.2
**parcial** partial, 4.2
  **el examen parcial** midterm examination, 4.2
**parecer** to seem, 5.1
  **Me parece que...** It seems to me..., II
  **Me parece(n)...** It seems (They seem) to me..., 5.1
  **¿Qué les parece...?** What did you think of...?
**parecerse (a alguien)** to look like (someone); to be like (someone)
**parecido(a)** alike
**la pared** wall
**la pareja** pair, 4.1
**el (la) pariente(a)** relative
**el parque** park
  **el parque de diversiones** amusement park, I
  **el parque ecológico** ecological park, ecoreserve, I
  **el parque nacional** national park, I
**el párrafo** paragraph
**la parrilla** grill
  **el filete a la parrilla** grilled steak, II
**la parrillada** barbecue
  **hacer una parrillada** to barbecue, I
**la parte** part
  **tomar parte en** to take part in, III
**participar** to participate
**el partido** game (in sports)
**el pasado** the past
**pasado(a)** past, last (in time expressions)
  **el año/mes pasado** last year/month, II
  **la semana pasada** last week, II
**el pasaje** ticket, 3.1

**el (la) pasajero(a)** passenger
**el pasaporte** passport
**pasar** to happen; to pass, to come in, to spend, 2.1
  **pasar la aspiradora** to vacuum, I
  **pasar por seguridad** to go through security, II
  **pasar un buen rato** to have a good time, III
  **pasar un rato con los amigos** to spend time with friends, I
  **pasarlo bien (mal)** (not) to have a good a time, 2.1
  **Pase.** Go ahead., III
  **¿Qué pasa?** What's happening?, I
  **¿Qué te pasa (a ti)?** What's the matter (with you)?, I
**el pasatiempo** pastime, hobby
**pasear** to go for a walk
**el pasillo** hall, hallway, aisle, 3.2
  **el asiento de pasillo** aisle seat, 3.2
**el paso** passage
**la pasta de dientes** toothpaste
**el pastel** cake
**la pastelería** pastry shop
**la patata** potato
**la patente** patent
**el patín** skate, 2.2
  **el patín de hielo** ice skate, 2.2
  **los patines en línea** in-line skates
**patinar** to skate, ice skate, 2.2
  **patinar en línea** to in-line skate, I
**la patineta** skateboard, 2.1
**el patio** patio
**patrocinar** to sponsor
  **patrocinador(a)** sponsor, III
**la pausa** pause, 6.1
**el pavo** turkey
**la paz** peace
**pedir (i, i)** to order, to ask for
  **pedir direcciones** to ask for directions, III
  **pedir prestado** to borrow, III
**peinarse** to comb one's hair
**el peine** comb
**pelado(a)** hairless
**pelear** to fight
**la película...** ...movie, film
  **...de aventuras** action..., II
  **...de ciencia ficción** science fiction..., II
  **...de fantasía** fantasy..., II
  **...de terror** horror..., II
**el peligro** danger
**peligroso(a)** dangerous
**pelirrojo(a)** red-haired

**el pelo** hair
  **el pelo castaño/rubio** brown/blond hair, I
**la pelota** ball
**el (la) pelotero(a)** baseball player
**el (la) peluquero(a)** hairdresser
**la pena** trouble, suffering
  **(no) valer la pena** to (not) be worth the trouble
  **Es una pena que...** It's a shame that...
  **Qué pena que...** Too bad that...
**penalizar** to penalize
**pensar (ie)** to think (of); to plan, to intend
**pensar en** to think about, 1.2
**peor** worse
**pequeño(a)** little, small
**los percusión** percussion, 5.1
  **los instrumentos de percusión** percussion instruments, 5.1
**perder (ie)** to lose, to miss (a train, an opportunity)
**perderse (ie)** to get lost, to miss (out on), 5.2
**Perdón.** Excuse me.
**Perdóneme.** Forgive me.
**perdurar** to endure
**perezoso(a)** lazy
**el perímetro** perimeter
**el periódico** newspaper
  **el periódico escolar** school newspaper, I
  **el periódico estudiantil** student newspaper, I
**el (la) periodista** reporter
**el período** period, time
**permanecer (permanezco)** to remain
  **permanecer de pie** to remain standing, I
**el permiso** permission
  **Con permiso.** Excuse me., III
**pero** but
**el (la) perro(a)** dog
**persistente** persistent
**persistir** to persist
**la persona** person, 5.2
  **en persona** in person
  **en primera persona** in first person, 5.2
**el (la) personaje** character
**personal** personal, 1.2
  **el día personal** personal day, 1.2
**el personal** personnel
  **la oficina de personal** human

Recursos
Glosario español-inglés

resources department, 1.1
**el personal de limpieza** cleaning staff, 1.1
**el personal de mantenimiento** maintenance staff, 1.1
**personificar** to personify
**pertenecer (pertenezco)** to belong
**pesado(a)** boring; heavy
**pesar** to weigh
**a pesar de que** in spite of, III
**el pescado** fish (as food)
**pescar** to fish
**el petróleo** oil, petroleum
**el pez (pl. los peces)** fish (the animal)
**picante** hot, spicy
**el pie** foot
**a pie** on foot, I
**el dedo del pie** toe, II
**la piedra** stone
**de piedra** (made of) stone, II
**la piel** skin
**la pierna** leg
**la pieza** game piece; piece, composition
**la píldora** pill
**el (la) piloto** pilot
**la pimienta** pepper, black pepper
**el pimpón** table tennis, 2.2
**el pincel** brush, 5.1
**pintar** to paint
**el (la) pintor(a)** painter
**la pintura** painting
**el (la) pionero(a)** pioneer
**la pirámide** pyramid
**la piscina** swimming pool
**el piso** floor (of a building/apartment)
**el primer piso** second floor (first above ground), I
**la pista** track (in sports), clue
**el pizarrón (pl. pizarrones)** chalkboard, board
**la pizza** pizza
**el placer** pleasure
**el plan** plan
**el plan financiero** financial plan, 1.1
**el plan de jubilación privada** 401K plan, 1.1
**planchar** to iron
**el planeta** planet
**la planificación** planning
**la planilla** form, 1.1
**el plano** city map
**la planta** plant
**la planta baja** first floor, ground floor, I
**el plástico** plastic
**la plata** silver
**de plata** (made of) silver, I
**el platillo** cymbal, 5.1
**el plato** plate; dish; course
**el plato principal** main course, I
**el plato vegetariano** vegetarian dish, II
**la playa** beach
**la plaza** plaza, square
**pleno(a)** the middle of, 5.2
**la pluma** pen
**la población (pl. las poblaciones)** population
**la pobreza** poverty
**un poco** a little
**poco a poco** little by little, II
**pocos(as)** few
**poder (ue)** to be able, can
**Le puedo ofrecer...** I can offer you..., I
**¿Podría ver...?** Could I see...?, II
**¿Puedo hablar con...?** May I speak to...?, II
**poderoso(a)** powerful
**el poema** poem
**la poesía** poetry
**el (la) poeta** poet
**el (la) policía** police officer, policeman/policewoman
**la política** politics
**el (la) político(a)** politician
**el pollo** chicken
**el pollo asado** roasted chicken, II
**el polo** polo. 2.1
**el water polo** water polo, 2.1
**poner (pongo)** to put, to place
**poner la mesa** to set the table, I
**ponerse (me pongo)** to put on
**ponerse en la cola** to stand in line, 3.2
**ponerse de acuerdo** to agree, III
**ponerse en forma** to get in shape, III
**ponerse la ropa** to put one's clothes on, to get dressed, II
**popular** popular
**la popularidad por** popularity for/by/around
**por casualidad** by chance, III
**por ciento** percent
**por eso** for that reason, that's why, III
**Por favor.** Please., III
**por fin** finally, II
**por lo tanto** therefore, III
**por medio de** by means of, I
**¿Por qué?** Why?, I
**por un lado... y por otro lado** on the one hand... on the other hand, II
**el porcentaje** percentage
**porque** because
**portátil** portable
**el portero** doorman
**el porvenir** future
**posar** to pose, 5.2
**poseer** to possess
**la posibilidad** possibility
**posible** possible
**Es posible que...** It's possible that..., I
**el póster** poster
**el postre** dessert
**de postre** for dessert, I
**practicar** to practice
**practicar deportes** to play/practice sports, I
**practicar surf** to surf, to go surfing, I
**práctico(a)** practical, down-to-earth
**el precio** price
**precioso(a)** precious
**preciso(a)** exact, precise
**preferible: Es preferible que...** It's preferable that...
**preferido(a)** favorite
**preferir (ie, i)** to prefer
**la pregunta** question
**el prejuicio** prejudice
**el premio** prize; award, 6.2
**la entrega de premios** awards show, awards ceremony, 6.2
**la prensa** the press, 6.2
**la conferencia de prensa** press conference, 6.2
**preocupado(a)** worried
**preocuparse** to worry
**preparar** to prepare
**preparar la comida** to prepare food, to make a meal, I
**la presentación** presentation, 1.2
**el programa de presentación** presentation program (computer-based), 1.2
**el (la) presentador(a)** announcer, 6.2
**presentar** to introduce, to present
**Te/Le presento a...** Let me introduce you to... (familiar/formal), I
**el (la) presidente(a)** president

la **presión de grupo** peer pressure
el **préstamo** loan, 4.2
**prestar** to lend
**presumido(a)** presumptuous
el **presupuesto** budget
**primario(a)** elementary, primary, 4.2
    la **escuela primaria** elementary school, 4.2
la **primavera** spring
**primero(a)** first, 5.2
    el **primero de...** the first of... (date), I
    **en primera persona** in first person, 5.2
    **primera clase** first class, 3.1
el (la) **primo(a)** cousin
la **princesa** princess
el **principio** principle
la **prioridad** priority
la **prisa** speed, haste
    **darse prisa** to hurry up, I
    **tener prisa** to be in a hurry, II
**privado(a)** private, 4.2
    el **plan de jubilación privada** 401K plan, 1.1
    la **vida privada** private life, 6.2
**probar (ue)** to taste
    **probar las especialidades** to try the specialties, III
la **probatoria** probation, 4.1
el **problema** problem
    **meterse en problemas** to get into trouble, III
    **No hay problema.** No problem., III
el **procesador** processor, 1.2
    el **procesador de textos** word processor, 1.2
el **producto** product
la **profesión (pl. las profesiones)** profession
    **¿Qué profesión te gustaría tener?** What do you want to be?, II
el (la) **profesor(a)** teacher; professor
el **programa** program, 1.2; show, 6.1
    el **programa de chisme** gossip show, 1.2
    el **programa de cocina** cooking show, 6.1
    el **programa de presentación** presentation program (computer-based), 1.2
    el **programa de talento** talent show, 6.1
    el **programa de ventas** sales show, 6.1
    el **programa de vida animal** animal life show, 6.1
    el **programa educativo** educational program, III
    el **programa gráfico** graphic program, 1.2
    el **programa infantil** children's show, 6.1
la **programación** programming
el (la) **programador(a)** programmer
**programar** to program
**progresar** to progress
**prohibir que** to prohibit that
**promocionar** to promote
**promover (ue)** to promote
**pronto** soon
    **tan pronto como** as soon as, III
la **propina** tip (in a restaurant)
**propio(a)** one's own, 1.2
    **trabajar por cuenta propia** to be self-employed, 1.2
el **propósito** purpose, aim
la **prosa** prose
**prosperar** to prosper
el (la) **protagonista** protagonist
el **protector solar** sunscreen
**proteger (protejo)** to protect
**protestar** to protest, 6.2
**proveer** to provide
**próximo(a)** next
el (la) **próximo(a)** the next
**proyectar** to project
el **proyecto** project
    el **proyecto de acción social** social action project, III
**publicar** to publish
la **publicidad** publicity
    la **publicidad por correo** mailing, III
el **público** audience, 6.1
**público(a)** public, 1.1
    el (la) **agente de relaciones públicas** public relations agent, 1.1
    el **transporte público** public transportation, III
el **pueblo** town
el **puente** bridge
la **puerta** door, gate, 3.2
    la **puerta de salida** gate, 3.2
el **puerto** port
**pues** so, well, well then
la **puesta del sol** sunset
el **puesto** position, job; stand, 1.1
la **pulsera** bracelet
la **puntería** aim, 2.2
el **punto** dot (in e-mail address), point, 2.2
    **hacer puntos** to score, 2.2
    el **punto de vista** point of view, III
**puntual** punctual

**que** that, who(m)
**qué** what
    **¡Qué asco!** How disgusting!, II
    **¡Qué bello(a)!** How beautiful!, II
    **¡Qué caro(a)!** How expensive!, II
    **¿Qué día es hoy?** What day is today?, I
    **¡Qué divertido!** How fun!, I
    **¿Qué es esto?** What is this?, I
    **¿Qué hicieron ustedes?** What did you do? (pl., formal), I
    **¿Qué hiciste tú?** What did you do? (sing., familiar), I
    **¿Qué hora es?** What time is it?, I
    **¡Qué lástima!** What a shame!, II
    **¡Qué miedo!** How scary!, I
    **¿Qué pasa?** What's happening?, I
    **¿Qué tal?** How's it going?, I
    **¿Qué te gusta hacer?** What do you like to do?, I
    **¿Qué tiempo hace?** What is the weather like?, I
    **¿Qué?** What?, I
**quebrarse** to break, 5.2
**quedar** to end up, to be located, 4.2
    **¿Cómo me queda(n)?** How does it (do they) fit me?, II
    **Por favor, ¿dónde queda...?** Can you please tell me where ... is?
    **quedar apretado(a)** to fit tight, II
    **quedar bien** to fit well, II
    **quedar flojo(a)** to fit loose, II
    **quedar mal** to fit badly, II
    **quedar satisfecho(a)** to be satisfied, 4.2
**quedarse (en)** to stay (in); to leave behind, 5.2
los **quehaceres** chores
**quejarse** to complain
**quemar** to burn
    **quemar un disco compacto** to burn a CD, I
**quemarse** to burn oneself, 5.2

**querer (ie)** to want
    **Quisiera dar las gracias a...** I would like to thank..., II
**querido(a)** beloved; dear
**el queso** cheese
**quien** who
    **quien sea** whoever that may be, I
**¿Quién(es)?** Who?
    **¿Quién es?** Who is he/she/it?, I
**quince** fifteen
**quinientos(as)** five hundred
**quinto(a)** fifth
**quitar** to take away

**el radio** radio
**el (la) radioyente** listener (to a radio program)
**la raíz (pl. las raíces)** root
**la rama** branch
**la rampa** ramp, 2.1
**rápidamente** rapidly
**rápido(a)** fast, 6.1
    **el avance rápido** fast forward, 6.1
    **el retroceso rápido** rewind, 6.1
**los rápidos** rapids
**la raqueta** racquet, 2.2
**raro(a)** rare
    **es raro que...** it is strange that...
**el rascacielos (pl. los rascacielos)** skyscraper
**el rastro** trace, trail
**el rato** time, period
    **pasar un buen rato** to have a good time, III
    **el rato libre** free time, III
**el ratón (pl. los ratones)** mouse
**la raya** stripe
    **de rayas** striped, II
**la razón (pl. las razones)** reason
    **tener razón** to be right, I
**razonable** reasonable
**reaccionar** to react
**reacio(a)** stubborn
**la realidad** reality
**realista** realistic
**el reality** reality show, 6.1
**realizar** to fulfill, to make happen
**la recámara** bedroom
**recaudar fondos** to raise funds
**la recepción (pl. las recepciones)** reception desk, III; lobby, 3.1
**la receta** recipe
**el recibidor** entrance hall, receiver, 6.1
**recibir** to receive
**el reciclaje** recycling
**reciclar** to recycle
**reclamar** to call, to demand
**el reclamo de equipaje** baggage claim
**recoger (recojo)** to pick up, to gather
**recomendar (ie)** to recommend
**reconocido(a)** well-known
**recordar (ue)** to remember
    **¿Recuerdas?** Do you remember?
**recostarse (ue)** to lie down
**el recreo** recess
**el recuerdo** souvenir, memory
**los recursos** resources
    **el recurso natural** natural resource, III
**la red** net, network, 2.2
**redactar** to edit
**reemplazar** to replace
**la referencia** reference, 1.1
**referirse (ie, i)** to refer
**refinar** to polish, to perfect, 5.2
**reflejar** to reflect
**el reflejo** reflection
**reflexionar** to reflect, to look back
**el refrán** saying
**refrescarse** to cool down/off
**el refresco** soft drink
**el refrigerador** refrigerator
**refugiarse (de)** to take refuge (from)
**regalar** to give (a gift)
**el regalo** present, gift
**regañar** to scold
**regatear** to bargain
**registrar** to record, to write down
**la regla** rule
**regresar** to return
**Regular.** OK.
**el reino** kingdom
**reír (i, i)** to laugh
    **Me hace reír.** It makes me laugh., III
**el (la) relación(-ciones)** relation, 1.1
**relacionar** to relate
**las relaciones públicas** public relations
    **el (la) agente de relaciones públicas** public relations agent, 1.1
**la relajación** relaxation
**relajante** relaxing
**relajarse** to relax
**relatar** to relate, to tell
**el relato** tale
**la religión (pl. las religiones)** religion
**rellenar** to stuff
**el reloj** watch; clock
**remar** to row, to paddle
**remoto(a)** remote, 6.1
    **el control remoto** remote control, 6.1
**repartir periódicos** to deliver newspapers
**repasar** to review, to reexamine
**el repaso** review
**la repetidora** local affiliate, 6.2
**repetir (i, i)** to repeat
**el repollo** cabbage
**el reportaje** report
**reportarse** to report, 4.1
**el reporte meteorológico** weather report, 6.2
**el (la) reportero(a)** reporter, 6.2
**representar** to represent
**reprobar** to fail, 4.2
**reprobar (ue)** to fail
**el reproductor** player, 6.1
    **el reproductor de DVD** DVD player, 6.1
    **el reproductor MP3** MP3, 2.2
**el requisito** requirement
**rescatar** to rescue
**la reseña** review
    **la reseña literaria** book review, I
**la reserva** reserve, preserve
    **la reserva natural** nature reserve
**la reservación (pl. las reservaciones)** reservation
    **hacer/tener una reservación** to make/to have a reservation, II
**reservar** to reserve, 3.1
**la resolución (pl. las resoluciones)** resolution
**resolver (ue)** to solve
**respetar** to respect
**respirar** to breathe
**responder** to reply
**la responsabilidad** responsibility
**responsable** responsible
**la respuesta** answer
**el restaurante** restaurant
**el resultado** result
**el resumen** summary
    **en resumen** in summary
**resumir** to summarize
**el reto** challenge, dare
**el retraso** delay, 3.2
**el retrato** portrait
**el retroceso** backing away, 6.1

**el retroceso rápido** rewind, 6.1
**la reunión (pl. las reuniones)** meeting
   **la reunión de ex alumnos** class reunion, I
**reunirse** to get together, to meet
**reutilizar** to reuse
**revisar** to check, to revise
**la revista** magazine
**rezumar** to ooze
**rico(a)** tasty, delicious, rich
**el riesgo** risk
**la rima** rhyme
**el río** river
**la risa** laughter
**risueño(a)** smiling
**el ritmo** rhythm
**robar** to steal, 4.1
**el robot (pl. los robots)** robot
**rocoso(a)** rocky; (made of) rock
**la rodilla** knee
**la rodillera** knee pad, 2.1
**rojo(a)** red, 6.2
   **la alfombra roja** red carpet, 6.2
**romántico(a)** romantic
**romper** to break
**romperse** to tear, 5.2
**la ropa** clothing
   **ponerse la ropa** to put on clothes, II
   **la ropa elegante** formal wear, II
**el rostro** face
**roto(a)** broken
**rubio(a)** blond
**el rugby** rugby, 2.1
**el ruido** noise
**ruidoso(a)** noisy
**las ruinas** ruins
**el ruiseñor** nightingale
**el rumbo** route
**la ruta** route
**la rutina** routine

**sábado** Saturday
**el saber** learning, knowledge
**saber (sé)** to know (a fact, how to do something), I
**el sabor** flavor
**sabroso(a)** tasty
**sacar** to take out, to serve (in sports) 2.2

**sacar el billete** to buy a ticket, III
**sacar fotos** to take pictures
**sacar la basura** to take out the trash, I
**sacar una buena/mala nota** to get a good/bad grade, I
**el saco** bag, sack
   **el saco de dormir** sleeping bag, III
**el sacrificio** sacrifice
**la sal** salt
**la sala** room, living room, 1.2
   **la sala de conferencias** conference room, 1.2
   **la sala de espera** waiting room, III
**salado(a)** salty, salted
**el salar** salt mine
**el salero** saltshaker
**la salida** departure, exit, 3.2
   **la puerta de salida** gate, 3.2
   **la salida de emergencia** emergency exit, 3.2
**salir (salgo)** to leave, to go out
   **salir bien** to turn out well, III
   **el salón (pl. los salones) de charlas** chat room, III
**la salud** health, 1.1
   **el seguro de salud** health insurance, 1.1
**saludable** healthy, healthful
**¡Saludos!** Greetings!
   **Saludos desde...** Greetings from...
**el salvavidas** lifeguard
   **el chaleco salvavidas** life jacket, 3.2
**la sandalia** sandal
**el sándwich (pl. los sándwiches)** sandwich, III
**sano(a)** healthy
**el (la) santo(a)** saint
   **el santo patrón/la santa patrona** patron saint
**el satélite** satellite, 6.1
**la sátira** satire
**satisfacer** to satisfy
**satisfecho(a)** satisfied, 4.2
   **quedar satisfecho(a)** to be satisfied, 4.2
**el saxofón** saxophone, 5.1
**sazonado(a)** seasoned
**el secador de pelo** hair dryer
**secar** to dry
   **secarse** to dry oneself, II
   **secarse el pelo** to dry one's hair, I
**seco(a)** dry
**el (la) secretario(a)** secretary
**el secreto** secret

**secundario(a)** secondary, 4.2
   **la escuela secundaria** junior high and high school, 4.2
**la sed** thirst
   **tener sed** to be thirsty, I
**la seda** silk
**seguir (i, i)** to follow
   **seguir adelante** to continue on, to carry on, III
   **seguir derecho** to go straight, II
   **seguir una carrera** to pursue a career, III
   **seguir una dieta balanceada** to follow a balanced diet, II
**según** according to
**segundo(a)** second
**seguramente** surely
**la seguridad** security, safety, 3.1
   **la caja de seguridad** safe, safe deposit box, 3.1
   **el cinturón de seguridad** seat belt, 3.2
   **pasar por seguridad** to go through security, I
   **la zona de seguridad** security area, 3.2
**el seguro** insurance, 1.1
   **el seguro de salud** health insurance, 1.1
   **el seguro de vida** life insurance, 1.1
**seguro(a)** secure, safe; sure
   **(no) estar seguro(a) (de) que...** to (not) be sure that...
**seis** six
**seiscientos(as)** six hundred
**seleccionar** to select
**el sello** stamp
**la selva** jungle
**el semáforo** stoplight
**la semana** week
   **el fin de semana** weekend, I
   **la semana pasada** last week, II
   **la semana que viene** next week, I
**semanal** weekly
**el semestre** semester, 4.2
**la señal** signal, 6.1
   **la señal digital** digital signal, 6.1
**sencillo(a)** single, plain, basic, 3.1
   **la habitación sencilla** single room, 3.1
**el sendero** path, trail
**Señor (Sr.) ...** Mr. ...
   **Muy señor mío** Dear Sir, 1.2
**Señora (Sra.) ...** Mrs. ...
   **Muy señora mía** Dear Sir, 1.2
**Señorita (Srta.) ...** Miss ...

**Recursos**
**R52** Glosario español-inglés

**sentarse (ie)** to sit
**el sentido del humor** sense of humor
**sentir (ie, i)** to feel; to be sorry
   **Lo siento.** I'm sorry., III
   **sentir que...** to feel / to be sorry that..., I
**separado(a)** separate
**septiembre** September
**séptimo(a)** seventh
**la sequía** drought
**ser sobrenatural** supernatural being
**ser** to be
   **Es de...** He/She is from..., I
   **Es el... de...** It's the... of... (day and month), I
   **Es la.../Son las...** It is... o'clock., I
   **ser aceptado(a)** to be (get) accepted, hired, 4.2
   **ser de madera/oro/plata** to be made of wood/gold/silver, II
   **ser despedido(a)** to be fired, 1.1
   **ser miembro de...** to be a member of..., I
   **ser originario(a) de** to come from, I
   **Soy de...** I'm from..., I
**la serie** TV series, 6.1
**serio(a)** serious
**la serpiente** snake
**el servicio** service, 3.1
   **el servicio de habitación** room service, 3.1
**el servidor** server, 1.2
**la servilleta** napkin
**servir (i, i)** to serve, to be useful
   **servir de presidente(a)** to serve as president, III
**sesenta** sixty
**setecientos** seven hundred
**setenta** seventy
**sexto(a)** sixth
**si** if
**sí** yes
   **¡Claro que sí!** Of course!, II
   **Sí, me encantaría.** Yes, I would love to., III
**el SIDA** AIDS, 4.1
**siempre** always
   **de siempre** usual, I
**la siesta** nap
   **dormir una siesta** to take a nap, III
**siete** seven
**el siglo** century
**el significado** meaning
**significar** to mean
**siguiente** following

**la silla** chair
   **la silla de ruedas** wheelchair, I
**el sillón (pl. los sillones)** armchair, III
**simbolizar** to symbolize
**el símbolo** symbol
**el símil** simile
**simpático(a)** nice, friendly
**simplificar** to simplify
**sin** without, 3.1
   **sin embargo** however, nevertheless, III
   **sin escalas** direct (nonstop) flight, 3.1
   **sin valor** worthless, III
**sin que** without, III
**la sinagoga** synagogue
**la sinceridad** sincerity
**sincero(a)** sincere
**sinfónico(a)** symphonic, 5.1
   **la orquesta sinfónica** symphony orchestra, 5.1
**singular** unique
**el sistema** system, 1.1
   **el (la) analista de sistemas** systems analyst, 1.1
   **el sistema de telefonía** telephone system, 1.2
   **el sistema educativo** educational system, 4.2
**el sitio** site
   **el sitio arqueológico** archaeological site, I
   **el sitio Web** Web site, III
**el smog** smog
**sobre** about, concerning, on
**el sobrenombre** nickname
**sobresaliente** outstanding
**la sobrina** niece
**el sobrino** nephew
**la sociedad** society
   **la sociedad honoraria** honor society, III
**el sofá** sofa, couch
**el software** software
**la soga** rope
**el sol** sun
   **el bloqueador de sol** sunscreen, I
   **Hace sol.** It is sunny., III
   **tomar el sol** to sunbathe, I
**solamente** only
**el (la) soldado** soldier
**solicitar** to ask for, to request, to apply, 1.1

**solicitar una beca** to apply for a scholarship, III
**la solicitud** application
   **llenar una solicitud de empleo** to fill out an application, III
**sólo** only
   **no sólo... sino también...** not only... but also..., II
**solo(a)** alone
**soltar (ue)** to release
**solucionar** to solve
**la sombra** shadow
**el sombrero** hat
**la sombrilla** beach umbrella; parasol
**someter** to force
**soñar (ue)** to dream
   **soñar con** to dream about, 1.2
**el (la) sonidista** sound engineer, 5.1
**el sonido** sound
**sonreír (i, i)** to smile
**la sopa** soup
**soportar** to withstand
**sordo(a)** deaf
**los sordos** the deaf
**sorprendente** surprising
**sorprender** to surprise
   **sorprenderse de que...** to be surprised that...
**la sorpresa** surprise
**sospechar que** to suspect that
**el squash** squash, 2.2
**su** his, her, its, their, your (formal)
**subir** to go up
   **subir a la vuelta al mundo/la montaña rusa** to ride the Ferris wheel/roller coaster, I
**subrayar** to underline
**la subtitulación para sordos** closed captioning for the hearing impaired, III
**el suceso** event
**sucio(a)** dirty
**la suegra** mother-in-law
**el suegro** father-in-law
**los suegros** in-laws
**el sueldo** salary
**el suelo** floor (of a room), ground, soil
**el sueño** dream; sleep
   **tener sueño** to be sleepy, II
**la suerte** luck
   **tener suerte** to be lucky, I
**el suéter** sweater
**el sufrimiento** suffering
**sufrir** to suffer
**la sugerencia** suggestion
   **dar una sugerencia** to make a

suggestion, III
**sugerir (ie, i) que** to suggest that
**sujetar** to secure, 2.1
**sumamente** extremely
**superar** to overcome, to surpass
**la superficie** surface
**el supermercado** supermarket
**el (la) supervisor(a)** supervisor, 1.2
**el sur** south
**el surf** surf, 2.1
    **el surf a vela** windsurfing, 2.1
**surfear** to surf, to go surfing
**el (la) surfista** surfer
**surrealista** surreal, 5.1
**la suscripción** membership, 6.1
**suspirar** to sigh
**el sustantivo** noun
**el susto** fright, scare
**susurrar** to whisper

**la tabla de surf** surfboard
**el tablero** game board, 2.2
**tal** such
    **con tal (de) que** as long as, III
    **tal vez** maybe, I
**el talento** talent, 6.1
    **el programa de talento** talent show, 6.1
**talentoso(a)** talented
**la talla** clothing size
**tallar** to carve, 5.2
**el taller** workshop
**el tamaño** size
**también** also, too
    **no sólo... sino también...** not only... but also..., II
    **también se dice...** you can also say, I
**el tambor** drum, 5.1
**tampoco** neither, (not) either
**tan** as
    **tan pronto como** as soon as, III
    **tan... como** as... as, II
**tanto(a)** as much, so much
    **tanto(a) como...** as much as..., I
**tantos(as)...** as many, so many
    **tantos(as)... como** as many... as, II
**la tapa** cover, 5.2
**las tapas: ir de tapas** to go out to eat
**el tapiz (pl. los tapices)** tapestry
**la taquilla** ticket window

**la tarde** afternoon
    **Buenas tardes.** Good afternoon., III
    **de la tarde** in the afternoon (with a time), I
**tarde** late, 1.2
    **llegar tarde** to arrive late, 1.2
    **más tarde** later (on), II
**la tarea** homework, task
**la tarifa** fare
**la tarjeta** card, 3.1
    **la tarjeta de crédito** credit card, 4.2
    **la tarjeta de embarque** boarding pass, 3.2
    **la tarjeta de turista** tourist card, 3.1
    **la tarjeta postal** postcard, II
**la tarta** cake
    **la tarta de chocolate** chocolate cake, II
**el taxi** taxi
**la taza** cup
**el té** tea
**el teatro** theater
**el techo** roof, 2.2
    **bajo techo** indoor (adj.), 2.2
**la tecla** key, 6.1
**el teclado** keyboard
**el (la) técnico(a)** technician, repairperson
**los tejidos** woven materials
**la tela** cloth, fabric, canvas, 5.1
**la tele** TV
**el telediario** news program, 6.1
**la telefonía** telephony, 1.2
    **el sistema de telefonía** telephone system, 1.2
**telefónico(a)** telephone (adj.), 1.2
    **la conferencia telefónica** phone conference, 1.2
**el teléfono** telephone
    **¿Cuál es tu/su número de teléfono?** What is your phone number? (familiar/formal), I
    **Mi número de teléfono es...** My phone number is ..., I
    **el teléfono celular** cellular phone, II
**la telenovela** soap opera, 6.1
**el (la) telespectador(a)** soap opera viewer, TV viewer
    **la teletón (pl. las teletones)** telethon, III
**el (la) televidente** viewer, TV viewer, 6.1

**la televisión** television, 6.1
    **la guía de televisión** TV guide, 6.1
**el televisor** television set
**el telón (pl. los telones)** curtain (in a theater)
    **levantar/bajar el telón** to raise/lower the curtain, III
**el tema** theme
**el temblor** earthquake
**temer que** to be afraid that
**el templo** temple
**la temporada** season
**temprano** early
**el tenedor** fork
**tener (tengo)** to have
    **¿Cuántos años tienes?** How old are you?, I
    **tener... años** to be... years old, I
    **tener calor** to be hot (person), I
    **tener celos de...** to be jealous of...
    **tener éxito** to be successful, II
    **tener frío** to be cold (person), I
    **tener ganas de...** to feel like..., I
    **tener hambre** to be hungry, I
    **tener lugar** to take place
    **tener miedo** to be afraid, I
    **tener prisa** to be in a hurry, II
    **tener que** to have to, I
    **tener razón** to be right, I
    **tener sed** to be thirsty, I
    **tener sueño** to be sleepy, II
    **tener suerte** to be lucky, I
**el tenis** tennis
**la teología** theology
**tercero(a)** third
**el terciopelo** velvet
**las termas** hot springs
**terminar** to end
    **terminar de** to finish, 1.2
**la terraza** terrace
**el terremoto** earthquake, 6.2
**el (la) tesorero(a)** treasurer
**el (la) testigo** witness
**el testimonio** testimony, 5.2
**el texto** text, 1.2
    **el procesador de textos** word processor, 1.2
**la textura** texture, 5.1
**ti** you (sing., familiar)
**la tía** aunt
**el tiempo** weather; time, 4.2
    **a tiempo** on time, 4.2
    **a tiempo parcial** part-time, III
    **el tiempo libre** free time, II
    **el trabajo de medio tiempo** part-time job, 1.2

el trabajo de tiempo completo full-time job, 1.2
¿Qué tiempo hace? What is the weather like?, I
la tienda store
la tienda de campaña tent
la tierra land, soil
el timbre doorbell
   tocar el timbre to ring the doorbell, III
la timidez shyness
tímido(a) shy
el tío uncle guy
los tíos uncles, uncle(s) and aunt(s)
típico(a) typical
el tipo type
el (la) tirado(a) pauper
tirar to throw (out); to pull; to knock down
   tirar basura to litter, III
   tirarse (de) to jump off, I
las tiras cómicas comic strips
el titular headline, 6.2
titularse to be called
el título (academic) degree, title
la toalla towel
el tobillo ankle
el tocadiscos (pl. los tocadiscos) compactos CD player
tocar to play (an instrument) to touch
todavía still; yet
todo all, everything
   todo el mundo everyone
   todo junto all together
todos(as) all, everyone
   todos los días every day, I
tomar to take
   tomar algo to drink something, III
   tomar apuntes to take notes, I
   tomar decisiones to make decisions, III
   tomar el sol to sunbathe, I
   tomar fotos to take photos, II
   tomar parte en to take part in, to participate in, III
   tomar un taxi to take a taxi, II
el tomate tomato
la tormenta storm
el tornado tornado, 6.2
el torneo tournament
la tortilla omelet (in Spain)
   la tortilla de patatas potato omelet, II
la tortuga turtle, tortoise
   la tortuga gigante giant tortoise, I
trabajador(a) hard-working

el (la) trabajador(a) worker
   el (la) trabajador(a) social social worker, III
trabajar to work, 1.2
   trabajar a tiempo parcial to work part-time, III
   trabajar de cajero(a) to work as a cashier, III
   trabajar de salvavidas to work as a lifeguard, III
   trabajar de voluntario to volunteer, III
   trabajar por cuenta propia to be self-employed, 1.2
el trabajo work; job, 4.1
   el trabajo comunitario community work, 4.1
   el trabajo de medio tiempo part-time job, 1.2
   el trabajo de tiempo completo full-time job, 1.2
traducir (traduzco) to translate
el (la) traductor(a) translator
traer (traigo) to bring
   ¿Me puede traer...? Can you bring me...?, II
el traje suit
   el traje de baño bathing suit, II
la trama plot, 5.2
el trámite procedure, 3.2
tranquilo(a) calm
la transformación (pl. las transformaciones) transformation, III
transformar to transform
el tránsito transit, 3.1
   en tránsito in transit, 3.1
transportador(a) conveyor (adj.), 3.2
   la cinta transportadora luggage carousel, 3.2
el transporte público public transportation
trasladarse to move (change residence)
tratar to treat
   tratar de to be about; to try to
   tratar sobre to deal with, to be about
   tratarse de to be about, III
travieso(a) mischievous
trece thirteen
treinta thirty
treinta y uno thirty-one
el tren train
   en tren by train, I

tres three
trescientos(as) three hundred
la tripulación (pl. las tripulaciones) crew
triste sad
la trituradora food processor
triunfar to triumph
el triunfo triumph
el trofeo trophy
el trombón trombone, 5.1
la trompeta trumpet, 5.1
el tronco trunk
tu your (sing., familiar)
tú you (sing., familiar)
la tumba tomb
la turbulencia turbulence, 3.2
el turismo tourism
   la oficina de turismo tourist office, II
   el turismo ecológico ecotourism, I
el (la) turista tourist, 3.1
   la clase turista tourist class, 3.1
   la tarjeta de turista tourist card, 3.1
turnarse to take turns

último(a) last, latest, 6.2
   la noticia de último momento breaking news, 6.2
la uña nail (fingernail or toenail)
único(a) unique, only
la unidad unity, unit
unificar to unify
el uniforme uniform
unirse to join
la universidad university
uno one
usar to use, to wear
usted you (sing., formal)
ustedes you (pl., formal)
útil useful
utilizar to use
la uva grape
¡Uy! Ugh!

# V

**las vacaciones** vacation
   **(estar) de vacaciones** (to be) on vacation, II
   **ir de vacaciones** to go on vacation, II
**el vacío** gap
**vacío(a)** empty
**el vagón (pl. los vagones)** wagon, railroad car
**¡Vale!** OK!
**la valentía** bravery
**valer (valgo)** to be worth
**valiente** brave
**valioso(a)** valuable
**el valle** valley
**el valor** value
**valorar** to value
**la vanidad** vanity
**vanidoso(a)** vain
**variar** to vary
**la variedad** variety
**varios(as)** various
**la vasija** container
**el vaso** glass
**el (la) vecino(a)** neighbor
**vegetariano(a)** vegetarian
**el vehículo híbrido** hybrid vehicle
**veinte** twenty
**veintiuno** twenty-one
**la vejez** old age
**la vela** sail, 2.1
   **el surf a vela** windsurfing, 2.1
**el velero** sailboat
**el velódromo** cycle track, 2.1
**el venado** deer
**el vencimiento** expiration, maturity, 4.2
   **la fecha de vencimiento** due date, 4.2
**el (la) vendedor(a)** salesclerk, vendor
   **el (la) vendedor(a) ambulante** street vendor, III
**vender** to sell
**venir (vengo)** to come
**la venta** sale, 6.1
   **el programa de ventas** sales show, 6.1
**la ventaja** advantage
**la ventana** window
**la ventanilla** window, train/plane window, 3.2
   **el asiento de ventanilla** window seat, 3.2

**ver** to see
   **A ver.** Let's see., III
   **¿Me deja ver?** May I see?, II
   **Nos vemos allí.** See you there., III
   **ver el amanecer** to watch the sunrise, III
   **ver la puesta del sol** to watch the sunset, III
   **ver las atracciones** to go sightseeing, II
**el verano** summer, 1.2
   **el horario de verano** summer hours, 1.2
**la verdad** truth
   **¿De verdad?** Really?
   **(No) Es verdad que...** It is (not) true that..., II
   **¡Te digo la verdad!** I'm telling you the truth!, II
   **¿Verdad?** Really? Right?, I
**verdadero(a)** real, true, sincere
**verde** green
**la verdulería** vegetable stand
**las verduras** vegetables
**la vergüenza** shame
   **darle a uno vergüenza** to feel ashamed
**versátil** versatile
**el verso** verse
**el vestido** dress
**la vestimenta** dress, clothing, 1.2
   **el código de vestimenta** dress code, 1.2
**vestirse (i, i)** to get dressed
**el vestuario** costumes, wardrobe
**el (la) veterinario(a)** veterinarian
**la vez (pl. las veces)** time
   **a la vez** at the same time
   **a veces** sometimes, II
   **de vez en cuando** once in a while, I
   **muchas veces** often, many times, I
   **tal vez** maybe, I
**la vía** track, train track
**viajar** to travel
**el viaje** trip, journey
   **hacer un viaje** to take a trip, I
**el (la) vice-presidente(a)** vice president
**la vida** life, a living, 6.1
   **el ciclo de vida** life cycle, I
   **de vida animal** animal life, 6.1
   **ganarse la vida como...** to earn a living as..., II
   **la hoja de vida** résumé, 1.1
   **el programa de vida animal** animal life show, 6.1

   **el seguro de vida** life insurance, 1.1
   **la vida privada** private life, 6.2
**la videoconferencia** videoconference, 1.2
**el videojuego** video game, 2.2
   **la consola de videojuegos** videogame console, 2.2
**el vidrio** glass
**viejo(a)** old
**el viento** wind
   **Hace viento.** It is windy., III
   **los instrumentos de viento** wind instruments, 5.1
**los vientos** winds, 5.1
**viernes** Friday
**el vinagre** vinegar
**la violencia** violence, 4.1
   **la violencia doméstica** domestic violence, 4.1
**el violín** violin, 5.1
**virtual** virtual, 2.2
   **el juego virtual** virtual games, 2.2
**la visa** visa, 3.1
**la visita** visit
   **hacer una visita guiada** to take a guided tour, III
**visitar** to visit
   **visitar un museo** to visit a museum, II
**la vista** view, 3.1
   **con vista al mar** with an ocean view, 3.1
**el vitral** stained-glass window
**la vivienda** housing
**vivir** to live
**vivo(a)** bright (colors)
**el vocabulario** vocabulary
**la vocación (pl. las vocaciones)** vocation
**el volante** flyer
**volar (ue)** to fly
**el volcán (pl. los volcanes)** volcano
**el voleibol** volleyball (the sport)
   **el voleibol playero** beach volleyball, III
**el (la) voluntario(a)** volunteer
   **trabajar de voluntario** to volunteer, II
**volver (ue)** to return, to come back
**vosotros(as)** you (pl., familiar)
**votar** to vote
**la voz (pl. las voces)** voice
   **en voz alta** out loud
**el vuelo** flight, 3.2
   **el (la) auxiliar de vuelo** flight attendant, 3.2

**Recursos**
Glosario español-inglés

**confirmar el vuelo** to confirm a flight, II
**el vuelo directo** direct flight, 3.2
**el vuelo de ida** one-way flight, 3.2
**el vuelo de ida y vuelta** round-trip flight, 3.2
**el vuelo sin escalas** nonstop flight, 3.2
**la vuelta** turn, return, 3.1
   **dar una vuelta** to take a walk, III
   **de ida y vuelta** round-trip (ticket), 3.1
   **la Vuelta a Francia** Tour de France, II
   **la vuelta al mundo** Ferris wheel, I
**vuestro(a)** your (familiar)

**el water polo** water polo, 2.1

**y** and
   **... y cuarto** quarter past... (the hour), I
   **... y (diez)** (ten) past... (the hour), I
   **... y media** half past... (the hour), I
**ya** already
**el yerno** son-in-law
**el yeso** plaster, 5.2
**yo** I
**el yogur** yogurt

**los zahones** chaps
**zambullirse** to dive
**la zanahoria** carrot
**la zapatería** shoe store
**el zapato** shoe
**la zona** zone, region, 3.1
   **la zona de estacionamiento** parking lot, 3.1
   **la zona de guerra** war zone, 6.2
   **la zona de seguridad** security area, 3.2
**el zoológico** zoo
**el zopilote** vulture
**el zorro** fox

# Glosario inglés-español

This English-Spanish glossary contains all the active vocabulary words that appear in the text as well as passive vocabulary lists.

**a little** un poco, I
**a while** un rato, I
**to abandon** abandonar
**able** capaz
   **to be able** poder (ue), I
**about** sobre, II
   **to be about** tratar(se) de, III
**abroad** el extranjero, 3.1
**absence** la ausencia
**abstract** abstracto(a), 5.1
**absurd** absurdo(a), III
   **the absurd** lo absurdo
**academic** académico(a), 1.1
   **academic records** los antecedentes académicos, 1.1
**to accept** aceptar, 4.2
   **to get accepted** ser aceptado(a), 4.2
**access** el acceso, III
**accessories** los accesorios, 2.2
**to accompany** acompañar
**according to** según, I
**accordion** el acordeón, 5.1
**account** cuenta, 1.2
   **savings account** la cuenta de ahorros, III
   **to take into account** tener en cuenta, I
**accountant** el (la) contador(a), III
**accounting** la contabilidad, III
**to ache** doler (ue), I
**to achieve** lograr, III
**achievement** el logro, III
**to acquire** adquirir (ie), I
**across from** frente a, II
**to act** actuar, III
   **to act in a play** actuar en un drama, III
**act** el acto, III
**acting** la actuación, III
**action** la acción, (pl. las acciones), III
   **action movie...** la película de acción, II
**active** activo(a), II

**activity** la actividad, I
**actor** el actor, II
**actress** la actriz, (pl. las actrices), III
**ad** el anuncio, III
   **classified ad** el anuncio clasificado, III
   **personal ad** el anuncio personal, III
**to add** añadir, II
**addict**
   **drug addict** el (la) drogadicto(a), 4.1
**addition: in addition** además, III
**additional** extra, 1.2
**address** la dirección, (pl. las direcciones), III
   **e-mail address** la dirección electrónica, II
**adult** el (la) adulto(a), 4.1
**to advance** avanzar
**advance** el avance, 6.1
**advance (adj.)** adelantado(a), 3.1
   **in advance** con anticipación, III
   **to pay in advance** pagar por adelantado, 3.1
**advanced** avanzado(a), II
**advantage** la ventaja
   **to take advantage (of something)** aprovechar, III
**adventure** la aventura
**advertisement** el anuncio, II
**advice** los consejos, I
   **to give advice** dar consejos, III
**to advise (to)** aconsejar que, III
**advisor** el (la) consejero(a), 4.2
**aerobic** aeróbico(a), 2.1
**aerobics** los ejercicios aeróbicos, 2.1
**to affect** afectar
**affection** el cariño, I
**affiliate** la repetidora, 6.2
   **local affiliate** la repetidora, 6.2
**afraid** miedoso(a), I
   **to be afraid** tener miedo, I
   **to be afraid that** temer que, III
**after** después (de), I
**afternoon** la tarde, I

   **Good afternoon.** Buenas tardes., III
   **in the afternoon** de la tarde, I
**afterward** después, I
**against** contra, I
**age: old age** la vejez
**agency** la agencia
   **ad agency** la agencia de publicidad, III
**agent** el (la) agente, 1.1
   **public relations agent** el (la) agente de relaciones públicas, 1.1
**aggression** la agresión, 4.1
**ago: Many centuries ago...** Hace muchos siglos..., I
**to agree** ponerse de acuerdo, asentir (ie, i), III
   **to agree/disagree with** estar/no estar de acuerdo con, III
**agriculture** la agricultura, II
**ahead** adelante, 3.2
   **up ahead** más adelante, 3.2
**AIDS** el SIDA, 4.1
**aim** la puntería, 2.2
**to aim** apuntar, 2.2
**air** el aire, 2.2
   **air conditioning** el aire acondicionado, I
   **air hockey** el hockey de aire, 2.2
   **clean air** el aire puro, III
**airline** la aerolínea, 3.2
**airplane** el avión, (pl. aviones), III
   **by plane** en avión, I
**airport** el aeropuerto, II
**aisle** el pasillo, 3.2
   **aisle seat** el asiento de pasillo, 3.2
**alcoholism** el alcoholismo, 4.1
**alike** parecido(a), I
**all** todos(as), I
   **all together** todo(s) junto(s)
**alley** el callejón, (pl. los callejones), III
**to allow (that)** dejar que, III
**almost** casi, I
**alone** solo(a)
**along**
   **to get along well** llevarse bien, II

**to not get along** llevarse mal, II
**already** ya, I
**also** también, I
  **not only... but also...** no sólo... sino también..., II
**although** aunque, III
**always** siempre, I
**amplifier** el amplificador, 5.1
**analysis** el análisis (pl. los análisis), III
**analyst** el (la) analista, 1.1
  **systems analyst** el (la) analista de sistemas, 1.1
**to analyze** analizar, III
**anchovy** el boquerón, (pl. los boquerones), III
**ancient** antiguo(a), II
**and** y
**angry** enojado(a), I
  **to get angry** enojarse
**animal** el animal, 6.1
  **animal life show** el programa de vida animal, 6.1
**animated** animado(a), III
**animation** la animación, II
**ankle** el tobillo, I
**annotation** la anotación, (pl. las anotaciones), III
**announce** anunciar
**announcement** el anuncio, III
**announcer** el (la) locutor(a), el (la) presentador(a), 6.2
**to annoy** fastidiar
**annoying** molesto(a), latoso(a), III
**to answer** contestar, I
**answer** la respuesta
**answering machine** la contestadora, I
**to anticipate** anticipar, III
**any** alguno(a), cualquier, I
  **not any** ningún, ninguno(a), II
**apartment** el piso, III
**to appear** aparecer (aparezco), III
  **to appear in** figurar en, III
**appetizer** el entremés, (pl. los entremeses), III
**apple** la manzana, I
**applicant** el (la) aspirante, 1.1
**application** la solicitud, 1.1
  **to fill out a job application** llenar una solicitud de empleo, III
**to apply (for)** solicitar
  **to apply for a scholarship** solicitar una beca, III
**appointment** la cita, I
  **to have an appointment** tener una cita, II
**to appreciate** apreciar, III

**to approach** acercarse
**to approve** aprobar, 1.2
**April** abril, I
**aquarium** el acuario, I
**archaeologist** el (la) arqueólogo(a), I
**architect** el (la) arquitecto(a), III
**architecture** la arquitectura, I
**area** la zona
  **security area** la zona de seguridad, 3.2
**to argue** discutir, III
**arm** el brazo, I
**armchair** el sillón, (pl. los sillones), III
**armoire** el armario, I
**army** el ejército, II
**around** por
**arrival** la llegada, II
**to arrive** llegar, 1.2
  **to arrive late** llegar tarde, 1.2
**art** el arte, 5.1
  **art gallery** la galería de arte, 5.1
  **fine arts** las bellas artes, I
  **martial arts** las artes marciales, I
  **performance art** el arte interpretativo
**article** el artículo, III
**artisan** el (la) artesano(a), I
**artist** el (la) artista), III
**artistic** artístico(a), I
**artwork: metal artwork** la orfebrería, 5.2
**as** como
  **as long as** con tal (de) que, III
  **as... as** tan... como, II
  **as soon as** en cuanto, tan pronto como, III
**ashamed: to feel ashamed** darle a uno vergüenza
**ashes** las cenizas
  **to ask for** pedir (i, i); solicitar, III
  **to ask for directions** pedir direcciones, III
**to assure** asegurar
  **I assure you.** Te lo aseguro., III
**astronaut** el (la) astronauta, III
**at** en, a, 4.2
  **at night** de la noche, I
  **at sign (@)** la arroba, I
**athlete** el (la) atleta, I
**athletic** atlético(a), I
**ATM** el cajero automático, III
**atmosphere** el ambiente, III
**attached** adjunto(a)
**to attain** lograr, III
**to attend** asistir a; atender (ie), III
**attendant** el (la) auxiliar, 3.2

**flight attendant** el (la) auxiliar de vuelo; la azafata (female only), 3.2
**attentive** atento(a), I
  **Very attentive.** Muy atento(a)., III
**attitude** la actitud, I
**to attract** atraer (atraigo)
**attractions** las atracciones, I
**attractive** atractivo(a), I
**audience** el público, 6.1
**August** agosto, I
**aunt** la tía, I
**authentic** auténtico(a), III
**author** el (la) autor(a), III
**autobiography** la autobiografía, 5.2
**automobile** el automóvil, I
**autumn** el otoño, I
**available** disponible, I
**avalanche** la avalancha, 6.2
**avenue** la avenida, II
**to avoid** evitar, III
**award** el premio, 6.2
  **awards ceremony** la entrega de premios, 6.2
  **awards show** la entrega de premios, 6.2
**awareness: social awareness** la conciencia social, III
**away**
  **to get carried away with** irse la mano, 5.2
**awesome** genial, 5.1
**Aztec** azteca, II

**baby** el (la) bebé, III
**to baby-sit** cuidar niños, III
**babysitter** el (la) niñero(a), III
**bachelor's degree** la licenciatura, 4.2
**back cover** la contratapa, 5.2
**back: to look back** reflexionar, III
**backgammon** el backgammon, 2.2
**background event** el antecedente
**backing up** el retroceso, 6.1
**backpack** la mochila, I
**bad** malo(a), I
  **really bad** fatal, 5.1
  **Too bad that...** Qué pena que...
**badly** mal, 2.1
**bag** la bolsa) el saco, III
  **plastic bag** la bolsa de plástico, III
  **sleeping bag** el saco de dormir, III
**baggage claim** el reclamo de equipaje,

II
**bakery** la panadería, II
**bait** carnada, 2.1
**balance** el equilibrio
   **to keep one's balance** mantener el equilibrio, III
**balcony** el balcón, (pl. los balcones), III
**ball** la pelota, 2.1
**balloon** el globo, I
**banana** la banana, I
**band** la banda, 5.1
**band (musical group)** el conjunto, I
**bank** el banco, II
**banker** el (la) banquero(a)
**baptism** el bautismo, I
**barbecue** la parrillada; el asado, I
**barely** apenas, II
**bargain** la ganga, II
**to bargain** regatear, II
**base** la base, 1.2
**baseball** el béisbol, 2.1
   **baseball bat** el bate, I
   **baseball glove** el guante de béisbol, 1.1
   **to play baseball** jugar al béisbol, I
**basic** sencillo(a), 3.1
**basket (in basketball)** el aro, 2.1
**basketball** el básquetbol, I
**bass** el bajo
   **double bass** el contrabajo, 5.1
**bat (animal)** el murciélago, I
**bath: to take a bath** bañarse, II
**bathing suit** el traje de baño, II
**bathroom** el baño, I
**bathtub** la bañera, III
**battery** la batería
**battle** la batalla, II
**bay** la bahía
**to be** ser; estar, I
   **to be able** poder, I
   **to be happy (that...)** alegrarse (de que...)
   **to be hungry** tener hambre, I
   **to be important** importar, II
   **to be in love with** estar enamorado(a) de, II
   **to be in style** estar de moda, II
   **to be jealous (of)** tener celos (de), II
   **to be lucky** tener suerte, I
   **to be worth the trouble** valer la pena
   **to be... years old** tener... años, I
   **to be hot** tener calor, I
   **to be hot** hacer calor, I
   **to be in a hurry** tener prisa, II
   **to be like (someone)** parecerse (a alguien), III
   **to be made of...** ser de..., II
   **to be missing** hacer falta, I
   **to be on vacation** estar de vacaciones, II
   **to be online** estar en línea, II
   **to be proud (of)** estar orgulloso(a) (de), II
   **to be right** tener razón, I
   **to be satisfied** quedar satisfecho(a), 4.2
   **to be self-employed** trabajar por cuenta propia, 1.1
   **to be sleepy** tener sueño, II
   **to be sorry that...** sentir que...
   **to be successful** tener éxito, II
   **to be surprised that...** sorprenderse de que..., III
   **to be thirsty** tener sed, I
   **to be tired or fed up** estar harto(a), I
   **to be useful** servir (i, i)
   **What do you want to be?** ¿Qué profesión te gustaría tener?, II
**beach** la playa, I
   **beach umbrella** la sombrilla, III
**beans** los frijoles, I
**to beat** batir, II
**beaten** batido(a), II
**beautiful** bello(a), II
**to beautify** embellecer, I
**beauty** la belleza
**because** porque, I
**to become** hacerse (me hago)
**bed** la cama, I
   **to go to bed** acostarse (ue), II
   **to make the bed** hacer la cama, I
**bedroom** el cuarto; la recámara, I
**beef** el bistec, I
**before** antes (de) que, III
**beforehand** de antemano, III
**to begin** empezar (ie), comenzar (ie), I
**beginning** el comienzo, III
**behave: to behave well/badly** comportarse bien/mal, III
**behavior** la conducta; el comportamiento, III
**behind** detrás (de), I
   **to get behind (schedule)** atrasarse, 1.1
   **to leave behind** quedarse, 5.2
**to believe** creer, I
   **to not believe that...** no creer que..., I
**bellhop** el botones, 3.1
**to belong** pertenecer (pertenezco)
**beloved** querido(a), II
**belt** la cinta, el cinturón, 3.2
   **seat belt** el cinturón de seguridad, 3.2
**bench** el banco, III
**beneath** bajo
**benefit** el beneficio, 1.1
   **for the benefit of** a beneficio de, III
**besides** además de, aparte de, I
**better** mejor, II
**between** entre, II
**beverage** la bebida, I
**bicycle** la bicicleta, I
   **bicycle racing** el ciclismo, II
**big** grande, I
**bill** la cuenta, 1.2
**billiards** el billar, 2.2
**biodiversity** la biodiversidad, III
**biography** la biografía, III
**bird** el pájaro, III
**birth** el nacimiento, I
   **birth date** la fecha de nacimiento, I
**birthday** el cumpleaños, I
   **Happy birthday!** ¡Feliz cumpleaños!, I
**bitter** amargo(a), agrio(a), I
**black** negro(a), I
**blank** en blanco
**blanket** la manta, III
**block (city block)** la cuadra; la manzana, III
**blog** el blog, 5.2
**blond** rubio(a), I
**blouse** la blusa, I
**blue** azul, I
**board** el pizarrón, (pl. los pizarrones), III
   **board (of a board game)** el tablero, 2.2
   **board game** el juego de mesa, 2.2
**to board** abordar, 3.2
**boarding** el embarque, 3.2
   **boarding pass** la tarjeta de embarque, 3.2
**boat** el barco; el bote, I, la lancha, 2.1
   **by boat** en barco, I
   **motor boat** la lancha con motor, 2.1
**body** el cuerpo, I
**to boil** hervir (ie, i), II
**boiled** hervido(a), II

Recursos
Glosario inglés-español

**book** el libro, I
**bookstore** la librería, II
**boot** la bota, II
**booth** la cabina
**boring** aburrido(a); pesado(a), I
**born: to be born** nacer (nazco)
**to borrow** pedir prestado, III
**boss** el (la) jefe(a), 1.1
**both** ambos(as)
**to bother** molestar
**bottle** la botella
**bottom** el fondo
**bow tie** el corbatín, (pl. los corbatines), III
**bowling** los bolos, 2.2
   **to go bowling** jugar a los bolos, I
   **bowling pin** el bolo, 2.2
**bowling pins** los bolos, 2.2
**box** la caja, 3.1
   **safe deposit box** la caja de seguridad, 3.1
**boy** el chico; el muchacho, I
**boyfriend** el novio, III
**bracelet** la pulsera, II
**branch** la rama
**brave** valiente, II
**bravery** la valentía, III
**Bravo!** ¡Bravo!, II
**bread** el pan, I
**to break** quebrarse, romper(se), 5.2
   **to break down** descomponerse, 5.2
**breakfast** el desayuno, I
   **to have breakfast** desayunar, II
**breaking news** la noticia de último momento, 6.2
**to breathe** respirar, III
**breeze** la brisa, III
**bridge** el puente, III
**bright (colors)** vivo(a), I
**brilliant** brillante, I
**to bring** traer (traigo), I
   **to bring up** criar, I
   **Can you bring me...?** ¿Me puede traer...?, II
**to broadcast** emitir, III
**broadcast** la difusión, 6.2
**broccoli** el brócoli, I
**brochure** el folleto, 3.1
**broken** roto(a), III
**bronze** el bronce, 5.2
**brood** la cría
**broth** el caldo, II
**brother** el hermano, I
**brother-in-law** el cuñado, III
**brown** marrón, (pl. marrones), III
   **brown hair** el pelo castaño, I

**to brush** cepillar
   **to brush one's teeth** cepillarse los dientes, II
**brush**
   **artist's brush** el pincel, 5.1
   **hairbrush/toothbrush** el cepillo, II
**bucket** el cubo
**budget** el presupuesto, 4.2
**to build** construir, II
**building** el edificio, II
**bumper cars** los autitos chocadores, I
**to burn** quemar(se), 5.2
   **to burn a CD** quemar un disco compacto, I
**bus** el autobús, (pl. los autobuses), III
   **bus stop** la parada de autobús
   **by bus** en autobús, I
**business** el negocio, I
   **business administration** la administración de empresas, I
   **show business** la farándula, 6.1
**businessman** el hombre de negocios, III
**businessperson** el (la) empresario(a), III
**businesswoman** la mujer de negocios, III
**busy** ocupado(a), I
**but** pero, I
**butcher shop** la carnicería, III
**butterfly** la mariposa, III
**to buy** comprar, I
   **to buy a ticket** sacar el billete, III
**by** por
   **by chance** por casualidad, III
**Bye!** ¡Chau!

**cabbage** el repollo
**cabin** la cabina, I
**cabinet**
   **file cabinet** el archivo, 1.1
**cable** el cable, 6.1
**café** el café, I
**cafeteria** la cafetería, I
**cake** el pastel; la tarta, I
   **chocolate cake** la tarta de chocolate, II

**calculation** el cálculo, 1.2
**calculator** la calculadora, I
**calendar** el calendario, II
**to call** llamar, reclamar, III
   **to be called** titularse, III
   **to call someone** llamar a alguien, II
**call** la llamada, el llamado, I
   **international call** la llamada internacional, 1.2
   **local call** la llamada local, 1.2
   **phone call** la llamada, I
**calm** tranquilo(a), I
**camera** la cámara, I
   **digital camera** la cámara digital, II
   **movie camera** la cámara de cine, II
   **video camera** la cámara de video, II
**cameraman** el camarógrafo, II
**camerawoman** la camarógrafa, II
**to camp** acampar, II
**campaign** la campaña, III
**campfire** la fogata, III
**campus** la ciudad universitaria
**can (container)** la lata, III
   **soda can** la lata de refresco
**can (to be able)** poder (ue), I
**canal** el canal
**to cancel** cancelar, 3.2
**candidate** el (la) candidato(a), 6.2
**candy store** la bombonería, III
**canoe** la canoa, III
**canteen** la cantimplora, III
**canvas** la tela, 5.1
**cap** el gorro; la gorra, II
**capable** capaz
**captivity** el cautiverio, I
**to capture** captar, capturar, 4.1
**car** el coche; el carro; el automóvil, III
   **by car** en coche, I
   **railroad car** el vagón (pl. los vagones), III
**caravel** la carabela
**card** la carta, 2.2
   **credit card** la tarjeta de crédito, 4.2
   **playing cards** las cartas, 2.2, los naipes, III
   **tourist card** la tarjeta de turista, 3.1
**cardboard** el cartón, II
**care** el cuidado
   **to take care of (a task)** encargarse de, III
   **to take care of** cuidar
**to care for** cuidar
**career** la carrera, 4.2

**carefully** con cuidado
**to caress** acariciar
**cargo** la carga, 3.2
**carousel**
    **luggage carousel** la cinta transportadora, 3.2
**carpenter** el (la) carpintero(a), III
**carpet** la alfombra, 6.2
    **red carpet** la alfombra roja, 6.2
**carriage** el coche, I
    **horse-drawn carriage** el coche tirado por caballo, I
**carrot** la zanahoria, II
**to carry** llevar
    **to carry on** seguir adelante, III
    **to carry out** cumplir con, III, desempeñar, 1.1
    **to get carried away with** irse la mano, 5.2
**cartoons** los dibujos animados, III
**to carve** tallar, 5.2
**carving** la talla, I
**case** el caso
    **in case** en caso de que, III
    **just in case** por si acaso, I
**cash** el dinero en efectivo, II
**cashier** el (la) cajero(a), I
**to cast** moldear, 5.2
**castle** el castillo, 3.1
**casual** informal, III
**cat** el (la) gato(a), I
**cathedral** la catedral, 3.1
**cattle** el ganado
    **cattle rancher** el (la) ganadero(a)
**cave** la cueva
**CD player** el tocadiscos, (pl. los tocadiscos) compactos, III
**to celebrate** celebrar, I
**cellular phone** el teléfono celular; el celular, II
**center** el centro, el medio, 3.2, **4.1**
    **center section** la hilera del medio, 3.2
    **counseling center** el centro de ayuda, 4.1
    **historic center** el centro histórico, III
**century** el siglo
**ceramic** la cerámica, I
    **(made of) ceramic** de cerámica, II
**cereal** el cereal, I
**ceremony** la ceremonia, III
    **awards ceremony** la entrega de premios, 6.2
**certainty** la certeza, I
**chain** la cadena, 6.2

**chair** la silla, I
**chalkboard** el pizarrón, (pl. los pizarrones), III
**challenge** el reto
**champion** el campeón, la campeona (pl. los campeones), III
**championship** el campeonato, II
**by chance** por casualidad, III
**to change** cambiar
    **to change roles** cambiar de papel
**change** el cambio
    **change purse** el monedero, III
**channel: TV channel** el canal de televisión, III
**chant** el canto
**chapel** la capilla
**chapter** el capítulo, III
**character** el personaje, II
**charge** el cargo
    **to take charge of** encargarse de, 1.2
**to charge (money)** cobrar
**to chat** charlar, III
**chat room** el salón (pl. los salones) de charlas), III
**check** el cheque, III
**to check** revisar
**to check in** facturar, 3.2
    **to check in the luggage** facturar el equipaje, 3.2
**check-in** la facturación, 3.2
    **check-in kiosk** el kiosco de facturación, 3.2
**checkers** las damas, 2.2
    **Chinese checkers** las damas chinas, 2.2
**cheese** el queso, I
**chess** el ajedrez, 2.2
**chicken** el pollo, I
    **roasted chicken** el pollo asado, II
**child** el (la) niño(a), II
**childhood** la niñez, I
**children** los hijos, I
    **children's** infantil
**Chinese** chino(a), 2.2
    **Chinese checkers** las damas chinas, 2.2
**chisel** el cincel, 5.2
**choir** el coro, III
**to choose** escoger (escojo), elegir (i, i) (elijo), III
**chores** los quehaceres, I
**Christmas** la Navidad, I
    **Christmas tree** el árbol de Navidad, I
**church** la iglesia

**cistern** el aljibe, I
**citizen** el (la) ciudadano(a), III
**citizenship** la ciudadanía, I
**city** la ciudad, II
    **city block** la cuadra; la manzana, III
    **city map** el plano, III
**civilization** la civilización, (pl. las civilizaciones), III
**to clap** aplaudir, III
**to clarify** aclarar, I
**class** la clase, 3.1
    **first class** primera clase, 3.1
    **tourist class** la clase turista, 3.1
**classical** la clásico(a), 5.1
    **classical music** la música clásica, 5.1
**classroom** la clase; el aula, I
**clay** el barro, 5.2
**to clean** limpiar, I
**clean** limpio(a), I
**cleaning** la limpieza, 1.1
    **cleaning staff** el personal de limpieza, 1.1
**clear** claro(a)
**clever** ingenioso(a), III
**to click on** hacer clic en, II
**client** el (la) cliente, I
**cliff** el acantilado, I
**climate** el clima, III
**climax** el clímax, III
**climb** escalar, I
    **to climb mountains** escalar montañas, III
**climbing** la escalada
    **mountain climbing** el alpinismo, 2.1
    **rock climbing** la escalada deportiva, 2.1
**clock** el reloj, I
**to close** cerrar (ie), I
**closed** cerrado(a)
    **closed captioning for the hearing impaired** la subtitulación para sordos, I
    **It's closed.** Está cerrado(a)., III
**closet** el armario, I
**clothing** la ropa, I, la vestimenta, 1.2
    **to put on clothes** ponerse la ropa, II
**club** el club; el palo, 2.1
    **golf club** el palo de golf, 2.1
**clue** la pista
**coach** el (la) entrenador(a), III
**coast** la costa
**coat** el abrigo, II

**code** el código, 1.2
   **dress code** el código de vestimenta, 1.2
**coffee** el café, I
   **coffee farm** el cafetal
   **coffee worker** el (la) cafetero(a)
**cold** el frío, I
   **to be cold** tener frío, I
   **It is cold.** Hace frío., III
**to collaborate** colaborar, III
**college** la facultad, 4.2
**color** el color
   **What color is/are...?** ¿De qué color es/son...?, I
**colorful** colorido(a)
**column** la columna, III
   **advice column** la columna de consejos, I
**comb** el peine, II
   **to comb one's hair** peinarse, II
**to come** venir (vengo), I
   **to come back** volver (ue), I
   **to come in** pasar, I
   **Come on!** ¡Dale!, II
   **to come with** acompañar, I
**comedy** la comedia, II
**comfortable** cómodo(a)
**comic book** el libro de historietas, III
**comic strip** la historieta, las tiras cómicas, I
**command** el mandato
   **to command that** mandar, III
**to comment (on)** comentar, III
**commercial** el comercial, 6.1
**to commercialize** comercializar, III
**to commit** cometer, I
   **to commit oneself** comprometerse, I
**commitment** el compromiso, III
**committee** el comité, I
   **events committee** el comité de eventos, III
**common** común
**to communicate** comunicarse, 1.2
**community** la comunidad, II
**community (adj.)** comunitario(a), 4.1
   **community work** el trabajo comunitario, 4.1
**compact disc** el disco compacto, I
**companion** el (la) compañero(a), I
**company** la empresa; la compañía, III
**to compare** comparar
**compartment: luggage compartment** el compartimiento, 3.2
**compass** la brújula

**to compete** competir (i, i), II
**competition** la competencia, II
**to complain** quejarse, I
**complete** completo(a), 1.2
**complex** complejo(a), III
**complicated** complicado(a), I
**to compose** componer, 5.1
**composer** el (la) compositor(a), 5.1
**computer** la computadora, 1.1
   **laptop computer** la computadora portátil, III
**computer studies** la computación, I
**concert** el concierto, I
**to conclude** concluir, III
**conclusion: in conclusion** en conclusión, III
**conductor** el (la) conductor(a), III; el (la) director(a), 5.1
**conference** la conferencia, 1.2, 6.2
   **conference room** la sala de conferencias, 1.2
   **phone conference** la conferencia telefónica, 1.2
   **press conference** la conferencia de prensa, 6.2
**confidential** confidencial, 1.2
**to confirm** confirmar, 3.2
   **to confirm a flight** confirmar el vuelo, II
**to congratulate** felicitar
   **Congratulations!** ¡Felicidades!, I
**to connect** conectar, I
   **to connect to the Internet** conectarse a Internet
**connection** la conexión
   **flight connection** la conexión, 3.2
**consecutive** consecutivo(a), III
**to conserve** conservar, II
**to consider** considerar, I
**considerate** considerado(a), III
**consideration** la consideración, I
**to consist of** consistir en, 1.2
**console** la consola, 2.2
   **videogame console** la consola de videojuegos, 2.2
**consulate** el consulado, 3.1
**consultant** el (la) consultor(a)
**consumer** el (la) consumidor(a), II
**container** el envase; la vasija, III
**contamination** la contaminación, III
**contest** el concurso
**context** el contexto, III
**to continue** seguir adelante, III
**continued** continuado(a), 6.1
**contrast** el contraste
**control** el control, 6.1

**remote control** el control remoto, 6.1
**to control** controlar, 4.2
**conveyor (adj.)** transportador(a), 3.2
**to convince** convencer, I
   **I'm convinced!** ¡Estoy convencido(a)!, II
**to cook** cocinar, I
**cooked** cocido(a), II
**cookie** la galleta, I
**cooking** la cocina, 6.1
   **cooking show** el programa de cocina, 6.1
**to cool** enfriar
   **to cool down or off** refrescarse, III
**cool** bárbaro(a); chévere
   **to be cool (weather)** hacer fresco, III
   **How cool!** ¡Qué bárbaro!, ¡Qué chévere!
**cooperation** la cooperación, III
**copper** el cobre
**to copy** copiar
**copy machine** la fotocopiadora, 1.1
**coral reef** el arrecife de coral
**corn** el maíz
**corner** la esquina
   **around the corner** a la vuelta de la esquina, III
   **on the corner** en la esquina, II
**to correct** corregir (i, i) (corrijo)
**correspondent** el (la) corresponsal, 6.2
**to cost** costar (ue), I
   **How much does it (do they) cost?** ¿Cuánto cuesta(n)?, I
   **It (They) cost(s)...** Cuesta(n)..., I
**costume** el disfraz, (pl. los disfraces), III
   **costumes (in a play)** el vestuario, III
**couch** el sofá, I
   **Could I see...?** ¿Podría ver...?, II
**counseling**
   **counseling center** el centro de ayuda, 4.1
**counselor** el (la) consejero(a)
**to count** contar (ue)
   **to count on (others)** contar con (los demás), III
**counter** el mostrador, 3.2
**countless** incontable
**country** el país; el campo, I
   **native country** el país natal, I
**couple** la pareja, 4.1
   **married couple** el matrimonio, 4.1

**courage** el coraje, III
**course**
   **course (of study)** el curso, la materia, III
   **main course** el plato principal, I
   **Of course!** ¡Claro que sí!
**court (playing field)** la cancha, I
**court (tribunal)** el juzgado, 4.1
   **juvenile court** el juzgado de menores, 4.1
**courteous** cortés, 1.2
**cousin** el (la) primo(a), I
**cover**
   **back cover** la contratapa, 5.2
   **front cover** la tapa, 5.2
**coverage** la cobertura, 6.2
**cozy** acogedor(a), III
**craftsperson** el (la) artesano(a)
**craziness** la locura, I
**to create** crear
**creativity** la creatividad, III
**credit** el crédito, 4.2
   **credit card** la tarjeta de crédito, 4.2
**crew** la tripulación, (pl. las tripulaciones), III
**crime** el crimen, 4.1
**to criticize** criticar, III
**to cross** cruzar, II
**cross** la cruz, (pl. las cruces), III
**cruise** el crucero, I
   **to go on a cruise** hacer un crucero, III
**to cry** llorar, II
   **It makes me cry.** Me hace llorar., III
**cry** el grito
**cultivation** el cultivo, I
**culture** la cultura
**cup** la taza
**to cure** curar
**cure** la cura, 4.1
**curious** curioso(a), I
**currency** la moneda
**current (contemporary)** actual
**curtain** la cortina, I
   **to raise/lower the curtain** levantar/ bajar el telón, III
   **stage curtain** el telón (pl. los telones), III
**custard** el flan, II
**custom** la costumbre
**customs** la aduana, 3.2
   **to go through customs** pasar por la aduana, II
   **to pay customs duty** pagar derechos de aduana, 3.2
**to cut** cortar, I
   **to cut the grass** cortar el césped, I
**cycle** el ciclo
   **life cycle** el ciclo de vida, I
   **cycle track** el velódromo, 2.1
**cycling** el ciclismo, 2.1
**cymbal** el platillo, 5.1

## D

**daily** cotidiano(a); diario(a), I
**dairy store** la lechería, III
**to damage** dañar, II
**damage** el daño
**to dance** bailar, I
**dance** el baile; la danza
   **folk dance** la danza folklórica
**danger** el peligro
**dangerous** peligroso(a), I
**to dare** atreverse a, 1.2
**daring** atrevido(a); osado(a), III
**dartboard** el blanco, 2.2
   **to hit the dartboard** clavar, 2.2
**darts** los dardos, 2.2
**data** los datos, 1.2
**database** la base de datos, 1.2
**date** la fecha, 1.2
   **birth date** la fecha de nacimiento, I
   **due date** la fecha de vencimiento, 4.2
   **What is the date?** ¿Cuál es la fecha?, I
**daughter** la hija, I
**daughter-in-law** la nuera, III
**dawn** la madrugada
**day** el día, 1.2
   **day trip** la excursión, (pl. las excursiones), III
   **personal day** el día personal, 1.2
   **sick day** el día por enfermedad, 1.2
   **Some day...** Algún día..., II
   **the day before yesterday** anteayer, II
   **What day is today?** ¿Qué día es hoy?, I
**dazzling** deslumbrante, I
**dead** muerto(a), 5.1
**deadline** la fecha límite, 1.2
**deaf** sordo(a)
   **the deaf** los sordos
**to deal** barajar, 2.2
**to deal with** tratar sobre, I
**Dear** Querido(a) (affectionate), Estimado(a) (cordial but not affectionate), 1.2
   **Dear Sir (Madam)** Muy señor(a) mío(a), 1.2
   **Dear...** Estimado(a)...
**to debate** debatir, III
**debate** el debate, III
**debt** la deuda, 4.2
**December** diciembre, I
**to decide** decidir, III
**to decipher** descifrar, I
**decision** la decisión, (pl. las decisiones), III
   **to make decisions** tomar decisiones, III
**deck (of a boat)** la cubierta, III
**to decorate** decorar, I
**decoration** la decoración, (pl. las decoraciones), III
**to decrease** disminuir, III
**dedicated** dedicado(a), III
**dedication** la dedicación, I
**deer** el venado
**definition** la definición, 6.1
   **high definition** de alta definición, 6.1
**deforestation** la deforestación, III
**degree (academic)** el diploma, el título, 1.1
   **bachelor's degree** la licenciatura, 4.2
   **doctorate degree** el doctorado, 4.2
   **master's degree** la maestría, 4.2
**to delay** atrasar
**delay** el retraso, 3.2
**to delegate** delegar, III
**delicious** rico(a); delicioso(a), II
**to delight** encantar, II
   **Delighted.** Encantado(a)., III
**delinquency** la delincuencia, 4.1
**delinquent** el (la) delincuente, 4.1
**to deliver newspapers** repartir periódicos, III
**delivery** la entrega, 6.2
**to demand** exigir, reclamar, III
   **to demand that** exigir (exijo) que, III
**demonstration** la manifestación, 6.2
**dentist** el (la) dentista, III
**deodorant** el desodorante, II
**department**
   **human resources department** la oficina de personal, 1.1
   **department (in college)** la facultad, III
   **department store** el almacén (pl.

Recursos
Glosario inglés-español

los almacenes), III
**departure** la salida, II
**dependable** fiable, III
**deposit: safe deposit box** la caja de seguridad, 3.1
**depressed** deprimido(a), I
**to descend** bajar, I
**to describe** describir, III
**desertion** la deserción, 4.1
**design** el diseño, III
**to design** diseñar, 5.2
**designer** el (la) diseñador(a), II
    **Web page designer** el (la) diseñador(a) de páginas web, III
**desire** el deseo, I
**desk** el escritorio, I
**to despair** desesperar, I
**desperate** desesperado(a)
**despite** a pesar de que, III
**dessert** el postre, I
    **for dessert** de postre, I
**destination** el destino, I
**to destroy** destruir, III
**destruction** la destrucción, II
**detail** el detalle, I
**detective** el (la) detective, III
**detector** el detector, 3.2
    **metal detector** el detector de metales, 3.2
**to develop** desarrollar, III
**development** el desarrollo, III
**device** el aparato, I
**dialog** el diálogo, III
**dice** los dados, 2.2
**to die** morir (ue, u), II
**diet** la dieta, I
    **balanced diet** la dieta balanceada, III
    **to follow a balanced diet** seguir una dieta balanceada, II
**different** distinto(a); diferente, III
**difficult** difícil, I
**difficulty** la dificultad, I
**digital** digital, 6.1
    **digital signal** la señal digital, 6.1
**to diminish** disminuir, III
**to dine** cenar, II
**dining room** el comedor, I
**dinner** la cena, I
    **to have dinner** cenar, II
**to direct** dirigir (dirijo), III
**direct** directo(a)
    **direct flight** el vuelo directo, 3.1
**directions** las direcciones, I
    **to ask for directions** pedir (i, i) direcciones, III

**stage direction** la dirección de escenografía, III
**director** el (la) director(a), II
**dirty** sucio(a), I
    **to get (something) dirty** ensuciar, III
**disadvantage** la desventaja, I
**to disagree** no estar de acuerdo, III
**disagreeable** desagradable, III
**disaster** el desastre, I
    **natural disaster** el desastre natural, 6.2
**discount** el descuento, III
**discouragement** el desaliento, I
**to discover** descubrir, II
**to discuss** discutir, III
**disgust** el asco, I
    **How disgusting!** ¡Qué asco!, II
**dish** el plato, I
    **vegetarian dish** el plato vegetariano, II
**disorganized** desorganizado(a), I
**distance** la distancia, 1.2
    **long distance call** la llamada de larga distancia, 1.2
**distinct** distinto(a), III
**distinguished: to be distinguished** distinguirse, I
**to distribute** distribuir, III
**to dive** zambullirse, I
    **to scuba dive** bucear, 2.1
**divorce** el divorcio, 4.1
**dizzy: to get dizzy** marearse, III
**to do** hacer, 2.2
    **to do errands** hacer los mandados, III
    **to finish doing** terminar de, 1.2
    **to do well** irle bien (a alguien), III
**dock** el muelle
**doctor** el (la) doctor(a), el (la) médico(a), III
**doctorate** el doctorado, 4.2
**document** el documento, III
    **identification document** el documento de identidad, III
**documentary** el documental, 6.1
    **short documentary** el cortometraje, III
**dog** el (la) perro(a), I
**dollar** el dólar, I
**domestic** doméstico(a), 4.1
    **domestic violence** la violencia doméstica, 4.1
**dominoes** el dominó, 2.2
**to donate** donar, III
**donation** la donación (pl. las donaciones), III

**door** la puerta, 3.2
**doorbell** el timbre, III
**doorman** el portero
**dorm** el dormitorio, 4.2
**dot (in e-mail address)** el punto, I
**double** doble, 3.1
    **double bass** el contrabajo, 5.1
    **double room** la habitación doble, 3.1
**to doubt that...** dudar que...
**doubtful: It's doubtful that...** Es dudoso que..., I
**dove** la paloma
**down** hacia abajo
    **to break down** descomponerse, 5.2
    **to knock down** tirar, 2.2
**to download** descargar, III
**downtown** el centro, I
**draft** el borrador
**drama** el drama, 5.2, 6.1
**dramatist** el (la) dramaturgo(a), III
**to draw** dibujar, I
**drawer** el cajón, 1.1
**drawing** el dibujo, I
**to dream** soñar (ue)
    **to dream about** soñar con, III
**dream** el sueño
**dress (garment)** el vestido, I
**dress (style of)** la vestimenta, 1.2
    **dress code** el código de vestimenta, 1.2
**dressed: to get dressed** vestirse (i, i), II
**dresser** la cómoda, I
**to drill** horadar, I
**to drink** beber, I
    **to drink something** tomar algo, III
**drink** la bebida, I
**to drive** conducir (conduzco), I
**to drop** caerse, 5.2
**drop hammer** la maza, 5.2
**dropping out of school** la deserción escolar, 4.1
**drought** la sequía, III
**drug** la droga, 4.1
    **drug addict** el (la) drogadicto(a), 4.1
**drum** el tambor, 5.1
    **drum set** la batería, 5.1
**dry** seco(a)
**to dry** secar
    **to dry one's hair** secarse el pelo, I
    **to dry oneself** secarse, II
**to dub** doblar
**due date** la fecha de vencimiento, 4.2
**during** durante, I

**duty (obligation)** el deber, III
**duty (tax)** derecho, 3.2
   **to pay customs duty** pagar derechos de aduana, 3.2
**duty-free** libre de impuestos, 3.2
**DVD** el DVD, 6.1
   **DVD recorder** el grabador de DVD, 6.1
   **DVD player** el lector de DVD, el reproductor de DVD, 6.1

**each** cada
**ear** la oreja, I
   **inner ear (hearing)** el oído, II
**early** temprano, I
**to earn a living as...** ganarse la vida como..., II
**earring** el arete, II
**earth** la tierra
**earthquake** el temblor, III; el terremoto, 6.2
**easily** fácilmente, I
**east** el este
**easy** fácil, I
**to eat** comer, I
   **to eat lunch** almorzar (ue), I
   **to eat outside** comer al aire libre, I
   **to go out to eat** ir de tapas, III
**ecologist** el (la) ecólogo(a), I
**ecotourism** el ecoturismo, el turismo ecológico, I
**to edit** editar; redactar, III
**editor** el (la) editor(a), III
**editorial** el artículo de opinión, III
**educated** educado(a), III
**education** la educación, I
**educational** educativo(a), 4.2
   **educational system** el sistema educativo, 4.2
**efficient** eficiente, 1.2
**effort** el esfuerzo
**egg** el huevo, I
**eight** ocho, I
**eight hundred** ochocientos(as), I
**eighteen** dieciocho, I
**eighth** octavo(a), I
**either** tampoco, II
   **either... or** o... o, II
   **not either** tampoco, I
**elbow** el codo, II
   **elbow pad** la codera, 2.1

**elderly: the elderly** los ancianos, III
**election** la elección, 6.2
**electrician** el (la) electricista, III
**electricity** la corriente, I
**electronic** electrónico(a), 1.2
   **electronic file** el archivo electrónico, 1.1
**element** el elemento
**elementary** primario(a), 4.2
   **elementary school** la escuela primaria, 4.2
**elevator** el ascensor, II
**eleven** once, I
**e-mail** el correo electrónico, 1.2
   **e-mail address** la dirección electrónica, II
**embarrassed: to feel embarrassed** avergonzarse
**embassy** la embajada, 3.1
**to embroider** bordar, I
**emerald** la esmeralda
**emergency** la emergencia, 3.2
   **emergency exit** la salida de emergencia, 3.2
**to emigrate** emigrar, I
**emperor** el emperador, II
**employed**
   **to be self-employed** trabajar por cuenta propia, 1.2
**employee** el (la) empleado(a), III
**empty** vacío(a)
**encounter** el encuentro, III
**end** el fin
**to end** terminar, I
   **to end up** quedar, 4.2
**to endure** perdurar
**enemy** el (la) enemigo(a), II
**engagement** el compromiso, el noviazgo, 4.1
**engineer** el (la) ingeniero(a), III
   **sound engineer** el (la) sonidista, 5.1
**engineering** la ingeniería, III
**English** el inglés, I
**to enjoy** disfrutar (de), III
   **Enjoy!** Buen provecho!, II
   **to enjoy oneself** divertirse (ie,i), III
**enjoyment** el gozo
**enormous** enorme
**enough**
   **to be enough to** bastar con, 1.2
**to enroll** inscribirse, 4.2
**to enter** entrar
**entertainment** el entretenimiento, 6.1
**entrance** la entrada, III, el ingreso, 4.2
   **entrance examination** el examen de ingreso, 4.2
**environment** el medio ambiente, III
**environmental** medioambiental, I
**equal** igual
**equator** el ecuador
**equipment** el equipo, I
**to erase** borrar
**eraser** el borrador, I
**erosion** la erosión, III
**errand** el mandado
   **to do errands** hacer los mandados, III
**error** el error
**essay** el ensayo, 5.2
**essayist** el (la) ensayista, 5.2
**to establish** establecer, III
**establishment** el establecimiento, I
**eternal** eterno(a)
**e-ticket** el boleto electrónico, 3.2
**Euro** el euro, I
**to evaluate** evaluar, III
**even** aun
**evening** la noche, I
   **Good evening.** Buenas noches., III
**event** el suceso, III, el acontecimiento, 6.2
   **background event** el acontecimiento, el antecedente, III
**every** cada
   **every day** todos los días, I
**everyone** todo el mundo
**exact** preciso(a)
**exam** el examen, (pl. los exámenes), III
   **entrance examination** el examen de ingreso, 4.2
   **final examination** el examen final, 4.2
   **midterm examination** el examen parcial, 4.2
**example** el ejemplo
**excavation** la excavación, (pl. las excavaciones), III
**Excellent!** ¡Excelente!, II
**excess** el exceso, 3.2
   **excess luggage** el exceso de equipaje, 3.2
**exchange** el intercambio
**to exchange opinions** intercambiar opiniones, III
**excited** emocionado(a), I
   **to be excited** estar ilusionado(a), III
   **to get excited** animarse, I
**exciting** emocionante, I
**excursion** la excursión, 3.1
**to excuse** disculpar

**Recursos**
**R66** Glosario inglés-español

**Excuse me.** Perdón. Con permiso., III
**Excuse me; I'm sorry.** Disculpe., III
**to exercise** hacer ejercicio, II
**exercise** los ejercicios, 2.1
**exhausting** agotador, III
**to exhibit** exhibir, I
**exhibition** la exposición, 5.1
**to be exiled** exiliarse, I
**exit** la salida, 3.2
    **emergency exit** la salida de emergencia, 3.2
**exotic** exótico(a), I
**expense** el gasto, 4.2
**expensive** caro(a), II
    **How expensive!** ¡Qué caro(a)!, I
**to experience** experimentar, I
**experience** la experiencia, 1.1
**expiration** el vencimiento, 4.2
**to explain** explicar, III
**to explore** explorar, III
**to express** expresar
    **to express an opinion** opinar, 6.2
**extinct: to become extinct** extinguirse, I
**extinction** la extinción, (pl. las extinciones), III
**extremely** sumamente, II
**eye** el ojo, I

## F

**fable** la fábula, 5.2
**fabric** la tela, I
**facade** la fachada
**face** la cara, el rostro, II
**facing** frente a, III
**to fail** fracasar, II, reprobar, 4.2
**failure** el fracaso, III
**fair** la feria, I
**faithful** fiel, III
**fall** el otoño, I
**to fall** caer (caigo)
    **fall asleep** dormirse (ue, u), II
    **to fall behind** atrasarse, 4.2
    **to fall down** caerse (me caigo), III
**false** falso(a)
**fame** la fama, III
**familiar: to be familiar with** conocer (conozco), I
**family** la familia, I
    **family members** los familiares, I

**famous** famoso(a), II
**fan (sports)** el (la) aficionado(a), I
**Fantastic** ¡Qué bárbaro!, I
**fantasy** la fantasía, 5.2
**far (from)** lejos (de), I
**fare** la tarifa, III
**farmer** el (la) agricultor(a), II
**fashion** la moda, I
**fast** rápido(a), 6.1
    **fast forward** el avance rápido, 6.1
**to fasten (the seatbelt)** abrocharse (el cinturón de seguridad), 3.2
**father** el padre, I
**father-in-law** el suegro, III
**faucet** el grifo, III
    **to turn on the faucet** abrir el grifo, III
**favorite** favorito(a); preferido(a), I
**fax machine** el fax, 1.1
**fear** el miedo, I
**feat** la hazaña
**feature (movie)** el largometraje, III
**February** febrero, I
**fed: to be fed up** estar harto(a), I
**to feed** darle(s) de comer, I
**to feel** sentir (ie, i)
    **to feel like...** tener ganas de..., I
    **to feel sorry that...** sentir que...
**Ferris wheel** la vuelta al mundo, I
**ferry** la lancha, 2.1
**few** pocos(as)
**fiancé** el novio, III
**fiancée** la novia, III
**fiction** la ficción, 5.2
    **science fiction** la ciencia ficción, 5.2
**field** el campo, I
**fifteen** quince, I
**fifth** quinto(a), I
**fifty** cincuenta, I
**to fight** pelear, II
**file** el archivo, 1.1
    **electronic file** el archivo electrónico, 1.1
    **file cabinet** el archivo, 1.1
**to fill** llenar, III
    **to fill out an application** llenar una solicitud de empleo, III
**to film** filmar, II
**film** la película, I
    **action film...** la película de aventuras, II
    **fantasy film** la película de fantasía
    **horror film** la película de terror
    **science fiction film** la película de ciencia ficción

**final** final, 4.2
    **final examination** el examen final, 4.2
**finally** por fin, II
**finance** las finanzas, 4.2
**financial** financiero(a), I
    **financial plan** el plan financiero, III
**to find** encontrar (ue), conseguir (i,i), III
    **to find out about** enterarse de, 6.2
    **to find oneself** encontrarse (ue), I
**fine** fino(a), II
**finger** el dedo, II
**to finish** concluir, III
    **to finish doing** terminar de, 1.2
**fire** el incendio, el fuego, I
    **on fire** en llamas, I
**to fire** despedir, 1.1
**fired** despedido(a), 1.1
    **to get fired** ser despedido(a), 1.1
**firefighter** el (la) bombero(a), III
**firewood** la leña, I
**fireworks** los fuegos artificiales, I
**first** primero(a), II
    **first class** primera clase, 3.1
    **in first person** en primera persona, 5.2
    **the first of...** el primero de..., I
**to fish** pescar, 2.1
**fish (animal)** el pez, (pl. los peces), II
**fish (food)** el pescado, I
**fishing pole** la caña, 2.1
**to fit** quedar, I
    **to be fitting** encajar, I
**five** cinco, I
**five hundred** quinientos(as), I
**flag** la bandera
**flame** la llama
**flavor** el sabor, II
**flex time (schedule)** el horario flexible, 1.2
**flexible** flexible, 1.2
**flight** el vuelo, 3.1
    **to confirm a flight** confirmar el vuelo, II
    **direct flight** vuelo directo, 3.1
    **flight attendant** el (la) auxiliar de vuelo, 3.2
    **flight attendant (female)** la azafata, 3.2
    **flight connection** la conexión, 3.2
    **nonstop flight** vuelo sin escalas, 3.1
**flood** la inundación, (pl. las inundaciones), III

**floor** el piso; el suelo, I
   **first or ground floor** la planta baja, I
   **second floor (first above ground)** el primer piso, I
**flour** la harina
**flower** la flor, III
   **flower shop** la florería, III
**flute** la flauta, 5.1
**to fly** volar (ue)
**flyer** el volante, III
**focus** el enfoque
**to focus (on)** enfocarse (en)
**fog** la neblina
**to fold** doblar
**folder** la carpeta, 1.1
**foliage** el follaje, I
**to follow** seguir (i, i), III
   **to follow a balanced diet** seguir una dieta balanceada, II
**following** siguiente, I
**food** la comida, I
   **food processor** la trituradora
   **food server** el (la) camarero(a), I
**foosball** el futbolín, 2.2
**foot** el pie, I
   **on foot** a pie, I
**football** el fútbol americano, I
**footprint** la huella, I
**for** a, para, por, I
   **as for** en cuanto a
   **for children** infantil, 6.1
   **for me** me, 5.1
   **for that reason** por eso, III
**to force** someter
**forest** el bosque, III
   **cloud forest** el bosque nuboso
   **forest fire** el incendio forestal, II
   **rain forest** el bosque lluvioso, I
**to forget** olvidarse, 5.2
**Forgive me.** Perdóneme., III
**fork** el tenedor, II
**to form** formar
**form (shape)** la forma
**form (document)** la planilla, 1.1
**formal** formal, III
**formalwear** la ropa elegante, II
**fortress** fortaleza, III
**forty** cuarenta, I
**forward**
   **fast forward** el avance rápido, 6.1
**to found** fundar
**founder** el (la) fundador(a)
**fountain** la fuente, III
**four** cuatro, I
**401K** el plan de jubilación privada, 1.1

**four-wheeler** el cuatriciclo, 2.1
**four hundred** cuatrocientos(as), I
**fourteen** catorce, I
**fourth** cuarto(a), I
**fox** el zorro
**fragrant** oloroso(a)
**fraud** el (la) farsante, III
**free** libre, 3.1
   **free time** el tiempo libre, II
**French fries** las papas fritas, I
**frequency** la frecuencia
**frequent** frecuente
**frequently** frecuentemente, II
**fresh** fresco(a), II
   **fresh water** el agua dulce, III
**Friday** el viernes, I
**fried** frito(a), II
**friend** el (la) amigo(a), I
   **to spend time with friends** pasar un rato con los amigos, I
**friendly** amable, I
**friendship** la amistad, III
**fright** el susto, el espanto, I
**from** de, desde, II
**front** el frente
   **front cover** la tapa, 5.2
   **in front of** delante de, en frente de, I
**fruit** la fruta, I
   **fruit stand** la frutería, III
**to fry** freír (i, i), II
**to fulfill** cumplir con realizar, III
**full-time job** el trabajo de tiempo completo, 1.2
**fun** la diversión
   **to have fun** divertirse (ie), III
   **to make fun of** hacer chiste de, burlarse de
   **What fun!** ¡Qué divertido!, I
**fun** divertido(a), I
**to fundraise** juntar fondos, III
**funny** cómico(a), I
**furniture** los muebles, I
**future** futuro(a)
**future** el porvenir, el futuro, III
   **In the future...** En el futuro..., II

## G

**gala** la gala, II
**gallery** la galería, 5.1
   **art gallery** la galería de arte, 5.1
**game** el juego, 2.2

**game (sports event)** el partido, I
   **board game** juego de mesa, 2.2
   **computer games** los juegos de computadora, III
   **game piece** la ficha, 2.2
   **interactive game** el juego interactivo, 2.2
   **video games** los videojuegos, 2.2
   **virtual game** el juego virtual, 2.2
**gang** la pandilla, 4.1
**gap** el vacío
**garbage** la basura, I
   **garbage container** el basurero, III
**garden** el jardín (pl. los jardines), III
   **botanical gardens** los jardines botánicos, I
**garlic** el ajo, II
**gate** la puerta, II, la puerta de salida, 3.2
**to gather** recoger
**gear** el equipo
**generally** generalmente, II
**generosity** la generosidad, I
**generous** generoso(a), III
**genre** el género literario, III
**gesture** el gesto, III
**to get** conseguir (i, i), III
   **How do I get to...?** ¿Cómo llego a...?, II
   **to get accepted** ser aceptado(a), 4.2
   **to get behind (schedule)** atrasarse, 1.1
   **to get carried away with** irse la mano, 5.2
   **to get excited** animarse, I
   **to get fired** ser despedido(a), 1.1
   **to get in line** hacer cola, II
   **to get in shape** ponerse en forma, III
   **to get into trouble** meterse en problemas, III
   **to get off the subway** bajar el metro, III
   **to get on the subway** subir al metro, III
   **to get ready** arreglarse, disponerse (me dispongo) a...
   **to get scared** asustarse
   **to get tired** cansarse, 2.1
   **to get to know (about)** enterarse (de), 6.2
   **to get together** reunirse, III
   **to get together (with)** juntarse (con), III
   **to get up** levantarse, II
   **to get used to** acostumbrarse a, 1.2

**getaway** la escapada, III
**giant** el gigante, I
**gift** el regalo, I
**girl** la chica, la muchacha, I
**girlfriend** la novia, III
**to give** dar (doy) regalar, I, darse, 1.2
   **to give up...** dejar de..., III
   **to give advice** dar consejos, III
   **I'll give... to you for...** Le dejo... en..., II
**glacier** el glaciar, I
**glad: to be glad to** alegrarse de, 1.2
**glass** el vaso. el vidrio, II
**glasses** las gafas, III
**global** mundial
**glove** el guante, 2.1
   **baseball glove** el guante de béisbol, 1.1
   **work gloves** los guantes de trabajo, III
**to go** ir (voy); irse (me voy), II
   **Go ahead.** Pase., III
   **to go bowling** jugar a los bolos, I
   **to go for a walk** pasear, I
   **to go into** meterse en, III
   **to go on an excursion** hacer una excursión, III
   **to go on vacation** ir de vacaciones, II
   **to go out** salir (salgo), I
   **to go out to eat** ir de tapas, III
   **to go shopping** ir de compras, I
   **to go sightseeing** ver las atracciones, II
   **to go skateboarding** andar en patineta, 2.1
   **to go straight** seguir derecho, II
   **to go through customs** pasar por la aduana, II
   **to go through security** pasar por seguridad, II
   **to go to bed** acostarse (ue), II
   **to go up** subir, I
   **to go whitewater rafting** navegar por rápidos, III
   **to go with** acompañar, I
**goal** la meta; el gol, III
   **to score a goal** meter un gol, 2.2
**goblet** la copa
**god** el dios, II
**godchild** el (la) ahijado(a), I
**goddess** la diosa, II
**godfather** el padrino, III
**godmother** la madrina, III
**godparents** los padrinos; los compadres, III

**going** la ida, 3.1
**gold** el oro
   **(made of) gold** de oro, II
**golden** dorado(a)
**golf** el golf, 2.1
   **golf club** el palo de golf, 2.1
**good** bueno(a), I
   **Good afternoon.** Buenas tardes., III
   **Good evening.** Buenas noches., III
   **Good morning.** Buenos días., III
   **to have a good time** pasarlo bien, pasar un buen rato, 2.1
   **It's good (that...)** Es bueno (que...), II
   **It's not good that...** Es malo que..., II
   **not to have a good a time** pasarlo mal, 2.1
   **Good night.** Buenas noches., III
**Goodbye.** Adiós., III
**good-looking** guapo(a), I
**goods** los artículos, II
   **sporting goods** los artículos deportivos, I
**gossip** el chisme, 6.1
   **gossip show** el programa de chisme, 6.1
**government** el gobierno, 6.2
   **student government** el comité estudiantil, III
**governor** el (la) gobernador(a), 6.2
**grade** la nota, 4.2
   **to get a good/bad grade** sacar una buena/mala nota, I
**to graduate** graduarse, 4.2
**graduation** la graduación, III
**grammar** la gramática
**grandchild** el (la) nieto(a), I
**grandchildren** los nietos, III
**granddaughter** la nieta, III
**grandeur** la grandeza
**grandfather** el abuelo, I
**grandmother** la abuela, I
**grandparents** los abuelos, I
**grandson** el nieto, III
**to grant** otorgar; conceder, III
**grape** la uva, I
**graphic** la gráfica, III
**graphic** gráfico(a), 1.2
   **graphic novel** la novela gráfica, 5.2
   **graphic program** el programa gráfico, 1.2
**grass** el césped, I
   **to cut the grass** cortar el césped, I
**great** genial, 5.1

**great-grandchild** el (la) biznieto(a), I
**great-grandchildren** los biznietos, III
**great-granddaughter** la biznieta, III
**great-grandfather** el bisabuelo, III
**great-grandmother** la bisabuela, III
**great-grandparents** los bisabuelos, III
**great-grandson** el biznieto, III
**greedy** codicioso(a), III
**green** verde, I
**greenhouse effect** el efecto invernadero, III
**Greetings!** ¡Saludos!, I
   **Greetings from...** Saludos desde..., I
**grill** la parrilla, I
   **grilled steak** el filete a la parrilla, II
**to grind** moler (ue), I
**ground** el suelo, III
**ground (up)** molido(a), II
**group** el grupo
**to grow (up)** crecer (crezco)
**guard** el (la) guardia, 3.2
**to guess** adivinar
**guests** los invitados, I, el panel, 6.1
**guide** la guía, 6.1
   **guide (book)** la guía, III
   **tour guide** el (la) guía, 3.1
   **travel guide** la guía del viajero, I
   **TV guide** la guía de televisión, 6.1
**guitar** la guitarra, I
**guy** el tío
**gymnasium** el gimnasio, I
**gymnastics** la gimnasia, 2.1
**Gypsy** gitano(a)

**hair** el pelo, I
   **brown/blond hair** el pelo castaño/rubio, I
**hair dryer** el secador de pelo, II
**hairdresser** el (la) peluquero(a), III
**hairless** pelado(a), I
**half (adj.)** medio(a), 1.2
   **half past...** ... y media, I
**hall** el pasillo, 3.2
**hallway** el pasillo, I
**ham** el jamón, I
**hamburger** la hamburguesa, I
**hammer** el martillo
   **drop hammer** la maza, 5.2
**hammock** la hamaca

**hand** la mano, 5.2
    **on the one hand... on the other hand** por un lado... y por otro lado, III
**handbag** la bolsa, III
**handicraft** la artesanía, 5.2
**handmade** hecho(a) a mano, II
**handshake** el apretón (pl. los apretones) de manos, III
**handsome** hermoso(a), II
**to hang** colgar (ue)
**to happen** pasar
    **What's happening?** ¿Qué pasa?, I
**happy** contento(a); feliz; alegre, I
    **to be happy (that...)** alegrarse (de que...)
    **Happy birthday!** ¡Feliz cumpleaños!, I
**to harden** endurecer, 5.2
**hardware store** la ferretería, III
**hard-working** trabajador(a), I
**to harm** dañar, III
**harness** el arnés, 2.1
**harp** el arpa, 5.1
**harvest** la cosecha
**hat** el sombrero, I
    **winter hat** el gorro, I
**to have** tener (tengo); haber, I
    **to have a good time** pasarlo bien, pasar un buen rato, 2.1
    **to have a layover** hacer escala, 3.2
    **to have just** acabar de, 1.2
    **to have to** tener que, I
    **not to have a good a time** pasarlo mal, 2.1
    **one has to...** hay que..., I
    **there have been...** ha habido...
**he** él, I
**head** la cabeza, I
**headline** el titular, 6.2
**health** la salud, 1.1
    **health insurance** el seguro de salud, 1.1
**healthful** saludable, II
**healthy** sano(a); saludable, II
**heart** el corazón (pl. los corazones), III
**to heat** calentar (ie)
**heat** el calor, I
    **stifling heat** el calor agobiante, III
**heavy** pesado(a)
**height** la cima; la altura, I
**Hello.** Hola., III
**Hello? (phone)** ¿Aló?, ¿Bueno?, ¿Diga?, II
**helmet** el casco, 2.1

**help** la ayuda, 4.1
**to help (to)** ayudar (a), 1.2
**helpline** el centro de ayuda, 4.1
**her** su; a/de ella, II
**herb** la hierba
**here** aquí, I
    **No, he's/she's not here.** No, no está., III
**heritage** la herencia, I
**hero** el héroe, II
**heroic** heroico(a), II
**heroine** la heroína, II
**to hesitate** dudar, I
**Hi.** Hola., III
**to hide** esconder, III
**high** alto(a), 6.1
    **high school** el colegio, la escuela secundaria, el liceo, I
    **high definition** de alta definición, 6.1
**highway** la carretera, I
**hike** la caminata, I
**to hike** dar o hacer una caminata, III
**him** él, II
**hip** la cadera, I
**to hire** contratar, III
**his** su, I
    **his own** su propio(a), 1.2
**historic(al)** histórico(a), 3.1
    **historic sites** los lugares históricos, 3.1
**history** la historia, I
**to hit** golpear, I
    **to hit the dartboard** clavar, 2.2
**hit (song)** el éxito, I
**hockey** el hockey, 2.2
    **air hockey** el hockey de aire, 2.2
    **ice hockey** el hockey sobre hielo, 2.2
**to hold (a position)** desempeñar, 1.1
**holiday** el día feriado, III
    **the holidays** los días festivos, I
**homage** el homenaje
**homeless: the homeless** la gente sin hogar, III
**homework** la tarea, I
**homicide** el homicidio, 4.1
**honest** honrado(a), honesto(a), III
**honey** la miel
**to honor** honrar
**honor** el honor, 4.2
    **honor student** el (la) estudiante de honor, 4.2
**honorable** honrado(a), III
**hook** el gancho
**hoop** el aro

**hope** la esperanza, III
    **I hope so!** ¡Ojalá!, I
    **I hope..., hopefully...** Ojalá..., I
**horizon** el horizonte, I
**horrible** fatal, 5.1
**horror...** el terror, II
**horse** el caballo, I
    **to ride a horse** montar a caballo, I
**hospital** el hospital, III
**hostel** el hostal, II
**hot** caliente; picante, II
    **to be hot** tener calor, I
    **to be hot (weather)** hacer calor, I
    **It is hot.** Hace calor., III
**hotel** el hotel, II
    **hotel room** la habitación (pl. las habitaciones), III
**hour** la hora, 1.2
    **summer hours** el horario de verano, 1.2
**house** la casa, I
**housing** la vivienda, I
**how** como
    **How beautiful!** ¡Qué bello(a)!, II
    **How cool!** ¡Qué bárbaro!, ¡Qué chévere!
    **How disgusting!** ¡Qué asco!, II
    **How expensive!** ¡Qué caro(a)!, II
    **How scary!** ¡Qué miedo!, I
**How?** ¿cómo?
    **How are you?** ¿Cómo estás? (familiar); ¿Cómo está usted? (formal), I
    **How do I get to...?** ¿Cómo llego a...?, II
    **How does it (do they) fit me?** ¿Cómo me queda(n)?, II
    **How many...?** ¿Cuántos(as)...?, I
    **how much** cuánto(a), I
    **How much does it (do they) cost?** ¿Cuánto cuesta(n)?, I
    **How old are you?** ¿Cuántos años tienes?, I
    **How's it going?** ¿Qué tal?; ¿Qué pasa?, I
**however** sin embargo, III
**to hug** abrazar
**hug** un abrazo, 1.2
**huge** enorme
**human resources department** la oficina de personal, 1.1
**humid** húmedo(a), I
**hunger** el hambre, 4.1
    **hunger strike** el ayuno, I
**hungry**
    **to be hungry** tener hambre, I

to hunt  cazar, II
hurricane  el huracán, 6.2
hurry  la prisa
    to be in a hurry  tener prisa, II
    to hurry (up)  darse prisa
hurt  herido(a), I
to hurt  doler (ue), I, herir, 4.1
    to hurt oneself  lastimarse
husband  el esposo, III
hybrid vehicle  el vehículo híbrido, II

I  yo, I
I love...  Me encanta(n)..., 5.1
ice  el hielo, 2.2
    ice hockey  el hockey sobre hielo, 2.2
    ice skate  el patín de hielo, 2.2
ice cream  el helado, I
    ice cream shop  la heladería, II
icon  el icono, II
idea  la idea, I
    It's a good idea/bad idea.  Es buena idea/mala idea., III
ideal  ideal, I
to idealize (someone)  idealizar (a alguien), III
identification  la identificación
    identification document  el documento de identidad, III
if  si, II
illiteracy  el analfabetismo, 4.1
illness  la enfermedad, 1.2
to illuminate  iluminar, I
image  la imagen, 5.2
to imitate  imitar, III
immigrant  el (la) inmigrante, I
immigration  la inmigración, I
impatience  la impaciencia, I
impatient  impaciente, III
to imply  implicar, III
importance  la importancia, I
important  importante, I
    to be important  importar, II
    It's important (that...)  Es importante (que...), II
impossible  imposible, I
impressionist  impresionista, 5.1
impressive  impresionante, I
improbable: It's improbable  Es improbable, I
to improve  mejorar, III

improvement  la mejora, III
in  en, 3.1
    in addition  además, III
    in first person  en primera persona, 5.2
    in the middle of  en pleno(a), 5.2
    in transit  en tránsito, 3.1
    to stand in line  ponerse en la cola, 3.2
to include  incluir, I
included  incluido(a), I
to increase  aumentar, I
indigenous  indígena, I
indispensable: It is indispensable that...  Es imprescindible que..., I
indoor  bajo techo, 2.2
    indoor soccer with 5 players  el fútbol 5, 2.2
inexpensive  barato(a), II
infant  el (la) bebé, III
to infer  inferir (ie, i), III
inflation  la inflación, 4.1
to influence  influir, I
influence  la influencia, I
to inform  avisar, I
informal  informal, III
information  la información; los datos, II
ingredient  el ingrediente, II
inhabitant  el (la) habitante, I
initiative  la iniciativa, III
in-laws  los suegros, III
to in-line skate  patinar en línea, I
in-line skates  los patines en línea, I
inn  el hostal, II
innovation  la innovación (pl. las innovaciones), III
insect  el insecto, I
inside  dentro (de), III
to insist  insistir, III
instant message  el mensaje instantáneo, I
installment  la cuota, 4.2
instrument  el instrumento, 5.1
    percussion instruments  los instrumentos de percusión, 5.1
    string instruments  los instrumentos de cuerda, 5.1
    wind instruments  los instrumentos de viento, 5.1
insurance  el seguro, 1.1
    health insurance  el seguro de salud, 1.1
    life insurance  el seguro de vida, 1.1
intelligent  inteligente, I
to intend  pensar (ie), I

interactive  interactivo(a), 2.2
    interactive games  el juego interactivo, 2.2
to interest  interesar, II
interest  el interés, 4.2
interested: to get interested  animarse, I
interesting  interesante, I
intermission  el intermedio, III
intern  el (la) becario(a), 1.1
international  internacional, 1.2
    international call  la llamada internacional, 1.2
Internet  Internet, II
    to connect to the Internet  conectar a Internet, I
    on the Internet  por Internet, I
to interview  entrevistar, III
interview  la entrevista, III
to introduce  presentar, I
    Let me introduce you to...  Te/Le presento a... (familiar/formal), I
invention  el invento, III
to invest  invertir (ie, i), III
to investigate  investigar, III
investor  el (la) inversionista, I
invitation  la invitación (pl. las invitaciones), III
to invite  invitar, I
    I invite you.  Te invito., III
to iron  planchar, I
irresponsibility  la irresponsabilidad, III
island  la isla, I
issue  la cuestión (pl. las cuestiones), III
It seems to me...  Me parece..., 5.1
itinerary  el itinerario, II
its  su, I

jacket  la chaqueta, I
    life jacket  el chaleco salvavidas, 3.2
jail  la cárcel, 4.1
January  enero, I
jealous
    to be jealous (of)  tener celos (de), II
jealousy  los celos, II
jeans  los jeans, I
jewelry  las joyas, II
    jewelry store  la joyería, II

**job** el empleo; el puesto, el trabajo, III
    **full-time job** el trabajo de tiempo completo, 1.2
    **part-time job** el trabajo de medio tiempo, 1.2
**to join** unirse, I
**joke** la broma, el chiste
**journalist** el (la) periodista, III
**journey** el viaje
**judge** el (la) juez(a), 4.1
**juice** el jugo, I
    **orange juice** el jugo de naranja, I
**July** julio, I
**to jump off (of)** tirarse (de)
**June** junio, I
**jungle** la selva, III
**junior high school** la escuela secundaria, 4.2
**junk food** la comida chatarra, III
**just: to have just** acabar de, 1.2
**juvenile** juvenil, 4.1
    **juvenile court** el juzgado de menores, 4.1
    **juvenile delinquency** la delincuencia juvenil, 4.1

**kayak** el kayac, III
**to keep** guardar; conservar, III
    **to keep informed** informarse, III
**key (to lock, door, etc.)** la llave, II
    **(of instrument, keyboard)** la tecla, 6.1
**keyboard** el teclado, II
**to kill** matar, 4.1
**kind** amable, I
    **Very kind.** Muy amable., III
**kind (type)** la clase, I
**kingdom** el reino, I
**kiosk** el kiosco, 3.2
    **check-in kiosk** el kiosco de facturación, 3.2
**kitchen** la cocina, 6.1
**kite** la cometa, 2.1
**kitesurfing** el kitesurf, 2.1
**knee** la rodilla, I
    **knee pad** la rodillera, 2.1
**knife** el cuchillo, II
**knight** el caballero, I
**to knock down** tirar, 2.2
**to know** saber, conocer
    **to get to know (about)** enterarse (de)
**to know (a fact, how to do something)** saber (sé), I
**to know (a person)** conocer (conozco), I
**knowledge** el saber, el conocimiento, II
**known** conocido(a)
    **well-known** muy conocido(a)

**laborer** el (la) obrero(a), III
**lake** el lago
**lamb** el cordero
**lamp** la lámpara, I
**land** la tierra
**to land** aterrizar, 3.2
**landscape** el paisaje, III
**landslide** el derrumbe, III
**language** el idioma, III
    **the Spanish language** el idioma castellano, I
**large** grande, I
**to last** durar
**last** pasado(a); último(a)
    **last name** el apellido, III
**late** tarde, 1.2
    **to arrive late** llegar tarde, 1.2
**later** luego, II
    **later (on)** más tarde, II
    **See you later.** Hasta luego., III
**latest** último(a), 6.2
**to laugh** reír (i, i)
    **It makes me laugh.** Me hace reír., III
**laughter** la risa
**law** el derecho; la ley, III
    **labor laws** las leyes laborales
**lawn** el césped, I
**lawyer** el (la) abogado(a);, III
**lazy** perezoso(a), I
**to lead** dirigir (dirijo), III
**leader** el (la) líder
**leaf** la hoja, 1.1
**to learn** aprender, I
**learning** el saber, I
**leather** el cuero
    **(made of) leather** de cuero, II
**to leave** salir (salgo); irse (me voy); dejar, III
    **to leave behind** quedarse, 5.2
**left** izquierdo(a)

**left section** la hilera de la izquierda, 3.2
    **to turn left** doblar a la izquierda, II
**leg** la pierna, I
**legend** la leyenda, II
**leisure** el ocio, III
**lemon** el limón (pl. los limones), III
**to lend** prestar, III
**Lent** la Cuaresma
**less** menos
    **less than...** menos que..., II
    **less than... (with numbers)** menos de..., II
    **less... than** menos... que, II
**lesson** la lección (pl. las lecciones); el mensaje, III
**Let's...** Vamos a..., I
**letter** la letra, la carta, 1.1
    **cover letter** la carta de presentación
    **letter to the editor** la carta al editor, I
**lettuce** la lechuga, II
**level** el nivel
**liberty** la libertad, I
**librarian** el (la) bibliotecario(a), I
**library** la biblioteca, I
**a lie** la mentira, I
**to lie down** recostarse (ue), III
**life** la vida, 1.1
    **animal life show** el programa de vida animal, 6.1
    **life cycle** el ciclo de vida, I
    **life insurance** el seguro de vida, 1.1
    **life jacket** el chaleco salvavidas, 3.2
    **private life** la vida privada, 6.2
    **still life** la naturaleza muerta, 5.1
**lifeguard** el salvavidas, 3.2
**to lift** levantar, I
    **to lift weights** levantar pesas, I
**light** la luz, (pl. las luces), III
    **to turn on the light** encender la luz, II
**to light (a match or fire)** encender (ie), III
**light (weight)** ligero(a), I
**light bulb** la bombilla, I
**lighthouse** el faro, I
**like** como, I
    **to look like (someone)** parecerse (a alguien), III
**to like**
    **Do you like...?** ¿Te gusta...?, I
    **I (don't) like...** (No) Me gusta..., I
    **I would like...** Me gustaría...; Quisiera..., I

**What do you like to do?** ¿Qué te gusta hacer?, I
**line** la línea, la cola, 3.2
   **to get in line** hacer cola, II
   **to stand in line** ponerse en la cola, 3.2
**link** el enlace, III
**list** la lista, 3.2
   **waiting list** la lista de espera, 4.2
**to listen (to)** escuchar, I
**listener** el (la) oyente, I
   **listener (of a radio program)** el (la) radioyente, I
**to litter** tirar basura, III
**little** pequeño(a), I
   **little by little** poco a poco, II
**to live** vivir, I
**living**
   **living room** la sala, 1.2
   **to earn a living as...** ganarse la vida como..., II
**loan** el préstamo, 4.2
**lobby** la recepción, 3.1
**local** local, 1.2
   **local affiliate** la repetidora, 6.2
   **local call** la llamada local, 1.2
**located: to be located** encontrarse (ue), quedar, 4.2
**lodging** el alojamiento, 3.1
**long** largo(a), 1.2
   **as long as** con tal (de) que, III
   **long distance call** la llamada de larga distancia, 1.2
**to look (at)** mirar
   **to look for** buscar, I
**lookout** el mirador, III
**loose** flojo(a)
**to lose** perderse, 5.2
**lost: to get lost** perderse (ie), III
**a lot** mucho(a), I
**lot: parking lot** la zona de estacionamiento, 3.1
**loudspeaker** el altoparlante
**love** el amor, 4.1
   **Love** Cariños, 1.2
   **to be in love with** estar enamorado(a) de, II
**to love**
   **I love...** Me encanta(n)..., 5.1
   **Yes, I would love to.** Sí, me encantaría., III
**to lower** bajar, III
   **to lower the curtain** bajar el telón, III
**luck** la suerte
**lucky: to be lucky** tener suerte, I

**luggage** el equipaje, 3.2
   **to check in the luggage** facturar el equipaje, 3.2
   **excess luggage** el exceso de equipaje, 3.2
   **luggage carousel** la cinta transportadora, 3.2
   **luggage compartment** el compartimiento, 3.2
**lunch** el almuerzo, I
   **to eat lunch** almorzar (ue), I

## M

**machine** la máquina, I
   **fax machine** el fax, 1.1
**ma'am** señora, 1.2
**Madam** señora
   **Dear Madam** Muy señora mía, 1.2
**magazine** la revista, III
**mail** el correo, 1.2
   **mail carrier** el (la) cartero(a), III
   **mailbox** el buzón, (pl. los buzones), III
**mailing** la publicidad por correo, III
**to maintain** mantener (mantengo), III
**maintenance** el mantenimiento, 1.1
   **maintenance staff** el personal de mantenimiento, 1.1
**major (in college)** la especialidad, 4.2
**to major in** especializarse en, III
**to make** hacer, 3.2
   **cabinet making** la ebanistería, 5.2
   **to make a stopover** hacer escala, 3.2
   **to make a suggestion** dar una sugerencia, III
   **to make decisions** tomar decisiones, III
   **to make fun of** burlarse de
   **to make the bed** hacer la cama, I
**makeup** el maquillaje, II
   **to put on makeup** maquillarse, I
**mall** el centro comercial, I
**man** el hombre, I
**to manage** conseguir (i, i) (consigo), administrar, 4.2
**manager** el (la) gerente, III
**many** muchos(as), I
   **as many... as** tantos(as)... como, II
**map** el mapa, I
   **city map** el plano, III
**marble** el mármol, 5.2

**March** marzo, I
**to march** desfilar, marchar, 6.2
**market** el mercado, I
   **labor market** el mercado laboral
   **open-air market** el mercado al aire libre, II
**marriage** el matrimonio, 4.1
**married**
   **married couple** el matrimonio, 4.1
   **to get married** casarse, II
**to marry** casarse con, 1.2
**marvel** la maravilla
**mask** la máscara, 3.2
   **oxygen mask** la máscara de oxígeno, 3.2
**master's degree** la maestría, 4.2
**to match** emparejar
**match** el fósforo, III
**math** las matemáticas, I
**maturity** el vencimiento, 4.2
**may** poder
   **May I see?** ¿Me deja ver?, II
   **May I speak to...?** ¿Puedo hablar con... ?, II
**May** mayo, I
**maybe** tal vez; acaso, I
**mayonnaise** la mayonesa, II
**mayor** el (la) alcalde(-esa), 6.2
**mayorship** la alcaldía, I
**me** me, mí, 5.1
   **for me** me, 5.1
   **to me** me, 5.1
**meal** la comida, I
**to mean** significar, III
**means** medio
   **by means of** por medio de
**meanwhile** mientras tanto, I
**meat** la carne, I
**mechanic** el (la) mecánico(a), III
**medal** la medalla
   **gold/silver/bronze medal** la medalla de oro/plata/bronce, I
**to meddle** entrometerse
**media** el medio de difusión, los medios, 6.2
**medium** el medio, I
**to meet** conocer (conozco); reunirse, III
   **to meet up with** encontrarse con, 1.2
   **Nice to meet you.** Mucho gusto., III
**meeting** la reunión, (pl. las reuniones), III
**member** el miembro; el (la) integrante

**to be a member of...** ser miembro de...
**membership** la suscripción, 6.1
**memorandum** el memorándum, 1.2
**memory** el recuerdo; la memoria, III
**mention: Don't mention it.** No hay de qué., III
**menu** el menú, I
**merchandise** las mercancías, I
**mess** el lío, III
**to mess up** desordenar, III
**message** el mensaje, I
   **instant message** el mensaje instantáneo, I
   **instant messaging** el mensajero instantáneo, II
   **to leave a message** dejar un mensaje, II
**metal** el metal, 3.2
   **(made of) metal** de metal, II
   **metal detector** el detector de metales, 3.2
   **metalwork** la orfebrería, 5.2
**metaphor** la metáfora, III
**meter** el metro
**microphone** el micrófono, II
**microwave (oven)** el microondas, III
**middle** el medio, 3.2
   **in the middle of** en medio de, en pleno(a), 5.2
**midterm examination** el examen parcial, 4.2
**migration** la migración, (pl. las migraciones), III
**milk** la leche, I
**million** un millón (de), I
**mind** la mente, I
**miniseries** la miniserie, 6.1
**minors** los menores, 4.1
**minute** el minuto, I
**miracle** el milagro, I
**mirror** el espejo, I
**mischievous** travieso(a), I
**miserly** avaro(a), III
**to miss** perder (ie), III
   **to miss (out on)** perderse (ie), I
**missing: to be missing** hacer falta, I
**Miss** Señorita (Srta.)..., I
**mist** la espuma, I
**mistake** el error, I
   **to make a mistake** cometer un error, III
**to misunderstand each other** entenderse mal, II
**to mix** mezclar, II
**mixed** mezclado(a), II

**mixture** la mezcla, I
**mobile TV news van** el móvil, 6.2
**model** el (la) modelo, 5.2
**modern** moderno(a), II
**modest** modesto(a), III
**modesty** la modestia
**to mold** moldear, 5.2
**mold** el molde, 1.1
**moment** el momento, 6.2
   **One moment.** Un momento., III
**Monday** el lunes, I
**money** el dinero, I
   **to charge money** cobrar, 4.1
**monitor** la pantalla, II
**monk** el monje
**monkey** el mono
**month** el mes, I
   **last month** el mes pasado, II
**monument** el monumento, 3.1
**moon** la luna
**more** más, 3.2
   **more and more** cada vez más
   **more than...** más que..., II
   **more than... (with numbers)** más de..., II
**morning** la mañana, I
   **Good morning.** Buenos días., III
   **in the morning** de la mañana, I
**mosque** la mezquita
**mother** la madre, I
**mother-in-law** la suegra, III
**motivated** motivado(a), III
**motor** el motor, 2.1
   **motor boat** la lancha con motor, 2.1
**motto** el lema, III
**mountain** la montaña, II
   **mountain climber** el (la) alpinista, II
   **mountain climbing** el alpinismo, 2.1
   **mountain range** la cordillera, I
**mouse** el ratón, (pl. los ratones), III
**mouth** la boca, I
**to move** mover, 2.2, mudarse, trasladarse
**movie** la película, I
   **action movie** la película de acción
   **fantasy movie** la película de fantasía
   **full-length movie** el largometraje, III
   **horror movie** la película de terror
   **science fiction movie** la película de ciencia ficción
   **movie set** el escenario, I

**movie star** la estrella de cine, II
**movie theater** el cine, I
**the movies** el cine, I
**MP3** el MP3, el reproductor MP3, 2.2
**Mr....** Señor (Sr.)..., I
**Mrs.** Señora (Sra.)..., III
**much: as much as...** tanto como, II
**mud** el barro
**mule** el (la) mulo(a)
**muscular** musculoso(a), II
**museum** el museo, I
**music** la música, 5.1
   **classical music** la música clásica, 5.1
   **dance music** la música bailable, III
   **folk music** la música folklórica, I
   **rock music** la música rock, I
**musician** el (la) músico(a), III
   **street musician** el (la) músico(a) callejero(a), III
**must: one must...** hay que..., I
**mustard** la mostaza, II
**my** mi, I
   **my own** mi propio(a), 1.2

**nail (of finger, toe)** la uña, II
**name** el nombre
   **His/Her name is** ...Se llama..., I
   **last name** el apellido, III
   **My name is...** Me llamo..., I
   **What's his/her/your (formal) name?** ¿Cómo se llama?, I
**nap** la siesta, III
   **to take a nap** dormir (ue, u) una siesta, III
**napkin** la servilleta, II
**to narrate** narrar, III
**narration** la narración, II
**narrator** el(la) narrador(a), 5.2
**narrow** estrecho(a)
**national** nacional, 6.2
   **national network** la cadena nacional, 6.2
**native** indígena, I
**natural** natural
   **natural disaster** el desastre natural
   **natural resource** el recurso natural, III
   **natural sciences** las ciencias naturales, I
**nature** la naturaleza, 5.1

**navigator** el (la) navegante, I
**near (to)** cerca (de), I
**necessary: It's necessary (that...)** Es necesario (que...), II
**neck** el cuello, II
**necklace** el collar, II
**necktie** la corbata, II
**to need** necesitar, I
**need** la necesidad
**neighbor** el (la) vecino(a), III
**neighborhood** el barrio, II
**neither** tampoco, I
   **neither... nor** ni... ni, II
**nephew** el sobrino, III
**nervous** nervioso(a), I
**net** la red, 2.2
**network** la red
   **national network** la cadena nacional, 6.2
   **TV network** la cadena, 6.1
**never** nunca, II
**nevertheless** sin embargo, III
**new** nuevo(a), I
   **New Year** el Año Nuevo
**news** las noticias, III
   **breaking news** de último momento, 6.2
   **news program** el noticiero, el telediario, 6.1
**newspaper** el periódico (pl. los periódicos), III
   **student newspaper** el periódico escolar
**next** próximo(a)
   **next to** al lado (de), junto a, III
**nice** simpático(a) amable; bello(a), II
   **Nice to meet you.** Mucho gusto., III
**nickname** el mote, el apodo, el sobrenombre, I
**niece** la sobrina, III
**night** la noche, I
   **at night** de la noche, I
   **Good night.** Buenas noches., III
   **last night** anoche, I
**nightingale** el ruiseñor, I
**nightstand** la mesita, III
**nine** nueve, I
**nine hundred** novecientos(as), I
**nineteen** diecinueve, I
**ninety** noventa, I
**ninth** noveno(a), I
**no** no, I
**no one** nadie, II
**noise** el ruido, III
**noisy** ruidoso(a), III

**none** ninguno(a) ningún, III
**nonprofit** sin fines lucrativos, I
**nonrenewable** no renovable, III
**nonstop flight** vuelo sin escalas, 3.1
**normally** normalmente, II
**north** el norte
**nose** la nariz (pl. las narices), III
**not** no
   **not at all** en absoluto, III
   **not to have a good a time** pasarlo mal, 2.1
   **not only... but also...** no sólo... sino también..., II
**notebook** el cuaderno, I
**notes** los apuntes, I
   **to take notes** tomar apuntes, I
**nothing** nada, II
**to notice** fijarse en, 1.2
**noun** el sustantivo
**novel (new)** novedoso(a), III
**novel** la novela, 5.2
   **graphic novel** la novela gráfica, 5.2
**novelist** el (la) novelista, 5.2
**November** noviembre, I
**now** ahora, I
   **right now** ahora mismo, I
**nowadays** hoy en día
**nuisance: to be a nuisance** ser una lata, III
**number** el número, I
   **phone number** el número de teléfono
**nurse** el (la) enfermero(a), III
**nursing home** el hogar de ancianos, III
**nutritious** nutritivo(a), I

## O

**object** el objeto, II
**oblivion** el olvido, I
**to observe** observar, III
**obstacle** el obstáculo, III
**occupation** el oficio, II
**to occur (to someone)** ocurrírsele (a alguien)
**ocean** océano, mar
   **with an ocean view** con vista al mar, 3.1
**o'clock: It is... o'clock.** Es la.../Son las..., I
**October** octubre, I
**of** de, 3.1

**to offend** ofender
**off**
   **to take off (plane)** despegar, 3.1
   **to turn off** apagar, 6.1
**offer** la oferta
**to offer** ofrecer (ofrezco), III
   **I can offer you...** Le puedo ofrecer..., I
**office** la oficina, 1.1
   **doctor's/dentist's office** el consultorio, II
   **principal's office** la oficina del (de la) director(a), I
   **tourist office** la oficina de turismo, II
**often** muchas veces, I
**oil** el aceite; el petróleo, III
   **oil painting** el óleo, 5.1
**OK** regular, I
   **OK!** ¡Vale!, De acuerdo.
   **OK?** ¿Está bien?
   **OK. And you?** Regular. ¿Y tú/usted? (familiar/formal), III
**old** viejo(a); antiguo(a), II
   **How old are you?** ¿Cuántos años tienes?, I
**older** mayor, II
**olive** la aceituna, I
**Olympic Games,** los Juegos Olímpicos, II
**omelet** la tortilla, II
**on** en, sobre, 3.1
   **on foot** a pie, I
   **on time** a tiempo, 4.2
   **to turn on** encender, 6.1
**once** una vez
   **once in a while** de vez en cuando, I
   **Once upon a time there was/were...** Había una vez..., II
**one** uno, I
**one hundred** cien, I
**one's own** propio(a), 1.2
**one-way ticket** boleto de ida, 3.1
**onion** la cebolla, II
**online** en línea, I
   **to be online** estar en línea, II
**only** sólo, solamente; único(a)
   **not only... but also...** no sólo... sino también..., II
**to ooze** rezumar
**to open** abrir, I
**open** abierto(a)
   **It's open.** Está abierto(a)., III
**open-air** al aire libre, I
**opinion** la opinión (pl. las opiniones), III

**to express an opinion** opinar, 6.2
**to give an opinion** opinar, 6.2
**In my opinion...** En mi opinión..., II
**or** o, I
**orange (color)** anaranjado(a), I
**orange (fruit)** la naranja, I
**orchestra** la orquesta, 5.1
    **symphony orchestra** la orquesta sinfónica, 5.1
**to order** pedir (i, i), I
**to order that** mandar que, III
**order** el orden, el mandato
    **in chronological order** en orden cronológico, III
    **in order that** a fin de que, III
    **in order that** a fin de que, para que, III
    **in order to** para, para que, I
**to organize** organizar, ordenar, III
**organized** organizado(a), I
**to originate** originarse, I
**other** otro(a), I
**others** los (las) demás
**ought to** deber, I
**our** nuestro(a), I
**out**
    **to carry out** desempeñar, 1.1; cumplir con, III
    **dropping out of school** la deserción escolar, 4.1
    **to find out (about)** enterarse (de), 1.2
    **to run out of** agotarse, acabarse, 5.2
**outcome** el desenlace, III
**outdoors** al aire libre
**outlook** el mirador, III
**outside** al aire libre, I
    **outside (of)** fuera (de), III
**outstanding** sobresaliente; destacado(a), III
**oven** el horno, III
**to overcome** superar, III
**overtime** las horas extras, 1.2
**owl** la lechuza
**own**
    **my own** mi propio(a), 1.2
    **one's own** su propio(a), 1.2
    **their own** su propio(a), 1.2
    **your own** tu/su/vuestro(a) propio(a), 1.2
**owner** el (la) dueño(a), III
**oxygen** el oxígeno, 3.2
    **oxygen mask** la máscara de oxígeno, 3.2
**ozone layer** la capa de ozono, III

## P

**to pack a suitcase** hacer la maleta, II
**packet** el paquete, 6.1
**pad**
    **elbow pad** la codera, 2.1
    **knee pad** la rodillera, 2.1
**to paddle** remar, III
**page** la página, 2.1
    **sports page** la página deportiva, 2.1
    **Web page** la página web, III
**to paint** pintar, 5.1
**painter** el (la) pintor(a), 5.1
**painting** la pintura, el cuadro, III, 5.1
    **oil painting** el óleo, 5.1
**pair** la pareja, I
**palace** el palacio, II
**palette** la paleta, 5.1
**Panamerican Games** los Juegos Panamericanos, II
**pants** los pantalones, I
**paper** el papel, I
    **(made of) paper** de papel
    **wrapping paper** el papel de regalo, I
**to parade** desfilar
**parade** el desfile
**paragraph** el párrafo
**Parcheesi®** el parchís, 2.2
**parents** los padres, I
**park** el parque, I
    **amusement park** el parque de diversiones, I
    **ecological park** el parque ecológico, I
    **national park** el parque nacional, I
**parking** el estacionamiento, 3.1
    **parking lot** la zona de estacionamiento, 3.1
**part** la parte
    **to take part in** tomar parte en, III
**partial** parcial, 4.2
**to participate** participar, I
    **to participate in** tomar parte en, III
**partner** el (la) compañero(a)
**part-time job** el trabajo de medio tiempo, 1.2
**party** fiesta
    **surprise party** la fiesta de sorpresa, I

**to pass** pasar, 2.1
    **to pass (a law)** aprobar (ue), 4.2
**pass**
    **boarding pass** la tarjeta de embarque, 3.2
**passage** el paso
**passenger** el (la) pasajero(a), II
**passionate** apasionado(a), III
**passport** el pasaporte, 3.1
**password** la contraseña, III
**past** pasado(a), I
    **half past** y media, I
    **quarter past** y cuarto, I
**past** el pasado
**pastime** el pasatiempo, III
**pastry shop** la pastelería, III
**patent** la patente, III
**path** el sendero, III
**patience** la paciencia, I
**patient** paciente, III
**patio** el patio, I
**pattern** el molde, 1.1
**pauper** el (la) tirado(a), III
**pause** la pausa, 6.1
**to pay** pagar, 3.1
    **to pay customs duty** pagar derechos de aduana, 3.2
    **to pay in advance** pagar por adelantado, 3.1
    **to pay the rent** pagar el alquiler, 4.2
**payment** el pago, 4.2
**pea** el guisante
**peace** la paz
**peak** la cima
**pen** la pluma, I
**to penalize** penalizar, III
**penalty** la multa, 4.2
**pencil** el lápiz (pl. los lápices), III
**people** la gente, II
**pepper (black)** la pimienta, II
**percent** por ciento
**percentage** el porcentaje
**percussion** la percusión, 5.1
    **percussion instruments** los instrumentos de percusión, 5.1
**performance** el espectáculo, III, la actuación, 6.1
    **street performance** la actuación callejera
**perhaps** tal vez, acaso, I
**perimeter** el perímetro, I
**period** el período, I
**permission** el permiso, I
**to persist** persistir, III

**persistent** persistente, III
**person** la persona, 5.2
   **in first person** en primera persona, 5.2
   **in person** en persona, I
**personal** personal, 1.2
   **personal day** el día personal, 1.2
   **personal organizer** la agenda electrónica, III
   **personal watercraft** la moto acuática, III
**to personify** personificar, III
**personnel** el personal, 1.1
**pet** la mascota
**pharmacy** la farmacia, II
**phone** el teléfono, I
   **cell phone** el teléfono celular
   **My phone number is...** Mi número de teléfono es..., I
   **phone conference** la conferencia telefónica, 1.2
   **What is your phone number?** ¿Cuál es tu/su número de teléfono? (familiar/formal), I
**photo** la foto, I
   **photo essay** el foto ensayo
   **to take photos** tomar fotos, I
**photocopy** la fotocopia, 1.1
**photographer** el (la) fotógrafo(a), III
**to pick up** recoger (recojo), III
**to picnic** comer al aire libre, I
**picture** la foto, I
**piece** la pieza, I
   **game piece** la ficha, 2.2
**pill** la píldora, I
**pilot** el (la) piloto, III
**pioneer** el (la) pionero(a), I
**pizza** la pizza, I
**to place** poner (pongo), I
**place** el lugar, 3.1
   **to take place** tener lugar
**plaid** de cuadros, II
**plain** sencillo(a), 3.1
**plains** las llanuras, I
**to plan** pensar (ie), I
**planet** el planeta, III
**planning** la planificación, III
**plant** la planta
**plaster** el yeso, 5.2
**plastic** el plástico, I
**plate** el plato
**platform** el andén (pl. los andenes), III
**to play** tocar, jugar
   **to play (an instrument)** tocar, I
   **to play (sports/games)** jugar, practicar, I

**to play on a team** jugar en equipo, II
**play (dramatic work)** el drama, la obra de teatro, III
**player** el (la) jugador(a), I, el reproductor, 6.1
   **baseball player** el (la) pelotero(a), el (la) beisbolista
   **DVD player** el reproductor de DVD, 6.1
**playwright** el (la) dramaturgo(a), 5.2
**plaza** la plaza, II
**to please** gustar
   **to please someone** hacerle gracia a alguien
   **Pleased to meet you.** Encantado(a)., III
**Please.** Por favor., III
**pleasure** el gusto, el placer, I
   **The pleasure is mine.** El gusto es mío., III
   **With pleasure.** Con mucho gusto., III
**plot** el argumento, II, la trama, 5.2
**plus** más
**poem** el poema
**poet** el (la) poeta
**poetry** la poesía, III
**point** el punto, 2.2
**point of view** el punto de vista, III
**pole: fishing pole** la caña, 2.1
**police officer** el (la) policía, III
**policeman** el policía, II
**policewoman** la policía, II
**polite** educado(a), cortés, III
**politician** el (la) político(a), III
**politics** la política, III
**pollution** la contaminación, III
**polo** el polo, 2.1
   **water polo** el water polo, 2.1
**pool (billiards)** el billar, III
**popular** popular, III
**popularity** la popularidad, I
**population** la población (pl. las poblaciones), III
**pork** el cerdo
   **pork chop** la chuleta de cerdo, II
**port** el puerto, III
**portable** portátil
**portrait** el retrato
   **self-portrait** el autorretrato
**to pose** posar, 5.2
**position** el puesto, 1.1
**to possess** poseer
**possibility** la posibilidad, I
**possible** posible, I

   **It's possible that...** Es posible que..., I
**post office** el correo, III
**postcard** la tarjeta postal, II
   **to send postcards** mandar tarjetas postales, II
**poster** el letrero, el cartel, el póster, III
**postman** el cartero, II
**postwoman** la cartera, II
**pot** la olla, III
**potato** la papa, la patata, II
**pound (weight)** la libra, I
**poverty** la pobreza, 4.1
**powerful** poderoso(a)
**practical** práctico(a), III
**to practice** practicar, I
**prairie** el llano, I
**precious** precioso(a), III
**to prefer** preferir (ie, i), I
**preferable: It's preferable that...,** Es preferible que..., II
**pregnancy** el embarazo, 4.1
**prejudice** el prejuicio, I
**to premiere** estrenar, II
**premiere** el estreno, III
**to prepare** preparar, I
**to present** presentar, III
**present** el regalo, I
   **the present** la actualidad
**presentation** la presentación, 1.2
   **presentation program (computer-based)** el programa de presentación, 1.2
**president** el (la) presidente(a), I
**press** la prensa, 6.2
   **press conference** la conferencia de prensa, 6.2
   **press release** el anuncio de prensa
**pressure** la presión
   **peer pressure** la presión de grupo, II
**presumptuous** presumido(a), III
**pretty** bonito(a) hermoso(a), II
**previous**
   **previous record** el antecedente, 1.1
**price** el precio, I
**pride** el orgullo, I
**primary** primario(a), 4.2
**princess** la princesa, II
**principal** el (la) director(a), I
**principle** el principio, III
**to print** imprimir, III
**printing** la letra de molde, 1.1
**priority** la prioridad, III
**private** privado(a), 4.2
   **private life** la vida privada, 6.2

**prize** el premio, II
**probation** la probatoria, 4.1
**problem** el problema, I
  **No problem.** No hay problema., III
**procedure** el trámite, 3.2
**processor** el procesador, 1.2
  **word processor** el procesador de textos, 1.2
**product** el producto
**profession** la profesión (pl. las profesiones), III
**professor** el (la) profesor(a), 4.2
**to program** programar
**program** el programa, 1.2
  **educational program** el programa educativo, III
  **graphic programs** el programa gráfico, 1.2
  **news program** el telediario, el noticiero, 6.1
  **programs** la programación, 6.1
  **presentation program (computer-based)** el programa de presentación, 1.2
**programmer** el (la) programador(a), III
**programming** la programación, I
**to progress** progresar, III
**to prohibit that** prohibir que, III
**to project** proyectar
**social action project** el proyecto de acción social, III
**to promote** promover (ue), promocionar
**promotion** el ascenso, 1.2
**prop** el accesorio, III
**prose** la prosa, III
**to prosper** prosperar, III
**protagonist** el (la) protagonista, III
**to protect** proteger (protejo), III
**to protest** protestar, 6.2
**proud** orgulloso(a), III
  **to be proud (of)** estar orgulloso(a) (de), II
**to provide** proveer, I
**to provoke someone** meterse con alguien
**public** público(a), 1.1
  **public relations** las relaciones públicas, III
  **public relations agent** el (la) agente de relaciones públicas, 1.1
  **public transportation** el transporte público, III
**publicity** la publicidad, III
**to publish** publicar, III

**publishing company** la casa editorial, I
**to pull** tirar
**punctual** puntual, III
**purpose** el propósito, III
**to pursue a career** seguir una carrera, III
**to put** poner (pongo), I
  **to put away** guardar, III
  **to put in** meter, 2.2
  **to put oneself** ponerse, 3.2
  **to put on (clothes)** ponerse (la ropa), II
  **to put on makeup** maquillarse, I
  **to put up** montar, III
**pyramid** la pirámide, II

**qualified** cualificado(a), III
**quality** la calidad, la cualidad, I
**quarter** cuarto, I
  **quarter past...** ...y cuarto, I
**question** la pregunta; la cuestión (pl. las cuestiones), III
**questionnaire** el cuestionario, I
**quiet** callado(a), III
**to quit...** dejar de..., I
**quite** bastante, I
**quotation** la cita, III

**race** la carrera, I
**racetrack** el autódromo, 2.1
**racquet** la raqueta, 2.2
**radio** el radio, I
  **(radio) station** la emisora (de radio), III
**raft** la balsa
**railing** la baranda, I
**to rain** llover (ue), I
**rain** la lluvia, I
**to raise** levantar, criar, III
  **to raise funds** recaudar fondos, III
  **to raise the curtain** levantar el telón, III
**raising (of children)** la crianza, 4.1
**ramp** la rampa, 2.1
**ranch** la estancia

**rapidly** rápidamente, I
**rapids** los rápidos, I
**rare** raro(a)
**raw** crudo(a), II
**to reach** alcanzar
**to react** reaccionar
**to read** leer, I
**reader** el (la) lector(a)
**reading** la lectura, I
**ready** listo(a)
  **to get ready** arreglarse, II
**real** verdadero(a), III
**realistic** realista, III
**reality** la realidad, III
**reality show** el reality, 6.1
**to realize** darse cuenta de, 1.2
**really bad** fatal, 5.1
**Really?** ¿Verdad?; ¿De veras? ¿De verdad?
**reason** la razón (pl. las razones), III
  **for that reason** por eso, III
**reasonable** razonable, III
**to receive** recibir, I
**receiver** el recibidor, 6.1
**reception (desk)** la recepción (pl. las recepciones), III
**recess** el recreo
**recipe** la receta, II
**to recommend** recomendar (ie), II
**to record** registrar, grabar, 6.1
**record**
  **academic records** los antecedentes académicos, 1.1
  **previous record** el antecedente, 1.1
**recorder** el grabador, 6.1
**to recycle** reciclar, III
**recycling** el reciclaje, II
**red** rojo(a), 6.2
  **red carpet** la alfombra roja, 6.2
**red-haired** pelirrojo(a), I
**reef** el arrecife
**to refer** referirse (ie, i)
**referee** el (la) árbitro(a), 2.1
**reference** la referencia, 1.1
**to refine** refinar, 5.2
**to reflect** reflexionar, reflejar, III
**reflection** el reflejo, I
**refrigerator** el refrigerador, la nevera, III
**refuge: to take refuge (from)** refugiarse (de), III
**to refuse to** negarse a, 1.2
**region** la zona, I
**regret** el arrepentimiento
**rehearsal** el ensayo, III
**to rehearse** ensayar, III

**to relate** relatar relacionar, III
**relations: public relations agent** el (la) agente de relaciones públicas, 1.1
**relative** el (la) pariente(a), III
**to relax** relajarse, III
**relaxation** la relajación, I
**relaxing** relajante, I
**to release** soltar (ue)
**religion** la religión (pl. las religiones), III
**to remain** permanecer (permanezco), I
　**to remain standing** permanecer de pie, I
**remarkable: to be remarkable for...** destacarse por...
**to remember** recordar (ue), acordarse (ue) de, 1.2
**remote** remoto(a), 6.1
　**remote control** el control remoto, 6.1
**to rent** alquilar, I
**rent** el alquiler, 4.2
　**to pay the rent** pagar el alquiler, 4.2
**to repair** arreglar, III
**repairperson** el (la) técnico(a), III
**to repeat** repetir (i, i)
**to replace** reemplazar, III
**to reply** responder
**report** el informe, el reporte, el reportaje
　**weather report** el reporte meteorológico, 6.2
**to report to** reportarse, 4.1
**reporter** el (la) periodista, el (la) reportero(a), 6.2
**to represent** representar, III
**to request** solicitar, III
**requirement** el requisito, 4.2
**to rescue** rescatar
**research** la investigación (pl. las investigaciones), III
**reservation** la reservación (pl. las reservaciones), III
　**to make/to have a reservation,** hacer/tener una reservación, II
**reserve** la reserva
**to reserve** reservar, 3.1
　**nature reserve** la reserva natural
**resolution** la resolución (pl. las resoluciones), III
**resources** los recursos
　**human resources department** la oficina de personal, 1.1

**to respect** respetar, III
**responsibility** la responsabilidad, III
**responsible** responsable, III
　**to make oneself responsible for** encargarse de, I
**to rest** descansar, I
**restaurant** el restaurante, I
**to restore** restaurar
**result** el resultado
**résumé** la hoja de vida, 1.1
**to retire** jubilarse, 1.1
**to return** volver (ue), regresar, II
**return** la vuelta, 3.1
**reunion** la reunión (pl. las reuniones), III
　**class reunion** la reunión de ex alumnos, I
**to reuse** reutilizar, III
**to review** repasar, I
**review** la reseña, la crítica, el repaso, la reseña literaria, III
**to revise** revisar, I
**rewind** el retroceso rápido, 6.1
**rhyme** la rima, III
**rhythm** el ritmo, III
**rice** el arroz, I
**rich** rico(a), I
**to ride** montar, subir a, I
　**to ride a bike** montar en bicicleta, I
　**to ride a horse** montar a caballo, II
　**to ride the Ferris wheel/roller coaster** subir a la vuelta al mundo/la montaña rusa, I
**right (correct)** correcto(a), I
　**to be right** tener razón, I
　**Right. Agreed.** De acuerdo., III
　**Right?** ¿Verdad?, I
**right (direction)** derecho(a), 3.2
　**right section** la hilera de la derecha, 3.2
　**to turn right** doblar a la derecha, II
**ring** el anillo, II
**to ring the doorbell** tocar el timbre, III
**to risk** arriesgarse, III
**risk** el riesgo, III
**risky** arriesgado(a), I
**river** el río, III
**roasted** asado(a)
**robot** el robot (pl. los robots), III
**rock** la roca
　**rock climbing** la escalada deportiva, 2.1
**rocky** rocoso(a)
**rod** la caña, 2.1
**role** el papel, II

**to play a role** hacer un papel, II
**roller coaster** la montaña rusa, I
**romantic** romántico(a), III
**roof** el techo, 2.2
**room** el cuarto, la habitación (pl. las habitaciones), el espacio, la sala
　**conference room** la sala de conferencias, 1.2
　**double room** la habitación doble, 3.1
　**room service** el servicio de habitación, 3.1
　**single room** la habitación sencilla, 3.1
　**to vacate the room** desocupar el cuarto, 3.1
**root** la raíz (pl. las raíces), III
**round-trip ticket** el boleto de ida y vuelta, 3.1
**route** la ruta, el rumbo, III
**routine** la rutina, II
**to row** remar, III
**row** la fila, 3.2
**rowboat** el bote de remos
**rubber** la goma
**rug** la alfombra, I
**rugby** el rugby, 2.1
**ruins** las ruinas, II
**rule** la regla
　**the golden rule** la ley de oro
**to run** correr, I
　**to run errands** hacer los mandados, III
**to run out of** agotarse, acabarse, 5.2
**RV** la casa rodante, III

**sack** el saco, la bolsa, III
**sacrifice** el sacrificio, III
**sad** triste, I
**safe** seguro(a)
**safe** la caja de seguridad, 3.1
　**safe deposit box** la caja de seguridad, 3.1
**safety** la seguridad, 3.1
**to sail** navegar, I
**sail** la vela, 2.1
**sailboat** el velero, III
**saint** el (la) santo(a), I
**salad** la ensalada, I
**salary** el sueldo, III
**sale** la venta, 6.1

**sales show** el programa de ventas, 6.1
**salesclerk** el (la) vendedor(a), I
**salt** la sal, II
**saltshaker** el salero
**salty** salado(a), II
**same** mismo(a)
   **to be all the same** dar lo mismo
   **Same here.** Igualmente., III
**sand** la arena, III
**sandal** la sandalia, II
**sandwich** el sándwich (pl. los sándwiches), III
**satellite** el satélite, 6.1
**satire** la sátira, III
**satisfied** satisfecho(a), 4.2
   **to be satisfied** quedar satisfecho(a), 4.2
**to satisfy** satisfacer, III
**Saturday** el sábado, I
**sausage** el chorizo
**to save (money, time)** ahorrar, III
**savings** los ahorros, III
   **savings account** la cuenta de ahorros, III
**saxophone** el saxofón, 5.1
**to say** decir (digo), I
**saying** el refrán (pl. los refranes), III
**scandal** el escándalo, 6.2
**scanner** el escáner, III
**to scare** asustar
   **It scares me.** Me da miedo., III
   **to get scared** asustarse
**scary: How scary!** ¡Qué miedo!, I
**scene** la escena, II
**scenery** la escenografía, III
**schedule** el horario, 1.2
   **flex time (schedule)** el horario flexible, 1.2
   **to get behind (schedule)** atrasarse, 1.1
**scholarship** la beca, 4.2
**school (adj.)** escolar, 4.1
**school** el colegio, la escuela, el liceo
   **dropping out of school** la deserción escolar, 4.1
   **elementary school** la escuela primaria, 4.2
   **high school** el colegio, la escuela secundaria, el liceo, I
   **junior high school** la escuela secundaria, 4.2
   **school newspaper** el periódico escolar
   **school (of a university)** la facultad, 4.2

**technical school** la escuela técnica, III
**science** la ciencia, 5.2
**science fiction** la ciencia ficción, 5.2
**scientist** el (la) científico(a), III
**to scold** regañar
**to score** hacer puntos, 2.2
   **to score a goal** meter un gol, II
   **to score (in soccer, hockey)** meter un gol, 2.2
**screen** la pantalla, II
**screenplay** el guión (pl. los guiones), III
**screenwriter** el (la) guionista, II
**script** el guión (pl. los guiones), III
**to scuba dive** bucear, 2.1
**scuba diver** el (la) buceador(a), II
**to sculpt** esculpir, 5.2
**sculptor** el (la) escultor(a), 5.2
**sculpture** la escultura, 5.2
**sea** el mar, 3.1
**seafood** los mariscos
**search** la búsqueda, III
**seashell** el caracol, III
**seasick: to get seasick** marearse, III
**season** la estación (pl. las estaciones) la temporada, III
**seasoned** sazonado(a)
**seat** el asiento, 3.2
   **aisle seat** el asiento de pasillo, 3.2
   **numbered seat** el asiento numerado, III
   **seat belt** el cinturón de seguridad, 3.2
   **window seat** el asiento de ventanilla, 3.2
**second** segundo(a), I
**secondary** secundario(a), 4.2
**secret** el secreto, I
**secretary** el (la) secretario(a), III
**section** sección
   **center section** la hilera del medio, 3.2
   **left section** la hilera de la izquierda, 3.2
   **right section** la hilera de la derecha, 3.2
**secure** seguro(a)
**to secure** sujetar, 2.1
**security** la seguridad, 3.1
   **to go through security** pasar por seguridad, I
   **security area** la zona de seguridad, 3.2
**to see** ver
   **Let's see.** A ver., III

**May I see...?** ¿Me deja ver...?, II
**See you later.** Hasta luego., III
**See you there.** Nos vemos allí., III
**See you tomorrow.** Hasta mañana., III
**to seem** parecer (parezco), 5.1
   **It seems to me...** Me parece que..., II
   **They seem to me...** Me parecen..., 5.1
**to select** seleccionar
**self** uno(a) mismo(a)
   **to be self-employed** trabajar por cuenta propia, 1.2
   **self-esteem** la autoestima
   **self-portrait** el autorretrato, 5.1
**to sell** vender, I
**to sell out** agotarse, 5.2
**semester** el semestre, 4.2
**to send** mandar, enviar, III
**sentence** la oración (pl. las oraciones), III
**separate** separado(a)
**September** septiembre, I
**series** la serie
   **TV series** la serie, 6.1
**serious** serio(a), I
**to serve** servir (i, i), I
   **to serve (in sports)** sacar, 2.2
   **to serve as president** servir de presidente(a), III
**server** el servidor, 1.2
**service** el servicio, 3.1
   **room service** el servicio de habitación, 3.1
**set: movie set** el escenario, I
**to set the table** poner la mesa, I
**setting** el ambiente, I
**seven** siete, I
**seven hundred** setecientos, I
**seventeen** diecisiete, I
**seventh** séptimo(a), I
**seventy** setenta
**to sew** coser
**shadow** la sombra
**shame** la vergüenza
   **It's a shame that...** Es una lástima/ una pena que..., I
   **What a shame!** ¡Qué lástima!, II
**shampoo** el champú, II
**shape** la forma
   **to get in shape** ponerse en forma, III
**to share** compartir, I
**to shave oneself** afeitarse, II
**shaving cream** la crema de afeitar, II

**she** ella, I
**sheet** la hoja, 1.2
**shelf** el estante
**shell** la cáscara; el caracol
**to shine** brillar, I
**ship** el barco, I
**shirt** la camisa, I
**shoe** el zapato, I
    **shoe store** la zapatería, II
**to go shopping** ir de compras, I
**shopping center** el centro comercial, I
**shore** la orilla, III
**short**
    **short (height)** bajo(a), I
    **short (length)** corto(a), I
**short story** el cuento, 5.2
**shorts** los pantalones cortos, I
**short-story writer** el (la) cuentista, 5.2
**short-tempered** enojón(-ona)
**should** deber, I
**shoulder** el hombro, II
**shout** el grito
**to show** mostrar (ue)
**show** el espectáculo, el programa
    **animal life show** el programa de vida animal, 6.1
    **awards show** la entrega de premios, 6.2
    **children's show** el programa infantil, 6.1
    **cooking show** programa de cocina, 6.1
    **gossip show** el programa de chisme, 6.1
    **reality show** el reality
    **sales show** el programa de ventas, 6.1
    **show business** la farándula, 6.1
    **talent show** el programa de talento, 6.1
**shower** la ducha, III
    **to take a shower** ducharse, II
**to shudder** estremecerse
**shy** tímido(a), III
**shyness** la timidez
**sick** enfermo(a), I
    **sick day** el día por enfermedad, 1.2
**sickness** la enfermedad, I
**side** el lado, I
**sidewalk** la acera, II
**to sigh** suspirar, I
**sights** las atracciones, I
    **to go sightseeing** ver las atracciones, II
**sign** el letrero, el cartel, III
**signal** la señal, 6.1

**digital signal** la señal digital, 6.1
**silver** la plata, I
    **(made of) silver** de plata, II
**simile** el símil, III
**to simplify** simplificar, I
**since** como; desde, I
**sincere** sincero(a), verdadero(a), honesto(a), II
**Sincerely** Atentamente, 1.2
**sincerity** la sinceridad, I
**to sing** cantar, I
**singer** el (la) cantante, 5.1
**single** sencillo(a), individual, 3.1
    **single room** la habitación sencilla, 3.1; la habitación individual, II
**sink** el lavabo, el fregadero, I
    **bathroom sink** el lavabo, III
    **kitchen sink** el fregadero, III
**sir** señor, 1.2
    **Dear Sir** Muy señor mío, 1.2
**sister** la hermana, I
**sister-in-law** la cuñada, III
**to sit** sentarse (ie), I
**site** el sitio, I
    **archaeological site** sitio arqueológico, I
    **historic sites** los lugares históricos, 3.1
    **Website** el sitio Web, I
**six** seis, I
**six hundred** seiscientos(as), I
**sixteen** dieciséis, I
**sixth** sexto(a), I
**sixty** sesenta, I
**size** el tamaño, I
    **clothing size** la talla, II
    **shoe size** el número, II
**skate** el patín, 2.2
    **ice skate** el patín de hielo, 2.2
**to skate** patinar, 2.2
    **to in-line skate** patinar en línea, I
**skateboard** la patineta, 2.1
    **to skateboard** andar en patineta, I
**sketch** el bosquejo, 5.1
**to ski** esquiar, I
**ski** el esquí, 2.1
**skiing** el esquí, 2.1
    **to go skiing** esquiar, 2.1
    **water-skiing** el esquí acuático, 2.1
**skill** destreza, 2.2
**skin** la piel, I
**skirt** la falda, II
**skyscraper** el rascacielos (pl. los rascacielos), III
**to sleep** dormir (ue, u), I
**sleep** el sueño

**sleeping bag** el saco de dormir, III
**sleepy: to be sleepy** tener sueño, II
**sleeve** la manga
**to slide** deslizarse, I
**slow** lento(a), II
**slowly** lentamente
**small** pequeño(a), I
**to smile** sonreír (i, i), I
**smog** el smog, III
**snack: afternoon snack** la merienda
    **to have a snack** merendar(ie), III
**snake** la serpiente, III
**snorkeling** el esnórkel, 2.1
**to snow** nevar (ie), I
**snow** la nieve
**so** entonces, pues, así que, III
    **so many** tantos(as)
    **so much** tanto(a)
    **So-so. And you?** Más o menos. ¿Y tú/usted? (familiar/formal), III
    **so that** para que, III
**soap** el jabón (pl. los jabones), III
    **soap opera** la telenovela, 6.1
**soccer** el fútbol, 2.2
    **indoor soccer with 5 players** el fútbol 5, 2.2
**social worker** el (la) trabajador(a) social, III
**society** la sociedad, 4.1
    **honor society** la sociedad honoraria, III
**sock** el calcetín (pl. los calcetines), III
**sofa** el sofá, I
**soft** blando(a), 5.2
**soft drink** el refresco, I
**software** el software, II
**soil** el suelo, la tierra, III
**soldier** el (la) soldado, el (la) militar, I
**to solve** solucionar, III
    **Some day...** Algún día..., II
**some,** alguno(a) algún, III
**someone** alguien, II
**something** algo, II
**sometimes** a veces, II
**son** el hijo, I
**son-in-law** el yerno, III
**soon** pronto
    **as soon as** en cuanto, tan pronto como, III
**sorry: I'm sorry.** Lo siento., III
    **to be sorry that...** sentir que...
    **I'm sorry.** Lo siento., Disculpe., III
**sound** el sonido, II
    **sound engineer** el (la) sonidista, 5.1
**soup** la sopa, I

**soup kitchen** el comedor de beneficencia, III
**sour** agrio(a), II
**source** la fuente
**south** el sur
**souvenir** el recuerdo, II
**space** el espacio
**spaghetti** los espaguetis, II
**Spanish** el español, I
   **Spanish-speaking** de habla hispana, I
**to speak** hablar, I
   **May I speak to...?** ¿Puedo hablar con...?, II
   **Spanish-speaking** de habla hispana, I
**special** especial, I
   **special effects** los efectos especiales, II
**specialization** la especialidad, III
**specialty** la especialidad, II
   **specialty of the house** la especialidad de la casa, II
**species** la especie, I
   **endangered species** las especies en peligro de extinción, III
**speech** el discurso, 6.2
**speed** la prisa
**to spell** deletrear
**to spend** gastar, III
**to spend (time)** pasar (el rato), 2.1
**spicy** picante, II
**spider** la araña, III
**spinach** las espinacas, II
**spirit** el espíritu; el ánimo, I
**spite: in spite of** a pesar de que, III
**splendor** el esplendor
**to sponsor** patrocinar, III
**sponsor** el (la) patrocinador(a), III
**spoon** la cuchara, II
**sporting** deportivo(a), I
**sports (adj.)** deportivo(a), 2.1
**sports** los deportes, I
   **extreme sports** los deportes extremos
   **sports page** la página deportiva, 2.1
   **water sports** los deportes acuáticos
**sportsman/woman** el (la) deportista, II
**spouse** el (la) esposo(a), III
**spreadsheet** la hoja de cálculo, 1.2
**spring** la primavera, I
**square** la plaza, el cuadro, III
**squash** el squash, 2.2

**squid** el calamar, I
**squirrel** la ardilla, I
**stadium** el estadio, I
**staff** el personal, 1.1
   **cleaning staff** el personal de limpieza, 1.1
   **maintenance staff** el personal de mantenimiento, 1.1
**stage** el escenario, la etapa, III
   **stage direction** la dirección de escenografía, III
**stairs** la escalera, I
**stamp** el sello, III
**to stand (up)** pararse, III
   **to stand in line** ponerse en la cola, 3.2
   **to stand out (from others) for...** destacarse por...
**stanza** la estrofa, III
**stapler** la grapadora, 1.1
**star** la estrella, 3.1
   **movie star** la estrella de cine, II
**start** el comienzo, III
**state** el estado
**state (adj.)** estatal, 4.2
**station** la estación (pl. las estaciones), III
   **mobile TV news van** el móvil, 6.2
   **radio station** la emisora (de radio), III
   **subway station** la estación de metro, III
   **train station** la estación de tren, II
**statue** la estatua, II
**statuette** la estatuilla
**to stay** quedarse, II
   **to stay (e.g., at a hotel)** hospedarse, 3.1
   **to stay in shape** mantenerse en forma, II
   **to stay in...** quedarse en..., I
**steak: grilled steak** el filete a la parrilla, II
**to steal** robar, 4.1
**to steer** conducir (conduzco)
**step** el paso
**stepbrother** el hermanastro, 4.1
**stepdaughter** la hijastra, 4.1
**stepfather** el padrastro, 4.1
**stepmother** la madrastra, 4.1
**stepsister** la hermanastra, 4.1
**stepson** el hijastro, 4.1
**stick** el palo, 2.1
**stifling** agobiante, I
**still** todavía, I
**still life** la naturaleza muerta, 5.1

**stock market** la bolsa
**stockbroker** el (la) agente de bolsa, III
**stomach** el estómago, I
**stomachache** el dolor de estómago
**stone** la piedra, 5.2
   **(made of) stone** de piedra, II
**to stop** parar; detenerse (me detengo); dejar de
**stoplight** el semáforo, II
**stopover** la escala, 3.1
   **to have a stopover** hacer escala, 3.2
**to store** almacenar
**store** la tienda, I
**storm** la tormenta
**story** el cuento, la historia, III
   **crime story,** el cuento policíaco, I
   **short story** el cuento, 5.2
   **short-story writer** el (la) cuentista, 5.2
   **story board** el bosquejo
**stove** la estufa, III
   **gas stove** la estufa de gas, III
**straight: to go straight** seguir derecho, II
**strange: It is strange that...** Es raro que..., I
**strategy** la estrategia, III
**strawberry** la fresa, II
**street** la calle, I
   **street performance** la actuación callejera
   **street vendor** el (la) vendedor(a) ambulante, III
**to strengthen** fortalecer (fortalezco)
**stress** el estrés, III
**stressed** estresado(a), III
**strike** la huelga, 6.2
   **labor strike** la huelga, I
**string** la cuerda, 5.1
   **string instruments** los instrumentos de cuerda, 5.1
**stripe** la raya, I
   **striped** de rayas, II
**strong** fuerte, I
**to struggle** luchar, III
**stubborn** reacio(a)
**stucco** el estuco
**student** el (la) estudiante el (la) alumno(a), I, 4.2
   **exchange student** el (la) estudiante de intercambio
   **honor student** el (la) estudiante de honor, 4.2
   **student newspaper** el periódico estudiantil

**Recursos**
Glosario inglés-español

**studio** el estudio, 6.1
**studious** estudioso(a), I
**to study** estudiar, cursar, I
**study** el estudio
**to stuff** rellenar
**style** el estilo, la moda, III
   **to be in style** estar de moda, II
**subject (in school)** la materia, la asignatura, I
**subway** el metro, III
   **to get on the subway** subir al metro, III
**success** el logro, el éxito, III
**successful** exitoso(a)
   **to be successful** tener éxito, II
**suddenly** de repente
**to suffer** sufrir
**suffering** el sufrimiento, III
**sugar** el azúcar, II
**to suggest that** sugerir (ie, i) que, III
**suggestion** la sugerencia, I
   **to make a suggestion** dar una sugerencia, III
**suit** el traje, II
**suitcase** la maleta, II
   **to pack a suitcase** hacer la maleta, II
**to summarize** resumir, I
**summary** el resumen
   **in summary** en resumen, I
**summer** el verano, 1.2
   **summer hours** el horario de verano, 1.2
**sun** el sol, I
   **It is sunny.** Hace sol., III
**to sunbathe** tomar el sol, I
**Sunday** el domingo, I
**sunglasses** las gafas de sol, III
**sunrise** el amanecer, I
**sunscreen** el bloqueador de sol, I
**sunset** la puesta del sol
**supermarket** el supermercado, II
**supervisor** el (la) supervisor(a), 1.2
**suppertime** la hora de cenar, I
**to support** apoyar, fomentar, III
**support** el apoyo
**sure** seguro(a)
   **to not be sure that...** no estar seguro(a) (de) que...
**surely** seguramente
**to surf** hacer surfing, practicar surf, surfear, I
**surf** el surf, 2.1
**to surf the Web** navegar por Internet, I
**surface** la superficie

**surfboard** la tabla de surf, III
**surfer** el (la) surfista, III
**to surpass** superar, III
**to surprise** sorprender, I
**surprise** la sorpresa, I
   **to be surprised that...** sorprenderse de que..., III
**surprising** sorprendente, asombroso(a), III
**surrealist** surrealista, 5.1
**survey** la encuesta
**to suspect that** sospechar que, III
**SUV** la camioneta, III
**to swear** jurar
   **I swear to you!** ¡Te lo juro!, II
**sweater** el suéter, II
**to sweep** barrer, I
**sweet** dulce, II
**to swim** nadar, I
**swimming** la natación, 2.1
**swimming pool** la piscina, I
**swing** el columpio, I
**sword** la espada
**to symbolize** simbolizar, III
**symphonic** sinfónico(a), 5.1
**symphony orchestra** la orquesta sinfónica, 5.1
**synagogue** la sinagoga
**syrup** el jarabe
**system** el sistema, 1.1
   **educational system** el sistema educativo, 4.2
   **telephone system** el sistema de telefonía, 1.2
**systems analyst** el (la) analista de sistemas, 1.1

**table** la mesa, 2.2
   **to set the table** poner la mesa, I
   **table tennis** el pimpón, 2.2
**tail** la cola, I
**to take** tomar, llevar, II
   **to take a bath** bañarse, II
   **to take a trip** hacer un viaje, II
   **to take a walk** dar una vuelta, III
   **to take advantage (of something)** aprovechar, III
   **to take away** quitar, III
   **to take care of** cuidar, (a task) encargarse de
   **to take charge of** encargarse de, 1.2

**to take notes** tomar apuntes, I
**to take off (a plane)** despegar, 3.2
**to take out the trash** sacar la basura, I
**to take part in** tomar parte en, III
**to take refuge (from)** refugiarse (de), III
**to take photos** tomar fotos, II
**to take place** tener lugar
**to take a guided tour** hacer una visita guiada, III
**to take a nap** dormir (ue, u) una siesta, III
**to take a shower** ducharse, II
**to take a taxi** tomar un taxi, II
**talent** el talento, 6.1
   **talent show** el programa de talento, 6.1
**talented** talentoso(a)
**to talk** hablar, I
   **to talk on the phone** hablar por teléfono, I
   **to talk about** comentar, III
**tall** alto(a), 6.1
**tape recorder** el grabador, III
**tapestry** el tapiz (pl. los tapices), III
**task** la tarea
**to taste** probar (ue), II
**tasty** rico(a), sabroso(a), II
**tax** el impuesto, 3.2
**taxi** el taxi, I
**tea** el té, II
**to teach** enseñar, I
**teacher** el (la) maestro(a); el (la) profesor(a), III
**team** el equipo, I
**teammate** el (la) compañero(a) de equipo, II
**to tear** romperse, 5.2
**technician** el (la) técnico(a), III
**teenager** el (la) adolescente, 4.1
**telephone** el teléfono, I
   **cellular phone** el teléfono celular, II
**telephone (adj.)** telefónico(a), 1.2
**telephone system** el sistema de telefonía, 1.2
**telephony** la telefonía, 1.2
**telethon** la teletón (pl. las teletones), III
**television** la televisión, 6.1
**television set** el televisor, I
**to tell** contar (ue); relatar, III
   **I'm telling you the truth** ¡Te digo la verdad!, II
**temple** el templo, II

**ten** diez, I
**tennis** el tenis, 2.2
   **table tennis** el pimpón, 2.2I
**tent** la tienda de campaña, III
**tenth** décimo(a), I
**terrace** la terraza, III
**to terrify** aterrorizar, I
**test** el examen (pl. los exámenes), III
**testimony** el testimonio, 5.2
**text** el texto, 1.2
**texture** la textura, 5.1
**to thank** agradecer (agradezco), 1.2
   **I would like to thank...** Quisiera dar las gracias a..., II
   **Thank you for your service.,** Gracias por atenderme., III
   **Thank you.** Gracias., III
**theater** el teatro, I
**their** su(s), I
   **their own** su propio(a), 1.2
**them** ellos(as), II
**theme** el tema, III
**then** luego; entonces, II
**theology** la teología
**there** allí, I
   **Is... there?** ¿Está...?, II
   **there is/are...** hay..., I
**therefore** por lo tanto, por eso, III
**they** ellos(as), I
**They seem to me...** Me parecen..., 5.1
**thief** el ladrón (pl. ladrones), la ladrona, 4.1
**thin** delgado(a), I
**thing** la cosa, I
**to think** pensar (ie) I; creer, I, opinar, 6.2
   **I think/don't think so.** Creo que sí /no., III
   **to think about** pensar en, 1.2
   **What do you think of...?** ¿Qué les parece...?, I
**third** tercero(a), I
**thirst** la sed, I
   **to be thirsty** tener sed, I
**thirteen** trece, I
**thirty** treinta, I
**thirty-one** treinta y uno, I
**this... (here)** este(a), II
**those... (there)** esos(as), II
**those... (over there)** aquellos(as), II
**thousand** mil, I
**to threaten** amenazar, III
**three** tres, I
**three hundred** trescientos(as), I
**throat** la garganta, II

**to throw (out)** tirar, echar
**thumb** el dedo pulgar
**Thursday** el jueves, I
**thus** así que
**ticket** la entrada; el boleto; el billete, el pasaje, 3.1, 3.2, III
   **to buy a ticket** sacar el billete, III
   **one-way ticket** boleto de ida, 3.1
   **round-trip ticket** el boleto de ida y vuelta, 3.1
**tie** la corbata, II
   **bow tie** el corbatín, (pl. los corbatines), III
**to be tied (in sports)** estar empatado, II
**tight (clothing)** apretado(a), I
**time** la hora; la vez (pl. las veces); el rato; el tiempo
   **at the same time** a la vez, I
   **At what time is/are...?** ¿A qué hora es/son...?, I
   **flex time (schedule)** el horario flexible, 1.2
   **free time** el tiempo libre; el rato libre, III
   **from time to time** cada tanto, I
   **full-time job** el trabajo de tiempo completo, 1.2
   **to have a good time** pasarlo bien, pasar un buen rato, 2.1
   **not to have a good a time** pasarlo mal, 2.1
   **on time** a tiempo, 4.2
   **part-time** a tiempo parcial, III
   **part-time job** el trabajo de medio tiempo, 1.2
   **What time is it?** ¿Qué hora es?, I
**tired** cansado(a), I
   **to get tired** cansarse, 2.1
**title** el título, 1.1
**to** a, a; menos; hasta, I, 4.2
   **to me** me, 5.1
**today** hoy, I
   **Today is...** Hoy es..., I
   **What day is today?** ¿Qué día es hoy?, I
**toe** el dedo del pie, II
**together** junto(a)
   **all together** todo junto
   **to get together** reunirse
**Toltecs** los toltecas, II
**tomato** el tomate, I
**tomb** la tumba, II
**tomorrow** mañana, I
   **See you tomorrow.** Hasta mañana., III

   **Tomorrow is ...** Mañana es..., I
**too** también; demasiado, II
   **too much** demasiado, II
**tool** la herramienta, II
**tooth** el diente, II
**toothbrush** el cepillo de dientes, II
**toothpaste** la pasta de dientes, II
**tornado** el tornado, 6.2
**tortoise** la tortuga, I
**to touch** tocar
**tour** la excursión, 3.1
   **tour guide** el (la) guía, 3.1
   **Tour de France** la Vuelta a Francia, II
**tourism** el turismo, I
**tourist** el (la) turista, 3.1
   **tourist card** la tarjeta de turista, 3.1
   **tourist class** la clase turista, 3.1
   **tourist office** la oficina de turismo, II
**tournament** el torneo
**toward** hacia
**towel** la toalla, II
**town** el pueblo
**trace** el rastro
**track**
   **track (for trains)** la vía, III
   **track: (in sports)** la pista, II
   **cycle track** el velódromo, 2.1
**to train** entrenarse, II
**train** el tren, I
   **by train** en tren, I
**trainer** el (la) entrenador(a), III
**training** el entrenamiento, I
**transcripts** los antecedentes académicos, 2.1
**to transform** transformar, II
**transformation** la transformación (pl. las transformaciones), III
**transit** el tránsito, 3.1
   **in transit** en tránsito, 3.1
**to translate** traducir (traduzco), III
**translator** el (la) traductor(a), III
**transportation** el transporte, I
   **public transportation** el transporte público, III
**trash** la basura, I
   **trash can** el basurero, III
**to travel** viajar, II
   **travel agency** la agencia de viajes, II
   **travel agent** el (la) agente de viajes, II
**treasurer** el (la) tesorero(a), III
**tree** el árbol, III
**tribute** el homenaje, 6.2

**trip** el viaje, I
    **to go on a day trip** hacer una excursión, II
    **to take a trip** hacer un viaje, I
**to triumph** triunfar, I
**triumph** el triunfo, I
**trombone** el trombón, 5.1
**trophy** el trofeo
**trouble** problemas
    **to be worth the trouble** valer la pena
    **to get into trouble** meterse en problemas, III
**truck** la camioneta; el camión (pl. los camiones), III
**true** verdadero(a); cierto(a), III
    **It is (not) true that...** (No) Es cierto/verdad que..., II
**trumpet** la trompeta, 5.1
**trunk** el tronco
**to trust** confiar en, 1.2
**truth** la verdad
    **I'm telling you the truth!** ¡Te digo la verdad!, II
**to try** intentar
    **to try the specialties** probar las especialidades, III
    **to try to** tratar de, 1.2
**T-shirt** la camiseta, I
**Tuesday** el martes, I
**tuition** la matrícula, 4.2
**turbulence** la turbulencia, 3.2
**turkey** el pavo
**turn: to take turns** turnarse
**to turn** doblar, II
    **to turn right/left** doblar a la derecha/a la izquierda, II
**to turn off** apagar, 6.1
    **to turn off the faucet** cerrar el grifo, III
    **to turn off the light** apagar la luz, II
**to turn on** encender, 6.1
    **to turn on the faucet** abrir el grifo, III
    **to turn on the light** encender (ie) la luz, II
**to turn out well** salir bien, III
**turtle** la tortuga
**TV** la televisión, la tele
    **mobile TV station** el móvil, 6.2
    **TV guide** la guía de televisión, 6.1
    **TV network** la cadena, 6.1
    **TV series** la serie, 6.1
    **TV viewer** el (la) televidente, 6.1
**twelve** doce, I
**twenty** veinte, I
**twenty-one** veintiuno, I
**twin** el (la) gemelo(a), I
**two** dos, I
**two hundred** doscientos(as), I
**type** el tipo; la clase
**typical** típico(a), I

**Ugh!** ¡Uy!, II
**ugly** feo(a), I
**umbrella** el paraguas, III
**umpire** el (la) árbitro(a), 2.1
**unbelievable** increíble, I
**uncle** el tío, I
**under** debajo (de), bajo, I
**to underline** subrayar, I
**underneath** debajo (de), I
**to understand** entender (ie), comprender, I
    **Did you understand?** ¿Comprendiste?, I
    **to understand each other (well)** entenderse (bien), II
**understanding** comprensivo(a), III
**understanding** la comprensión, I
**to undertake** emprender, III
**unemployment** el desempleo, 4.1
**unforgettable** inolvidable, III
**unhappiness** la desdicha, I
**uniform** el uniforme, II
**to unify** unificar, I
**unique** único(a); singular, III
**unit** la unidad, I
**unity** la unidad, III
**university** la universidad, III
**unknown** desconocido(a)
    **the unknown** lo desconocido
**unless** a menos que, III
**unlikely: It's unlikely that...** Es improbable que, I
**until** hasta que, hasta, III
**unusual** insólito(a), III
**up** hacia arriba
    **backing up** el retroceso, 6.1
    **to get up** levantarse
    **to meet up with** encontrarse con, 1.2
    **up ahead** más adelante, 3.2
**upside down** al revés, I
**us** nos, nosotros(as), II
**to use** usar I; utilizar, III
**used to** acostumbrado(a) a
    **to get used to** acostumbrarse a, 1.2
**useful** útil
    **to be useful** servir (i, i)
**usher** el (la) acomodador(a), III
**usual** de siempre
**usually** normalmente, II

**vacant room** el cuarto libre, 3.1
**to vacate** desocupar, 3.1
    **to vacate the room** desocupar el cuarto, 3.1
**vacation** las vacaciones, I
    **to be on vacation** estar de vacaciones, II
    **to go on vacation** ir de vacaciones, II
**to vacuum** pasar la aspiradora, I
**vacuum cleaner** la aspiradora, I
**vain** vanidoso(a), III
**valley** el valle
**valuable** valioso(a), III
**to value** valorar, III
**value** el valor
**van: mobile TV news van** el móvil, 6.2
**to vanish** desvanecerse, I
**vanity** la vanidad, I
**variety** la variedad, I
**various** varios(as), I
**to vary** variar
**vase** el florero
**vegetables** las verduras, I
    **vegetable stand** la verdulería, III
**vegetarian** vegetariano(a), I
**velvet** el terciopelo
**vendor: street vendor** el (la) vendedor(a) ambulante, III
**versatile** versátil, III
**verse** el verso, III
**very** muy, 1.2
    **Very well. And you?** Muy bien. ¿Y tú/usted? (familiar/formal), III
**vest** el chaleco, 3.2
**veterinarian** el (la) veterinario(a), I
**vice president** el (la) vice-presidente(a), III
**video games** los videojuegos, 2.2
**videoconference** la videoconferencia, 1.2
**videogame console** la consola de

videojuegos, 2.2
**view** la vista, 3.1
   **with an ocean view** con vista al mar, 3.1
**viewer**
   **TV viewer** el (la) telespectador(a); el (la) televidente, 6.1
**vinegar** el vinagre, II
**violence** la violencia, 4.1
   **domestic violence** la violencia doméstica, 4.1
**violin** el violín, 5.1
**virtual** virtual, 2.2
   **virtual game** el juego virtual, 2.2
**visa** la visa, 3.1
**to visit** visitar, I
   **to visit a museum** visitar un museo, II
**vocabulary** el vocabulario
**vocation** la vocación (pl. las vocaciones), I
**voice** la voz (pl. las voces), III
**volcano** el volcán (pl. los volcanes), III
**volleyball** el voleibol, I
   **beach volleyball** el voleibol playero, III
**to volunteer** trabajar de voluntario, III
**volunteer** el (la) voluntario(a), III
**to vote** votar, III
**vulture** el zopilote

**to wait (for)** esperar, II
**waiting list** la lista de espera, 3.2
**waiting room** la sala de espera, III
**to wake up** despertarse (ie), II
**to walk** caminar, I
   **to go for a walk** pasear, dar una vuelta, III
**wall** la muralla; el muro, la pared, III
**wallet** la cartera, III
**to want** querer (ie); desear, I
**war** la guerra, II
   **war zone** la zona de guerra, 6.2
**wardrobe** el vestuario, III
**warm** cálido(a)
**to warn** advertir (ie, i), III
**warning** la advertencia, III
**warrior** el (la) guerrero(a), II
**to wash** lavar, I
   **to wash one's face/hair** lavarse la cara/el pelo, I

**to wash oneself** lavarse, II
**to watch** mirar, I
   **to watch television** mirar la televisión, I
**watch** el reloj, II
**water** el agua (fem.), I
   **fresh water** el agua dulce, III
**water (adj.)** acuático(a), 2.1
   **water polo** el water polo, 2.1
   **water sport** el deporte acuático, 2.1
**watercolor** la acuarela, 5.1
**waterfall** la cascada
**to water-ski** hacer esquí acuático, I
**water-skiing** el esquí acuático, 2.1
**wave** la ola
**we** nosotros(as), I
**weapon** el arma, 4.1
**to wear** llevar; usar, I
**weather** el tiempo; el clima, I
   **weather report** el reporte meteorológico, 6.2
   **What is the weather like?** ¿Qué tiempo hace?, I
**Web page** la página web, III
**Web site** el sitio web, III
**wedding** la boda, I
**Wednesday** el miércoles, I
**week** la semana, I
   **last week** la semana pasada, II
   **next week** la semana que viene
**weekend** el fin de semana, II
**weekly** semanal
**to weigh** pesar, 3.2
**welcome** la bienvenida
**welcome** bienvenido(a)
   **You're welcome.** De nada., III
**well** bien I; pues, III
   **to do well** irle bien (a alguien), III
   **How does it (do they) fit me?** ¿Cómo me queda(n)?, II
   **to turn out well** salir bien, III
   **Well,...** Bueno,...
**well-known** reconocido(a)
**west** el oeste
**whale** la ballena
**what** qué, lo que
**What?** ¿Qué? ¿Cuál?; ¿Cómo?, I
   **What are you like?** ¿Cómo eres?, I
   **What color is/are...?** ¿De qué color es/son...?, I
   **What do you like to do?** ¿Qué te gusta hacer?, I
   **What fun!** ¡Qué divertido!, I
   **What is the date?** ¿Cuál es la fecha?, I
   **What is the weather like?** ¿Qué tiempo hace?, I

   **What luck!** ¡Qué casualidad!
   **What time is it?** ¿Qué hora es?, I
   **What's happening?** ¿Qué pasa?, I
   **Would you like...?** ¿Te gustaría...?, I
   **What a shame!** ¡Qué lástima!, II
   **What's his/her/your (formal) name?** ¿Cómo se llama?, I
   **What's your (familiar) name?** ¿Cómo te llamas?, I
**wheelchair** la silla de ruedas, I
**wheeler: four-wheeler** el cuatrociclo, 2.1
**when** cuando, I
**When?** ¿Cuándo?
**where** donde
**Where?** ¿Dónde?, I
   **Can you please tell me where is?** Por favor, ¿dónde queda...?, II
   **(to) Where?** ¿Adónde?, I
   **Where are you from?** ¿De dónde eres/es usted (familiar/formal)?, I
   **Where are you going?** ¿Adónde vas?, I
   **Where is he/she from?** ¿De dónde es?, I
**which** (el, la, lo) cual/que
**Which?** ¿Cuál(es)?, I
   **once in a while** de vez en cuando, I
**to whisper** susurrar, I
**white** blanco(a), I
**Who?** ¿Quién(es)?, I
   **Who is he/she/it?** ¿Quién es?, I
**Why?** ¿Por qué?, I
   **That's why.** Por eso., III
**wide** ancho(a), I
**wife** la esposa, III
**to win** ganar, I
**wind** el viento, 5.1
   **wind instruments** los instrumentos de viento, 5.1
**windy: It is windy.** Hace viento., III
**window** la ventana, I
   **display window** el escaparate, III
   **stained-glass window** el vitral, I
   **ticket window** la ventanilla; la taquilla, III
   **train window** la ventanilla, III
   **window (plane)** la ventanilla, 3.2
   **window seat** el asiento de ventanilla, 3.2
**to windsurf** hacer surf de vela, I
**windsurfing** el surf a vela, 2.1
**wing** el ala, I
**winged** alado(a), I

**winner** el (la) ganador(a), I
**winning** ganador(a), I
**winter** el invierno, I
**to wish** desear, I
**with** con, 3.1
  **with an ocean view** con vista al mar, 3.1
  **with me** conmigo, II
  **With pleasure.** Con mucho gusto., III
**without** sin, sin que, III
**to withstand** soportar, I
**witness** el (la) testigo, I
**woman** la mujer, I
**wonderful** genial
**wood** la madera, 5.2
  **(made of) wood** de madera, II
**woods** el bosque, III
**woodworking** la ebanistería, 5.2
**wool** la lana
**word processor** el procesador de textos, 1.2
**work** el trabajo; la obra, III
**to work** trabajar, 1.2
  **to work as a cashier** trabajar de cajero(a), III
  **to work as a lifeguard** trabajar de salvavidas, III
  **to work part-time** trabajar a tiempo parcial, III
**work** el trabajo, 1.2
  **charitable work** la obra caritativa, III
  **community work** el trabajo comunitario, 4.1
  **Let's get to work!** ¡Manos a la obra!
**worker** el (la) trabajador(a)
  **social worker** el (la) trabajador(a) social, III
**workshop** el taller
**world** el mundo, II
  **World Cup** la Copa Mundial, II
**worried** preocupado(a), I
**to worry** preocuparse
**worse** peor, II
**to be worth** valer (valgo)
  **to be worth the trouble** valer la pena
**worthless** sin valor, III
**to wound** herir (ie, i)
**wound** la herida
**to wrap** envolver (ue), I
  **wrapping paper** el papel de regalo, I
**wrist** la muñeca, II
**wristwatch** el reloj, II
**to write** escribir, I
**writer** el (la) escritor(a), II
  **short-story writer** el (la) cuentista, 5.2
**writing** la escritura, I

**year** el año, I
  **last year** el año pasado, II
  **last year** el año pasado, I
  **New Year's** el Año Nuevo

**to be... years old** tener... años, I
**yearbook** el anuario, III
**yellow** amarillo(a), I
**yes** sí, I
  **Yes, I would love to.** Sí, me encantaría., III
**yesterday** ayer, I
  **the day before yesterday** anteayer), II
**yet** todavía, aún I
**yogurt** el yogur, I
**you (sing. familiar)** tú
**you (pl, familiar)** vosotros(as), III
**you (pl., familiar/formal)** ustedes, III
**you (sing., formal)** usted, III
  **with you (familiar)** contigo, II
**young** joven (pl. jóvenes), III
  **young man/woman** el (la) joven (pl. los jóvenes), III
**younger** menor), II
**your (familiar)** tu(s)
**your (formal)** su, I
**your (pl. familiar)** vuestro(a), III
**your own (pl. familiar)** tu/su/vuestro(a) propio(a), 1.2
**youth hostel** el albergue juvenil, III

**zero** cero, I
**zone** la zona, 3.1
  **war zone** la zona de guerra, 6.2
**zoo** el zoológico, I

# Créditos

## Acknowledgments
For permission to reprint copyrighted material, grateful acknowledgment is made to the following sources:

Excerpt from "A Julia de Burgos" from *Song of the Simple Truth* by Julia de Burgos. Text copyright © by Julia de Burgos. Reprinted by permission of Ediciones Huracán.

Excerpt from *A Pesar de Todo* by Josefina "Josie" Gonzalez. Text copyright © 1997 by Josefina "Josie" Gonzalez. Reprinted by permission of Josie Valdés-Hurtado.

Excerpt from "Amazonas: El último santuario" by Fernando Baeta from *Viajes, No 37, Dec. 2004*, a supplement of *El Mundo*. Text copyright © by Fernando Baeta. Reprinted by permission of El Mundo.

Excerpt from "Día de Reyes" from *Fantasía boricua, estampas de mi tierra* by María Teresa Babin. Text copyright © 1956 by Las Américas Publishing Co. Reprinted by permission of Mercedes Rivera Goetz and Carmen E. Rivera Babin.

"La señorita Julia" by Ana Cortesi. Text copyright © Ana Cortesi. Reprinted by permission of Ana Cortesi.

"La tela de Penélope, o quién engaña a quién" from *La oveja negra y demás fábulas* by Augusto Monterroso. Reprinted by permission of International Editors Co. Agencia Literaria, Barcelona.

Excerpt from *Para que no me olvides* by Marcela Serrano. Text copyright © 1993 by Marcela Serrano Pérez. Reprinted by permission of Guillermo Schavelzon & Asociados, Agencia Literaria.

Excerpt from "Rosario Flores: El Soundtrack de una vida" by Michelle Soto from *Revista Perfil*, Costa Rica. Text copyright © by Revista Perfil. Reprinted by permission of Grupo Nación GN, S.A.

"Solo" from *Obras completas y algo* by Nicanor Parra. Text copyright © Nicanor Parra. Reprinted by permission of Agencia Literaria Carmen Balcells, S.A.

Excerpt from "Tiempo libre... pero, ¿libre de qué?" from Fundación para la Salud del Joven A.C. website. Text copyright © 2003 by Fundación para la Salud del Joven A.C. (Mexico). Reprinted by permission of the Centro de Investigación y Desarrollo Humano.

## Photography
**Front cover** Front cover ©Fotos593/Shutterstock; inset ©Arnulfo Franco/AP Images; **Title Page** (br) ©Arnulfo Franco/AP Images; **Front Matter** v (t) ©Ann Summa/Houghton Mifflin Harcourt, (b) ©laflor/iStockPhoto.com/Getty Images;; vi (t) ©Dave & Les Jacobs/Blend Images/age fotostock; vii (l) ©Javier Larrea/age fotostock; viii (t) ©Image Source/Digital Vision/Getty Images; ix (tr) ©AlamyImagebroker/Sepp Puchinger; (tl) ©Mario Valdez/Reuters/Corbis; x (t) ©Schultheiss Selection GmbH & CoKG/Digital Vision/Getty Images; xi (l) ©Bob Krist/Corbis; xii (t) ©Ariel Skelley/Getty Images; xiii (tr) ©David Frazier Photolibrary, Inc./Alamy Images; (l) ©Amble Design/Shutterstock; xiv (t) ©Jeff Geissler/AP Images; xv (l) ©Alfredo Maiquez/Lonely Planet Images/Getty Images; (r) ©Mario Algaze/Image Works, Inc.; xvi (t) ©Alberto E. Tamargo/Sipa USA/NewsCom; xvii (r) ©Anthony Pleva/Alamy; (l) ©Ann Johansson/Corbis; 2 (c) ©Robert Harrison/Alamy Images; 4-5 (bg) ©Robert Nickelsberg/Getty Images; 6 (b) ©Image Source/Alamy; (t) ©Nora Elena Munera; 7 (cr) ©Siede Preis/Photodisc/Getty Images; (c) ©Photodisc/Getty Images; (br) ©Christian Hoehn/Stone/Getty Images; (tr) ©Christopher Robbins/Digital Vision/Getty Images; 15 (r) ©Panorama Productions Inc./Alamy; 24 (b) ©Brand X Pictures/Getty Images; (t) ©Doug Menuez/Photodisc/Getty Images; (c) ©Tim Pannell/Corbis; 27 (tl), (cr) ©Corbis; (bc) ©Steve Cole/Digital Vision/Getty Images; (tr), (tc) ©Keith Brofsky/Photodisc/Getty Images; (bcl) ©Dex Image/Corbis; 30 (bg) ©Javier Larrea/age fotostock; 32 ©Corbis; 33 (br) ©Image Source/Getty Images; (bl) ©Purestock/Getty Images; (tr) ©Tim Hall/Digital Vision/Getty Images; 34 (t) ©MBI/Alamy; 46 (br) ©Tom Le Goff/Digital Vision/Getty Images; (bl) ©Bill Varie/Photolibrary/Getty Images; (tl) ©Peter Dazeley/The Image Bank/Getty Images; (cl) ©Keith Brofsky/Photodisc/Getty Images; 47 ©Michael Blann/Photodisc/Getty Images; 52 ©Carsten Koall/Visum/Image Works, Inc.; 60 ©Fernando Pastenes/Latin Focus; 61 *The Bohemian* (portrait of Erik Satie in his studio in Montmartre), 1891 (oil on canvas), Rusiñol i Prats, Santiago (1861-1931)/Generalitat de Catalunya, Barcelona, Spain/Bridgeman Images. ©Artists Rights Society (ARS), New York; 62 (c) ©Editorial Image, LLC/Alamy; (tl) ©Jack Star/PhotoLink/Photodisc/Getty Images; 64 (r) ©Kike Calvo/Superstock; 65 (t) ©Emma Lee/Life File/Photodisc/Getty Images; (c) ©Shutterstock; (b) ©Louis-Laurent Grandadam/The Image Bank/Getty Images; 66 (t) ©Michael Lewis/Corbis; (b) ©Dave & Les Jacobs/Blend Images/age fotostock; 67 ©lubilub/iStockPhoto.com; 69 ©Bob Daemmrich/PhotoEdit; 72 ©PhotoLink/Photodisc/Getty Images; 73 (t) ©Matt Campbell/AFP/Getty Images; 74 ©Image Source/Digital Vision/Getty Images; 76 (br) ©Imagebroker/Alamy Images; (tc) ©Travis Lindquist/Getty Images; (bl) ©Daniel Luna/AP Images; (bcl) ©William R. Sallaz/Duomo/Corbis; (bcr) ©Julie Jacobson/AP Images; 77 (tc) ©Jaco Le Roux/Alamy; (tr) ©Scott Kemper/Alamy; (bl) ©PhotoValley/Alamy; (c) ©Peter Cade/The Image Bank/Getty Images; (cl) ©Pete Saloutos/UpperCut Images/Getty Images; 80 (bl) ©Mauro Dalla Pozza/Alamy; (br) ©Juan Barreto/AFP/Getty Images; (tl) ©Martin Alipaz/EPA/Corbis; (tr) ©Marcel Jancovic/Shutterstock; 85 (tv screen) ©IvanWuPl/iStockPhoto.com; (boots) ©Artville/Getty Royalty Free; (smartphone keypad) ©pictafolio/Getty Images; (golf bag) ©Stockbyte/Getty Images; (video game), (waterskis) ©Ryan McVay/Photodisc/Getty Images; (rugby ball) ©Corbis; (book) ©Stockdisc/Getty Images; (baseball glove) ©C Squared Studios/Photodisc/Getty Images; (snorkel mask) ©Gert Vrey/Shutterstock; (skateboard) ©George Doyle/Stockbyte/Getty Images; (fishing pole) ©Jules Frazier/Photodisc/Getty Images; 86 ©Jim McIsaac/Getty Images; 87 (b) ©Thinkstock/Stockbyte/Getty Images; 92 ©Robert Churchill/iStockPhoto.com (legacy); 94 (l) ©A. J. D. Foto Ltd./Alamy Images; (cr) ©Channel Island Pictures/Alamy; (br) ©Photodisc/Stockbyte/Getty Images; (tr) ©Hemis/DEGAS Jean-Pierre/age fotostock; 100 ©Jaime Reina/AFP/Getty Images; 102 (tr) ©PhotoLink/Photodisc/Getty Images; (br) ©Sean Justice/The Image Bank/Getty Images; (cr) ©Mike Kemp/Rubberball/Getty Images; (bl) ©Corbis; (tl) ©Mario Valdez/Reuters/Corbis; 103 (tr) ©ImagesbyTrista/Getty Images; (br) ©Aleksandr Ugorenkov/Alamy; (cr) ©Jeffrey Coolidge/The Image Bank/Getty Images; (tl) ©Purestock/Getty Images; (cl) ©Artville/Getty Images; (bc) ©Dorling Kindersley/Getty Images; (c) ©mediablitzimages/Alamy; 104 ©Brian Summers/First Light/age fotostock; 110 ©Stephanie Maze/National Geographic/Getty Images; 111 ©National Geographic Image Collection/Alamy; 115 (tc) ©Dennis MacDonald/age fotostock; (br) ©Darrin Klimek/Digital Vision/Getty Images; (bl) ©Mike Kemp/Rubberball/Getty Images; (t) ©Graça Victoria/Shutterstock; (cr) ©Javier Larrea/age fotostock; 122 ©Robert Churchill/iStockPhoto.com; 130 ©Columbus Memorial Library/OAS; 131 Photo ©Alinari/Art Resource, NY. ©Estate of Pablo Picasso/Artists Rights Society, NY; 134 (tr) ©Carlos Jasso/Reuters/Landov; (br) ©Gerry Penny/AFP/Getty Images; (cr) ©Tom & Therisa Stack/Tom Stack & Associates/drr.n; (cl) ©Moises Castillo/AP Images; (c) ©Manfred Gottschalk/Photolibrary/Getty Images; 135 (tr) ©AlamyImagebroker/Sepp Puchinger/; (b) ©Alberto Villanzona/AP Images; 136 (t) ©Arnulfo Franco/AP Images; (b) ©Don Heupel/AP Images; 137 ©Consuelo Vargas/GDA Photo Service/NewsCom; 142 ©Richard Bickel/Corbis; 143 (b) ©2/Medioimages/Ocean/Corbis; (t) ©Henri Conodul/Iconotec/Alamy; (c) ©Fuse/Getty Images; 146 (tl) ©diegorayaces/Getty Images; (c) ©MaRabelo/Getty Images; (tr) ©Thornton Cohen/Alamy; (tcl) ©Gerad Coles/Getty Images; (bcl) ©agustavop/Getty Images; (bcr) ©Shelton Muller/Getty Images; (br) ©rSnapshotPhotos/Shutterstock; (bl) ©Corbis; 147 (cl) ©Glow Images/Alamy; (tr) ©Schultheiss Selection GmbH & CoKG/Digital Vision/Getty Images; (tl) ©Philip Coblentz/Brand X Pictures/Getty Images; 150 (t) ©FAN travelstock/Alamy Images; 155 ©Craig Pershouse/Lonely Planet Images/Getty Images; 159 (bl) ©Odilon Dimier/PhotoAlto/Alamy; (tr) ©Ken Chernus/Taxi/Getty Images; (bc) ©68/Ocean/Corbis; (c) ©Michael Blann/Digital Vision/Getty Images; (cr) ©Jacob Taposchaner/Taxi/Getty Images; (br) ©Photodisc/Getty Images; 164 ©S. Nicolas/Iconotec/Alamy; 167 (cl) ©rSnapshotPhotos/Shutterstock; (tr) ©L. Clarke/Corbis; (tl) ©Comstock/Getty Images; 172 (bl) ©James Lauritz/Photodisc/Getty Images; (tr) ©Jack Hollingsworth/Stockbyte/Alamy; 187 ©f8 images/Alamy; 192 (cl) ©Roberto Soncin Gerometta/Alamy; 197 *Tres Reyes Wooden Santos Carving*, courtesy Museo de los Santos, San Juan, Puerto

Rico; 198 *Los Tres Reyes Magos, Luz y Esperanza*, Elizabeth Erazo Baez. ©Elizabeth Erazo Baez; 199 ©North Wind Picture Archives/Alamy; 200 ©Toni Albir/EPA/Corbis; 202 (bl) ©Guido Cozzi/Atlantide Phototravel/Corbis; (tl) ©Kevin Schafer/The Image Bank/Getty Images; (br) ©J. David Andrews/Masterfile; (tr) ©Ryan Heffernan/Aurora Photos/Corbis; 204 (t), (b) ©Kevin Schafer/Corbis; 205 (t) ©Digital Vision/Getty Images; (b) ©Barrie Watts/Alamy; 206 (b) ©Nataliya Hora/age fotostock; (bcl) ©Cindy Miller Hopkins/Danita Delimont Agency; (bcr) ©Demetrio Carrasco/JAI/Corbis; (tcl) ©Kevin Schafer/Corbis; (t) ©Keith Pritchard/ARGO Images/fstop2/Alamy; (cr) ©John Muggenborg/muggphoto; 207 (b) ©BYphoto/Alamy; (c) ©Bob Krist/Corbis; (t) ©Michele Molinari/Danita Delimont/Alamy; 208 ©Corbis; 209 ©Don Couch Photography; 212 ©Ariel Skelley/Getty Images; 213 (bl) ©Maria Cepeda/Clasos.com/LatinContent/Getty Images; (c) ©Oscar Sabetta/Getty Images; (t) ©Duncan Maxwell/Robert Harding Picture Library; 214 ©Bob Daemmrich/PhotoEdit; 216 (br) ©Agencia el Universal/El Universal de Mexico/NewsCom; (tr) ©EyeWire; (tl) ©Ryan McVay/The Image Bank/Getty Images; 217 (tl) ©Radius Images/Corbis; (br) ©Will Hart/PhotoEdit; (tr) ©Jim Arbogast/Digital Vision/Getty Images; (cr) ©Amble Design/Shutterstock; 220 ©Charles Bowman/Alamy Images; 226 (t), (b) ©Maksim Kabakou/Shutterstock; 230 ©newphotoservice/Shutterstock; 231 ©Sean Sprague/Alamy; 232 ©MBI/Alamy; 234 (tr) ©Comstock Images/JupiterImages/Getty Images; (tl) ©Knauer/Johnston/Getty Images; (br) ©Tony Freeman/PhotoEdit; (cr) ©Bruce Ayres/The Image Bank/Getty Images; 237 (c) ©Design Pics Inc./Alamy; (l) ©Jupiterimages/Brand X/Alamy; (r) ©Bob Daemmrich/Image Works, Inc.; 240 ©David Frazier Photolibrary, Inc./Alamy Images; Juan O'Gorman estate - Sandro Landucci Editorial; 242 (tr) ©J. Hildebrandt/Arco Images GmbH/Alamy; (bl) ©Jose Luis Pelaez, Inc./Blend Images/Getty Images; (cl) ©omgimages/Getty Images; (cr) ©Michelle D. Bridwell/PhotoEdit; (tc) ©Bob Daemmrich/PhotoEdit; 243 (b), (c), (t) ©Comstock/Getty Images; 252 (l) ©Tomi/PhotoLink/Photodisc/Getty Images; 257 ©Stefanie Grewel/Corbis; 267 ©State Archives of Florida, Florida Memory, http://floridamemory.com/items/show/141481; 268 ©Lynn Pelham/Time & Life Pictures/Getty Images; 269 ©State Archives of Florida, Florida Memory, http://floridamemory.com/items/show/34744; 271 (t) *The Two Fridas*, 1939, Frida Kahlo (1907-1954), oil on canvas, 172x173 cm. Mexico, 20th century., Kahlo, Frida (1907-54)/Museo de Arte Moderno, México City, Mexico/De Agostini Picture Library/G. Dagli Orti/Bridgeman Images/Artists Rights Society (ARS). Photo Art Resource, NY; 272 (r) ©Corbis; (cl) ©Xavier Florensa/age fotostock; (bl) ©Luis Castañeda/age fotostock; 274 (l) ©James Brunker/Latin Content/Getty Images; (r) ©VEGlobal; 275 ©ColorBlind Images/The Image Bank/Getty Images; 276 (b) ©Marcelo Hernandez/AP Images; (t) ©Loetscher Chlaus/Alamy; 277 ©Roy Mehta/Getty Images; 282 ©Fausto Perez/Galeria Hidalgo; 283 (cr) ©Blaine Harrington III/Alamy Images; (t) ©Christian Handl/imageBROKER/age fotostock; (b) ©Gary Miller/FilmMagic/Getty Images; 284 ©Jeff Geissler/AP Images; 286 (c) ©Tomas Abad/Superstock; (bcl) ©bpk, Berlin/Hamburger Kunsthalle, Hamburg, Germany/Elke Walford/Art Resource, NY. ©Artists Rights Society (ARS), New York.; (tcr) ©Patrick Santiago MD; (bcr) ©RMN-Grand Palais/Art Resource, NY. ©Successió Miró/Artists Rights Society, New York; (tcl) ©Snark/Art Resource, NY; (bl) ©Artville/Brand X Pictures/Getty Images; (cl) ©Erich Lessing/Art Resource, NY; (c) *Still Life with a Guitar*, 1913, by Juan Gris, Spanish, Oil on canvas H 26, W 39-1/2 inches, 66 x 100 5 cm , Metropolitan Museum of Art, New York City/Artist Rights Society (ARS), New York. Photo ©Tomas Abad/Superstock; 287 (tc) ©Blend Images/Alamy; (br) ©Kerstin Joensson/AP Images; (tr) ©Alfredo Maiquez/Lonely Planet Images/Getty Images; (tl) ©Urs Flüeler/Mauritius Images/age fotostock; (bl) ©Scott Gries/Getty Images; 290 (br) ©Image Club Graphics/Getty Images; (bl) ©Getty Images; (tr) ©Eduardo Verdugo/AP Photo; 295 ©Philadelphia Museum of Art/Giraudon, Paris/Bridgeman Art Library/Superstock. ©Artists Rights Society, New York. Photo ©Bridgeman Art Library/Superstock; 301 ©Vittorio Zunino Celotto/Getty Images; 302 ©Eric Audras/PhotoAlto/Getty Images; 304 (b) ©Madeleine Openshaw/Berryspun/iStockPhoto.com (legacy); (t) ©JGI/Blend Images/Shutterstock; 307 ©*The Chacarera (Argentinian Folk Dance)*, (oil on panel), Figari, Pedro (1861-1938)/Private Collection/Photo ©Christie's Images/Bridgeman Images; 310 *Spider* (1996). Louise Bourgeois. ©The Easton Foundation/Licensed by VAGA, New York, NY; Photo ©Jon Díez Beldarrain/age fotostock; 312 (cr) ©iStock/Getty Images; (cl) ©Werner Forman/Topham/Image Works, Inc.; (br) ©Mario Algaze/Image Works, Inc.; (tr) ©DreamPictures/Getty Images; 313 (tl) ©Granger, NYC — All rights reserved; (br) ©Moodboard/PunchStock; (tr) *Book: Anaconda y Otros Cuentos de la Selva* by Horacio Quiroga; 314 ©iStock/Getty Images; 315 ©John Lund/Sam Diephuis/Blend Images/age fotostock; 316 ©Moodboard/PunchStock; 322 ©Bruce Brewer/AP Images; 327 ©Elisa Cicinelli/Photolibrary/Getty Images; 336 ©Quesada/gtphoto/Graeme Teague Photography; 337 ©Stapleton Collection/Bridgeman Images; 338 ©Christie's Images/Bridgeman Images; 340 ©akg-images/Image Works, Inc.; 341 ©Album/Prisma/Album/alb1465125/Superstock; 342 (l) *Troops in Rancagua* (detail), Juan Manuel Blanes with General San Martin, Argentina, 19th century. Photo ©DEA/G. DAGLI ORTI/Getty Images; (r) *Tribute from ten towns of Petlacalco*, Codex Mendoza, manuscript circa. early 1540s, Aztec history and culture (shelf mark Arch Seld A1 fol 20v). Photo ©Bodleian Libraries, University of Oxford/The Art Archive at Art Resource; (c) *Juan de Miranda*. Photo ©Laurie Platt Winfrey, Inc./Granger, NYC — All rights reserved; (l) ©Gianni Dagli Orti/Museo Historico Nacional Buenos Aires/The Art Archive at Art Resource, NY; 344 (tr) ©VEGAP/Art Resource, NY. ©Artists Rights Society (ARS), New York; (br) ©Gianni Dagli Orti/Archaeological and Ethnological Museum Quito, Ecuador/Art Archive; (br) *South American Indian washerwoman* (1973), Eduardo Kingman. Archaeological and Ethnological Museum Quito Ecuador. Photo ©Gianni Dagli Orti/The Art Archive at Art Resource, NY. Courtesy Galeria Kingman; 345 (tl) ©Yadid Levy/Alamy; (r) *Dancing in the Patio; Baile en el Patio*. Pedro Figari (1861-1938). Oil on board. 99 x 119.5cm. Photo ©Christie's Images Ltd./Superstock; 346 ©Pierre-Philippe Marcou/AFP/Getty Images; 347 (tl) ©Geoff Dann/DK Images (Dorling Kindersley); (b) ©Michel Friang/Alamy; (tr) ©Lynx/Iconotec.com/age fotostock; 348 ©Gary Miller/FilmMagic/Getty Images; 352 ©Ephraim Ben-Shimon/Corbis; 353 (b) ©Essdras M. Suarez/Essdras M. Suarez Photography; (t) ©David R. Frazier Photolibrary, Inc.; (c) ©Universal Pictures/NewsCom; 354 ©Tony Gutierrez/AP Images; 357 (cl) ©Tony Crocetta/NHPA/Photoshot; (bc) ©Alberto E. Tamargo/Sipa USA/NewsCom; (tl) ©Telemundo/Photofest; (tr) ©DyD Fotografos/Geisler-Fotopress/picture-alliance/dpa/AP Images; (br) ©Jimmy Dorantes/Latin Focus; 360 (tr) ©SUN/NewsCom; (tl) ©PhotoLink/Photodisc/Getty Images; (tc) ©YinYang/iStockPhoto.com (legacy); (br) ©Muriel Lasure/Shutterstock; 366 (r) ©Guillermo Angulo/Clasos.com/LatinContent/Getty Images; 371 ©David Friedman/Reuters; 374 (b) ©Huntstock/Getty Images; (t) ©Leslie Banks/eurobanks/iStockPhoto.com (legacy); 377 (tl) ©Karl Weatherly/Photodisc/Getty Images; 380 ©Ann Johansson/Corbis; 382 (tr) ©Eric Farrelly/Alamy; (bg) ©iStock/Getty Images; (cr) ©Richard Naude/Alamy; (tl), (b) ©Jimmy Dorantes/Latin Focus; 383 (br) ©Gary I. Rothstein/NBC/NBCU Photo Bank/Getty Images; (bl) ©Anthony Pleva/Alamy; (border) ©iStock/Getty Images; (tl) ©Charles W. Luzier CWL/GN/Reuters; (tr) ©Jorge Silva/Reuters; 385 (b) ©Diana Mulvihill/Getty Images; (cl), (tl) ©Digital Vision/Getty Images; (cr) ©Richard Paul Kane/Shutterstock; (tr) ©Daniel Velez/AFP/Getty Images; (bc) ©Dave Logan/iStockPhoto.com; (tc) ©Corbis; 386 (r) ©Jenny Matthews/Alamy; (t) ©Shelly Perry/iStockPhoto.com; (c) ©Eric Gay/AP Images; 391 ©Nancy Kaszerman/ZUMAPRESS.com/NewsCom; 397 ©Pedro Rey/AFP/Getty Images; 402 (cl) ©Sergio Pitamitz/Marka/age fotostock; (cr) ©Carlos Duran/Reuters; 406 ©Tramonto/age fotostock; 410 ©Granger, NYC — All rights reserved; 411 ©Jeren (France)/Getty Images; 412 (tr) ©Jesse Allen/NASA's Goddard Space Flight Center/NASA's Earth Observatory; 414 (tc) ©Televisa, HO/AP Images; (tr) ©Alexander Tamargo/Getty Images; (bl) ©Jack Hollingsworth/Corbis; (tl) ©Luis Romero/AP Images; 415 (b) ©Moodboard/Corbis; (t) ©Erik Reis/iStockPhoto.com; 416 ©Miguel Alvarez/AFP/Getty Images; 419 ©Image Source/Photodisc/Getty Images.

**All other images ©Houghton Mifflin Harcourt.**

# Índice de gramática

adjective clauses with **que, el que; la que; los que; las que** and **el cual, la cual, los cuales, las cuales** and with **quien(es)** 298–299; with imperfect subjunctive 254–255; 362–363; with past perfect subjunctive 388–389; with present perfect subjunctive 248–249; with present subjunctive 222–223

adverbial clauses 222–223; with imperfect subjunctive 254–255; 362–363; with past perfect subjunctive 388–389; with present perfect subjunctive 248–249; with present subjunctive 222–223

clauses participial clause 152; adjective clauses 298–299; with imperfect subjunctive 254–255; 362–363; with past perfect subjunctive 388–389; with present perfect subjunctive 248–249; with present subjunctive 222–223; 228–229; with **que** 298–299; with **quien(es)** 298–299; sequence of tenses 394–395

**como si** 369; 388–389

comparatives 108; with **lo que** 108; **más... de** 108; **más... que** 108; **menos que...** 108; **tanto(a)(s)... como** 108

**complementos** direct and indirect object pronouns 18–19

**condicional** (conditional) 178; 184

**condicional perfecto** (conditional perfect) 292

conjunctions; 228–229; 248

contrary to fact with imperfect subjunctive 369; with past perfect subjunctive 388–389

**el cual; la cual; los cuales; las cuales** 298–299

direct objects 18–19

**estar ser** vs. **estar** 12–13

future 178; future of probability 184

future perfect 292

**gerundio** 113–114

**haber** in future and conditional perfect 292; in past perfect subjunctive 388–389; in present perfect and past perfect 158; in present perfect subjunctive 248–249

hypothetical statements with imperfect subjunctive 369

imperfect preterite vs. imperfect 82–83

imperfect subjunctive 254–255; 362–363; 369

indicative mood 394–395

indirect objects 18–19; with **se** for unintentional occurrences 324

indirect speech 178

infinitives with object pronouns 18–19; with prepositions 43–44

irregular preterite 89

**lo cual** 298–299

**lo que** 298–299; in comparatives 108

mood 254–255; imperfect subjunctive 362–363; 369; indicative mood 394–395; past perfect subjunctive 388–389; present perfect subjunctive 248–249; present subjunctive 222–223; 228–229; sequence of tenses 394–395

**ni que** with imperfect subjunctive 369

noun clauses with imperfect subjunctive 254–255; with past perfect subjunctive 388–389; with present perfect subjunctive 248–249; with present subjunctive 222–223

objects direct and indirect 18–19

**participio pasado** 152

participial clause 152

**pasiva con se** 318

passive voice 318–319

past participles 152; to form the past perfect subjunctive 388–389; to form the present perfect subjunctive 248–249; to form the present and past perfect 158

past perfect 158

past perfect subjunctive 388–389

personal **a** 43

**pluscuamperfecto** (past perfect) 158

prepositions with verbs 43–44

present perfect 158

present perfect subjunctive 248–249

present subjunctive 222–223; 228–229

preterite preterite vs. imperfect 82–83; irregular preterite 89

**pretérito perfecto** (present perfect) 158

probability with future 184; with conditional 292

progressive 113

pronoun direct and indirect 18–19; relative pronouns 298–299; reflexive pronouns 38

**que** as a relative pronoun 298–299; in subordinate clauses 222

**quien(es)** as relative pronouns 298–299

reciprocal actions 38

reflexive pronouns 38

relative pronouns 298–299; **el que la que; los que; las que** 298–299; **el cual; la cual; los cuales; las cuales** 298–299; **que** 298–299; **quien(es)** 298–299

**se** for unplanned occurrences 325

**se impersonal** 318–319

**se pasiva** 318–319

**se** substitute for **le(s)** 18

sequence of tenses 394–395

**ser** passive voice 318–319; **ser** vs. **estar** 12–13

**si** with imperfect subjunctive 369

subjunctive imperfect subjunctive 254–255; 362–363; 369; past perfect subjunctive 388–389; present perfect subjunctive 248–249; present subjunctive 222–223; 228–229; sequence of tenses 394–395

subordinate clauses present subjunctive 222–223; 228–229; imperfect subjunctive 254–255; 362–363; 369; past perfect subjunctive 388–389; sequence of tenses 394–395

tense 178; future and conditional 184; future and conditional perfect 292; imperfect 82–83; imperfect subjunctive 254–255; 362–363; 369; past perfect 158; past perfect subjunctive 388–389; present perfect 158; present subjunctive 222–223; 228–229; preterite 82–83; 89; sequence of tenses 394–395

verbs with prepositions 43–44

voice, passive 318–319